NOS 52 WEEK-ENDS

COUPS DE CŒUR DANS LES VILLES D'EUROPE

Le Routard

NOS 52 WEEK-ENDS

COUPS DE CŒUR DANS LES VILLES D'EUROPE

Le Routard

hachette TOURISME

Reykjavík, p. 340
Bergen, p. 48
Oslo, p. 304
Amsterdam, p. 6
Édimbourg, p. 142
Copenhague, p. 104
Belfast, p. 42
Glasgow, p. 170
Hambourg, p.
03:30
Liverpool, p. 230
Berlin, p. 5
Dublin, p. 126
03:00
02:30
Londres, p. 236
Dresde, p. 120
Bruges, p. 76
Bruxelles, p. 84
02:00
01:30
Anvers, p. 16
Paris
Munich, p. 290
01:00
Genève, p. 164
Venise, p.
Milan, p. 274
Turin, p. 386
Bologne,
Gênes, p. 158
Bilbao, p. 64
Pise, p. 318
Florence, p.
Rome, p. 346
Porto, p. 324
Madrid, p. 248
Barcelone, p. 30
Naples, p.
Valence, p. 392
Lisbonne, p. 220
Ibiza, p. 196
Palerme, p. 31
Séville, p. 368
Grenade, p. 176
Málaga, p. 258
La Valette, p. 212
Marrakech, p. 264

SOMMAIRE

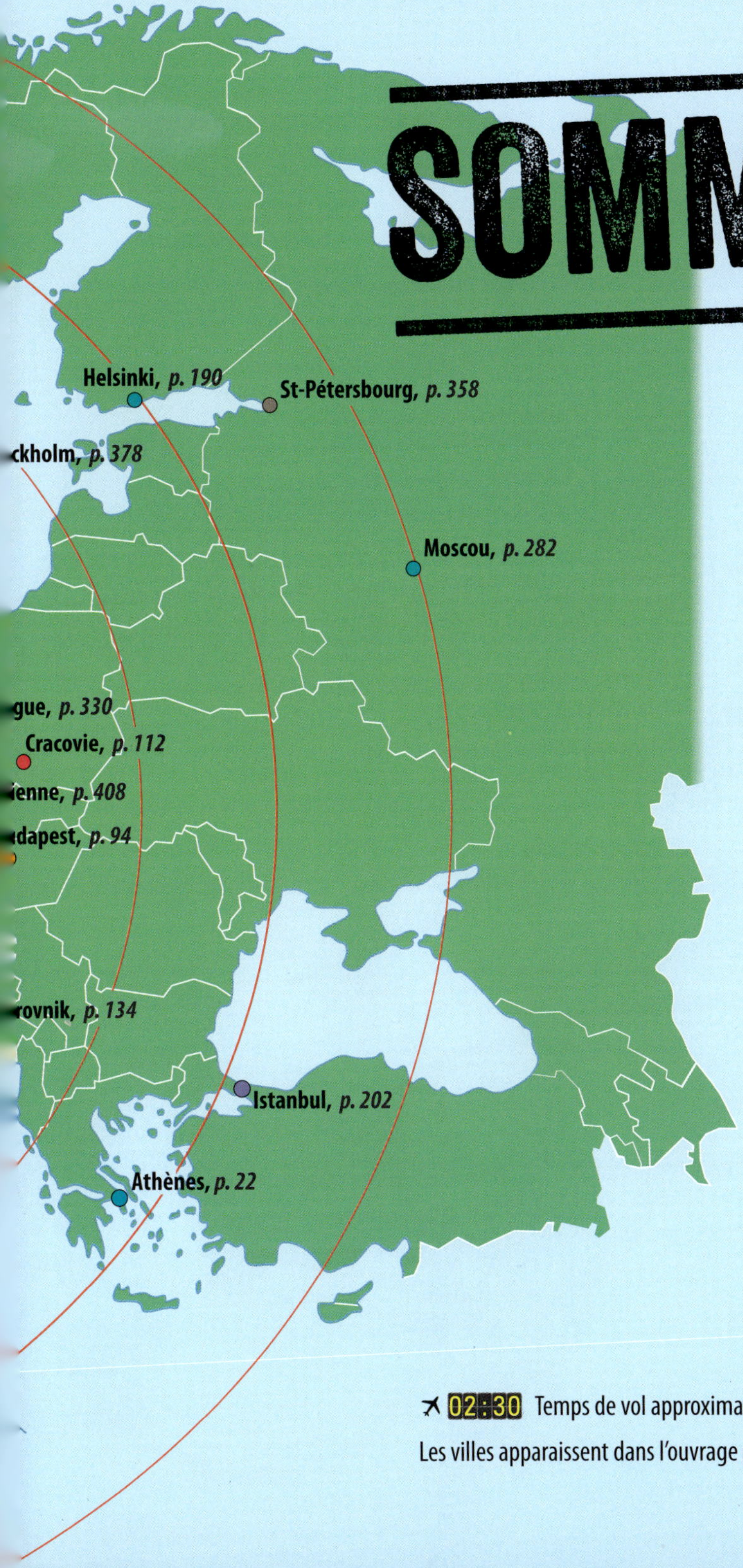

02:30 Temps de vol approximatif au départ de Paris

Les villes apparaissent dans l'ouvrage par ordre alphabétique

CRUISER
HOLLANDIA
PROUD TO BE MOVED

AMSTERDAM

Amsterdam... Une capitale cosmopolite, dont les vénérables canaux, bordés de somptueuses demeures, n'ont pas changé depuis l'âge d'or hollandais. Dans les vieux « cafés bruns » on y cultive un art de vivre à l'ancienne. La nuit éclaire les intérieurs cossus, donnant tout son sens à cette notion de « *gezelligheid* », concept intraduisible, entre convivialité, bien-être et respect. Mais Amsterdam, c'est aussi – et avant tout – un lieu débordant de vie, regorgeant de surprises et riche d'une activité culturelle trépidante.

BUDGET	€€€
CULTURE	★★★★
CUISINE	★★☆☆
SHOPPING	★★☆☆
VIE NOCTURNE	★★★☆

✈ 1h10 au départ de Paris

DÉCOUVRIR

1 Loger à bord d'une péniche
pour être en symbiose avec la ville, entre eaux tranquilles et terre ferme.

Une formule originale, idéale en famille. Ces *houseboats*, dont la cale a été reconvertie en habitation avec tout le confort moderne, sont amarrés le long des canaux, au cœur même de la ville. Pour se faire une idée, visiter le *Houseboat Museum*, une péniche qui permet de découvrir le cadre de vie des 30 000 habitants des 2 500 bateaux-logements d'Amsterdam.

BON À SAVOIR : plusieurs offres sur ce site • houseboathotel.nl/fr • Renseignements pour le Houseboat Museum : • houseboatmuseum.nl •

2 Découvrir un incroyable havre de paix
en pénétrant dans le Begijnhof, le plus ancien des béguinages d'Amsterdam.

Une chapelle en brique au milieu d'une grande pelouse, entourée d'une quarantaine de maisons faisant écran à l'agitation du dehors... C'est la parenthèse enchantée que prodigue ce béguinage. L'effet de surprise est garanti en entrant par la porte du Spui, surmontée de sainte Ursule, la patronne d'Amsterdam. Fondé au XIVe s, cet îlot de refuge hébergea pendant des siècles une communauté de béguines, dont la dernière représentante s'est éteinte en 1971. Ces dames, catholiques ferventes, célibataires ou veuves, vivaient dans la prière et prodiguaient leur aide aux déshérités et aux malades. Elles n'appartenaient à aucun ordre religieux et pouvaient rompre librement leurs vœux de chasteté et d'obéissance.

BON À SAVOIR : • begijnhofamsterdam.nl •

3 Partir à vélo à la découverte des grands canaux

pour mesurer la richesse des maisons des marchands du Siècle d'or.

Ah, les canaux d'Amsterdam ! Vous viendrez évidemment pour les admirer. Ils font le charme de la ville. Les trois plus beaux, *Herengracht, Keizersgracht* et *Prinsengracht* ont été construits au début du Siècle d'or, afin d'ajouter une ceinture résidentielle (le *Grachtengordel*) à la ville. Les travaux durèrent plus de 100 ans. Se déployant en demi-lune autour du centre-ville, ils sont bordés de superbes demeures, édifiées pour la plupart aux XVIIe et XVIIIe s. Baroque, Renaissance, néoclassique ou Art nouveau, la diversité des styles règne, pour le plus grand plaisir des yeux ! Cette ceinture de canaux a été classée au Patrimoine mondial de l'humanité par l'Unesco.

BON À SAVOIR : notre meilleure adresse pour louer un vélo • frederic.nl • Possible aussi de faire la balade en bateau sur ces canaux qui sillonnent la ville. Pas moins d'une dizaine de compagnies vous proposeront leurs services.

4 Se payer une toile au Tuschinski

un des plus beaux cinémas d'Europe.

Peu importe le film, l'étonnant cadre Art déco de 1921 vaut à lui seul le déplacement. Restauré, ce palais perpétue l'esprit des Roaring Twenties, l'esprit des vraies stars. C'est à Aram Tuschinski, comme son nom l'indique, qu'on doit cet ancien théâtre construit pour divertir les riches marchands de l'époque : la superbe coupole du lobby, les panneaux de bois en marqueterie, l'escalier, les éclairages subtils, les vitraux... et les profonds fauteuils des salons. Tout est resté dans son jus. Le merveilleux tapis du hall, abîmé par 70 ans de mégots écrasés par les visiteurs, a été entièrement retissé à la main, d'après les cartons d'origine. Le Tuschinski ? Un grand délire architectural, à voir toute affaire cessante.

BON À SAVOIR : • tuschinski.nl •

5 S'émouvoir en visitant la maison d'Anne Frank

là-même où elle resta cachée avec sa famille de juillet 1942 à août 1944, avant d'être déportée.

La petite Anne vient d'avoir 13 ans quand on lui offre un cahier, dont elle fera son *Journal*. Avec sa vision d'adolescente particulièrement mûre et sa grande sensibilité, elle écrit, au jour le jour, les menus détails de sa vie et de celle de sa famille. Une dénonciation met fin à cette existence cachée. Le 4 août 1944, les nazis font une descente et se dirigent sans hésiter vers la bibliothèque qui dissimule l'accès à la cachette. Le journal d'Anne tombe par terre, abandonné, alors que toute la famille est arrêtée, puis déportée à Auschwitz. Anne et sa sœur Margot mourront du typhus en mars 1945. Otto, le père, sera le seul survivant de cette tragédie. Il revient à Amsterdam et décide de publier le journal qu'une de ses employées lui a remis. Traduit dans plus de 50 langues, ce récit est devenu, par sa simplicité et sa force évocatrice, le symbole de l'innocence assassinée.

BON À SAVOIR : le dépouillement extrême du lieu le rend particulièrement émouvant. • annefrank.nl •

REMBRANDT

Pourquoi Rembrandt est-il considéré comme l'un des plus puissants génies de la peinture ? Pour deux raisons essentielles : il est l'inventeur d'une technique audacieuse appelée le « clair-obscur ». Avant Rembrandt, seul le Caravage avait eu l'idée de juxtaposer aussi violemment sur sa toile des couleurs sombres, et des couleurs claires. L'autre raison tient à son caractère et à sa vision du monde. Rembrandt ne se contente pas de représenter les choses, il se jette corps et âme dans la création. Avec lui, la peinture européenne s'interroge pour la première fois sur l'homme. On ne décore plus, mais on explore les profondeurs de l'âme humaine pour y chercher l'essence du monde et, peut-être approcher l'idée de Dieu.

AMSTERDAM GRATUIT

Les musées d'Amsterdam sont chers, mais la découverte des canaux à pied ne vous coûtera rien (si ce n'est quelques courbatures). Il en va de même pour les visites du Begijnhof (le Béguinage), des galeries de la garde civique et de l'art contemporain, du Vondelpark, des jardins du Rijksmuseum, de la Zuiderkerk, des marchés, de la découverte des nouveaux quartiers de l'Oostelijk Havengebied et de leur architecture contemporaine, des docks du Nord (même le ferry est gratuit), de la Kultur Fabrick, une ancienne usine à gaz, et du quartier de Strandwest... Vous aurez déjà de quoi vous occuper un moment avec tout ça, non ?

6 Se balader dans le quartier du Jordaan

un quartier qui occupe une place à part dans le cœur des Amstellodamois.

On adore son ambiance avec ses petits cafés, ses ruelles, ses marchés, ses boutiques sympas. Autrefois marginal, le Jordaan a aujourd'hui conquis les bobos, les artistes et les étudiants. Jouxtant le nord des grands canaux, plein de charme et de tranquillité bohème, calme et vivant à la fois, c'est une sorte de ville dans la ville. Vous l'aurez compris, le Jordaan c'est avant tout une sensation à déguster tout en finesse.

BON À SAVOIR : le quartier historique des 9 Straatjes, devrait combler les chineurs et les amateurs de petites boutiques originales.

7 S'éblouir des couleurs et des formes torturées nées de la palette du fabuleux Vincent Van Gogh au musée qui lui est consacré

Construit en 1973 par le grand architecte hollandais Gerrit Rietveld afin d'accueillir les œuvres du maître, c'est un musée d'exception. Plus de 200 tableaux et 500 dessins sont rassemblés ici, soit près du quart de la production totale de Van Gogh. Ajoutez à cela des œuvres d'artistes qui l'influencèrent ou furent influencés par lui, comme Gauguin, Toulouse-Lautrec, Monet, Rodin, Pissarro, Signac, pour ne citer que les plus connus. Tout au long de ce fabuleux voyage dans son monde intérieur (lisez sa correspondance !), on retrouve explications et mises en perspective des thématiques retenues et des maîtres qui, tout au long de sa vie, auront influencé Van Gogh.

BON À SAVOIR : DJ en nocturne le vendredi soir, une façon pour le moins insolite d'admirer les toiles du maître, en musique. • vangoghmuseum.nl •

8 Découvrir l'une des plus importantes collections d'art moderne et de design du monde au Stedelijk Museum

Après 8 ans de travaux, sa réouverture en 2012 a créé l'événement : c'est peu dire que ce bâtiment rénové et agrandi ne passe pas inaperçu. Avec son look de gigantesque « baignoire » en acrylique, l'extension futuriste domine le paysage du quartier des musées. Malgré les apparences tout est recherche d'harmonie. La combinaison des constructions anciennes et nouvelles a été soigneusement composée. D'entrée, c'est l'éblouissement : Cézanne et la *Montagne Sainte-Victoire*, Monet et la *Maison à travers les roses*, James Ensor et le *Carnaval en Flandre,* Marc Chagall et l'*Autoportrait aux 7 doigts*... Hormis toutes ces œuvres picturales magistrales, le musée présente des objets de notre quotidien revus dans leur conception par des formes et des matériaux nouveaux. Les produits issus du design industriel vont ravir les amoureux du genre.

BON À SAVOIR : • stedelijk.nl •

9 Admirer les merveilles du Rijksmuseum

le temple de la peinture hollandaise du Siècle d'or.

Ce vaste bâtiment de 1885, dessiné par Cuypers, l'architecte de la gare centrale, abrite l'un des plus beaux musées d'Europe, équivalent du Louvre, en plus petit. Il doit sa renommée aux grands noms de la peinture hollandaise du Siècle d'or (le XVIIe s), dont Rembrandt, Vermeer et Frans Hals. Grandes toiles, grands espaces... 80 salles vous promènent sur 800 ans de l'histoire des Pays-Bas, à travers quelque 8 000 œuvres. Les quatre étages du nouveau bâtiment vous racontent ainsi, mieux que de grands discours, l'univers hollandais, mêlant tableaux, estampes, dessins, photographies, en replaçant dans leur contexte bijoux, costumes, faïences de Delft, porcelaine.

BON À SAVOIR : insolite, une piste cyclable traverse le musée de part en part. Et pour terminer la visite, un pavillon entouré d'eau, et un jardin historique de plus de 14 000 m^{2}. • rijksmuseum.nl •

10 Se mettre au vert au Vondelpark

l'endroit rêvé pour souffler avant (ou après) la visite des grands musées.

Superbe parc de 48 ha, planté de beaux arbres, semé de pelouses d'un vert anglais, de lacs parsemés d'îlots, et de petits endroits secrets. C'est un super lieu de balade et d'agrément. Il est également parfait pour le jogging, une promenade à rollers ou... une petite sieste. Et quand arrivent les gelées, il devient le rendez-vous des patineurs ! Les férus d'ornithologie seront ravis et étonnés d'apercevoir autant d'oiseaux en liberté... De curieux oiseaux en vérité puisque les cigognes majestueuses côtoient les piverts farceurs et les perroquets vert anis... et ce même au cœur de l'hiver !

BON À SAVOIR : certains soirs d'été, on peut assister à des concerts gratuits ou à des pièces de théâtre « expérimental ».

11 Traverser les continents

en allant admirer les remarquables collections du Tropenmuseum, le musée des Tropiques.

Très bien conçu et installé dans le grand bâtiment de l'ex-Institut colonial néerlandais (1926), c'est un de nos lieux préférés à Amsterdam, d'autant qu'il est exempt de ce colonialisme nostalgique souvent présent dans les musées de ce genre... Aujourd'hui, outre ses superbes collections, il s'ouvre aux questions de recherche et d'ethnologie, aux problèmes de développement, notamment dans les pays de l'ancien empire colonial néerlandais (Indonésie surtout). Dans le magnifique hall, les galeries sur plusieurs étages sont consacrées au Sud-Est asiatique puis à l'Afrique et à l'Amérique latine. Présentation originale et colorée, régulièrement modifiée.

BON À SAVOIR : après la visite, on peut déguster de délicieuses spécialités des quatre coins du monde sur la terrasse du restaurant *Ekeko,* au rez-de-chaussée du musée. • tropenmuseum.nl •

SAVOURER

12 Déguster un hareng doux sur le comptoir d'un kiosque

en le tenant par la queue pour le faire glisser dans le gosier comme le font les Néerlandais.

Les kiosques à poisson font partie intégrante de la carte gastronomique de la ville, on les trouve partout dans le centre et particulièrement près des canaux. Ils proposent toute la journée des sandwichs à l'anguille (délicieux, eh oui !), aux crevettes, au saumon ou à l'éternel hareng. Pour respecter la tradition, pincer la queue du bout des doigts, pencher la tête en arrière et l'avaler d'un trait ! Pour le faire passer, tentez le petit verre de genièvre glacé.

BON À SAVOIR : le 31 mai, c'est la fête du Hareng, ; elle marque le début de la saison de pêche. Pour certains amateurs, c'est en été, quand le poisson est le plus gras, qu'il a le meilleur goût. Il prend alors le nom de *nieuwe haring* (hareng nouveau).

UNE CUISINE COSMOPOLITE

On dénombre près de 180 nationalités à Amsterdam, cela se ressent inévitablement dans la cuisine, on ne peut plus cosmopolite ! En fait, les Néerlandais se passionnent pour les « cuisines du monde », métissage des traditions des cinq continents. Cuisines marocaine, afghane, sud-africaine ont changé la couleur des tables de la ville. Rien qu'à Amsterdam, on estime à pas moins de 700 le nombre de ces restos exotiques. Ici, « on peut manger dans toutes les langues ». On vous conseille d'ailleurs de vous offrir une soirée dans un resto indonésien pour une *rijsttafel.*

13 S'attabler devant une abondante *rijsttafel*

vestige culinaire de la présence néerlandaise en Indonésie.

Un « art de la table » pour le moins original. Là, on change de continent et de civilisation ! Nous voilà en Indonésie (héritage colonial). Littéralement, *rijsttafel* signifie « la table de riz ». En effet, ce fameux plat, originaire de l'île de Java, se compose de riz cuit sec et d'une kyrielle de petits plats secondaires, contenant de la viande, des légumes variés, des sauces étranges et mystérieuses, des épices fortes et très fortes... Le serveur dépose l'ensemble sur la table. On picore alors dans une quinzaine de plats, tous différents. La *rijsttafel* est si copieuse qu'il faut se forcer si l'on veut arriver au bout du repas.

BON À SAVOIR : ne pas manger trop vite, car ce plat « religieux », naguère destiné à rendre la nature féconde, s'égrène tel un chapelet de grand-mère !

14 Prendre le ferry (gratuit) et aller déjeuner dans le quartier des anciens chantiers navals

là où se construit le nouvel Amsterdam.

C'est au nord de la ville que se trouvent aujourd'hui les bars, les restos, les terrasses où le tout-Amsterdam se retrouve, aux premiers rayons du soleil. L'un des lieux à ne pas manquer dans cet espace ouvert à la création et à la restauration sous toutes ses formes est sans aucun doute l'ancienne cantine des ouvriers du chantier naval, l'*IJ Kantine*. Toujours dans le genre étonnant, le *Pllek*, un restaurant aux fausses allures de squat créé dans d'anciens containers de cargo, ou bien encore le *Noorderlicht Café* (« Lumière du Nord ») qui, lui, a trouvé sa place dans un ancien hangar de stockage. Grandes terrasses aux beaux jours, ça va sans dire. Et bonne musique. L'ancien chantier naval NDSM fait partie des lieux « show » où l'on se retrouve pour boire, manger, prendre l'air du temps

BON À SAVOIR : consultez les sites, bien réalisés, de ces véritables lieux de vie, où l'on peut aussi venir prendre un verre le soir. • restaurantstork.nl • wilhelmina-dock.nl • ijkantine.nl • pllek.nl •

15 Entre deux musées, s'offrir une pause sucrée à *La Pompadour*

la pâtisserie la plus glamour de la ville.

De notoriété publique, voici une des meilleures adresses de la ville. Florentins, financiers, biscuits secs, chocolat chaud (hmm, du Valrhona...) : rien ne nous a déçus ! Malgré le cadre de riches boiseries et de lourdes tentures, l'atmosphère n'a rien de guindé. Levez les yeux, les lustres sont rigolos ! Posez-vous (si vous trouvez de la place, mais ici ça vaut le coup de patienter dehors après avoir réservé) et régalez-vous, parce que c'est vraiment ce que vous aurez de plus raisonnable à faire ! En période de Noël, vous y trouverez toutes sortes de biscuits, gâteaux et friandises propres aux fêtes : *kruidnoten, pepernoten* et autres spéculoos...

BON À SAVOIR : • pompadour-amsterdam.nl •

À BICYCLETTE

À Amsterdam, le vélo est roi. Près d'un déplacement sur deux se fait sur deux roues. Cela dit, la situation n'est pas forcément idyllique : il y a souvent des embouteillages... de vélos. Mais, en définitive, avec ses kilomètres de canaux enjambés par de petits ponts, sa configuration plate, ses pistes cyclables bien tracées et sa circulation automobile sévèrement réglementée, Amsterdam se prête admirablement à ce mode de déplacement écologique et rapide. Toute la ville semble ainsi vivre au rythme de ces élégantes bicyclettes, où l'on est haut et bien perché. Toutes les générations se croisent, avec chiens et enfants dans les paniers. On ne peut qu'admirer ceux et celles qui gardent l'équilibre, un sac à la main et le portable à l'oreille.

SORTIR

16 S'arrêter dans un « café brun » pour avaler une bière de saison

la mémoire d'Amsterdam au détour du comptoir.

Les « cafés bruns », semblent n'avoir guère changé depuis leur apparition au XVIIe siècle. Dans ces lieux de vie, aussi précieux que chaleureux, on y boit bière, genièvre, et on peut même y manger. Les plafonds et les murs ont été brunis par des siècles de tabagie. Cette patine unique est le signe de reconnaissance du « café brun ». On ne conçoit pas une visite de la ville sans passer quelque temps dans ces endroits souvent magiques et parmi les plus attrayants d'Europe. Sans eux, Amsterdam serait comme Rome sans ses églises ! Les Amstellodamois, toutes catégories sociales confondues, s'y pressent après leur journée de travail, dans le brouhaha des conversations entrecroisées et le tintement des verres.

BON À SAVOIR : on en trouve pas mal dans Jordaan, comme le café *Chris* (le plus vieux d'Amsterdam, datant de 1624 !) ou le *Papeneiland,* superbe avec ses carreaux de Delft et ses lampes de cuivre. • cafechris.nl • papeneiland.nl •

17 Prendre un verre (et de la hauteur) dans l'un des nombreux cafés-terrasses des anciens docks de l'est

et se retrouver face au panorama d'une ville surprenante, toujours en mutation.

Il existe encore des quartiers où les touristes s'aventurent peu. Tout le long de la nouvelle promenade aménagée à l'est de la gare centrale, les terrasses de l'Entrepotdok sont le rencart des branchés du quartier. Des artistes habitent dans les lofts que l'on vient admirer d'en haut, depuis les cafés-terrasses aménagés au dernier étage de la Bibliothèque centrale.

BON À SAVOIR : ne pas oublier le quartier des anciens chantiers navals NDSM, (voir la rubrique « savourer »).

18 Tout savoir sur l'art de savourer bières et genièvre

cette excellente eau-de-vie, un peu comparable au gin, qui a longtemps pu faire figure de boisson nationale.

Il existe encore à Amsterdam des lieux spécialisés dans la dégustation du genièvre, apellés *proeflokaalen*. Le plus célèbre est le café *De Drie Fleschjes*, où rien n'a changé depuis 1650... Pour les amateurs de bières, rendez-vous au *'t Arendsnest*. Ici, pas moins de 30 bières à la pression et 150 en bouteilles, exclusivement d'origine hollandaise. Un vrai conservatoire national ! À ce titre, le patron, ardent défenseur du patrimoine, mériterait une médaille. Il n'hésite pas à parcourir 15 000 km par an pour dénicher la perle rare parmi les micro-brasseries du pays. Si le sujet vous intéresse, une halte s'impose, mais vous n'aurez sans doute pas assez d'un week-end pour faire le tour de la question...

BON À SAVOIR : • arendsnest.nl • dedriefleschjes.nl •

19 Assister à un concert de musique classique au Concertgebouw

une des plus belles salles de concert au monde, à moins de préférer un concert de jazz au Muziekgebouw aan't IJ.

Le Concertgebouw reste évidemment l'attraction musicale n° 1 pour tous les amoureux de musique classique et ce, depuis 125 ans. Il est notamment réputé pour son acoustique parfaite. Mais il faut maintenant compter avec le Muziekgebouw aan't IJ. Derrière la gare, au bord de l'eau, cette magnifique bâtisse en verre abrite plusieurs salles à l'excellente acoustique, dédiées à la musique classique contemporaine et au jazz. Leur structure permet d'accueillir de grands orchestres comme de petits ensembles. Concert-déjeuner une fois par mois, le mardi. Les concerts sont proposés à prix très convenable

BON À SAVOIR : • concertgebouw.nl • muziekgebouw.nl •

20 Prendre un bain de (contre-) culture au Melkweg

un lieu vraiment détonnant.

Dans cette ancienne et superbe laiterie, se nichent une salle de concert, un cinéma programmant des œuvres qu'on ne voit pas ailleurs (qui plus est, dans une salle magnifique), un théâtre, un espace vidéo projetant tous les délires possibles et imaginables, un salon de thé où sont servis un plat du jour, des sandwichs ou des gâteaux, une galerie d'art, et enfin un *tearoom* cosy où, en dehors du thé, sont proposées moult autres herbes de provenance internationale et dont on ne fait pas forcément des infusions. Ceux qui ne se sentent pas concernés par la contre-culture pourront se contenter de venir se trémousser sur la piste de danse puisque, après le concert, ça fait boîte. En fin de semaine, house, techno, drum'n'bass, avec les meilleurs DJs du moment. Le *Milky Way,* comme on l'appelle ici, constitue le lieu phare de la culture alternative de la ville.

BON À SAVOIR : • melkweg.nl •

16 LES « CAFÉS BRUNS »

SHOPPING

21 Découvrir des produits de la mode et du design souvent avant-gardistes

vêtements, accessoires, articles de déco...

Le design hollandais est partout. Il est même devenu accessible (c'était sa fonction première, en fait !) et reprend parfois de vieux motifs typiques (couleurs bleues et blanches, tulipes, vaches...), ce qui permet d'allier le traditionnel à l'insolite ! Deux enseignes devenues mythiques : *Mooi* dans le quartier du Jordaan mais aussi *Droog* plus à l'est.

BON À SAVOIR : ne pas oublier toutes les trouvailles que vous pourrez faire dans les boutiques de broc en tous genres, et où vous pourrez parfois boire et grignoter sur le pouce... • mooi.com • droog.com •

22 Se laisser convaincre que la Hollande est vraiment l'autre pays du fromage

Pour les amateurs de fromage, arrêt obligatoire chez *De Kaaskamer van Amsterdam*. Un fromager adepte du *slow food,* qui va chercher ses produits (au lait cru) directement chez le producteur. Laissez-vous guider, goûtez et vous verrez que les fromages hollandais peuvent être bien plus savoureux et subtils que toutes ces pâtes fades qu'on nous vend au supermarché. Il propose également une belle sélection de produits italiens, français... ainsi que des saucissons et des olives.

BON À SAVOIR : • kaaskamer.nl •

23 Faire un détour par le célèbre marché aux fleurs (Bloemenmarkt)

et remplir son panier.

Ce marché très touristique, installé en bordure du canal, propose des fleurs par milliers, mais aussi des bulbes, des arbustes, des plantes... Le soir, les barges sont tout illuminées.

BON À SAVOIR : c'est à Aalsmeer, dans la banlieue d'Amsterdam, que se négocie un tiers de l'ensemble du commerce mondial des fleurs coupées.

23 LE CÉLÈBRE MARCHÉ AUX FLEURS

AGENDA DES FÊTES, FESTIVALS ET ÉVÉNEMENTS CULTURELS

FIN JANVIER : *fête des Tulipes.* Tout le monde peut cueillir les tulipes de la place Dam, c'est gratuit. Voir le calendrier de l'office de tourisme.

MARS : *Semaines artistiques d'Amsterdam.* Théâtre, concerts, spectacles de danse.

AVRIL : *anniversaire du roi.* C'est la fête la plus joyeuse et la plus surprenante de l'année. Toute la Hollande descend dans la rue, arborant la couleur orange de circonstance. Artistes, chanteurs, musiciens ambulants débordent d'euphorie.

31 MAI : *fête du Hareng.* Le début de la saison de pêche donne lieu à de grandes réjouissances.

JUIN-JUILLET : *festivals de musique.* Un peu partout, en fait. Et notamment côté NDSM, dans les docks. Suivez le calendrier de l'office de tourisme.

AOÛT : *GayPride.* Dure près d'une semaine. Un événement majeur : la « Canal Parade » sur les péniches, qui réunit artistes, sportifs et même la police et l'Église protestante. Une fête populaire et très grand public qui rassemble autant d'hétérosexuels que d'homosexuels (300 000 visiteurs en moyenne), depuis 1996 ! • amsterdamgaypride.nl •

AOÛT : *Grachtenfestival (festival des canaux).* Des concerts gratuits dans de nombreux lieux simultanément.

DERNIER W-E D'AOÛT : *Uitmarkt.* C'est le coup d'envoi de la nouvelle saison culturelle. Opéras et ballets ont lieu sur d'immenses scènes installées sur l'eau.

MI-SEPTEMBRE : *Festival du Jordaan.* Durant 10 jours dans les rues de ce quartier. Comme toujours, les bars et les « cafés bruns » sont noirs de monde.

DÉCEMBRE-JANVIER : *Amsterdam Light Festival.* Lors des nuits les plus longues de l'année, le centre-ville brille de tous ses feux. Pour ce Festival des, lumières, le long de la rivière Amstel et des canaux du centre, des artistes proposent des installations originales et des projections sur les façades. Et au cours de la Parade de Noël, des dizaines de petits bateaux illuminés naviguent sur les canaux en parcourant des scènes enchanteresses.

SE REPÉRER

ANVERS

Jusque dans son nom – comme le reflet d'un endroit –, cette ville est un mythe. Elle est chef-lieu de province, mais elle est bien plus : aux XVIe et XVIIe s, elle règnait sur le commerce de l'Europe du Nord avant de céder la place à Amsterdam. Anvers est une cité cosmopolite qui parle toutes les langues du monde (172 nationalités contre 193 à New York !). Aujourd'hui, c'est le deuxième port d'Europe après Rotterdam. Voici la corne d'abondance des grands armateurs, des capitaines d'industrie, des négociants cossus. Mais c'est aussi une des plus vieilles villes libres d'Europe, qui attire depuis toujours artistes et intellectuels. La ville de Rubens, des diamants et de la mode, en pleine mutation architecturale et sociale, devrait vous surprendre.

BUDGET	€€
CULTURE	★★★☆
CUISINE	★★☆☆
SHOPPING	★★★☆
VIE NOCTURNE	★★★☆

0h55 au départ de Paris (aéroport de Bruxelles)

2h02 au départ de Paris

DÉCOUVRIR

1 Se balader sur la Grand-Place
et dans les ruelles voisines qui abritent des maisons de corporations.

Le triangle de la Grand-Place est entouré par les maisons Renaissance des guildes. La maison Roodenborgh, au n°40, passa des mains des tanneurs et des cordonniers à celles des charpentiers. On comprend leur convoitise : la façade baroque est la plus belle de la place. La Suikerrui (rue au Sucre), qui relie l'ancien hôtel de ville au Steen fut jadis un canal. On y apportait les cargaisons de mélasse de sucre venues des îles Canaries. Le n° 5 abrite la maison des Hanses, qui fut l'un des premiers immeubles de bureaux. Sur sa façade, Jef Lambeaux a sculpté les figures allégoriques des grands fleuves d'Allemagne. Sur le côté, la belle dame reproduite dans le style opulent de Rubens n'est autre que la muse du sculpteur : comme son atelier se trouvait dans la rue voisine, il la voyait beaucoup.

2 Visiter l'impressionnant et intriguant MAS (Museum aan de Stroom)
planté sur les anciens docks et évoquant les formes des conteneurs du port…

C'est le nouveau symbole de la ville qui s'autocélèbre de manière ostentatoire. L'entrepôt géant, réalisé par l'architecte néerlandais Willem Jan Neutelings, superpose sur 8 étages d'énormes coffres en porte-à-faux, reliés entre eux par des galeries vitrées. Ils abritent désormais les témoins du passé. Des « pierres de sable » d'Agra habillent les façades, parsemées de 3 185 mains en aluminium. Au cœur de ce bunker des temps passés et à venir, les salles compilent toute l'histoire de la cité, du Moyen Âge à nos jours en passant par l'âge d'or et l'évocation des trésors ethnographiques ou maritimes d'autrefois, grâce à une muséographie résolument contemporaine.

BON À SAVOIR : accès libre pour qui veut profiter de la vue panoramique sur Anvers, depuis le dernier étage.• mas.be •

3 Admirer la cathédrale Notre-Dame (Onze-Lieve-Vrouwekathedraal)

la plus grande église gothique des anciens Pays-Bas, dont la construction (1352-1521) prit quasiment deux siècles.

Rien n'était trop beau pour afficher la prospérité de la cité. La cathédrale a connu le grand incendie de 1517, les raids iconoclastes des protestants (entre 1566 et 1581), et le pillage de l'occupant français révolutionnaire. Chaque destruction fut réparée par un embellissement inédit. Commencez par admirer la tour : 123 m de haut, avec un carillon de 47 cloches. À l'intérieur, difficile de manquer la splendide chaire de Vérité, véritable chef-d'œuvre de la sculpture flamande de style baroque à la limite du rococo. Parmi les innombrables statues et tableaux, *La Descente de croix* (1612) de Rubens, d'un baroque qui frôle le réalisme.

BON À SAVOIR : • dekathedraal.be • Site internet remarquable et en français.

4 Remonter le temps dans la magnifique demeure de l'imprimeur Christophe Plantin

transformée en superbe musée sur l'histoire du livre imprimé.

Classée au Patrimoine mondial par l'Unesco, cette demeure patricienne du XVIe s est un lieu incontournable pour tous ceux qui s'intéressent à l'histoire du livre imprimé. Atmosphère un peu austère, comme il se doit dans un bel intérieur flamand : murs couverts de cuir de Malines, tapisseries d'Audenarde et de Bruxelles, tables laquées incrustées d'ivoire, parquets qui craquent, cheminées en carreaux de Delft, tintement du carillon dans le lointain… C'est ici que Christophe Plantin établit son imprimerie vers 1549. Moretus, son gendre, poursuivit son œuvre, imité en cela par ses descendants jusqu'en 1876, date à laquelle l'imprimerie fut vendue à l'État. Trois siècles durant, la même famille imprima et exporta à tour de bras atlas, bibles, bréviaires et missels. La maison ayant été transformée en musée, pas une salle qui n'apporte quelque élément essentiel à l'histoire de l'imprimerie.

BON À SAVOIR : • museumplantinmoretus.be •

5 Découvrir le cadre de vie de Rubens

dans sa somptueuse maison-atelier baroque du début du XVIIe s où sont accrochées quelques unes de ses toiles les plus célèbres.

Plus qu'une révélation esthétique, la maison de Rubens propose un voyage dans la vie d'un homme. Devenu propriétaire de cette maison du Wapper en 1611, il l'agrandit et l'embellit. Il y fait construire un musée très spécial, inspiré du Panthéon de Rome. Sous une coupole de verre, il expose sa collection de sculptures antiques. Il fait aussi construire un portique intérieur aux allures d'arc de triomphe romain donnant à la demeure un petit côté *palazzo* italien avec des œuvres de Titien, du Tintoret, de Véronèse, Léonard de Vinci, Raphaël, Van Eyck, Breughel le Vieux, Brouwer... Cette maison, des plus moderne pour l'époque, devient ainsi la première demeure baroque d'Anvers. Rubens y vit et y travaille, et comme diplomate, il y reçoit les grands de ce monde.

BON À SAVOIR : d'autres sites de la ville permettent de découvrir ses tableaux, comme l'église Saint-Jacques, qui fut sa paroisse, ou le musée Plantin Moretus (voir le coup de cœur n° 4). • rubenshuis.be •

6 Flâner au soleil couchant sur les quais de la partie la plus ancienne du port, à Het Eilandje, devenu le quartier le plus tendance d'Anvers

Ici s'amarraient jadis les paquebots transatlantiques de la célèbre *Red Star Line* pour embarquer les contingents d'émigrants à destination des Amériques… Aujourd'hui, il ne subsiste plus que de hautes grues désœuvrées, des entrepôts abandonnés et des quais déserts, propices à de nostalgiques promenades au soleil couchant… La balade permet de découvrir d'insolites architectures, de vénérables enseignes coloniales délavées, d'antiques écluses désormais classées… Quelques restos et cafés branchés n'ont pas attendu et commencent à animer Bordeauxstraat et Napoleonkaai.

BON À SAVOIR : se procurer l'excellente brochure *Het Eilandje* (éditée par l'office de tourisme) avec ses itinéraires détaillés, révélant toutes les richesses architecturales du port et son émouvante histoire.

7 Pour les amateurs d'architecture Art nouveau, aller voir le quartier Zurenborg et la rue Cogels Osylei aux villas de style *Jugendstil*

À la fin du XIXe s, Édouard Osy et John Cogels décidèrent de bâtir une gare ferroviaire marchande afin de créer une zone industrielle dans ce quartier. Mais observant, vers 1880, l'accroissement de la population anversoise, ils construisirent finalement des habitations. L'opération immobilière se révéla aussitôt juteuse. Toute la bourgeoisie catholique et dorée rêva d'une belle villa sur ces terres. Le style est typique du *Jugendstil* (Art nouveau), on ne peut plus éclectique et pourtant très homogène. Chacune de ces villas, qu'elle soit néogrecque, néogothique, néo-Renaissance, néobaroque ou encore Arts & Crafts, est un modèle du genre, dans le pur esprit Belle Époque.

BON À SAVOIR : on peut s'y rendre en train depuis Antwerpen Centraal, arrêt à la gare de Berchem.

LES DIAMANTS

La Pelikaanstraat et les rues alentour sont bordées par des dizaines d'entreprises de bijouterie, qui ont souvent leur boutique sous les voies du chemin de fer. Jusqu'à présent, c'était des juifs hassidim (déjà actifs à Anvers au XIIe s) qui travaillaient dans l'industrie et le commerce du diamant. Clin d'œil linguistique : le mot anglais *jew* n'est-il pas contenu dans le mot *jewel* ? Le marché est de plus en plus entre les mains de négociants jaïns du Nord de l'Inde. Le quartier des diamantaires d'Anvers joue depuis le XVe s un rôle essentiel dans l'économie de la ville. C'est aujourd'hui le plus grand centre diamantaire au monde.

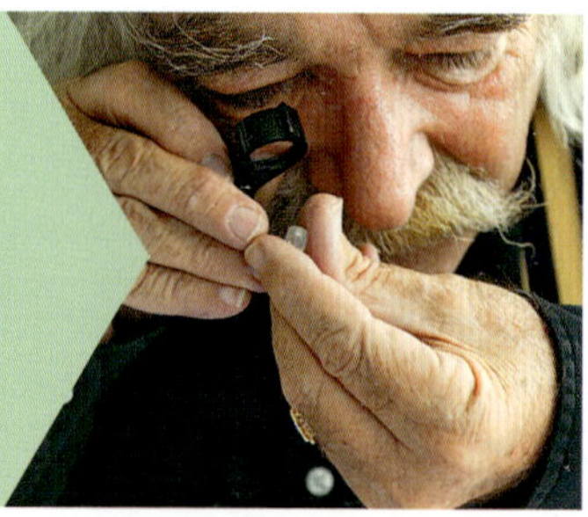

SAVOURER

8 Siroter un des trésors brassicoles dans l'un des bars classés parmi les meilleurs bars à bière du monde

Il y en a deux à Anvers ! Le *Bierhuis Kulminator* et le *Waagstuk*.

Le *Bierhuis* est un bar improbable, chez l'habitant ou presque, comme il en existe encore en Belgique ! Quelques grandes tables se partagent l'espace dans un bric à brac réjouissant, entre un vieux papier de paille aux murs, des jets de houblons suspendus et un vieux coucou qui égrène les heures... Kitchissime et pourtant si attachant.... La « carte des bières », c'est en fait un livre avec des bières rares, d'autres de microbrasseries inconnues produisant des merveilles. Quant au *Waagstuk,* c'est un vieil estaminet de caractère installé dans un ancien entrepôt du XVIe s, époque où les bateaux débarquaient leur chargement pour la pesée *(Waag)*. Parmi les 130 bières au choix, la Hop Ruiter, de la Schelde Brouwerij, est une totale exclusivité. Une triple à 8 % à siroter avec bonheur...

BON À SAVOIR : *Bierhuis Kulminator,* Vleminckveld, 32-34. • waagstuk.be •

9 Dîner au *Het Pomphuis,* dans le quartier des docks

restaurant au spectaculaire décor industriel Art nouveau qui sert une cuisine raffinée.

Il s'agit d'un bâtiment abritant de gigantesques pompes qui servaient autrefois à vider l'eau du bassin n° 7 pour mettre les navires en cale sèche. Assez fascinant de s'installer dans ce décor industriel génial, d'autant plus que la cuisine est d'une qualité remarquable, et le service étonnamment rapide, compte tenu du monde qui s'y presse en soirée. On peut aussi se contenter d'y boire un verre.

BON À SAVOIR : à 2 km du centre, dans les docks. • hetpomphuis.be •

10 Rejoindre le quartier sud (Zuid) pour la soirée

un des quartiers les plus recherchés par les amateurs de cuisine contemporaine, de bars branchés et de lieux tout simplement pittoresques.

Ici les terrasses envahissent les rues aux beaux jours (autour de Marnix Plaats, notamment) : vous aurez le choix. Pour les fauchés, plusieurs petits restos turcs autour de la Gillisplaats. Chez *Den Artist,* vous pourrez goûter à une bonne dizaine de spécialités belges (comme un délicieux *stoofpotje*) dans un joli cadre Art nouveau. *L'Entrepôt du Congo* évoque les cafés littéraires viennois avec ses colonnes et ses dessus de table en marbre... Pour des plats classiques de brasserie, optez pour *Chez Fred* ou *Walrus,* deux bistrots à l'atmosphère chaleureuse...

BON À SAVOIR : • brasseriedenartist.be • entrepotducongo.com • chezfred.be • restaurantwalrus.be •

SORTIR

11 Prendre le pouls de la ville dans les vieux cafés du centre historique ou du port bondés en fin de semaine

Les fins de semaine sont chaudes à Anvers, surtout l'été. Les alentours de la cathédrale, de l'hôtel de ville, du Vlaamsekaai et du port ne forment plus qu'une seule et immense fête. Le triangle Vleminckveld-Gasthuisstraat concentre quelques sympathiques refuges pour oiseaux de nuit. Au *Beveren Café,* les Anversois ne rechignent pas à se mélanger avec les touristes et les marins. Il faut dire que certains soirs, en été, le bastringue fait des étincelles... Ça, c'est Anvers ! *Den Engel,* sur la Grand-Place, est aussi très bruyant ! On l'aime beaucoup pour son côté authentiquement populaire, ses dures banquettes en bois et ses tables de marbre, ses glaces craquelées, sa collection de casquettes au-dessus du bar et sa vieille pendule qui s'obstine à rester sur 11h55... Pourvu que ça dure !

BON À SAVOIR : Beveren Café, Vlasmarkt, 2 ; Den Engel, Grote Markt, 3. • cafedenengel.be •

SHOPPING

12 Suivre les pas des *fashionistas* pour découvrir les dernières tendances

des stylistes déjantés qui ont imposé un style nouveau en matière de mode.

Les créateurs belges ont investi le quartier de la Nationalestraat, suivant l'exemple de la star incontestée de la mode anversoise, Dries Van Noten. Le chef de file des « Six » s'est installé au *Het Mode Paleis* (au *Palais de la Mode*, au n° 16), une jolie boutique Belle Époque au nom prédestiné et à deux pas du musée de la Mode. Toujours aussi incontournable, on ne le présente plus (mais on adore toujours !). La boutique d'Ann Demeulemeester se visite comme l'on visite une galerie d'art. Là encore, on frise la provocation, tant par les formes et les matières que par les prix... Les Japonais adorent ! L'espace est splendide en tout cas.

BON À SAVOIR : procurez-vous à l'office de tourisme le petit livre rouge Fashion Walk, il recense l'ensemble des marques et des jeunes créateurs, ou rendez-vous sur • antwerp-fashion.be •

13 Faire emplette des meilleurs chocolats, pralinés ou ganaches

au *Günther Watté* ou au *Paleis op* de *Meir-Chocolats Line.*

Günther Watté est un « Chocolade Café » dans un cadre contemporain très chic et sophistiqué pour déguster un succulent chocolat chaud ou faire provision de ganache au thé, de praliné amandes et miel, de fourré de chocolat blanc aux fraises ou de pâtes de fruits de saison (ah, les citrons confits enrobés de chocolat noir !). Noyés dans de profonds fauteuils baroques, sous de beaux lustres, on atteint là une plénitude totale... Le *Paleis op de Meir-Chocolats Line* offre lui aussi un cadre exceptionnel. Ce palais passa dans les mains de Napoléon, du roi Guillaume Ier des Pays-Bas et de la Maison Royale belge avant d'abriter aujourd'hui le nouveau roi du chocolat, qui est à la fois le plus fou des chocolatiers belges : Dominique Persoone, qui s'est fait un nom depuis Bruges. Boutique et café sur place.

BON À SAVOIR : • watte.be • thechocolateline.be •

LES « SIX D'ANVERS »

Depuis l'émergence de la fameuse bande des « Six d'Anvers » – constituée de Marina Yee, Ann Demeulemeester, Dries Van Noten, Martin Margiela, Walter Van Beirendonck et Dirk Bikkembergs –, Anvers s'est confectionné une réputation dans le domaine de la mode : style « minimaliste » très caractéristique, coupes déstructurées parfaites, finitions impeccables et détail loufoque qui compense le style parfois austère. Mais, attention, prix astronomiques ! Des Parisiennes branchées font le déplacement à Anvers lors des soldes ou pour découvrir les dernières créations du groupe des « Six d'Anvers ». Dans le quartier du Vlaamsekkai, où s'est installé le musée de la Mode en 2002, on peut visiter leurs showrooms, où se combinent, dans un mélange détonnant, mode décoiffante et art contemporain.

AGENDA DES FÊTES, FESTIVALS ET ÉVÉNEMENTS CULTURELS

TOUTE L'ANNÉE : *concerts de carillon.* À la cathédrale, tte l'année, lun, mer et ven 12h-13h ; 1er mai-30 sept, 15h-16h ; juin-sept, également lun soir 20h-21h.

MAI : *The Taste of Antwerpen.* Pendant 4 jours. Une grande fête vouée à la gastronomie et qui attire chaque année plus de 120 000 gourmands. • antwerpenproeft.com •

JUIN : *Fashion Show.* Défilés de mode permettant de voir les créations des étudiants de l'Académie de la mode d'Anvers. Très populaire. • ffi.be/ •

15 AOÛT : *marché de Rubens.* Sur la Grand-Place. Vendeurs en costume de l'époque de Rubens.

SE REPÉRER

ATHÈNES

Un climat méditerranéen, des musées à foison, des quartiers branchés… Malgré les vieilles pierres qui l'ont rendue célèbre, Athènes est tout sauf une ville morte. C'est, bien au contraire, une capitale fort vivante. Pour accueillir les JO de 2004, la ville s'est lancée dans un vaste chantier durant lequel elle s'est littéralement transformée. Nouvelles lignes de métro et de tramway, création d'un vaste plateau piéton permettant de passer d'un site à un autre… Le résultat a stupéfié jusqu'aux plus sceptiques. Aujourd'hui, on flâne avec bonheur entre les sites archéologiques de la ville. Bien sûr, la crise qui frappe le pays a porté un coup dur à son développement, mais il faut découvrir Athènes, à la fois berceau de la civilisation occidentale et byzantine, aller à la rencontre de ses habitants, fréquenter ses cafés, ses restaurants, ses tavernes, ses marchés, là où l'âme grecque se révèle dans toute sa générosité.

BUDGET	€€
CULTURE	★★★★
CUISINE	★★★☆
SHOPPING	★★☆☆
VIE NOCTURNE	★★★★

3h10 au départ de Paris

DÉCOUVRIR

1 Grimper les marches de l'Acropole

et déambuler au milieu des vestiges de la légendaire colline, dont le célébrissime Parthénon.

La colline de l'Acropole compte parmi les sites les plus visités du monde. Situé dans le centre d'Athènes, le célébrissime Rocher sacré domine majestueusement l'Agora. Ce n'était au départ que la forteresse d'un seigneur local, avant que l'on décide de la consacrer au culte de la déesse Athéna. Parmi les joyaux de marbre de la colline, le Parthénon bien sûr. Que n'a-t-on pas écrit sur cette merveille des merveilles ! Il a fallu une dizaine d'années pour le construire : 20 000 blocs de marbre du mont Pentélique ont été nécessaires. Sa renommée vient aussi de sa grande richesse sculpturale. Pourtant, on n'a conservé qu'une petite partie de la magnifique frise de style ionique qui était longue de 160 m (on le sait, il faut aller au British Museum de Londres pour voir la plus grande partie de ce qui a été conservé).

BON À SAVOIR : y aller à l'ouverture pour éviter de trop se dessécher au soleil. Et rejoindre ensuite l'Agora, au pied de l'Acropole, qui était le centre de la vie publique de la cité antique. Pour une belle visite virtuelle du site, consulter • acropolis-virtualtour.gr •

2 Flâner dans les rues du pittoresque quartier de Plaka

l'endroit le plus animé d'Athènes.

Visite presque obligatoire, le soir de préférence ou alors le matin. Mais ne croyez surtout pas que c'est le petit coin ultra-typique « où l'on voit vraiment vivre les Athéniens ». Cela dit, Plaka est encore, par endroits, ce petit village planté comme ci comme ça. Chaque époque a apporté ses fantaisies de pierre et de brique, sans trop se soucier de conformité. Chaque provincial, chaque émigré a apporté ses goûts, son architecture. C'est un merveilleux creuset de styles ! Se balader dans Plaka en pensant que la ville est tout autour, ça donne envie de siffloter. En l'air, c'est le ciel bleu, et, de temps en temps, au hasard d'une ruelle, le Parthénon.

3 Admirer le plus beau coucher de soleil sur Athènes

en montant sur la colline du monument de Philopappou.

À 147 m d'altitude, cette colline offre en effet une vue panoramique et permet de découvrir une bonne partie de l'Attique, jusqu'au Pirée, sans parler de la vue qu'elle offre sur l'Acropole.

4 Visiter le musée de l'Acropole

moment fort d'un séjour à Athènes, et une visite indispensable pour comprendre le site.

Dessiné par l'architecte franco-suisse Bernard Tschumi et son collègue grec Michel Photiadis, c'est un trapèze de verre de 25 000 m^2, dont une salle de 3 200 m^2 consacrée au seul Parthénon. Peut-être surdimensionné (en tout cas tant que les fameuses frises du Parthénon réclamées au *British Museum* ne quittent pas l'Angleterre pour rentrer au bercail), ce musée des superlatifs aura coûté 130 millions d'euros. Spacieux, moderne, il présente une concentration remarquable de chefs-d'œuvre.

BON À SAVOIR : • theacropolismuseum.gr •

5 LE MUSÉE ARCHÉOLOGIQUE NATIONAL

5 Se représenter l'incroyable richesse artistique de plus de 2 000 années d'hellénisme

au Musée archéologique national d'Athènes.

Impossible, évidemment, de donner une vision exhaustive des richesses de ce musée (près de 12 000 pièces exposées). Entre autres merveilles, les trésors mycéniens dont le célèbre masque d'Agamemnon. Les salles sont consacrées aux périodes néolithiques (découvertes faites dans la région de Volos, notamment) et à la civilisation cycladique (notamment avec les découvertes faites à Phylakopi, sur l'île de Milos ou à Chalandriani sur l'île de Syros), ainsi qu'à la sculpture (monumentale) du VIIIe au VIe s av. J.C. Elles permettent de voir l'évolution de la représentation des jeunes hommes nus (*kouros*, *kouroi* au pluriel) et jeunes femmes habillées (*korê*, *korai* au pluriel), dont l'une (550 av. J.-C.) a été trouvée, imaginez sa tête (!), par un paysan dans son jardin, près de l'aéroport, en 1972.

BON À SAVOIR : • namuseum.gr •

6 Approfondir ses connaissances du monde byzantin

au Musée byzantin et chrétien.

Le musée a été entièrement refait et a abandonné la villa réalisée dans les années 1840 pour Sophie de Marbois-Lebru (la duchesse de Plaisance) pour un nouveau bâtiment à la muséographie remarquable dans lequel on découvre le monde byzantin, de ses origines (il est issu de la culture gréco-romaine) à sa fin (chute de Constantinople en 1453), sans oublier ses marges (section sur les coptes d'Égypte). De magnifiques pièces comme ce chrysobulle (document garantissant des privilèges) de l'empereur Andronikos II, de nombreuses icônes anciennes (certaines doubles ou en relief), des bijoux. Superbes fresques murales (*Dormition de la Vierge*), bols en terre cuite vernissés, mosaïques, éléments architecturaux, petits bronzes, icônes en argent repoussé ou en vermeil. Même les mécréants seront sensibles à ces splendeurs…

BON À SAVOIR : ne pas manquer non plus le passionnant musée Benakis, ainsi que le musée des Cyclades et de l'Art grec ancien. • byzantinemuseum.gr • benaki.gr • cycladic.gr •

THÉÂTRE ANTIQUE

Si l'on a un peu trop tendance à dire qu'on n'a rien inventé depuis les Grecs, c'est en tout cas certainement vrai pour le théâtre. Les tragédies reprenaient les récits de la mythologie. On les jouait dans d'immenses théâtres en plein air, capables d'accueillir jusqu'à 14 000 spectateurs. Parmi les grands auteurs, le premier, fondateur de la tragédie, est Eschyle, dont il ne reste que sept pièces. Ses héros se débattent dans un monde violent, aux prises avec la justice divine, implacable. Sophocle, qui écrit quand Athènes est à son apogée, replace l'homme au centre et montre des personnages en lutte avec leur destin, ainsi que les conséquences de leurs choix. Ici, la grandeur tragique trouve toute son expression. Euripide, dont 18 tragédies sont conservées, renouvela le genre et s'attacha à l'analyse psychologique des personnages, au rajeunissement des mythes grecs et à la contestation de la tradition, allant même jusqu'à l'irrespect envers les dieux !

SAVOURER

7 Avaler sur le pouce de délicieux *mezze*

dans le quartier de Psiri.

Psiri, un ancien quartier d'artisans, est devenu en quelques années un des endroits les plus fréquentés d'Athènes pour ses restos, presque tous des *mézédopolia* et des *ouzéria.* On les compte par dizaines. Ces restos ne sont pas forcément plus chers que ceux de Plaka, et ils offrent souvent des plats plus originaux. Vous y dégusterez calamars grillés, purée de fèves, anchois, pommes de terre au yaourt, ou encore une *lebaneziki,* onctueuse salade de tomate et fromage mélangés, un petit délice ! De plus, leurs décors rivalisent d'imagination : on se croirait parfois dans un parc d'attractions.

BON À SAVOIR : plusieurs brocanteurs et antiquaires se sont également installés dans Psiri.

8 S'engouffrer dans les halles d'Athènes

Avec leurs incroyables étals de viande et de poisson, elles révèlent la Grèce populaire, animée et commerçante.

Les halles d'Athènes vivent comme au temps de celles de Paris avant qu'elles n'émigrent à Rungis. Sous une gigantesque construction s'étendent la halle au poisson et la halle à la viande ; un étalage fellinien très pittoresque. Les centaines d'ampoules électriques accentuent le côté féerique. Y aller le matin pour l'ambiance, quand les clients crient et que les commerçants s'invectivent.

BON À SAVOIR : les artisans et commerçants du coin y travaillent, y habitent et… y mangent ! On y trouve quelques restos vraiment populaires, où les seuls étrangers qui s'y aventurent sont ceux qui ont les mêmes mauvaises lectures que vous.

8 LES HALLES D'ATHÈNES

STREET FOOD À LA GRECQUE

On trouve partout le (petit) *souvlaki* que l'on mange avec un morceau de pain, ou, plus nourrissant, le *yiros* (gyros) *me pita* (viande de porc, parfois de poulet, cuite à la broche et découpée, avec de l'oignon et d'autres choses, dans une sorte de galette). Tout cela est bien meilleur que les hamburgers ou autres pizzas industrielles. Le kebab se trouve également de plus en plus. Félicitations si vous réussissez à manger de la *patsas*, une sorte de ragoût de tripes, spécialité des gargotes du marché d'Athènes (où les restos sont ouverts 24h/24). N'oubliez pas non plus la *tiropita*, feuilleté au fromage, ou encore la *spanakopita*, où les épinards remplacent la feta. On les trouve dans les boulangeries et pâtisseries.

9 Faire comme les Athéniens
et passer des heures à siroter un café frappé en terrasse.

Il faut absolument goûter à ce café glacé, bien rafraîchissant, que l'on appelle « frappé ». C'est excellent. Comme le café grec, on le commande très sucré *(glyko)*, moyennement sucré *(métrio)*, sec *(skéto)* ou avec du lait *(mé gala)*. Le *freddoccino* ou le *frapuccino*, ces dernières années, concurrencent fortement le frappé.

10 Déguster un ouzo, sans se soucier du temps qui passe.

L'ouzo, sans lequel on n'imagine pas la Grèce, n'est pas une boisson bien ancienne, puisqu'on l'a « inventé » à la fin du XIXe s seulement. Le mot qui le désigne n'est pas d'origine grecque, mais italienne : à l'époque, sur les caisses de produits destinés à l'exportation, on écrivait « Uso… » (à l'usage de…) suivi du nom de la ville d'expédition. Le nouveau breuvage aurait été ainsi baptisé et écrit à la grecque. C'est le pastis local, pour aller vite. On l'obtient à partir de marc aromatisé à l'anis. On le sert au verre ou en petite bouteille (*karafaki*), accompagné de *mezze*. Ne pas confondre avec le *tsipouro*, qui s'apparente au *raki* crétois ou à la *grappa* italienne, c'est-à-dire une eau-de-vie de raisin non anisée.

BON À SAVOIR : à consommer avec modération, bien sûr.

SORTIR

11 Passer une nuit blanche à Gazi
le quartier de l'ancienne usine à gaz, haut lieu des nuits de la jeunesse branchée athénienne.

Entre des murs couverts de graffitis et un faux air de friche industrielle, le quartier de l'ancienne usine à gaz s'est transformé en haut lieu de la branchitude athénienne, à l'occasion de la reconversion de l'usine en lieu culturel (rebaptisée Technopolis). Faut dire que le site a de l'allure. Hautes cheminées et hangars de brique accueillent des expos et la cour, des spectacles. Derrière, concentrés autour de la station de métro Kéramikos, restos et bars presque mimétiques se répartissent le terrain de façon exemplaire. Belle rangée de bars-clubs aux cheveux bien laqués, bercés d'électro-lounge-afro-beat-machin distillé par des DJs parfois juchés sur des toits-terrasses reconvertis en *dancefloors*, comme au *Tramp* ou au *Hive*. Bref, Gazi rythme les nuits de la jeunesse bien sapée. Le jour, c'est mort.

12 Refaire le monde sur la place Exarchia
le quartier favori des étudiants et des marginaux de tout poil.

Une place en triangle derrière l'École polytechnique. C'est le Quartier latin d'Athènes, dit-on. Toujours très animé, avec souvent des concerts dans les bars le week-end. Historiquement, il s'agit d'un bastion anar ; d'ailleurs, c'est d'ici que sont parties les émeutes de décembre 2008, suite au meurtre d'un jeune par un policier. Ça a pas mal chauffé, les jeunes prenant la rue d'assaut et les vieux… jetant des pots de fleurs sur la police depuis leur balcon ! L'ambiance peut donc être électrique à l'occasion, mais d'ordinaire elle est plutôt bon enfant.

BON À SAVOIR : ce quartier a toutefois tendance à s'embourgeoiser ; les bars lounge et bistrots fashion remplacent peu à peu les lieux interlopes.

13 Aller écouter du rébétiko, le fameux « blues grec » dans une taverne

un passage obligé lorsqu'on est à Athènes.

Né en Asie Mineure, le *rébétiko* est arrivé en Grèce avec les réfugiés de Smyrne, après 1922, même s'il existait déjà aussi au Pirée. Dans sa forme originelle, très populaire, c'est typiquement une musique pour raconter de courtes histoires et exprimer des sentiments. Les premières chansons étaient souvent une manière satirique de relater les histoires tristes tirées de la vie des chanteurs, d'où l'appellation de « blues grec ». De nombreuses chansons font référence à la drogue et à l'univers carcéral. Les années héroïques du *rébétiko* sont la période 1920-1940. En 1936, pendant la dictature de Métaxas, certains *rébétès* sont pourchassés, et leurs chansons, jugées décadentes, interdites. Ces chansons de mauvais garçons des faubourgs, à la voix rauque, deviendront à la mode dans les années 1950-1960.

BON À SAVOIR : un des lieux les plus célèbres du *rébétiko* est le *Stoa Athanaton.* Spectacle à 23h avec consommation ou dîner. Autres lieux : *Astrofengia*, *Kavouras* ou *Rébétiki Istoria.*

14 Voir un spectacle de danses traditionnelles au théâtre Dora Stratou

C'est un spectacle de qualité, où les danses grecques sont fidèlement exécutées par une troupe de 75 danseurs et musiciens. Depuis 1953, l'association a pour but de préserver le patrimoine chorégraphique de la Grèce : elle a patiemment reconstitué les costumes que portaient il y a encore une cinquantaine d'années les insulaires, lors des cérémonies de mariage ou des fêtes. Les parures avaient alors une signification à la fois sociale et culturelle. Chaque détail d'une broderie ou d'un corsage pouvait indiquer le lieu d'origine de la jeune femme, si elle était mariée, quel était le métier du mari, si elle avait des enfants… La compagnie possède ainsi 2 500 costumes et parures (visite guidée et gratuite du vestiaire le matin). Une institution unique en Europe, qui propose également des cours et ateliers de danse.

BON À SAVOIR : • grdance.org •

SHOPPING

15 Se faire confectionner une paire de sandales chez *Stavros Melissinos*

Stavros a confectionné des sandales pour la veuve d'Onassis, Georges Bush (père) et les Beatles ! Et, plus près de nous, pour les prêtresses d'Apollon pendant les J.O. de 2004, lors de la reconstitution des jeux antiques à Olympie. Aujourd'hui, Pandélis, le fils, a repris la tradition.

BON À SAVOIR : prévoir un peu de temps (on vous prend vos mesures). • melissinos-art.com •

16 Craquer pour une parure de bijoux digne d'une déesse antique

Pour celles qui rêvent de porter les bijoux d'Antigone et de la belle Hélène ! Les bijoutiers grecs se sont en effet spécialisés dans la reproduction de bijoux antiques ou byzantins, en or (14 et 18 carats) ou en argent, mais avec une facture plus moderne.

BON À SAVOIR : voici quelques adresses. *Léondarakis :* 6, odos Skoufou, près de Syndagma ; *Fanourakis :* 23, odos Patriarchou Ioakim, *à* Kolonaki ; *Zolotas :* 10, Panepistémiou, près de Syndagma *; Lalaounis :* 6, Panepistémiou, près de Syndagma.

17 Faire un tour aux puces d'Athènes

là même où se tenaient, dans l'Antiquité, les petits commerces.

Ici, les Grecs s'activent et gèrent leurs affaires, comme au temps de l'Agora. Même si, depuis des lustres, les bidons d'huile d'olive ont remplacé les amphores, l'agitation collective, les odeurs, la langue de Socrate sont toujours aussi vivaces. À deux pas de Monastiraki, c'était le rendez-vous des revendeurs, des Tsiganes, colporteurs, brocanteurs, avec les « rabatteurs », ceux qui quadrillent chaque jour la ville, la banlieue et les provinces, dans leurs *métaforas* (triporteurs à moteur).

BON À SAVOIR : de l'aube jusqu'à midi (grosse activité le dim).

AGENDA DES FÊTES, FESTIVALS ET ÉVÉNEMENTS CULTURELS

AVRIL : *la Pâque orthodoxe.* Première au hit-parade, en Grèce la Semaine sainte est traditionnellement plus importante que Noël. Vérifier quand tombe la Pâque grecque *(to Paskha)* dans le calendrier orthodoxe. Se renseigner alors si l'on veut visiter des musées ou autres sites touristiques, car soit ils sont fermés, soit ils fonctionnent au ralenti du jeudi de la Semaine sainte au lundi de Pâques inclus. Les temps forts de cette semaine sont la procession de l'*épitafios* (symbolisant le linceul du Christ) le vendredi soir, la messe du samedi soir qui se termine aux cris de « Christos anesti » (« Christ est ressuscité ») et qui est suivie d'un repas commençant par la *mayiritsa,* une soupe d'abats d'agneau et d'œufs battus, et, enfin, le repas dominical (agneau à la broche pour tout le monde).

FIN MAI : *Festival de Jazz.* Au Technopolis, quartier de Gazi. Ambassades européennes et instituts culturels s'associent à l'organisation. Concerts gratuits sur 5 jours.• cityofathens.gr •

JUIN-AOÛT : *festival d'Athènes.* À l'odéon d'Hérode Atticus, au pied de l'Acropole. Tragédies grecques, concerts classiques, jazz, ballets, opéras, avec des artistes internationaux. L'odéon n'accueille en fait qu'une partie des spectacles qui sont représentés en différents lieux à Athènes (et aussi à Épidaure). • greekfestival.gr •

1ÈRE QUINZAINE DE JUILLET : *festival international de danse.* Au Technopolis, quartier de Gazi.

SE REPÉRER

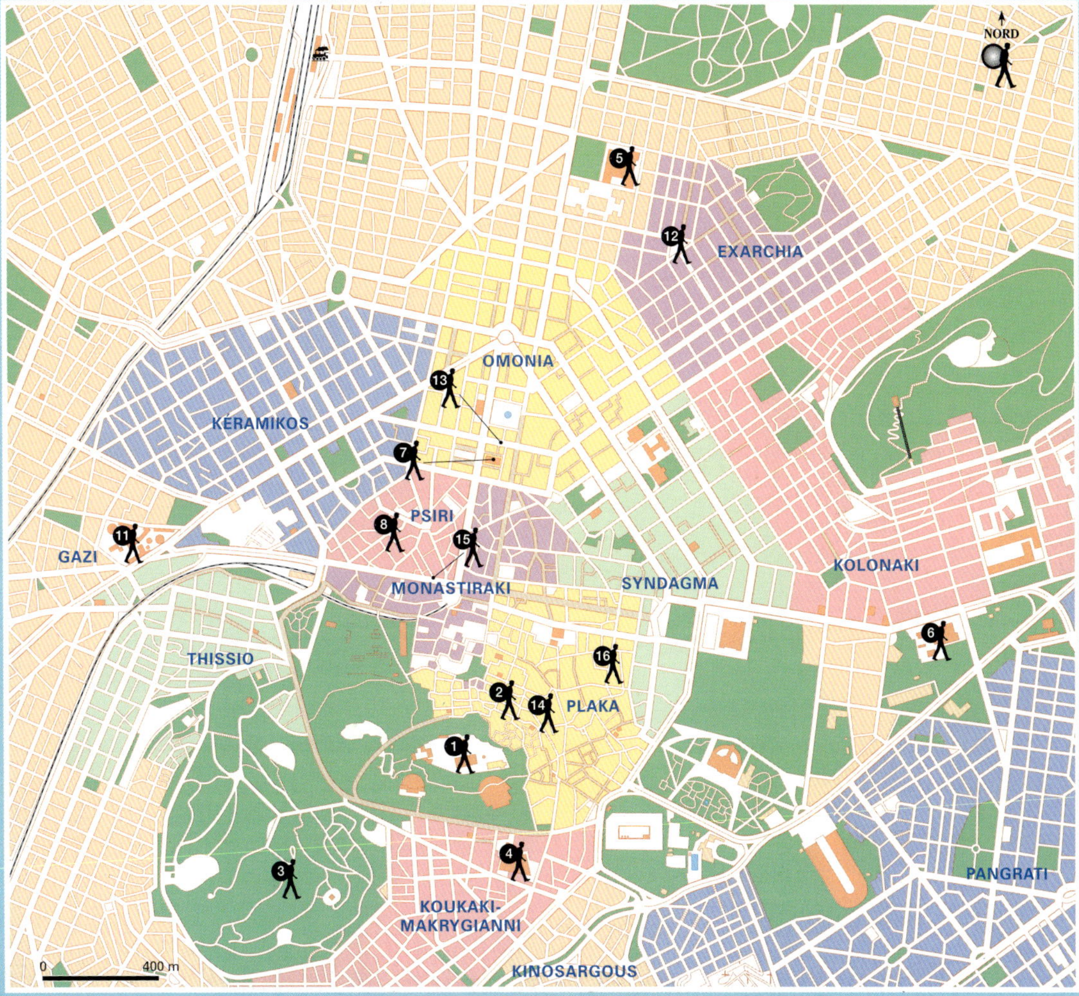

8 LA SAGRADA FAMÍLIA

BARCELONE

Barcelone, c'est le parfait compromis entre macadam et plage, farniente et culture. Mieux, la capitale catalane est une cité vibrante et séductrice : un bon mix de vie nocturne, de shopping et d'attractions culturelles. Au bord de la Méditerranée, elle possède un patrimoine unique au monde avec les maisons espiègles de Gaudí, son époustouflante Sagrada Família, mais aussi l'architecture gothique de la vieille ville. Avec son caractère bien trempé, c'est aussi et surtout une destination vivante, affichant haut et fort sa tolérance et son ouverture d'esprit. Côté gastronomie, Barcelone est une ville-marmite toujours en ébullition, où chefs et cuistots rivalisent d'inventivité. Cette ville se laisse goûter du bout des lèvres, de tapas en tapas, ou à pleines bouchées. Avant de partir à l'assaut de ses folles nuits…

BUDGET	€€
CULTURE	★★★☆
CUISINE	★★★☆
SHOPPING	★★★☆
VIE NOCTURNE	★★★★

1h40 au départ de Paris

DÉCOUVRIR

1 Déambuler tranquillement dans le Barri Gòtic

entre ruelles et placettes, le nez en l'air, pour profiter pleins feux de toutes les façades de ce quartier historique.

Le Barri Gòtic, c'est le cœur historique de la ville, dessiné par les Grecs puis les Romains. Ce quartier est plein de charme. Flânez le long de ses ruelles médiévales, perdez-vous entre les petites places : on y savoure une Espagne authentique, des éclats de vie, des instants magiques. Et puis, des joyaux du patrimoine barcelonais : la cathédrale, le Musée de la ville, le Palau de la Generalitat… Il faudra savoir vous perdre pour capturer vos propres instantanés, fabriquer vos propres souvenirs…

BON À SAVOIR : sachez que découvrir Barcelone aux aurores (de 7h à 8h30) est un moment rare, les rues sont encore désertes et l'on peut plonger à loisir dans l'âme de la ville ! Un plaisir réservé aux couche-(très) tard ou aux lève-tôt.

2 Contempler la plus belle donation de Picasso effectuée de son vivant

… au musée Picasso, tout simplement.

Installé dans un superbe ensemble de cinq palais médiévaux mitoyens communiquant entre eux (une réussite !), ce musée présente une collection fabuleuse retraçant une bonne partie de la carrière de Picasso, qui offrit pour l'occasion un millier d'œuvres, 3 ans avant sa mort en 1973. Un incontournable pour comprendre l'évolution de son travail, depuis ses œuvres de jeunesse jusqu'à la période bleue, puis rose. Sans oublier la très riche collection de céramiques, offerte par la veuve de l'artiste en 1982.

BON À SAVOIR : pour éviter les files d'attente démentielles en hte saison, réservez vos billets sur le site web, c'est le même tarif ! • museupicasso.bcn.cat •

3 Remonter le temps au musée d'Histoire de la Catalogne

une excellente introduction à la découverte du pays.

Installé dans un ancien entrepôt portuaire construit en 1901, ce musée s'est fixé comme objectif de raconter toute l'histoire de la Catalogne de la préhistoire à l'après-Franco, en passant par la romanisation, la période médiévale riche en rebondissements, l'apparition d'une nouvelle bourgeoisie liée à l'industrialisation et la construction de l'Eixample. C'est un pari réussi, grâce à une muséographie intelligente particulièrement ludique et interactive : documents audiovisuels et multimédia, reconstitutions grandeur nature, maquettes, et toutes sortes d'activités marrantes comme tout. Un must pour toute la famille !

BON À SAVOIR : profitez-en pour déjeuner au resto du musée ; installé sur le toit, il offre une vue très agréable sur les bateaux ancrés dans le port.
• mhcat.cat •

4 Se payer le luxe d'une petite brasse dans la Méditerranée à la Barceloneta

après une matinée super culturelle dans un musée.

Ce qui est génial à Barcelone, c'est qu'après avoir visité d'incroyables musées, on peut aller piquer une tête dans la Méditerranée. Peu de villes au monde peuvent en dire autant ! Les plages s'étendent sur plusieurs kilomètres, le long d'un large trottoir de bois : plages de la Barceloneta (la plus proche et la plus animée), de la Nova Icaria, de Bogatell, de la Mar Bella (probablement la plus belle) et de la Nova Mar Bella (assurément la plus tranquille). Et tout le long, on trouve d'honnêtes petits restos servant paellas et tapas à toute heure, à tous les prix. Elle est pas belle, la vie ?

4 LA PLAGE DE LA BARCELONETA

5 LA CASA BATLLÓ, DE GAUDÍ

Partir sur les traces d'architectes magnifiquement allumés
(Gaudí, entre autres) dans le quartier de l'Eixample.

Ils ont transformé la ville en un immense laboratoire de l'architecture moderniste. Antoni Gaudí et ses confrères ont conçu des édifices incroyables, où l'imagination a définitivement pris le pouvoir : motifs floraux, inspiration mauresque, courbes et mosaïques ont fait du quotidien une œuvre d'art. L'Eixample rassemble la plus forte concentration d'édifices modernistes, dont la casa Calvet (calle Casp, 48), le premier immeuble conçu par Gaudí dans ce quartier (1898). Mais c'est sur le passeig de Gràcia, que s'alignent les chefs-d'œuvre les plus emblématiques. Outre la casa Milà (la Pedrera, 1912), sans doute l'immeuble le plus célèbre de Gaudí, on y croise aussi le trio magnifique connu sous le nom de *Manzana de la Discordia* (Pomme de la discorde), soit la casa Lleó Morera (1906) de Domènech i Montaner, la casa Amatller (1900) de Puig i Cadafalch, et la casa Batlló (1907) de Gaudí (jeu de courbes et de voûtes, arcades en forme de gouttes d'eau, spirales végétales… ici s'exprime tout l'onirisme de l'art de Gaudi) : trois palais, trois architectes, trois styles différents. Dans tous les cas, un grand bain de couleurs, d'imagination et de liberté !

BON À SAVOIR : pour en savoir plus, voir • rutadelmodernisme.com • casabatllo.cat •

Pousser la balade urbaine jusqu'au quartier de Gràcia
et profiter de son ambiance de village sur les placettes où se retrouvent cadres, étudiants et artistes un peu bohèmes.

Un petit village devenu, au cours du XIXe s, un quartier à part entière de Barcelone. Pas de grands monuments à voir, simplement des tranches de vie, des gueules, des p'tits bistrots, des bars recyclés, une atmosphère à savourer. Car Gràcia a conservé une âme de village avec ses églises qui sonnent les heures, sa mairie, son marché couvert, sa population d'étudiants et d'ouvriers. Beaucoup d'animation sur les places publiques à la sortie des écoles, puis, dans un registre plus festif, le soir autour de la plaça del Sol et de la carrer de Verdi. Le temps fort étant, bien sûr, les fêtes du quartier, à la mi-août. Un de nos quartiers fétiches à Barcelone.

7 Prendre un grand bol d'air et de fantaisie dans le park Güell
au milieu des déglingues architecturales de Gaudí.

Un jardin extraordinaire, perché sur les hauteurs de Barcelone, l'une des étapes obligatoires de votre itinéraire pour découvrir Gaudí. À l'origine de ce parc, on trouve, dans les années 1900, le projet ambitieux d'une ville-jardin modèle commandité par l'industriel Güell et confié à Gaudí. L'argent ayant manqué, l'entreprise resta inachevée et le terrain fut converti en parc municipal... pour le bonheur de tous ! Des bâtisses qu'on croirait sorties de contes de fées, des pavillons aux cheminées en forme de champignons, des forêts de colonnes, des statues en forme de dragons, des mosaïques psychédéliques et une balustrade-banquette en carreaux de céramique offrant une vue superbe et étendue sur Barcelone. Un endroit magique !

BON À SAVOIR : • parkguell.cat •

8 Admirer l'imagination flamboyante du même Gaudí
en découvrant le temple de la Sagrada Família.

La basilique fut commencée par Gaudí en 1882, mais elle est toujours en construction, grâce à des financements privés. La façade de la Nativité est grandiose. Sa richesse en symboles, évoquant les rêves les plus sublimes, annonce le surréalisme. On se demande parfois si Gaudí ne serait pas un revenant inspiré tombé de la planète Moyen Âge ! Les abords, un chantier permanent rempli d'échafaudages, de grues, de blocs de pierre, peuvent être un peu décevants. Il faut pourtant dépasser cette première impression et ne pas hésiter à gravir les marches de la Sagrada Família, puis accéder aux tours : une vue superbe vous y attend.

BON À SAVOIR : pour éviter les files d'attente démentielles en hte saison, réservez vos billets sur le site web ou sur place, au guichet, quelques jours plus tôt. • sagradafamilia.cat •

9 Assister à une démonstration de sardane
la danse nationale catalane, le week-end, sur la place de la Cathédrale.

La sardane se dansait déjà, paraît-il, chez les Étrusques et dans la Grèce antique. Interprétée par toutes les générations confondues, c'est une danse sobre, calme, mais pas aussi simple qu'elle en a l'air, puisque tous les pas et les pointes sont comptés. Si vous êtes dans le coin de la cathédrale un samedi vers 18h (de février à juillet), ou un dimanche ou un jour férié vers 11h15 (de septembre à novembre), vous pourrez assister aux sardanes qui sont jouées et dansées sur le parvis. Un orchestre vient spécialement, et les habitants laissent tomber leurs paniers de courses et le bébé du landau pour participer à cette joyeuse fête populaire. Alors, prêt à entrer dans la ronde ?

10 Sacrifier au rituel du *paseo* sur la Rambla
les Champs-Élysées de Barcelone… en nettement moins pompeux.

Il est un rituel que l'on retrouve dans toute la péninsule ibérique, celle du *paseo* (littéralement la « promenade »). Vers 19h-20h, avant le dîner, les Barcelonais ont l'habitude de déambuler sur la sacro-sainte Rambla, en famille ou entre amis. L'élégance est de mise, chez les grands comme chez les petits. C'est un moment très convivial, souvent ponctué de retrouvailles : on croise un voisin, on dit bonjour à une cousine, et on finit par s'asseoir sur un banc pour regarder les autres passer... Tout à la fois agora, marché, lieu de rencontre, gigantesque théâtre où les gens viennent se voir, la Rambla offre toujours une ambiance du tonnerre, et un spectacle à ne pas louper. Attention toutefois aux pickpockets !

SUR LES TRACES DE GAUDÍ

Antoni Gaudí : le nom de cet architecte évoque à lui seul la figure de Barcelone. On perçoit son empreinte aux quatre coins de la ville. Chez lui plus que chez tout autre, les moindres détails ont leur importance, du mobilier à la poignée de porte en passant par les ferronneries. Avec leurs mosaïques colorées et leurs formes arrondies, on dirait ces constructions sorties des contes de notre enfance, semées dans les rues de Barcelone par un Petit Poucet distrait et rêveur. La casa Milà (surnommée la Pedrera), le parc Güell, la Sagrada Família, font partie des incontournables. Mais Gaudí a ainsi imprimé sa marque sur les réverbères (plaça Reial), il a construit des maisons pour des particuliers comme la casa Vincens (rue les Carolines), le palais Güell (rue Nou de la Rambla), la casa Calvet (rue Casp)…

BABEL À BARCELONE

Il existe une tradition toute catalane : les *castellers* (châteaux humains), qui consiste à bâtir une pyramide humaine la plus haute possible. Les plus audacieuses parviennent à atteindre neuf étages ! Cela demande équilibre, sens de la solidarité et mollets d'acier. C'est finalement une construction sociale, où les plus forts garantissent une bonne stabilité de la base, pendant que la jeunesse, confiante dans la robustesse de ses aïeux, part à l'assaut du sommet... Une Babel idéale et sans discorde. Renseignez-vous à l'office de tourisme : il y a parfois en juin des *castellers* à Barcelone, plaça de Catalunya ou dans les fêtes de quartier.

11 Traverser l'ancien hôpital de la Santa Creu

agréable havre de paix dans le quartier du Raval, et avoir une pensée émue pour Gaudí.

C'est à l'hôpital de la Santa Creu que Gaudí fut transporté et décéda le 10 juin 1926, après avoir été renversé par un tramway. Aujourd'hui transformé en jardin, on peut à loisir détailler l'architecture des vieux bâtiments du XVe au XVIIe s, aménagés pour accueillir la bibliothèque de Catalogne. Dans la petite salle, très jolies voûtes gothiques. Dans la grande, patio à galerie et superbes azulejos à l'entrée. Un havre de paix très agréable où ne parviennent pas les rumeurs de la ville, et un sympathique café, *El Jardí,* si l'on souhaite prolonger ce moment de recueillement.

BON À SAVOIR : entrée c/ del Carme, 47, ou par la c/ Hospital, 56.

12 Pour les férus d'art contemporain, visiter le MACBA

dans le sympathique quartier du Raval.

L'édifice abritant le musée d'Art contemporain, que l'on doit à Richard Meier, est une œuvre architecturale en soi. D'avant-garde, l'ouvrage laisse entrer un maximum de lumière et permet au visiteur de circuler avec une grande commodité. Le contraste entre le bâtiment, d'une blancheur éclatante, et les ruelles qu'il faut emprunter pour y accéder fait l'objet de toutes les critiques comme de tous les éloges (dont les nôtres). Le fonds du musée contient une sélection de peintures, photos, sculptures et vidéos des 50 dernières années. Les œuvres étant visibles par roulement selon la thématique du moment, surveillez le programme. Dans tous les cas, le bâtiment mérite autant d'être vu que d'être visité pour ce qu'il abrite.

BON À SAVOIR : • macba.cat •

13 Visiter le palais Güell

pour découvrir la première grande réalisation du génial Gaudí.

Un incontournable ! Gaudí n'avait que 34 ans lorsque le riche industriel Eusebi Güell lui confia la réalisation de cette demeure. Derrière sa façade austère, on retrouve tous les fastes hallucinés et l'inspiration gothique et musulmane de l'architecte. Dans la salle principale, colonnes de marbre, plafonds à caissons, orgue, église escamotable (!) et mobilier superbe. Clou du spectacle : le toit-terrasse ! Gaudí a laissé là libre cours à son inspiration. Chacune des 18 cheminées est un pied de nez à la rigueur du bâtiment, une euphorie de formes et de couleurs. Une visite à ne pas manquer : un magnifique spectacle architectural où s'exprime toute la force constructive de Gaudí.

BON À SAVOIR : • palauguell.cat •

14 Retracer la longue et prestigieuse carrière de Joan Miró

au travers de ses splendides créations rassemblées à Montjuïc.

Sise au milieu de beaux jardins, dans une blanche et lumineuse architecture moderne, la fondation Miró accueille une collection unique au monde d'œuvres de l'artiste surréaliste catalan Joan Miró, dont il a fait don lui-même. Le fonds permanent est donc d'une grande richesse (plus de 14 000 pièces !). Entre peintures, sculptures, œuvres graphiques, dessins, la présentation plutôt chronologique permet de retracer la carrière de l'artiste et de se faire une bonne idée de son immense talent. Les œuvres réalisées entre 1915 et 1930 sont particulièrement fortes. N'oubliez pas de faire un petit tour sur la terrasse pour admirer des sculptures colorées et pleines d'humour, et profiter de la vue sur la ville.

BON À SAVOIR : • fundaciomiro-bcn.org •

15 Se cultiver un brin en explorant salle après salle les merveilles du superbe musée national d'Art de Catalogne

(le MNAC pour les intimes)

Installé dans l'imposant Palais national, sur la colline de Montjuïc, le MNAC est l'un des plus prestigieux musées du monde, couvrant 1 000 ans d'art en Catalogne, du Xe au XXe s. Avec ses nombreuses fresques provenant d'églises catalanes en ruine, ses retables, statuaires en bois, sculptures monumentales, etc., la section romane est absolument exceptionnelle ! Ne manquez pas non plus la section d'art gothique qui permet de découvrir la peinture catalane et les grands artistes de l'époque, notamment d'admirables œuvres de Jaume Huguet ou Lluís Dalmau. Incontournable !

BON À SAVOIR : de la terrasse située devant le musée, point de vue sur les bâtiments de l'Exposition universelle et sur les fontaines lumineuses (plus de 50 combinaisons de jets d'eau). Prévoir 4-5h pour la visite intégrale. • museunacional.cat •

16 Découvrir un véritable condensé architectural du pays

en déambulant, de nuit, dans les rues du Poble Espanyol.

Héritage de l'Exposition universelle de 1929, le Poble Espanyol est une réplique fidèle de différents monuments du pays et des principales architectures régionales. L'idée du célèbre architecte Josep Puig i Cadafalch était de créer un modèle idéal de village représentant des échantillons de l'architecture populaire. Le résultat est un village fortifié de 49 000 m^{2}, à l'intérieur duquel se trouvent une mairie, un monastère, 117 bâtiments, rues et places. Le visiteur est invité à louvoyer des *plazas mayores* castillanes aux ruelles des villages andalous, à musarder parmi les palais et autres églises... Le soir, lorsque la majorité des visiteurs ont regagné le centre-ville, la balade ne manque pas de charme.

BON À SAVOIR : au cœur du Poble Espanyol se trouve l'une des boîtes les plus folles de Barcelone, la *Terrrazza*. • poble-espanyol.com •

JOAN MIRÓ

Joan Miró (1893-1983) a passé son enfance carrer de Ferran, en plein centre de Barcelone. Très vite, il comprend que son goût pour les formes abstraites, les explosions de couleurs, dénote et détonne ! Il rencontre Gaudí au Cercle artístic de Sant Lluc, avant de partir pour Paris : c'est là qu'il rencontre Picasso, de 12 ans son aîné. Puis il revient à Barcelone au début de la Seconde Guerre mondiale. Pendant la guerre civile, il se bat avec ses affiches pour seules armes, afin d'alerter l'opinion internationale, de même qu'il soutiendra la cause catalane pendant la période du franquisme. Sur le sol de la célèbre Rambla, au niveau de la station de métro Liceu, se cache une mosaïque originale de l'artiste, installée de son vivant, en 1976. Parfois, des fillettes la prennent pour terrain de jeux, le temps d'une marelle improvisée : cette vision enfantine n'aurait probablement pas déplu à Miró.

17 Filer découvrir en famille la colline du Tibidabo

dont le parc d'attractions fera le bonheur des petits... et des grands !

Culminant à plus de 500 m au-dessus de Barcelone, cette montagne couverte de pins et de cyprès est l'une des réserves d'oxygène de la ville. Panorama absolument éblouissant depuis les terrasses. Quant au parc d'attractions du même nom qui occupe l'essentiel du site, c'est la récompense des petits comme des grands, qui sont fans du genre ! Mais on n'est pas obligé d'acheter un forfait à la journée : certains manèges sont accessibles en direct et se paient à l'unité. Sympa pour un tour de grande roue ébouriffant ! Enfin, ne pas manquer de visiter le musée de la Science Cosmo Caixa, un prodige d'intelligence architecturale et de pédagogie. Les enfants adoreront cet endroit unique !

BON À SAVOIR : • tibidabo.cat • et • obrasocial.lacaixa.es •

SAVOURER

18 S'offrir une soirée « poissons et fruits de mer »

dans la Barceloneta, ancien quartier de pêcheurs où les restos font toujours la part belle aux produits de la Grande Bleue.

Entre la ville et la plage, on aime bien ce quartier un peu à part pour son atmosphère encore populaire. Le quartier fut d'ailleurs longtemps habité exclusivement par les marins et les pêcheurs. On y trouve toujours de bons vieux petits bistrots, le long d'étroites ruelles très méditerranéennes. Pour manger, on conseille *Cal Papi* (c/ Atlantida, 65) où l'on vient, parfois de loin, pour déguster, entre autres, les meilleurs beignets de morue et de poulpe de la ville... un régal ! Une bonne adresse comme on les aime, tout comme *La Cova Fumada* (c/ Baluard, 56). Passé les portes de ce bar sans enseigne, on distingue un comptoir sans âge, la cuisine où grillent sardines, calamars et autres poulpes ultra frais, et une poignée de tables bancales. L'atmosphère est aussi chaleureuse que bruyante, les serveurs écrivent l'addition directement sur le zinc, et les habitués se régalent, le verre à la main. Plus authentique, y'a pas !

19 Tourner et retourner dans le marché de la Boquería

saliver à chaque étal jusqu'à craquer et s'attabler devant de superbes tapas en éclusant un gorgeon de blanc !

Un des plus beaux marchés que l'on connaisse ! Donnant sur la Rambla, c'est un spectacle pour les yeux et une tentation pour les papilles. Sous ses portiques en fer, ce temple de la tradition culinaire espagnole regorge de produits issus de toute la péninsule ibérique et des pays méditerranéens. Jambons charnus, vins des meilleures bodegas, épices et herbes aromatiques aux senteurs envoûtantes, fromages, fruits et légumes aux couleurs vives, débordent des quelque 800 stands de la Boquería. Un endroit très pittoresque, où l'on vous conseille d'aller casser la croûte dès le matin !

BON À SAVOIR : tlj sf dim 8h-20h ; pour en saliver d'avance, rendez-vous sur • boqueria.info • On aime beaucoup aussi le *Mercat Princesa,* un marché gastronomique installé dans un palais du XIVe s du quartier d'El Born. Plusieurs petits comptoirs proposent chacun leurs spécialités. • mercatprincesa.com •

20 LES BARS À TAPAS

20 Tous les jours et à toute heure, du bout des lèvres et l'air de rien, à l'apéro ou en guise de dîner, tapez-vous des tapas !

L'un des grands moments d'un voyage à Barcelone consiste à aller de bar en bar pour déguster les fameuses tapas à l'heure de l'apéro : *pa amb tomàquet* (pain frotté d'ail et de tomate, arrosé d'huile d'olive) *aceitunas* (olives marinées), *pimientos* (petits poivrons sautés), *buñuelos* (beignets aux légumes, au fromage, à la saucisse...), *jamón de serrano* (jambon cru de montagne), *queso manchego* (fromage de brebis) et autre *tortilla* (omelette de pommes de terre). Barcelone étant une ville maritime, on vous conseille les tapas aux poissons et fruits de mer : *calamares* (calamars frits ou marinés), portions de *bacallà* (morue)…

BON À SAVOIR : on trouve deux sortes de bars à tapas : d'un côté, les vieux de la vieille, avec comptoir en bois patiné à souhait, poutres et tonneaux ; de l'autre, les petits jeunots au look design, qui jouent à fond la carte de la modernité. Côté assiette, la tendance, ce sont les tapas « créatives » ! Les bonnes adresses se comptent à foison, référez-vous à notre guide Barcelone.

21 Se faire un petit déj ou une pause sucrée d'anthologie

dans l'une des *granjas catalanas* (crèmeries-salons de thé) de la ville.

Parmi ces fameuses crèmeries plus que centenaires, citons la *Granja M. Viader.* Tout près de la Rambla, c'est la plus vieille laiterie de Barcelone. Les murs sont tapissés de photos de la famille et de vieilles affiches publicitaires commémorant le 125e anniversaire ! Vers 17h, étudiants gourmands, artistes, vieilles dames et vieux messieurs du quartier se retrouvent entre ses murs sans âge et pleins de cachet : chocolat crémeux, assiettes de fromage frais nappé de miel *(mel i mató),* madeleines, crèmes catalanes, mousses au chocolat... Tout est fait maison avec des produits de la ferme. Régalez-vous absolument de *leche mallorquina* (du lait de la ferme avec du citron et de la cannelle), excellent et très rafraîchissant. En partant, vous pouvez faire quelques emplettes : chantilly, yaourts, fromages, charcuterie de fabrication artisanale…

BON À SAVOIR : • granjaviader.cat •

SORTIR

22 Assister à un concert au palais de la Musique catalane,

l'un des chefs-d'œuvre barcelonais de l'architecture moderniste.

Dès le coin de la rue, ce bâtiment est un émerveillement architectural ! Classé au Patrimoine mondial de l'Unesco, ce chef-d'œuvre construit entre 1905 et 1908 par Lluís Domènech i Montaner est un résumé fou des délires architecturaux du début du XXe s. Brique, céramiques polychromes, entrelacs de fer forgé et verres aux douces teintes… absolument surréaliste. Cependant, si la composition architecturale correspondait bien aux goûts de l'époque, le malheureux architecte avait doté la salle de concerts d'une bien mauvaise acoustique. Aujourd'hui, après de nombreux aménagements discrets et efficaces, les mélomanes peuvent apprécier pleinement les prouesses musicales tout en profitant du décor.

BON À SAVOIR : • palaumusica.cat •

23 Ne pas manquer le beau spectacle des fontaines magiques de Montjuïc

dont les jets d'eau dansent en musique le week-end.

Conçu pour l'Exposition universelle de 1929, *Las Fonts de Montjuïc* est un spectacle son et lumière très réussi. Le long de l'avenida de la Reina María Cristina et des escaliers qui montent jusqu'au Palais national, les jets d'eau jaillissent d'une multitude de fontaines, petites ou très grandes, au rythme des symphonies classiques, morceaux de rock, valses formant plus de 50 combinaisons de jets d'eau ! Le tout avec panorama sur Barcelone. Un spectacle féerique… et gratuit.

BON À SAVOIR : pour les horaires voir • bcn.cat/fontmagica •

24 Vivre une folle nuit de fiesta dans les boîtes hyper branchées de Barcelone

une ville qui ne dort jamais tout à fait !

Avec son insouciance légendaire et son atmosphère caliente, Barcelone est l'une des meilleures destinations festives d'Europe. Des clubs de flamenco aux discothèques techno géantes, en passant par les bars à tapas, Barcelone vit à cent à l'heure. C'est une ville qui ne dort pas. Les Catalans dînent tard, boivent tard et sortent très tard. Pendant les week-ends ne soyez pas surpris si les discothèques de Barcelone sont encore vides jusqu'à 1h ou 2h du matin, elles ouvrent souvent jusqu'à 6h ! Après le *paseo* sur la Rambla, choisissez un des bars branchés du passeig de Born, du quartier de Raval ou du Barrió Gótic. La nuit est à vous…

BON À SAVOIR : guetter les flyers des soirées ou rendez-vous sur le site • barcelonaparties.com • afin de connaître les offres gratuites pour la soirée.

SHOPPING

25 Faire provision d'un assortiment de *turrón* à la *Casa Colomina*

le meilleur fabricant de la ville depuis 1908.

Ce vieux pâtissier barcelonais, spécialisé dans la fabrication de *turrón,* probablement le meilleur de la ville. En Espagne, cette douce sucrerie à base de blancs d'œuf, de fruits et d'amandes, de la famille du nougat, s'offre à Noël, comme les chocolats en France. Celui dit de Jijona *(Xixona)* a le grain fin ; celui d'Alicante contient de plus gros morceaux d'amandes. Goûtez aussi le *mazapán* (pâte d'amandes aux parfums divers). Meilleur choix en hiver, mais, en été, bonnes glaces au *turrón.*

BON À SAVOIR : possède 3 adresses en ville, c/ Cucurulla 2, c/ Portaferrissa 8, et Gran de Gràcia 57 ; • casacolomina.es •

26 Investir dans une paire d'espadrilles artisanales :

de toutes les couleurs, de toutes les formes, de toutes les tailles, faites votre choix !

La Manual Alpargatera est une boutique et fabrique artisanale d'espadrilles pour petits et grands. Les indémodables souliers en corde sont confectionnés sous les yeux des clients depuis plus de 70 ans, et rangés sur les étagères qui courent du sol au plafond. Vendeurs à l'ancienne, avec petits tabourets d'essayage. Qualité et solidité garanties. Si vous souhaitez investir dans une vraie paire d'espadrilles, c'est ici qu'il faut venir !

BON À SAVOIR : c/ Avinyó, 7 ; • lamanualalpargatera.es •

27 Chiner au marché aux puces *dels Encants*

le plus grand et le plus ancien de Barcelone.

Installé sous une vaste halle moderne, imaginée par l'architecte comme d'immenses voilures de verre, dans lesquelles se reflètent les couleurs du marché. Rien que pour l'architecture, vaut le coup d'œil. Sinon, quelques bonnes affaires à réaliser, au sous-sol. Au rez-de-chaussée, c'est sans grand intérêt. Cela dit, flânez, comparez et, parfois, sachez résister… Sinon, dans le centre, une ribambelle de petites boutiques ou de vastes cavernes aux trésors se côtoient dans la minuscule carrer de la Palla, qui donne sur la place de la Cathédrale. Bourrées d'antiquités pour les unes, plutôt version brocante pour les autres.

BON À SAVOIR : mercat dels Encants, pl. Glòries ; lun, mer, ven et sam 9h-20h ; • encantsbcn.com •

DESIGN

Branchée et inventive, Barcelone aime le design. Cette créativité a certainement une origine historique : longtemps interdits de commercer avec le Nouveau Monde, les Catalans durent produire leurs propres richesses. Dépourvue de matières premières, la région se spécialisa dans l'industrie de transformation : verre, textile, céramique, cuir, bois, métal, etc. Barcelone compte sept écoles de design ou organismes, dont la FAD (*Foment de les Arts decoratives*), née en 1903, la plus prestigieuse et la plus ancienne. Tous les 2 ans, au mois d'avril, a lieu dans la ville le Printemps du design, un circuit de galeries, boutiques et bars qui exposent les dernières inventions du cru. Comme autrefois à l'époque moderniste, les designers d'aujourd'hui travaillent le bois, la céramique et le verre, mais aussi le plastique et le carton. Leurs outils ? La poésie et l'humour !

AGENDA DES FÊTES, FESTIVALS ET ÉVÉNEMENTS CULTURELS

FÉVRIER : *carnaval du Mardi gras.* À la fin du mois. On défile derrière Carnestoltes, le Monsieur Carnaval de carton-pâte. C'est aussi la fête de santa Eulàlia, la copatronne de la ville. Le défilé en son honneur est devancé par d'énormes dragons crachant du feu.

23 AVRIL : *fête de sant Jordi, (saint patron de la Catalogne).* C'est l'équivalent de la Saint-Valentin : les garçons offrent une rose aux filles, qui leur répondent en leur offrant un livre, car, ce jour-là, on commémore aussi l'anniversaire de la mort de Cervantès. La Rambla est noire de monde, et l'on trouve des étalages de fleurs et de livres à tous les coins de rues.

MI-JUIN : *Sónar.* L'événement de l'année pour toute l'Espagne électronique. 3 jours de fièvre musicale avec les plus grands noms de la scène internationale. Cette grande fête techno rameute les meilleurs DJs et les raveurs du monde entier. Si vos congés ne tombent pas à cette période, vous pourrez toujours suivre ça en France sur Radio Nova, qui se déplace souvent pour l'occasion. • sonar.es •

24 JUIN : *fête de la Saint-Jean.* Concerts, danses, feux d'artifice dans tous les quartiers, dans la nuit du 23 au 24 juin. Ce jour-là, on mange la *coca de Sant Joan*, une pâtisserie à vrai dire assez étouffe-chrétien.

FIN JUIN-15 AOÛT : *GREC (Grand Festival d'été de Barcelone).* Nombreux spectacles (théâtre, musique, etc.) dans les salles, les rues et les jardins de la ville. • grec.bcn.cat •

15 AOÛT : *fête de l'Assomption.* Surtout à Gràcia, ne pas la rater.

FIN DÉCEMBRE : *kermesse de Santa Llúcia.* La semaine précédant Noël. Tout autour de la cathédrale, on trouve des stands avec des figurines représentant des scènes de la Nativité. Des files d'attente hallucinantes pour admirer le Divin Enfant !

SE REPÉRER

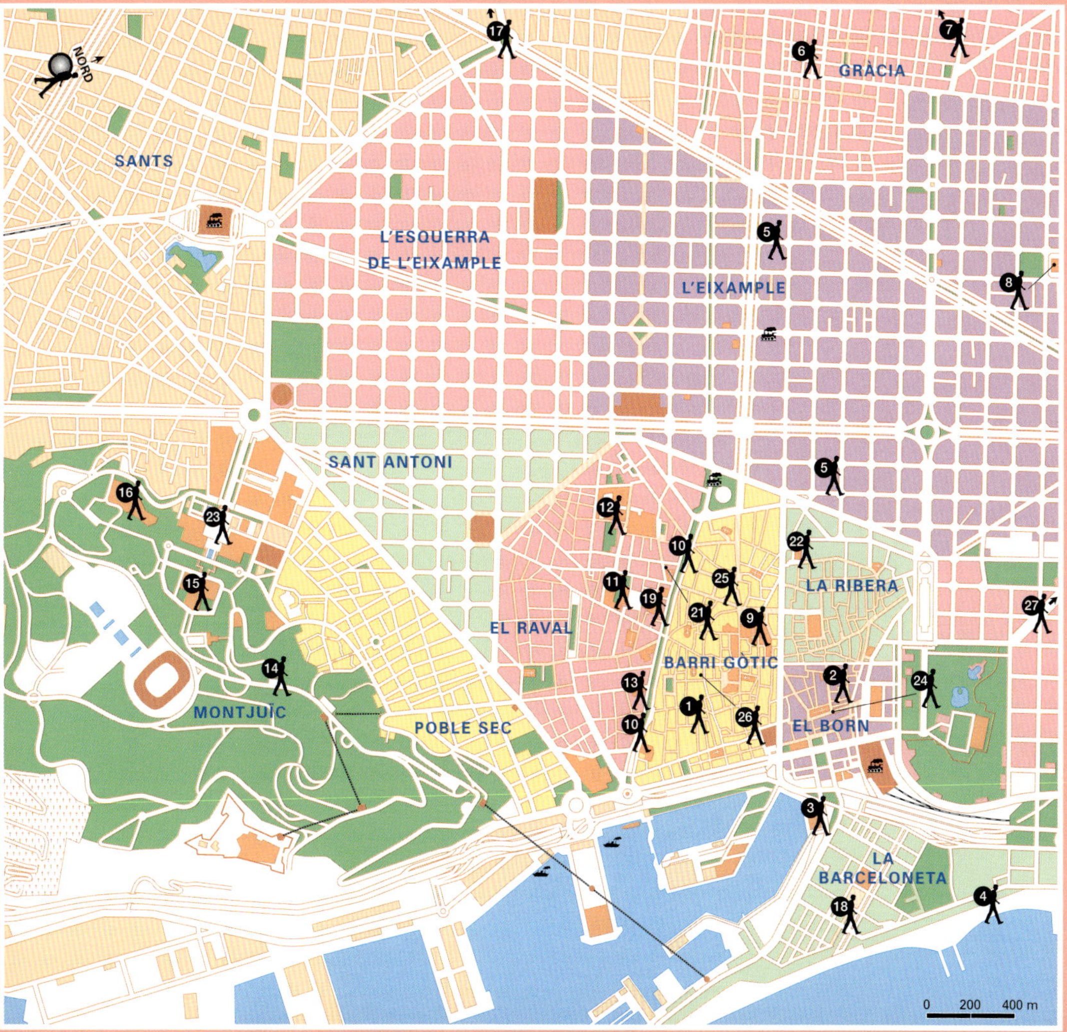

BELFAST

Si la « capitale » de l'Irlande du Nord n'est pas une belle ville au sens propre du terme, il en émane toutefois une force de caractère fascinante. Une atmosphère en grande partie due à son histoire et aux traces du conflit entre catholiques et protestants, dont témoignent les nombreuses fresques murales dans le quartier de West Belfast. Mais la ville ne saurait se résumer à cet héritage historique. Le centre présente tous les attraits des villes modernes, avec cette authenticité qui définit si bien l'Irlande. Ses beaux musées, sa vie universitaire, les *murals,* sa scène culturelle, son animation et ses pubs pittoresques sauront vous séduire. Sans oublier pour ceux qui auront du temps, la chaussée des Géants, spectaculaire formation rocheuse classée à l'Unesco, à une centaine de kilomètres au nord de Belfast. Incontournable !

BUDGET	€€
CULTURE	★★★☆
CUISINE	★★☆☆
SHOPPING	★★☆☆
VIE NOCTURNE	★★★☆

1h45 au départ de Paris

DÉCOUVRIR

1 Visiter l'impressionnant City Hall

l'hôtel de ville de Belfast, surnommé le « Titanic de pierre ».

Achevé en 1906, ce bâtiment se dressant au centre de Donegall Square, fut le siège du premier Parlement d'Irlande du Nord en 1921. Considéré comme un chef-d'œuvre par les uns, il est le produit des amours crapuleuses du Vittoriano de Rome et du Capitole de Washington pour les autres. Des visites guidées permettent de découvrir l'intérieur du bâtiment. Vous y verrez le grand hall en marbre, sa coupole (haute de 53 m), le grand escalier d'honneur, la charte accordée par Jacques Ier à la Ville en 1613, ainsi qu'une remarquable fresque racontant l'histoire industrielle de Belfast.

BON À SAVOIR : Donegall Sq North.

2 Se fondre au milieu des étudiants de la Queen's University

la seconde plus ancienne université d'Irlande après le Trinity College de Dublin.

Du centre, Great Victoria Street mène vers le sud au quartier mixte et agréable de Queen's University. Édifiée au milieu du XIXe s et inspirée par le Magdalen College d'Oxford, la Queen's présente une superbe et longue façade de style Tudor. Belle cour intérieure, partiellement entourée d'arcades. C'est ici qu'étudièrent, entre autres, Mary McAleese (ex-présidente de la république d'Irlande), David Trimble (ex-Premier ministre d'Irlande du Nord), Seamus Heaney (Prix Nobel de littérature) ou encore l'acteur Liam Neeson. Tout autour, grosse animation pendant l'année universitaire, bien entendu. Notamment dans les pubs...

BON À SAVOIR : visite guidée gratuite lun-sam à 14h.

3 S'allonger sur les généreuses pelouses du ravissant jardin botanique

poumon vert de Belfast qui invite à la détente.

Ce vaste jardin est une véritable oasis de tranquillité au cœur du quartier de l'université. On y trouve deux serres tropicales dont la magnifique Palm House victorienne, toute de verre et de fonte, qui fut construite en 1840, avant sa célèbre consœur des Kew Gardens de Londres.

BON À SAVOIR : jardin ouv tlj de 8h au coucher du soleil.

4 Admirer les trésors rassemblés au passionnant Ulster Museum

le plus important musée d'Irlande du Nord.

Bénéficiant d'une muséographie moderne, cet immense musée (8 000 m^2) est organisé en départements couvrant des domaines si variés (histoire locale, beaux-arts, archéologie, histoire naturelle, arts appliqués...) que chacun devrait y trouver son bonheur. On y admirera notamment la momie de Takabuti, un squelette de dinosaure géant, les découvertes faites dans l'épave de la *Girona,* navire de la Grande Armada qui sombra au large de la chaussée des Géants, des peintures de Turner, Gainsborough, Matisse ou Bacon, et bien d'autres pièces étonnantes. L'Ulster Museum, dont l'entrée est gratuite, propose également des expositions temporaires de peinture, sculpture et artisanat.

BON À SAVOIR : • nmni.com/um •

LE *BIG FISH,* DE JOHN KINDNESS

LE *TITANIC*, « MADE IN BELFAST »

Voilà un sujet qui met d'accord catholiques et protestants d'Irlande du Nord : le *Titanic*. Et peu importe qu'il ait coulé dans la nuit du 14 au 15 avril 1912, lors de sa première traversée transatlantique ! Tout le monde se vante d'avoir eu un membre de sa famille impliqué dans la construction de ce paquebot « made in Belfast », sorti des célèbres chantiers navals Harland & Wolff. La ville a profité du 100e anniversaire de son lancement pour entériner sa reconquête des anciennes rives industrielles de la Lagan, en inaugurant Titanic Belfast. Souhaitons à cet espace consacré au paquebot mythique, scintillante icône high-tech plus que simple musée, une longue traversée sans naufrage !

5 Revivre la saga du *Titanic*

le paquebot le plus célèbre de l'Histoire, au Titanic Belfast, gigantesque espace à la fois musée et parc d'attractions destiné à entretenir le mythe.

Habillée de 3 000 plaques d'aluminium étincelant jusqu'à l'aveuglement, la façade anguleuse du Titanic Belfast est censée évoquer à la fois la proue du légendaire paquebot, et les 5 étoiles de la compagnie White Star. Inauguré pour le 100e anniversaire du lancement du *Titanic,* sorti en 1912 des chantiers navals à quelques pas de là, ce gigantesque espace ludique et interactif, a pour ambition de raconter toute l'histoire du navire. Mobilisant des technologies dernier cri pour donner à cette expérience un caractère sensoriel, les neuf galeries permettent de revivre autant d'étapes, allant de l'effervescent chantier à la découverte de l'épave en 1985. Ainsi, la salle 6, qui représente le moment fatidique où le bateau sombre, subit une baisse de température, tandis que des signaux de SOS résonnent…

BON À SAVOIR : avant même son ouverture, le 31 mars 2012, Titanic Belfast avait déjà prévendu plus de 80 000 tickets ! Avec sa réplique parfaite du grand escalier, la salle de réception, appelée « Titanic suite », fait salle comble : beaucoup de tourtereaux réservent pour y organiser leur mariage. • titanicbelfast.com •

6 Partir à la recherche des *murals*

ces fresques politiques qui jalonnent les murs du quartier populaire de West Belfast, et tenter de comprendre la situation en Irlande du Nord.

Ville aux multiples visages, Belfast a conservé dans sa chair la marque des hommes qui se sont battus pour elle : républicains catholiques et loyalistes protestants. Pour comprendre la situation en Irlande du Nord, rien ne remplace une visite dans les quartiers où vivent ces hommes et ces femmes qui se sont longtemps affrontés. C'est là que l'on peut sentir, de manière palpable, l'attachement obstiné des deux communautés à leurs valeurs fondatrices et à leurs territoires respectifs. Le quartier populaire de West Belfast offre l'exemple le plus éloquent de cette partition avec, d'un côté, la communauté protestante de Shankill et, de l'autre, les catholiques des Falls. Entre les deux, un mur bien visible, la Peace Line, comme dans le Berlin de la guerre froide ou à Gaza. Leur histoire s'inscrit notamment sur les saisissants *murals,* témoignages émouvants des antagonismes du passé : ceux des Falls rendent hommage à la résistance irlandaise, à l'IRA et à ses héros, comme Bobby Sands, alors qu'à Shankill dominent orangistes, silhouettes cagoulées et mitraillettes.

BON À SAVOIR : on peut visiter West Belfast à pied ou en empruntant les *black taxis* qui faisaient office de transport public dans les quartiers catholiques à l'époque des « troubles », comme disent pudiquement les autorités britanniques. Une carte-guide, intitulée *Shankill and West Belfast Arts and Heritage Trail,* a été éditée pour mieux repérer les principales curiosités. On consultera avec intérêt les sites • muralsirlandedunord.over-blog.com • ou • belfast-murals.co.uk • Des musées permettent également de compléter la visite du quartier.

LES MURALS (FRESQUES MURALES)

Le phénomène artistique et politique des murals éclata vraiment du côté républicain au moment des grèves de la faim de 1981. Peints sur les pignons des maisons les mieux placées, ils exprimaient la solidarité d'une rue, d'un quartier avec les grévistes de la faim luttant pour une reconnaissance politique. Puis les thèmes se sont diversifiés, puisant beaucoup aux sources de l'histoire et de la mythologie irlandaise et s'attachant aussi à défendre la cause d'autres peuples opprimés. Cela dit, les murals restent d'abord le témoignage d'un puissant sentiment identitaire. Il en va de même chez les loyalistes, même si les fresques sont relativement moins nombreuses à Shankill que dans les quartiers catholiques.

Remonter le temps en visitant l'Ulster Folk Museum

un chouette écomusée établi dans un grand parc vallonné.

Une trentaine d'édifices représentatifs de l'architecture et de la vie d'autrefois y sont regroupés par affinités : village reconstitué de Ballycultra d'un côté, avec sa vieille église, sa poste, son école, sa banque, etc. ; de l'autre, des fermes et moulins répartis dans la cambrousse. On se croirait vraiment au XIXe s grâce à l'évocation de nombreux petits métiers, artisanats et commerces d'époque, surtout lors des reconstitutions animées par des figurants vêtus en costumes d'époque. Chant d'oiseaux, tapis de fleurs et pique-nique bucolique envisageable, la visite équivaut à une véritable balade !

BON À SAVOIR : à Cultra, à une douzaine de km au nord-est de Belfast ; • nmni.com/uftm •

Profiter d'être à Belfast pour faire une escapade à la chaussée des Géants

spectaculaire formation rocheuse inscrite au Patrimoine mondial de l'Unesco. Incontournable !

Une impressionnante curiosité naturelle nichée sur la côte nord et constituée de 40 000 colonnes prismatiques de basalte. Ces colonnes sont composées de blocs compacts, formant des escaliers et même un amphithéâtre à gradins. Elles sont exactement ajustées, ne laissant entre elles aucun interstice. La régularité de leur disposition est par endroits si parfaite qu'elle semble avoir été artificiellement provoquée. Voilà pourquoi, on a longtemps attribué à ce paysage une origine surnaturelle.

BON À SAVOIR : à une centaine de kilomètres au nord de Belfast. • causewaycoastandglens.com •

8 LA CHAUSSÉE DES GÉANTS

SAVOURER

Déguster une mousse ou un plat en savourant des yeux le splendide décor du *Crown Liquor Saloon*

un pub typique qui s'est autoproclamé l'un des plus beaux bars au monde.

Fondé en 1826, le *Crown* revêtit sa splendeur actuelle à la fin du XIXe s, sous la houlette d'un architecte qui mêla style victorien et influences italiennes. Richement carrelée, la façade aux deux colonnes présage du voyage dans le temps qui vous attend à l'intérieur, où le comptoir est toujours éclairé par des lampes à gaz. Les *snugs,* ces compartiments qui permettaient à la haute de boire à l'abri des regards, sont ici au nombre de 9 et équipés de cloisons particulièrement ouvragées. À apprécier encore et toujours, en dégustant une mousse ou un plat : vitraux, mosaïques, plafonds aux riches moulures et débauche de cuivre.

BON À SAVOIR : le *Crown* servit de cadre à l'une des scènes clés de *Odd Man Out (Huit heures de sursis),* le superbe film de Carol Reed. • nicholsonspubs.co.uk/thecrownliquorsaloonbelfast •

SORTIR

10 Constater que la vie nocturne à Belfast est dense (euphémisme !) et... bien vivante

La vie nocturne témoigne du renouveau de Belfast. Fini le temps où protestants et catholiques restaient dans leurs quartiers respectifs ! Désormais, les Belfastois ont réinvesti leur centre-ville. Si les rues peuvent sembler désertes le soir, il ne faut pas hésiter à pousser la porte des pubs, des bars et des boîtes, car c'est à l'intérieur que ça se passe ! Pubs traditionnels (comme le *Kelly's Cellars,* le *Duke of York* ou le magnifique *Crown Liquor Saloon*), bars étudiants de Queen's *(Ye Olde Eglantine Inn...), wine bars,* restos branchés : il y en a pour tous les goûts. Les nuits peuvent s'achever très tard en boîte *(Bistro Empire, Kremlin...),* dans une ambiance assez électrique. Car, du Nord ou du Sud, les Irlandais ont cette qualité inestimable : ils ont le sens de la fête et de la convivialité.

BON À SAVOIR : nichés dans des blocs de maisons, certains pubs *(O'Neill, White's, The Morning Star)* ne sont accessibles que par d'étroites ruelles appelées « *entries* », vestiges de petits chemins qui traversaient autrefois des jardins. *L'Historical Pub Tour,* organisé par l'office de tourisme, vous fera découvrir cinq établissements qui fourmillent d'anecdotes, sont chargés d'atmosphère et sentent bon le houblon. • belfastpubtours.com •

11 Assister à un concert de musique traditionnelle
au centre culturel gaélique de Belfast.

Installé dans une ancienne église presbytérienne, le Cultúrlann McAdam-Ó'Fiaich foisonne d'activités ! Cours de musique et de langue gaélique, soirées culturelles et artistiques, dont des concerts de musique traditionnelle le samedi après-midi, à 13h et 15h. Également un point d'information visiteurs, une librairie, ainsi que des espaces d'exposition, dont un dédié au gaélique, sans oublier le *coffee shop* pour une bonne nourriture traditionnelle.

BON À SAVOIR : 216, Falls Rd ; • culturlann.com •

SHOPPING

12 Chercher son bonheur parmi les étals du Saint George Market
en fin de semaine.

Inauguré en 1896, le Saint George Market mérite le détour pour faire ses emplettes. Cette élégante halle de brique et de fonte accueille, les vendredi, samedi et dimanche, des stands d'artisanat et d'alimentation (intéressante section bio). Pas mal de traiteurs proposent des plats du monde entier. Idéal pour se constituer un pique-nique, prendre le petit déj, bruncher ou siroter un bon expresso dans une ambiance vraiment conviviale. Certains matins, il y a même des musiciens.

BON À SAVOIR : 12-20, East Bridge St ; ouv ven 6h-14h, sam 9h-15h et dim 10h-16h.

AGENDA DES FÊTES, FESTIVALS ET ÉVÉNEMENTS CULTURELS

MARS OU AVRIL : *Belfast Film Festival.* • belfastfilmfestival.org •

AVRIL OU MAI : *Belfast Titanic Maritime Festival.* Animations variées au Titanic Quarter, avec ateliers d'art et d'artisanat, marché maritime et visites spéciales des principales attractions de la zone (Nomadic Belfast, Titanic's Dock, etc.).

1RE QUINZAINE D'AOÛT : *West Belfast Festival (Féile an Phobail).* Ensemble de festivités et spectacles gratuits qui, au fil des années, en ont fait un des tout premiers festivals communautaires d'Europe. Carnaval avec 50 000 personnes costumées. • feilebelfast.com •

FIN OCTOBRE-DÉBUT NOVEMBRE : *Festival culturel de Queen's University.* Festival au renom international, fondé en 1962. Musique, théâtre, danse, opéra, cinéma, tous les genres, en fait ! Vous constaterez que la culture à Belfast possède une sacrée santé ! • belfastfestival.com •

SE REPÉRER

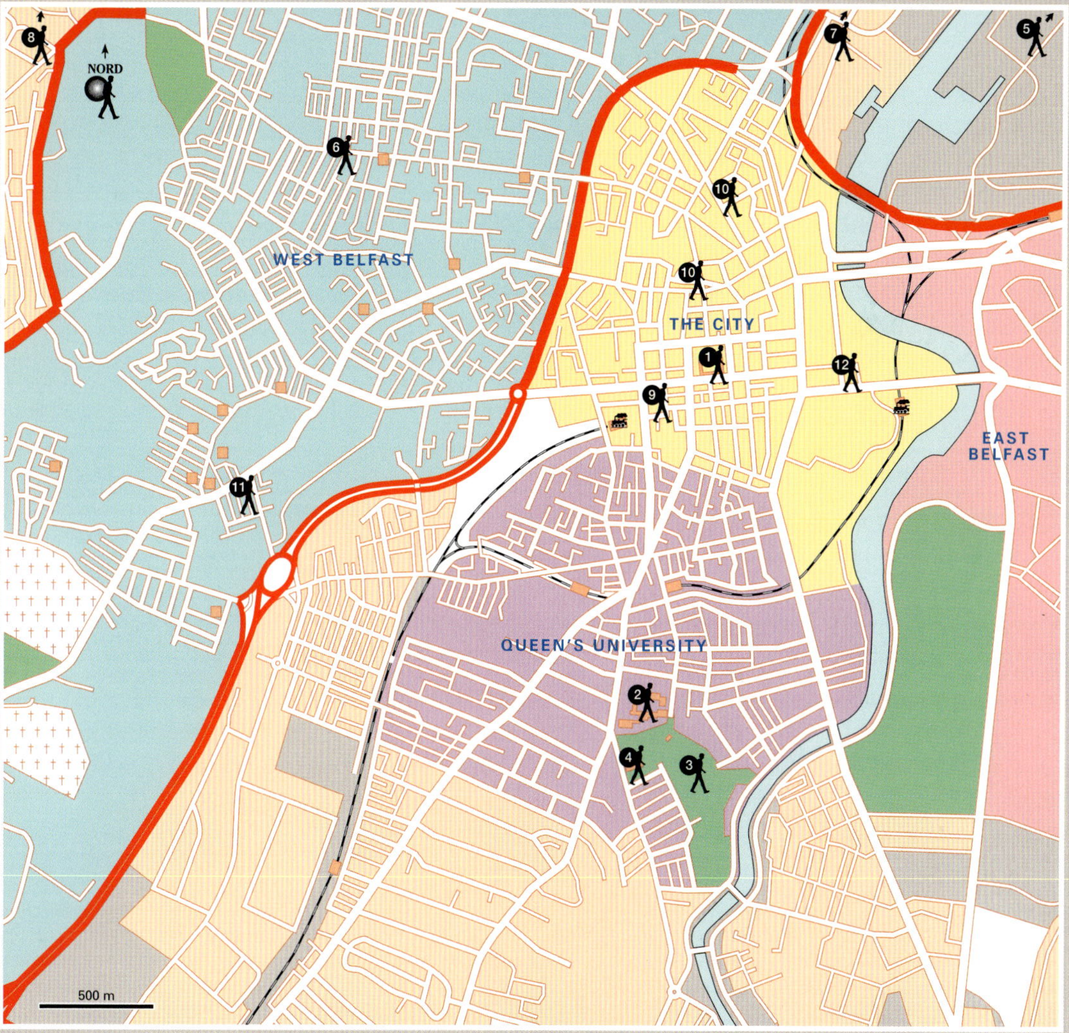

BERGEN

Avec ses quais animés, ses fières maisons en bois, ses collines au petit air californien et son caractère plutôt cosmopolite Bergen est sans aucun doute l'une des plus agréables villes de Norvège. Enserrée par sept montagnes, elle se love autour d'un petit port bien protégé. Ravagée plusieurs fois par des incendies, elle n'en a pas moins conservé de vieux quartiers superbement restaurés, et notamment le plus ancien, celui de Bryggen, le quartier hanséatique qui figure d'ailleurs au Patrimoine mondial de l'Unesco. Ville jeune, le charme de la cité tient aussi à son animation. Les étudiants y donnent le ton et les bars sont pleins jusque tard dans la nuit. Ce dynamisme est aussi culturel et cela se traduit par la qualité de ses musées, dont ceux consacrés à l'art. Malheureusement, Bergen est aussi une des villes les plus pluvieuses du pays.

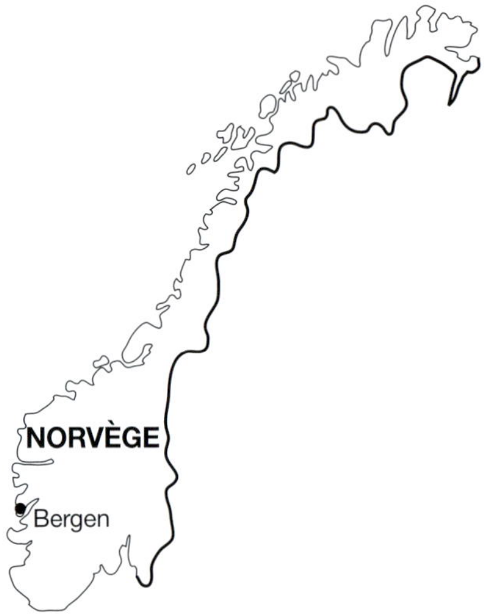

BUDGET	€€€
CULTURE	★★☆☆
CUISINE	★★☆☆
SHOPPING	★★☆☆
VIE NOCTURNE	★★☆☆

2h10 au départ de Paris

DÉCOUVRIR

1 Déambuler dans le quartier historique de Bryggen
avec ses superbes bâtisses multicolores serrées les unes contre les autres.

À Bergen, pour admirer un site du Patrimoine mondial de l'Unesco, aller sur le quai de Bryggen, bordé de hautes maisons en bois. Ces superbes bâtisses à pignons étaient les logements et les entrepôts des marchands de la Ligue hanséatique, qui régnaient sur la vie économique de Bergen du XIVe s au XVIIIe s. Le quartier a souffert de plusieurs incendies, mais une soixantaine de bâtiments ont été superbement reconstitués dans un style proche du plan médiéval original. N'hésitez pas à franchir les portes pour découvrir un univers d'un autre temps, entendre craquer le bois sous les pas, se perdre dans le dédale des escaliers étroits et des pièces secrètes.

BON À SAVOIR : • visitbergen.com •

2 Revivre la rude existence des marchands de la Ligue au Musée hanséatique
logé dans l'un des vieux édifices en bois de Bryggen.

Au XVIIes, un quart des habitants de Bergen était allemand. Tout le quartier de Bryggen était entre leurs mains : une barrière séparait même les entrepôts du reste de la ville. Les maisons s'organisaient par groupes de six. Les marchands accédaient au quai depuis n'importe quelle demeure, par un couloir qui traversait les maisons. Dans cet ensemble transformé en musée, on découvre l'entrepôt, les séchoirs de la morue, l'étage où logeait le marchand, le bureau où l'on tenait les comptes, le dortoir où dormaient les enfants envoyés d'Allemagne pour servir d'apprentis ou de commis… Une visite incontournable pour comprendre l'histoire de cette ville tournée vers le commerce maritime.

BON À SAVOIR : • museumvest.no •

3 Prendre le funiculaire pour gravir le mont Fløyen

et profiter d'une vue imprenable sur toute la ville et les environs.

La colline surplombe la ville à 320 m d'altitude. On l'atteint en 7 mn par un funiculaire moderne qui part d'un charmant quartier du centre-ville. Placez-vous à l'arrière de la cabine, jolie vue garantie ! Du sommet, vaste panorama sur le port et les environs, entre deux nuages. Tout dépend de la météo, évidemment... mais s'il fait beau, n'hésitez pas ! Là-haut, randonnées pédestres balisées dans la forêt. Plusieurs sentiers... On peut y passer la journée !

BON À SAVOIR : • floibanen.no •

4 S'offrir un panorama de l'art norvégien au Kode Bergen

Ce musée est constitué de quatre bâtiments alignés le long du petit lac intérieur, chacun ayant son architecture et son identité propre. Tous ont, en revanche, le mérite de présenter un nombre d'œuvres restreint, mais de qualité, ce qui permet de les apprécier pleinement. On pourra se familiariser avec l'art pictural norvégien, mais aussi international. À noter que les toiles de Munch justifient à elles seules le détour, mais on soupçonne qu'avant même d'arriver à celles-ci, vous trouverez votre bonheur parmi les très belles œuvres qui témoignent de l'évolution de la peinture nordique au tournant du XXe s.

BON À SAVOIR : • bergenartmuseum.no •

5 Visiter le musée de la Lèpre

un petit musée insolite et émouvant en marge d'un circuit classique.

Le musée consacré à cette affreuse maladie s'est tout naturellement installé dans une ancienne léproserie du XVIIIe s. Il faut savoir que la lèpre frappa le pays entre 1820 et 1890 et toucha environ 8 000 personnes. Armauer Hansen, natif de Bergen, découvrit le bacille en 1873. Près de 180 pensionnaires occupaient le bâtiment en bois vert pâle, dont on visite l'église et la galerie des malades, enfilade de cellules, certaines reconstituées, d'autres exposant des documents, photos et gravures assez impressionnantes. Au fond à gauche, on accède, par le chevet, à l'adorable église avec ses bancs compartimentés. Un musée bien émouvant.

6 Faire une virée sur l'île de Lysøen

pour visiter la maison d'Ole Bull qui attire les mélomanes.

Né à Bergen en 1810, le violoniste virtuose Ole Bull connut la célébrité outre-Atlantique en jouant des improvisations sur le fameux violon de Hardanger à neuf cordes. Véritable héros national, il personnifie l'attachement des Norvégiens à leur musique folklorique traditionnelle. Située dans un cadre idyllique, sa maison est une étonnante construction, un mélange d'isba russe et de palais des *Mille et Une Nuits,* avec une salle de concerts d'inspiration mauresque, le tout imaginée par Ole Bull *himself*. Jardins aux sentiers et pièces d'eau romantiques avec vue sur les glaciers au loin.

BON À SAVOIR : • lysoen.no •

SOUVENIRS DE LA HANSE

La ville fut créée au XIe s. Résidence élue des rois jusqu'au XIIIe s, Bergen, port de pêche, devait attirer la puissante Ligue hanséatique de Lübeck, qui possédait plusieurs comptoirs et étendait son hégémonie sur toute la mer du Nord et la Baltique. C'est ainsi que le quartier de Bryggen fut transformé en « ghetto » germanique. On y installa des conserveries. Tout un secteur était réservé à ces curieux marchands ; leur pouvoir était tel que certaines lois locales ne pouvaient leur être imposées. Durant quatre siècles, l'hégémonie allemande fut sans partage. Puis les Danois prirent le dessus. Du prestige de la Ligue hanséatique, il ne reste que quelques maisons, pas d'époque, mais superbement reconstituées.

BERGEN, LA PORTE DES FJORDS

Bergen, sur une côte déchiquetée entre montagnes et mer, est la porte d'entrée des fjords. Ceux-ci sont le résultat de la forte érosion exercée par d'énormes masses de glace sur les vallées que la mer vint remplir à la fin de la période glaciaire. Ils entaillent profondément les terres, certains pénétrant jusqu'à 200 km à l'intérieur, et leur profondeur atteignant parfois 1 350 m. L'érosion a entraîné, d'autre part, la formation d'îles et d'îlots (plus de 200 000) qui bordent le littoral actuel. Si l'on comptait le périmètre total des côtes, on atteindrait plus de 25 000 km ! Il n'est pas au monde de rivage plus déchiqueté. C'est bien ce qui fait son charme.

7 Visiter Troldhaugen, la demeure d'Edvard Grieg

le plus grand compositeur norvégien.

Le plus célèbre des musiciens norvégiens vit le jour à Bergen en 1843. Après 18 ans de vie commune et de voyages, Edvard et Nina Grieg s'installèrent, de 1885 à 1907 (date de la mort du compositeur) dans cette adorable retraite estivale sur le lac Nordås. La maison a été transformée en musée et l'intérieur est resté tel quel mais rempli de nombreux souvenirs : tableaux, instruments, mobilier, partitions originales, objets de voyages, photos du musicien. En contrebas, Grieg s'était fait construire un joli chalet où il a composé une grande partie de ses œuvres. Ne pas manquer de voir sa tombe, taillée dans la falaise, plutôt mégalomaniaque !

BON À SAVOIR : le musée s'est enrichi d'un bel auditorium qui propose régulièrement des concerts. • troldhaugen.com •

SAVOURER

8 Se régaler de la pêche du jour

sur le marché au poisson.

Point névralgique de la ville, le marché au poisson voit débarquer le poisson depuis près de dix siècles. Outre la pêche du jour, on y trouve pas mal de poissons fumés. Achetez des tranches de saumon fumé, quelques maquereaux du même tonneau, des crevettes et fourrez ça dans des petits pains bien frais achetés à la boulangerie : le midi, voilà de quoi se faire un déjeuner fantastique. Ne manquez pas de goûter également à la *Bergensk fiskesuppe.* Célèbre dans toute la Norvège, cette soupe de poissons n'a pas grand-chose à voir avec ce que l'on connaît chez nous. Déjà, elle est à base de crème. Les légumes et poissons y sont en morceaux et non moulinés. Le tout est accompagné de tartines beurrées : un vrai délice qui cale un honnête estomac.

BON À SAVOIR : sur le port, de 7h à environ 19h en été (en hiver horaire réduit et fermé le dimanche).

8 LE MARCHÉ AU POISSON

POLAR BERGENOIS

Parmi les auteurs norvégiens les plus connus, Gunnar Staalesen est en passe de devenir culte puisque ses romans sont même adaptés à la télé norvégienne. Varg Veum, son détective privé qui carbure à l'aquavit, nous promène, avec humour et cynisme, dans Bergen au sein d'une société norvégienne peut-être pas si saine, finalement. Dans sa très belle série *Le Roman de Bergen,* il dresse le portrait de sa ville au XXe s et son évolution sur un siècle. L'histoire démarre par un meurtre commis en 1900, qui ne sera élucidé que 100 ans plus tard, dans le dernier tome.

SORTIR

9 Faire un tour au centre culturel USF
« l'hémisphère gauche de Bergen ».

Bien que l'USF soit un peu difficile à trouver, ne quittez pas Bergen avant d'avoir découvert cette ancienne United Sardines Factory du XIXe s devenue aujourd'hui une *culture house* fascinante. Comme quoi, le poisson, ça rend intelligent ! Tout ce qui pense, réfléchit, crée, se retrouve ici. D'abord au *Kafé Kippers* où on peut admirer, si le temps le permet, de la terrasse, le soleil disparaître derrière le fjord, en buvant une bière et en mangeant un morceau. L'USF abrite également une salle de cinéma, trois salles de concerts (du rock à la musique contemporaine, via le jazz), des ateliers d'artistes, donc des expos, des, des, des... Bref, il s'y passe toujours quelque chose !

BON À SAVOIR : tlj 11h-23h (minuit ven-sam). • usf.no •

10 Se mêler à la jeunesse étudiante
rock et festive au *Hulen,* en fin de semaine.

Ancien abri pendant la guerre, cette discothèque est aménagée dans des grottes sous la colline de l'université. C'est le club de rock le plus ancien de Scandinavie, géré par les étudiants. C'est aussi le meilleur endroit de la ville pour écouter un concert, boire de la bière et faire des rencontres.

BON À SAVOIR : slt jeu-sam 21h-2h30 ; attention, certaines années *Hulen* n'ouvre pas en été. • hulen.no • Autre club de rock légendaire à la pointe chez les jeunes décalés, le *Garage.* • garage.no •

1 LE QUARTIER HISTORIQUE DE BRYGGEN

AGENDA DES FÊTES, FESTIVALS ET ÉVÉNEMENTS CULTURELS

MAI : *Natt Jazz.* Env 10 j. fin mai. Festival de jazz. • nattjazz.no •

FIN MAI-DÉBUT JUIN : *Festspillene i Bergen.* Ce n'est probablement pas un hasard si la ville natale du compositeur Edvard Grieg et du violoniste Ole Bull accueille ce festival très réputé dans toute la Scandinavie. Théâtre, concerts, opéra et expos en tout genre mettent Bergen en fête. • fib.no•

DÉBUT JUIN : *Bjorgvin Marknad.* Un w-e début juin. Les coutumes vikings revivent en ce week-end grâce aux reconstitutions de batailles navales et de scènes du passé, aux marchés médiévaux et à leurs étals qui sont autant de clins d'œil aux temps anciens. On en apprend beaucoup sur la culture et l'histoire des Vikings. On s'y croirait !

DÉBUT JUIN : *Bergenfest.* Ce festival de musique embrasse tous les styles : pop, rock, blues, *world music,* musique électronique, hip-hop, folk... Des concerts sont organisés en plein air, dans la forteresse médiévale et au château de Bergen. D'autres sont donnés dans les clubs et théâtres de la ville. • bergenfest.no •

SE REPÉRER

1 LA COUPOLE DU REICHSTAG, DE NORMAN FOSTER

BERLIN

« Berlin est pauvre mais sexy ! » affirmait son ancien maire Klaus Wowereit... et cette formule a fait depuis le tour du monde. De quoi rendre la ville encore plus attractive aux yeux des 10 millions de visiteurs annuels, qui ne viennent plus seulement en pèlerinage sur les lieux emblématiques de l'Histoire mais veulent aussi découvrir la ville la plus en vogue, la plus branchée du continent. C'est une jeune capitale au riche passé, en mouvement de jour comme de nuit : on trouve là toutes les tendances existantes, bien sûr beaucoup d'art et de cinéma, mais aussi de l'architecture, de la musique, du théâtre, de la danse... Berlin est l'une des métropoles les plus dynamiques d'Europe. Elle a su, malgré ses métamorphoses, conserver son côté alternatif, sans trop s'assagir. Bref, c'est le lieu où un autre style de vie semble encore possible.

BUDGET	€€
CULTURE	★★★★
CUISINE	★★☆☆
SHOPPING	★★☆☆
VIE NOCTURNE	★★★★

1h30 au départ de Paris

DÉCOUVRIR

1 Monter sous la coupole du Reichstag
et contempler l'architecture futuriste du nouveau Berlin.

Une fois le Mur disparu, l'immense espace vide situé entre les deux secteurs de la ville a fait le bonheur des architectes, qui ont pu se lancer dans les projets les plus fous. Renzo Piano fut chargé de l'aménagement de la Potsdamer Platz tandis que 800 architectes du monde entier participèrent à la création du nouveau quartier des institutions de l'Allemagne réunifiée et au réaménagement du Reichstag, désormais coiffé d'une superbe coupole de verre due à Norman Foster. Une galerie hélicoïdale permet d'atteindre son sommet, qui offre une vue magnifique sur les architectures audacieuses de la Chancellerie, du Tiergarten et de la Potsdamer Platz. Désormais symbole bien visible de la république fédérale à Berlin, la coupole en verre fait l'unanimité. Le must des visites à Berlin !

BON À SAVOIR : restaurant sur la terrasse. • bundestag.de •

2 Respirer une bouffée de nostalgie au musée du Cinéma
devant les robes et les souvenirs de Marlène Dietrich.

Installée dans le complexe du Sony Center, au sein de la Maison du cinéma, c'est un musée passionnant, si l'on aime le cinéma allemand, évidemment. Superbe réalisation multimédia : parcours lumineux au milieu des miroirs et des premiers effets spéciaux inventés par les pionniers de l'expressionnisme allemand, vidéo avec les premiers films, premiers projecteurs, premières affiches, etc. La genèse des grands classiques, notamment *L'Ange bleu,* avec la divine Marlène Dietrich. Une rotonde entière est consacrée à cette grande dame, avec quelques-uns de ses costumes de films où elle incarna un érotisme éthéré et inaccessible. Quelques souvenirs particulièrement émouvants de son engagement contre les nazis (sa carte de cantine à Hollywood)... Un lieu magique rythmé par ses chansons.

BON À SAVOIR : en février s'y déroule le Festival du cinéma de Berlin, où est attribué le fameux Ours d'or. • deutsche-kinemathek.de •

BERLIN À VÉLO

Moyen de locomotion économique et écologique, le vélo est particulièrement appréciée des Berlinois. Dans certains quartiers, on en voit partout ! Les pistes cyclables étant très bien aménagées à Berlin, surtout à l'ouest, il est intéressant de louer un vélo pour découvrir la ville, quartier par quartier, ainsi que la belle campagne environnante.

3 Se rendre au mémorial du Mur

un mémorial incontournable pour comprendre le Berlin d'hier et d'aujourd'hui.

Vaste site qui s'étend sur plus de un km. Prendre le temps de regarder les extraits des actualités de l'époque, afin que les victimes du mur de Berlin ne soient plus simplement que des noms. À l'extérieur, l'espace est traité d'une manière hautement symbolique. Plus loin, un « morceau » du Mur, de 300 m de long, a été sauvé par le pasteur Fischer, qui s'est battu pour faire classer Monument historique le pan qui longeait son presbytère sur la Bernauer Strasse. Du sommet de la tour-observatoire on se retrouve dans la position des Berlinois de l'Ouest, impuissants devant ce qui se passait sous leurs yeux.

BON À SAVOIR : un quart de siècle après sa chute, il ne reste pas grand-chose du « mur de la honte ». Les amateurs de poésie urbaine pourront suivre son tracé jusqu'au fameux Checkpoint Charlie, qui est matérialisé au sol par une double rangée de pavés et des plaques portant l'inscription « Berliner Mauer 1961-1989 ». • berliner-mauer-gedenkstaette.de • mauerguide.com •

4 Se plonger dans l'atmosphère de la vie quotidienne à l'Est avant la chute du mur au musée de la DDR (ex-RDA)

Voici le premier musée privé consacré à la vie quotidienne en Allemagne de l'Est au temps du communisme. Tous les aspects de l'existence sont abordés : le travail, les loisirs, les médias, la politique, la sécurité... On a même reconstitué un appartement modèle avec son salon (on teste le moelleux des fauteuils), ses toilettes (qu'on peut également essayer...) et sa cuisine. Des uniformes des Jeunesses socialistes à la Trabant, du guide de voyage dans les « pays frères » aux boîtes de petits pois *Globus,* les films naturistes sur les plages de la Baltique, le cagibi-bureau d'écoute de la Stasi : rien ne manque pour faire revivre les délires de vie de la société socialiste disparue à la chute du Mur. Ensuite, à chacun d'interpréter ce qu'il a vu, entendu...

BON À SAVOIR : • ddr-museum.de •

5 Découvrir l'émouvant Musée juif

un panorama passionnant qui éclaire le passé pour mieux comprendre le présent.

Prouesse architecturale signée par l'américain Daniel Libeskind (chargé de la reconstruction de Ground Zero à New York), le Jüdisches Museum analyse la relation entre les communautés juive et allemande depuis 2 000 ans. L'architecture impressionnante du bâtiment suscite un effet d'oppression puissant, faisant affluer le souvenir de l'Holocauste. L'exposition permanente retrace l'histoire juive, du Moyen Âge jusqu'à aujourd'hui, rythmée par les persécutions, l'exclusion et le déracinement. Grand moment d'un voyage à Berlin, prévoir une large plage horaire pour la visite !

BON À SAVOIR : aller se reccueillir ensuite au mileu des stèles du mémorial de l'Holocauste, un des passages obligés de toute visite berlinoise. • jmberlin.de • holocaust-mahnmal.de •

6 Jouer les explorateurs urbains en découvrant les friches industrielles du quartier de Friedrichshain

et assister à des performances d'artistes, à des expos ou à des concerts.

À la chute du Mur, ce *no man's land* gris et sans âme était jalonné d'anciennes usines, transformées en squats d'artistes et en clubs illégaux au cours des années 1990. Dorénavant au cœur de la « hype » berlinoise, Friedrichshain attire toujours les artistes, intellos et plasticiens boboïsés dans une frénésie culturelle et créatrice inépuisable. Le quartier étant vaste, le mieux pour s'y balader, c'est de louer un vélo. Et c'est parti pour une mégabalade dans le monde du *street art,* un voyage au bout de la nuit berlinoise que chacun suivra ou non jusqu'à son terme.

BON À SAVOIR : à l'intérieur de ces hangars désaffectés se trouvent de nombreux bars-clubs. Un univers fascinant, à découvrir principalement la nuit, et qui aurait pu aisément se retrouver dans notre rubrique « Sortir ».

7 Prendre le soleil et buller sur l'une des *Strände* (plages) qui bordent la Spree

en plein mois de juillet, en regardant passer les Bateaux-Mouches.

À Berlin, dès que le soleil recommence à chauffer les peaux, on se précipite pour se relaxer et bronzer sur le moindre carré de verdure (et Dieu sait combien il y en a !) et sur les nombreuses plages de sable artificielles qui parsèment la ville. L'une des plus grandes, la plage de Badeschiff, se trouve près de l'Oberbaumbrücke. C'est le plus beau pont de la ville, en tout cas le plus photogénique, qui relie les quartiers de Kreuzberg et Friedrichshain. Quand le ciel est d'un bleu démago, que le soleil darde ses rayons et que l'on est sur le sable, installé dans un transat de plage… se croirait-on vraiment à Berlin ?

8 Redécouvrir les œuvres de la génération des « artistes dégénérés »

écartés par les nazis et remis à leur juste place au musée Berggruen.

Situé face au château de Charlottenburg, ce musée abrite les tableaux de l'une des plus grandes collections d'art moderne du XXe s, rassemblée par Heinz Berggruen, un marchand d'art qui a fui l'Allemagne nazie en 1936. Après la guerre, il participe à la réalisation d'une revue destinée à réhabiliter l'« art dégénéré » auprès des Allemands. Dépêché à l'Unesco à Paris, il ouvre une galerie place Dauphine et acquiert une renommée internationale. Le musée a rouvert en 2013 après rénovation et agrandissement, et on peut admirer de nouveau, dans une muséographie tout à la fois épurée et étudiée, Klee, Matisse, Van Gogh, Braque, et surtout quelque 110 œuvres de Picasso (natures mortes, portraits, gravures, sculptures et dessins). Quel mauvais goût ces nazis !

BON À SAVOIR : • sbm.museum •

9 Flâner dans le parc du château de Charlottenburg

l'un des plus beaux exemples d'architecture baroque à Berlin.

C'est à la fin du XVIIe s que Frédéric III fit construire Schloss Lietzenburg, un palais d'été pour Sophie-Charlotte de Hanovre. Devenu roi de Prusse sous le nom de Frédéric Ier, il rebaptise son palais Charlottenburg à la mort de son épouse. Plusieurs fois agrandie au cours du XVIIIe s, la propriété, entourée d'un grand parc, s'enorgueillit désormais d'une façade de plus de 500 m grâce à ses deux grandes ailes. Gravement bombardé lors de la Seconde Guerre mondiale, le palais visible aujourd'hui est une reconstruction à l'identique réalisée après 1945. On peut y visiter l'Altes Schloss et son cabinet des Porcelaines ainsi que la nouvelle aile *(Neue Flügel)* et les luxueux appartements de Frédéric le Grand et Frédéric-Guillaume II.

BON À SAVOIR : belles balades en perspective aussi dans l'incontournable et immense parc Tiergarten, au cœur de la ville. • spsg.de •

10 Aller découvrir les œuvres de la fameuse East-Side Gallery

une fresque géante réalisée en 1990 par 118 artistes venant de 21 pays.

Ne vous croyez pas obligé de suivre les 1,3 km de long de cette fresque extraordinaire, mais parfois mal en point. En 2009, la galerie s'est offert un lifting complet pour commémorer les 20 ans de la chute du Mur : les signatures datées témoignent du retour de certains artistes, 19 ans après. Et quelques fresques d'origine, parmi les plus célèbres, sont restées en l'état ou sous forme de photos grand format comme le baisier goulu de Honecker à Brejnev, la fameuse Trabant défonçant le Mur ou cet « autre côté », dépeint avec poulets rôtis et Mercedes à la parade. La centaine de nouvelles fresques évoque, dans tous les styles possibles, de grands thèmes comme l'aspiration à la liberté et l'amitié entre les peuples.

11 Frémir sur le sort des prisonniers

incarcérés dans la terrible prison de l'implacable Stasi à Hohenschönhausen.

Dans cette prison, parmi les plus effrayantes du régime, et qui a fonctionné de 1945 à octobre 1990, la Stasi a enfermé des dizaines de milliers d'opposants, des hommes et des femmes qui tentèrent de fuir à l'Ouest et des dissidents politiques. La détention « provisoire » pour interrogatoire pouvait durer 3 ans ! Les prisonniers y vivaient dans des conditions psychologiques insoutenables, soumis à d'incessantes séances d'interrogatoires. Après la chute du Mur, la prison a été transformée en mémorial. On visite les cellules, l'hôpital, la cantine, le couloir appelé « U-Boot » (sous-marin)... Les guides sont pour la plupart d'anciens détenus, ils savent donc de quoi ils parlent !

BON À SAVOIR : • stiftung-hsh.de •

12 Prendre le train jusqu'à Potsdam

et plonger dans l'univers rococo du château de Sans-Souci.

Classé au patrimoine mondial de l'Unesco, le château de Sans-Souci, petit joyau du rococo allemand, était le lieu de villégiature de Frédéric II, roi de Prusse, qui y collectionnait les tableaux et y recevait ses amis philosophes. Voltaire y passa 3 ans. Petit par sa taille et ne possédant qu'un seul étage, le château est néanmoins éminemment représentatif des mouvements artistiques et de l'art de cour qui régnaient chez les grands de ce monde dans l'Europe du XVIIIe s. Le merveilleux parc de Sans-Souci recèle quant à lui d'innombrables trésors : pavillon chinois, cours d'eau, fontaines, jardins botaniques, arbres fruitiers exotiques…

BON À SAVOIR : • potsdam-park-sanssouci.de •

13 Aller pique-niquer dans le plus improbable des parcs, à Tempelhof…

un ancien aéroport.

Tempelhof. Un nom mythique qui ne cesse de se réinventer, puisque cet aéroport de légende fut le plus grand des années 1920, et le plus célèbre à l'occasion du blocus de 1948-1949 ! En 2008, suite à la fermeture définitive du site, la ville fit le choix inattendu, à l'heure des grands investissements immobiliers, d'offrir cet espace gigantesque aux Berlinois. Résultat : plus de 380 ha de gazon, sillonné de 6 km de tarmac, qui sont autant de pistes dévolues aux vélos et aux rollers. On y pique-nique, on y fait du cerf-volant, le tout face aux anciennes infrastructures, intactes, de la tour de contrôle jusqu'à quelques vieux coucous. Vraiment insolite !

14 Admirer la collection du Hamburger Bahnhof, Museum für Gegenwart

un remarquable musée d'art contemporain.

Attention, une gare peut en cacher une autre. Celle-ci est un superbe musée d'art contemporain. Comme pour le musée d'Orsay, l'architecture de la gare (construite en 1847 par Neuhaus) a été préservée. Dans l'immense galerie aux voûtes métalliques, on retrouve Andy Warhol, Rauschenberg, Lichtenstein, Twombly ou encore Kiefer ; des recherches picturales variées forment l'essentiel des œuvres issues de la collection privée d'Erich Marx, riche homme d'affaires berlinois. Y sont présents : la *Transavangarde* italienne, le *Minimal Art* et les représentants des plus récents courants américains : Keith Haring, Julian Schnabel, Jean-Michel Basquiat...

BON À SAVOIR : • smb.museum •

15 Poursuivre par la fabuleuse collection de la Gemäldegalerie *(pinacothèque)*

qui est considérée comme l'une des plus importantes du monde.

Ce musée possède une collection de plus de 2 700 œuvres (dont près de la moitié est présentée) du XIIIe au XVIIIe s. Tous ces chefs-d'œuvre ici réunis ont connu bien des aventures. Pendant la guerre, ils ont été soit évacués, soit entreposés dans des caves. Avec l'arrivée des Soviétiques et des Américains, certains sont emportés, d'autres laissés dans les caves, et beaucoup disparaîtront. Les œuvres seront restituées plus tard et regroupées, après la chute du Mur, là où elles se trouvaient avant 1939. On choisit alors la Gemäldegalerie, reconstruite en 1996 (lumière sublime et remarquable jeu de perspectives des salles). Vous y retrouverez tous les grands classiques de la peinture allemande, italienne, espagnole, néerlandaise, française, anglaise : Van Eyck, Bosch, Botticelli, Raphaël, La Tour, Poussin, Watteau, Vélasquez...

BON À SAVOIR : • smb.museum •

LA PORTE DE BRANDENBOURG

SAVOURER

16 S'offrir une vraie *Currywurst* berlinoise

avec une bière locale.

La *Currywurst,* en fait, c'est une banale saucisse coupée en petits morceaux. Son originalité ? Sa sauce, savant mélange de concentré de tomate, sauce Worcester, curry, poivre de Cayenne, piment, huile d'olive, moutarde, oignons finement hachés, poivre et sel ! Chaque quartier, chaque maison s'enorgueillit de proposer la meilleure. On en trouve également partout dans les rues, dans de petites baraques commerçantes, les *Imbiss,* à des prix qui furent longtemps dérisoires. À arroser, idéalement, d'une bière blanche.

BON À SAVOIR : *Konnopke's Imbiss* est sans doute l'*Imbiss* le plus culte de Berlin, là où ouvriers, étudiants et hommes d'affaires se croisent en nombre. • konnopke-imbiss.de •

17 Faire une pause sucrée, entre deux visites

Il est vrai que Berlin n'est pas réputée pour être la capitale de la pâtisserie, mais si l'envie s'en fait sentir, arrêtez-vous au *Café Buchwald.* Cette petite boutique, très appréciée des Berlinois depuis 160 ans, est l'endroit idéal pour faire une pause gourmande un après-midi, le long de la Spree. Excellent *Käsekuchen,* même si la spécialité maison est le *Baumkuchen,* sorte de gâteau à la broche.

BON À SAVOIR : • konditorei-buchwald.de •

SORTIR

18 Commencer la soirée dans un *Biergarten*

bonne entrée en matière pour approcher les racines de la tradition allemande.

Biergarten a pour traduction littérale « jardin de la bière » : tout est dit, c'est un jardin dans lequel la bière coule à flots ! Au moindre rayon de soleil les Berlinois y affluent en masse. On vous recommande le *Prater Garten,* qui est le *Biergarten* le plus ancien de Berlin (1837), ou encore le *Café am Neuen See,* un immense *Biergarten* très populaire : transats au bord de l'eau, aire de jeux pour les enfants, et même des barques à louer l'été. Côté cuisine, on a le choix entre un resto aux allures de chalet cosy, bien agréable s'il fait froid, ou un snack proposant pizzas et grillades en tout genre. Sympa, animé, d'autant que rien ne vous empêche de prendre une bière et une tranche de *Leberkäse* sur un bout de pain.

BON À SAVOIR : • pratergarten.de • cafeamneuensee.de •

LA NUIT BERLINOISE

Profitez, tant qu'il est encore temps, de ce qui fait la saveur de la nuit à Berlin : son côté alternatif. Si l'Ouest est plutôt « classique », l'ex-quartier Est semble plus branché : synthèse d'ex-communisme, d'alternatif et de modernisme ouest-allemand, il bouillonne en permanence et brille par son originalité, son foisonnement d'idées nouvelles et délirantes. On y trouve encore quelques squats géants, véritables labyrinthes artistiques où s'entremêlent *street art* et soirées électro, des clubs à la mode programmant des concerts chaque semaine, et des grosses stars en tournée chaque mois. Puis la nuit berlinoise ne se limite pas à la techno. Il y a toutes sortes de lieux pour faire la fête. Parmi les plus insolites, les rives de la Spree en été. Pour être au courant des soirées, consultez les magazines *Tipp* et *Zitty*.

19 Aller danser dans une vieille salle de bal

et se croire revenu au temps de l'ex-RDA.

Le *Clärchens Ballhaus,* dans le quartier de Mitte, est un lieu étonnant, vestige de l'ancienne RDA, qui rappelle comment les Berlinois de l'Est s'amusaient au bal du samedi soir. Un grand immeuble de 1913 au fond d'une cour arborée, une vaste salle au mobilier ancien, et un plancher en bois patiné par les décennies : c'est presque un décor de film (Tarantino y a d'ailleurs tourné quelques scènes d'*Inglourious Basterds*). On y danse le tango, la salsa, le cha-cha-cha, on swingue à l'ancienne. On y boit, on y mange aussi (mal, on peut le dire !) au milieu d'une clientèle toutes classes d'âge confondues. Voilà une adresse qui aurait dû disparaître, mais qui s'adapte, se transforme, et joue au Berlin éternel.

BON À SAVOIR : • ballhaus.de •

20 Braver la longue file d'attente pour pouvoir se déhancher au *Berghain*

l'un des meilleurs clubs au monde, installé dans une ancienne centrale électrique.

Un club mythique de musique électro et techno minimale, à l'esthétique un peu froide. C'est toujours le club hype de Berlin, très apprécié de la communauté gay, où les files interminables et la sélection sévère à l'entrée sont légendaires. Lové dans une cathédrale de béton et d'acier, le club compte 2 étages et plusieurs bars (dont le célèbre *Panorama Bar*). Accueillant les meilleurs DJ's, le *Berghain* draine jusqu'à 2 400 fêtards par soirée. Ambiance électrique... mais aussi très décadente avec ses recoins intimes !

BON À SAVOIR : les deux autres grands clubs techno de Berlin sont le *Watergate* à Friedrichshain et l'historique *Tresor* dans le quartier de Tiergarten. • berghain.de • water-gate.de • tresorberlin.com •

21 Profiter d'une vue panoramique sans égal

en vous rendant au *Week-End Club.*

De l'underground au 12e étage d'un immeuble, vous y croyez, vous ? Les discothèques avec vue sont devenues un must à Berlin. Et le *Week-End Club* en est un pour l'électro à l'instar du *Berghain.* Ici, on surplombe la mythique Alexanderplatz. Après avoir franchi la sélection de l'entrée, vous grimpez par l'ascenseur dans ce HLM-club. Des baies vitrées, vue panoramique sans égal : 3 angles, dont un sur la Karl-Marx Allee. Le Berliner Dom est presque à vos pieds !

BON À SAVOIR : • houseofweek-end.berlin •

22 Ne pas quitter Berlin sans se rendre au moins une fois au Berliner Philharmoniker (mondialement connu)

Berlin est aussi un endroit privilégié pour écouter de la musique classique ou aller à l'opéra. Les représentations y sont beaucoup plus nombreuses qu'en France, et les prix nettement inférieurs. Dirigé de 1955 à 1989 par le très célèbre Herbert von Karajan, jusqu'en 2002 par Claudio Abado et depuis par Sir Simon Rattle, l'orchestre offre des représentations d'une qualité exceptionnelle. Le chef d'orchestre britannique a exprimé son désir d'ouverture de la Philharmonie à un public le plus large possible, âges et origines sociales confondus, par un travail d'éducation à la musique et à la danse remarquable. La salle a la particularité d'être circulaire, le public entourant l'orchestre.

BON À SAVOIR : Concerts gratuits le mar. • berliner-philharmoniker.de •

SHOPPING

23 Visiter les rayons du légendaire *KaDeWe*
véritable temple de la consommation.

Situé près du Ku'damm, le *Kaufhaus des Westens* (littéralement « Grand magasin de l'Ouest ») est un palais de la consommation, des rayons de parfumerie du rez-de-chaussée jusqu'au légendaire 6e étage, le royaume de la gastronomie et des épiceries fines, tandis que le 7e et dernier étage accueille un traiteur haut de gamme organisé en self-service. Là, on paie au poids (de ce que l'on achète, bien sûr !). Magasin labyrinthique sur plus de 60 000 m^2, on y trouve tout ce qui est introuvable ailleurs, disait-on autrefois.

BON À SAVOIR : • kadewe.de •

24 Faire une halte shopping branché
dans l'un des quartiers les plus emblématiques de l'Est : Prenzlauer Berg.

Ancien quartier délabré de Berlin-Est, Prenzlauer Berg est désormais le fief de trentenaires *wessis* (= de la zone Ouest) devenus jeunes parents soucieux de bien-être et adeptes de consommation tendance. On y trouve de nombreux bars et restos alternatifs, ainsi que des marchés et boutiques sympas. Question shopping, tentez les rues autour de la Kastanienallee, où créateurs et boutiques vintage proposent une sélection pour peaufiner son allure. Pour les aficionados du design des années 1950 et 1970, on conseille particulièrement le marché aux puces Am Arkonaplatz. Le jeudi, on se bouscule également au marché de Kollwitz Platz, réputé pour ses produits bio.

24 SHOPPING À PRENZLAUER BERG

AGENDA DES FÊTES, FESTIVALS ET ÉVÉNEMENTS CULTURELS

JANVIER : *Longue Nuit des musées.* Le dernier week-end du mois (jusqu'à minuit et au-delà). • lange-nacht-der-museen.de •

MI-FÉVRIER : *Festival international du cinéma.* C'est là qu'on décerne le fameux Ours d'or. Un festival entièrement ouvert au public. • berlinale.de •

FIN MAI-DÉBUT JUIN : *Carnaval des cultures.* Le week-end de la Pentecôte, à Kreuzberg. Un mini-Rio à Berlin. • karneval-berlin.de •

JUIN : *Gay Pride.* Pour le Christopher Street Day. Le trajet s'effectue dans une ambiance de fête à Schöneberg, entre le zoo et la porte de Brandebourg.

AOÛT : *Festival international de la bière.* Au début du mois. Véritable fête champêtre au cœur de la ville, le long de la Karl-Marx Allee. On assiste alors à une immense beuverie au cours de laquelle plus de 240 brasseries représentant plus de 80 pays viennent s'y faire mousser. • bierfestival-berlin.de •

FIN SEPTEMBRE : *Berlin Art Week.* Cette foire internationale d'art contemporain a lieu chaque année.

OCTOBRE : *Festival of Lights.* Plus de 50 sites et espaces sont éclairés pendant une dizaine de nuits. Magique !

NOVEMBRE : *Jazz Fest et Journées de la culture juive.*

DÉCEMBRE : *Weihnachtsmärkte (marchés de Noël).* Durant tout le mois : artisanat, vin chaud, saucisses à profusion, pains d'épice... sur la Breitscheidplatz, l'Alexanderplatz, à Gendarmenmarkt, mais celui de Spandau est le plus grand.

SE REPÉRER

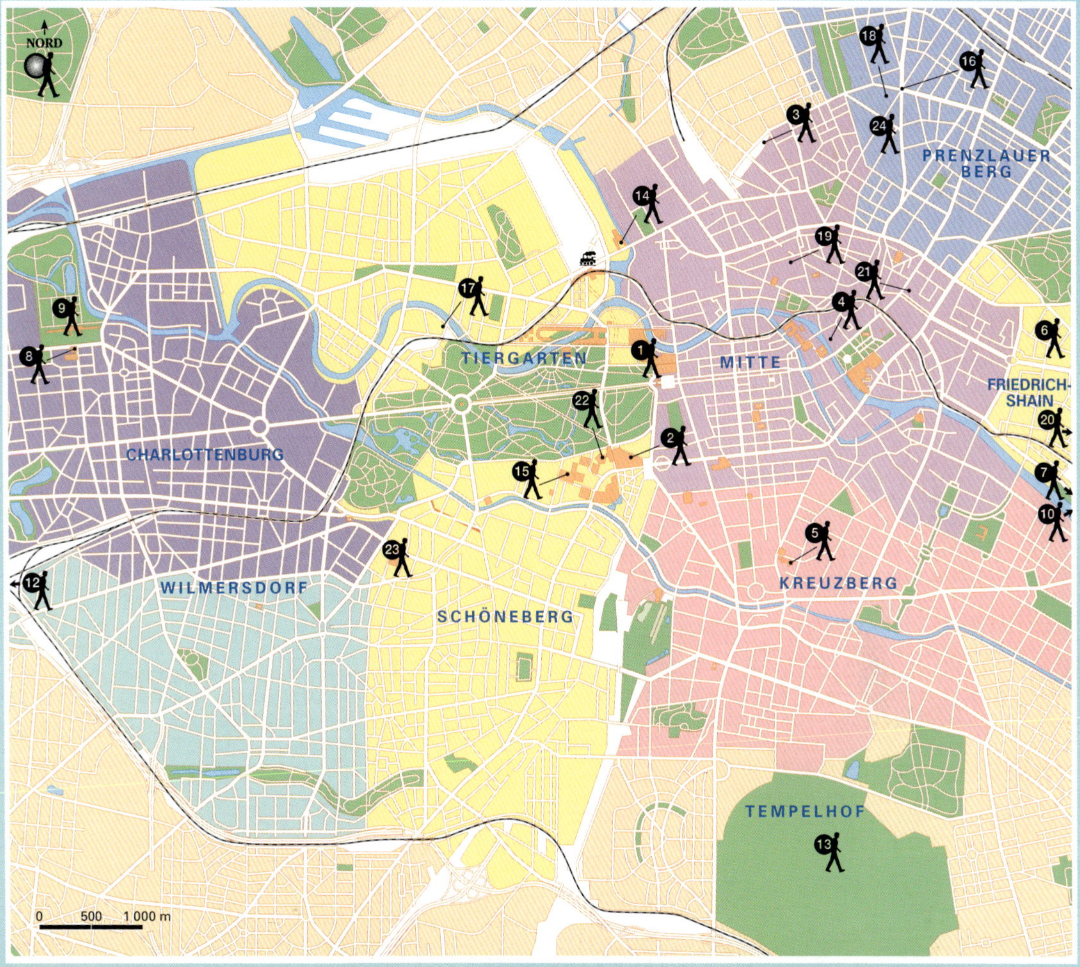

BILBAO

Bilbao compte parmi les plus grands ports d'Europe. Ville qui bouge, qui a su s'investir dans un vaste plan de réhabilitation, muant ses friches industrielles en centres culturels à l'architecture d'avant-garde, comme le célébrissime Guggenheim local, joyau de titane, qui a donné à la ville un nouveau souffle, pour ne pas dire un autre destin. Bilbao fait appel à tout ce que l'architecture contemporaine compte de grands noms pour édifier nouveaux ponts et nouveaux quartiers. Le vieux quartier, lui, constitue un contrepoint historique à cette modernité. Il ne cesse de fasciner, avec ses échoppes, ses ruelles, son marché couvert... Il dégage un vrai charme avec ses maisons anciennes et ses bars branchés qui se serrent les coudes, côtoyant nombres d'ateliers d'artistes. Enfin, les gastronomes seront également bien servis car, comme dans toute la région, la créativité culinaire se manifeste dans les nombreux bars à *pintxos*.

BUDGET	€€
CULTURE	★★★★
CUISINE	★★☆☆
SHOPPING	★★☆☆
VIE NOCTURNE	★★★☆

1h30 au départ de Paris

DÉCOUVRIR

1 Visiter le musée Guggenheim Bilbao, chef-d'œuvre incontournable d'architecture contemporaine

et figure de proue du nouveau visage de la ville.

Inauguré en 1997, il faut bien le reconnaître, ce bâtiment construit par l'équipe de l'architecte californien Frank O. Gehry est une merveille. Cet artichaut de titane a bénéficié, lors de sa conception, des derniers progrès en matière d'imagerie aéronautique. La pièce maîtresse est sans aucun doute la longue salle qui s'étend sous le pont Príncipes de España : 130 m de long et pas un seul pilier ! Le Guggenheim présente essentiellement de grandes expos temporaires d'artistes internationaux du XXe s. Ici, une expo chasse l'autre, c'est le principe de la « rotation dynamique ». La philosophie du musée est que personne ne puisse dire « J'ai vu le Guggenheim. » Tout de même quelques installations permanentes. Parmi les immanquables : l'incroyable *puppy* (chiot) géant tout fleuri et les tulipes de Jeff Koons, les boules d'Anish Kapoor, *Maman,* la grosse araignée de Louise Bourgeois ou les huit gigantesques « sculptures » en acier de Richard Serra.

BON À SAVOIR : avant de vous déplacer, bien vous renseigner sur les expos en cours pour éviter de tomber entre 2 expos. Possibilité de réserver votre entrée sur Internet et d'éviter ainsi de faire la queue. • guggenheim-bilbao.es •

2 Franchir le Nervion par l'un des plus anciens pont transbordeur d'Europe : le pont Vizcaya

L'ingénieur espagnol Palacio déposa le brevet du pont transbordeur le 5 novembre 1887, en collaboration avec Ferdinand Arnodin (qui construisit celui de Rochefort). Ce pont, situé dans la banlieue chic de Bilbao, près de la station balnéaire de Getxo, et inauguré en 1893, est inscrit au Patrimoine mondial de l'Unesco. Vous pouvez traverser à pied par la passerelle tout en haut (beau point de vue sur le port), ou en voiture par la curieuse nacelle suspendue sous le pont.

BON À SAVOIR : • puente-colgante.com •

3 Admirer le travail et le génie du designer Philippe Starck

en se baladant à l'Alhóndiga.

Drôle de rencontre ! Celle d'un entrepôt à vin du début du XXe s, où brique et béton sculpté prennent toute la place, et du designer Philippe Starck. Le résultat ? Une sorte de vaste place publique intérieure qui évoque le forum romain… à peine troublée par d'épaisses colonnes fantaisie inspirées des différentes cultures du monde à diverses époques ! Quelques bancs permettent aux passants de s'installer et, à l'extérieur, de drôles de chaises et des tables d'échecs invitent à s'arrêter.

BON À SAVOIR : le complexe abrite divers lieux culturels et sportifs : salle de spectacle et d'expos, auditorium, piscine suspendue (impressionnant de voir les nageurs d'en dessous !), salle de sport, boutiques, 3 restos et un bar en terrasse. • alhondigabilbao.com •

4 Arpenter les rues du Casco viejo, le quartier historique de Bilbao

le plus traditionnel, le plus typique et le plus animé de la ville.

Le Casco viejo se singularise par ses *Siete Calles* (les « sept rues »), parallèles les unes aux autres et qui débouchent toutes sur le marché couvert de la Ribera. Très animé en journée, et le week-end en soirée. Plus tranquille le dimanche dans la journée, car beaucoup de commerces sont alors fermés.

BON À SAVOIR : • bilbaoturismo.net •

1 LE MUSÉE GUGGENHEIM BILBAO

5 Se plonger dans le 7e art espagnol
en séjournant à l'originale *Pensión Caravan Cinema*.

Entièrement dédiée au culte du 7e art, cette pension soignée et confortable propose 5 chambres au cœur du Casco viejo, chacune rendant hommage à un grand réalisateur espagnol. Dans les tons blancs, or et pierres apparentes, malgré leur petite taille, elles dégagent un vrai cachet, avec une touche vintage ici et là. On y retrouve les incontournables Pedro Almodóvar, Julio Medem, Fernando Trueba… Et la télé de chaque chambre permet de voir ou revoir les films de chaque réalisateur.

BON À SAVOIR : • caravan-cinema.com •

6 Déambuler dans les rues du quartier « nouveau » de l'Ensanche
et apprécier, entre autre, l'architecture avant-gardiste du Bilbao d'aujourd'hui.

Cette excroissance de la vieille ville ne naît qu'au début du XVIe s, d'où la présence de nombreux édifices administratifs et de peu d'églises. Pléthore de beaux immeubles bourgeois cependant, souvent datant de la fin du XIXe s et présentant des styles architecturaux très variés. On y retrouve du néo-gothique, néo-Renaissance, mais aussi de l'Art nouveau, des accents Art déco. Les plus grandes artères comme la *Gran Vía* ou l'*Alameda de Recalde* ne sont que deux exemples où se déclinent les styles les plus divers. Parallèlement, quelques édifices récents offrent une touche moderne et audacieuse à ce quartier, qui résume bien la tendance architecturale avant-gardiste caractérisant aujourd'hui la ville. Il suffit souvent de lever les yeux !

BON À SAVOIR : • bilbaoturismo.net •

7 Découvrir la riche collection du Museo de Bellas Artes
le musée des Beaux-Arts.

Construit en 1945 et augmenté d'une aile moderne bien conçue, il abrite une remarquable collection de peintures du XIIIe au XIXe s, aussi bien espagnoles (une dominante), qu'internationales : du roman au romantisme en passant par la Renaissance, le baroque, le néoclassicisme, l'impressionnisme et l'art moderne. Un musée méconnu, souvent injustement délaissé par les touristes qui n'ont d'yeux que pour le Guggenheim, alors qu'il en est le superbe complément artistique. Salles intelligemment organisées, par style pictural et chronologiquement.

BON À SAVOIR : • museobilbao.com •

4 LE CASCO VIEJO

8 Partir sur les traces du peuple basque

à travers les salles du Museo Vasco.

En 1921, on créa cet intéressant musée, qui avait pour mission de retracer le parcours ethnographique du peuple basque. Vous y découvrez d'intéressantes vitrines sur la culture pastorale, l'habitat, les coutumes et croyances, le tissage, les industries textiles, et, bien sûr, la navigation, la vie quotidienne des pêcheurs et la chasse à la baleine. Dioramas sur les différents types de pêche, photos et documents. Quelques pièces sympas comme ce pêcheur de morue du XVIIIe s, habillé comme un Esquimau et installé dans un tonneau pour ne pas tomber à la mer.

BON À SAVOIR : • euskal-museoa.org •

SAVOURER

9 Réveillez vos papilles ! Quand le *pintxo* rencontre la créativité gastronomique !

Les ingrédients qui composent les *pintxos* sont très variés, et certains bars se font une fierté de leur créativité. *Guretoki*, dans le Casco viejo, est l'un d'eux. Un comptoir, une petite poignée de tables modernes et surtout, sur le comptoir, de petites merveilles, aussi raffinées pour les papilles que pour les yeux. Essayez la *sopa de queso idiazabal* (soupe au fromage avec un œuf de caille), *pulpo a la plancha*, crabe en tempura ! Citons aussi *Xukela*, tout proche du précédent, qui propose également des *pintxos* créatifs et amusants (genre crêtes de coq sur lit de cèpes, fèves au jambon, champignons-morue…). Un vrai régal !

BON À SAVOIR : • guretoki.com • xukela.com •

10 Déguster du *txangurro,* araignée de mer, une délicieuse spécialité locale

Vous ne trouverez cette spécialité que dans les vrais restos de poisson, car sa préparation est longue et coûteuse. On vous conseille de vous rendre au restaurant *El Globo,* dans l'Ensanche. Alignées sur le comptoir, les meilleures créations du quartier sont à prix sages et flanquées d'une étiquette explicative. Parmi les spécialités, le fameux *txangurro,* mais aussi calamars sur lit d'oignons… Tables en terrasse.

BON À SAVOIR : • barelglobo.com •

LES TAPAS OU *PINTXOS*

Les bars à tapas sont une institution en Espagne. On y trouve évidemment de quoi boire et fréquemment aussi de quoi manger, mais sièges et tables sont comptés. Au Pays basque, les tapas s'appellent *pintxos* (prononcer « pintchos »), du nom de la petite pique qui les coiffe. Leur variété est confondante : croquettes de morue, de crevettes, omelettes, cassolettes de champignons ou d'escargots, seiches grillées, moules à l'escabèche, etc. Pour l'anecdote, le mot « tapa » signifie « couvercle » et viendrait de l'ancienne habitude des patrons de bars espagnols de mettre une tranche de pain sur le verre de vin de Jerez pour obliger le client à manger en buvant, lutte contre l'alcoolisme oblige…

TXAKOLI

Ce vin blanc très sec n'est produit que dans un tout petit cercle autour de Getaria (en Gipuzkoa) et de Bakio (en Biscaye). En fait, il est issu, comme l'irouléguy, du cépage curixketu sous ses deux formes, belza (noir) et zuria (blanc, cette dernière variété étant aussi le cépage originel du jurançon), mais en Euskadi, on ne le mélange pas à d'autres cépages. Sous le climat du Gipuzkoa, ce raisin mûrit imparfaitement et donne son acidité au vin. Le curixketu n'est conservé, sous sa forme ancienne, qu'à Getaria-Zarautz et dans la région de Bakio en Biscaye, ce qui fait du txakoli une relique précieuse. Comme le cidre basque, on le sert d'un grand geste, sec et précis, en mettant une distance maximale entre le verre et la bouteille.

SORTIR

11 Passer une soirée au cœur du Casco viejo (quartier ancien), dans la calle Somera

une rue qui se transforme le week-end en vaste bar à ciel ouvert.

Indéniablement, la calle Somera rassemble la jeunesse gentiment turbulente de Bilbao et les bars un peu destroy qui vont avec. L'un des rendez-vous de cette rue hyper animée le week-end, c'est le *Café Jaunak*. Une adresse fréquentée par les jeunes de la ville. Juste à côté, le *K2* est un autre bar où l'on se donne rencart pour un début (ou une fin) de soirée. Au n° 43, le *Nekane Bar* et son voisin, le *Madariaga*, sont perfusés aux mêmes effluves. Vous n'aurez que l'embarras du choix.

12 Prendre un cocktail et de la hauteur sur la terrasse du *Yandiola*

dans l'Alhóndiga.

La terrasse de cet incroyable édifice classico-moderne, mélangeant allègrement les styles (on est au niveau d'un beau clocheton classique couvert d'écailles de zinc) se révèle fort agréable. On y prépare d'excellents cocktails. Atmosphère musicale de qualité.

BON À SAVOIR : • yandiola.com •

SHOPPING

13 Prolonger le voyage en s'approvisionnant de produits régionaux au marché de la Ribera

référence commerciale incontestable pour toute la Biscaye.

Construit en 1930, cet ancien marché des abats ressemble à un bateau amarré à quai. Avec ses nombreux comptoirs d'alimentation sur deux étages, il paraît que c'est le plus grand marché couvert d'Europe. Aujourd'hui entièrement rénové, il propose une large sélection de produits régionaux : charcuterie, poissons, fruits de mer, fromage, vin… Un régal pour les yeux comme pour les papillles !

AGENDA DES FÊTES, FESTIVALS ET ÉVÉNEMENTS CULTURELS

FÉVRIER : *pèlerinage de San Blas.* Le 3 février. À l'église San Nicolás. On achète des caramels traditionnels.

MARS OU AVRIL : *Semaine sainte.* Une superbe procession de confréries religieuses se déroule dans la ville le lundi de la Passion (1 semaine avant Pâques). Ce jour-là, la procession fait le tour de la vieille ville en allant de paroisse en paroisse. C'est le seul jour où la Quinta Parroquia (la cinquième paroisse, San Francisco) se vide de tout ce qui pourrait offenser le Seigneur : plus un voyou, plus une prostituée ; sex-shops et bars louches baissent le rideau de fer. Miracle ! Durant cette semaine, se déroule aussi le Basque Fest dans toute la ville : musique, démonstration de sports ruraux, danses, concours culinaires…

JUILLET : *procession maritime.* Le 16 juillet. Procession sur le Nervión, en l'honneur de la Vierge. Le départ a lieu au petit port de Santurtzi.

AOÛT : *Semana Grande.* Le samedi suivant le 15 août. L'occasion de multiples réjouissances : bals, processions, promenades de géants, etc.

DÉCEMBRE : *marché de Santo Tomás.* Vers le 20 décembre. Dans le Casco viejo. Tous les producteurs de la région viennent s'installer plaza Nueva (Berria), avec les produits nécessaires à la confection d'un succulent réveillon de Noël.

SE REPÉRER

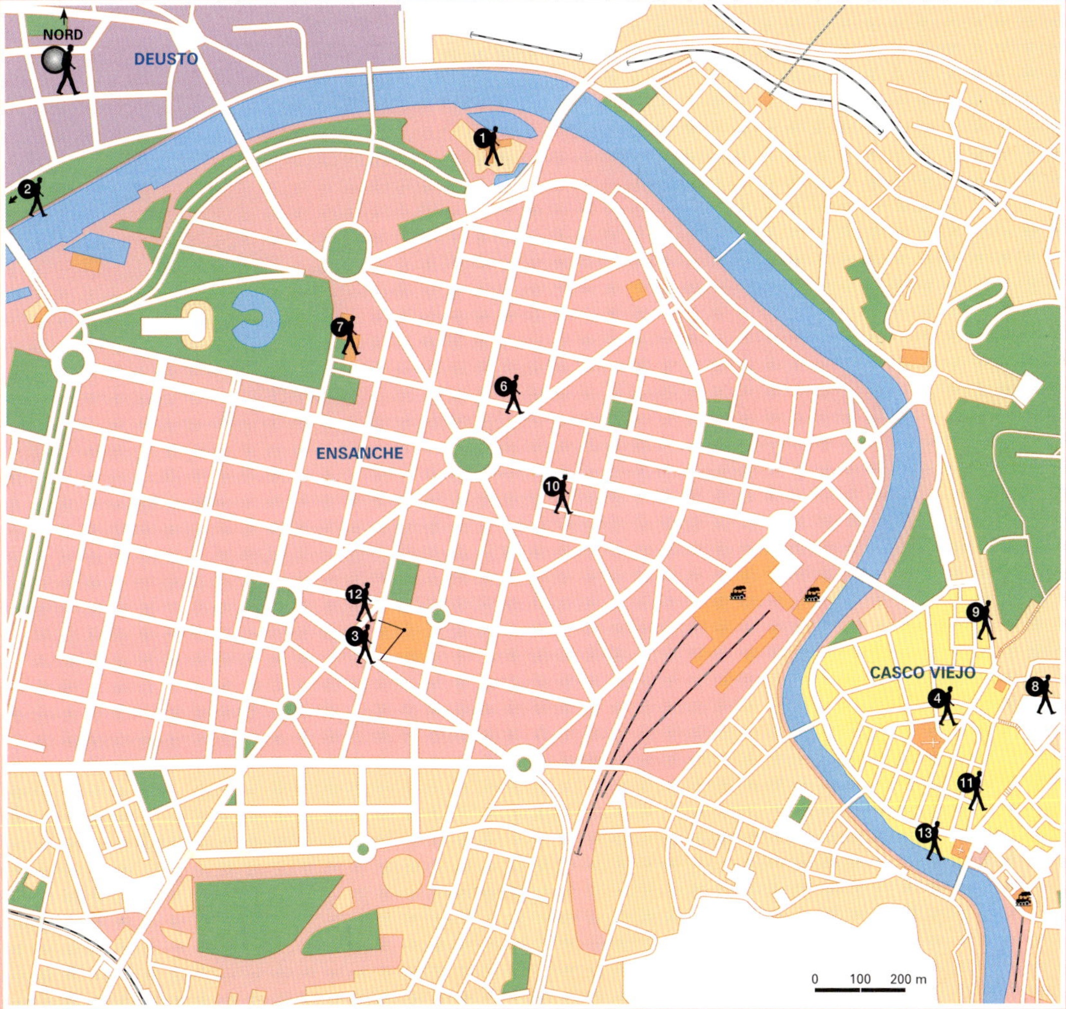

BOLOGNE

Bologne, pétillante capitale de l'Émilie-Romagne, affiche un centre-ville médiéval remarquable, livrant de nombreux monuments Renaissance, palais, églises, musées… Le tout préservé dans un esprit de qualité de vie, l'heureuse obsession de la municipalité, qui fut l'une des premières en Europe à imposer aux automobilistes de lourdes restrictions de circulation dans son centre. Bologne « la Rossa » (la Rouge), en référence aux toits de ses édifices et à sa couleur politique, est aussi « la Dotta » (la Savante), car elle renferme la plus ancienne université d'Europe, et puis enfin « la Grassa » (la Grasse) pour l'excellence de sa gastronomie. Car on y mange divinement bien, et les vitrines des commerçants du centre-ville débordent de victuailles qui donnent des envies de banquets gargantuesques !

BUDGET	€€
CULTURE	★★★☆
CUISINE	★★★★
SHOPPING	★★☆☆
VIE NOCTURNE	★★☆☆

1h35 au départ de Paris

DÉCOUVRIR

1 Admirer le riche passé de la ville sur la piazza Maggiore, l'une des plus belles places d'Italie

sans oublier de se rincer l'œil devant la magnifique statue de Neptune, entourée de ses érotiques sirènes.

Vous passerez forcément par la piazza Maggiore. C'est ici que bat le cœur de la cité depuis le XIIIe s. Elle s'entoure de quelques-uns des principaux monuments de Bologne. On y trouve, au nord, le palais du Podestà dont la tour fut construite au XIIIe s et le corps principal à la Renaissance. Sur son flanc ouest, devant le palais du roi Enzo, ne ratez pas la piazza del Nettuno avec sa célèbre fontaine représentant Neptune, le dieu romain de la Mer. Symbole du pouvoir papal, ce chef-d'œuvre de Jean de Bologne, à forte charge érotique, fut l'objet de nombreux scandales ; notamment à cause des quatre sirènes (symbolisant les quatre grands fleuves des continents alors connus) qui, agenouillées dans une pause lascive, se pressent les seins d'où jaillissent des jets d'eau ! Au sud de la piazza Maggiore, le palazzo dei Notai (des Notaires) présente une façade crénelée et de belles fenêtres…

BON À SAVOIR : se promener ensuite dans les fameuses rues à arcades de la ville (via Zamboni, via dell'Archiginnasio…) d'où l'on admire les infinies variations ocre et rouge des bâtiments. À la nuit tombée, l'éclairage rend le quartier encore plus romantique et mystérieux.

2 Grimper au sommet de la plus haute des *Due Torri* (les Deux Tours)
et profiter du superbe panorama à 360° sur les toits rouges de la ville.

Elles sont l'emblème de Bologne ! S'il n'en reste plus qu'une vingtaine aujourd'hui, au Moyen Âge près de 100 tours se dressaient dans le ciel de la ville. Elles servaient de bastion aux familles nobles à l'époque où Bologne était l'objet de luttes sanglantes entre guelfes et gibelins. Plus la famille était puissante, plus sa tour était élevée... Ces deux-ci furent construites aux XIe et XIIe s. L'architecte dut se faire sacrément houspiller, car elles penchent spectaculairement. La plus petite, la torre Garisenda (48 m de haut), présente 3,22 m d'inclinaison ! Sa partie supérieure fut détruite au XVe s car jugée trop dangereuse. Certaines tours ont perdu la moitié de leur hauteur ou furent simplement démolies par décision de justice, car à l'époque on infligeait le châtiment directement à la tour quand une famille se rendait coupable de méfaits. Une véritable humiliation !

BON À SAVOIR : ne pas manquer l'ascension des quelque 500 marches de la torre Asinelli, la plus grande de toutes (97 m), même si celle-ci est éprouvante (et à déconseiller aux claustrophobes). Vertige et émotions assurés !

3 Passer d'une église à l'autre dans l'étonnant et remarquable ensemble que forme la basilica Santo Stefano

Sur l'une des plus belles places de Bologne, voici un ensemble remarquable de quatre églises de style roman édifiées par les Lombards. Elles communiquent entre elles et dégagent, grâce à leur pénombre dorée, une atmosphère très douce. L'église du Saint-Sépulcre, de forme polygonale, renferme le tombeau vide de San Petronio, le saint patron de Bologne ; l'église du Crucifix a un chœur surélevé sur une crypte ; la mystérieuses église San Vitale e Agricola, à l'architecture austère et dépouillée, fut la première cathédrale de Bologne, et enfin l'église du Martyr ou de la Trinité renferme un superbe cloître roman.

BON À SAVOIR : sur la piazza Santo Stefano. Dans les rues alentour, ne manquer de visiter les grandioses palais médiévaux et Renaissance.

4 Faire une orgie de musées

la plus vieille ville universitaire d'Europe (1088) en compte à foison.

Bologne est surnommée la « Dotta » (la Savante). C'est une ville de culture où les amateurs de musées seront à la fête. Il y en a pour tous les goûts : objets d'art médiévaux au Museo civico medievale, archéologie au Museo archeologico, beaux-arts à la Pinacoteca nazionale, histoire au Museo della Storia di Bologna (installé dans un pittoresque palais médiéval), peinture « métaphysique » au Museo Giorgio Morandi (extra !), mais aussi musique, patrimoine industriel, tapisserie, art moderne… La plupart de ces musées sont abrités dans de somptueux palais.

BON À SAVOIR : • museibologna.it •

5 Assister à l'étrange phénomène qui se passe tous les jours à midi, heure solaire, dans la basilica San Pietronio

Malgré deux siècles de chantier, la façade de ce temple civique ne fut jamais terminée. À l'intérieur, les proportions et volumes demeurent parmi les plus impressionnants du monde ! Orgie de voûtes en ogive dans les tons rouge et rose. On ne compte plus les chapelles richement ornées. Mais le plus incroyable demeure le phénomène lumineux qui se produit en milieu de journée : un faisceau lumineux jaillissant de la voûte se promène sur le sol. Au moment où il croise le méridien matérialisé par une barre de cuivre au sol, il est 12h solaire (variable selon les saisons). Le rai lumineux, après son passage sur la méridienne, se pose sur les colonnes et prend l'aspect d'un cœur.

BON À SAVOIR : selon la légende, toutes les femmes célibataires qui assistent à cet événement se marieront dans l'année.

1 LA PIAZZA MAGGIORE

6 Ne pas manquer d'aller jeter un œil à l'oratorio di Santa Cecilia

considéré comme la « chapelle Sixtine » de Bologne.

Contigu à la sacristie de San Giacomo Maggiore, l'oratoire est décoré de fresques admirables signées des plus grands artistes de la Renaissance bolonaise. Ainsi, Francesco Francia, Lorenzo Costa et Amico Aspertini y illustrèrent en 10 tableaux la vie de sainte Cécile et de saint Valérien. Petit cloître juste derrière.

7 Admirer la splendide collection d'instruments de musique

conservés à l'oratorio di San Colombano.

Deux raisons de venir ici : le lieu, petit mais superbe, et la collection, tout aussi superbe. C'est celle de Luigi Ferdinando Tagliavini, musicien originaire de Bologne et grand spécialiste de la Renaissance, qui a parcouru l'Europe pendant plus de 50 ans pour trouver les instruments à la sonorité parfaite pour cette musique. Les clavecins, clavicordes, orgues et pianos forte fabriqués du XVIe au XXe s qui vous sont présentés ici fonctionnent encore : une des conditions de Tagliavini pour ce musée était d'ailleurs que l'on continue à jouer dessus pour les entretenir. Nombre d'entre eux, très décorés, sont déjà magnifiques à regarder ! Tout comme le lieu dans lequel ils se trouvent.

BON À SAVOIR : concerts fréquents, et souvent gratuits, sur place. • genusbononiae.it •

8 Profitez de votre passage à Bologne pour sillonner la région
et découvrir les splendeurs de l'Émilie-Romagne, comme Ravenne et Ferrare.

Bologne est, par sa position centrale, le point de chute idéal pour découvrir cette région prospère, située entre la Toscane, la Vénétie et la Lombardie. On peut facilement rayonner en train dans les environs et découvrir de superbes villes d'art, accessibles en moins d'une heure. À une demi-heure, Ferrare mérite amplement une visite. C'est une magnifique petite ville médiévale et Renaissance, un petit bijou à l'abri des ses remparts, classé à l'Unesco. On y trouve de superbes édifices, comme le castello d'Este, l'un des plus beaux châteaux italiens, et l'inégalable palazzo dei Diamanti avec sa façade de 8 500 blocs de pierre taillés comme des diamants. Autre excursion recommandable : Ravenne (1h20 de train), dont le centre-ville est également classé à l'Unesco, pour son inestimable trésor : de somptueuses mosaïques aux influences antiques et orientales. Elles décorent bon nombre d'églises et de monuments de la ville, dont la basilica San Vitale, un sommet de l'art byzantin (VIe s.).

BON À SAVOIR : nombreux trains tous les jours au départ de Bologne. • trenitalia.it •

SAVOURER

9 Savourer les nombreuses spécialités dont regorgent Bologne et sa région

Autre surnom de Bologne : la « Grassa » (la grosse). Préparez-vous à faire le plein de calories ! Bologne est l'une des villes où l'on mange le mieux en Italie. Ne cherchez toutefois pas les « spaghetti à la bolognaise » ! Ici, la préparation à base de sauce tomate et de viande se dit « al ragu »... et on mange plus volontiers des *tagliatelle* ou des *tortellini,* de petits raviolis ronds. Autre spécialité locale de renommée internationale, la *mortadella* qui se déguste en cubes ou en fines tranches. Enfin, Bologne se trouve en Émilie-Romagne, la terre du parmesan, du *prosciutto di Parma* (jambon de Parme) et du vinaigre balsamique de Modène. Vous avez l'eau à la bouche ? Bologne possède d'excellents restaurants, les *osterie*, de sympathiques établissements entre le bar à vin et la table d'hôtes, où l'on se régale à prix raisonnables. Également une belle concentration de glaciers et de boutiques où faire ses emplettes avant de repartir.

BON À SAVOIR : pour assouvir tous vos désirs de mortadelle allez à la *Macelleria-Rosticceria.* Elle ne paie vraiment pas de mine et n'affiche même pas de nom, pourtant, c'est la seule boucherie du centre-ville où le patron fait encore lui-même, sur place, sa délicieuse *mortadella Santo Stefano.* Sinon la *Salumeria Simoni,* à l'angle de la via Pescherie Vecchie, vend une mortadella artisanale à se damner ! Également du *salame rosa* – typiquement bolonais – tout aussi formidable, et des saucissons, jambons…

LES TAGLIATELLES DE BOLOGNE

Très différentes de spaghettis de par leur composition même (œufs, farine de blé tendre), ces pâtes ruban sont des pâtes de riches… que l'on fabrique artisanalement à Bologne notamment, leur ville d'origine (ainsi que des tortellini). Selon la légende, en 1487, la belle Lucrèce d'Este débarque de Ferrare pour épouser le rustre Anibale Benti Voglio. Immédiatement, sa blondeur vénitienne ébahit les habitants de Bologne. En hommage, un cuisinier de génie invente la tagliatelle inspirée par ses cheveux blonds et ondulants. C'est une appellation contrôlée et aucune contrefaçon n'est possible. À déguster de préférence avec des sauces au beurre, à la crème, des coulis de courgettes, de poivrons, de tomates…

10 Quel que soit le moment de la journée, s'asseoir obligatoirement à la table de la fameuse *Osteria del Sole*

Une institution incontournable ! Ce bistrot populaire, tout près de la piazza Maggiore, est le plus ancien de la ville. Pas d'enseigne sur rue, une déco d'origine largement patinée, et une ambiance assez folklo qui change selon l'heure de la journée : les papis le matin, les familles dans l'après-midi et les jeunes le soir. On ne vous servira rien à manger, mais vous avez le droit d'apporter votre casse-croûte et de le consommer sur place, en prenant, par exemple, un verre de vin. L'idéal étant de s'acheter de divines provisons au marché juste à côté et de venir les consommer sur place.

BON À SAVOIR : les chiens restent dehors, à moins qu'ils ne boivent vin ou bière (dixit l'affichette) !

SORTIR

11 Vibrer au rythme de la ville
et de ses quelque 80 000 étudiants (soit un habitant sur cinq) !

Bologne, c'est aussi toute une atmosphère. La ville abrite la plus vieille université d'Europe (XIe s.), où Dante, Pétrarque, Pasolini et Marconi ont traîné leurs guêtres. Umberto Eco et Romano Prodi y ont enseigné. Bologne ne s'endort pas à la nuit tombée. Fief de la contestation étudiante dans les années 1970, elle a gardé son dynamisme et son caractère alternatif. « Bologna la Rossa », dit-on en Italie, et pas seulement pour la couleur de ses tuiles. Du coup, le centre de Bologne abonde en petits bars sympas, branchés ou underground, où l'on peut prendre l'*aperitivo* (buffet à volonté pour accompagner la boisson) ou sortir en soirée. C'est là qu'il faut aller pour mieux saisir le cœur battant de la cité. Si vous aimez les ambiances grandioses, filez au *Stanze*, un bar étonnant et inattendu, installé dans une ancienne chapelle du XVIe s. Les plus *hype* iront au *Nu Lounge Bar*, 3 bars réunis mélangeant gaiement leur terrasse sous les arcades (car c'est là que ça se passe, même en hiver). Avis aux amateurs : le patron est le meilleur cocktailiste d'Italie.

BON À SAVOIR : • nuloungebar.com • Et qui dit ville étudiante, dit vie culturelle intense et festivals. Infos sur • bolognafestival.it • Éviter le mois d'août, tout est fermé.

SHOPPING

12 Au petit matin, flâner sur les marchés de la ville
et faire provision des bons produits de la région.

L'Émilie-Romagne est remarquable pour sa gastronomie à base des produits du terroir (voir la rubrique « Savourer »). Pour avoir un aperçu de tout ce que vous offre cette région en matière de pépites gustatives et vous approvisionner, oubliez les supermarchés et emportez votre cabas pour une séance olfactive et visuelle de premier ordre. Arpentez le mercato delle Erbe, le grand marché couvert où les Bolonais s'approvisionnent ; ou le mercato della Terra, piazzetta Pasolini, celui des producteurs locaux sous l'égide du *slow food.* Sans oublier de faire un tour au mercato Pescherie Vecchie, qui s'installe le long de la pittoresque via Pescherie Vecchie ancienne ruelle du marché médiéval avec ses échoppes ; aujourd'hui, ce n'est plus un marché à proprement parler, mais un alignement de boutiques regorgeant de victuailles ; les prix en revanche sont élevés.

DATES CLÉS

AGENDA DES FÊTES, FESTIVALS ET ÉVÉNEMENTS CULTURELS

FIN MARS : *la Fiera del Libro per ragazzi (Foire du livre de jeunesse).* Une semaine. Depuis 1963, c'est LA référence internationale en matière de littérature de jeunesse, celle où se négocie la vente entre éditeurs des livres qui seront plus tard traduits.

FIN JUIN-FIN JUILLET : *Festival del Cinema Ritrovato.* C'est tous les soirs sur la piazza Maggiore après 22h. On diffuse de vieux films en v.o. (découverts dans les archives à travers le monde) sur écran géant. La manifestation est promue par la cinémathèque de Bologne. • bolognawelcome.it •

SE REPÉRER

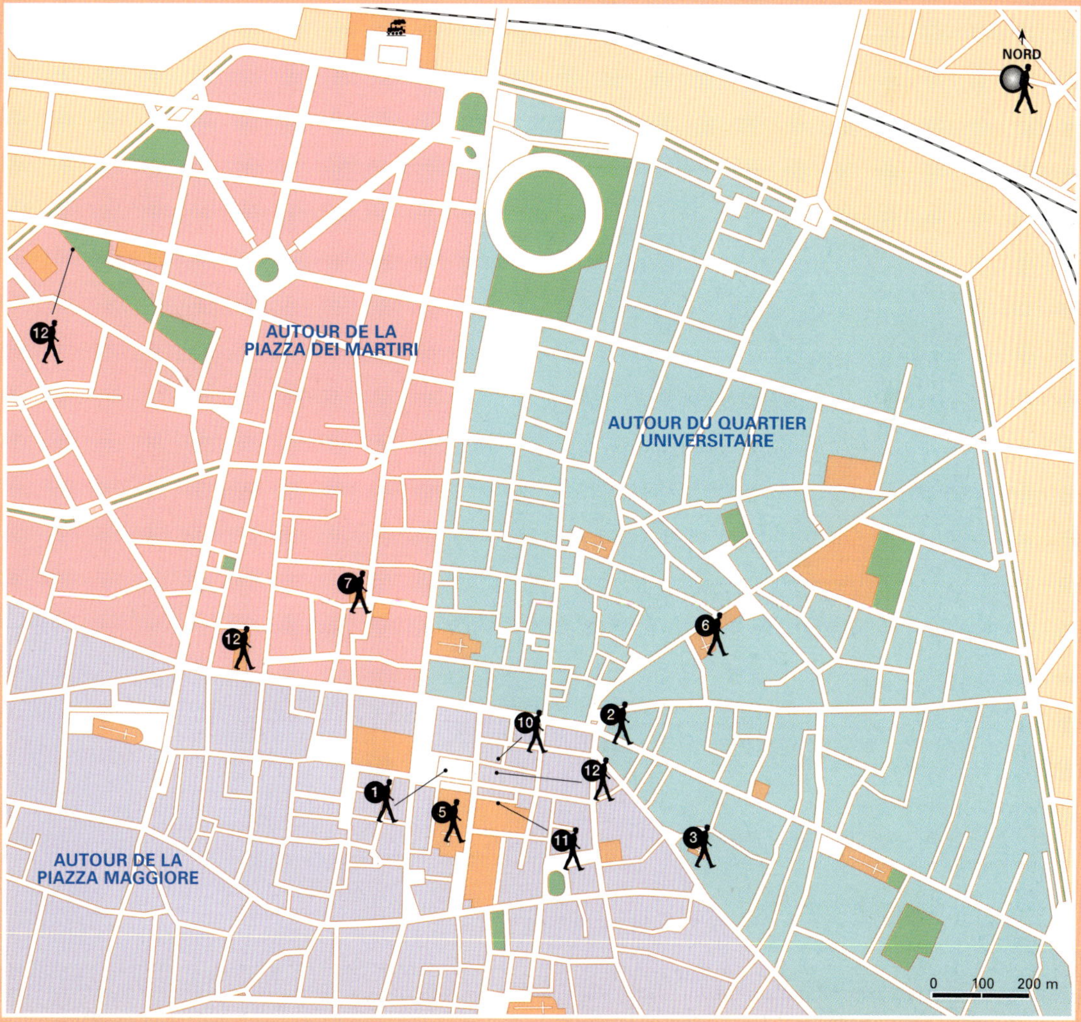

1 LE BEFFROI ET LES CANAUX

BRUGES

Bruges est un miracle de l'Histoire. Tombée en léthargie pendant quatre siècles, elle n'a pas connu l'industrialisation. Ce qui lui vaut, pour son centre historique, un classement au Patrimoine mondial de l'humanité par l'Unesco. En la visitant, même si tout n'est pas vraiment d'origine, vous aurez d'abord l'impression de faire un voyage dans le temps, à l'époque des splendeurs des ducs de Bourgogne. Et puis, en flânant le nez au vent, vous découvrirez aussi, un peu plus secrètes, les facettes romantiques et mystiques de l'âme flamande. Bruges est une ville éminemment romantique, qui a su garder ses secrets, en dépit de l'affluence touristique.

BUDGET	€€
CULTURE	★★★★
CUISINE	★★☆☆
SHOPPING	★★☆☆
VIE NOCTURNE	★☆☆☆

2h30 au départ de Paris

DÉCOUVRIR

1 Se laisser porter par une barque au fil des canaux
pour s'imprégner du passé médiéval prestigieux.

Parcourant la ville sur des dizaines de kilomètres, les canaux sont l'une des attractions touristiques les plus courues de Bruges. Il faut dire qu'ils ont beaucoup de charme. Faites-y un petit tour en bateau, c'est si romantique ! La promenade dure 30 mn et offre un autre regard sur la belle Flamande. Vous apercevrez de vieilles demeures en pierre, de vieux ateliers d'alchimistes, de petites places secrètes. Un complément sympa à votre promenade pédestre.

BON À SAVOIR : 5 embarcadères différents, mais tous situés en plein centre, à un jet de pierre les uns des autres.

2 Admirer la diversité architecturale du Markt (la Grand-Place)
qui couvre six siècles d'histoire.

Le marché s'y tient depuis l'an 958. C'est dire le nombre de choses que ces pierres auraient à raconter si elles le pouvaient : fêtes somptueuses, foires, tournois, exécutions capitales, mariages, bûchers, défilés de troupes. Jolies façades gothiques avec ces façades en escalier ! Deux maisons se distinguent de part et d'autre de l'entrée de la Sint Amandstraat : à gauche, celle à la haute façade gothique avec la girouette et l'anémoscope (du XXe s), alors que celle du *café Craenenburg* (du XIVe) a une façade reconstituée. Sans oublier le fier beffroi…

ESCAPADE ROMANTIQUE

Bruges est une ville au romantisme incomparable, alors allez-y, si possible, en couple. Vous vous forgerez des souvenirs pour la vie en vous baladant enlacés, le long des canaux, même sous la pluie. Les petits restos intimes et les cafés chaleureux, perdus dans la nuit, abriteront vos roucoulades. Vous y reviendrez ensuite avec les enfants... Pour profiter au mieux de la ville, essayez plutôt de venir au début du printemps, lorsque les narcisses tapissent les pelouses du béguinage, ou quand vient l'automne et que l'on peut flâner à l'aise sur les quais des brocanteurs et se repaître à satiété des trésors de la peinture flamande.

3 Se lancer à l'assaut des 366 marches du beffroi
pour admirer la belle vue sur la ville.

Le monument le plus étonnant du Markt est, bien sûr, le fier beffroi qui, de sa hauteur démesurée, écrase véritablement la halle située à ses pieds. Amis sportifs, empressez-vous de grimper les 366 marches qui mènent à sa terrasse supérieure. Pour vous permettre de souffler, des étapes sont prévues : l'une à la chambre du trésor, où étaient conservées les précieuses chartes, un autre à l'étage de l'impressionnant mécanisme qui actionne le carillon de 47 cloches, ainsi que chez le carillonneur. Une fois en haut, vous recueillerez le fruit de vos efforts en profitant de la vue époustouflante sur les toits de la ville.

4 Faire une fantastique plongée dans la Bruges médiévale à l'Historium
une expérience interactive à ne pas manquer.

La Flandre aime son passé, mais elle est également passionnée par la modernité. Pour preuve, ce musée interactif proposant une immersion complète dans la Bruges médiévale : le film, les décors, la musique et les effets spéciaux plongent le visiteur en 1435. Avec pour fil rouge une histoire d'amour, le parcours de visite sollicite les cinq sens dans 7 salles thématiques. On y revit l'animation du port au Moyen Âge, l'atmosphère unique de l'atelier du peintre Van Eyck, la neige qui tourbillonne dans les rues brugeoises... Très documentée, incroyablement réaliste, cette plongée dans le passé (et le tableau de Van Eyck, *La Vierge au chanoine Van der Paele*) est époustouflante !

BON À SAVOIR : situé sur le Markt, dans l'ancienne halle aux draps • historium.be •

5 Découvrir les trésors incomparables de la peinture flamande
au musée Groeninge.

Au XVe s, Bruges était, avec Florence, une capitale de l'art européen. De nombreux chefs-d'œuvre de l'école flamande y furent réalisés. Le musée Groeninge en propose un concentré exceptionnel. Admirez la beauté figée et la psychologie des figures religieuses d'un Van Eyck, d'un Gérard David, ou le splendide triptyque de Jérôme Bosch, le *Jugement dernier*. Pour ceux qui auraient peur d'être un peu largués dans leurs connaissances artistiques de cette époque, un audioguide est compris dans le prix du billet du musée. Un musée incontournable.

BON À SAVOIR : vous pouvez prendre un petit tabouret afin de contempler confortablement chaque œuvre ! • bezoekers.brugge.be/fr/groeningemuseum-musee-groeninge • Ne pas manquer non plus le musée Memling de l'hôpital Saint-Jean. Ce joli musée, installé dans un ancien hôpital, datant du XIIe siècle, expose notamment le magnifique *Triptyque de saint Jean-Baptiste et saint Jean l'Évangéliste.* • bezoekers.brugge.be/fr/sint-janshospitaal-hopital-saint-jean •

JAN VAN EYCK ET LA PEINTURE À L'HUILE

Le climat humide empêchant la peinture *a fresco* sur les murs, comme en Italie, les peintres du Nord utilisèrent des supports de bois sur lesquels les pigments en poudre étaient ajoutés à un mélange de colle de peau de poisson et d'huile de lin. Au XVe s, Jan Van Eyck perfectionne la méthode en ajoutant l'essence de térébenthine. Pourtant, il ne fut pas le premier : en 2008, on a découvert dans les grottes de Bamiyan, en Afghanistan, des peintures bouddhiques remontant au VIIIe s réalisées à la peinture à l'huile.

6 Admirer la délicate *Vierge à l'Enfant* signée Michel-Ange

au sein de l'église Notre-Dame.

Construction gothique du XIIIe s, l'église Notre-Dame est impossible à rater avec sa vertigineuse tour de 122 m, ce qui en fait la plus haute construction de brique du monde. L'intérieur recèle bien des trésors : un *Christ en croix* de Van Dyck, des tableaux de Pourbus et de Gérard David, les superbes mausolées funéraires de Marie de Bourgogne et de Charles le Téméraire... Mais la pièce maîtresse, mondialement célèbre, est la *Vierge à l'Enfant* de Michel-Ange, œuvre de jeunesse en marbre blanc du sculpteur italien. Réalisée en 1504, elle était destinée à la famille des Piccolomini de Sienne mais ne put être payée. Michel-Ange fut tout heureux de la vendre à un marchand brugeois, qui la légua à l'église. C'est l'une des rares pièces à avoir quitté l'Italie du vivant de l'artiste.

7 Prendre le temps de flâner au hasard des ruelles et le long des canaux

Bruges est une ville secrète qui se découvre lentement.

La ville n'est pas faite pour la voiture, et les meilleures surprises, vous les aurez en la parcourant à pied ou à vélo. Se perdre dans le dédales des ruelles est la meilleure chose à faire pour la découvrir. Au détour d'un pont ou d'un canal, vous tomberez sur une église ignorée des foules, sur un vieil estaminet où le temps s'est arrêté, sur un petit parc déserté par les touristes pressés, ou sur la très digne confrérie des Arbalétriers en train de s'exercer au tir. De même, pédaler dans la ville endormie, au hasard des pavés, s'avère une véritable plongée dans un univers médiéval.

BON À SAVOIR : pour qui voudrait découvrir la ville à vélo, on peut en louer à la gare.

LES MAISONS-DIEU (GODSHUIZEN)

La maison-Dieu est un phénomène social et urbain typiquement brugeois. Dès le XIIIe s, les riches Brugeois et les guildes financèrent la construction de ces logements sociaux avant la lettre. Regroupées pour la plupart autour d'un jardin clos, ces petites maisons basses, faites d'une seule pièce, une seule fenêtre et une lucarne offraient un toit aux vieillards ou aux indigents. Actuellement, ces maisons sont restaurées et gérées par la commission d'assistance publique. Il s'en dégage un charme de maison de poupée tout à fait désuet et une grande quiétude. Godhuis De Pelikaan (Groene Rei), Zorghe et Schippers (Stijn Streuvelsstraat), De Vos (Noordstraat), Meulenaere et Saint Joseph (Nieuwe Gentweg), etc., on compte en tout à Bruges près de 40 maisons-Dieu. On peut y pénétrer, en respectant bien sûr l'intimité des habitants.

8 Pénétrer dans le parc du béguinage

un véritable havre de paix et un lieu emblématique de Bruges !

Le charme opère à n'importe quelle époque de l'année : il suffit de pénétrer dans le parc et le temps semble suspendre son vol. Fondé en 1245, le béguinage, aujourd'hui classé à l'Unesco, hébergeait des femmes qui, tout en vivant en communauté – mais sans prononcer de vœux – menaient une vie à la fois pieuse et active. La dernière béguine s'est éteinte en 1928. Organisé autour d'un vaste espace planté d'arbres, le lieu est actuellement occupé par une congrégation de bénédictines. L'éclat impressionniste des pelouses piquetées de jonquilles, le trottinement d'une religieuse se pressant vers la chapelle, le bandeau rouge et blanc des maisonnettes cachées derrière le muret de leur jardin donne à cet endroit une indicible poésie. Comme si une grâce divine se manifestait en permanence dans le bruissement du feuillage de ses hauts peupliers.

9 Découvrir les secrets de la fameuse bière belge

en suivant la visite guidée de la brasserie De Halve Maan.

Datant de 1546, c'est la dernière brasserie qui subsiste en centre-ville. Tout le processus de fabrication est expliqué. En parcourant les installations, restées dans leurs jus, on découvre nombre de détails concernant aussi bien les plantes que les techniques de brassage de la bière. Les amateurs apprécieront les collections de verres, de canettes, de cartons à bière, etc. L'atelier du tonnelier et l'estaminet 1900 achèvent la visite : ça tombe bien, vous allez pouvoir passer aux travaux pratiques ! À noter : la vue depuis les toits est mémorable et la bière, la *Brugse Zot* – offerte avec le billet –, une blonde.

BON À SAVOIR : • halvemaan.be •

10 Visiter l'étonnant *Frietmuseum*

le premier musée au monde consacré... à la frite !

Installé derrière une façade magnifique des XIVe-XVe s, ce musée de la Frite aurait dû se compléter d'ailleurs d'un « et de la Pomme de terre » ! Toute la partie concernant la patate est très intéressante ; une riche histoire, qui commence d'ailleurs au Pérou, et qui livre son pesant d'anecdotes et d'infos insolites... Puis on apprend comment la Belgique devint la terre d'élection de la frite. Explications sur sa naissance dans la vallée de la Meuse, ses premiers bains à 170 °C dans la graisse de bœuf. Présentation des premiers appareils à frites, pittoresques vieux modèles, photos de baraques à frites, affiches, documents divers... Pour conclure, c'est dans la cave voûtée médiévale qu'on dégustera des frites délicieuses, fondantes et cependant bien craquantes à l'extérieur !

BON À SAVOIR : • frietmuseum.be •

11 Loger dans une romantique chambre d'hôtes en plein cœur de la ville

Bruges regorge de petits trésors de convivialité et de charme

On vous recommande chaudement les agréables et douillettes chambres d'hôtes à Bruges pour dormir. Certaines adresses sont de véritables petits trésors, qui offrent les meilleurs souvenirs et, qui sait, créeront peut-être des amitiés durables. On aime beaucoup le *Baert B & B Art Gallery,* maison toute cosy dans un quartier qui garde une atmosphère de village, ou la *Huis Koning,* récemment classée parmi les meilleures chambres d'hôtes de Belgique, c'est dire. Mais il y a de très nombreuses possibilités, à consulter dans la *Logiesbrochure* disponible à l'office de tourisme.

BON À SAVOIR : pour les 2 adresses citées, voir • bedandbreakfastbrugge.be • et • huiskoning.be • ; et pour aller au-delà, un site intéressant : • weekendhotel.nl/hotels/brugge/1/fr •

SAVOURER

12 S'offrir une escale gourmande chez Patrick Devos

l'un des chefs les plus cotés de Belgique, et pas si cher le midi.

Le *Restaurant Patrick Devos* est installé dans une magnifique demeure qui figurait déjà sur le plan de ville en 1261. En 1880, elle hérita d'une nouvelle façade et en 1900 d'un superbe décor intérieur Art nouveau. Salle aux boiseries néogothiques, jardin intérieur semi-sauvage. Ici officie l'un des chefs les plus cotés du royaume, perpétuellement en quête des harmonies les plus subtiles, malgré quelques audaces à priori acrobatiques, qui en surprendront plus d'un.

BON À SAVOIR : • patrickdevos.be • ; lunch 3 services 35-40 € et menus 60-85 €.

12 LE CHEF PATRICK DEVOS

13 Faire une orgie de gaufres, chocolats, et autres gourmandises

La Belgique est connue pour ses moules-frites bien évidemment, mais aussi pour ses centaines de bières toutes différentes, ou encore pour son chocolat. La ville de Bruges honore les promesses de son pays : comptant une cinquantaine de chocolatiers, vous trouverez des chocolats de toutes les formes (parfois les plus osées), à tous les goûts. Enfin, les gaufres, ou *wafels,* s'achètent à chaque coin de rue. Vous pourrez les tartiner à votre goût : chantilly, banane, pâte à tartiner… Et si vous vous sentez alourdi par tous ces régals, pourquoi ne pas louer un vélo pour continuer votre visite de la ville à moins de vous attaquer aux marches du beffroi ?

SORTIR

14 Se descendre une ou deux mousses au *'t Brugs Beertje*

véritable musée de la bière avec une généreuse sélection.

Bouteilles rares, sous-bocks de toutes les provenances, verres de collection, plaques publicitaires et, en dégustation, plus de 300 variétés de bières aux arômes vraiment variés (dont cinq à la pression qui changent régulièrement). Deux raretés : *'t Sanisje Honingbier,* bière artisanale au miel, et la Rolls des cervoises, la *Sint-Bernardus* – si rares qu'elles ne sont pas toujours en stock. Possibilité de grignoter assiette de fromages, pâtés, spaghettis, toasts divers...

BON À SAVOIR : Kemelstraat, 5 ; • brugsbeertje.be • Faire également escale dans l'un des cafés historiques de la ville.

15 Prendre un verre à la terrasse du *Craenenburg*

endroit stratégique pour admirer les jolies façades du Markt.

Belle demeure datant de 1305, relookée avec habileté comme ses voisines, le *Craenenburg* est toujours, sur le Markt, le lieu de rendez-vous des Brugeois. De l'étage, Marguerite d'York suivit les tournois de chevaliers sur la place à l'occasion de son mariage avec Charles le Téméraire. Maximilien d'Autriche y fut enfermé par les Brugeois en 1488. Intérieur chaleureux, banquettes de moleskine et vitraux… Et, bien sûr, terrasse fort bien placée.

SHOPPING

16 Succomber aux créations originales de Dominique Persoone

le virtuose belge du chocolat.

The Chocolate Line est l'une des chocolateries les plus cotées de Bruges. C'est l'antre de Dominique Persoone, qui s'est fait un nom ici avant de partir à la conquête de l'Europe, et d'inventer, pour les Rolling Stones, du chocolat à... sniffer. On s'y presse pour ses associations originales (voire audacieuses), comme les chocolats à l'huile d'olive, au bacon et quinoa, au safran et au curry, ou encore au cola ou à la tequila... Bien sûr, cela a son prix, mais qualité garantie (tout y est fait à base de produits naturels et même bio). Difficile, vraiment, de résister à l'envie de s'offrir un ballotin !

BON À SAVOIR : • thechocolateline.be •

AGENDA DES FÊTES, FESTIVALS ET ÉVÉNEMENTS CULTURELS

MAI : *Procession du Saint-Sang.* Cette célèbre et fastueuse procession se déroule le jour de l'Ascension. Elle commémore le retour du comte de Flandre, Thierry d'Alsace, de la deuxième croisade en 1150. On en trouve la trace depuis 1291. Le défilé présente des tableaux vivants de l'Ancien et du Nouveau Testament. Cette fête à caractère essentiellement religieux draine des dizaines de milliers de spectateurs, qui s'installent des heures à l'avance pour se trouver aux lieux de passage stratégiques du cortège. Suit alors un cortège de marchands et de métiers du Moyen Âge, qui précèdent Thierry d'Alsace et sa suite rapportant la précieuse fiole du Saint Sang de Jérusalem. La mise en scène n'a rien d'un carnaval. D'ailleurs une certaine dramaturgie naïve rappele les « mystères » médiévaux. Et lorsque la véritable relique arrive, portée par l'évêque et les prélats, l'assistance se lève et se signe dans un recueillement impressionnant. On entend voler les mouches.

JUILLET-SEPTEMBRE : *Zandfeesten.* Puces de luxe sur le Zand.

JUILLET : *Cactus Festival.* Le 2e w-e de juillet. Festival de musique en plein air (rock, reggae...).
• cactusmusic.be •

AOÛT : *fête des Canaux.* Tous les 3 ans en août. Plus folklo-touristique, cette fête se passe en nocturne à grand renfort de costumes chatoyants, de danses et d'effets sonores et lumineux le long des canaux.

AOÛT : *Fastes de l'Arbre d'or.* Tous les 5 ans fin août, 2 dimanches consécutifs. Dans le même registre, ceux-ci reconstituent le mariage de Charles le Téméraire et de Marguerite d'York. Quelque 90 groupes participent au spectacle qui est, par son ampleur, la reconstitution la plus brillante du calendrier brugeois.

SE REPÉRER

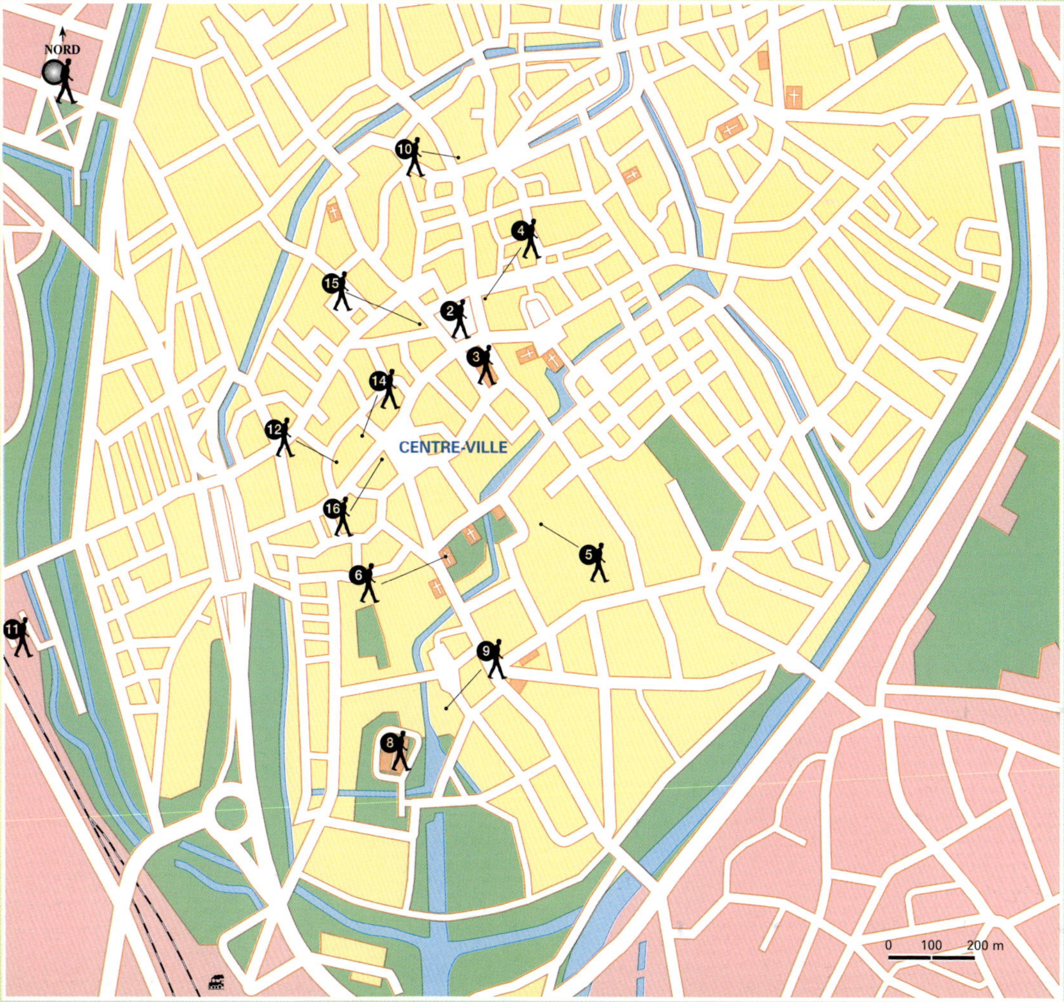

9 FRESQUE MURALE DU PARCOURS B.D.

BRUXELLES

Ville déroutante, mais ô combien attachante, Bruxelles n'est jamais présente là où on l'attend. On croit visiter une grande capitale, on découvre une cité à taille humaine. On pense découvrir une ville au riche passé médiéval, on reçoit l'impact d'une ville moderne. On emprunte une rue tortueuse, on bute sur une voie rapide, on cherche des remparts, on tombe sur des tunnels. On imagine Bruxelles cohérente, telle que l'avait rêvée Léopold II, le roi-bâtisseur, et on la trouve brouillonne, voire insaisissable. Bruxelles, qui est un étonnant kaléidoscope humain et architectural, se révèle l'une des villes les plus agréables du continent. Car cette métropole à taille humaine a une qualité rare : on y cultive un art de vivre. Truculente et gouailleuse, surréaliste et décontractée, Bruxelles ne se révèle qu'à qui sait la regarder.

BUDGET	€€€
CULTURE	★★★★
CUISINE	★★★☆
SHOPPING	★★★☆
VIE NOCTURNE	★★★☆

0h55 au départ de Paris

DÉCOUVRIR

1 S'émerveiller du fabuleux décor illuminé de la célèbre Grand-Place
sans doute l'une des plus belles au monde.

Voici le vrai cœur de la ville. Avec ses dorures joliment restaurées et sa grande diversité décorative, ce petit bijou a bien sûr été classé par l'Unesco au Patrimoine mondial de l'humanité. Piétonne, elle est bordée par les traditionnelles maisons des corporations, dont les façades rivalisent d'exubérance, l'hôtel de ville (totalement gothique) et la maison du Roi, de style néogothique, qui abrite aujourd'hui l'intéressant musée de la Ville. Le meilleur moment pour l'aborder est incontestablement à la tombée du jour, lorsque les dorures des pignons tarabiscotés et l'élan puissant de la flèche de l'hôtel de ville, magnifiés par les éclairages, se profilent sur le bleu intense du crépuscule bruxellois.

2 N'oubliez pas d'aller saluer le célébrissime Manneken-Pis
situé à un jet de pipi de la Grand-Place (soyez attentif, il est tout petit !).

Un attroupement devrait vous guider facilement vers le bonhomme le plus célèbre du monde ! Le très populaire Manneken-Pis, grand par sa renommée, mesure seulement 55,5 cm, pas un de plus. Si la petite statue date du XVIIe s, il existait là, depuis le XIVe s une fontaine de pierre. On y adjoignit en 1619 ce petit bonhomme de bronze, fondu par Jérôme Duquesnoy. Il symbolise l'irrévérence et une certaine indépendance d'esprit en faisant devant tout le monde ce que l'on fait d'habitude en cachette !

BON À SAVOIR : depuis toujours, la tradition veut que les hôtes de la ville lui offrent un costume. *Le Routard* n'a pas dérogé à la règle. La plupart de ses panoplies sont visibles au musée de la Ville, dans la maison du Roi, sur la Grand-Place.

3 Arpenter le dédale des salles du musée des Beaux-Arts

à la recherche des chefs-d'œuvre de Brueghel ou des plus beaux Rubens

Les musées royaux des Beaux-Arts forment le plus grand centre muséal de Belgique, et l'un des plus importants d'Europe. Avec 20 000 œuvres (mais « seulement » 2 000 exposées), c'est le grand musée de peinture du pays. L'endroit est remarquable pour ses collections de primitifs flamands, de peintures du XVIIe s (Rubens en particulier), mais aussi celles du XIXe et XXe s, rassemblées sous l'appellation « Musée Fin de Siècle ». Un musée étonnant, un vrai dédale qui demande une bonne condition physique (on plaisante... quoique !), qui exigerait presque une boussole pour s'y retrouver, notamment dans sa partie la plus classique.

BON À SAVOIR : pensez à demander le plan à l'entrée, on y voit alors à peu près clairement où trouver chaque section. • fine-arts-museum.be/fr • fin-de-siecle-museum.be •

4 S'enivrer de bulles au Centre belge de la bande dessinée,

à consommer ici sans aucune modération !

C'est principalement en Belgique que s'est développé ce qu'on appelle désormais le 9e art. Bruxelles en est devenu La Mecque et a tenu à matérialiser le chemin parcouru depuis les années 1920 en érigeant le Centre belge de la bande dessinée, qui présente des expositions permanentes et temporaires sur toutes les formes de B.D. Installé dans un magnifique bâtiment Art nouveau, dessiné par Victor Horta en 1905, le CBBD est divisé en sections didactiques, rendant bien hommage à cet art dont la Belgique a été l'un des berceaux. Ses bibliothèques (grand public et pointue), sa librairie et sa brasserie rendent ce lieu incontournable pour les bédéphiles.

BON À SAVOIR : • cbbd.be •

5 Explorer l'univers poétique et pictural de René Magritte

le fer de lance du mouvement surréaliste en Belgique, dans un musée qui lui est exclusivement consacré.

Installé place Royale, où se trouve l'ensemble des Musées royaux de Belgique, le Musée Magritte Museum (MMM), a ouvert ses portes en 2009. Ce maître surréaliste, est sans doute l'artiste belge contemporain le plus célèbre au monde. Avec ses quelque 200 œuvres et archives exposées sur 5 niveaux, c'est également la plus grande collection d'œuvres de Magritte au monde. Outre les tableaux et dessins, on peut découvrir des aspects moins connus de son œuvre : photographies, tracts, affiches, bouteilles peintes, et surtout, des films à la fois poétiques et hilarants, entre Man Ray et Buster Keaton, diffusés sous d'énormes abat-jour noirs.

BON À SAVOIR : • musee-magritte-museum.be •

RENÉ MAGRITTE, UN POÈTE DE GÉNIE

« Ceci n'est pas une pipe », écrivait le pape du surréalisme belge en 1929 sous la reproduction réaliste d'une pipe qui aurait pu appartenir à Maigret. Tout l'humour provocateur du peintre transparaît dans ses juxtapositions inattendues dérangeantes, d'objets d'usage familier plantés dans un décor insolite et ponctuées de titres absurdes... Publicitaire lui-même par nécessité alimentaire, ce dynamiteur du mental est le peintre qui a le plus influencé la pub, récupératrice d'un grand nombre de ses idées-forces. Un superbe musée lui est désormais exclusivement consacré à Bruxelles.

1 LA CÉLÈBRE GRAND-PLACE

6 Entamer un trek urbain au cœur du quartier des Marolles

à la recherche de détails, de ces « petits pas-grand-chose » qui font aimer une ville, et découvrir son âme.

Les Marolles constituent certainement le quartier où l'on retrouve le plus l'esprit populaire de Bruxelles, une certaine gouaille, un zeste de fronde. Ce n'est pas un « beau quartier », c'est plus. Mutation sociologique oblige, les Marolles possèdent désormais un petit côté branché-débranché tout à la fois. La rue Haute et la rue Blaes alignent en façade leur lot de brocantes sympathiques, alternant avec restos et bars à la mode, c'est-à-dire ici hors des modes. Pas de quoi déstructurer le coin, plutôt de quoi lui insuffler un petit coup de jeune.

BON À SAVOIR : c'est un quartier qui vibre surtout le matin, en particulier le dimanche, au rythme, non pas de la messe, mais de son fameux marché aux puces, authentique en diable (voir notre rubrique « Shopping»).

7 Sortir du centre-ville pour dénicher les dernières façades Art nouveau

épargnées par la boulimie des promoteurs immobiliers.

Le véritable trésor de Bruxelles est architectural. Eh oui ! Voilà en effet l'une des villes d'Europe ayant le plus grand nombre d'édifices Art nouveau, concentrés essentiellement dans les quartiers d'Ixelles et de Saint-Gilles. Avec Victor Horta pour chef de file, les architectes ont fait preuve ici d'une audace et d'une créativité qui émerveillent encore. Pour découvrir ces belles demeures, une promenade de part et d'autre de l'avenue Louise s'impose. Au fil des rues, on découvre de nombreux témoignages de cet âge d'or, qui ont résisté au modernisme de l'après-guerre.

BON À SAVOIR : on y découvre aussi de nombreuses façades peintes dédiées aux héros du 9e art, la bande dessinée (voir le coup de cœur n° 9). Un parcours Art nouveau est téléchargeable sur • visitbrussels.be •

8 Ne pas manquer la visite du musée Horta

installé dans la maison que le maître se fit construire.

Cette magnifique demeure fut à la fois la résidence et l'atelier du plus célèbre des architectes belges. Si l'extérieur n'est pas vraiment spectaculaire, une fois la porte franchie, c'est l'enchantement : harmonie, élégance, douceur des coloris, grâce des courbes… Toute la maison s'organise autour d'un escalier surmonté d'un puits de lumière couvert. Ce qui frappe ici, c'est la beauté des décors dont Horta est le seul et unique responsable (des boutons de porte à la forme des gonds), ainsi que l'agencement des pièces les unes par rapport aux autres. Une visite plus que recommandable.

BON À SAVOIR : • hortamuseum.be •

UNE PRALINE PEUT EN CACHER UNE AUTRE

C'est en 1857 que le chocolatier Jean Neuhaus décide d'enrober les médicaments de son beau-frère pharmacien de cacao, pour en masquer le goût. En 1912, son petit-fils remplace le médicament par de la crème et baptise cette première bouchée « praline », du verbe « praliner » (enrober une racine de plante). Son épouse crée le « ballotin », emballage de forme carrée, qui évite l'écrasement des chocolats. Rien à voir donc avec le maréchal de Plessis-Praslin, dont le cuisinier inventa le bonbon praslin ou praline, une amande enrobée de sucre cuit, au XVIIe s.

9 Partir sur les traces des héros de bande dessinée

qui ornent les murs de la ville.

La B.D. est omniprésente à Bruxelles, rendant hommage au 9e art de différentes façons. À travers ces musées, mais aussi par le biais d'une cinquantaine de fresques qui ornent les murs de la ville. Depuis le retour triomphal de Tintin du pays des Soviets à la vieille gare du Nord, la B.D. belge s'est nourrie des paysages urbains bruxellois. Ce n'est qu'un juste retour des choses que celle-ci égaie à présent les rues, pour le plus grand plaisir des visiteurs. Un excellent moyen de découvrir les diverses facettes de Bruxelles.

BON À SAVOIR : brochure du parcours disponible à l'office de tourisme et infos sur • brusselsbdtour.com •

10 Admirer le charme rétro de la plus grande galerie de dinosaures d'Europe

au musée des Sciences naturelles.

Excellent musée d'Histoire naturelle, le 4e au monde (avec 37 millions de spécimens), niché dans un bâtiment que garde un dinosaure grandeur nature, clin d'œil à la célèbre galerie qui a fait sa notoriété. Tout en bénéficiant désormais d'une scénographie contemporaine et interactive, la galerie des iguanodons a gardé son charme rétro avec ses galeries suspendues et ses escaliers en fer forgé. Les innombrables fossiles et squelettes (authentiques pour la plupart) sont très bien mis en valeur et semblent encore plus impressionnants. Un musée passionnant, avec ou sans enfant, qui a beaucoup misé sur l'aspect ludique et pédagogique.

BON À SAVOIR : • sciencesnaturelles.be •

11 Admirer la magnifique collection de voitures anciennes (une des plus riches du monde) de Ghislain Mahy

au musée Autoworld du parc du Cinquantenaire.

Ce vaste espace présente, dans un état remarquable, des véhicules rares, depuis les débuts de l'automobile jusqu'aux années 2000. Une collection d'une grande diversité, absolument magistrale, qui permet de suivre les grandes évolutions techniques et esthétiques du « bonheur à quatre roues ». Les voitures belges méritent l'attention... car il y en eut ! Et pas qu'une maigre poignée : ce fut même, avant la Seconde Guerre mondiale, un des fleurons de l'industrie du royaume, avec des marques comme Minerva, Nagant, Imperia, ou Belga Rise, jadis considérée comme la Rolls du plat pays. Un musée privé exceptionnel, qu'aucun amateur de voitures ne peut décemment manquer !

BON À SAVOIR : • autoworld.be •

12 Emmener ses enfants au pied de l'Atomium

cette incroyable construction métallique héritée de l'Exposition universelle de 1958.

Situé dans le quartier du Heysel, à quelques kilomètres au nord du Pentagone, l'Atomium est l'un des symboles de Bruxelles. Cet édifice incroyable fut créé pour l'Expo de 1958 et, comme les ouvrages du genre, il devait être détruit mais ne le fut pas. Les yeux ébahis et le cou tordu, on découvre cette étonnante structure, qui représente la maille élémentaire du fer grossie 165 milliards de fois. La plus haute des neuf boules culmine à 102 m, et la vue de là-haut est... panoramique, c'est le moins qu'on puisse dire ! Le monument mérite vraiment le détour, surtout lorsqu'il surgit de la nuit tel un vaisseau spatial clignotant, style *Rencontres du troisième type*.

BON À SAVOIR : • atomium.be •

SAVOURER

13 Succomber aux douceurs bruxelloises : de la gaufre aux chocolats, elles se déclinent à l'infini

Côté sucré, la capitale de l'Europe n'est pas en reste. À la vue des fontaines de chocolat dans les vitrines du centre historique ou de la place du Sablon, l'expression « faire du lèche-vitrine » prend tout son sens ! Il y a aussi les gaufres bien garnies qui font saliver : bruxelloise, la classique, elle est servie chaude avec du sucre glace ou de la chantilly. Autres spécialités pour les becs sucrés : les croustillons et beignets qui chatouillent les papilles après un tour de fête foraine. Sans oublier les fameux spéculoos de chez Dandoy (rue Charles-Buls, à côté de la Grand-Place), de loin les meilleurs au monde ! La maison, où Baudelaire venait acheter son pain d'épice, est aussi célèbre pour ses cramiques aux raisins ou son pain « à la grecque »...

14 Avaler sur le pouce de délicieuses croquettes de poissons

en s'arrêtant dans l'une des poissonneries de la place Sainte-Catherine.

Vivent les croquettes de poisson ! On peut s'improviser un en-cas tout simplement convivial et délicieux en s'arrêtant dans une de ces poissonneries (notamment *Noordzee*). On y trouve des croquettes de crevettes, des soupes de poisson ou des assiettes de coquillages, à accompagner d'une petite mousse ou d'un petit blanc bien frais.

BON À SAVOIR : au même endroit, d'autres adresses très recommandables pour manger bon, sain, original, sur le pouce ou sur un coin de table. • vishandelnoordzee.be •

15 Pousser la porte d'une authentique taverne et découvrir une cuisine savoureuse

Anguilles au vert, carbonade au lambic, waterzooi de poisson, et même... glaces à la bière. C'est en poussant la porte d'un bistrot traditionnel que vous pourrez découvrir ces saveurs incomparables (et sans vous ruiner). Car limiter les plaisirs de la table, en Belgique, aux seules moules-frites reviendrait à réduire la cuisine française au museau-vinaigrette et l'italienne aux spaghettis bolognaise ! Parmi les incontournables tavernes, *In 't Spinnekopke,* une « Petite Tête d'Araignée » qui tisse sa toile depuis le XVIIIe s. Ici c'est le royaume du parler *brusseleir.* Ou encore *Aux Armes de Bruxelles,* une brasserie traditionnelle et indémodable (1921) dans laquelle les fans de B.D. relèveront que c'est ici que Blake et Mortimer s'y régalent d'une casserole de moules dans l'album *Les Sarcophages du 6e continent.*

BON À SAVOIR : • spinnekopke.be • auxarmesdebruxelles.com •

16 Impensable de quitter Bruxelles sans goûter à la légendaire frite

véritable emblème national.

Ah les frites belges ! Pour beaucoup, ce sont les meilleures du monde. Leur spécificité est de croquer sous la dent et de fondre dans la bouche parce qu'elles sont cuites... deux fois ! Qu'elles soient servies dans un cornet de papier, comme l'exige la tradition, ou dans une barquette, il n'est normalement de bonnes frites belges que passées dans une friture à la graisse de bœuf. *La Maison Antoine* (qui existe depuis 1948 !) non loin du Parlement européen, place Jourdan, fait partie des incontournables de Bruxelles, tout comme l'échoppe de la barrière de Saint-Gilles et la friterie de la place Flagey. À présent, arrêtez de saliver et précipitez-vous sur le premier *fritkot* venu !

BON À SAVOIR : la baraque à frites, en Belgique, c'est un peu le fast-food des USA ou le bar à tapas en Espagne, une vraie composante de l'art de vivre.

SORTIR

17 Commencer la soirée en poussant la porte d'un estaminet

café populaire typiquement belge

Les plus anciens, du côté de l'Îlot sacré, où le temps semble s'être arrêté, regorgent de charme, et le choix de bières est très vaste. Parmi nos coups de cœur : *À la Bécasse*, le prototype même de l'estaminet bruxellois ouvert depuis plus d'un siècle... Ou encore *À la Mort Subite,* le *caberdouche* (vieux café) dans toute sa splendeur ! Un pilier du temple de l'identité bruxelloise fréquenté, en leur temps, par Brel et Béjart. Citons enfin *La Fleur en Papier Doré,* une vénérable institution, ouverte depuis 1846... où les surréalistes belges, dont Magritte, se donnaient rendez-vous. Sur les murs, une maxime que l'on aime bien : « tout homme a droit à 24h de liberté par jour. »

BON À SAVOIR : • alabecasse.com • alamortsubite.com • lafleurenpapierdore.be •

18 LA TOURNÉE DES BARS

18 Faire la tournée des bars

et constater que les Bruxellois ne sont pas les derniers des fêtards.

Alors là, chapeau ! Toute la graine de folie bruxelloise a éclos sur le terrain fertile du débit de boissons. Il y a de tout : toutes les formes, toutes les tailles, tous les budgets. Le coin le plus animé le soir se situe dans le centre, autour de la place Saint-Géry, où se succèdent cafés historiques, branchés ou à thème, et bars dansants. Ça bouge pas mal aussi du côté du parvis de Saint-Gilles, ainsi que vers le haut d'Ixelles, en particulier place Saint-Boniface, une placette envahie aux beaux jours par les terrasses des restos et cafés qui la bordent. Sans oublier Flagey, un vivier en pleine effervescence qui devient de la folie dès le premier rayon de soleil, et Chatelain, où toutes les générations ou presque se retrouvent le mercredi soir autour du marché.

BON À SAVOIR : on trouve sur • scribd.com • un guide spécial (Infamous-Guide-Flagey-Bars) recensant tous les lieux show qui émergent.

19 Embarquer la nuit venue sur *L'Archiduc,* un navire Art déco

qui laisse voguer son âme le long de la rue Dansaert depuis 1937.

Miles Davis et Django Reinhardt se sont produits sur la mini-scène. Un p'tit coup d'blues, une soirée pour conclure ? Sur le pont supérieur (la mezzanine) ou au ras des flots, on se laisse bercer par le jazz tranquille, un verre de genièvre ou de Fernet Branca à la main. Là encore, une véritable institution dans la nuit bruxelloise.

BON À SAVOIR : les amateurs de jazz se rendront également au *Sounds Jazz Club.* • soundsjazzclub.be • archiduc.net •

HUMOUR BELGE

Un bel antidote à l'arrogance condescendante attribuée aux Français. En fait, les Belges n'ont jamais vraiment apprécié que l'on se moque d'eux, une fois..., puisqu'ils s'en chargent très bien eux-mêmes ! Champions du monde de l'autodérision, ce sont les Belges qui font rire la France avec leurs films et leurs acteurs débarqués du plat pays. Benoît Poelvoorde, Bouli Lanners, François Damiens ou Charline Vanhoenacker font l'admiration envieuse de l'Hexagone. Philippe Geluck a même imposé l'humour vachard de son Chat à la devanture d'une grande banque française. S'il n'est pas loin de l'humour anglais et de son *understatement* ou de l'absurde de l'humour juif, l'humour belge affectionne en plus le burlesque et même le « trash ». Témoin du genre, les émissions diffusées sur la très officielle RTBF comme « Strip-tease ».

20 Toucher l'âme du Bruxelles underground

dans une ancienne gare recyclée en un lieu multifonctionnel étonnant.

Sous la gare de la Chapelle, aux Marolles, on trouve *Recyclart*, un étonnant laboratoire artistique à vocation sociale, qui s'efforce de redynamiser le quartier et regroupe un ensemble de lieux polyvalents ouverts aux arts et à la fête : un café-resto, des espaces de création, des ateliers artistiques et artisanaux gravitent autour de cette surprenante « place de la gare », ouverte aux concerts et événements en plein air. La musique alternative et le jazz y occupent une belle place.

BON À SAVOIR : • recyclart.be •

SHOPPING

21 Se confectionner un petit casier avec quelques-unes des innombrables bières « spéciales » et d'abbaye

sans oublier les verres qui vont avec

La Belgique compte des centaines de types de bières, et Bruxelles peut faire figure de Mecque pour les amateurs de houblon. La bière est partout : à l'apéro, sur une terrasse, en famille, après le sport, devant la télé, lors d'une réunion, avant, pendant et après les repas. Depuis 1983, *Beermania* est le temple de la bière artisanale ! Avec plus de 400 références en bouteille, le magasin se targue d'être le n° 1 au monde ! C'est avant tout une adresse précieuse pour ses conseils dignes d'un bon caviste, comme pour le vin. Organise des soirées dégustation et propose une petite restauration dans ses locaux fort accueillants.

BON À SAVOIR : sinon on ne saurait trop vous conseiller d'aller vous abreuver à la source, à savoir à la brasserie *Cantillon*, ultime témoin d'un monde en pleine mutation. • beermania.be •

22 Chiner dans le marché aux puces des Marolles

et tenter d'y dégoter un trésor : c'est ici que Tintin acheta la maquette du bateau du *Secret de La Licorne.*

Sur la place du Jeu-de-Balle, tous les matins, qu'il pleuve ou qu'il vente, que le soleil donne ou qu'il se terre, de 6h à 14h, le marché aux puces répond présent. Bien sûr, c'est le dimanche que l'ambiance est à son comble. Il s'agit d'un marché « au carreau », c'est-à-dire où les marchandises sont exposées à même le sol et censées être de vraies occasions. On y trouve ainsi toutes sortes de vieilleries, objets hétéroclites et de valeurs très diverses : tableaux, chaises, bouquins, vieux téléphones, bibelots... Un vrai poème à la Prévert et une vraie tranche de vie bruxelloise ! Tendez l'oreille pour saisir des bribes de conversation dans le parler local.

BON À SAVOIR : pour rester dans l'ambiance « brocante » des Marolles, aller déjeuner ensuite chez *Restobières*, une halte chaleureuse et de caractère. La plupart des plats sont cuisinés à la bière, ce qui leur confère un arôme incomparable. • marcheauxpuces.be •

23 Découvrir que Bruxelles est aussi une destination *fashion*

Ça bouge à Bruxelles, même si cela ne paraît pas aussi évident qu'à Anvers. L'office de tourisme édite un dépliant qui recense toutes les boutiques. À vous de faire votre circuit en fonction de votre temps, de vos goûts et... de votre budget ! Parmi les incontournables, la boutique *Mais il est où le Soleil ?* qui se cache sur la place du Chatelain, à Ixelles. Pour le reste, petits et grands créateurs se concentrent tout autour de la rue Antoine Dansaert : Stijl (seule boutique à Bruxelles où l'on retrouvera les créateurs anversois), Christophe Coppens, Sandrine Fasoli, Aznif Afsar, Y-Dress... Les *fashionistas* ne manqueront pas ces adresses pour découvrir les créations déjantées de la mode belge.

BON À SAVOIR : pour en savoir plus • madbrussels.be •

24 Flâner dans les élégantes galeries Saint-Hubert

la plus ancienne galerie commerçante d'Europe.

L'un des hauts-lieux de la promenade bruxelloise. C'est un ensemble néoclassique pré-haussmannien, de 1840, date à laquelle l'architecte Cluysenaer les dessina. Considérées, à l'époque, comme particulièrement audacieuses, avec l'usage du fer et du verre, ce furent les premières galeries couvertes d'Europe. Pilastres de marbre, fenêtres en hémicycle, série de bustes perchés sur des corniches, ce bel ensemble d'architecture néoclassique abrite salons de thé, brasseries, librairies et boutiques chic. Le lieu idéal pour faire provision de pralines et de *speculoos,* ces délicieux petits gâteaux secs à la cannelle qui accompagnent idéalement une tasse de café (belge !).

BON À SAVOIR : si vous ne devez rapporter qu'une chose de Belgique, ce sera un ballotin de pralines (petite boîte conçue par madame Neuhaus) dans les galeries Saint-Hubert

24 LES GALERIES SAINT-HUBERT

AGENDA DES FÊTES, FESTIVALS ET ÉVÉNEMENTS CULTURELS

FÉVRIER : *Museum Night Fever.* La date varie entre fin février et début mars. • museumnightfever.be •

MAI : *Jazz-Marathon.* Le dernier week-end de mai. 3 jours et 2 nuits de folie où Bruxelles swingue autour des nombreux podiums installés dans la ville.

JUIN : *festival Couleur-Café.* Fin juin. Tous les sons de la world music sur le site de Tour et Taxis.

JUILLET : *Ommegang.* Le 1er mardi de juillet et le jeudi qui suit. Cortège historique, le clou de l'été ; il commémore, avec faste, le défilé processionnel donné en 1549 à l'occasion de la présentation par l'empereur Charles Quint de son fils (le futur Philippe II) ; les riches costumes Renaissance dans le cadre majestueux de la Grand-Place attirent des bataillons de Japonais.

AOÛT : *plantation du Meyboom.* Fête folklorique commémorant, selon la légende, la victoire des Bruxellois sur les Louvanistes en 1311. La cérémonie du Meyboom a été reconnue au patrimoine oral et immatériel de l'Unesco.

AOÛT : *tapis de fleurs sur la Grand-Place.* Uniquement les années paire.

SEPTEMBRE : *Week-end de la bière.* Le 1er du mois. Sur la Grand-Place.

OCTOBRE : *Brussels Accessible Art Fair.* La biennale d'Art nouveau. Tous les 2 ans, les week-ends d'octobre. Brocantes, salons d'antiquités, visites guidées, conférences, etc. Surtout, des sites habituellement fermés sont ouverts à la visite. • voiretdirebruxelles.be •

DÉCEMBRE : *Plaisirs d'hiver.* Marché de Noël et patinoire du côté de la place Sainte-Catherine.

SE REPÉRER

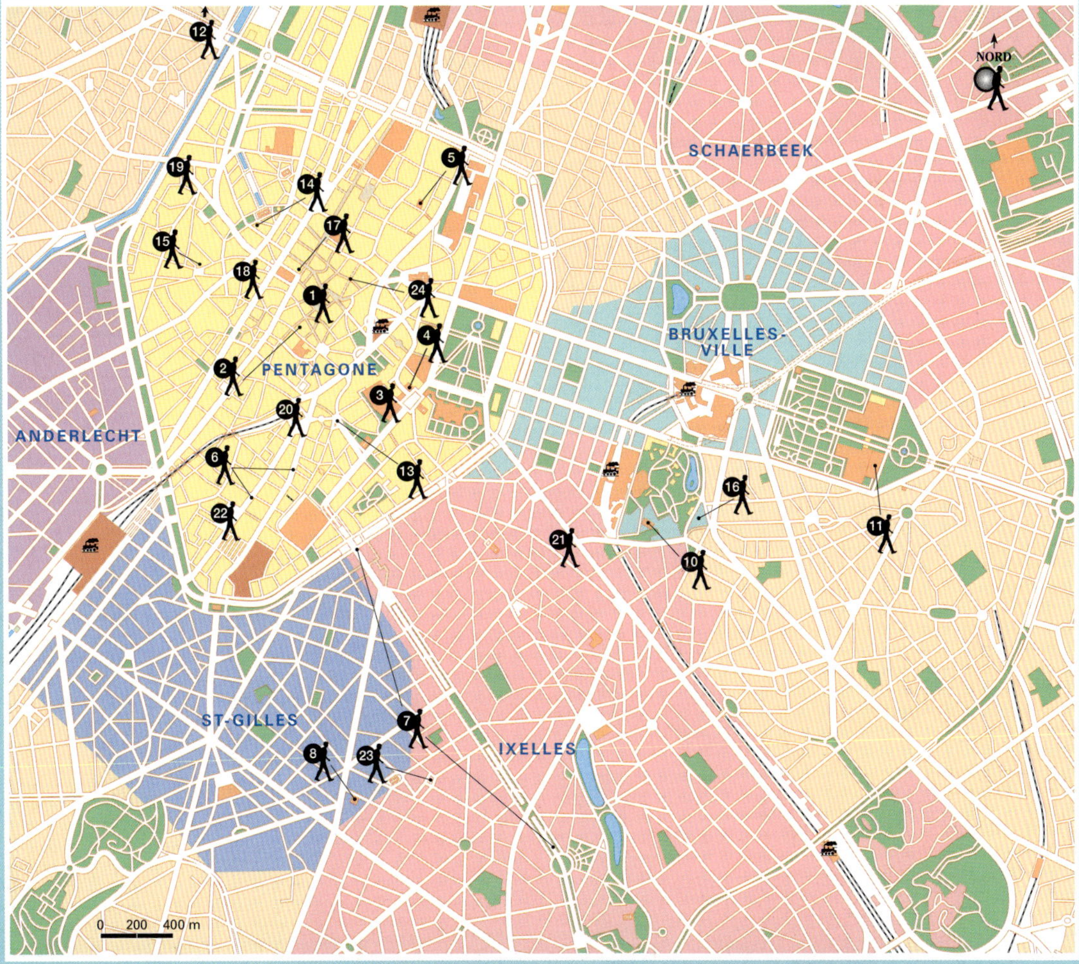

1 LES BAINS SZÉCHENY

BUDAPEST

Budapest ? Une grande dame européenne, nourrie de plus de 1 000 ans d'une histoire à la fois splendide et douloureuse. Blessée par les guerres, meurtrie par le nazisme, appauvrie par le communisme, elle a retrouvé son lustre à la faveur de son entrée dans l'Union européenne. Aujourd'hui, la « perle du Danube » est une capitale bouillonnante, jeune et pleine de vie, en passe de prendre de relais de Prague ou de Berlin en ce qui concerne les « lieux où il faut être » en ce début de XXIe s. Avec ses bains, ses petits restos, ses musées d'art et ses *ruins pubs* où l'on écluse des bières jusqu'au bout de la nuit, Budapest est bien, désormais, sur l'orbite des capitales « tendance » !

BUDGET	€€
CULTURE	★★★☆
CUISINE	★★☆☆
SHOPPING	★☆☆☆
VIE NOCTURNE	★★★☆

2h10 au départ de Paris

DÉCOUVRIR

1 Se baigner, en hiver, dans la piscine extérieure des bains Széchenyi

quand il neige au-dessus de sa tête. Divin !

Un endroit étonnant, puisqu'il s'agit du plus grand complexe thermal d'Europe, dans un magnifique palais construit entre 1909 et 1913 dans un style néo-Renaissance. Sous le dôme, côté thermes, une fantastique mosaïque Art nouveau joue avec la lumière. Dans une immense piscine de plein air, les habitués jouent aux échecs dans l'eau, comme sur les photos, même en hiver ! Sous le regard des lascives statues enneigées, on fait trempette dans une eau vaporeuse à 38 °C. Et puis, vite, on va mariner dans l'un des nombreux bassins et saunas intérieurs. Proprement magique !

BON À SAVOIR : certains soirs en été, les bains se transforment en grande soirée techno où l'on danse en maillot dans les piscines… • szechenyifurdo.hu •

2 Se balader dans le quartier juif

et, derrière les portes cochères, découvrir de grandes cours, ceintes de remarquables façades baroques...

C'est dans le lacis de ruelles situées derrière la Grande Synagogue que résidait l'essentiel de la communauté juive avant la Seconde Guerre mondiale. Il faut arpenter les rues au hasard, le nez en l'air, pour admirer les façades, melting-pot de styles allant du néoclassique à l'Art nouveau en passant par l'Art déco et l'éclectisme le plus débridé. La Király utca est l'une des rues proposant le plus de cours et façades pittoresques. On aime aussi beaucoup Dohány utca.

BON À SAVOIR : pour les visites guidées du quartier, voir les détails sur • budapest-tourist-guide.com •

ET AU MILIEU COULE LE DANUBE

Duna (en hongrois) est, avec ses 2 850 km, le plus long fleuve d'Europe après la Volga. Comme la Seine à Paris ou la Tamise à Londres, le grand fleuve impose sa marque en plein cœur de la ville, qu'il traverse noble et majestueux, séparant la colline de Buda (rive droite) de Pest, étalée sur la rive gauche. Venu d'Allemagne, d'Autriche et de Slovaquie, le Danube passe d'abord à Vienne (où il coule loin du centre-ville), puis à Bratislava, avant de paresser dans la plaine hongroise. C'est à Budapest qu'il est le plus présent et « c'est dans les plaines hongroises que le Danube devient un grand fleuve », souligne l'écrivain István Bart. Sa température, supérieure à celle de l'air, ne l'empêche pas de geler lors des hivers très rudes.

3 S'émerveiller des mille et un détails de style Art nouveau
enluminant les bâtiments de la ville.

L'un des plus emblématiques édifices Art nouveau de la ville, la maison Bedő (1903), abrite un musée consacré à ce style architectural si bien représenté à Budapest, où il porte le nom de « Sécession », comme à Vienne. La double devanture aux lignes fluides et les majoliques de la façade vert pistache forment à elles seules un authentique manifeste du genre ! À l'intérieur : mobilier et souvenirs d'époque, peinture et sculpture. Une belle introduction à la découverte de ces immeubles de style Art nouveau qui firent les belles heures de Budapest au début du XXe s.

BON À SAVOIR : • magyarszecessziohaza.hu •

4 À la tombée du jour, contempler à mi-chemin du pont aux Chaînes, Buda la Romaine et Pest la Barbare
fusionnant dans les eaux du Danube.

Suspendu entre les deux grands arcs de triomphe des deux piles et gardé par deux lions de pierre, le pont des Chaînes (Széchenyi-Lánchíd) est le premier à avoir enjambé le Danube. Avant lui, on utilisait des bacs ou des pontons flottants, héritage de l'époque turque. Il fut construit de 1839 à 1849 entre les rives de Pest et de Buda. C'est à partir de là que l'idée d'unifier ces villes émergea, avant d'aboutir en 1872. Pendant la Seconde Guerre mondiale, le pont fut détruit par les bombes, puis reconstruit à l'identique en 1949, pour son centenaire. C'est un monument emblématique, celui qui représente le mieux Budapest, telle une agrafe historique reliant les deux rives longtemps rivales, aujourd'hui réunies.

5 Parcourir sur toute sa longueur Andrássy út
véritables Champs-Élysées hongrois.

Grande avenue « haussmannienne » typique du XIXe s, la voie royale de la bourgeoisie, classée au Patrimoine de l'Unesco, s'étire sur presque 3 km, de Deák Ferenc tér jusqu'au bois de la Ville. À pied, à bicyclette ou en bus, peu importe le moyen, pourvu que l'on prenne le temps pour découvrir ces immeubles aux façades splendides, d'inspiration surtout néoclassique mais aussi néobaroque, byzantine ou gothique. Certaines cours sont parfois accessibles, révélant des cages d'escalier superbement rénovées ou, hélas, autrefois somptueuses et ravagées par le temps. On ne manquera pas d'admirer au passage l'Opéra, de s'arrêter pour boire un café sur la place Liszt, de visiter le musée de la Terreur, ou encore la maison de Franz Liszt.

6 Le soir, contempler la silhouette illuminée du Parlement
l'un des emblèmes de Budapest, aux allures de palais victorien.

Sa silhouette dominant le Danube est devenue l'une des cartes postales les plus connues de la capitale hongroise. Achevé en 1904, après 17 longues années de construction, il est inspiré du Parlement de Londres, qui mêle les styles byzantin et néogothique. Bordant le fleuve sur 270 m, c'était à l'époque le plus grand parlement du monde. Il ne compte pas moins de 691 salles, qui dit mieux ? Le soir, illuminé, il prend des allures de palais vénitien, surtout en hiver, quand il est noyé dans la brume.

BON À SAVOIR : hors sessions parlementaires et visites officielles, on peut aussi en visiter une partie et admirer, notamment, les joyaux de la Couronne ; infos sur • latogatokozpont.parlament.hu/en •

7 Faire une balade à pied ou à vélo sur l'île Marguerite

le parc arboré le plus agréable de la capitale.

Longue de 2,5 km et large au maximum de 500 m, cette île est l'un des meilleurs sites pour embrasser d'un seul coup d'œil les deux rives du Danube. Baptisée « île aux lapins » au Moyen Âge, elle prit ensuite le nom de la fille du roi Béla IV, qui se retira dans son monastère. Au programme : footing, balade à vélo, promenade dans la roseraie ou séance détente sur les immenses pelouses, bronzette sur les plages aménagées ou plongeons dans l'une des nombreuses piscines du Palatinus Strand.

BON À SAVOIR : l'été, le parc s'anime de concerts de rock et théâtre en plein air. • eng.szabadter.hu •

8 Embarquer sur un bateau-mouche pour découvrir la ville depuis le fleuve

Pour découvrir la perle du Danube, Budapest possède une flotte de bateaux-mouches, de style et de taille variés. Pour des excursions de jour, on recommande le *Duna Bella*. Il part de Vigadó tér, côté Pest, descend le fleuve jusqu'aux abords du pont Petőfi, puis remonte jusqu'à l'île Marguerite, qu'il contourne et où il fait escale, avant de revenir en passant devant le Parlement. Son alter ego, le *Danube Legend*, propose une croisière nocturne permettant d'admirer les quais et collines de Budapest illuminés. La compagnie fluviale nationale *Mahart* programme aussi diverses formules d'excursion sur le Danube, à commencer par une balade de 1h sur le fleuve.

BON À SAVOIR : • legenda.hu • mahart.info •

6 LE PARLEMENT

9 Grimper en haut du dôme de la basilique Saint-Étienne
et profiter d'un panorama à 360° sur la ville.

La construction de ce colossal ensemble néo-Renaissance dura si longtemps (50 ans) que notre « quand les poules auront des dents » donne en hongrois « quand la basilique sera finie » ! L'édifice peut accueillir quelque 8 500 fidèles. À l'intérieur, les ors le disputent aux marbres pour vous en mettre plein les mirettes. La main droite de saint Étienne est conservée dans une chapelle à gauche du chœur. Le dôme, décoré de mosaïques, culmine à la même hauteur que celui du Parlement : 96 m, en souvenir de l'établissement des Magyars dans la région en 896. On peut y monter pour admirer le panorama sur Budapest. Au choix : 352 marches à gravir ou… un ascenseur. Quoi qu'il en soit, c'est le même prix pour tout le monde !

BON À SAVOIR : • en.bazilika.biz •

10 Place Ferenciek, pénétrer dans le bien nommé Párizsi udvar
l'archétype du passage couvert de style parisien.

Párizsi udvar, c'est l'archétype du passage couvert qui a essaimé dans toute l'Europe à la fin du XIXe s. Une véritable prouesse architecturale, avec ses sols en mosaïque de marbre et de verre gaufré, ses boiseries sculptées, sa superbe verrière en plein cintre et son plafond à coupole inspirée de l'architecture mauresque. Et quand bien même la galerie serait un peu délaissée aujourd'hui, ce palais néogothique hérissé de pinacles constitue l'une des plus belles constructions orientalisantes de Budapest (remarquez tous ces torses nus semblant jaillir des murs au-dessus des fenêtres).

BON À SAVOIR : accès par Ferenciek tere 2-4 ou 11.

11 Se sentir bien petit face à la Grande Synagogue
la plus vaste d'Europe et la deuxième au monde par la taille !

Construite en 1854-1859 par un architecte allemand, elle constitue un mélange fantastique de traditions chrétiennes et mauresques, avec des minarets coiffés de dômes en forme de bulbes, des mosaïques d'inspiration byzantine et une grande rosace surmontée des Tables de la Loi. L'intérieur mêle des éléments de la tradition orthodoxe (galeries supérieures réservées aux femmes) à d'autres liés au judaïsme réformé. Quelque 3 000 personnes peuvent y prendre place.

BON À SAVOIR : installé dans une annexe, le Musée juif présente une riche collection d'objets religieux et une émouvante section évoquant l'Holocauste et la déportation des juifs hongrois en 1944. • dohanystreetsynagogue.hu •

12 Flâner sur la colline du Château
ce belvédère rocheux qui constitue le cœur historique de Buda.

Au temps où Buda était séparée de Pest par le grand Danube indompté, le quartier historique du Château occupait une crête boisée dominant le fleuve et la ville. C'était autrefois le cœur politique de la Hongrie, tandis que Pest, ville commerçante et industrieuse, en constituait le centre économique. Tout le quartier du Château est classé au Patrimoine de l'Unesco et se distingue, autour de l'église Saint-Mathias, par de délicieuses maisons baroques peintes de couleurs vives, le long desquelles il fait bon flâner.

BON À SAVOIR : on accède à la colline à pied, en funiculaire, ou même en bus ; prévoir une bonne journée pour visiter les musées du château et explorer en détail ce quartier.

PRENDRE UN BAIN À BUDAPEST

Il fait froid ? Prenez un bain chaud. Budapest compte pas moins de 123 sources thermales sourdant à des températures comprises entre 21 et 78 °C, aux eaux riches en calcium, magnésium, soufre et autres minéraux... Certaines sources ont été aménagées par les Romains, d'autres ont été découvertes et utilisées par les Turcs. Un bon remède naturel pour rhumatisants, cardiaques et autres anxieux, dans des décors orientaux ou Art déco. Les Hongrois ne s'en privent pas et y vont souvent le matin. Variez les plaisirs curatifs : piscine froide, puis bain chaud suivi de quelques allers-retours au hammam avant de céder à un massage ou à des soins esthétiques. Vous en sortirez sur les genoux mais rajeuni(e) de 10 ans !

13 Arpenter les salles de l'extraordinaire Musée national

une visite in-dis-pen-sa-ble pour appréhender un tant soit peu l'histoire mouvementée du pays.

C'est le plus important musée de Hongrie. Fondé en 1802 grâce au comte Ferenc Széchenyi, un aristocrate hongrois très fortuné, l'élégant et imposant bâtiment néoclassique fut aussi l'un des premiers musées au monde. On apprécie aujourd'hui sa muséographie moderne qui déroulera devant vos yeux toute l'histoire du pays, depuis le Paléolithique jusqu'à l'après-communisme.

BON À SAVOIR : • hnm.hu •

14 S'installer en terrasse sous les arcades du bastion des Pêcheurs

et profiter de l'une des plus belles vues de Budapest.

Le bastion, élevé dans les années 1900, forme un hommage néoroman (assez lourd) aux pêcheurs chargés de défendre, au Moyen Âge, ce côté des remparts. Ses sept tours symbolisent les sept tribus magyares fondatrices de la Hongrie. On peut boire un verre au café installé sous le chemin de ronde, un bon moyen de profiter du panorama tout en écrivant ses cartes postales. De son élégante terrasse, la vue sur Pest et le Danube est imprenable ! De là, on pourra rejoindre le Danube par des escaliers, en passant d'un jardin à l'autre.

1 LES BAINS SZÉCHENY

15 Pousser la porte de l'église Saint-Mathias

la plus belle et la plus célèbre de Budapest.

Dominant la ville avec son haut clocher ajouré et son toit de tuiles vernissées, l'église doit son nom au roi Mathias Corvin, qui s'y maria deux fois ! Par la suite, plusieurs souverains hongrois et empereurs d'Autriche-Hongrie y furent couronnés. Datant en grande partie du XIIIe s, l'église fut transformée en mosquée durant l'occupation ottomane. Elle prit sa forme actuelle lors de la grande campagne de restauration qui eu lieu entre 1879 et 1893, au cours de laquelle ses murs intérieurs furent entièrement peints. Le décor est chargé, les couleurs chatoyantes, mais c'est magnifique !

BON À SAVOIR : on y donne parfois des concerts d'orgue ; acoustique formidable et grand moment d'émotion. • matyas-templom.hu •

16 Grimper, à la tombée du jour, au mont Gellért

et profiter, là encore, de l'une des plus belles vues de Budapest.

Du haut de ses 235 m, le mont Gellért n'est pas le point culminant de la ville (c'est le mont János, à 526 m), mais il n'en revêt pas moins une importance stratégique : accidenté, boisé et coiffé par les vestiges de la citadelle bâtie au XIXe s par les Autrichiens, il domine de sa masse le cours du Danube. De là-haut, la vue sur la colline du Château, Pest et le Danube est imprenable ! C'est au pied du mont que jaillissent d'une faille géologique les fameuses eaux thermales. Depuis 1947 s'y dresse une l'impressionnante statue de la Liberté, devenue un des symboles de la ville, et d'où sentiers et escaliers permettent de redescendre vers les renommés bains Gellért. Idéal pour une balade au clair de lune.

17 Se balader au milieu des silhouettes fantomatiques des statues déboulonnées de la période communiste

Au sud-ouest de la ville, le Memento Park est un grand musée en plein air où ont été reléguées les statues qui occupaient autrefois les places de Budapest. Au lieu de les détruire, les Hongrois ont eu la bonne idée de les conserver et de les exposer, considérant que la période communiste faisait partie de leur histoire. On y croise bien sûr Marx, Engels et Lénine, figés dans l'austérité de la pierre massive, mais aussi des bataillons de prolétaires triomphants, d'énergiques soldats soviétiques, des bureaucrates au visage terne... Petites ou énormes, en pierre, en bronze ou en métal, statues et sculptures se détachent sur le ciel, telles les silhouettes fantomatiques d'une époque révolue. Surréaliste !

BON À SAVOIR : • mementopark.hu •

18 LE NEW-YORK CAFÉ

SAVOURER

18 À Pest, s'attabler sous un lustre de cristal au *New York Café*

l'un de ces endroits où flotte encore un parfum Belle Époque.

« *New York Café* », drôle de nom, on vous l'accorde... Inauguré en 1894 par une compagnie d'assurances américaine, ce café était alors, disait-on, le plus beau du monde ! Touches Renaissance, baroques et éclectiques se mêlent dans une profusion de moulures, de lustres vénitiens en cristal, de marbres et d'incroyables colonnes torsadées. Transformé en entrepôt au plus fort de la crise des années 1930, le lieu a retrouvé toute sa splendeur grâce à la restauration appliquée d'un groupe hôtelier de luxe. Autrefois, les poètes et écrivains s'y retrouvaient, aujourd'hui, c'est tout le beau monde de Budapest que l'on y trouve. Évidemment, les prix sont à la hauteur du cadre.

BON À SAVOIR : • newyorkcafe.hu •

19 Déguster de succulents gâteaux

dans l'un des fameux salons de thé de la ville.

On mange de succulents gâteaux à Budapest, et les pauses dans les salons de thé de la ville sont toujours de grands moments, empreints d'une nostalgie très Mitteleuropa. Beaucoup de ces décors rappellent le style viennois. Héritage de l'occupation autrichienne, les pâtisseries sont abondamment garnies de crème. Certaines sont délicieuses, d'autres plus surprenantes au palais... Citons Gerbeaud, sur la place Vörösmarty, l'institution de la ville fondée en 1858. Ou *Ruszwurm,* sur la colline du Château, une autre maison fameuse datant de 1827.

BON À SAVOIR : • gerbeaud.hu • ruszwurm.hu •

20 Découvrir une cuisine hongroise moderne chez *Két Szerecsen*

célèbre café de Budapest

Il y a bien longtemps, vers 1860, s'ouvrit l'un des tout premiers cafés de Budapest. Il devint à ce point célèbre que ses patrons, « deux Sarrasins », donnèrent leur nom à la ruelle... Cette adresse, plébiscitée par tous, propose une excellente cuisine hongroise moderne, légère, aux tendances sucrées-salées assez marquées. Succulente salade de roquette aux magrets de canard chauds et airelles... Miam ! On s'en lèche encore les babines. La carte change régulièrement en fonction des saisons. On peut aussi opter pour des tapas, ou encore y venir pour le petit déj.

BON À SAVOIR : • ketszerecsen.hu •

SORTIR

21 Se rendre dans un vieux *borozó*

ces bars à vins traditionnels et populaires par excellence.

Budapest compte d'innombrables *söröző* (bars à bières) et *borozó* (bars à vins). Ces établissements, en général situés en sous-sol, sont des bistrots populaires par excellence – même si les bars à vins prennent des allures de plus en plus branchées. Dans les *borozó,* le garçon puise à l'aide d'une louche (tailles différentes) dans des cuves à vin en aluminium – une pour le blanc, une pour le rouge, etc. Pour boire plus et plus longtemps, beaucoup de consommateurs coupent leur vin avec de la limonade (c'est le blanc limé tombé en désuétude chez nous). C'est dans ces bistrots que les employés viennent boire un coup avant ou après le travail. Pendant l'époque communiste, les *söröző* et les *borozó* constituaient des espaces de liberté à l'abri des regards indiscrets, et l'on pouvait y refaire le monde autour d'un verre.

FRANZ LISZT

La Hongrie a vu naître nombre de grands artistes de musique classique, mais il en est un qui sort incontestablement du lot : Franz (Ferenc) Liszt (1811-1886). Ses fameuses Rhapsodies hongroises (morceaux pour piano) sont un hymne magnifique à son pays natal. Il débute à 12 ans par un concert à l'hôtel des Sept Princes Électeurs qui suscite l'admiration des Pestois. Il fait ensuite carrière à Vienne et voyage en Europe. À chacun de ses retours au pays, les foules l'acclament. On peut visiter son appartement-musée à Budapest, dans l'Académie de musique qu'il a dirigée pendant quelques années (• lisztmuseum.hu •).

22 Errer de *ruin pub en ruin pub*

ces cafés alternatifs qui ont proliféré dans des immeubles abandonnés ou dans d'anciennes cours.

Durant l'hiver, on se serre sous terre devant un verre, dans les anciennes caves reconverties. L'été, c'est tout le contraire : les taupes sortent, s'ébattent dans les cours *(kerts)* ou investissent les étages ouverts à tous vents, d'anciens entrepôts ou bâtiments désaffectés transformés en bars. Ce sont ces fameux *ruin pub* qui font aujourd'hui la réputation de la Budapest jeune et branchée. Ces endroits remarquables et peu chers sont idéals pour faire des rencontres. L'usage consiste à butiner dans plusieurs au fil de vos papillonnages nocturnes : suivez les habitués, la jeunesse alternative invente sans cesse de nouveaux lieux !

BON À SAVOIR : pour dénicher les bons plans du moment, ne manquez pas de jeter un œil au site • ruinpubs.com •

SHOPPING

23 Remplir son cabas de délicieuses choses

au Grand Marché central (Vásárcsarnok).

Cette grande halle de 1896, tout en métal, brique et toit de tuiles vernissées, a été inspirée par les réalisations de Gustave Eiffel. Le rez-de-chaussée est réservé aux produits de bouche. Grand choix de saucissons, de fromages, de fruits et légumes, dont des chapelets de poivrons séchés qui courent d'étal en étal. Au sous-sol, une grande surface, de petites échoppes et des étals de poissons et légumes marinés (oh ! tous ces beaux bocaux !). Très belle vue depuis les galeries du 1er étage où l'on vend de la fringue et quelques souvenirs. Un régal pour le palais et les yeux !

BON À SAVOIR : Vámház krt 1-3 ; ouv tlj sf dim 6h-18h (17h lun, 15h sam).

23 LE GRAND MARCHÉ CENTRAL

AGENDA DES FÊTES, FESTIVALS ET ÉVÉNEMENTS CULTURELS

2DE QUINZAINE DE MARS : *Budapesti Tavaszi Fesztivál (Festival de printemps).* Programme éblouissant de concerts (symphoniques, folkloriques, musique de chambre ou sacrée...), de ballets, de danse, d'opéras et opérettes, d'expos, de théâtre, de films : une cinquantaine de spectacles dans un grand nombre de lieux ! • btf.hu •

DÉBUT AVRIL : *Budapest Fringe Festival.* C'est un peu le festival « off » du Spring Festival, qui le prolonge. • budapestfringe.com •

6 W-E D'AFFILÉE A PARTIR DE FIN JUIN : *un Été sur le pont des Chaînes.* Le pont des Chaînes est fermé à la circulation. Le matin, de jeunes artistes et musiciens s'y produisent. Le soir, ce sont plutôt des pointures internationales.• fesztivalvaros.hu •

JUILLET : *Festival d'été en plein air.* Sur l'île Marguerite. Au programme : théâtre, mais aussi ballets, opéra, comédies musicales et concerts (certains grands noms internationaux). • szabadter.hu •

2E SEMAINE D'AOÛT : *Sziget Fesztivál.* Une sorte de Woodstock version Europe de l'Est. Le plus grand festival de musique *outdoor* d'Europe centrale : 7 jours, 18 scènes, du métal au jazz en passant par le rock avec une scène tzigane très appréciée. Pour l'occasion, l'île d'Óbuda, ancien terrain militaire, se transforme en camping géant. • szigetfestival.com •

20 AOÛT : *fête de la Saint-Étienne.* En l'honneur de saint Étienne (István), et prétexte à un feu d'artifice gigantesque et magnifique tiré de la colline de Gellért. Plusieurs milliers de personnes sont alors au coude à coude sur les berges du Danube et les ponts Szabadság et Erzsébet.

FIN AOÛT-1RE SEM DE SEPT : *Festival d'été juif. Autour de la synagogue de la rue Dohány.* Musique traditionnelle, classique et moderne, expos, théâtre. • zsidonyarifesztival.hu •

DERNIÈRE SEM DE NOV-NOËL : *marché de Noël.* Sur la place Vörösmarty. Environ 150 spectacles, assurés par des marionnettistes, des musiciens et des danseurs folkloriques, animent cette jolie place.

SE REPÉRER

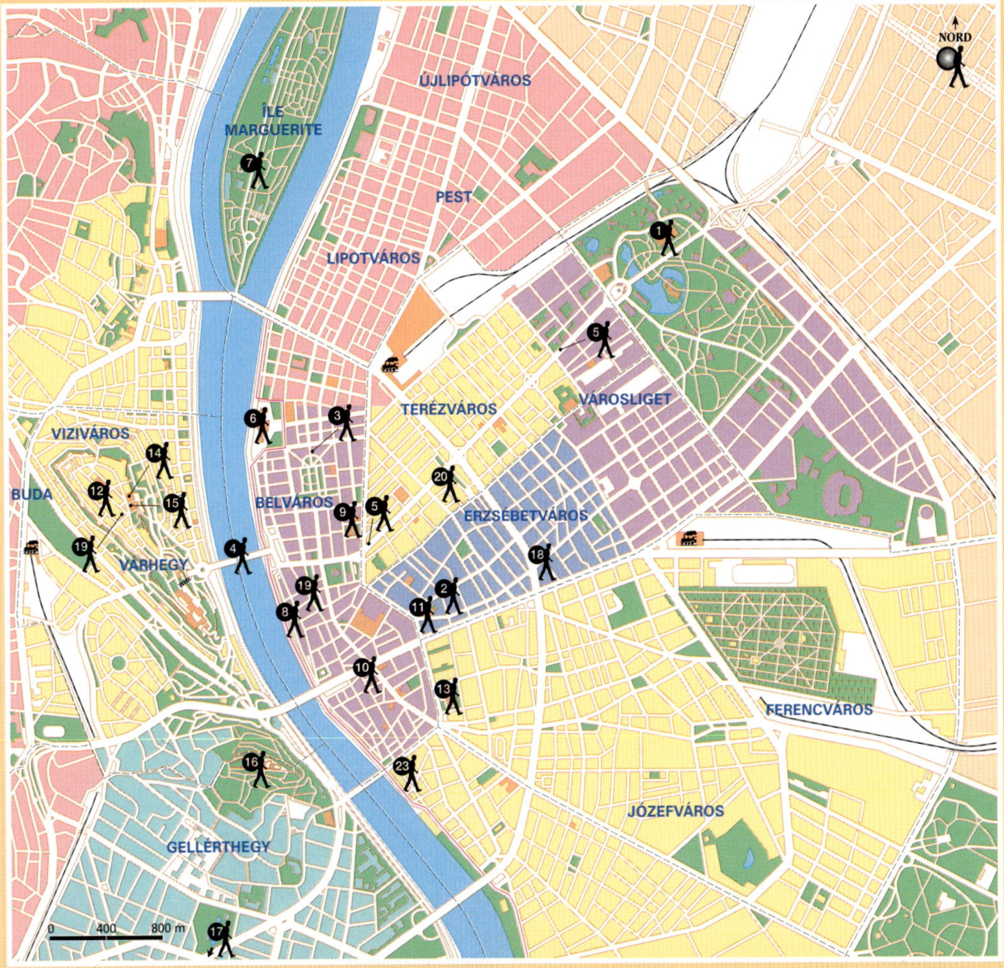

COPENHAGUE

Un savant dosage entre douceur, élégance et vitalité. À la pointe du design et de l'architecture contemporaine, des nouvelles technologies et de l'écologie, Copenhague mixe harmonieusement tradition et modernité, originalité et simplicité, décontraction et efficacité. Dans quelle autre capitale rosiers et roses trémières poussent-ils le long des rues ? Se promener dans Copenhague est un véritable repos pour les sens. Des petits coins tranquilles au bord de l'eau aux boîtes et bars branchés, la ville offre une palette de tons nuancés qui fait sa réputation de savoir-vivre !

BUDGET	€€€
CULTURE	★★☆☆
CUISINE	★★☆☆
SHOPPING	★★☆☆
VIE NOCTURNE	★★☆☆

1h55 au départ de Paris

DÉCOUVRIR

1 Admirer l'une des plus belles collections au monde des œuvres de Gauguin

à la Ny Carlsberg Glyptotek.

La collection de Gauguin se trouvant à la Glyptotek est unique. Mais comment est-elle arrivée là ? Tout vient de Gauguin lui-même, qui épousa une Danoise, Mette-Sophie Gad. Après leur rupture, le peintre lui donna l'argent qu'il lui devait… en tableaux (sans valeur à l'époque). Peintures, mais aussi bas-relief de bois sculpté et céramiques. Une salle entière permet donc de naviguer des paysages nuageux de Pont-Aven jusqu'aux chaudes couleurs tahitiennes de l'extraordinaire *Vahine no te tiare…* Grand routard, ce Gauguin, mais mauvais mari !

BON À SAVOIR : au centre du musée s'ouvre un jardin d'hiver comme on en voit peu : envahi de palmes, entouré de colonnes à l'antique, une oasis splendide où se niche le *café Blomsterberg*. • glyptoteket.dk •

2 Poursuivre par la non moins exceptionnelle collection d'art moderne et contemporain

à la Statens Museum for Kunst.

C'est à notre avis le plus beau musée d'Art de Copenhague. Il s'est enrichi en 1998 d'un bâtiment moderne qui s'est superbement accouplé à l'ancien. Comme les Danois savent le faire, un vaste espace blanc, lumineux à l'extrême, avec de larges baies vitrées donnant sur un espace de verdure, est venu compléter la partie traditionnelle. En tout, une soixantaine de salles sur deux étages, présentant une brillante sélection de peintures et sculptures danoises, scandinaves et européennes (Max Ernst, Vasarely, Braque, Picasso, Juan Gris, Modigliani, Derain, Matisse…).

BON À SAVOIR : • smk.dk •

LE DESIGN

Impossible de comprendre Copenhague sans parler design. Réputé dans le monde entier, le design danois allie simplicité, tradition et qualité. Vous le retrouverez partout : dans les restos, les hôtels, les bâtiments administratifs... il fait partie du quotidien des Danois, toutes catégories sociales confondues. Aujourd'hui, l'école de design de Copenhague est l'une des plus réputées au monde. Les jeunes designers danois reprennent les codes de leurs aînés – onctionnalité et minimalisme – et les adaptent aux pratiques actuelles, faisant même sortir le design des intérieurs pour l'intégrer à l'espace public, en collaborant, par exemple, avec la municipalité de Copenhague sur des projets de mobilier urbain.

3 Réveiller le Viking qui sommeille en vous

au Nationalmuseet.

La façade austère de cette ancienne dépendance du palais royal cache des trésors flamboyants. Ce musée gigantesque est intelligemment agencé pour bien mettre en valeur toute la richesse de ses collections. Sa visite est une odyssée qui retrace l'histoire du Danemark, du fond des âges à nos jours (10 000 ans !), sous toutes ses formes. C'est non seulement la mémoire du pays qui est réunie ici, mais aussi celle d'autres contrées, puisque le musée abrite d'importantes pièces ethnographiques, d'antiquités proche-orientales, romaines, égyptiennes, grecques et italiennes.

BON À SAVOIR : à l'intérieur, le Children Museum, un vrai paradis où pédagogie et amusement vont de pair. Les enfants pourront embarquer à bord d'un drakkar, se déguiser, faire la dînette dans une maison marocaine... • natmus.dk •

4 Découvrir le monde alternatif et déconcertant de Christiania

et pousser la balade dans les faubourgs de la « ville libre » pour découvrir les maisons au bord du lac.

Expérience innovante de nouvelles formes de vie sociale née il y a 40 ans. Tout a commencé en 1971 ; l'armée abandonne une caserne. 22 ha de terrain, des bâtiments en dur, des hangars, des rues, le tout ceint par un muret, à deux pas du centre de la capitale : l'occasion est trop belle ! Un mouvement de squat s'opère et bientôt plusieurs centaines de jeunes occupent les lieux, retapent les bâtiments, créent des ateliers, des boutiques et mettent en place une forme de vie alternative. Les pouvoirs publics laissent faire et vont jusqu'à reconnaître la « ville libre de Christiania » en tant qu'expérience sociale. Depuis 2012, la Ville a repris le contrôle de la communauté. Mais rien n'est jamais définitif... Visite guidée ou pas, venir à Copenhague sans découvrir ce quartier, c'est passer à côté d'un aspect important de la mentalité danoise.

5 Sourire à la Petite Sirène

même si elle reste de marbre.

Perchée sur son petit rocher, elle fut sculptée par Edward Eriksen au début du XXe s ; c'est le proprio des brasseries Carlsberg (encore !) qui en fit l'acquisition pour la mettre là. Sachez qu'elle est assez peu impressionnante, du haut de son 1,25 m. C'est pourtant le symbole, l'image emblématique du pays, comme la tour Eiffel à Paris ou le Manneken-Pis à Bruxelles. Elle vous attirera certainement de son joli chant, comme tous les touristes et amoureux transis qui échouent ici, même le soir.

6 Retomber en enfance, avec ou sans enfants

sur les manèges centenaires du parc Tivoli et entre les nombreux stands du marché de Noël.

On adore inconditionnellement ou on fuit au grand galop ce parc d'attractions vieux de plus de 150 ans. À l'époque, c'est un vrai visionnaire, Georg Cartensen, qui lança ce projet, vilipendé dans un premier temps par la presse qui y voyait un lieu de débauche. Heureusement pour lui, le roi de l'époque, Christian VIII, soutint son projet. À Copenhague, l'ouverture du Tivoli marque le début du printemps, l'apparition des premiers t-shirts, même s'il ne fait que 10 °C dehors. Il y a des grandes roues, des tirs à la carabine, des montagnes russes, des parades, des marionnettes… On passe du palais moghol au pavillon chinois, aux étangs japonais, bordés d'attractions foraines qui donnent le frisson aux amateurs de sensations fortes.

BON À SAVOIR : autant y aller le soir pour les illuminations et quand il y a un concert ou un feu d'artifice, ça rentabilise le prix !

7 Admirer les œuvres du musée d'Art moderne de Louisiana

superbement posé au-dessus de la mer.

Certains y voient l'un des plus beaux musées d'Europe – le Beaubourg du Danemark. Même ceux qui n'apprécient que modérément l'art moderne ne resteront pas insensibles à son cadre exceptionnel : une série de longues galeries de verre s'étalant sur de grandes pelouses ouvertes sur la mer, où se dressent, éparses, la chouette de Joan Miró, des Calder en pagaille, des sculptures de Max Ernst… Quelle harmonie ! À tout moment, on peut se relaxer sur le gazon, profiter des chaises longues, de la grande cafétéria aux baies vitrées, tournée elle aussi face au grand bleu de l'Øresund. À l'intérieur, l'art moderne mondial s'exprime sous toutes ses formes (Giacometti, Bacon, Tinguely, Warhol, Picasso, Jacobsen, Asger Jon…). Ce qui fait sa renommée tient aussi aux expos temporaires de grande envergure, souvent audacieuses.

BON À SAVOIR : également une salle de concerts. D'excellentes formations s'y produisent ; certaines débordent même en extérieurs. Divin ! • louisiana.dk •

NYHAVN

8 Faire un tour sur le fjord, à Roskilde, à bord d'une reproduction de drakkar viking

et pénétrer dans l'enceinte sacrée de la cathédrale pour voir les sépultures des rois du Danemark.

Située à moins de 40 km à l'ouest de Copenhague, Roskilde fut la capitale du royaume danois du Xe au XVe s. Les monarques étaient alors couronnés et inhumés dans sa splendide cathédrale (classée à l'Unesco). La position stratégique de la cité, au fond d'un fjord très bien protégé, presque cerné par les terres, en fit parallèlement un centre commercial d'importance – époque célébrée aujourd'hui à travers le célèbre musée des Bateaux vikings. Construit tout au bord de l'eau, celui-ci s'ouvre sur le fjord par d'immenses baies vitrées. On y admire les carcasses plus ou moins complètes des cinq bateaux vikings repêchés en 1962. Possibilité de tour en bateau viking.

BON À SAVOIR : de très nombreux trains tous les jours au départ de Copenhague (30 mn de trajet). • vikingeskibsmuseet.dk • roskildedomkirke.dk •

9 Grimper sur les toits du château de Kronborg

classé au Patrimoine mondial de l'Unesco, là où flotte l'esprit du Hamlet de Shakespeare.

Kronborg est à la fois une forteresse militaire gardant l'entrée du détroit d'Øresund et un très élégant château Renaissance. Bâti en 1574-1585 par Frederik II, il a été victime d'un incendie en 1629 (seule la chapelle a été épargnée), puis d'un bombardement suédois en 1658, mais il a été à chaque fois rebâti et restauré. C'est là que Shakespeare situe l'action de *Hamlet*… preuve, s'il en faut, de la renommée du château au-delà des mers à l'époque.

BON À SAVOIR : chaque année, en août, un festival de théâtre shakespearien s'installe au château. Troupes internationales. • kronborg.dk •

10 Emmener ses enfants à la découverte de la faune marine et des régions aquatiques

en visitant le magnifique et futuriste aquarium Den Blå Planet

Ouvert en 2013, le nouvel aquarium de Copenhague fait déjà des vagues avec son design non conventionnel, surtout lorsqu'on l'aperçoit depuis l'avion à l'approche de l'aéroport. Il ambitionne de devenir une des 5 attractions majeures du pays. Le bâtiment se présente comme une construction futuriste en spirale de nautile, où forme et contenu se fondent dans un grand tourbillon destiné à aspirer les visiteurs. S'étendant sur une superficie totale d'exposition de 15 000 m^{2}, tant intérieure qu'extérieure, il contient 70 réservoirs totalisant 7 millions de litres d'eau qui recréent l'environnement de près de 500 espèces aquatiques différentes allant des requins marteau et des raies mantas, visibles depuis un tunnel-promenade, aux colonies de lions de mer et aux oiseaux marins des îles Feroë, en passant par un récif de corail peuplé de créatures multicolores.

BON À SAVOIR : • denblaaplanet.dk •

LE *DANISH WAY OF LIFE*

Le *Danish way of life*, c'est entre autre un système social exemplaire (même si les Danois s'en plaignent parfois) qui place l'individu au centre de la société en dispensant ses bienfaits à toutes les couches de la population : transports agréables accessibles aux handicapés, musées aux activités pensées pour les enfants, bâtiments publics aux normes écologiques rigoureuses… Et par-dessus tout, esprit de tolérance.

SAVOURER

11 Avaler un bon *smørrebrød*

histoire de reprendre des forces entre deux visites.

C'est le plat national le midi. Il se présente sous la forme d'un sandwich ouvert (une tartine en somme) de pain de seigle beurré *(rugbrød),* recouvert de hareng, de viande fumée, d'anguille, d'œufs de poisson, d'œufs durs, de betterave, d'oignons… Cela peut aller du *smørrebrød* très élaboré du grand restaurant à celui tout simple du café ou du snack, se composant de trois petits « canapés ». On boit de la bière avec, ou de l'aquavit (eau-de-vie , qui doit sortir du congélateur). Un régal qui, la plupart du temps, est un des meilleurs rapports qualité-prix pour le déjeuner.

12 Faire une folie et s'offrir un surprenant voyage culinaire au *Noma*…

plusieurs fois classé « meilleur restaurant du monde »

Non, le meilleur restaurant du monde n'est pas français… mais danois. Le *Noma* a été désigné « meilleure table de la planète » en 2010, 2011 et 2012. Situé dans un entrepôt rénové du port, il combine influences marines, eau du Groenland et bières nordiques. Ce succès couronne la créativité de René Redzepi, ambassadeur de la « cuisine nordique », composée d'ingrédients locaux et de produits de saison. Maître dans l'art d'accommoder des produits sains et simples, ce jeune et talentueux chef fait la chasse aux importations pour ne se consacrer qu'aux produits nordiques. Incroyables, ces radis servis avec leur queue, plantés dans un petit pot de terre… en pain séché. Les langoustines baignent dans leur eau de mer. Le bœuf musqué s'accompagne de graines d'ail sauvage, le canard de capucines. D'ici à ce que vous veniez, tout aura changé, et changera encore. Une expérience à tenter au moins une fois dans sa vie, à moins d'être un gagnant du loto récidiviste.

BON À SAVOIR : Attention, ce sont des prix de grand chef… Résas 3 à 6 mois à l'avance, oui vous avez bien lu !

SORTIR

13 Vivre la chaude ambiance des bars et restos de Nyhavn, au cœur de la plus méditerranéenne des villes nordiques

Un très long bar à ciel ouvert en quelque sorte, un quai piétonnier bordant le plus beau canal de la ville, où s'alignent une trentaine de troquets et restos, et qui devient un vaste débit de boissons en continu les vendredi et samedi soir en été. Toute la soirée, assis au bord du canal en rang d'oignons, garçons et filles braillent, picolent, chantent et… vomissent ! Bonne ambiance assurée ! On peut préférer explorer la touffeur de l'intérieur des bars. De toute façon, à minuit, tout le monde se retrouve à l'intérieur ! C'est la loi danoise qui le veut. Tout ça se passe sous le regard condescendant des beaux voiliers, à quai pour l'éternité.

14 Se la jouer plutôt posé, dans le gentil quartier bobo de Nørrebro

Cet ancien quartier ouvrier connaît une rénovation importante ces dernières années. On y voit fleurir un tas de petits cafés chaleureux où l'on se serre les jours de pluie, et de bars trendy, où bobos et hipsters viennent s'encanailler la nuit venue. Aller par exemple s'enfiler une mousse au *Pussy Galore's Flying Circus,* un lieu design et convivial. Les clubbers finiront au *Rust.*

BON À SAVOIR : • pussygalore.dk • rust.dk •

15 Passer une soirée dans le quartier de Vesterbro devenu un incontournable pour les noctambules

Tout comme Nørrebro, c'est un quartier qui, depuis plus d'une décennie, poursuit une grande réhabilitation. Situé derrière la gare, c'est le coin des immigrés et des exclus. Avec ses sex-shops, il a un côté Pigalle, en nettement moins touristique. Comme lieu nocturne, on retiendra *Karrier* : installé dans le quartier des anciennes halles à la viande, ce vaste complexe (680 m^2) fondé par l'artiste Jeppe Hein regroupe galerie et bar lounge. Le principe ? Des œuvres d'art moderne pour décor, un verre pour en discuter, puis une boîte pour se lâcher. Étonnante déco de gigantesques lampes vertes aux airs de tournesols et un drôle de canapé arbre-araignée qui semble pleurer…

BON À SAVOIR : • karrierebar.com •

SHOPPING

16 Chiner dans les nombreuses friperies et boutiques vintage du quartier latin et de Nørrebro

À Nørrebro, Elmegade et les rues adjacentes concentrent nombre d'antiquaires, de magasins d'occasion, de disquaires et d'échoppes plus sympathiques les uns que les autres. Pour des fringues pas trop chères et des objets d'occasion, se balader dans les boutiques de Ravnsborggade, toujours à Nørrebro ou bien dans le Quartier latin, aux alentours de Larsbjørnsstræde.

BON À SAVOIR : également de nombreux marchés aux puces à Copenhague au printemps et en été.

17 Saliver devant toutes les boutiques de design en rêvant de refaire son intérieur

À vrai dire, on a failli placer cette rubrique dans les lieux à découvrir, tant les prix du design et de la porcelaine danoise pulvériseraient un budget de routard moyen ! De toute façon, ce n'est pas toujours pratique de rapporter une chaise ou un service 12 tasses dans son sac à dos… Néanmoins, si ce ne sont pas des musées, ces magasins valent le coup d'œil.

BON À SAVOIR : parmi les incontournables, *Illums Bolighus,* une vraie Samaritaine du design ; *Hay,* un grand magasin de design à tous les prix ainsi que des rééditions du mobilier des grands designers des années 1950-60 aux jeunes créateurs danois.

LE PARADIS DES CYCLISTES

Certaines adresses sont un peu excentrées ? Qu'à cela ne tienne ! Enfourchez un vélo, et vous voilà parti pour dérouler les kilomètres de pistes cyclables qui irriguent la ville comme autant de vaisseaux sanguins indispensables à sa respiration. Plus d'un tiers des habitants ne se déplace que comme ça. La première autoroute cyclable a même été inaugurée en octobre 2012, permettant aux habitants d'Albertslund de rejoindre le centre-ville en toute sécurité sans mettre pied à terre, sur près de 18 km.

AGENDA DES FÊTES, FESTIVALS ET ÉVÉNEMENTS CULTURELS

FÉVRIER : *Vinterjazz Festival.* 1re quinzaine de fév. La version hivernale mais tout autant bouillonnante du fameux Copenhagen Jazz Festival. • jazz.dk •

JUIN : *Carnaval de la Pentecôte.* 3 jours. Le plus important de Scandinavie.

FIN MAI DÉBUT JUIN : *Copenhagen Distortion.* Les clubbeurs ne voudront pas manquer cette fiesta géante sur 5 jours en l'honneur de tout ce qui est moderne. • cphdistortion.dk •

23 JUIN : *fêtez l'été qui arrive et le jour le plus long (le 24) !* La fameuse fête de la Saint-Jean se célèbre comme il se doit, avec grand feu de joie dans le parc de Frederiksberg (le 24), chants, hot-dogs, Carlsberg et vin à volonté… sans pour autant être un jour férié. • visitcopenhagen.com •

JUILLET : *Copenhagen Jazz Festival.* 10 jours. Il s'empare de la ville et ne la lâche plus ! Pensez un peu : plus de 1 000 concerts programmés dans une centaine de lieux ! Certains sont payants (dans les salles et les églises), d'autres gratuits sur les places, dans la rue et le long des canaux. Un vrai bonheur que d'être à Copenhague à cette période. • jazz.dk •

FIN JUILLET-DÉBUT AOÛT : *Copenhagen Summer Festival.* Une belle sélection de grands interprètes classiques. Fin juil-début août, à Charlottenborg. • copenhagensummerfestival.dk •

AOÛT : STRØM : *festival de musique électronique.* Quelque 80 concerts dans les endroits les plus divers, des boîtes aux églises en passant par le métro et les cinémas. Beaucoup de DJs en vue. • stromcph.dk •

SEPTEMBRE : *Golden Days.* Ce festival culturel et historique met chaque année en lumière une période de l'histoire ou un thème spécifique. • festival.goldendays.dk •

SEPTEMBRE : *Kopenhagen Contemporary.* 2de quinzaine de septembre. Galeries, salles d'exposition et musées se liguent pour présenter le meilleur de l'art contemporain danois sous toutes ses formes.

FIN OCTOBRE : *Halloween.* Célébré en grande pompe (ou plutôt en grandes frayeurs) au parc de Tivoli.

DÉCEMBRE : *marché de Noël.* Également dans le parc de Tivoli.

SE REPÉRER

1 LE RYNEK GŁÓWNY

CRACOVIE

Romantique jusqu'à la dernière pierre, fière, nostalgique et généreuse à la fois, Cracovie est une des plus belles villes d'Europe centrale avec Prague et Budapest. Fait rare en Pologne, elle est une véritable vieille ville et non une reconstruction suite à un passé marqué par la guerre. Si la cité a ainsi survécu aux vicissitudes et aux affres de l'Histoire, c'est sans doute grâce à sa beauté : ses nombreux envahisseurs ont toujours préféré l'habiter plutôt que de la détruire. Cracovie est à la fois un haut lieu culturel et un rendez-vous festif où les bâtiments historiques, festivals et opéras sont aussi nombreux que les bars... Les amoureux de culture comme les fêtards y passeraient des semaines sans se lasser. Bref, à quelques heures de Paris, c'est aussi une destination idéale pour une escapade de fin de semaine.

BUDGET	€€
CULTURE	★★★☆
CUISINE	★★☆☆
SHOPPING	★★☆☆
VIE NOCTURNE	★★☆☆

2h15 au départ de Paris

DÉCOUVRIR

1 Arpenter le splendide rynek Główny

l'une des plus grandes places de marché de l'Europe médiévale, caractéristique de l'âge d'or.

Toute balade dans le vieux Cracovie se doit de commencer par là. Avec ses 200 m de côté, cette place carrée est l'une des plus grandes que le Moyen Âge ait léguées à l'Europe. Les marchands de fleurs et les vendeurs de souvenirs poursuivent aujourd'hui cette tradition marchande, dont le dernier vestige est l'immense et magnifique halle aux draps de style Renaissance (1559), au centre de la place, la plus grande subsistant en Europe. Ceinturée aujourd'hui de façades néoclassiques, elle s'enorgueillit d'une unité qui lui donne un incomparable air fin de siècle triomphant, renforcé par la présence d'élégantes calèches qui vous promènent à la recherche d'une grandeur disparue.

2 Flâner ensuite dans les rues de la vieille ville

et jouir d'un véritable festival de beautés architecturales gothique, Renaissance et baroque.

Pour découvrir Cracovie, en mesurer la densité artistique et historique, s'imprégner de son atmosphère, il faut musarder dans son cœur historique et arpenter ses places, jardins, rues et venelles. Construite autour de la rynek Główny, la vieille ville épouse le tracé médiéval des premières rues. Après des siècles d'histoire, elle présente une variété typique de styles de l'Europe centrale où le gothique se mélange aux styles Renaissance et baroque. Ne pas manquer les Planty, agréables jardins qui entourent la vieille ville, et la porte Florianska, vestige des anciens remparts de Cracovie. En parcourant l'ancienne voie royale, le long des rues Florianska et Grodzka, vous passerez devant de belles demeures, des églises, des palais…

CRACOVIE, VILLE DE CŒUR DES POLONAIS

Cracovie occupe une place à part dans le cœur des Polonais. C'est ici que fut couronné le premier roi de Pologne, Boleslas le Vaillant, en 1025. Capitale du pays jusqu'au XVIe s, Cracovie n'a jamais vraiment accepté qu'on lui enlève le rôle de première ville de Pologne, et pour nombre de ses habitants, elle reste toujours LA capitale. Malgré les années de régime « égalitaire », la ville garde toujours son élite intellectuelle, ses nobles et sa bourgeoisie. Son université, la plus ancienne de Pologne, a une renommée internationale, ses théâtres sont les plus brillants, ses caves artistiques les plus folles. Et, comble de tout, comme pour la remercier de tant d'efforts et de tant de dignité, Cracovie a eu SON pape (Jean-Paul II), qui y fut successivement élève, étudiant, comédien-séminariste sous occupation nazie, puis prêtre, évêque et archevêque.

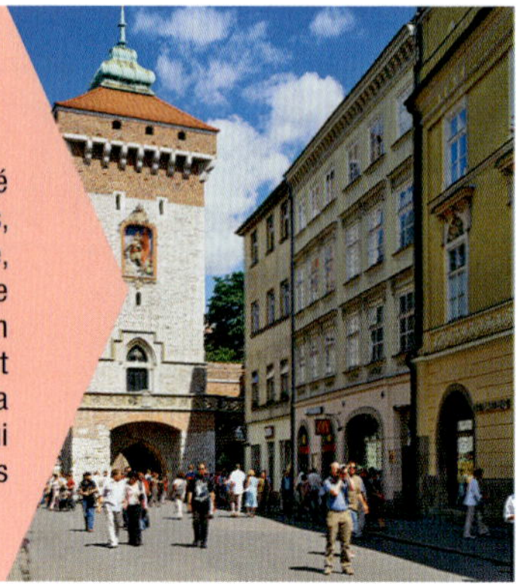

3 Rester béat devant le retable monumental de la basilique Notre-Dame-Sainte-Marie

chef-d'œuvre gothique du XVe s.

Édifiée une première fois au XIIe s, détruite par les Tatars, l'église paroissiale de Cracovie eut à subir trois reconstructions avant de renaître en 1355 comme l'une des plus belles églises gothiques du pays. Son chœur est dominé par un splendide retable exécuté par le grand sculpteur allemand Veit Stoss à la fin du XVe s. Haut de presque 16 m, large de 11 m avec les volets ouverts, ce triptyque forme le plus grand autel sculpté de la fin du gothique. Grâce à ses couleurs vives, le retable émerge du fond sombre du chœur, un effet renforcé par la lumière dorée des admirables vitraux du XIVe s.

BON À SAVOIR : cérémonie d'ouverture du retable à 11h50 ; autant venir dès 11h30 pour faire d'une pierre deux coups en admirant ses deux faces.

4 Parcourir les couloirs de la connaissance à l'université Jagellon

la plus ancienne de Pologne.

Le Collegium Maius est le cœur historique de l'université implantée à Cracovie par Casimir le Grand en 1364. Centre intellectuel de l'Europe à la fin du Moyen Âge, il n'a cessé de collectionner les élèves célèbres comme Nicolas Copernic, Johann Georg Faust (oui, celui-là même qui a inspiré Goethe et Gounod !), Karol Wojtyła (plus connu sous le nom de Jean-Paul II), ou, plus récemment, l'écrivain Czesław Miłosz. De style gothique, le vaste bâtiment s'ouvre sur une élégante et paisible cour à arcades, qui conduit au musée de l'université. La visite guidée permet de découvrir quelques-uns de ses trésors, comme l'ancienne bibliothèque, l'*Aula magna* (la salle d'honneur au plafond Renaissance) ou le plus vieux globe du monde (1510).

BON À SAVOIR : ul. Jagiellońska 15. • maius.uj.edu.pl •

5 Admirer la féerie de couleurs des vitraux de Stanisław Wyspiański

dans l'église des Franciscains.

Bâtie au XIIIe s, l'église des Franciscains fut affectée par l'incendie de 1850, qui détruisit la majorité de sa décoration intérieure en même temps qu'une bonne partie du quartier environnant. Elle en tira néanmoins profit en faisant appel, en 1897, à l'artiste sécessionniste Stanislas Wyspiański. Celui-ci la dota de fresques et de vitraux Art nouveau qui font aujourd'hui sa renommée. Le plus célèbre étant, dans le vitrail ouest, le portrait de Dieu Créateur du monde surgissant dans une apothéose de couleurs, inspiré de la chapelle Sixtine du Vatican.

BON À SAVOIR : pl. Wszystkich Świętich.

6 Effectuer un voyage dans le passé meurtri des juifs de Pologne
en visitant l'ancienne usine de céramique d'Oskar Schindler.

L'usine ne fonctionne plus depuis longtemps, mais son bâtiment administratif abrite un musée exceptionnel consacré à Cracovie sous l'occupation nazie. Au fil d'un parcours chronologique, tous les moyens sont mis en œuvre pour littéralement nous immerger dans cette époque : reconstitutions d'échoppes, logements, geôles, cachettes d'une grande puissance évocatrice, abondance de documents, photos, témoignages filmés et bandes-son ranimant voix et musiques d'autrefois. Au bout de ce parcours éprouvant et passionnant, on ne peut que se questionner : au milieu d'une telle tragédie, aurions-nous eu le courage de Schindler ? Une visite indispensable, riche en émotions.

BON À SAVOIR : résa très conseillée sur le site internet car le nombre de visiteurs quotidiens est restreint. • mhk.pl • On pourra également participer au Festival de la culture juive à Kazimierz. • jewishfestival.pl • (voir l'« Agenda »).

7 S'émerveiller sous terre en se plongeant dans les mines souterraines de sel de Wieliczka
à 10 km au sud-est de Cracovie.

Incroyable, mais la région était recouverte il y a 14 millions d'années par la mer. En se retirant, elle a déposé du sel, qui, pendant des siècles, fit la richesse du pays. Exploitées dès le XIIIe s, les mines de Wieliczka sont classées à l'Unesco depuis 1978. Ses galeries de 30 km sur 9 niveaux atteignent une profondeur de 327 m. Les trois premiers niveaux, ouverts à la visite, permettent d'apprécier les dures conditions de travail des ouvriers du sel. Avec, au cours de la visite, quelques divines surprises, dont une statue de Copernic et une incroyable et gigantesque cathédrale de sel souterraine. Impressionnant !

BON À SAVOIR : attention, il y a foule le w-e et pdt les vac scolaires ! • kopalnia.pl •

7 LES MINES DE SEL DE WIELICZKA

LE HEJNAT ET SON COUAC FINAL

Si les deux tours de la basilique Notre-Dame-Sainte-Marie sont de taille inégale, c'est que la plus haute servait jadis de tour de guet, une tradition entretenue encore aujourd'hui, à chaque heure, lorsque s'élèvent les notes du Hejnał. Cette sonnerie de trompette retentit de la tour de l'église aux quatre points cardinaux et, après quelques notes, s'interrompt brusquement. La légende raconte que lorsque Cracovie fut assiégée par les Tatars, en 1241, le guetteur de la tour aperçut l'armée ennemie. Il commença alors à sonner l'alarme, jusqu'à ce qu'une flèche ennemie vienne lui transpercer la gorge. Les Cracoviens revivent cette lointaine tragédie toutes les heures, de jour comme de nuit, été comme hiver. Symbole de Cracovie, le Hejnał est devenu aussi le symbole de la Pologne : il est retransmis chaque jour, à 12h, à la radio nationale.

8 Écouter battre le cœur historique du pays entre les murs du Wawel

ancienne résidence et lieu de sépulture des rois de Pologne.

Pendant plus de cinq siècles, la colline du château Wawel fut le centre politique et administratif du pays. Même après la décision du roi Sigismund III Vasa de transférer en 1596 la capitale à Varsovie, rois et princes continuèrent de se faire enterrer dans la cathédrale du château, de même que les plus grands poètes et héros de la nation. Pour tous les Polonais, la colline du château est, plus qu'un monument, un véritable livre d'histoire et un symbole de la fierté et de l'unité nationale. Certains, presque aussi nombreux que les touristes étrangers, effectuent ici un véritable pèlerinage aux sources de la Pologne.

BON À SAVOIR : le Wawel rassemblant plusieurs sites, pour une visite approfondie, compter une grosse demi-journée. • wawel.krakow.pl •

9 Dérouler l'histoire tragique des juifs polonais à Auschwitz

une découverte indispensable pour comprendre la folie qui embrasa le monde il y a quelques décennies.

Pour être complet, un séjour à Cracovie ne saurait s'envisager sans une visite des camps d'Auschwitz, à 70 km à l'ouest de la ville. Les enceintes, les barbelés, les miradors, les baraquements, les potences, les chambres à gaz et les fours crématoires de l'ancien camp – le plus vaste du IIIe Reich – attestent des conditions dans lesquelles fonctionnait le génocide organisé. Selon les historiens, 1,1 à 1,5 million de personnes (en grande majorité juives) ont été systématiquement affamées, torturées et assassinées dans ce lieu, devenu le symbole de la cruauté de l'homme pour l'homme. Une découverte éprouvante mais indispensable pour remplir un devoir de mémoire envers ceux qui y ont péri dans cette « usine de la mort ».

BON À SAVOIR : • auschwitz.org.pl •

SAVOURER

10 Se régaler d'une soupe et de *pierogis*

sans bourse délier ou presque, dans un bar *mleczny*.

Les bars *mlecznys* (« bars à lait ») sont des petites cantines populaires, datant de l'ère communiste, qui servent une cuisine simple et subventionnée pour les bourses modestes. Enfin un héritage positif. On en trouve encore quantité à Cracovie, les plus anciens ayant une amusante ambiance cantinière, mais des adresses très modernes, bien décorées et accueillantes se créent régulièrement. L'endroit parfait pour avaler soupes diverses, *bigos,* la choucroute polonaise, *pierogi,* gros raviolis fourrés aux pommes de terre et fromage blanc *(pierogi ruskie)* ou au chou *(pierogi z kapustą), surówka,* chou rouge, chou blanc et carottes râpés… Rapport qualité-prix imbattable !

BON À SAVOIR : attention, ils ferment souvent tôt, vers 17-18h…

11 Faire une pause sucrée
au célèbre café-salon de thé *Jama Michalika*.

Créé en 1895, ce café a accueilli l'élite artistique du début du XXe s. Au fil des ans, celle-ci y a fondé le cabaret du *Petit Ballon Vert*. Autrefois célèbre, il a laissé en souvenir une décoration qui lui donne rang de musée vivant. Sous des verrières et des vitraux Art déco, les murs sont tapissés de caricatures et de peintures, les marionnettes du guignol de l'époque et le décor original de la scène sont restés intacts. À ne pas rater pour son décor, en savourant une pâtisserie polonaise ou une glace artisanale.

BON À SAVOIR : ul. Floriańska, 45 ; tlj 10h-23h. • jamamichalika.pl •

12 S'offrir un dîner au *Wierzynek*
resto historique de Cracovie par excellence.

Le premier repas y fut servi en 1364, à l'occasion d'une conférence au sommet des monarques invités par Casimir le Grand. Pour l'occasion, le bourgeois Wierzynek offrit à chacun des convives un couvert en argent. Depuis, chefs d'État et têtes couronnées ont largement fait la réputation des lieux. L'intérieur est à la hauteur du cadre historique : 13 salles en tout, un peu pompeuses, les plus belles en style Renaissance, sauf celle du gril, tout en bois. Goûteuse cuisine polonaise traditionnelle à des prix plutôt abordables pour ce type d'adresse, serveuses en costume d'époque, dégustation de *tokay* et de miel. Musique classique à 19h en saison.

BON À SAVOIR : rynek Główny, 15 ; • wierzynek.pl •

SORTIR

13 Avaler des harengs toute la nuit à l'*Ambasada Śledzia*
accompagnés d'un petit verre de vodka bien glacée.

Située face aux consulats des USA et d'Allemagne, non loin de leur équivalent français, cette « ambassade du hareng » joue la carte de l'humour et de la bonne humeur. Terrasse animée où la jeunesse cracovienne vient, dès l'apéro et jusque fort tard dans la nuit, mélanger la bière et la vodka (ouille, le mal de tête !), comme dans un rituel. Il faut dire que ce n'est pas cher... On vous conseille d'accompagner l'apéro d'un p'tit *śledź,* ces harengs marinés servis au choix avec de la crème fraîche, des oignons ou des tomates, si vous ne voulez pas franchir sans passeport la frontière du raisonnable !

BON À SAVOIR : ul. Stolarska, 8 ; ouv tlj de 9h à… 6h du mat' (7h sam !).

LE RESTAURANT *KLEZMER-HOIS*

14 Allier la découverte d'une salle somptueuse au plaisir d'assister à un ballet, un concert ou un opéra au théâtre Slowacki

Portant le nom du poète romantique Juliusz Słowacki, ce théâtre fut construit à l'emplacement d'un couvent du Moyen Âge, dont la démolition souleva les protestations de l'élite artistique du moment, et en particulier du peintre Jan Matejko. Salle somptueuse, construite en 1893, et inspirée de l'opéra Garnier. L'intérieur croule sous les dorures, et la diversité du public résume bien l'appétit de culture des Polonais.

BON À SAVOIR : pl. Św. Ducha, 1 ; • slowacki.krakow.pl •

15 Assister à un concert de jazz ou de musique *klezmer* à Kazimierz

Kazimierz est devenu le quartier le plus vivant de Cracovie, à la fois bohème et branché, avec rassemblement de noctambules, surtout du côté de la place Nowy, où se tient un petit marché dans la journée. On ne compte plus les bars, cafés, restos et établissements de nuit pour les fêtards. Institution de la vie nocturne cracovienne, *Alchemia* se distingue par la qualité et l'éclectisme de sa programmation musicale, n'hésitant pas à passer des concerts de jazz et de musique *klezmer* aux soirées électro. Le bar accueille également des expos de peinture et de photo. Dans une belle alchimie d'espaces aux ambiances variées, éclairés à la bougie, le brassage des âges et des styles garantit une atmosphère sans chichis qui tranche avec les bars bobos du quartier. Une excellente adresse.

BON À SAVOIR : ul. Estery, 5 ; • alchemia.com.pl • Le dimanche, la place Nowy, haut lieu de la vie nocturne, accueille une sympathique brocante. Au centre, des stands de cuisine servent des snacks à déguster *à la polonaise*, sur le pouce. Voir également le Festival de la culture juive dans l'« Agenda ».

16 Explorer le Cracovie underground et festif dans les nombreux bars et les caves de la ville

Vivante, jeune, branchée, ce n'est pas à Cracovie qu'on mourra de soif ! Une cave, une terrasse, un bar. Telle est la trilogie qui gouverne la vie nocturne cracovienne. Et vu le nombre infini de caves gothiques, vous pouvez y passer votre jeunesse. Même les sages terrasses de la Rynek abritent un centre bien plus nerveux à l'arrière, dans les cours et les caves. Les lieux rivalisant de goût pour la mise en valeur des vieux murs, on se rince l'œil autant que la glotte !

BON À SAVOIR : pour meubler les faims de soirées, direction les *zakąski przekąski* qui proposent snacks et vodka ou bière à prix modiques. Ouv 24h/24.

SHOPPING

17 Rapporter une bonne bouteille de vodka, la boisson nationale polonaise

En Pologne, on dénombre pas moins de 80 types de vodka différents ! Dans la multitude de marques, l'une des plus fameuses est la *Żubrowka,* vodka à l'herbe de bison produite dans la forêt de Białowieża. Son léger goût de cannelle permet de comprendre pourquoi elle se marie si bien au jus de pomme. Citons aussi la *Wisent,* produite à Łańcut, ou encore la *Siwucha,* délicieuse avec son léger parfum abricoté. Et si ce choix ne vous rassasie pas, des eaux-de-vie encore plus originales, à dénicher chez *Szambelan* (ulica Gołębia 2), tirée directement de grandes bonbonnes en verre remplies de diverses vodkas « sèches », parfumées ou arrangées. Jolies bouteilles en vente pour rapporter un souvenir typique, à consommer cul-sec mais... avec modération.

BON À SAVOIR : la Pologne faisant partie de l'UE, chaque ressortissant européen peut rapporter jusqu'à 10 l de spiritueux (qu'on n'est pas obligé de tout boire en un soir !).

AGENDA DES FÊTES, FESTIVALS ET ÉVÉNEMENTS CULTURELS

FIN FÉVRIER : *Festival international des chansons de marins.* Un des meilleurs du genre. • shanties.pl •

JUIN : *procession Lajkonik.* Le 1er jeudi qui suit la Fête-Dieu (fête du Saint-Sacrement). Ne manquez pas cette célébrissime procession qui nous renvoie sept siècles en arrière, lorsque, au XIIIe s, les hordes tatares déferlaient sur la ville.

JUIN-JUILLET : *Festival de la culture juive.* Dans le quartier de Kazimierz (l'ancien quartier juif qui servit de décor au film *La Liste de Schindler*). Ce festival, né en 1988, est décliné en mille et un événements montrant une culture plurielle et bien vivante : concerts, expositions, théâtre, projections de films, ateliers (de yiddish, de danse hassidique de cuisine…). L'un des grands événements de l'année à Cracovie. • jewishfestival.pl •

JUILLET : *Festival de musique traditionnelle.* • rozstaje.pl •

JUILLET-AOÛT : *Wawel au crépuscule.* Chaque semaine, un concert classique au château.

15 AOÛT : *Cracovia Sacra.* Une nuit sacrée… et une sacrée nuit, à ne pas manquer, avec visites de monastères et de cloîtres habituellement fermés, plus des concerts dans les églises.

MI-AOÛT : *Festival du pierogi.* Stands de dégustation sur la place Szczepanski, concerts de musique folklorique, ambiance bon enfant et chaleureuse.

SEPTEMBRE : *Festival Sacrum Profanum.* Un festival de musique classique consacré, chaque année, à un pays différent. Le concert final se tient dans la fonderie de Nowa Huta, à l'excellente acoustique.

DÉCEMBRE-JANVIER : *crèches de Noël.* Tradition locale pour laquelle toute la ville fouille dans ses poubelles à la recherche de matériaux pour « bricoler », avec un goût infini du détail, des scènes de la Nativité et des maquettes d'églises. Les lauréats du concours de la plus belle crèche ont l'honneur de voir leur œuvre exposée pendant tout le mois de janvier dans le musée d'Histoire de la ville.

SE REPÉRER

1 LE ZWINGER

DRESDE

« Joyau de la culture européenne », Dresde a longtemps été surnommée « la Florence sur l'Elbe ». Lovée dans les méandres du fleuve et bordée par les collines de la « Suisse saxonne », elle fut, grâce à sa situation privilégiée, la résidence des ducs et des rois pendant 700 ans. Rasée à 90 % en 1945, du moins dans sa partie baroque (l'Altstadt), la capitale de la Saxe n'en reste pas moins la ville des länder de l'Est la plus visitée grâce à un centre historique reconstruit « pierre par pierre » (classé au Patrimoine mondial de l'Unesco), un célébrissime opéra et des musées parmi les plus riches d'Europe. Dresde peut, sans complexe à présent, figurer dans le Top 5 des villes incontournables en Allemagne.

BUDGET	€€€
CULTURE	★★★★
CUISINE	★★☆☆
SHOPPING	★★☆☆
VIE NOCTURNE	★★★☆

3h25 au départ de Paris (1h15 de vol jusqu'à Berlin puis 2h10 de train)

DÉCOUVRIR

1 Explorer le Zwinger, chef-d'œuvre du baroque allemand

qui abrite plusieurs musées dont la fameuse galerie Semper (Semperbau).

L'ensemble du Zwinger, appelé aussi palais d'Auguste II, a été construit sur les ruines d'une forteresse au XVIIIe s. Ce qui ne devait être au départ qu'une orangerie devint une vaste construction – étrangement dénommée Zwinger, en français « donjon défensif » – flanquée de pavillons reliés entre eux par une longue galerie (Bogengalerie). La visite peut commencer par l'extérieur (façade du palais, étang et jardins du Roi) et se poursuivre par la somptueuse esplanade intérieure, avec bassins, statues et jardinet. Montez ensuite sur la Bodengalerie et admirez la symétrie parfaite des fontaines et carrés de pelouse dans la cour. Puis descendez l'escalier monumental jusqu'au majestueux Bain des Nymphes, ensemble de fontaines croisées, de pavillons et de statues, parmi lesquelles même les anges s'embrassent ! Le Zwinger abrite aussi aujourd'hui plusieurs musées dont la fameuse galerie Semper où vous passerez des heures devant les tableaux de Rembrandt, Rubens, Titien, Vermeer…

BON À SAVOIR : le *Zwinger* est vraiment l'attraction principale de Dresde, il faut donc prévoir d'y passer une bonne demi-journée, voire une journée entière.

2 Admirer le fabuleux travail de reconstruction de la Frauenkirche

l'église Notre-Dame remontée à l'identique, pierre par pierre.

Ce fut un chantier monumental et fascinant, de 1994 à 2005 ! À l'origine (1743), cet édifice baroque était la plus grande église protestante d'Allemagne : elle est depuis, le symbole de Dresde. Elle ne résista pas aux bombardements de 1945, et ses ruines – laissées en l'état, sur place, sur d'imposantes étagères – ont fait l'objet d'un ambitieux programme de reconstruction à l'identique, assisté par ordinateur. D'ailleurs, les façades de l'église présentent un bel effet « pixélisé », dû au réemploi des pierres d'origine, noircies par le feu, mêlées aux nouvelles pierres de grès beige. Montez dans la coupole intérieure du dôme et au-dessus à l'extérieur pour bénéficier d'une vue panoramique sur la ville et l'Elbe.

BON À SAVOIR : concerts certains week-ends dans l'église ; se renseigner sur place. • frauenkirche-dresden.de •

3 Aller voir les joyaux les plus précieux d'Allemagne

jalousement conservés dans le Residenzschloss Dresden

Le château fut à la fois résidence et symbole du pouvoir des princes-électeurs et des rois de Saxe, et un centre artistique de grande renommée. Depuis sa réouverture en 2004, c'est à nouveau un haut lieu des arts à Dresde : les trésors de la cour de Saxe sont présentés de manière spectaculaire dans leur emplacement historique. Au rez-de-chaussée du château, dans l'Historisches Grüne Gewölbe (Voûte verte historique), la fabuleuse collection de pièces de joaillerie et d'orfèvrerie doit son nom surprenant à son lieu d'exposition originel : une pièce du château caractérisée par sa couleur verte. L'art le plus fin avec les matériaux les plus nobles : nacre, corail, cristal, ivoire et même des noyaux de cerise (!) sont sculptés, ciselés, polis, assemblés. De fines peintures à l'émail, tableaux de marqueterie en bois ou marbre et d'innombrables verres gravés... Les princes-électeurs se devaient d'avoir les meilleurs artisans. Cette collection est considérée comme l'une des plus belles du genre en Europe. Et on est complètement ébloui par tant de lumière et de raffinement :

BON À SAVOIR : en complément, ne manquez surtout pas la Chambre turque, une exceptionnelle collection d'armes et d'équipements (dont une magnifique tente d'apparat) pris aux Turcs sur les champs de bataille. Les princes de Saxe avaient rassemblé depuis la Renaissance l'une des plus grandes collections d'art ottoman d'Europe. • skd.museum.de •

4 Visiter le surprenant Militärhistorische Museum der Bundeswehr (musée d'Histoire militaire)

Un dilemme bien allemand : comment évoquer 800 ans d'histoire militaire dans un pays au lourd passé guerrier, mais qui se veut à présent pacifiste ? Un architecte de renom et une équipe de jeunes historiens ont relevé le défi. Daniel Libeskind a pris le pari de briser les codes en plantant un gigantesque coin d'aluminium de 30 m de haut, dans le toit d'un ancien arsenal. Ce *Schrapnel* géant qui transperce le bâtiment de part en part préfigure symboliquement la thématique de l'intérieur : la guerre est une rupture de l'harmonie qui génère la violence. Si certains parlent de premier musée pacifiste consacré au phénomène, ses concepteurs évoquent une approche anthropologique doublée d'une histoire culturelle de la violence. Même si on pourrait polémiquer sur le peu de place accordé à la Shoah, le musée remplit parfaitement la mission qu'il s'est assignée : « Stop à la guerre ! ». En fait, il nous rappelle avec bonheur le mémorial de la Paix à Caen.

BON À SAVOIR : • mhmbw.de •

5 Découvrir les splendides collections de l'Albertinum

L'Albertinum a retrouvé les collections des XIXe s et XXe s depuis sa réouverture en 2010. La leçon des inondations de 2002 a bien été comprise par la direction des musées d'État de Dresde : la cour intérieure a été réaménagée afin de placer les réserves et les ateliers de restauration hors de portée des eaux en crue. On peut y voir à présent une magnifique mise en scène de sculpture, dont des œuvres de Rodin, Constantin Meunier, Maillol, Henry Moore et Hans Arp. Aux étages, la galerie des Nouveaux maîtres propose un large éventail d'œuvres s'étendant de la période romantique jusqu'à nos jours et promène le visiteur depuis Caspar David Friedrich jusqu'à Gerhard Richter. L'exceptionnelle qualité des peintures de la collection en font l'un des musées les plus importants de son genre en Allemagne. Cette nouvelle exposition dans l'Albertinum se démarque en confrontant les différentes périodes dans une proximité inhabituelle.

BON À SAVOIR : • skd.museum •

6 Partir à la découverte de la vallée de l'Elbe à vélo ou en bateau

Fortement marqué par les XVIIIe s et XIXe s, le paysage culturel de la vallée de l'Elbe s'étend sur près de 20 km du château d'Übigau, au nord-ouest, au château de Pillnitz et à l'île sur l'Elbe, au sud-est. La vieille ville historique de Dresde en constitue le point central. La vallée de l'Elbe allie nature et architecture, ville et paysage. Ses rives sont bordées d'une alternance de forteresses de la Renaissance et de villas et jardins de l'époque Gründerzeit, se fondant harmonieusement dans le paysage des vignobles. L'idéal est de la découvrir à vélo. Ceux qui préfèrent le bateau, appareillages tous les jours de mai à septembre à destination de Meissen, Pirna, Königstein, le Bastei et la frontière tchèque, sur d'anciens et pittoresques navires à vapeur avec roues à aubes. Rendez-vous à l'embarcadère de la Sächsische Dampfschiffahrt sur les quais de la vieille ville

BON À SAVOIR : on peut désormais longer le fleuve à vélo de Hambourg à la frontière tchèque, en ne mettant pied à terre que le temps d'une visite culturelle ou d'un arrêt buffet dans une auberge à l'atmosphère familiale. • elberadweg.de • saechsische-dampfschiffahrt.de •

SAVOURER

7 Se régaler d'un bon plat traditionnel au cœur de la ville

Assurément ce sera dans une brasserie, souvent bien typée et très fréquentée, ou dans un *Biergarten,* « jardin à bière », où l'on peut généralement aussi manger. Les plats sont simples mais plutôt bien réalisés et quasi toujours copieux. Si c'est votre première découverte de l'Allemagne, ne manquez pas non plus les *Ratskeller* qui se situent en centre-ville, en dessous de tous les *Rathaus* (les mairies). Caractéristiques usuelles : lieu historique, grandes salles où tout le monde se mélange, profitant d'une nourriture roborative, et prix raisonnables.

BON À SAVOIR : *Augustiner an der Frauenkirche* est l'un des meilleurs choix pour dîner au pied de la cathédrale, avec sa grande terrasse aux beaux jours, ses *Schnitzel* et son gargantuesque genou de porc *(Knusprige Schweinshaxe)* avec *Knödel.* • augustiner-dresden.com •

8 Pénétrer dans l'une des « plus belles crémeries du monde », *Pfund's Molkerei*

Une des curiosités de la ville. Ouvert en 1882, ce magnifique magasin décoré de faïence ancienne aux ornements colorés est autant un lieu de vente et de dégustation qu'un but de visite pour les touristes. Au 1er étage, possibilité de déguster des sélections de fromages (plus de 120 sortes : français, italiens ou allemands, en direct du magasin) sous d'étonnantes peintures murales... et rurales. Également des plats plus traditionnels autour de 10 €.

BON À SAVOIR : • pfunds.de •

SORTIR

9 S'offrir une soirée mémorable au Semperoper
le célébrissime opéra de la ville.

Construit de 1871 à 1878 dans le style Renaissance italienne, cet opéra est le seul en Allemagne à porter le nom de son illustre architecte : Gottfried Semper. L'édifice fut entièrement détruit par les bombardements de 1945, puis reconstruit à l'identique, et inauguré, pour la seconde fois, en 1985. C'est ici qu'eurent lieu les premières représentations du *Vaisseau fantôme* de Wagner et du *Chevalier à la rose* de Richard Strauss. Les mélomanes feront l'impossible pour assister à une représentation. Le bel édifice peut également s'apprécier de l'intérieur au cours d'une visite guidée.

BON À SAVOIR : places très bon marché. Un des moments forts de la saison musicale est le Dresdner Musikfestspiele, fin mai-début juin. Programme complet et vente des billets en face, dans la Schinkelwache, le bâtiment aux colonnes ioniennes. • semperoper.de •

10 Plonger au cœur de la nuit dresdoise
dans le vibrant quartier de Neustadt.

La plupart des lieux nocturnes sont situés dans la Neustadt, quartier peu touristique vers lequel converge la jeunesse de Dresde. Ambiances variées : alternative-destroy au coin de Rothenburgerstrasse et de Louisenstrasse, plus bobo dans la Görlitzerstrasse et un rien branchée dans Alaunstrasse. On a même vu des punks en émoi devant un vieux violoniste ! En été, tout le monde squatte dans la cour du *Down Town* et du *Groove Station.* Camions déjantés, murs colorés et cette tour à la fenêtre factice qui s'éclaire ! Concerts au bar du *Groove* et, à l'arrière, billard et baby-foot. Dans la fureur de ses watts, le *Down Town* vous emportera toute la nuit.

BON À SAVOIR : et après une sortie de boîte, n'hésitez pas à traverser le pont Carola ; les monuments éclairés sur l'Elbe sont alors un régal pour les prunelles... • downtown-dresden.de • groovestation.de •

SHOPPING

11 Flâner dans le Kunsthof-Passage
et tomber sur quelques jolies boutiques.

Plusieurs arrière-cours sont à dénicher dans le passage entre la Görlitzer (n° 23) et l'Alaunstrasse (n° 70), avec plein de petits magasins de livres ou de déco, de boutiques de fleurs ou de fringues, de bars conviviaux et de maisons d'habitation décorées de façon plus qu'originale. Voici une enfilade de cours, sur plusieurs thèmes (eau, terre, soleil, air), qu'il faut prendre le temps de parcourir si l'on veut un peu mieux comprendre la vie de ce quartier attachant. Ne pas rater la « vianesque » cour des éléments et sa façade bleue, décorée d'un ingénieux système de gouttières en trompettes. À vous faire aimer la pluie ! Des animaux en carrelage décomposé hantent la façade d'une autre cour...

11 LE KUNSTHOF-PASSAGE

AGENDA DES FÊTES, FESTIVALS ET ÉVÉNEMENTS CULTURELS

DÉBUT MAI : *Flottenparade der Sächsischen Dampfschiffahrt.* Les antiques bateaux à vapeur de la célèbre compagnie de navigation se livrent à une jolie petite revue navale, « au large » de la terrasse de Brühl. Embarquez donc au son des cornes de brume ! Rens : ☎ 86-60-913.

MAI : *Dixielandfestival Dresden.* Véritable institution à Dresde, le fameux festival de jazz, compte plus de 30 ans d'existence. Nombreux concerts d'artistes renommés et de jeunes premiers, défilés à travers la ville et promenade en bateau lui donnent un petit côté « Nouvelle-Orléans ».

JUILLET-AOÛT : *Filmnächte am Elbeufer.* Tout Dresde se rencontre sur l'herbe (si le temps et le niveau d'eau le permettent), juste en face de la terrasse de Brühl, pour siroter une bière en regardant un film sur écran géant. Concert en fin de semaine, suivi d'une *party.* Voir le programme dans *Sax* ou dans *Plusz.*

AOÛT : *Dresdner Stadtfest.* C'est la très populaire fête de la ville. Grande bouffe, grande foule. Nombreuses manifestations (arts, musique, parade de navires...) à suivre des deux côtés de l'Elbe.

SEPTEMBRE : *Dresdner Herbstmarkt.* Sur Altmarkt, le marché de l'automne propose artisanat traditionnel et spécialités gastronomiques de Saxe. Infos : ☎ 488-16-95.

DÉCEMBRE : *Dresdner Striezelmarkt.* Sur l'Altmarkt. C'est le plus ancien marché de Noël d'Allemagne, inauguré en 1434. On y trouve bien sûr les fameux *Christstollen,* spécialité pâtissière du temps de l'Avent, les jouets typiques de l'Erzgebirge voisine (les monts dits « Métallifères »), la céramique de Lusace et les célèbres pains d'épice de Pulsnitz. Ne manquez pas de goûter au *Schmandfleck,* pain chaud servi avec du fromage ou du jambon et de la crème fraîche, et bien sûr au *Glühwein,* l'incontournable vin chaud aux épices. Infos : ☎ 488-16-95.

SE REPÉRER

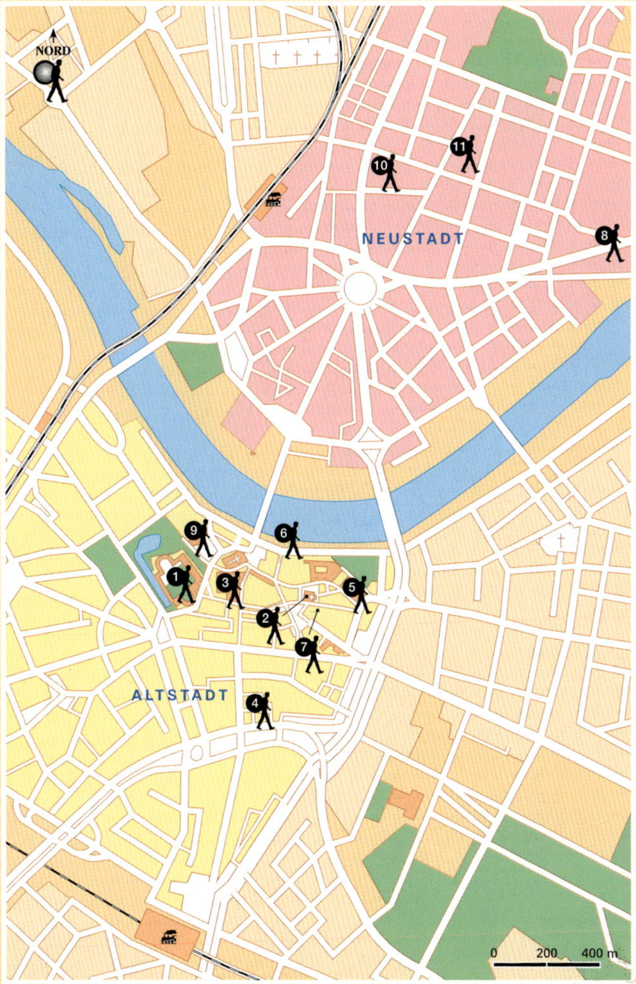

15 VIBRER AU SON DE TOUTES LES MUSIQUES

DUBLIN

Enfin une capitale à taille humaine ! Rien n'est jamais très loin dans ce centre historique où se côtoient quartiers flambant neufs, entrepôts des bords de la Liffey, ou ruelles qui paraissent jaillir du XIXᵉ s. Dublin n'a pas perdu son charme et encore moins la mémoire. Partout, de musées en pubs, au détour d'un square ou d'une ruelle, subsistent les traces d'une longue histoire et d'une culture bien vivante. Musique, théâtre, musées, peinture, littérature, architecture… Cette ville fait preuve d'une offre culturelle d'une étonnante vitalité et d'une grande richesse. Un peu à l'image de l'Irlande, finalement, une île petite par sa taille, mais immense par sa culture. Prenez donc le temps de découvrir cette ville qui ne risque d'être un peu ennuyeuse que pour celui qui ne sait pas voir. Le temps de boire une bonne bière noire, de chanter aussi et d'apprécier les traces laissées par les grands écrivains du pays. Comme pour justifier ce double adage des Dublinois : « Tu boiras et tu liras. »

BUDGET	€€
CULTURE	★★★☆
CUISINE	★★☆☆
SHOPPING	★★☆☆
VIE NOCTURNE	★★★★

1h35 au départ de Paris

DÉCOUVRIR

1 Plonger dans l'histoire médiévale de la ville

en visitant la cathédrale Christ Church, puis se rendre à l'exposition *Dublinia*.

Il reste peu du Moyen Âge dublinois. Pour avoir une idée de cette période, rendez-vous à la Christ Church Cathedral. Construite au XIIᵉ s par les Normands, elle subit en 1878 une restauration de type néogothique assez lourde. Ne pas manquer ensuite l'exposition *Dublinia :* un parcours interactif présentant quatre siècles de l'histoire de Dublin, depuis l'arrivée des Normands jusqu'à l'avènement d'Henry VIII. Les plus courageux monteront jusqu'au sommet de la tour pour admirer la vue à 180° sur la ville.

BON À SAVOIR : ne pas manquer non plus, toute proche, la Saint Patrick's Cathedral célébrant le très connu saint patron des Irlandais. • christchurchdublin.ie • stpatrickscathedral.ie •

2 Déambuler dans la ville

à la découverte des trésors de l'architecture classique dite georgienne.

Avec ses élégantes demeures georgiennes des XVIIIᵉ et XIXᵉ siècles, rappelant le passé aristocratique de Dublin, Merrion Square, encadrant un romantique jardin à l'anglaise, est l'une des plus belles places de Dublin. Impeccablement restaurée, elle semble n'avoir pas bougé depuis cette époque. On s'attendrait presque à voir sortir les personnages des *Gens de Dublin* de John Huston de l'une des portes colorées des maisons de la place. L'ensemble du cœur historique fait preuve du même charme suranné, tout en étant bien vivant… Ne pas manquer non plus la *General Post Office,* construite en 1818 sur les plans de Francis Johnson, le plus célèbre architecte de la période georgienne. C'est là que Padraig Pearse, le poète, et James Connolly, le syndicaliste, proclamèrent l'indépendance de l'Irlande.

JAMES JOYCE, *ULYSSE* ET DUBLIN

L'*Ulysse* de James Joyce est intimement lié à Dublin, même si l'écrivain a définitivement quitté l'Irlande à l'âge de 20 ans. Ce roman, un monument de la littérature mondiale, se déroule sur une journée, le 16 juin 1904, au cours de laquelle deux Irlandais, Leopold Bloom et Stephen Dedalus, déambulent dans Dublin. Les descriptions de Joyce sont si précises qu'il est possible, aujourd'hui encore, de retracer le parcours des héros. Des plaques de bronze signalent d'ailleurs leurs haltes dans la ville. Certains lieux, comme la pharmacie Sweeney's, sont devenus des endroits cultes. Chaque année, Dublin organise un festival qui culmine le 16 juin : le Bloom's Day. Une semaine de manifestations littéraires, de spectacles et de lectures autour de l'œuvre de Joyce. Et c'est un vrai rendez-vous populaire, qui fait salle comble ! Les Dublinois communient autour d'*Ulysse*. Ce roman censuré à sa sortie, qui n'est pas à proprement parler une « œuvre facile », est devenu une sorte de trésor national..

3 Se faire conter l'histoire de l'Irlande
au travers des pièces archéologiques du National Museum of Archaeology.

Prêt pour une remontée dans le temps ? Le National Museum of Archeology entraîne le visiteur aux sources de la culture celtique irlandaise, jusqu'à 7000 av. J.-C. La collection regorge de trésors : objets préhistoriques en or, pirogue en bois vieille de 3 500 ans et ses rames d'une finesse absolue ou encore la célèbre broche de Tara que l'on contemple avec émotion. Une expo exceptionnelle. On demeure scotché par la merveille de ces trésors.

BON À SAVOIR : • museum.ie •

4 Partir à la recherche des fresques murales de Temple Bar
le quartier de Dublin qui bouge le plus.

Dans ce très vieux quartier se concentrent aujourd'hui un nombre impressionnant de pubs à la mode, de restaurants branchés, de galeries d'art avant-gardistes, de centres d'exposition, de lieux culturels animés, le tout quadrillé par un réseau de rues étroites. La rénovation est une réussite architecturale, sociale et culturelle indéniable : priorité totale aux piétons, rénovation systématique des immeubles et des entrepôts abandonnés… Une intéressante balade consiste à passer sur Adair Lane et Bedford Lane. Ces deux ruelles ont été livrées à des artistes et autres graffeurs pour mettre en images, avec souvent de beaux textes, toute la richesse de la culture irlandaise : de la littérature à la musique rock, l'histoire, le cinéma, le sport et on en oublie... Prendre son temps pour savourer la qualité de certaines représentations, les aphorismes, les poèmes, l'humour (parfois critique) irriguant nombre de textes et situations...

BON À SAVOIR : un passage obligé également le soir, même si la scène nocturne s'est déplacée ces dernières années de Temple Bar (quand même sacrément touristisé) vers Wexford St et Camden St.

5 Visiter l'atelier du peintre Francis Bacon, à la Dublin City Gallery
et connaître l'expérience unique de côtoyer la folle énergie créatrice de ce peintre de génie.

« Pièce » exceptionnelle acquise par le musée en 2001... Le légendaire atelier de Francis Bacon était situé 7, Reece Mews, South Kensington à Londres. L'atelier était un véritable capharnaüm, un chaos incroyable qui n'avait pas bougé depuis 30 ans. Des dizaines de kilos de journaux, esquisses, revues, photos, documents, pinceaux encrassés, tubes écrasés, objets et ordures de toutes sortes recouverts d'une épaisse couche de poussière. Hors de question pour le musée de transporter le tout en vrac et de reconstituer l'atelier approximativement. On fit appel à une vraie équipe d'archéologues qui travailla comme sur un site traditionnel. Reconstitution à un poil de pinceau près ! Tout simplement génial. Comme beaucoup de créateurs, Bacon avait besoin de ce désordre intérieur, véritable défense, rempart indispensable contre l'Ordre (avec un grand « O ») qui sévissait dehors.

BON À SAVOIR : • hughlane.ie •

6 Vibrer à l'évocation du destin des prisonniers de Kilmainham Jail

la prison où ont été détenus la plupart de ceux qui ont lutté pour libérer l'Irlande, des personnages historiques de premier plan en république d'Irlande.

La prison fut construite au XVIIIe s. et la majorité des grands hommes qui contribuèrent à l'histoire du pays y séjourna voire y mourut. Une visite émouvante, qui rend compte de la cruauté des conditions de détention au XIXe s. On n'y internait pas que des prisonniers politiques : les couloirs humides résonnent encore des pleurs d'enfants accusés d'avoir volé un quignon de pain ! On accède à différentes cellules de détenus, comme celle de Robert Emmet ou celle de Parnell avant de marquer une pause dans la chapelle. La visite s'achève dans la sinistre cour intérieure, qui porte encore les traces de l'exécution des insurgés de 1916.

BON À SAVOIR : • heritageireland.ie/en/fr/Dublin/PrisondeKilmainaham •

7 Arpenter le quartier des Liberties

bien différent des sages quartiers georgiens, et partir à la rencontre d'un Dublin populaire.

À l'origine, c'était le quartier compris entre les cathédrales Christ Church et Saint-Patrick. Situé « hors les murs » de la ville et donc de sa juridiction, il y gagna le nom de Liberties. Une population catholique très pauvre s'y entassa. Aujourd'hui, c'est toujours un quartier populaire, intégrant celui de Saint-James autour de la brasserie Guinness. Ce secteur de Christ Church et de Saint-Patrick s'appelait autrefois « *The Four Corners of Hell* », car il y avait un pub à chaque angle de rue. C'est ici que vous rencontrerez ces gens extraordinaires qui répondaient autrefois aux noms de Jembo no Toes, Johnny Forty Coats, Damn the Weather ou Jack the Tumbler et qui ont toujours des héritiers... Trop de visiteurs ratent ces Dublinois exceptionnels et pleins d'humour, parce qu'ils ne vont pas aux courses de lévriers ou dans les pubs les plus perdus, hors des sentiers battus.

8 Découvrir le Malahide Castle, entouré de magnifiques jardins botaniques

en prenant le DART, le train de banlieue des Dublinois.

À une douzaine de kilomètres du centre, voici un des plus vieux châteaux d'Irlande. Fondé par la famille Talbot au XIIe s il fut habité jusqu'en 1973, lorsque le dernier descendant de l'honorable famille s'est éteint. Collections de beaux meubles et portraits historiques.

BON À SAVOIR : jardins botaniques (Talbot Botanic Gardens) ouverts au public et plage de sable fin près du port. • malahidecastle.com •

LE JOUR DE LA SAINT-PATRICK

SAVOURER

9 Prendre le temps de savourer la cuisine irlandaise

dans l'un des nombreux restaurants tendance qui se sont ouverts ces dernières années. Longtemps ignorée, voire méprisée, elle vit aujourd'hui une véritable renaissance, notamment au rythme du *slow food.*

Dublin est devenue une véritable capitale gastronomique et l'offre se révèle d'une très grande richesse. Auparavant, la gastronomie irlandaise se cantonnait aux « fondamentaux », comme l'*Irish stew* (ragoût de mouton), aux plats simples offerts dans les pubs et aux traditionnels *fish & chips*. Puis, quelques chefs, qui avaient fait leurs classes dans les meilleures cuisines européennes (notamment françaises), ont peu à peu réinventé la cuisine irlandaise en fusionnant tradition et créativité. Saumon sauvage, agneau du Connemara, huîtres de la baie de Galway, anguilles du lough Neagh. Certains chefs adorent décliner à leur manière toutes ces bonnes choses et élaborer des plats personnels et goûteux, suivant saison et marché.

BON À SAVOIR : parmi les bonnes adresses, tenter *la Cafétéria de la National Library*, ou le *O'Connell's*. • nli.ie • oconnellsdonnybrook.com •

10 Déguster une Guinness, ce breuvage qui fait partie intégrante de l'identité irlandaise

et découvrir ses secrets de fabrication (enfin, pas tous !) au *Guinness Storehouse.*

Il faut goûter évidemment à ce « monument national ». Cette soupe d'orge fermentée, extrêmement nourrissante, apparaît à certains comme une sorte de boisson divine qui tient lieu de nourriture. C'est même une véritable religion. Au pub, elle est tirée en deux fois, afin que la mousse, dense et crémeuse, puisse redescendre. Elle doit être servi à 6°. Les amateurs se rendront au musée qui lui est dédié, aménagé dans une partie de la brasserie gigantesque construite en 1904. Il se visite en suivant un itinéraire fléché intelligent et une scénographie très bien ficelée. On déambule dans un univers à la *Brazil,* sur sept étages, parmi les cuves géantes, pour découvrir les secrets de fabrication d'une des fiertés de l'Irlande. Tout en haut, un bar vitré offre la plus belle vue qui soit de Dublin, sur 360°.

BON À SAVOIR : • guinness-storehouse.com •

11 Goûter à l'un des meilleurs *fish & chips* d'Irlande

en vous rendant chez *Leo Burdock.*

Ce populaire *fish & chips* est en activité depuis 1913. On dit que c'est l'un des meilleurs d'Irlande ! Léo, le fondateur, se levait tous les jours à 5h pour être sûr d'avoir le poisson le plus frais. Vraies frites (au choix : nature, au curry, à l'ail, au fromage...) et grosse part de haddock (arrosé de vinaigre maison), à déguster dans les jardins de Saint-Patrick (à emporter uniquement). Il faut voir la liste affichée et très exhaustive de toutes les célébrités (showbiz et politiciens) qui y sont passées. Tom Cruise, qui avait cru ne pas devoir faire la queue, s'est vu prier d'y retourner comme tout le monde ! Dommage, on n'y emballe plus le haddock dans une feuille de journal (les gens adoraient lire les nouvelles en même temps).

BON À SAVOIR : à la limite entre Old City et The Liberties. Succursale avec quelques tables dans Temple Square. • leoburdock.com • Une autre bonne adresse pour les amateurs, *Beshoff.* • beshoffrestaurant.com •

12 Faire une pause-café au mythique *Bewley's Oriental Cafe*

et profiter du superbe intérieur Art déco.

Les Bewley, premiers négociants de thé en Irlande, établirent leur commerce en 1835. Leur haut fait d'armes fut d'avoir réussi, cette année-là, à introduire 2 099 ballots de thé, cassant ainsi le monopole de l'*India Tea Company.* Ensuite, ils créèrent une chaîne de cafés connue sous le nom de *Bewley's Oriental Cafés.* Celui de Grafton Street, ouvert en 1927, l'un des plus beaux de style Art déco avec ses somptueux vitraux dessinés par Harry Clarke, a joué un rôle important dans la vie littéraire irlandaise. Fréquenté assidûment par Joyce (qui le mentionne dans *Dublinois*), Beckett, Patrick Kavanagh, Sean O'Casey...

BON À SAVOIR : on continue d'y torréfier le café suivant la tradition, un 100 % arabica issu du commerce équitable. • bewleys.com •

SORTIR

13 Se rendre dans le plus vieux pub de la ville

le *Brazen Head,* classé Monument historique.

Nous aurions pu le mettre dans notre rubrique « Découvrir ». Il a fêté ses 800 ans en 1998 ! Robert Emmett, leader de la rébellion de 1803, n'aurait aucune difficulté à reconnaître cet ancien *coach inn* (relais de poste) bas de plafond, aux murs et planchers de guingois. D'ailleurs, son bureau est toujours là ! Il y eut de tout temps, ici, un incroyable mélange de genres : politiciens, espions, chanteurs et poètes. Le plus célèbre bourreau de la ville y avait ses habitudes.

BON À SAVOIR : dans la catégorie pubs traditionnels, ne surtout pas manquer non plus le *O'Donoghue's*. Tout simplement le pub le plus célèbre de Dublin. C'est là que les Dubliners se sont rencontrés. Musique traditionnelle presque tous les soirs à partir de 21h30. • brazenhead.com • odonoghues.ie •

14 Quitter les ambiances traditionnelles des pubs pour rejoindre des lieux plus *Arty*

comme *The Church,* une ancienne église transformée en bar.

Alléluia ! Enfin une église où le breuvage qui jaillit des bénitiers contient du houblon, où les enfants de chœur vous toisent d'une tête. Mais c'est surtout une reconversion étonnante où la nef centrale s'est transformée en immense bar, les galeries supérieures en restaurant, le chœur en scène de concert et la crypte en night-club. Mais rien de très étonnant lorsque l'on sait qu'Arthur Guinness célébra son mariage ici même en 1761. Parmi les autres endroits branchés de la ville, citons *The Globe,* le rendez-vous rebelle de Dublin, ou *Lost Society Lounge,* niché dans la superbe *Powerscourt Town House*. Ces lieux sont bourrés à craquer le week-end.

BON À SAVOIR : • thechurch.ie • theglobe.ie • lostsociety.ie •

LE PUB

En Irlande, le pub fait partie des institutions. Il évoque irrésistiblement des images colorées, animées, pleines de chaleureuses discussions, d'odeurs fortes de moquettes imprégnées de bière... Entrons dans ce bain de vapeur surpeuplé. Songez qu'à Dublin on en répertorie officiellement au moins 60 présentant un intérêt (pour une visite virtuelle, consulter • dublinpubscene.com •). Sans compter tous ceux qui, sans proposer une atmosphère, une tradition ou un décor particuliers, savent souvent réserver des surprises, leurs moments magiques et privilégiés survenant toujours sans prévenir, dépendant de l'instant, de la clientèle, etc. D'ailleurs, la réflexion de Leopold Bloom, héros du roman *Ulysse* de Joyce, résume parfaitement la situation : « Un bon casse-tête : traverser Dublin sans passer devant un zinc. »

15 Vibrer au son de toutes les musiques

et s'imprégner de l'étonnante énergie dégagée par cette ville.

La musique. On ne viendrait ici que pour elle. Traditionnelle ou moderne, rock ou mélancolique, engagée ou légère, elle joue un rôle majeur dans la vie quotidienne. Dans les rues de Temple Bar, au cœur de l'animation enjouée des pubs, dans les salles de concert alternatives, elle est omniprésente. C'est à se demander s'il n'y a pas un musicien qui sommeille en chaque Irlandais ! Pour goûter à la musique traditionnelle, rien ne vaut une virée dans les pubs de Temple Bar ou dans les pubs historiques (*Donoghue's* ou *Brazen Head)*. La scène rock et alternative dublinoise est aussi particulièrement active. De nombreux concerts sont programmés chaque jour : la meilleure salle de la ville se trouve sur Wexford Street, *Whelan's,* où les concerts se déroulent dans une chaude ambiance. Les vrais fans de rock suivront le *Rock n'Stroll Visitor Trail*, un parcours concocté par l'office de tourisme de Dublin, qui conduit dans les endroits ayant marqué la carrière de grands artistes qui ont vécu (ou vivent encore) dans la capitale irlandaise : U2, the Corrs, Westlife, Sinead O'Connor, Bob Geldof, Chris de Burgh, The Chieftains ou The Dubliners.

BON À SAVOIR : • whelanslive.com • brazenhead.com • odonoghues.ie •

16 Assister à des courses de lévriers, comme un vrai Dublinois

un spectacle haut en couleur qui vaut le déplacement.

Encore un must pour qui veut approcher l'âme irlandaise. Ambiance indescriptible. Le déroulement d'une course de lévriers a quelque chose d'insolite. Une quinzaine de preneurs de paris *(bookmakers)* sont alignés le long d'une palissade face à un stade de forme ovale mesurant 525 yards, soit environ 479 m. Rien que l'observation de ces *bookmakers* affairés est un régal : visages concentrés, yeux sans cesse en mouvement, oreilles tendues vers la foule... Juste avant la course, les éleveurs, aidés d'assistants, amènent les lévriers et les font entrer dans une sorte de boîte sur la ligne de départ, comme les chevaux à l'hippodrome. Puis c'est une course effrénée à la poursuite d'un faux lapin. Vitesse impressionnante ! En moyenne, plus de 80 km/h. Les Dublinois y viennent, le soir après le boulot, pour se changer les idées et retrouver la bonne humeur du clan... Une des distractions favorites des Irlandais. À voir au moins une fois, pour l'atmosphère bien particulière.

BON À SAVOIR : deux lieux notables pour ces spectacles, Shelbourne Park et Harold's Cross. • igb.ie •

SHOPPING

17 S'offrir un tweed dans la plus pure tradition irlandaise.

Les plus beaux tweeds viennent du Donegal. Mais vous pourrez en trouver chez *Kevin and Howlin,* la meilleure boutique de Dublin depuis 1936 pour les costumes, vestes et casquettes de tweed. Un choix et une qualité inégalés. Belles écharpes à prix doux.

BON À SAVOIR : • kevinandhowlin.com • Et sinon, ne manquez pas d'aller flâner sur Grafton Street, la rue piétonne la plus commerçante de la ville. C'est là que les ados traînent le samedi après-midi pour acheter des fringues à faire hurler leurs parents.

AGENDA DES FÊTES, FESTIVALS ET ÉVÉNEMENTS CULTURELS

JANVIER : *Temple Bar Trad Festival.* Dans Temple Bar. Consacré à la musique et à la culture irlandaises. • templebartrad.com •

MARS : *Jameson Dublin International Film Festival.* • jdiff.com •

MARS : *l'immanquable Saint-Patrick.* Le 17 mars. Fête nationale irlandaise.

JUIN : *Bloom Festival.* Phoenix Park. Bloomsday (célébration de l'*Ulysse* de Joyce) à Dublin, le 16 (et quelques jours auparavant). Tous les ans depuis 1954, à la même date, Dublin organise cette grande fête destinée à rendre hommage à ce personnage hors du commun et, à travers lui, à Joyce. Le principe de cette fête haute en couleur consiste à entraîner le grand public (les initiés autant que les néophytes) sur les traces de Bloom, ce héros peu banal. • bloominthepark.com •

AOÛT : *Failte Ireland Dublin Horse Show.* Compétition internationale d'équitation à Ballsbridge. • dublinhorseshow.com •

SEPTEMBRE : *finales du championnat de hurling (1er dimanche) et de foot gaélique (3e dimanche).*

SEPTEMBRE : *Dublin Fringe Festival.* Consacré aux approches artistiques innovantes. • fringefest.com •

FIN SEPTEMBRE-DÉBUT OCTOBRE : *Ulster Bank Dublin Theatre.* • dublintheatrefestival.com •

SE REPÉRER

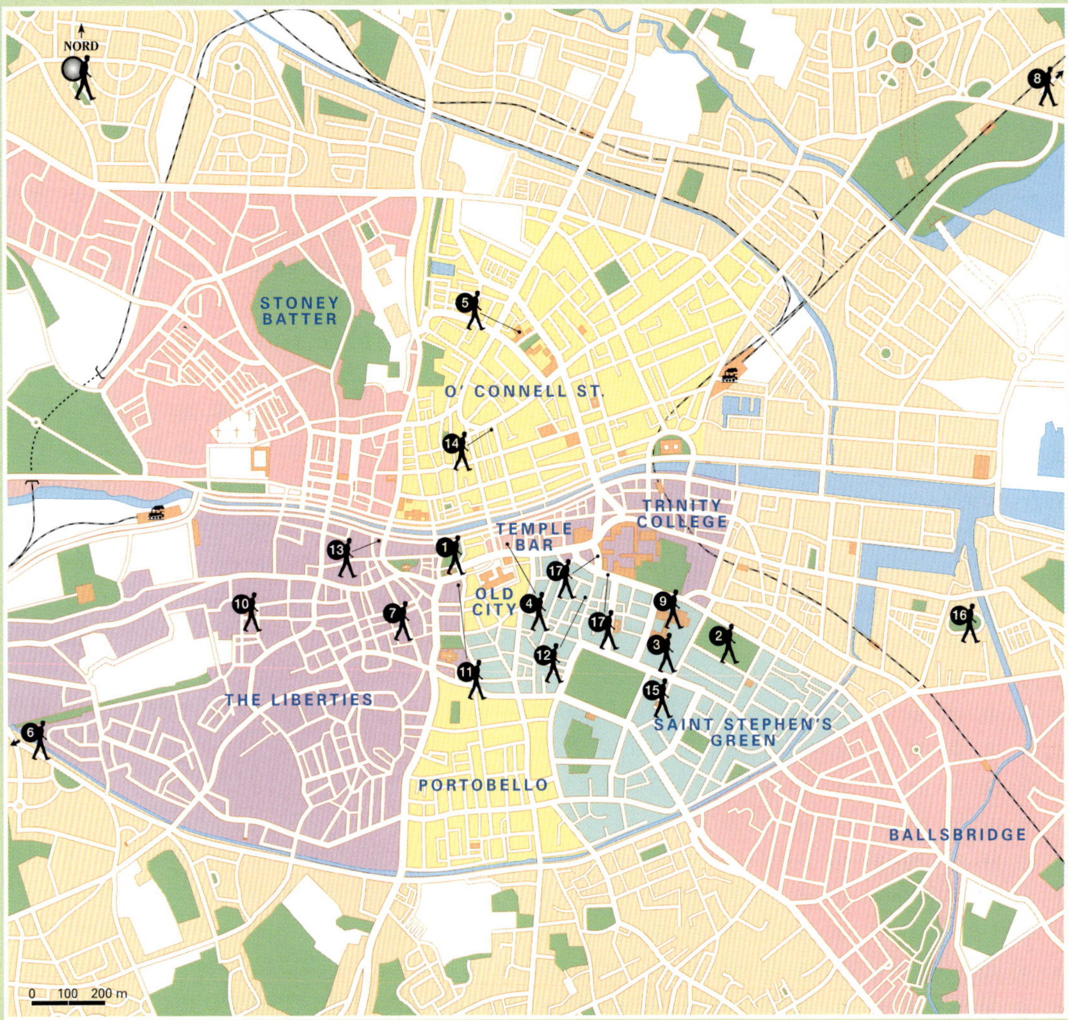

LA VIEILLE VILLE DE DUBROVNIK

DUBROVNIK

Dubrovnik, la « perle de l'Adriatique », est une ville-musée, mais bien vivante, close au bord de l'Adriatique, au pied d'une montagne qui tombe brutalement dans des eaux d'un bleu méditerranéen limpide. Des maisons couvertes de tuiles, des palais, des églises, des couvents, un dédale de ruelles dallées de pierres blanches, des places comme des théâtres de chambre de la Renaissance, une avenue dont les pierres brillent comme un décor de cinéma. Dubrovnik est un subtil mélange de raffinement vénitien et d'esprit slave. Les pieds dans l'eau, la tête au soleil.

BUDGET	€€
CULTURE	★★★☆
CUISINE	★★★☆
SHOPPING	★☆☆☆
VIE NOCTURNE	★★★☆

2h15 au départ de Paris

DÉCOUVRIR

1 Commencer par faire une promenade le long des remparts

et s'offrir de superbes perspectives sur les toits rouges se détachant sur le bleu de la mer.

Avant de se lancer dans les rues de la cité, il faut absolument se promener sur les remparts qui l'enserrent. Commencés au VIIe s, ceux-ci furent plusieurs fois réaménagés, entretenus, consolidés jusqu'au XVIe s. Au fil de la balade, on découvre des successions harmonieuses de toits de tuiles rouges, deux forts, de discrètes petites cours intérieures, des jardins, de grosses tours de garde, d'insoupçonnables ruelles, de belles demeures ornées de riches blasons, et même deux secteurs restés ruinés car jamais reconstruits après le tremblement de terre de 1667. L'entrée est plutôt chère, mais la promenade vaut le coup !

2 Franchir une des portes de la ville close et remonter la Placa, l'artère principale

on croirait marcher dans un décor de cinéma !

La petite Raguse était autrefois une île, et Placa était en fait le canal qui délimitait sa frontière nord. Puis la ville s'étendit et on y rattacha la ville slave de Dubrovnik. Plus tard, le canal fut comblé. Aujourd'hui, les maisons anciennes de cette longue rue piétonne ont des magasins au rez-de-chaussée, qui se caractérisent par leurs « portes à genoux », sorte de portes-fenêtres. Ce qui retient d'abord l'attention, c'est la couleur claire des maisons et le dallage en pierre calcaire de Brač, à la surface lisse, polie, lustrée par les siècles. Une merveille ! Impression de marcher dans un décor de cinéma, mais non, aucun effet spécial en vue...

3 Arpenter les rues patinées par les siècles de la vieille ville
tôt le matin ou la nuit, en été.

À Dubrovnik, une fois l'une des portes de la ville franchie, la machine à remonter le temps se met en marche. C'est un régal ! Pour fuir la foule du tourisme estival de la Placa, l'avenue principale, laissez-vous aller au hasard des ruelles très étroites et les innombrables escaliers escarpés du nord de la ville, où les chats se prélassent et le linge pend aux fenêtres. On découvre de petits jardins, des portiques gothiques, Renaissance ou plus classiques, enfouis sous les orangers. Sur les façades, ressortent de nombreuses pierres trouées pour mettre un bâton portant des rideaux ou en forme de bec pour soutenir une planche, élargissant ainsi l'espace étroit des maisons. On dirait le Sud…

4 Prendre le frais dans le joli cloître du monastère des Franciscains
l'un des plus beaux de Dalmatie.

Toujours habité par quelques moines franciscains, le monastère abrite l'une des plus vieilles pharmacies d'Europe (1317) et un cloître de style roman tardif, au centre duquel se déploie une végétation exubérante. Construit au XIVe s, c'est l'endroit idéal en été pour prendre le frais en admirant la galerie à arcades romanes et les fresques sur les murs. Les arcades sont soutenues par des colonnettes jumelées et des chapiteaux finement travaillés, tous différents les uns des autres et aux motifs décoratifs très variés : animaux, fleurs, grotesques…

BON À SAVOIR : Placa 2.

QUELLES TUILES !

Dubrovnik a pansé ses blessures. Autrefois incendiée, détruite par un tremblement de terre, puis bombardée en 1991-1992, la vieille ville de Dubrovnik s'est à nouveau reconstruite… avec presque les mêmes dalles de calcaire polies par les ans, les mêmes redents de soutènement dans les façades et les mêmes remparts. Après les bombardements de la guerre civile (1991-1992), on dénombra alors 500 000 tuiles cassées ou endommagées, donc à remplacer. Petit problème : l'usine de tuiles de Kupari, à côté de Dubrovnik, était fermée depuis belle lurette ! On en commanda donc à Toulouse, qui en fournit la moitié. Mais, pas de chance, on s'aperçut alors que la couleur miel des tuiles croates et celle, rose, des tuiles toulousaines n'allaient pas tout à fait ensemble…

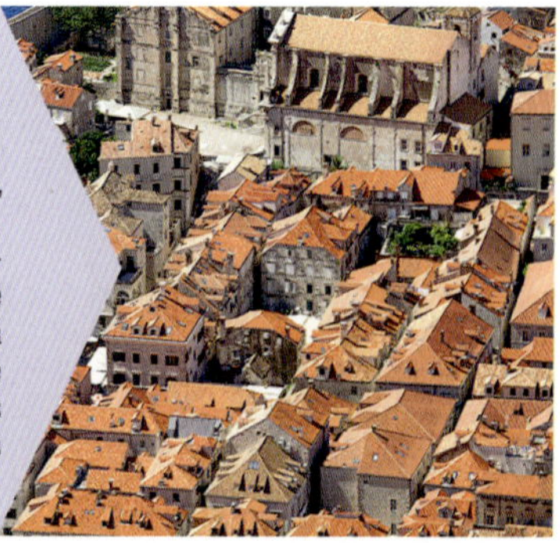

5 Admirer la superbe architecture du palais du Recteur

Observez la richesse de la façade extérieure, l'entourage sculpté des fenêtres, des portes et de la cour. Palais du XIIIe s, il a été plusieurs fois restauré au cours des siècles suivants, son apparence actuelle portant la marque du XVe s. Jusqu'en 1808, le palais servit de résidence au recteur qui gouvernait Dubrovnik. Son mandat, renouvelable, durait un mois. Pendant cette période, il vivait là, seul et il lui était interdit de sortir de ses appartements, sauf pour des affaires officielles ! Aujourd'hui, le palais a été transformé en musée. Admirer la belle cour entourée d'arcades : il s'agit de l'atrium. C'est ici que se déroulent des concerts de musique classique l'été. L'intimité et l'acoustique y sont parfaites.

BON À SAVOIR : Pred dvorom 3.

6 Visiter l'imposant monastère des Dominicains, l'un des plus beaux monuments religieux de Dubrovnik

Construit entre le XIVe et le XVIe s (à partir de 1301) pour accueillir des moines de l'ordre des Dominicains venus d'Italie, ce couvent mêle plusieurs styles : roman, gothique fleuri, Renaissance et baroque. Le cloître (XVe s), exemple achevé du style « gothique fleuri dalmate » est un havre de paix. Formé d'une cour intérieure plantée d'orangers et de citronniers, il est entouré d'une galerie reposant sur d'élégantes colonnes. Ne pas manquer enfin l'intéressant petit musée, qui abrite une collection de peintures de l'école de Dubrovnik, avec des œuvres de Dobričević, Hamzić, Vlaho Bukovac, ainsi que des manuscrits du XIe au XVe s et de nombreux reliquaires.

BON À SAVOIR : rue Sv. Dominika, dans le nord-est de la vieille ville, près de la porte de Ploče.

2 PLACA, L'ARTÈRE PRINCIPALE

7 Découvrir le trésor de la cathédrale

qui conserve, entre autres, les précieuses reliques du saint patron de la ville.

Édifiée dans le style baroque à la place de celle du XIIe s qui fut détruite par le tremblement de terre de 1667, la première cathédrale aurait été bâtie grâce à un don de Richard Cœur de Lion pour remercier Dieu de l'avoir sauvé d'un naufrage sur l'île voisine de Lokrum. Si l'intérieur, tout blanc et rénové dans un style moderne et hétéroclite, dégage peu d'émotions esthétiques, ne pas manquer d'admirer le trésor de la cathédrale. Il abrite notamment une *Madone* de l'école de Raphaël, et surtout les fameux reliquaires, étincelant d'or et d'argent, de saint Blaise, qui conservent le crâne (le « chef reliquaire » en forme de couronne byzantine), une demi-jambe et un bras du saint.

8 Rejoindre le sommet du mont Srđ

et profiter d'une vue inégalée sur la cité croate.

Dominant la ville du haut de ses 408 m, le mont Srđ offre un point de vue exceptionnel sur toute la riviera et ses îles environnantes. En octobre 1991, de nombreux habitants trouvèrent refuge dans son fort lors de l'attaque de la ville par les soldats de l'armée serbe et monténégrine, avant qu'il ne soit pris par l'ennemi et serve de base à ses tireurs postés. L'accès se fait par une route de montagne abrupte, appelée à juste titre « la serpentine », ou par le téléphérique qui permet de rejoindre la colline en moins de 4 mn et sans secousse. À l'arrivée, vous découvrirez une vue grandiose sur la cité, l'île de Lokrum, et les Elaphites au loin.

BON À SAVOIR : départ du téléphérique de la rue Petra Krešimira, au-dessus de la porte Ploče.

9 Fuir la chaleur estivale en mettant le cap sur les îles qui font face à la ville

À 15 mn de bateau, Lokrum (2 km²) est un paradis dans la baie de Dubrovnik, idéal par temps chaud. Ici pas d'habitation, pas d'hôtel ni de camping. Aucun village en tant que tel, mais subsistent les traces d'un passé pas si vieux que ça. Le fort Royal est un souvenir de l'occupation française par l'armée napoléonienne. C'est aujourd'hui un beau belvédère d'où la vue sur Dubrovnik est de toute beauté. Plus éloignées, les îles Elaphites sont moins fréquentées. En été, ce sont de petits paradis pour se baigner dans l'eau translucide.

BON À SAVOIR : ceux qui ont plus de temps pourront partir en excursion dans les splendides îles de Mljet ou Korčula.

10 Partir en balade jusqu'au village balnéaire de Cavtat

l'un de nos ports préférés du sud de la côte dalmate.

Si l'on oublie les habituelles horreurs hôtelières de l'époque Tito aux abords du vieux village, tout y est resté intact, à dimension humaine, d'une grande douceur. Les quais, les ruelles, les vieilles maisons Renaissance forment un ensemble harmonieux encore préservé et charmant. Après une balade dans les ruelles du vieux Cavtat, on peut faire le tour à pied de la presqu'île de Rat qui s'avance dans le bleu de l'Adriatique. Splendide point de vue sur la côte et les montagnes dominant la mer avec, au loin, Dubrovnik. De retour sur le port, les terrasses des quais sont tout indiquées pour boire un verre en contemplant la mer et les luxueux voiliers.

BON À SAVOIR : accès en bus, en voiture, ou, en saison, en navette maritime, solution de loin la plus agréable. • visit.cavtat-konavle.com/fr •

SPÉCIAL *GAME OF THRONES* ADDICTS

Les fans de *Game of Thrones* ne l'ignorent pas : Dubrovnik est un haut lieu de tournage de la série puisque on l'a choisie pour représenter King's Landing, la capitale de Westeros. En septembre 2014, les équipes de tournage étaient de retour, pour la quatrième année consécutive, pour y filmer des scènes de la saison 5. Et elles ne passèrent pas inaperçues en ville, vu les impressionnants moyens mis en œuvre ! Très logiquement, il existe un *Game of Thrones Walking Tour*. Pour être justes, signalons que d'autres villes ou monuments historiques croates ont également servi de lieux de tournage (Split, Klis, Baška Voda), sans parler des proches environs de Dubrovnik (parc de Trsteno, Lokrum).

11 Faire une excursion à la journée jusqu'aux spectaculaires bouches de Kotor, au Monténégro

Kotor, situé à 85 km de Dubrovnik, peut faire l'objet d'une belle excursion d'une journée, soit par ses propres moyens, soit en passant par une agence. Les bouches de Kotor *(Boka Kotorska)* sont d'abord un site naturel exceptionnel, une immense et profonde baie fermée. C'est un lieu commun que de le décrire comme un fjord « norvégien », à ceci près... qu'il n'est pas en Norvège ! Au fond du décor, pour ajouter au grandiose, de hautes montagnes et le mont Orjen culminant à 1 895 m, alors qu'il n'est qu'à une dizaine de kilomètres de la mer à vol d'oiseau. Quand on arrive de Croatie, la route longe la rive gauche de la baie pour rejoindre Kotor située à l'est, de l'autre côté des bouches. Il faut en faire tout le tour, soit une petite trentaine de kilomètres. Les plus pressés pourront toujours prendre un bac pour passer plus rapidement sur la rive est, mais ils rateront le village de Perast dont les traces d'un riche passé historique au bord de l'eau ne manquent pas de charme.

BON À SAVOIR : ne pas manquer la cité médiévale de Kotor, joyau de la baie, inscrite au Patrimoine mondial de l'Unesco.

SAVOURER

12 Faire le plein d'iode

en se régalant de poisson et de fruits de mers.

Les eaux pures de l'Adriatique sont un vivier inépuisable. Il n'y a qu'à faire une visite au marché au poisson de Dubrovnik pour s'en rendre compte. Les étals débordent de lottes grimaçantes, de calamars noirs d'encre, de poulpes orangés, de daurades royales, de sardines éclatantes, de langoustines roses, d'anguilles, voire de petits requins et autres merveilles sous-marines, sans compter les coquillages, dont les fameuses huîtres de Ston. Quand il n'est pas tout simplement grillé, le poisson peut être cuisiné en *brodet* (un ragoût), ou en *gregada,* sorte de bouillabaisse locale. Les calamars, grillés, frits ou farcis, peuvent également entrer dans la composition du risotto. Et si vous aimez les plats en sauce, essayez-les à la *buzzara,* une préparation à base de vin blanc et d'huile d'olive.

13 Faire une halte dans une *konoba* (taverne) pour goûter aux produits locaux

notamment aux excellents plats cuits sous la cendre.

Si vous avez un peu de temps, partez explorer la campagne du Konavle, une splendide microrégion englobant la partie sud-est de la côte de Dubrovnik, au pied des sévères montagnes de karst qui filent vers la Bosnie et le Monténégro. Ne pas manquer d'y déguster viandes ou poissons cuits « sous cloche » (la *peka*) placée sous la cendre. À Ljuta, la *Konoba Vinica Monković* est une bonne adresse, simple et chaleureuse, pour un repas traditionnel au bord de l'eau. De la délicieuse viande *peka* (à commander à l'avance), de la truite tout droit sortie de la rivière, une « assiette de la maison » dont vous nous direz des nouvelles, des légumes du jardin et un petit vin maison pas mal du tout... Elle est pas belle la vie ?

BON À SAVOIR : • konobavinica.com •

SORTIR

14 Siroter un verre depuis la terrasse de l'insolite *Café Buža*

caché derrière les remparts, l'endroit rêvé pour profiter d'un beau coucher de soleil.

Proche du bastion Sainte-Marguerite, on aperçoit un passage percé dans les pierres de la muraille, et la mer en arrière-plan. En descendant quelques marches taillées à même les rochers abrupts, on arrive dans le plus incroyable des bars en plein air, sur 3 niveaux de terrasses en surplomb de l'Adriatique. Le grand truc est de regarder les jeunes Croates sauter dans la mer du haut du rocher. Fort du succès de son *Café Buža I,* le patron en a ouvert un second situé peu après le bastion Sainte-Marguerite. Là encore, une poterne discrète dans le rempart conduit à une série de terrasses dans le même esprit, aménagées dans les rochers fouettés par les vagues.

15 Participer à l'ambiance festive des soirées ragusiennes

sur les terrasses des cafés de la place Bunićeva poljana.

Au pied du mur ouest de la cathédrale se cache une petite place adorable qui servait autrefois aux marchands de fruits et légumes. Aujourd'hui, dès la nuit tombée, c'est l'endroit le plus animé de la ville avec des foules de jeunes rassemblés à la terrasse des cafés. De bons groupes de jazz s'y produisent en plein air, devant le café *Troubadour (Hard Jazz Cafe)* notamment, un des plus connus et des plus fréquentés, ainsi qu'à l'*Arch Pup* (plus rock).

SHOPPING

16 Acheter quelques onguents aux recettes secrètes

dans la vieille pharmacie du couvent des franciscains.

Depuis sa création en 1317, elle n'a jamais cessé de fonctionner ni fermé ses portes. Longtemps tenue par les moines, la vieille pharmacie est aujourd'hui gérée comme un magasin d'État avec des vendeuses en blouse derrière le comptoir ancien. On peut y acheter des produits classiques, mais aussi quelques curiosités élaborées sur place selon des recettes (gardées secrètes) qui remontent au Moyen Âge : cire d'abeille (pour les peaux sèches), essence de rose (pour nettoyer le visage), lait à l'huile d'amande et au cacao (un antirides), essence de lavande de Hvar…

AGENDA DES FÊTES, FESTIVALS ET ÉVÉNEMENTS CULTURELS

FÉVRIER : *fête de la Saint-Blaise (Sveti Vlaha).* Chaque année, le 3 février, la fête du saint patron de Dubrovnik rassemble la plupart des habitants de la ville. Le jour dit, les habitants, vêtus de leurs plus beaux costumes traditionnels, forment des cortèges pour rejoindre l'église Saint-Blaise. Après la messe solennelle, une procession religieuse part à travers les rues de la vieille cité en compagnie des reliques du saint. Puis la fête se poursuit avec des concerts, des représentations théâtrales, des expositions, avant que le Stradun (Placa), la rue principale et les ruelles, alentour éclatent de mille feux, un peu à la manière de la *passeggiata* italienne. La fête de la Saint-Blaise a été inscrite en 2009 sur la liste représentative du Patrimoine immatériel de l'humanité de l'Unesco.

FIN JUIN : *Le Petit Festival du théâtre.* Depuis 2005, il réunit metteurs en scène, danseurs, acteurs, chanteurs, designers, plasticiens et vidéastes dans l'une des anciennes bâtisses en pierre du front de mer, juste à l'extérieur des remparts. Le festival prend également d'assaut les rues de Dubrovnik et défile à sa guise dans la ville. • lepetitfestival.com •

DÉBUT JUILLET : *Festival international d'opéra.* Ce festival est organisé en hommage au ténor Tino Pattiera (1890-1966), grand chanteur d'opéra du début du XXe siècle. Les représentations ont lieu dans le magnifique Palais des Recteurs. Au programme, Strauss, Lehar, Mozart, Gershwin, Bizet… Avis aux mélomanes ! • dubrovnik-opera-festival.com •

10 JUILLET-25 AOÛT : *Festival Jeux d'été de Dubrovnik (Dubrovačke Igre « Libertas »).* Chaque année depuis plus de 60 ans, du 10 juillet au 25 août, se déroule le Festival d'été, la plus ancienne et la plus célèbre des manifestations croates. Il accueille de nombreux acteurs, danseurs et musiciens, mais aussi la fine fleur des compositeurs, des solistes et des orchestres qui se produisent au cœur des bâtiments historiques de la ville, dans les églises ou en plein air. Ce festival est le moment fort de l'animation estivale. • dubrovnik-festival.hr •

SE REPÉRER

ÉDIMBOURG

Grâce à son histoire, qu'elle valorise avec passion, la capitale écossaise peut se targuer d'être une destination culturelle de premier ordre et l'une des villes les plus séduisantes d'Europe : nombreux monuments d'envergure, musées aux riches collections, festivals qui enfièvrent la ville aux beaux jours, sans oublier ses pubs qui vous permettront de goûter à la convivialité écossaise. Nous, Édimbourg, on adore ! C'est une ville qui ne laisse personne insensible, une destination idéale pour un week-end prolongé. D'ailleurs, comme Sir Walter Scott *himself,* le grand écrivain natif de la ville, on lui attribuerait bien aussi le titre d'« Impératrice du Nord ». Tant qu'à faire !

BUDGET	€€
CULTURE	★★★☆
CUISINE	★★☆☆
SHOPPING	★★☆☆
VIE NOCTURNE	★★★☆

1h45 au départ de Paris

DÉCOUVRIR

1 Sentir battre le cœur médiéval de la ville
en partant à la découverte des passages, venelles et ruelles pittoresques.

Capitale de l'Écosse depuis le XVe siècle, Édimbourg est une ville imprégnée d'histoire. Elle fut aux XVIIIe et XIXe siècles un centre artistique majeur du monde anglophone avec des résidents aussi illustres que Robert Burns, Robert Louis Stevenson, Charles Dickens ou Walter Scott. Les demeures les plus anciennes d'Old Town, le cœur historique d'Édimbourg, se situent sur le Royal Mile, l'artère principale qui relie la demeure officielle du monarque (palace of Holyroodhouse) au château. De chaque côté partent les fameux *closes,* des ruelles pentues et venelles obscures parfois couvertes. Allez donc y fureter pour découvrir plein de détails architecturaux insolites !

BON À SAVOIR : des agences proposent des visites guidées à pied et en anglais, de jour comme de nuit, sur les traces des écrivains, à la recherche des fantômes, etc. Certaines sont même gratuites (pourboire attendu à la fin).

2 Grimper jusqu'au Castle, le château d'Édimbourg
un vrai livre d'histoire.

Voici une citadelle de carte postale posée sur un volcan éteint, telle une couronne sur une tête royale. Sa silhouette altière s'impose à tous aux quatre points cardinaux de la ville. Plus qu'un symbole, cette ancienne résidence royale, tour à tour bastion, caserne ou prison, a donné son nom à la cité, *Din Eidyn,* signifiant « forteresse d'Edwin » en gaélique. Véritable baromètre historique, le château est l'héritier d'une chronologie mouvementée qui se confond avec celle de l'Écosse. Il a connu des hôtes aussi illustres que Marie Stuart ou Cromwell. La succession de conflits n'ayant guère laissé d'espoir aux premières fortifications ; la plupart des ouvrages visibles datent du XVIe s, maintes fois remaniés par la suite.

BON À SAVOIR : la plupart des bâtiments datent du XVIe s. • edinburghcastle.gov.uk •

3 Lorgner la ville au travers du périscope de la *camera obscura*

une attraction historique qui fera le bonheur des amateurs d'illusion d'optique et des enfants.

Attention les yeux ! En 1853, Maria Theresa Short eut la géniale idée de concevoir et d'installer cette *camera obscura* au procédé fort simple : il s'agit d'un trou au travers duquel la lumière passe et vient former par réflexion une image sur une surface blanche à l'intérieur de la chambre noire. Celle d'Édimbourg est montée sur une sorte de périscope mobile qui observe la ville : on est, comme des gamins, fascinés par cette image qui bouge sous nos yeux. Cet insolite musée de l'illusion d'optique regroupe d'autres attractions et un tas d'expériences optiques des plus folles.

BON À SAVOIR : à visiter de préférence les jours de beau temps, car plus la météo est bonne, plus l'effet sera remarquable. • camera-obscura.co.uk •

4 Remonter 300 ans d'histoire de fabrication du whisky écossais

au Scotch Whisky Experience.

Bien sûr, ce musée ne prétend pas rivaliser avec le charme d'une balade dans une distillerie, mais sa présentation est audacieuse et ludique. On embarque dans des tonneaux à la manière d'un train fantôme (claustrophobes, s'abstenir), pour suivre de façon interactive (et olfactive !) la fabrication du whisky au cours d'un voyage au cœur de la fermentation. De retour sur la terre ferme, on passe aux aspects techniques, avant de rejoindre une salle de test où un expert distille son savoir. On y apprend (en anglais, ou grâce à l'audioguide) à décrypter les odeurs et saveurs du breuvage et à lire les couleurs de sa robe. Un verre à la main, bien sûr, puisque chacun déguste le nectar le plus approprié à son goût ! Pour finir, visite d'une rare et prestigieuse collection de bouteilles anciennes magnifiquement éclairées.

BON À SAVOIR : également une visite tlj à 18h15 incluant le dîner et une dégustation, accord mets et whiskies, au resto *Amber* (résa indispensable). • scotchwhiskyexperience.co.uk •

5 Visiter le Palace of Holyroodhouse

la résidence officielle de la reine lorsqu'elle séjourne à Édimbourg, généralement début juillet (le palais est alors fermé au public).

Holyroodhouse n'a rien d'un austère musée et continue d'accueillir toutes sortes de cérémonies (de l'entrevue avec Benoît XVI au mariage de la petite-fille de la reine). La construction du palais s'est effectuée en plusieurs étapes, à partir de la fin du XVe s. Visite rapide et vivante. Parmi les salons, pièces d'apparat et autres appartements d'État décorés d'une profusion de tapisseries et de boiseries. Vue sur le cloître et les splendides jardins. Dans la grande galerie, on passe au milieu des 110 portraits assez sombres des rois d'Écosse. Puis, à l'étage, visite de l'appartement tragique où Rizzio, le beau secrétaire et amant supposé de Marie Stuart, fut assassiné, probablement sur l'instigation de Darnley, le jaloux de mari. La visite se termine par les ruines majestueuses de l'abbaye, romantiques à souhait, et des jardins avec les belles collines escarpées en toile de fond.

BON À SAVOIR : Sur place, agréable et lumineuse cafétaria, dans la cour qui jouxte l'entrée. Bonnes pâtisseries à déguster en extérieur ou dans une véranda. Accessible sans payer l'entrée au palais. • royalcollection.org.uk •

6 Découvrir le fascinant National Museum of Scotland

qui conserve toute la mémoire de l'Écosse depuis la préhistoire.

Les collections de ce superbe musée, regroupant désormais les anciens Museum of Scotland et Royal Museum, se sont considérablement enrichies et ont acquis une stature internationale. Depuis la grande galerie, espace colossal desservant plusieurs niveaux aux allures de cabinet de curiosités, on se balade en fonction de ses goûts et de son humeur dans les sections d'histoire naturelle, dans les salles consacrées aux grandes découvertes et aux sciences, ou encore dans les belles expos sur les cultures du monde. Mais la star du musée, c'est l'aile entière dédiée à l'Écosse, de sa formation géologique et de l'apparition des premiers hommes à l'évocation de la société contemporaine. Ses collections remarquables s'intéressent à tous les peuples ayant habité la région, détaillant leur art, leur mode de vie et leurs croyances. On verra notamment les troublantes pièces d'échiquier du XIIe s de l'île de Lewis, les sections consacrées aux héros William Wallace et Robert The Bruce, la copie du gisant de Marie Stuart, ou encore les étonnantes machines à vapeur remontées intégralement pour évoquer la modernisation et l'industrialisation du pays. Incontournable !

BON À SAVOIR : au sommet de l'édifice, grande terrasse paysagée qui offre un panorama imprenable sur la ville. • nms.ac.uk •

LA POUPONNIÈRE DE HARRY POTTER

Parmi tous les personnages célèbres nés à Édimbourg, Harry Potter tient une place toute particulière. En effet, J. K. Rowling, l'auteure, aurait imaginé son sorcier dans un café de la ville *(The Elephant House)*. Au milieu des années 1990, l'écrivain doit finir son ouvrage au plus vite avant d'occuper un poste de professeur de français à Édimbourg. Tous les jours, maniant sa plume comme une baguette magique, elle invente son personnage et l'univers qui l'entoure à sa table de bistrot. Mais le plus troublant se joue à la fenêtre du bar : regardez la vue sur le château, elle ne vous rappelle rien ? Voyez-vous la silhouette de l'école de Poudlard se dessiner ? Édimbourg est décidément une source d'inspiration inépuisable.

7 Changer d'ambiance et aller flâner dans le quartier de New Town

symbole de l'architecture georgienne et chef-d'œuvre d'urbanisme à l'harmonie exceptionnelle.

Le quartier, érigé au XVIIIe siècle, surprend par son classicisme. Équilibre, bon goût, perfection… On craque pour Charlotte Square et les rues aux alentours. Flânez, perdez-vous, émerveillez-vous ! Comme pour la ville de Richelieu en France et celle de Noto en Sicile, on confia au même architecte la réalisation d'un ample programme de construction visant à désengorger la vieille ville. En 1767, un jeune inconnu de 23 ans, James Craig, remporta, à la surprise générale le concours pour édifier New Town. Il assuma la première tranche correspondant au quadrilatère formé par Princes St et Queen St, avec, sur l'arête de la colline, George St. Charlotte Square et Saint Andrew Square furent l'œuvre d'autres architectes, mais tous respectèrent les plans et l'esprit de James Craig, à savoir unité architecturale et volonté de géométrie. Résultat : un ensemble original harmonieux avec de grandes places élégantes auxquelles succèdent des rues en demi-lune, joliment proportionnées et agrémentées de belles ferronneries et autres enluminures.

8 Ne pas manquer la Scottish National Gallery

l'un des grands musées européens de peinture.

Ses nombreux chefs-d'œuvre sont présentés géographiquement et chronologiquement à la faveur d'une belle muséographie. On attaque la visite avec la peinture européenne du XVIe au XIXe s, regroupant au fil des salles les compositions de maîtres italiens (Lotto, Bassano, Véronèse, Titien), flamands et hollandais (Steen, Van Ruysdael, Van Dyck, Hals), ou espagnols (Velásquez, Zurbarán). On découvre aussi un *Autoportrait* de Rembrandt où se devine la maîtrise de la technique du clair-obscur. Le sous-sol est, en revanche, exclusivement consacré aux peintres écossais. *Le Patineur* de Henry Raeburn constitue la pièce maîtresse, presque un symbole de l'art écossais... Enfin, à l'étage, la section nord réunit des peintures formidables des XIVe et XVe s (dont les chefs-d'œuvre de Raphaël et Botticelli), tandis que la section sud permet de finir en apothéose : Greuze, Delacroix, Van Gogh et tous les impressionnistes. En vrac, Gauguin *(Trois Tahitiens),* Monet, Seurat, Pissarro, Sisley, Cézanne, Renoir, Degas... Que du beau linge !

BON À SAVOIR : ne pas manquer non plus de faire une étape à la Scottish National Gallery of Modern Art One, dont les collections raviront les amateurs d'art moderne et contemporain. • nationalgalleries.org •

SAVOURER

9 Déguster des *scones* dans un salon de thé

et prolonger la gourmandise en rapportant des *shortbreads,* divins sablés 100 % pur beurre.

Le salon de thé britannique est une institution ! En fonction de votre humeur, vous opterez pour les indémodables comme le *Clarinda's Tearoom,* avec dentelles, faïences et petites fleurs de rigueur, tenu par des dames au savoir-vivre héréditaire, ou pour des adresses plus modernes, plantées dans un joli décor contemporain, comme au *Larder.* Ce sont des lieux idéals pour un *full breakfast,* un authentique *cream tea* ou de bons gâteaux. Il serait dommage de repartir sans avoir goûté aux *scones,* servis avec *marmelade* et *clotted cream,* et autres *carrot cake, lemon cake, cookies, brownies,* etc.

BON À SAVOIR : les occasions de boire et de reboire du thé ne manqueront pas. Outre celui du matin et l'*afternoon tea,* certains salons de thé proposent le *high tea,* c'est-à-dire le thé qui remplace le dîner. Il s'accompagne de sandwichs, *crumpets, pancakes, buns,* puis de gâteaux crémeux. • clarindastearoom.co.uk • edinburghlarder.co.uk/cafe •

10 S'offrir un dîner à l'atmosphère toute écossaise

The Witchery by the Castle est un lieu couru par les célébrités et réputé pour la magie du cadre, où l'on trouve même un donjon dans un coin de salle. Atmosphère gothique pour la salle aux boiseries éclairées à la bougie, romantique pour le « Secret Garden », un adorable jardin d'hiver aéré et verdoyant. Service impeccable et raffiné, pour une bonne cuisine écossaise de tradition. Carte des vins du monde entier (au verre ou en demi-bouteille), qui doit bien faire l'épaisseur d'une thèse.

BON À SAVOIR : • thewitchery.com •

SORTIR

11 Socialiser dans un pub
un des sports favoris des Écossais avec le rugby.

Pour rencontrer du monde, rien ne vaut une visite au pub, un fantastique melting-pot social que l'on fréquente même en famille. Au fil des bières et des whiskies, les langues se délient et les amitiés se nouent… Qu'il soit coincé dans une ancienne église, voué au culte de Frankenstein ou qu'il tire son nom de la potence d'où les condamnés s'élançaient pour l'ultime saut, il y a, à Édimbourg, des pubs pour tous les goûts et tous les fantasmes ! On se fond parmi les habitués, accoudés aux beaux comptoirs en acajou ou sur de longues tablées en bois et on se laisse séduire par la convivialité et la chaleur humaine qui y règne.

BON À SAVOIR : • finnegans-wake.co.uk • frankensteinedinburgh.co.uk • nicholsonspubs.co.uk/thelastdropgrassmarketedinburgh •

12 Découvrir l'Édimburg alternatif
dans un lieu à ne pas manquer, *The Forest.*

The Forest est l'un des hauts lieux alternatifs d'Édimbourg, animé par des bénévoles. Café-bar, spectacles, expos, il se passe toujours quelque chose au *Forest.* On aime vraiment beaucoup ce lieu, pour sa déco délirante comme pour son ambiance fraternelle où il est facile de lier conversation. Un coup de cœur.

BON À SAVOIR : • blog.theforest.org.uk •

SHOPPING

13 Faire le plein de produits écossais pour prolonger le voyage

Parmi les plaisirs à rapporter dans votre valise, citons les *fudges,* ces caramels mous qui restent si agréablement coincés dans le dentier ! Incontournable ! Vous trouverez les meilleurs à *The Fudge House,* un demi-siècle que la même famille garde la main. Côté musique, faire un tour chez *Coda Music,* vous pourrez vous y procurez tous les enregistrements de musique écossaise. Quant au whisky, certes, il est cher en Écosse, mais certaines marques rares s'avèrent pratiquement introuvables sur le continent. À l'inverse de *Royal Mile Whiskies,* cette boutique célèbre qui aligne plusieurs centaines de références ! Sinon, ne pas manquer le Stockbridge Market. Sans doute le marché le plus populaire d'Édimbourg : nourriture mais aussi artisanat (souvent original !) et toujours une merveilleuse animation. Enfin, les gourmets s'arrêteront au Farmers' Market. Un concentré de ce que l'Écosse produit de meilleur : charcuterie, fromage, pâtisseries, confitures de baies, miel de bruyère...

BON À SAVOIR : • codamusic.co.uk • royalmilewhiskies.com • stockbridgemarket.com • edinburghfarmersmarket.co.uk •

AGENDA DES FÊTES, FESTIVALS ET ÉVÉNEMENTS CULTURELS

FIN AVRIL À MI-MAI : *Edinburgh Tradfest.* Festival de culture écossaise. Au programme des réjouissances, danse au son des cornemuses, de la harpe et du violon, mais aussi du *storytelling.* • tracscotland.org •

LA NUIT DU 30 AVRIL AU 1er MAI : *Beltane Fire Festival.* Calton Hill. Fête celtique « monstrueuse » (déguisements, feu et musique) pour célébrer l'arrivée de l'été. Au petit matin, la foule se retrouve au sommet de Holyrood pour se laver le visage dans la rosée. • beltane.org •

AOÛT : *Festival international d'Édimbourg (Edinburgh International Festival).* Les 3 dernières sem d'août. C'est l'un des événements culturels les plus importants du monde, et il a lieu chaque année depuis 1947 ! Créé pour fêter la fin de la guerre, le festival rassemble chaque été toutes sortes de manifestations musicales, théâtrales, chorégraphiques ou lyriques. Des spectacles de qualité et une folle animation pendant 3 semaines (d'ailleurs, pubs et magasins ferment bien plus tard pour l'occasion)... Résa conseillée à l'avance (à partir de mi-avr). • eif.co.uk •

AOÛT : *Edinburgh Festival Fringe.* Parallèlement au Festival international d'Édimbourg et tout aussi important. Troupes de théâtre d'avant-garde ou amateurs, arts de la rue... Le programme de ce festival off est indispensable pour s'y retrouver. • edfringe.com •

AOÛT : *Edinburgh Military Tattoo.* 3 semaines en août. Grande parade militaire sur l'esplanade du château. Kilts, cornemuses et tambours celtes des quatre coins du globe, jusqu'à 1 000 figurants devant 9 000 spectateurs ! Le show s'achève par le chant plaintif d'un cornemuseur illuminé, debout sur le donjon, alors que les projecteurs plongent lentement la forteresse dans la pénombre. Pour la petite histoire, le terme « tattoo » signifie « fermer les robinets »... des tonneaux. Incontournable mais à réserver très longtemps à l'avance (à partir de début janvier !). • edintattoo.co.uk •

DÉCEMBRE : *Hogmanay.* Autour du Jour de l'an. Festival de fin d'année, dont l'apogée est bien sûr la Saint-Sylvestre, la nuit du 31 décembre au 1er janvier. Celui d'Édimbourg est considéré comme le plus grand Hogmanay Festival du monde. Plusieurs centaines de milliers de personnes participent aux concerts de rue et festivités en tout genre. Ambiance indescriptible, toute la ville est cernée ! Attention, résa à l'avance fortement conseillée. • edinburghshogmanay.com •

SE REPÉRER

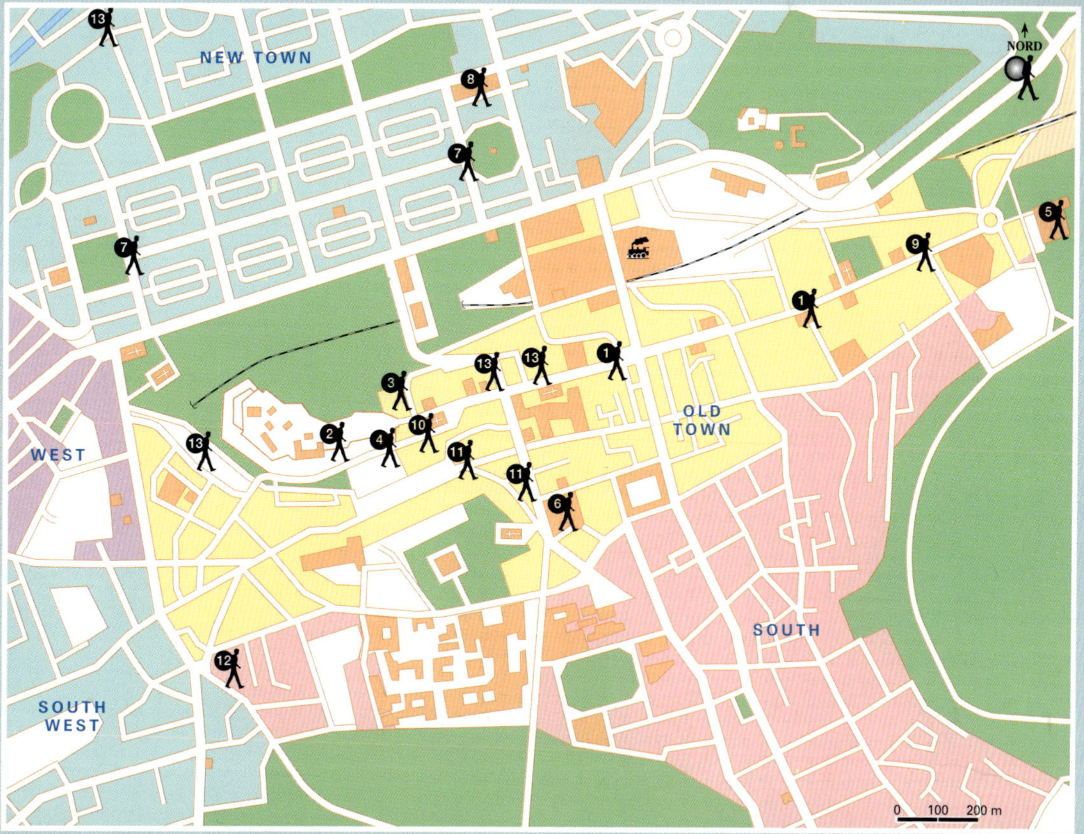

1 LA COUPOLE DU DUOMO

FLORENCE

Florence est sans conteste l'une des plus belles villes d'Italie. La capitale toscane recèle l'une des plus fortes densités de trésors artistiques de la planète. De quoi donner le tournis… Mais Florence ne se résume pas à un musée à ciel ouvert. C'est aussi une ville qui bouge et qui s'amuse. Laissez-vous gagner par sa magie en vous perdant au gré des venelles, c'est le meilleur moyen pour la connaître… Promenez-vous tôt le matin quand la ville s'éveille *pianissimo* et que les boutiquiers lèvent à peine le rideau. Ou en début de soirée, à l'heure de l'*aperitivo* ; les bars et les *enoteche* sont légion et ne demandent qu'à vous faire partager des moments de convivialité. Et puis Florence est entourée d'une campagne verdoyante. Il suffit de prendre un peu de hauteur pour apercevoir collines et cyprès à perte de vue. Enchanteur !

BUDGET	€€€
CULTURE	★★★★
CUISINE	★★★☆
SHOPPING	★★☆☆
VIE NOCTURNE	★★★☆

1h30 au départ de Paris

DÉCOUVRIR

1 Grimper en haut de la coupole du Duomo

réalisée par Brunelleschi, et admirer la gigantesque fresque du *Jugement dernier*.

La coupole, toujours imitée mais jamais égalée, est l'œuvre de Filippo Brunelleschi, un sculpteur qui s'intéressait à l'architecture et qui a eu l'ingénieuse idée de construire un dôme de forme ovoïde de 45 m de diamètre, sans armature en créant une double voûte séparée de 2 m dans laquelle des chaînages intérieurs assurent la stabilité de l'édifice. On le crut fou, mais pour lui, la résistance des matériaux et les poussées qui entraient en jeu pouvaient être calculées. Pour y accéder, il vous faudra monter 463 marches. À l'intérieur, admirez la fresque de 3 600 m^2 du *Jugement dernier* pensée par Vasari mais réalisée sous le contrôle de Federico Zuccari et Bandinelli. L'iconographie est disposée en huit rangées concentriques qui se rejoignent autour du Christ en majesté.

2 Admirer les portes du baptistère

qui a généré 27 ans de travail au sculpteur Ghiberti.

Au XVe s, les non-baptisés n'avaient pas le droit de pénétrer dans les églises, ainsi des baptistères étaient souvent construits à l'extérieur. Ghiberti, avant d'être sculpteur, était orfèvre, ce qui explique les véritables chefs-d'œuvre qu'il réalisa. Le travail est d'une précision et d'un réalisme extraordinaires. La fameuse porte principale est décorée de scènes de la Bible. L'art de la perspective et du trompe-l'œil acquiert ici ses premières lettres de noblesse. Pas étonnant que Ghiberti ait mis tant d'années pour réaliser cette œuvre !

BON À SAVOIR : un concours fut organisé en 1401 pour la réalisation de la nouvelle porte. Ghiberti l'emporta sur Brunelleschi. Puis il réalisa également la porte principale. Fier de son œuvre, il se représenta sur un des médaillons qui la décorent.

LE SYNDROME DE STENDHAL

Le 22 janvier 1817, Stendhal visite Florence « dans une sorte d'extase ». Dans l'église de Santa Croce, « absorbé dans la contemplation de la beauté sublime », il atteint un degré extrême d'émotion « où se rencontrent les sensations célestes données par les beaux-arts et les sentiments passionnés ». En sortant de l'église, son cœur bat fort et il se sent épuisé. Cet épisode, relaté dans *Rome, Naples et Florence,* a donné naissance à un phénomène portant le nom de « syndrome de Stendhal ». L'expression a été inventée par la psychiatre florentine Graziella Magherini. Il s'agit d'une crise psychique violente constatée auprès d'un certain nombre de touristes à Florence : la crise touche des êtres très sensibles ; elle ne peut se produire que dans des villes d'art, face à une œuvre d'art, celle-ci ayant un tel pouvoir qu'elle peut atteindre l'inconscient de la personne.

3 Parcourir la galerie des Offices et découvrir les grands peintres

tels Giotto, Léonard de Vinci, Botticelli, Titien, Piero della Francesca et tant d'autres…

La galerie des Offices est bien évidemment le fleuron des musées florentins, mais surtout c'est l'un des plus anciens et des plus beaux musées du monde. « Incontournable » est un faible mot… L'histoire de cet incroyable musée est fortement liée à Cosme Ier, qui confia à Vasari la construction du palais des Offices, et à François Ier, qui transforma en musée les galeries de cet immense bâtiment administratif. Des primitifs toscans au Caravage *(Tête de Méduse),* en passant par Botticelli (*Naissance de Vénus* et *Le Printemps*), Léonard de Vinci, le Pérugin, Michel-Ange, Chardin, Goya, Vélasquez, Raphaël, Titien…, vous allez en prendre plein les yeux (et les jambes), à travers pas moins de 93 salles.

BON À SAVOIR : penser absolument à réserver afin d'éviter la queue. • uffizi.firenze.it •

4 Arpenter la piazza della Signoria, cœur palpitant de la cité

et véritable musée à ciel ouvert.

Toute l'histoire de Florence se résume en cette place. Elle fut le lieu des rassemblements populaires, des révolutions, le cadre des supplices, le décor de fêtes somptueuses. D'un côté, elle est dominée par le majestueux Palazzo Vecchio et de l'autre, par la Loggia dei Lanzi dont les statues d'un intérêt majeur en font un vrai musée en plein air. Ne manquez pas non plus d'admirer la fontaine de Neptune, là pour la première fois la nudité est descendue dans la rue, sans oublier les statues qui parsèment la place : *Judith et Holopherne* de Donatello, *David* de Michel-Ange… Le soir, la *piazza* est très agréable avec son animation et les lumières jouant sur la pierre jaune.

BON À SAVOIR : finir par la visite du Palazzo Vecchio, palais-forteresse qui devint le siège du pouvoir florentin sous Cosme de Médicis.

5 S'émerveiller devant la fresque du *Cortège des Rois mages*

jalousement cachée dans le palazzo Medici Riccardi, comme pour la protéger des regards extérieurs.

Aujourd'hui voué à un rôle administratif, ce palais, construit pour les Médicis au XVe s, abrite la splendide fresque du *Cortège des Rois mages* par Benozzo Gozzoli, cachée à l'étage dans la chapelle. Joyau de la peinture italienne, cette composition éclatante de couleurs illustre le cheminement des Rois mages vers Bethléem. L'une des curiosités de la fresque, outre sa beauté, est de reprendre la symbolique des trois âges des rois : Gaspar, le mage enfant, Balthazar, le mage adulte et Melchior, le vieux mage. Ces âges rappellent aussi la famille de Médicis : on reconnaît dans la suite de Gaspar les portraits de Piero et Carlo, fils de Cosme, mais aussi Cosme lui-même âgé, ainsi que le très jeune Lorenzo (futur Laurent le Magnifique)…

BON À SAVOIR : à voir également, au deuxième étage du palais, la très délicate *Vierge à l'Enfant* de Filippo Lippi. • palazzo-medici.it •

6 Admirer les fesses musclées de *David* à l'Accademia

un chef-d'œuvre de Michel-Ange.

L'Accademia est l'un des incontournables du circuit artistique florentin : primitifs italiens, tableaux du Pérugin, de Lippi, œuvres majeures de Michel-Ange. Mais, bien sûr, le célèbre *David* reste l'œuvre-phare qui justifie les longues heures d'attente. Ce formidable athlète de 5,5 t et de 5,17 m de haut subjugue le visiteur par l'intensité de son regard et ses proportions apparemment parfaites. En réalité, Michel-Ange s'est permis des libertés avec l'anatomie réelle afin, et c'est là tout le paradoxe, de mieux rendre compte de la réalité : regarder les mains, énormes mais pourtant parfaites… Sans oublier le réalisme des dessins de la peau : on distingue même les veines sur les pieds. On ne peut résister à vous encourager à tourner autour de ce *David* pour voir ses fesses !

BON À SAVOIR : une reproduction se trouve sur la piazza della Signoria. • gallerieaccademia.org •

7 Se rendre dans les cellules des moines franciscains

divinement peintes par Fra Angelico, au museo di San Marco.

Fra Angelico commença à peindre au couvent de San Marco vers 1440, sur la demande de Cosme de Médicis. On trouve, dans cet ancien couvent dominicain, la majeure partie des œuvres du religieux, qui exécuta des fresques pour exprimer son amour de Dieu. Il en résulte une œuvre plutôt sobre mais pleine de lumière et de béatitude, dont il retirera d'ailleurs le surnom de Beato Angelico ; ses anges en particulier sont remarquables par leur légèreté. On accède d'abord au cloître décoré de fresques des XVIe et XVIIe s. De là, on visite les réfectoires et salle du Chapitre puis, au premier étage, les cellules des moines. Toutes les cellules ont été décorées de scènes des Évangiles par Fra Angelico (ou par ses élèves sur un dessin du maître) comme si le moine y avait représenté aussi son âme.

8 Pousser la porte de l'Officina Profumo Farmaceutica di Santa Maria Novella

l'une des plus anciennes pharmacies du monde.

Cette superbe maison a été fondée par les Dominicains. Dès 1221, ils ont cultivé des herbes médicinales pour la pharmacie du couvent. En 1612, celle-ci est ouverte au grand public et les bienfaits des formules sont reconnus jusqu'en Russie et aux Indes. Aujourd'hui encore, on élabore ici les fabrications artisanales des frères : essences, pommades, savons… Tout est à base de plantes, les fleurs sauvages viennent des collines alentour et les savons sont toujours fabriqués avec les machines du XIXe s. Cette officine, unique au monde avec ses vitrines du XVIe s, ses voûtes ornées de fresques et ses statues veillant sur les rangées de pots pharmaceutiques, vous ensorcèlera forcément et vous repartirez avec un savon à la senteur délicate…

BON À SAVOIR : • smnovella.it •

LE PONTE VECCHIO

Contempler le coucher du soleil depuis l'église San Miniato al Monte

avec une vue panoramique extraordinaire sur la ville. Inoubliable !

Il vous faudra d'abord traverser l'Arno pour rejoindre le tranquille quartier San Niccolò, l'un des moins fréquentés de Florence. C'est pourtant l'un de nos quartiers préférés. Il est très agréable avec ses endroits typiques et son atmosphère tranquille. Depuis le ponte alle Grazie, monter par le jardin des Roses ; n'hésitez pas ensuite à grimper les marches jusqu'à la chiesa San Miniato al Monte qui surplombe la ville. Un panorama à couper le souffle vous attend. Y aller en fin d'après-midi et admirer le coucher de soleil sur tout Florence. Les reflets sur l'Arno et les couleurs du Ponte Vecchio sont inoubliables !

BON À SAVOIR : l'église San Miniato al Monte est de plus l'une des plus belles réussites du roman florentin avec sa façade incrustée de marbre.

Se promener dans le giardino Bardini

parmi les massifs de fleurs et les plantations variés.

Ce jardin renaît de ses cendres après de longues années à l'abandon. On peut de nouveau emprunter le superbe escalier baroque pour rejoindre le belvédère. Une fois en haut, vue spectaculaire sur la ville. Des fontaines glougloutantes, des variétés de fleurs par centaines (roses, iris, hortensias) et de plantes qui font de ce jardin un des plus beaux de Florence, sans compter la magnifique pergola de glycines, les bosquets à l'anglaise, l'allée d'hortensias, les plantations de menthe, de lavande, de romarin… Une explosion d'odeurs et de couleurs à découvrir absolument.

BON À SAVOIR : si vous aimez les jardins, ne manquez pas non plus le *giardino delle Rose* dans l'Oltrarno. Inauguré en 1865, il était connu pour sa magnifique roseraie. La cerise sur le gâteau c'est tout de même la vue magnifique sur Florence…

Admirer la fabuleuse chapelle Brancacci

entièrement décorée de fresques de Masaccio, Masalino et Lippi (XVe s).

Située dans le quartier San Frediano, la chapelle Brancacci est demeurée miraculeusement intacte après l'incendie de 1771, Depuis la restauration des somptueuses fresques de Masaccio, Masalino et Lipp, la nudité d'Adam et Ève est à nouveau dévoilée, débarrassée du feuillage ajouté pudiquement au XVIIe s. Masolino s'était probablement fait seconder par son jeune élève Masaccio. On mesure d'ailleurs toute la modernité de la peinture de Masaccio, aux visages expressifs débordant de vie, comparée au style plus sage et élégant de Masolino. Chez Masaccio, les corps sont tout en volume, fruit d'une étude poussée de l'anatomie et de l'application des règles de la perspective. L'homme devient le sujet central, et ça c'est une grande nouveauté pour l'époque.

LES MÉDICIS

On ne peut pas parler de Florence sans évoquer la famille Médicis qui a régné en maître pendant toute la Renaissance. De leur dynastie, elle conserve jalousement tous les attraits de son riche passé. En effet, cette célèbre famille a permis une nette évolution de la ville, en multipliant les interventions dans le domaine culturel, économique et politique. Parmi les Médicis, Cosme l'Ancien (1389-1469) fut le personnage politique le plus important de Florence. Homme d'État d'une grande habileté, il fut également un mécène remarquable (de Brunelleschi, Lippi, Donatello…) et surtout un excellent homme d'affaires. Des alliances consolidèrent le pouvoir de la famille, les épouses étant choisies parmi les plus grandes familles européennes. Et n'oublions pas les reines de France, Catherine et Marie de Médicis, respectivement femmes d'Henri II et d'Henri IV.

SAVOURER

12 Pénétrer dans les halles du Mercato centrale di San Lorenzo

un marché idéal comme introduction à la gastronomie locale.

Sous ses halles du XIXe s abritées par une charpente métallique, voici un conservatoire bien vivant de la gastronomie toscane. Nombreux stands où trouver (et goûter) charcuteries, viandes, fruits, légumes d'excellente qualité dans une atmosphère survoltée. Mais surtout, n'oubliez pas de grimper au 1er étage, vous ne saurez plus où donner de la tête ! De nombreux comptoirs pour commander et déguster pizzas, *frito misto, gelati, foccaccie.* Également, pour ceux qui ont plus de temps, une *enoteca,* une *trattoria*... Tous ces petits stands sont joliment présentés sous l'immense verrière du marché couvert. On n'y va pas pour un dîner en amoureux (un peu bruyant) mais c'est bien pratique car on y propose un large éventail de choix.

BON À SAVOIR : • mercatocentrale.it •

13 Faire de l'œnotourisme dans les *enoteche* (bars à vins)

et y déguster les meilleurs crus toscans.

Les *enoteche* sont légion à Florence et ne demandent qu'à vous faire partager des moments de convivialité. Elles s'enorgueillissent d'une riche sélection de vins, servis au verre ou à la bouteille, ainsi qu'un excellent choix (en général) de fromages et de charcuteries. Certaines se révèlent de véritables restos. D'autres accueillent les œnophiles à l'heure de l'apéro, pour grignoter au comptoir, un verre à la main. C'est vraiment le meilleur moyen de découvrir les vins de la région. Chaque année, de nouvelles adresses apparaissent sur la scène florentine, témoignant du succès de cette formule... Parmi les meilleures, citons l'*Enoteca-bar Fuori Porta,* le rendez-vous des œnophiles du quartier de San Niccolò, ou encore *Le Volpi e l'Uva*, sur une petite place à deux pas du Ponte Vecchio.

BON À SAVOIR : • fuoriporta.it • levolpieluva.com •

14 Découvrir l'art de la soupe toscane en savourant une bonne *ribollita.*

La variété et le charme de la cuisine toscane passent par de nombreux et délicieux potages et autres soupes. La *ribollita* est avant tout une soupe épaisse faite à base de légumes dont le *cavolo nero* (chou noir). On y trouve aussi du pain, qui est le seul ingrédient nutritif et tenant un peu au corps ; on choisira du pain toscan rassis et sans sel pour ne pas dénaturer le goût. Son nom originel est *minestra di pane.* Le nouveau nom, *ribollita,* tient au fait que la soupe est cuisinée pour quelques jours et qu'à partir du deuxième elle est réchauffée et rebouillie.

BON À SAVOIR : l'*acquacotta* (bouillon agrémenté de coulis de tomates, de cèpes, ail, persil, servi avec des tranches de pain huilé), les *minestre di farro* (épeautre), *di ceci* (pois chiches), *di fagioli* (haricots) sont, elles aussi, délicieuses.

LA CUISINE FLORENTINE

Sobre, rigoureuse, voire sévère, la cuisine de Florence n'est pas sans faire penser aux Florentins eux-mêmes. Elle est, en fait, le pur produit de leur caractère. Au moment de la Renaissance, la cuisine s'est enrichie de produits étrangers provenant d'Amérique, à commencer par la tomate... devenue incontournable. Les anciennes recettes florentines se retrouvent au travers de la *ribollita*, de la *pappa al pomodoro*, de la *panzanella*, de la *bistecca*... Mais beaucoup ont été perdues. Des mouvements italiens poussent cependant à redécouvrir la gastronomie régionale, avec une floraison de gargotes traditionnelles (les fameuses *osterie*) et le mouvement *slow food*. Le « locavore », consistant à faire travailler les petits producteurs *locaux* de la région, envahie les menus (de la viande aux fruits, en passant par les légumes mais aussi par les vins), pour votre plus grand bonheur.

15 Se régaler d'une goûteuse *bistecca* dans une trattoria de quartier.

Viande de grande qualité provenant d'un élevage bovin du val di Chiana (région de l'est de la Toscane), la *bistecca* est une tranche de bœuf épaisse, comprenant l'aloyau et le filet. Elle se cuisine à la braise et se consomme saignante voire bleue. Un excellent endroit pour déguster une *bistecca alla fiorentina,* c'est l'*Osteria del Caffè Italiano,* une institution florentine bien dans son jus avec son carrelage d'époque et ses belles boiseries. On s'y presse aussi pour d'autres solides plats traditionnels typiquement toscans comme la salade de tripes, la *pappa alla pomodoro,* les *fagioli bianchi*.

BON À SAVOIR : cette viande est une merveille mais elle est un peu ruineuse. Attention aux prix qui sont souvent mentionnés *per un'etto* (pour 100 g), à moins qu'il ne soit précisé que c'est au kilo. Compter de 300 à 500 g par personne. • caffeitaliano.it •

SORTIR

16 Profiter de l'heure de l'*aperitivo* et de ses plantureux buffets dans le quartier branché de Sant'Ambrogio.

De jour, le quartier satisfait les gourmands avec son fameux marché débordant de victuailles ; à la tombée de la nuit, il se transforme en un lieu branché et festif... Allez donc musarder du côté de la piazza Sant'Ambrogio où quelques cafés font l'animation du coin, dont l'incontournable *Caffè Sant'Ambrogio.* Le soir, après un *aperitivo* de choc, chaude ambiance sur fond de musique trendy. Le flot d'oiseaux de nuit déborde alors sur la mignonne petite place de Sant'Ambrogio... jusque très tard dans la nuit.

BON À SAVOIR : Florence regorge de bonnes petites adresses. Certaines perdurent, d'autres disparaissent d'une année sur l'autre... Une chose est sure, l'*aperitivo* a le vent en poupe, et chaque bar qui se respecte ne déroge pas à la règle ! • caffesantambrogio.it •

17 Se rendre du côté de la piazza Santo Spirito à la tombée de la nuit, lorsque les jeunes se retrouvent sur les marches de l'église ou dans les adresses branchées du quartier.

Situé dans l'Oltrarno, Santo Spirito est le quartier où bat le véritable cœur de la ville, un quartier plus populaire, avec son réseau sombre de rues étroites débouchant sur des places et des églises pittoresques. Les fêtards se rejoindront sur la piazza Santo Spirito qui s'anime le soir. Entre autres au *Volume Café,* petite adresse installée à l'emplacement d'un ancien atelier de menuiserie, dont les nouveaux occupants ont conservé de nombreux outils (ciseaux, tenailles, marteaux...) aux murs. Joyeux bazar avec coin bibliothèque, expos temporaires, objets en bois sculptés... Nul doute que vous trouverez une place dans les confortables canapés pour boire un verre dans une ambiance festive et conviviale, avec musique live, DJ et concerts.

BON À SAVOIR : • volume.fi.it •

18 Expérimenter le Florence *by night* en passant de l'autre côté de l'Arno

À 10 mn à peine du Ponte Vecchio et du Duomo, le quartier San Niccolò est l'un de nos quartiers préférés. Le soir venu, il s'anime pour le plus grand plaisir des noctambules. Entre la piazza dei Mozzi et la porte San Miniato, on trouve bars et restos pour s'amuser ou faire de belles rencontres… C'est le moment de passer la porte de chez *Negroni,* pour tester l'*aperitivo* au milieu d'un monde fou. DJs aux platines en fin de semaine et musique lounge le reste du temps. En terrasse, les jeunes s'éparpillent volontiers dès le printemps. Son voisin, *Zoe,* regorge lui aussi de monde jusque sur le trottoir. C'est l'un des endroits branchés du quartier avec sa terrasse attenante. À l'intérieur, déco design en noir et blanc, épurée, où se retrouvent de belles créatures florentines.

BON À SAVOIR : •negronibar.it • zoebar.it •

SHOPPING

19 Musarder au petit matin sur le marché de Sant'Ambrogio

qui regorge de produits régionaux.

Dans un quartier animé et plein de charme, le mercato Sant'Ambrogio en fait saliver plus d'un avec ses étals débordant largement la petite halle du XIXe s : saucissons, fromages, fruits, fleurs, viandes, bocaux de légumes séchés sans oublier les poissons (pêchés du jour dans la mer Ligure toute proche). C'est LE rendez-vous des Florentins et des visiteurs gourmands. Plus intime et nettement plus florentin que son grand rival de San Lorenzo. À la sortie, pause *espresso* recommandée à la terrasse du *Cibreo Caffè.*

BON À SAVOIR : si vous y êtes le midi, arrêtez-vous à *Da Rocco,* un petit traiteur installé au cœur du marché. Une tranche de vie pour le prix d'un plat de pâtes ! Les habitués viennent ici autant pour le spectacle du marché que pour les assiettes bien pleines. Parfait pour tâter l'atmosphère florentine à moindres frais.

20 Faire une virée shopping dans les nombreux *outlets* des environs de Florence

et profiter de larges remises sur de grandes marques.

Les grandes marques ont implanté leurs magasins d'usine au sud-est de Florence. Judicieusement situés près d'une sortie d'autoroute, ces magasins démarquent leurs stocks et collections des années précédentes à 50 %. Évidemment, ces marques prestigieuses sont excessivement chères à l'origine, mais en fouillant bien, on peut vraiment faire de bonnes affaires. Les accros du shopping ayant une furieuse envie d'alléger leur compte en banque seront servis ! Le plus intéressant, c'est de s'y rendre au moment des soldes (en janvier et en juillet) ; là on peut vraiment faire de bonnes affaires. *The Mall* regroupe toutes les marques prestigieuses, sinon *outlets* Dolce & Gabbana, Prada et Roberto Cavalli...

BON À SAVOIR : • outlet-firenze.com• themall.it •

21 Soutenir les artisans qui tentent de faire (sur)vivre le papier marbré

un must à Florence.

Originaire d'Orient, la technique du papier marbré a rapidement fait des émules pour la grande liberté qu'elle offrait aux artisans. Lorsqu'ils disposent les gouttelettes d'encre sur un bain gélatineux, puis les mêlent à l'aide de peignes et de stylets, ils peuvent laisser courir leur imagination et donner aux motifs toutes les formes possibles. Mais ils n'ont pas le droit à l'erreur : une seule feuille de papier absorbe le dessin définitif. En réalisant des paysages et des scènes animalières grâce à cette technique, Giulio Giannini fut distingué en tant qu'artiste. De grands couturiers viennent même s'inspirer de ses motifs pour leurs collections ! La famille continue toutefois à confectionner carnets, albums photos et jolies boîtes, à des prix encore raisonnables.

BON À SAVOIR : • giuliogiannini.com •

22 Se faire confectionner son propre parfum chez l'un des grands parfumeurs florentin

et humer des effluves centenaires.

Florence est le creuset de parfumeurs depuis plusieurs siècles. Tout à commencer avec les moines herboristes de *Santa Maria Novella,* il y a plus de 400 ans. Aujourd'hui l'officine est un lieu incontournable, et on craque pour les crèmes, eaux florales et savons rétro. *Bizzarri* mérite aussi une visite avec ses petits flacons et ses bocaux alignés sur des étagères depuis 1842. Enfin, pour un parfum unique, *Aquaflor,* une adresse quasi secrète à deux pas de la basilique Santa Croce, ouvrira pour vous ses flacons aux multiples senteurs et Sileno Cheloni, le maître parfumeur, élaborera un parfum aux essences du bout du monde, véritable reflet de votre âme !

BON À SAVOIR : • smnovella.com • bizzarri-fi.biz • florenceparfum.com •

23 Faire le plein d'huile, de charcuteries, de vins et autres spécialités florentines.

Il demeure encore en centre-ville quelques belles boutiques gastronomiques traditionnelles qui vendent un petit vin bio, une bonne huile d'olive, ou encore d'excellentes salaisons comme le *salame con cinghiale,* provenant des sangliers en liberté des collines du Chianti, à quelques kilomètres de Florence. Parmi les incontournables : *Eataly,* installée à deux pas du Duomo et réputée pour ses produits bio ou *La Bottega del Chianti,* un festival de couleurs et d'odeurs. Écartez-vous et vous découvrirez, au hasard de vos balades, un bon caviste *(enoteca),* une boutique de fruits et légumes, un producteur d'huile d'olive... Eh oui ! la qualité existe encore ! Les amateurs de vin trouveront leur bonheur dans les *Enotecche* éparpillées dans les différents quartiers... Capitale du chianti, Florence regorge en effet de caves où l'amateur trouvera une sélection de rêve de flacons précieux ! Parmi les adresses les plus sympas et les plus sérieuses édresses : *Casa del Vino, Le Volpi e l'Uva, Enoteca-bar Fuori Porta...*

BON À SAVOIR : attention toutefois à ne pas tomber sur des lieux attrape-touristes. • eataly.com • labottegadelchianti.it • casadelvino.it • levolpieluva.com • fuoriporta.it •

AGENDA DES FÊTES, FESTIVALS ET ÉVÉNEMENTS CULTURELS

AVRIL : *Scoppio del Carro (Explosion du Char).* Le matin du dimanche de Pâques, piazza del Duomo. Cortège en costumes Renaissance. Mais la pièce maîtresse du défilé consiste en un char haut de plusieurs mètres qui, au terme du défilé, sera mis à feu… par une colombe pyromane.

MAI ET JUIN : *Maggio musicale fiorentino (Mai musical florentin).* Concerts, opéras et ballets non-stop pendant 2 mois. Les manifestations ont lieu principalement au Teatro Comunale, au Teatro della Pergola, et au Teatro Verdi. • maggiofiorentino.com •

JUIN : *Calcio Storico.* À partir du 7 juin (finale le 24 juin) : piazza di Santa Croce, on peut voir s'affronter les adeptes du Calcio Storico, l'ancêtre du football, qui est un curieux mélange de trois sports (football, rugby, lutte). Deux parties, avant la finale, opposent les quatre quartiers de la ville, San Giovanni, Santa Maria Novella, Santa Croce et Santo Spirito. Chaque équipe ne compte pas moins de 27 joueurs, dont 15 attaquants (pour favoriser le spectacle). Cette manifestation est précédée d'un grand défilé, en costumes Renaissance, réunissant 500 participants. Un banquet clôt les festivités. Le 24 juin (jour de la Saint-Jean, patron de Florence), c'est le bouquet final avec le feu d'artifice tiré du Belvédère.

AOÛT : *San Lorenzo (Saint-Laurent).* Le 10 août : dans le quartier de San Lorenzo. Diverses festivités accompagnent la fête du saint patron.

SEPTEMBRE : *la Rificolona (« lampion »).* Le 7 septembre. Dans les rues de Florence, et plus précisément autour des fenêtres des maisons de la piazza Santissima Annunziata. La veille de la naissance de la Vierge, en souvenir des lanternes utilisées à l'époque médiévale par les paysans marchant jour et nuit pour écouler leurs marchandises lors de la Foire des festivités mariales, Florence et ses nombreuses maisons resplendissent de mille lumières de toutes les couleurs.

DÉCEMBRE : *Festival dei Popoli (Festival du cinéma).* Une semaine début décembre. Au palais des Congrès, nombreux films en vo.

SE REPÉRER

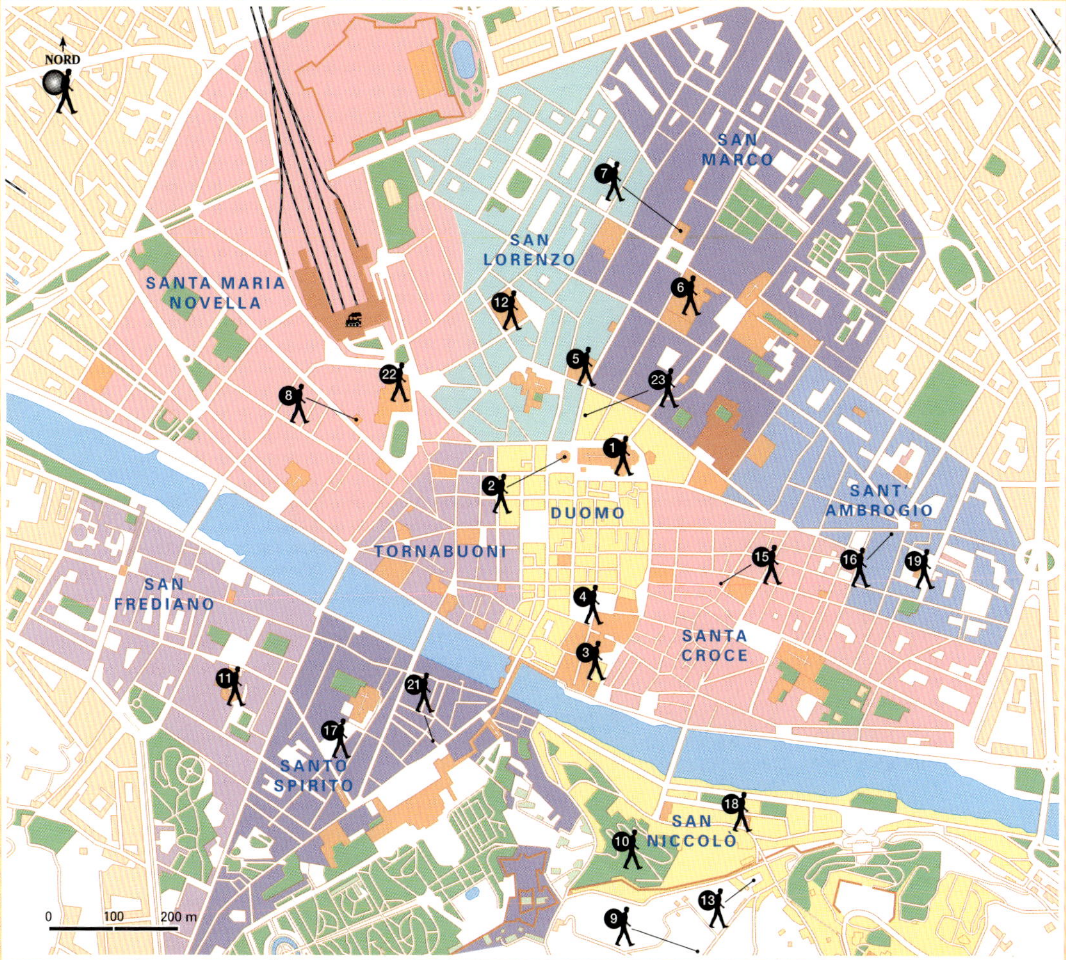

GÊNES

Gênes, dont le centre historique a été classé Patrimoine de l'humanité par l'Unesco, regorge de palais somptueux, de musées, de petites rues et de placettes qui sont autant de témoins de la grandeur passée de cette ancienne république maritime indépendante. La ville épouse le relief à la perfection, formant un amphithéâtre grandiose entre la mer et les crêtes. Le quartier des docks, entièrement repensé par Renzo Piano, offre aujourd'hui aux promeneurs l'occasion de se réapproprier l'espace, avec de beaux musées, des restos et d'agréables jardins publics. Car Gênes est avant tout un port, à savoir l'endroit d'où l'on part et où l'on débarque, et à cet égard constitue une mosaïque humaine riche de diversité. Un mélange des genres qui, de l'architecture à la cuisine en passant par les arts décoratifs et la peinture, en fait une destination unique.

BUDGET	€€
CULTURE	★★★☆
CUISINE	★★★★
SHOPPING	★★☆☆
VIE NOCTURNE	★★☆☆

1h30 au départ de Paris

DÉCOUVRIR

1 Commencer par prendre un peu de hauteur
en empruntant le Bigo, un étonnant ascenseur panoramique tournant, sur le port.

Avant de plonger dans les entrailles de la vieille ville, emprunter cet ascenseur moderne sur le port. C'est l'œuvre de Renzo Piano, elle est inspirée des mâts de charge que l'on trouve sur les cargos. Suspendu dans les airs, vous embrasserez l'ensemble du paysage génois et prendrez la mesure de ce labyrinthe aux ruelles étroites. Un ascenseur relie également la piazza del Portello à Castelletto, quartier chic mais sympa. Possibilité aussi de grimper encore plus haut grâce au funiculaire Zecca-Righi (départ du largo Zecca, à l'extrémité de la via Cairoli) : sur une longueur de 1 500 m, il vous dépose 280 m plus haut, d'où l'on a un super panorama sur la ville. De là, plusieurs sentiers balisés vous conduisent vers les systèmes de défense : fort Begato, fort Diamante… De là-haut, par temps clair, on voit la Corse.

2 Se perdre dans les ruelles étroites du vieux Gênes
au gré de son inspiration.

C'est un labyrinthe gigantesque et inextricable de ruelles étroites et sombres (les *carruggi*) qui rappelle l'importance de la ville au Moyen Âge. Le quartier le plus intéressant se situe au sud de la cathédrale San Lorenzo. Vous remarquerez aussi un peu partout les innombrables édicules votifs, ces statues de la Vierge, de saint Jean Baptiste ou de saint Antoine de Padoue chargées de protéger les lieux. Baladez-vous pendant les heures d'ouverture des boutiques ; le vieux centre résonne alors de toutes les ambiances olfactives et sonores qui font le charme de l'Italie. Allez jeter un coup d'œil au 14, vico dei Caprettari où se trouve la boutique de style Liberty du barbier Giacalone. Elle est classée Monument national !

3 Admirer les magnifiques palais édifiés par l'aristocratie gênoise aux XVIe et XVIIe s, le long des Strade Nuove

Les Strade Nuove sont sans nul doute parmi les trois rues les plus vénérables d'Europe. Au total, ce sont 80 palais Renaissance et baroque, appelés *palazzi dei Rolli,* qui les bordent et sont regroupés dans cet espace urbain très restreint. Fait original, les propriétaires de ces magnifiques résidences privées avaient pour obligation d'accueillir chez eux les visiteurs d'État en voyage à Gênes. De cette manière, le modèle architectural particulier des Strade Nuove fut diffusé à travers le monde, et attira de nombreux artistes et voyageurs célèbres. Rubens et Van Dyck portraiturèrent plusieurs des propriétaires de ces nobles demeures. Les trois plus spectaculaires que vous visiterez sont le palazzo Rosso et son riche intérieur, le palazzo Bianco et sa belle collection de primitifs flamands et hollandais, et le palazzo Tursi, le plus beau…

BON À SAVOIR : pour les autres palais, on se contentera d'admirer du dehors ; ne pas hésiter cependant à entrer dans les cours, elles réservent souvent des surprises ! • museidigenova.it •

4 Marcher sur les pas de Christophe Colomb et des émigrants de la fin du XIXe siècle

en vous rendant au Galata, le musée de l'Histoire maritime.

Ce grand et beau musée, construit en 2004 sur l'ancien arsenal. Plus de 10 000 m² d'exposition, étalé sur 5 niveaux, conçu comme un voyage à travers le temps, qui commence par la navigation à rame (avec une reproduction grandeur nature d'une galère du XVIIe s de 40 m de long) et s'achève aux transatlantiques, en passant par les bateaux à voiles. Salle dédiée à Christophe Colomb, salle des cartes maritimes, reproduction d'un chantier naval avec de vraies machines et une riche collection d'instruments anciens de navigation. Mais le clou de la visite reste la section sur l'immigration, très bien faite. On se retrouve dans la peau d'un émigré en partance pour les Amériques, avec simulation du voyage en paquebot et passages devant plusieurs douaniers pour l'obtention (ou non) du précieux visa d'entrée. La visite se termine par un topo sur la situation actuelle des émigrés. C'est intelligemment conçu et passionnant.

BON À SAVOIR : • galatamuseodelmare.it •

LE QUARTIER DES PÊCHEURS

LA RÉPUBLIQUE MARITIME DE GÊNES

Gênes fait partie des quatre républiques maritimes (avec Pise, Venise et Amalfi) qui s'affrontèrent pour la suprématie des mers. Vers le Xe s, elle acquiert une autonomie politique et entreprend, avec sa voisine Pise, de bouter les Sarrasins hors de Corse et de Sardaigne pour asseoir sa domination sur la mer Tyrrhénienne. La république de Gênes connaîtra son premier apogée durant les XIIe et XIIIe s, au cours desquels la cité s'impose en Méditerranée. La ville s'enrichit du commerce des épices et grâce à l'afflux de pèlerins en partance pour les croisades à qui elle assure « le transport » grâce à une marine particulièrement au point. Les deux siècles qui suivront verront Gênes affronter sur les mers sa terrible et puissante rivale, Venise, laquelle finira par s'imposer. Gênes se tournera alors vers les puissances étrangères, et notamment vers l'Espagne.

5 Pénétrer dans la basilica Santissima Annunziata del Vastato

l'une des plus belles églises de Ligurie.

Cette église se caractérise notamment par ses plafonds recouverts de fresques et de dorures, ses colonnes en bichromie de marbre de Carrare et de France, et une remarquable chapelle dédiée à saint Pascal, avec ses imposantes colonnes salomoniques en albâtre et son ensemble sculptural en bois polychrome. Mais côté culturel, Gênes semble être un puits sans fond, puisque l'on pourrait aussi citer la chiesa del Gesù et ses deux chefs-d'œuvre de Rubens *(La Circoncision du Christ* et *Le Miracle de saint Ignace guérissant une possédée)* ; la superbe basilica di San Siro qui fut la première cathédrale de Gênes ; sans compter la chiesa Santa Maria di Castello de 1120, avec ses colonnes et chapiteaux romains, sa superbe fresque de l'*Annonciation* de Juste de Ravensburg et surtout – à ne pas rater – ses petits cloîtres sur l'arrière.

6 Aller saluer les animaux marins de l'aquarium de Gênes

une visite à ne manquer sous aucun prétexte.

Quelques chiffres : 10 000 m² de surface d'exposition, 70 bassins, 6 millions de litres d'eau, près de 15 000 hôtes représentant 400 espèces animales, 1,2 million de visiteurs par an... ce qui en fait l'un des sites les plus visités d'Italie. Sur 3 niveaux, le parcours de découverte est exceptionnel : les animaux marins évoluent dans des bassins géants, sans être serrés comme des sardines, dans des décors bien reconstitués. Petits et grands seront fascinés de voir de si près les phoques, pingouins, requins, raies, poissons-scies, dauphins... et même les si rares lamantins. Quant aux mangroves, aux bassins tropicaux avec leurs anémones et coraux multicolores, aux ballets de méduses éclairés par le fond, on plonge en pleine poésie et on en ressort émerveillé.

BON À SAVOIR : situé entre l'aquarium et le musée de la Mer, on pourra voir le *Neptune*, bateau vedette du film *Pirates* de Polanski. • acquariodigenova.it •

7 Se rendre au palazzo Reale

pour sa profusion d'or et de velours rouge, de stucs et de fresques.

Construit au milieu du XVIIe s par les Balbi, une importante famille génoise enrichie grâce au commerce de la soie, il passa au début du XIXe s, aux mains de la maison de Savoie. Il devint alors la résidence officielle des Savoie et prit son appellation actuelle de « palais royal ». Construit comme un théâtre face à la mer, c'est l'exemple type de la demeure aristocratique de l'époque, les riches Génois considérant que leur chez-soi devait se reconnaître avant même de débarquer au port. En plus de ses appartements d'apparat et de son ameublement d'époque, il abrite une riche collection de sculptures et œuvres d'art des XVIIe et XVIIIe s, ainsi que des toiles de Véronèse, le Tintoret, Rembrandt, Rubens...

BON À SAVOIR : • palazzorealegenova.it •

8 VERNAZZA, DANS LES *CINQUE TERRE*

8 S'offrir une excursion à la journée dans les *Cinque Terre*
parc national et aire marine protégée inscrits au Patrimoine mondial de l'humanité.

Voici cinq petits villages médiévaux qui dégringolent vers la mer, formant un paysage unique au monde. Monterosso al Mare est le seul doté d'une vraie plage, Vernazza est le plus pittoresque, Corniglia domine la mer, Manarola s'étale en pente douce vers son petit port et Riomaggiore est le plus résidentiel. Longtemps coupés du monde, les Cinque Terre n'étaient accessibles que par des sentiers muletiers. Ils ne sont sortis de leur isolement qu'au début du XXe s avec la construction du chemin de fer. Pas de port, à peine quelques abris pour bateaux de pêche. Et une vie rude, où chaque mètre carré de terre cultivable était arraché à la montagne au prix d'un effort surhumain.

BON À SAVOIR : en été seulement, possiblité d'excursion depuis Gênes avec les compagnies *Consorzio Liguria Viamare* et *Golfo Paradiso*. Paradis des randoneurs, la région mérite à elle seule un séjour. • Liguriaviamare.it • golfoparadiso.it •

SAVOURER

9 Faire une pause dans l'un des superbes cafés historiques de la ville
avec leurs décors fin XIXe s.

Gênes a su garder une tradition de cafés au décor élégant, entre marbre et lustres scintillants. C'est là que vous pourrez déguster quelques pâtisseries liguriennes (ou d'ailleurs), comme les *canestrelli*, biscuits en forme de fleur, au beurre et au léger goût de citron et les *amaretti*, biscuits durs ou mous parfumés à l'amande et à la pêche et originaires de la ville de Sassello, à l'intérieur des terres. On vous conseille le *Caffè degli Specchi* aux murs couverts de faïence et de miroirs ; *Mangini,* élégant café avec terrasse fondé en 1876 et réputé pour ses délicieuses pâtisseries ou ses chocolats fondants (dont les fameux « Fiat ») qui attirent les vieilles dames très comme il faut ; ou encore *Klainguti,* autre café historique, datant de 1828, au cadre rococo sous de grands lustres.

10 Goûter aux spécialités locales
comme le célèbre et incontournable *pesto genovese,* et découvrir les saveurs de la cuisine génoise.

La cuisine génoise est aussi parfumée que la terre ligure. Bourrache, sauge, épinards, artichauts et champignons sont utilisés comme farce dans les raviolis. La raison ? Redonner le goût de la terre aux hommes dont l'activité économique était principalement tournée vers la mer (avec des séjours longs et pénibles durant lesquels ils n'avaient que de la morue séchée à avaler). De ce fait, le basilic (dans le *pesto,* proche de notre pistou), le romarin, la sauge et la marjolaine sont à l'honneur, et l'huile d'olive est de rigueur. Mais que les amateurs se rassurent, vous trouverez également de nombreux poissons, parmi lesquels se distinguent les anchois et la morue, préparés de très nombreuses façons (tel le *stoccafisso*).

BON À SAVOIR : pour savourer de délicieuses pâtes au *pesto*, la spécialité de Gênes, aller à la *Trattoria da Ugo*. Ici, la cuisine ligure est préparée à la demande : anchois farcis, *pansoti* (raviolis) à la crème de noix, tartes aux légumes et tripes… Et si vous préférez les crustacés en provenance directe du port, *Friggitoria Carega*, une institution à Gênes, détentaculera poulpes et calamars pour vous faire quelques fritures.

11 Se faire un en-cas façon *street food*
en dégustant deux autres spécialités typiques du coin, la *focaccia* et la *farinata.*

Pour reprendre des forces entre deux visites, tentez un en-cas génois. Il faut absolument goûter la *focaccia* (fougasse) et la *farinata* (la *socca* du Midi, galette à base de farine de pois chiches, cuite dans un four à pain) ; garnies de différents ingrédients (fromage local *stracchino*, lard, artichauts, etc.). Elles constituent un repas copieux et bon marché. Pour les déguster tout juste sorties du four, aller chez *Antica Sciamadda,* un local pour lilliputiens qui prépare aussi fritures de poisson, tourtes et *pasqualine* aux légumes.

SORTIR

12 Commencer la soirée au *Don Cola,* le meilleur bar de Gênes pour l'*aperitivo* !

Surfant sur la vague *slow food*, ce petit bistrot avec sa terrasse chauffée dans la piétonne via Cesarea, propose un bon choix d'une quarantaine de références de vins siciliens gouleyants à souhait. Si le prix du verre est un peu plus cher qu'ailleurs, il est largement compensé par l'énôôôrme assiette de charcuterie, fromage, marmelade et petits canapés délicieux qui l'accompagne ! Que des produits siciliens de grande qualité. Et si vous traînez à finir votre verre, on vous en ressert une autre ! Un apéro qui devient vite dînatoire. Et pour les plus sages, de délicieux et originaux cocktails de jus de fruits, servis dans des pots de confiture. On adore !

BON À SAVOIR : on aime beaucoup aussi le *Bar Berto,* petit bar décoré de faïences 1900, sur la *piazza delle Erbe,* une place bien animée le soir.
• doncola.com •

13 Aller passer une soirée à Nervi, ancien village de pêcheurs
aujourd'hui véritable centre de la vie nocturne génoise.

Avant tout, ne pas manquer la fameuse passeggiata Anita Garibaldi, promenade longeant la mer sur plus de 2 km et bordée de terrasses de café ensoleillées. Rendez-vous incontournable au très fréquenté *Senhor do Bonfim,* bar à l'ambiance brésilienne ouvert sur la promenade. Pour manger, on peut s'installer sans hésiter chez *Halloween,* sur le port, souvent bondé d'Italiens venus savourer une bonne pizza ou une délicieuse *focaccia al formaggio.* Pour le dessert, rendez-vous chez *Flavio*, non loin, une vieille *gelateria* tenue par un monsieur qui fait lui-même ses glaces depuis... ouh, il ne s'en souvient même plus ! En tout cas, elles sont vraiment délicieuses. Les discothèques en plein air alignées le long de la promenade vous tendent ensuite leurs bras.

BON À SAVOIR : Nervi est facilement accessible par les gares Principe ou Brignole (environ 15 mn de trajet en train). Sinon, plusieurs bus.

10 GOÛTER AUX SPÉCIALITÉS LOCALES

SE REPÉRER

GENÈVE

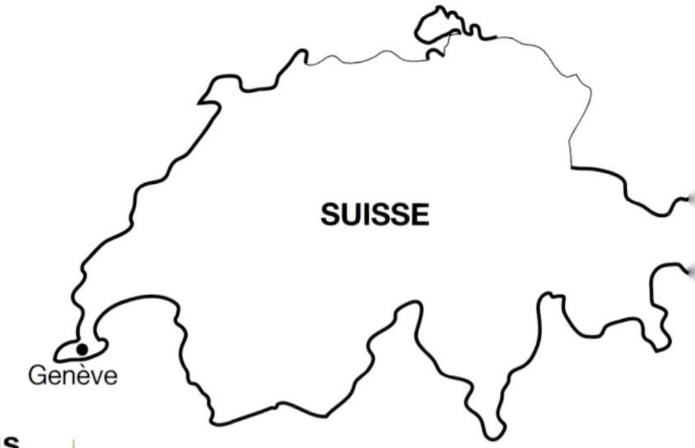

Régulièrement au palmarès des villes les plus agréables à vivre, Genève possède bien des atouts pour une escapade réussie : un cadre naturel séduisant au bord du Léman, une vieille ville chargée d'histoire, des musées de premier plan, une vie culturelle intense et un bel équilibre entre nature et urbanisme. Genève, c'est aussi la rade et son jet d'eau, la Croix-Rouge et l'ONU, la Réforme… Sans parler des beaux et nombreux parcs bordant le lac qui lui donnent une image bucolique. Bref, une ville à découvrir sans à priori et à consommer sans modération !

BUDGET	€€€
CULTURE	★★★★
CUISINE	★★☆☆
SHOPPING	★★☆☆
VIE NOCTURNE	★★☆☆

1h10 au départ de Paris

DÉCOUVRIR

1 Admirer, depuis l'un des quais, la puissance du fameux jet d'eau, qui s'élance à 140 m au-dessus du lac

puis prendre une Mouette (petit bateau reliant les rives) pour traverser le Léman.

Impossible de le rater, on ne voit que lui ! Et c'est d'ailleurs l'emblême de la ville. Une belle façon de célébrer les noces de l'eau et de la cité. À l'origine, le jet est né d'une contrainte physique : la société qui distribuait l'eau à Genève devait, pour diminuer la pression dans ses canalisations, le soir, lorsque la demande baissait, laisser échapper de grandes quantités d'eau par une soupape de sécurité. C'était à l'usine hydraulique de la Coulouvrenière. Observant qu'on se déplaçait pour venir voir le phénomène, le Conseil administratif de Genève s'est dit que la chose pouvait constituer une attraction touristique. On le déplaça donc au bout de la jetée des Eaux-Vives. Riche idée et succès assuré !

BON À SAVOIR : du quai Gustave-Ador, on découvre la plus belle vue sur le jet d'eau. Et pour découvrir Genève depuis le lac, sautez dans une Mouette genevoise ou offrez-vous une croisière avec la *Compagnie générale de navigation.* Certains bateaux se rendent jusqu'à Montreux ou Évian : de quoi apprécier le Léman – qui est le plus grand réservoir d'eau douce d'Europe – à sa juste valeur !

2 Découvrir le tout nouveau bâtiment du MEG

et la nouvelle présentation de ses collections ethnographiques.

Créé par Eugène Pittard (1867-1962), anthropologue de renom international, le musée s'installa en 1901 dans la villa Mon Repos. En 1941, le musée prit ses aises dans une ancienne école primaire du quartier de Plainpalais. Mais les collections continuant à croître, le MEG dut se contraindre à une nouvelle mue : un nouveau bâtiment est sorti de terre juste à côté de l'école. De l'extérieur, on ne peut rater la signature du nouveau musée, son toit emblématique, percé de losanges. Riche de 80 000 pièces provenant de pas moins de 1 500 cultures différentes de la planète toute entière, sans compter 300 000 livres et documents, le nouveau MEG a fait le choix d'exposer dans le parcours permanent 1 000 pièces qui ont fait l'objet d'une sélection rigoureuse.

BON À SAVOIR : l'ensemble des collections a été numérisé et il est possible de les découvrir sur le site internet du musée. • ville-ge.ch/meg •

3 Flâner dans la vieille ville de Genève
véritable livre d'histoire, riche de nombreux musées.

C'est dans la ville haute que se niche le cœur historique de Genève. Facilement visitable à pied, ce quartier agit comme une machine à remonter le temps. En déambulant dans les ruelles empreintes de calme et de spiritualité, le promeneur se plonge dans l'époque de la Réforme, adoptée en 1536 et dont Genève fut la matrice. Jean Calvin prêcha des centaines de fois dans la cathédrale Saint-Pierre, dont la façade néoclassique date toutefois du XVIIIe s. Mais l'histoire de la ville ne saurait se limiter au protestantisme. Après avoir visité la vénérable maison Tavel (la plus vieille de Genève), remontez la Grand'Rue, qui connut des riverains illustres : Jean-Jacques Rousseau (dont la maison est désormais dédiée à la littérature), mais aussi Ferdinand Hodler, Michel Simon ou Jorge Luis Borges. Il ne faut pas hésiter à se perdre dans ce quartier à la beauté austère où vous croiserez, en chemin, des joyaux comme l'hôtel de ville, la place du Bourg-de-Four ou la promenade de la Treille.

BON À SAVOIR : vue panoramique exceptionnelle en montant au sommet de la tour Nord de la cathédrale Saint-Pierre (compris dans le forfait espace Saint-Pierre).

4 Appréhender le rôle et les missions de la Croix-Rouge
dans le nouvel aménagement de son musée.

L'exposition qui présente le rôle et les missions de la Croix-Rouge au XXIe s s'articule à travers trois grands thèmes : défendre la dignité humaine, reconstruire le lien familial, limiter les risques naturels. Une nouvelle muséographie très moderne et de nombreux dispositifs interactifs et innovants sont là pour impliquer le visiteur dans la découverte de l'action humanitaire à côté d'installations qui font appel à l'émotion, comme cet immense tissu sur lequel des femmes ont écrit le nom de leurs pères, de leurs maris et de leurs fils disparus à Srebrenica, et de mises en scène hautement symboliques, comme cet immense pied qui écrase des images de populations opprimées. Un endroit pour comprendre, s'émouvoir, se révolter et, pourquoi pas, pour donner envie de s'engager.

BON À SAVOIR : • redcrossmuseum.ch •

1 LE FAMEUX JET D'EAU

UNE AURA INTERNATIONALE

Fondé en 1863 par le Genevois Henri Dunant (et quelques autres), le Comité international de la Croix-Rouge joue un rôle si important lors de la Première Guerre mondiale et dans le règlement du conflit qu'il influence le choix de Genève comme siège de la Société des Nations. La neutralité suisse joue à fond. L'histoire d'amour de la ville avec les organisations internationales débute. Sa stature internationale s'affirme définitivement après la Seconde Guerre mondiale quand Genève accueille le siège européen de l'ONU et de plusieurs dizaines d'organisations internationales. Aujourd'hui seconde ville des Nations unies (avant même que la Suisse n'y adhère en 2002), riche d'une soixantaine de consulats et de plus de 250 organisations internationales, Genève est bien la plus internationale des cités suisses.

5 Avoir le sentiment de se trouver (presque) au centre du monde

en parcourant le quartier des Nations et en visitant l'ONU.

Le quartier doit son nom au Palais des Nations, siège de la SDN de 1937 à son remplacement par l'ONU en 1946. Il accueille le siège de nombreuses organisations internationales ainsi que des ambassades et des délégations. Le quartier calme et très aéré est composé de parcs et d'espaces verts au sein desquels s'élèvent les bâtiments officiels des organismes internationaux. La visite de l'ONU est l'occasion de circuler dans les 2 ailes du Palais des Nations unies mais c'est aussi l'occasion de se faire expliquer le rôle de cette institution, et plus particulièrement de son fonctionnement à Genève.

BON À SAVOIR : visite obligatoirement guidée (en 15 langues) sur résa indispensable au ☎ 022-917-48-96. • unog.ch/visits •

6 Se faire expliquer le fameux boson de Higgs en suivant une visite guidée du CERN

Créé en 1954 pour redonner du souffle à une science européenne affaiblie par le dernier conflit mondial, le CERN a pour objectif de lui donner des outils pour comprendre l'infiniment petit. C'est devenu depuis le lieu de tous les superlatifs – le plus important laboratoire de physique au monde, géré par 20 États membres, accueillant sur l'année près de 10 000 scientifiques venant de 110 pays, sans compter toutes les prouesses technologiques qui vous seront présentées lors de la visite du site, qui servent à accélérer, refroidir, détecter les particules élémentaires traquées par les scientifiques. Des expériences ont permis d'observer un chaînon manquant important – parmi d'autres phénomènes encore à observer –, prédit dès 1964, qui permettrait de valider la théorie du big bang, le fameux boson de Higgs.

BON À SAVOIR : • cern.ch •

7 Suivre la route de l'Horlogerie

et s'extasier devant les chefs-d'œuvre de précision et le luxe des garde-temps genevois.

L'horlogerie fait partie intégrante de l'identité genevoise et est inscrite dans l'ADN même de la ville. Pour découvrir ce patrimoine exceptionnel, une route de l'Horlogerie relie les principaux centres d'intérêt genevois. De la célèbre horloge fleurie des rives du lac (qui égrène fidèlement le temps), à celle du passage Malbuisson, qui carillonne les heures en libérant une cohorte de petits personnages contant l'histoire de l'Escalade, vous ne risquez pas d'être en retard ! À découvrir également : les collections d'horlogerie du musée d'Art et d'Histoire ; le superbe Patek-Philippe Museum ; l'espace patrimonial de Vacheron Constantin en l'Île ; et la Cité du temps, animée par Swatchgroup.

BON À SAVOIR : • genevawatchtour.com • ; miniguide téléchargeable sur • geneve-tourisme.ch • La fondation de la Haute Horlogerie propose des ateliers d'initiation pour apprendre à monter et démonter un mécanisme.

L'HORLOGERIE

L'horlogerie, discipline naissante, s'implante en Suisse au XVIe s. Pourquoi dans ce pays ? Pourquoi à Genève ? Il faut fouiller les sermons poussiéreux de Calvin pour le comprendre : en 1541, le chantre du protestantisme invite à bannir le port d'objets ornementaux... Les joailliers, menacés, doivent se reconvertir. Dans les deux décennies qui suivent, les guerres de religion françaises forcent de plus en plus de protestants à s'exiler à Genève. Parmi eux, des horlogers. Et c'est ainsi que Genevois et Français mêlent leur savoir-faire et donnent naissance à la première corporation horlogère au monde.

SAVOURER

8 Profiter d'un petit déjeuner ou d'un déjeuner ensoleillé au bord de l'eau

sur la grande terrasse de la *Buvette des Bains.*

Ce restaurant est littéralement pris d'assaut dès les beaux jours. L'ambiance est du tonnerre : doté d'une terrasse au bord de l'eau, c'est le lieu de rencontre des jeunes et des moins jeunes, des bobos, de la jeunesse dorée, mais aussi des familles. Petits déjeuners comprenant boisson chaude, jus de fruits, tartines, et Bircher muesli ou salade de fruits. Petite restauration, genre salades et plat du jour, à prix raisonnables. En hiver, on peut y manger une bonne fondue dans la « cabane ».

BON À SAVOIR : quai du Mont-Blanc 30. • buvettedesbains.ch • Fondue au crémant en hiver. Résa recommandée.

9 Prendre un café à la cafétéria de l'OMM (Office mondial de la météorologie)

et bénéficier de la vue panoramique sur le lac Léman et les montagnes.

Un super plan pour se sustenter le midi dans un cadre magnifique. Il suffit de déposer sa carte d'identité à l'accueil de cet organisme international pour pouvoir accéder au dernier étage où est installé le self-service du personnel. La salle, plutôt spacieuse, est entourée d'une belle terrasse qui offre une vue panoramique à couper le souffle sur le lac et les montagnes environnantes. Bons choix de plats, depuis les salades aux différents plats du jour. Même pour un simple café, cela vaut le coup, croyez-nous !

BON À SAVOIR : av. de la Paix 7 bis. Lun-ven 12h30-14h30. Bus n° 1, arrêt Place-des-Nations.

10 Déguster les spécialités du terroir genevois dans une authentique brasserie

comme le *Café-restaurant de l'Hôtel de Ville.*

Une des institutions du vieux Genève, le *restaurant de l'Hôtel de Ville* est aussi connu aussi sous le nom de « Chez l'Père Glôzu ». Au rez-de-chaussée, le temps semble s'être arrêté, et les amateurs apprécieront l'impressionnante collection de casquettes qui décorent la salle. Au 1er, salle plus sobre et plus bourgeoise. Les serveurs en habit assurent, dans un ballet bien orchestré, un service alerte et zélé. Filets de perche, fondues et tartares figurent en bonne place sur la carte, mais la maison propose aussi toutes sortes de spécialités locales plus confidentielles, comme la trilogie de saucisses genevoises et son gratin de cardons à la crème ou le pied de porc farci... Gage de qualité, la plupart des produits sont labellisés. Une excellente adresse malgré ses airs touristiques.

BON À SAVOIR : Grand'Rue 39. • hdvglozu.ch •

SORTIR

11 Passer une soirée à l'*Usine*
histoire de prendre le pouls de la scène branchée genevoise.

Centre culturel autogéré dans une ancienne usine de dégrossissage d'or, *L'Usine* regroupe aujourd'hui pas moins de 18 collectifs et associations, et perpétue une mode de fonctionnement libertaire, sans président, les décisions se prenant lors d'une réunion de gestion hebdomadaire. Tous les styles de musique se côtoient, dans une atmosphère underground et conviviale. Clientèle assez jeune. Concerts dans les nombreuses salles gérées indépendamment les unes des autres. Possibilité de se restaurer au bar *Le Moloko* (à partir de 18h).

BON À SAVOIR : une brochure mensuelle *(Vox Usini)* donne la liste de toutes les dates (événements, concerts), indispensable pour s'y retrouver tant l'offre est importante et variée. • usine.ch •

12 Participer avec les Genevois à la fête de l'Escalade
où petits et grands se déguisent pour célébrer la victoire de la ville contre les Savoyards en 1602.

Les Genevois fêtent la victoire de Genève contre les Savoyards dans la nuit du 12 décembre 1602, ainsi que la légendaire mère Royaume qui précipita sa marmite sur les assaillants. Trois jours d'animation avec un défilé en costumes d'époque dans la vieille ville et des épreuves de courses à pied. Les enfants se déguisent et on mange de la soupe. Dès fin novembre on trouve dans les chocolateries des marmites en chocolat garnies de légumes en massepain. La tradition veut que la marmite soit brisée par le plus jeune de la famille en disant : « Ainsi périssent les ennemis de la République. »

BON À SAVOIR : le week-end le plus proche du 12 décembre.

SHOPPING

13 Faire provision d'inévitables bons chocolats
et autres gourmandises de Genève.

Parmi les spécialités de Genève, citons les « pavés de Genève » (truffe glacée enrobée de poudre de cacao) et « vues de Genève » (petits carrés de chocolat fourrés et recouverts d'une vue typique de Genève) de la *Chocolaterie Arn*. Quant à la *Confiserie-Pâtisserie Hautlé*, elle est connue depuis 150 ans des Genevois pour son mille-feuilles genevois, un must ! Enfin, vous pourrez goûter aux « petits calvin » ou aux « poubelles de Genève » à la *Chocolaterie Rohr* ou aux truffes de *Micheli* qui sont à se damner…

BON À SAVOIR : • swisschocolates.ch • hautle-ge.ch • rohr.ch • poncioni-chocolatiers.ch •

AGENDA DES FÊTES, FESTIVALS ET ÉVÉNEMENTS CULTURELS

DÉBUT MARS : *Festival du film et Forum international sur les droits humains.* Pendant 10 jours. Un festival évident dans une ville telle que Genève afin de dénoncer et de mobiliser au travers du cinéma les violations des Droits de l'homme dans le monde grâce à des projections suivis de débats. • fidh.org •

MARS : *Festival Electron.* Un festival avant-gardiste à vocation pluridisciplinaire à la pointe de la créativité dans le domaine des musiques électroniques. House, électro, techno, 24h/24 dans 10 lieux soigneusement choisis pendant 4 jours.• electronfestival.ch •

JUILLET-AOÛT : *Musiques en été.* De nombreux artistes de la scène internationale se produisent au Victoria Hall, dans la cour de l'hôtel de ville, et sur la scène Ella-Fitzgerald au parc de La Grange.

AOÛT : *Fêtes de Genève.* Les 2 premières semaines. Nombreuses animations autour de la rade : concerts, stands… Un gigantesque feu d'artifice clôture les fêtes le samedi soir. Le 1er août est célébré la fête nationale suisse.

FIN AOÛT-DÉBUT SEPTEMBRE : *Festival de la Bâtie.* Un des événements culturels majeurs de Genève. Un festival pluridisciplinaire (musique, théâtre et danse). La Bâtie présente des réalisations d'artistes locaux et internationaux, des spectacles en création…

SEPTEMBRE : *Le Jeûne genevois.* Jour férié fixé au jeudi suivant le 1er dimanche du mois. L'origine du Jeûne genevois remonterait au premier jeûne connu à Genève, en 1567, à l'occasion d'une répression contre les protestants lyonnais. Dès 1640, le jeûne devient pratiquement annuel à l'initiative des cantons réformés. À Genève, on mange des tartes aux pruneaux ce jour-là. Elles constituaient initialement le seul mets de la journée.

DÉCEMBRE : *Festival des arbres en lumières.* Chaque année, pendant tout le mois de décembre, une dizaine d'artistes transforment des arbres en œuvres d'art. Spectaculaire.

SE REPÉRER

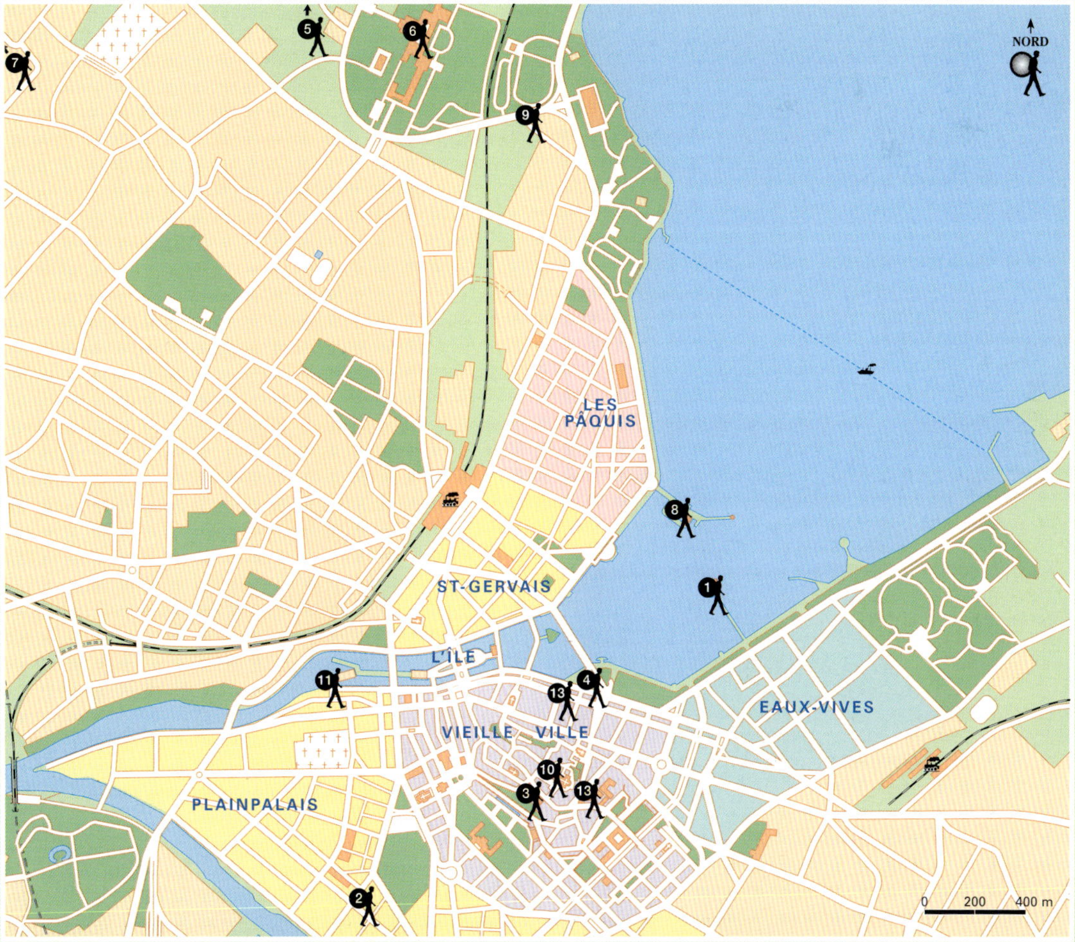

GLASGOW

BUDGET	€€
CULTURE	★★★☆
CUISINE	★☆☆☆
SHOPPING	★★★☆
VIE NOCTURNE	★★★★

1h45 au départ de Paris

Depuis quelques années déjà, Glasgow s'éloigne à grands pas de son image de ville industrielle morne et sale, où il n'y aurait rien à voir. Après en avoir fini avec l'industrie lourde, Glasgow s'est refait une santé en misant sur sa formidable énergie créatrice. Architectes, designers et artistes réhabilitent, construisent et habillent quartiers et rues de cette cité autrefois prospère, tandis que des musées passionnants continuent d'émerger. Côté nuit, avec ses temples nocturnes dédiés au rock et à l'électro, ses repaires *arty* ou underground et ses pubs écossais typiques, Glasgow reste une destination de choix pour les aficionados de sorties décalées. La belle ne demande qu'à se laisser apprivoiser par les oiseaux nocturnes… De nuit comme de jour, goûter une fois à Glasgow, c'est l'adopter pour toujours.

DÉCOUVRIR

1 Aller sur les traces du génial architecte Charles Rennie Mackintosh

dont les œuvres avant-gardistes parsèment la ville de Glasgow.

Architecturalement, Glasgow est étroitement associée au nom de Charles Rennie Mackintosh qui créa, à la fin du XIXe s, avec quelques confrères, le *Glasgow Style* : un style Art nouveau version écossaise, inspiré par l'épure du graphisme japonais. En 1896, il réalise son chef-d'œuvre, la Glasgow School of Art, édifiée en deux temps. Mais il contribuera aussi à d'autres projets un peu partout dans la ville, et plusieurs édifices lui doivent leur caractère unique et l'originalité de leur déco intérieure – The Lighthouse, la Scotland Street School Museum, the House for an Art Lover – y compris l'ameublement. Son influence est également visible dans des réalisations aussi simples que les clôtures de square, par exemple, souvent inspirées par Mackintosh.

À la Hunterian Art Gallery, superbe reconstitution de l'appartement du célèbre architecte. On y retrouve également la plupart des meubles qu'il a créés.

BON À SAVOIR : procurez-vous le dépliant *The Guide to Charles Mackintosh in Glasgow* à l'office de tourisme, qui reprend sur un plan les principales réalisations du maître. Ou encore • glasgowmackintosh.com • crmsociety.com •

2 Pénétrer dans la cathédrale Saint Mungo

la seule ayant survécu à la Réforme en Écosse (avec celle d'Orkney).

La cathédrale fut reconstruite au XIIIe s sur le site de la première église élevée 700 ans plus tôt par saint Kentigern, alias Mungo, patron de la ville. À l'intérieur, où l'impression d'unité architecturale domine malgré les différentes phases de construction, l'œil est attiré par le très beau jubé en pierre, le chœur de style gothique paré d'un plafond en chêne, et les impressionnants vitraux datant d'époques différentes. Dans l'église basse (crypte), la tombe de saint Mungo est noyée dans une forêt de piliers et d'arcs brisés. À côté, le cimetière mérite vraiment de s'y attarder. Ses monuments funéraires imposants, juchés sur une vaste colline herbeuse, forment un ensemble assez étonnant… et beau. Ceux qui reposent là-haut dominent une grande partie de la ville, avec un joli point de vue sur la cathédrale !

3 Visiter le Kelvingrove Art Gallery and Museum

l'un des plus importants musées d'Écosse, qui présente des œuvres étonnantes.

La première attraction d'Écosse et, sans conteste, l'édifice préféré des Glaswegiens ! Et pour cause, c'est tout sauf un musée classique ou élitiste, et la diversité des œuvres présentées est vraiment étonnante. Ce musée présente ses collections par thème, sans unité de temps ni de valeur. La section égyptienne se cache au milieu d'une expo sur le milieu naturel et la faune (empaillée) écossaise, tandis que les masques africains voisinent avec les marbres néoclassiques, la peinture écossaise et le design. Superbe section consacrée à l'Art nouveau, avec de très belles pièces de mobilier. Très intéressantes sections de peinture française, italienne, espagnole et flamande. C'est l'occasion d'admirer, le célèbre *Christ de saint Jean de la Croix* de Dalí, chef-d'œuvre de perspective. Bref, un musée riche et foisonnant, où les enfants prennent autant de plaisir que les adultes !

BON À SAVOIR : la grande majorité des musées de Glasgow sont gratuits, ils sont d'une diversité et d'une qualité qui devraient rassasier même les plus assoiffés de découvertes en tout genre. Pour un panorama des musées ainsi que des expos temporaires qui se tiennent en ville, consultez • glasgowlife.org.uk • peoplemakeglasgow.fr •

4 Flâner jusqu'à West End

et avoir envie de retourner sur les bancs de l'école…

Ce quartier, au cœur de la ville universitaire, un peu à l'écart du centre est plus beau et homogène, plus résidentiel, plus tranquille, plus vert, il y souffle un vent bohème (bobo, diront certains). C'est aussi le meilleur endroit pour se restaurer : les restos à la mode pullulent autour de Byres Road (réservez au resto *Number 16* : belles surprises gustatives en perspective !) et Asthon Lane ; ceux qui aiment les bars design iront vers Merchant City dans le centre des affaires. Le joli parc de Kelvingrove, avec des arbres et des fontaines partout est idéal pour un pique-nique. Enfin, ne manquez pas l'université et son grandiose édifice de style gothique écossais, ses cours intérieures avec leurs forêts d'arcades. Ça donnerait presque envie d'étudier !

BON À SAVOIR : Visites guidées de l'université possibles les jeu, ven et w-e ap-m. • src.glasgow.ac.uk/tours •

5 Se balader sur le Clydeside, complètement réhabilité

dont les nouveaux monuments symbolisent l'incroyable audace du renouveau architectural de Glasgow.

Les fameux chantiers navals de la Clyde d'où sortirent le *Queen Mary* et le *Queen Elizabeth* ont fermé, laissant place à des monuments particulièrement innovants, signés par les plus grands architectes. Aussi contemporains qu'ambitieux, citons le Riverside Museum – superbe musée de la construction navale et des transports –, le Clyde Auditorium (signé de Norman Foster, une salle de 3 000 places), The Hydro (un palais des sports de 12 000 places également conçu par Foster) et le Glasgow Science Centre. Un ensemble futuriste assez extravagant dont les parois jouent avec les reflets du fleuve et du ciel. Les rives sont reliées par le Clyde Arc, l'un des premiers ouvrages de Glasgow que l'on aperçoit en arrivant par le sud.

6 S'émerveiller devant les objets de la prestigieuse collection de peinture

de meubles et objets d'art de William Burrell.

Au cœur d'un superbe parc, dans une bâtisse moderne tout en aluminium, verre et grès rouge, on peut admirer la collection de Sir William et Lady Burrell. Patron d'une compagnie maritime prospère, Sir William (1861-1958) passa sa très longue vie à collectionner les plus beaux objets (près de 8 000) dans tous les domaines artistiques, avant de les léguer à la Ville en 1944. Antiquités égyptiennes et grecques, meubles gothiques, armes et armures, collection de vitraux, éléments d'architecture romane et gothique souvent incorporés au bâtiment, splendides tapisseries, objets rares d'Extrême-Orient, peintures et gravures superbes : primitifs religieux, Lucas Cranach l'Ancien, Rembrandt, Dürer, Sisley, Cézanne, Courbet, Manet, Degas. Nombreuses sculptures de Rodin. Plus inattendu, le vestibule, la salle de réception et la salle à manger de Hutton Castle, la demeure de Sir William Burrell, ont été reconstitués à sa demande... Peut-être pour ne pas défaire le lien quasi charnel qui l'unissait à sa collection ?

BON À SAVOIR : The Burrell Collection, • glasgowlife.org.uk/museums •

LES FRÈRES ENNEMIS DU FOOT

Il y a à Glasgow un cas d'intolérance qui contraste singulièrement avec la réputation de convivialité et d'hospitalité de la ville. Glasgow possède deux clubs de foot. Ce qui, en soi, n'a rien d'exceptionnel. Non, ce qui fait la spécificité des clubs de Glasgow, c'est que pendant longtemps ils furent plus que concurrents, véritablement ennemis, victimes tous deux d'un virus dont l'origine se trouve... en Irlande. Tout remonte au XIXe s, lorsque de nombreux Irlandais viennent chercher du travail en Écosse. Ils sont d'emblée dénigrés comme concurrents sur le marché de l'emploi par la classe ouvrière locale. Un violent racisme anti-Irlandais se développe. Cette division touche aussi le foot. Ainsi, l'une des deux équipes, les Glasgow Rangers, est traditionnellement le club des protestants fidèles à la Couronne et partisans du maintien de l'Irlande du Nord dans le Royaume-Uni. L'autre club, le Celtic, est donc identifié aux catholiques et aux Irlandais. Difficile en tout cas de contourner la Old Firm comme on appelle les deux clubs : depuis la Seconde Guerre mondiale, à eux deux, ils ont remporté plus des deux tiers des titres de champion d'Écosse !

SAVOURER

7 S'initier à la cuisine écossaise
avec le meilleur *haggis* de Glasgow, un met tant redouté chez nous et pourtant plébiscité « meilleur plat d'Écosse ».

Loin des néobars design, le décor en bois au parquet brut et tables épaisses du *Café Gandolfi* fait toujours mouche et ne lasse pas les habitués. Bon petit déj, *black pudding* en provenance directe des Hébrides extérieures, mais aussi quelques grands classiques écossais, parmi lesquels un superbe *haggis* – la fameuse panse de brebis –, peut-être le meilleur de Glasgow ! Pour s'initier à la cuisine écossaise, ne pas manquer non plus *The Bothy,* qui est aussi une excellente adresse. Toutes les recettes traditionnelles (modernisées) sont à l'honneur et les plats, apportés par des serveurs en kilt, remarquables. Aux beaux jours, le resto s'agrandit sur une adorable courette, dans cette petite impasse sympa comme tout.

BON À SAVOIR : • cafegandolfi.com • bothyglasgow.co.uk •

8 Faire une véritable cure d'iode
devant un bon plateau de fruits de mer.

Vous pourrez déguster de très bons poissons et fruits de mer à Glasgow. Le *Mussel Inn,* propriété d'une coopérative de la côte ouest, est spécialisé dans les huîtres, coquilles Saint-Jacques, moules et autres poissons du jour hyper frais à des tarifs plutôt abordables pour la City. La grande salle lumineuse, avec mezzanine et cuisine bien en vue, change agréablement des restos de fruits de mer aux cadres empesés. *The Crabshakk,* toujours très animé, est aussi très apprécié des locaux. Il faudra réserver, venir tôt ou se préparer à faire la queue ! À la carte, calamars, crabe sous toutes ses formes, moules, bisque, *fish & chips,* pâtes aux coquillages, sandwich club de poisson ou carrément le homard ou le plateau de fruits de mer. Très bon, prix honnêtes, et tout est extra-frais, préparé à la commande derrière le bar.

BON À SAVOIR : • mussel-inn.com • crabshakk.com •

9 Tester les rares *single malt* de la vénérable maison *Pot Still.*

Les amateurs de whisky viennent du monde entier déguster les rares *single malt* de la maison, fondée au début du siècle dernier. Plus de 300 bouteilles s'alignent le long des murs ! Le patron a même besoin d'une échelle pour aller chercher les plus haut perchées…

BON À SAVOIR : • thepotstill.co.uk •

PUBS

Cercles paroissiaux durant le Moyen Âge, plus opportunément situés sur les routes des pèlerinages, enfin lieux de réunion des ouvriers qui, au XIXe s, commencent à se syndiquer, les pubs ont souvent conservé leur vitrine en verre dépoli, de vieilles boiseries noircies et patinées, des lumières faiblardes comme au temps de la bougie et des beaux cuivres. Le pub (abréviation de *public house*) est le lieu de rencontre par excellence. On y vient entre copains, entre copines aussi, entre collègues après le boulot ou en famille pour y passer un joyeux moment de détente et de discussion. Pas question, dans un pub, de rester isolé. Les clients vous intègrent facilement à leur conversation, doucement, avec chaleur. On parle de tout et de rien. Vous ressentirez cette extraordinaire atmosphère de fusion des âges et des classes ; là, on laisse son origine sociale au vestiaire. Le pub, en général, offre plusieurs salons dont les différences sont de moins en moins sensibles : *public bar, lounge bar, saloon bar, private bar* (ce dernier est réservé à un club). Beaucoup proposent régulièrement concerts et scènes ouvertes.

SORTIR

10 Partir en goguette dans les vieux pubs du centre
ou du quartier de l'université, le West End.

À Glasgow, on sort tôt : dès 18 h, une atmosphère festive et bon enfant s'empare des rues ! Oubliez l'étape resto, elle n'est pas obligatoire dans le parcours festif des Écossais. Un peu partout, vous trouverez des gens ouverts engageant facilement la conversation et des étudiants chaleureux, ça vous promet de bonnes soirées. Dans le centre, le *Horse Shoe Bar* détient le record du plus long comptoir d'Écosse, le débit des boissons y est torrentiel le week-end ! Le *Babbity Bowster* fait l'unanimité pour son *beer garden* paisible donnant sur une rue piétonne. Enfin, *The Scotia,* fondé en 1792 à la clientèle plutôt quadra-quinqua, porte toute une histoire qui ne manque pas d'imprégner l'atmosphère. Dans le quartier de West End, sur Argyle Street les pubs se succèdent, plus sympas les uns que les autres.

BON À SAVOIR : • thehorseshoebarglasgow.co.uk • babbitybowster.com • scotiabar.net •

11 À la fermeture des pubs, se diriger vers une salle de concert
ou un club à l'ambiance survoltée.

Glasgow garantit une vie nocturne et artistique vraiment riche. Pour vous donner une idée de ce qui vous attend : prenez une dose d'underground de Berlin, d'électro de Londres, d'esprit festif de Dublin et vous aurez les ingrédients de la nuit et de la fête qui y règnent. Cette ville regorge de petits bijoux ! *The Arches* est un espace incroyable sous d'immenses arches en brique, le tout bien caché sous les voies de chemin de fer. On peut y voir aussi bien des concerts de grosse envergure que des événements plus intimistes. L'incontournable salle de concerts *King Tut's Wah Wah Hut,* le temple de la musique rock tient la dragée haute à ses concurrents avec l'une des meilleures programmations musicales de Glasgow. Enfin, les DJ's du *Sub Club,* sans doute l'un des 10 meilleurs clubs du monde, et de *The Tunnel,* drainent eux aussi beaucoup de monde.

BON À SAVOIR : • thearches.co.uk • kingtuts.co.uk • subclub.co.uk • tunnelglasgow.co.uk • Pour savoir ce qui se passe, consultez le *Gig Guide,* un dépliant mensuel gratuit qu'on trouve un peu partout, ou disponible sur Internet : • gigguide.co.uk • Ou encore • list.co.uk • aussi disponible en version papier hebdomadaire, payante mais plus complète.

SHOPPING

12 Dénicher des trésors au Barras Market
superbe marché aux puces installé dans de vieux bâtiments victoriens.

Il s'agit de l'un des plus pittoresques marchés aux puces d'Europe. Il regorge de trésors et des centaines de boutiques vendent vraiment de tout : de la collection de *Dinky Toys* aux bibelots les plus divers en passant par les frusques les plus folles. Nombreux bars, petits restos et salons de thé pour récupérer.

BON À SAVOIR : entre Gallowgate et London Rd. Chaque w-e 10h-17h.

AGENDA DES FÊTES, FESTIVALS ET ÉVÉNEMENTS CULTURELS

JANVIER : *Celtic Connections Festival.* Pendant 2 semaines, des musiciens célèbrent la culture celte au Glasgow Royal Concert Hall et dans différents théâtres, pubs, salles de spectacles ou dans certains espaces publics. • celticconnections.com •

JUIN : *West End Festival.* Propose 15 jours de concerts en plein air, du théâtre et d'autres animations, telle la parade de l'été. Ambiance garantie. • westendfestival.co.uk •

FIN JUIN OU DÉBUT JUILLET : *Glasgow International Jazz Festival.* Étape obligée du circuit des grands festivals européens de jazz. Billets : quelques concerts gratuits, la majorité £ 12-25. • jazzfest.co.uk •

FIN JUILLET : *Merchant City Festival.* Un peu partout dans Glasgow, spectacles de danse, musique, théâtre, et nombreuses manifestations autour de l'art contemporain, la mode, la littérature, le cinéma... • merchantcityfestival.com •

AOÛT : *Piping Festival Piping Live !* Une semaine pendant la première quinzaine d'août. Toutes sortes de manifestations à la gloire de la cornemuse : concerts payants en salle ou gratuits en ville, expos, lectures... Le festival a lieu la semaine précédant le World Pipe Band Championships, qui, lui, se déroule toujours le 2e ou 3e samedi du mois d'août. Cette compétition rassemble sur une journée plus de 200 *pipe bands* venus du monde entier au Glasgow Green... • pipinglive.co.uk • theworlds.co.uk •

SE REPÉRER

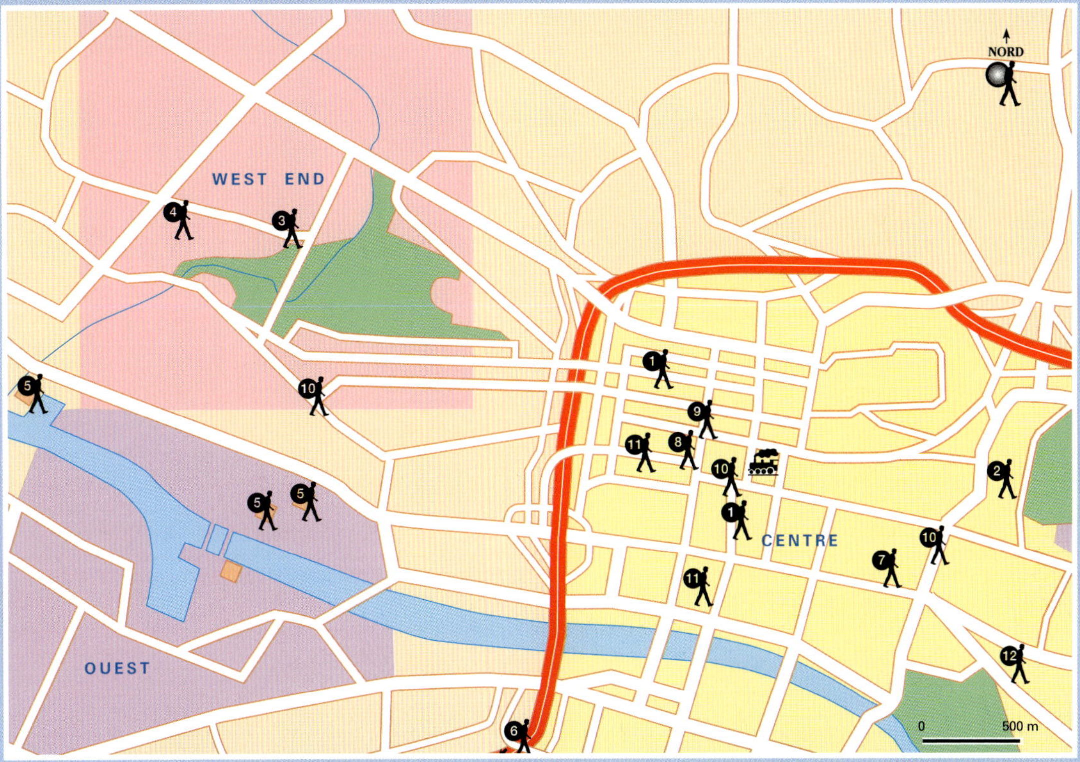

1 LES JARDINS DU PARTAL, DANS L'ALHAMBRA

GRENADE

Grenade, la plus orientale des villes espagnoles, est le véritable bijou de l'Andalousie. Déjà, son site, au pied de l'imposante sierra Nevada, est grandiose. Au premier plan se détache l'Alhambra, chef-d'œuvre de l'architecture arabe. En face, sur les collines, grimpent les vieux quartiers de l'Albaicín et du Sacromonte, entrelacs de ruelles tortueuses et pentues bordées de maisons blanches. Mais Grenade est aussi une grande ville qui bouge, avec son université prestigieuse fondée au XVIe s par Charles Quint, ses quartiers vivants, ses nuits fiévreuses, ses rues piétonnes étroites où flotte le parfum des fleurs d'oranger... Grenade est une ville qui se déguste, plus particulièrement au moment du coucher du soleil.

BUDGET	€€
CULTURE	★★★★
CUISINE	★★★★
SHOPPING	★★☆☆
VIE NOCTURNE	★★★★

2h30 au départ de Paris (en low cost, arrivée à l'aéroport de Málaga)

DÉCOUVRIR

1 Se laisser envahir par la beauté de l'Alhambra
le plus prestigieux témoin de la présence musulmane en Espagne.

L'Alhambra, « la Rouge » en arabe, doit son nom à la coloration que prend sa pierre quand le soleil couchant l'embrase. Bâtie au Moyen Âge sur un promontoire surplombant la ville, cette énorme forteresse, cernée de hauts murs, est une véritable cité. On y trouve des palais, des bains, une mosquée, une forteresse et, liant harmonieusement le tout, de merveilleux jardins. On admire les détails des mosaïques et des plafonds, on flâne avec plaisir dans ses patios, on s'attarde dans le Generalife, la résidence d'été des souverains, et l'on profite du panorama depuis la forteresse (l'Alcazaba) qui surplombe la ville. Pour sûr, ce chef-d'œuvre de l'art islamique est un petit bijou qui mérite à lui seul un voyage en Andalousie !

BON À SAVOIR : l'Alhambra étant le monument le plus visité d'Espagne, il est plus que recommandé de réserver ses billets à l'avance. • alhambra-patronato.es •

2 Se promener à travers les jardins du Carmen de los Mártires
une balade bien rafraîchissante après la visite de l'Alhambra.

Étalés en contrebas de la forteresse, ces jardins sont aménagés autour d'une petite résidence d'été du XIXe s. Juste derrière, un magnifique patio nasride à la végétation luxuriante, avec une petite grotte. Puis un enchaînement de terrasses plantées d'arbres fruitiers, jardins à la française, à l'anglaise, petit bois où se promènent des paons et bassins où barbotent des cygnes noirs... le tout entrecoupé de fontaines et statues. Bref, voilà une balade bien rafraîchissante après la visite de l'Alhambra, avec en prime de belles vues à glaner sur la ville.

BON À SAVOIR : c'est l'endroit idéal pour s'offrir un pique-nique d'esthète !

GRENADE ARABE ET CHRÉTIENNE

La cité andalouse, qui s'étend au pied des montagnes de la Sierra Nevada, a été tour à tour occupée par les Phéniciens, les Carthaginois, les Romains, les Wisigoths... Mais c'est la présence des Arabes, installés dès 711, qui aura modelé la physionomie de la ville. Huit siècles de domination Al-Andalus durant lesquels Grenade fut une des villes les plus puissantes de la région, comme en témoignent les fastueux palais nasrides de l'Alhambra. L'Inquisition y a aussi laissé son empreinte. Grenade fut la dernière ville conquise par les Rois Catholiques. Pour asseoir leur victoire dans ce bastion maure, ils ont bâti encore et encore, converti ceux qui voulaient rester, et expulsé les autres en 1501.

3 S'égarer joyeusement dans le labyrinthe magnifique de l'Albaicín

vieux quartier de Grenade, avant d'admirer le coucher du soleil sur l'Alhambra.

Pour humer l'atmosphère unique de Grenade, il faut se perdre dans le dédale de l'Albaicín, médina de 3 000 ruelles (un vrai labyrinthe !), qui s'élève sur la colline face à l'Alhambra. C'est un quartier de style arabe d'un blanc lumineux, qui a sauvegardé l'aspect qu'il avait il y a plusieurs siècles. Au hasard de ses ruelles étroites, de ses passages, de ses escaliers, de ses placettes pavées, il a conservé le charme de ses patios fleuris et de ses demeures anciennes. En y montant à pied (attention, ça peut grimper sec !), on voit progressivement la ville d'en haut, pour finalement atteindre le mirador de San Nicolás, qui offre un magnifique point de vue. De là, quand le soleil couchant embrase l'Alhambra se détachant sur les montagnes enneigées de la Sierra Nevada, c'est magique !

BON À SAVOIR : le mot « *cármenes* », nom des maisons de l'Albaicín, viendrait de l'arabe « *karm* », qui désignait un jardin clos, comprenant un potager et quelques pieds de vigne. Ces maisons traditionnelles renferment toujours, bien à l'abri derrière leurs longs murs blancs, ces édens secrets qui contribuèrent assurément à la réputation de Grenade.

4 Découvrir le plaisir des bains arabes en faisant une séance de hammam

idéal pour se relaxer après une balade sur les hauteurs de la ville.

Au pied de l'Alhambra, le hammam *Al Andalus* est un lieu réellement magique pour découvrir le monde mystérieux des bains arabes. Le hammam recrée cet espace de la vie quotidienne *nazarí* et offre un moment de détente avec ses multiples piscines à différentes températures et son espace pour prendre le thé. S'il y a trop de monde, vous pourrez vous rendre aux bains *Aljibe.* Un peu moins central, mais là encore, succession de bassins dans des installations qui se veulent fidèles à l'esprit hammam. Jeux de lumière, petites bougies, musique arabe en sourdine et thé à la menthe en libre-service.

BON À SAVOIR : • hammamalandalus.com • aljibesanmiguel.es •

5 Faire une folie et s'offrir une nuit de rêve au cœur même de l'Alhambra

dans le *Parador nacional San Francisco.*

Les paradors sont des établissements hôteliers exceptionnels situés dans des cadres uniques : châteaux forts, manoirs, anciens palais, couvents, monastères... Celui-ci est installé dans l'enceinte même de l'Alhambra. Idéal pour ceux qui souhaiteraient dormir tout près des mythiques jardins et du palais de la cité grenadine... Évidemment ce n'est pas donné. À défaut d'y dormir, il est tout de même très agréable d'y prendre un verre, dans le patio ombragé, histoire de prolonger la magie de la promenade dans les jardins de l'Alhambra. Car, quoi qu'on en pense, le cadre reste enchanteur.

BON À SAVOIR : résa nécessaire plusieurs mois à l'avance ; à peine 40 chambres et l'on vient même du Japon pour s'y marier ! • parador.es • À noter également, le long du Darro, au pied de l'Albaicín, quelques superbes demeures des XVIe et XVIIe s converties en structures hôtelières pleines de charme.

6 Partir à la découverte du Sacromonte

le vieux quartier gitan de Grenade.

À l'est de l'Albaicín, le Sacromonte possède un environnement fort différent, plus aride : les cactus et les agaves percent entre la rocaille, et les habitations, les *cuevas,* sont creusées dans la colline crayeuse. Il s'agit de maisons troglodytiques autrefois occupées par les gitans, qui constituaient les principaux habitants du lieu. Aujourd'hui, certaines d'entre elles sont toujours habitées, voire visitables pour quelques-unes, mais elles abritent surtout des boîtes de flamenco. Pour en apprendre plus sur la culture, la nature et l'histoire de ce quartier pittoresque, il faut visiter l'intéressant musée installé dans un ensemble de *cuevas* en haut de la colline. En bonus, on profitera d'une vue imprenable sur l'Alhambra !

BON À SAVOIR : • sacromontegranada.com •

7 Admirer l'église du monastère de San Jeronimo

magnifique témoignage de la Renaissance espagnole.

Fondé en 1496, le monastère de San Jeronimo fut achevé en 1547 par Diego de Siloé. Il est organisé autour d'un grand et joli cloître planté d'orangers et composé d'une galerie à arcades sur deux niveaux. Le clou de la visite, c'est l'église, qui mélange les styles gothique élisabéthain et Renaissance. Très chargé et léger à la fois, pas un seul centimètre carré n'a échappé au coup de pinceau de l'artiste ! Plafond à caissons où trônent moult angelots, chérubins, monstres. La merveille reste l'incroyable retable, œuvre admirable de la fin du XVIe s, qu'on doit à un groupe d'artistes espagnols : une véritable B.D. qui nous raconte, en vrac, le saint sacrement, la naissance du Christ, l'Adoration...

8 Une fois la nuit tombée et les boutiques fermées, apprécier la belle architecture de l'Alcaicería

l'ancien marché de la soie à l'époque musulmane.

Tout à côté de la cathédrale, on jettera un coup d'œil à l'Alcaicería, l'ancien souk où l'on vendait, au Moyen Âge, les tissus de soie. Aujourd'hui, ce sont les boutiques de souvenirs qui ont totalement investi le quartier, masquant les belles façades. Le moment idéal pour en découvrir la belle architecture est donc à la nuit tombée, vers 22h ou 23h, lorsque les boutiques ont fermé leurs portes : mis en valeur par un éclairage approprié, le vieux souk retrouve alors toute sa magie.

BON À SAVOIR : l'Alcaicería accueille aussi un centre d'art contemporain, le *centro José Guerrero* ; les expos, gratuites, y sont d'excellente qualité.

1 L'ALHAMBRA

FEDERICO GARCÍA LORCA

Originaire de Fuente Vaqueros, près de Grenade, Federico García Lorca (1898-1936) publie à 20 ans ses premiers poèmes. Très influencé par la vie à la campagne, il sut en exprimer de manière fine et précise toute la force et la noblesse. Il se sent proche de l'âme gitane, et la tauromachie l'inspire. C'est *Romancero gitano* qui le fera connaître en 1928. Puis il y aura *Poeta en Nueva York,* qu'il publiera à l'issue d'un voyage aux États-Unis. Il revient à Grenade en 1936, en pleine terreur phalangiste. On l'arrête comme sympathisant républicain. Il est sommairement exécuté à Víznar la même année.

9 Rendre visite aux Rois Catholiques dans la *Capilla Real* (chapelle royale)

où reposent d'un sommeil éternel les conquérants de la Grenade islamique.

Annexe de la cathédrale, la chapelle royale fut édifiée pour recevoir les dépouilles d'Isabelle de Castille et Ferdinand d'Aragon. Protégés par une superbe grille en fer forgé, leurs étonnants cénotaphes en marbre de Carrare voisinent ceux de leur fille et de son époux. À voir également, le très beau retable plateresque du maître-autel, illustrant la reddition de Grenade et la conversion massive des Maures. Le musée abrite quant à lui de nombreux chef-d'œuvres issus de la collection privée de la reine Isabelle (de magnifiques Hans Memling, un Botticelli…), ainsi qu'un certain nombre d'objets personnels, notamment la couronne et le sceptre de la reine ainsi que l'épée de Ferdinand.

BON À SAVOIR : • capillarealgranada.com •

SAVOURER

10 Goûter aux délicieuses spécialités de Grenade

dont certaines recettes trouvent leurs origines dans les cuisines arabe et juive.

Avant tout, il faudra goûter les excellentes fèves au jambon *(habas con jamón).* On y retrouve la force du jambon de Trevélez, préparé dans la sierra, et la consistance rassérénante des fèves. Ce mets typique est servi dans la plupart des restos. Essayez aussi (histoire de !) la *tortilla Sacromonte,* omelette à la cervelle et aux testicules de mouton ou de veau, ainsi que les viandes (poulet, chevreau...) *al ajillo* (à l'ail). De succulents poivrons farcis sont également servis dans les bars à tapas, en plus, bien sûr, de l'éventail habituel de charcuteries, fromages, poissons et fruits de mer. On finira par les exquis beignets de Grenade et les pâtisseries dégoulinantes de miel et d'amandes, parmi lesquelles le fameux *pionono,* à base de crème et de biscuit. Bon, allez, à vos fourchettes !

11 Faire la tournée des bars à tapas

et tenter de se frayer une place jusqu'au comptoir.

Dans presque tous les bars à tapas de Grenade, une *tapita,* ou *tapilla* (une petite tapa, quoi !), est systématiquement offerte avec la bière ou le verre de vin commandé. Le nom a beau être un diminutif de *tapa,* cela reste copieux dans la soucoupe ! Ce peut être un bout de fromage, deux ou trois escargots, quelques copeaux de jambon, de petits poulpes frits ou n'importe quoi d'autre. Maintenant, si vous voulez une *tapa* particulière (a fortiori *una ración*), il faut la commander et la payer, évidemment.

BON À SAVOIR : question horaires, la plupart de ces bars sont ouverts du matin (parfois 12h ou 13h) jusqu'à minuit ou 1h (au moins), avec souvent une pause en fin d'après-midi.

12 Succomber en fin d'après-midi à un authentique *chocolate con churros*

un chocolat chaud (bien épais !) accompagné… de *churros.*

À Grenade comme ailleurs en Espagne, nombreux sont ceux qui succombent, vers 18h, à cette spécialité. Ici, le chocolat n'est pas un breuvage clairet à l'eau comme on peut le trouver par chez nous, mais une boisson riche, épaissie à la fécule, dense en arômes, faite tout exprès pour y tremper les fameux *churros,* ces beignets allongés ou bâtons de pâte à crêpe frits. Dans le centre, autour de la cathédrale, pas mal de petits cafés en servent d'excellents. Le dimanche, c'est également vers 11h, en guise de brunch, que les familles espagnoles s'offrent ce plaisir, notamment sur la plaza Bib-Rambla, où la marée de consommateurs de *churros* en terrasse est assez impressionnante.

BON À SAVOIR : sur la place mythique de la ville, le plus vieux café de Grenade (fondé en 1907), le *Gran Café Bib-Rambla,* est l'un des endroits inévitables pour siroter un authentique *chocolate con churros.* • cafebibrambla.com •

SORTIR

13 Se laisser enivrer par le rythme de la *zambra*

un genre de flamenco local, dans le quartier du Sacromonte.

Comme les autres grandes cités andalouses, Grenade propose ses spectacles de flamenco. Mais la spécialité ici, c'est la *zambra,* un genre de flamenco qui se donne dans les petites caves troglodytiques du Sacromonte (le quartier gitan de Grenade), où les artistes claquent et piétinent à 1 m des spectateurs. Sinon, on peut assister à du flamenco traditionnel dans un *tablao* (petite salle de spectacle, avec scène), ou encore dans une salle de concerts plus ou moins dédiée à cet art. Des différents types de lieux, c'est souvent ce dernier qui est le moins cher et le moins touristique. Quelle que soit la formule choisie, c'est surtout dans le quartier du Sacromonte que se trouvent les adresses, toutes alignées sur le même camino del Sacromonte.

14 Se laisser porter jusqu'au petit matin

par les fièvreuses nuits de Grenade.

À Grenade, on peut résumer le déroulement de la nuit en trois mots : « *tapas-cervezas-discotecas* ». Ce qui veut dire : de 21h à minuit, on descend des tapas, de minuit à 2h ou 3h, on va dans les bars, et de 3h à… (?) on sort en boîte, le tout crescendo ! La vie nocturne ne se concentre pas dans un seul quartier, même si le bas de l'Albaicín tient la corde, à savoir les alentours de la plaza Nueva. Pour les spectacles et les concerts du moment, jetez un œil au *Pocket Guía,* un livret mensuel en vente dans les kiosques (1 €) ou disponible… gratuitement (s'il en reste) à l'office de tourisme. Gratuits aussi dans les bars et restos, le *Yuzin* et le *Go* référencient toute l'actu culturelle du moment.

BON À SAVOIR : à titre d'exemple, le *Granada 10* est l'un des rendez-vous nocturnes incontournable, un endroit assez fou puisqu'il s'agit d'un vieux cinéma d'allure baroque. Inutile d'y aller avant 3h ; à Grenade, comme on l'a dit, on attend le cœur de la nuit pour faire la fête. • granada10.com •

ROUTARDS DU TEMPS JADIS !

Au milieu du XIXe s, l'Alhambra était si peu visitée que certains voyageurs avaient le droit de dormir dans les salles des palais. Washington Irving eut ce privilège. En 1829, accompagné d'un ami peintre, il arrive à Grenade, cité oubliée perdue au milieu de ses montagnes et se voit offrir pour quelques mois, en guise de lieu de villégiature, un palais à demi ruiné : l'Alhambra ! Irving y occupera une chambre plusieurs mois durant, récoltant légendes et récits, publiés en 1832 sous le titre de *Contes de l'Alhambra,* recueil à la gloire d'une Espagne maure anéantie par la violence de l'histoire. Le livre est sur tous les étalages de la ville.

SHOPPING

15 Se constituer un pique-nique d'anthologie
au marché central de San Agustín.

L'endroit idéal pour qui cherche d'authentiques produits du terroir ! Le Mercado central San Agustín, dans la rue éponyme, est un grand marché couvert avec des étals de légumes, fruits, charcuterie… Un vrai régal pour les yeux et une ambiance chaleureuse. Sur la jolie placette de la Pescadería, marché aux fruits, légumes, poissons... Plaza Larga, dans le haut de l'Albaicín, fruits et légumes, fleurs, vêtements et babioles. *La Oliva (calle Rosario, 9)* est l'autre endroit idéal pour qui cherche d'authentiques produits du terroir ! Outre presque tous les vins de la province, on y trouve d'exquis fromages de montagne (essayez l'*añejo,* mi-chèvre, mi-vache, à déguster avec de l'huile d'olive aromatisée au basilic), du superbe jambon de Bubión (village des Alpujarras) et on en passe, le tout à goûter avant d'acheter.

16 Prolonger le voyage en vous rendant chez un disquaire
et se rapporter quelques authentiques enregistrements de flamenco.

Difficile en France de trouver de bons enregistrements de l'essence même du flamenco. Alors, pourquoi ne pas profiter du voyage pour faire un tour chez un disquaire ? La notoriété de *Gran Vía Discos* (Gran Vía de Colón, 21) a largement dépassé les murailles de Grenade. Passionné de flamenco et de musique traditionnelle andalouse, ce disquaire sera de bon conseil (il parle d'ailleurs très bien le français). Une adresse incontournable, que vous soyez profane ou à la recherche d'un introuvable.

BON À SAVOIR : • granviaflamenca.com •

17 Craquer pour une belle guitare flamenco
chez le plus ancien fabricant d'Andalousie.

Pour ceux qui souhaiterait s'offrir une guitare, on recommande d'aller faire un tour à la *Casa Ferrer.* Pour la petite histoire, c'est Benito Ferrer, le fondateur de la boutique, qui offrit à Andrés Segovia (grand guitariste espagnol) sa première guitare ! Guitares classiques et de flamenco (professionnelles ou non), *bandurrias* (sorte de mandolines), castagnettes... Presque en face, au n° 29, se trouve la boutique de *Francisco Manuel Diaz,* qui a tout appris de Benito. Enfin, citons *Taller Gil de Avalle,* un luthier très sympathique chez qui l'on peut non seulement acheter de superbes guitares, mais aussi apprendre à en jouer... ou même, pour ceux qui ont du temps devant eux (1 mois), à en fabriquer ! Également des cours de flamenco.

BON À SAVOIR : • gildeavalle.com •

AGENDA DES FÊTES, FESTIVALS ET ÉVÉNEMENTS CULTURELS

MARS-AVRIL : *Semaine Sainte.* Pendant la Semaine sainte, qui s'étale du dimanche des Rameaux à Pâques (la date de Pâques varie entre le 22 mars et le 25 avril), les grandes villes andalouses sont envahies par les touristes, eux-mêmes noyés dans la foule espagnole. Terre de grande ferveur catholique, l'Espagne n'a pas son pareil pour célébrer Pâques. Les processions de pénitents encagoulés et de personnages bibliques commencent dès le dimanche des Rameaux. Elles sont suivies de processions nocturnes appelées *pasos,* qui figurent une scène de la Passion. Les fêtes de la Semaine sainte enflamment toute la péninsule Ibérique, mais les processions les plus impressionnantes ont lieu à Séville, Cuenca, Grenade, Malaga, Valladolid, Jerez…

FIN JUIN À DÉBUT (OU MI-) JUILLET : *Festival international de musique et de danse de Grenade.* Festival de grand renom, proposant de la musique classique, des musiques du monde et de la danse dans les plus beaux lieux de Grenade (en plein air au Generalife, par exemple…). Il propose, entre autres, une animation très courue nommée *Trasnoche flamenco,* des soirées flamenco à partir de minuit, dans le quartier de l'Albaicín et du Sacromonte. S'y prendre à l'avance pour réserver car les spectacles les plus prestigieux se remplissent très vite. • granadafestival.org •

SE REPÉRER

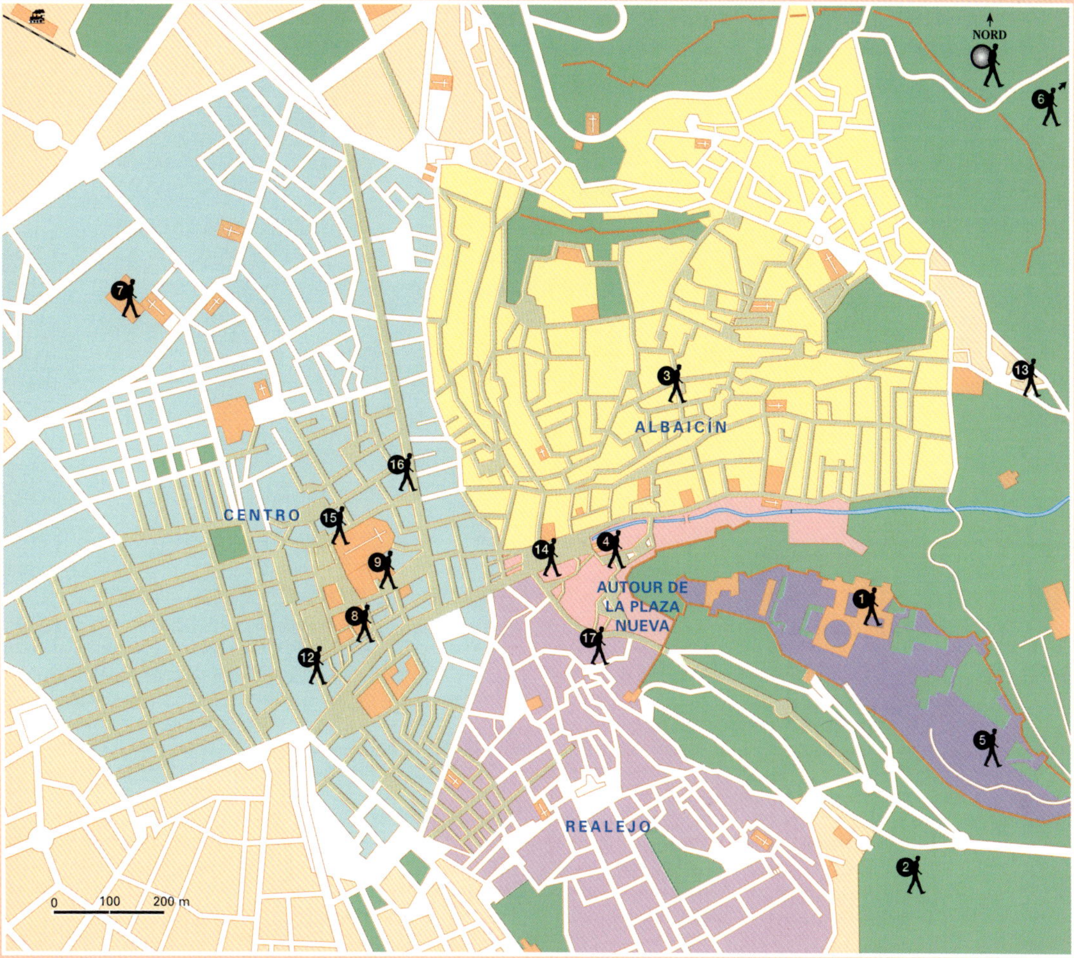

HAMBOURG

Prêt pour un bain d'énergie ? Hambourg, qui compte parmi les plus grands ports du monde, est une métropole dynamique et festive. Si elle ne dévoile pas ses charmes au premier abord, cette ville cosmopolite, n'est dénuée ni d'intérêt ni de caractère. Détruite à plus de 80 % lors de la Seconde Guerre mondiale, elle s'est reconstruite petit à petit et poursuit sa mue, notamment avec la réhabilitation du quartier des docks, un chantier pharaonique, au budget titanesque. La capitale allemande de l'édition et des médias se révèle surprenante : plus de 64 km de canaux et 2 500 ponts qui forment un labyrinthe sinueux, ville la plus verte du pays, un quartier de nuit très chaud, des terrasses accueillantes sous des arcades, et même un lac intérieur, l'Aussenalster, bordé de somptueuses maisons... Autant de lieux qui offrent un cadre fascinant à cette vibrante cité.

BUDGET	€€
CULTURE	★★☆☆
CUISINE	★★☆☆
SHOPPING	★★☆☆
VIE NOCTURNE	★★★☆

1h25 au départ de Paris

DÉCOUVRIR

1 S'imprégner de l'ambiance cosmopolite du port de Hambourg

et arpenter le quartier de Speicherstadt, une véritable ville d'entrepôts en brique.

Les quartiers portuaires, en pleine réhabilitation, représentent à la fois le passé et l'avenir de la ville. Speicherstadt est le cœur historique du port, avec ses entrepôts de brique rouge par où transitent les produits du monde entier. Parcourez la « ville des entrepôts », des comptoirs et des maisons de commerce qui firent la richesse de Hambourg. Ces élégants bâtiments de brique rouge abritent sur plusieurs hectares des épices, du café, du tabac, de la soie et des tapis. Cité dans la cité, construite dans un style néogothique à la charnière du XIXe s et du XXe s, Speicherstadt dégage un charme certain, surtout le soir, lorsque ses entrepôts illuminés se reflètent sur les canaux. À noter, au sud de Speicherstadt, Hafencity est un projet pharaonique qui s'étend sur plus de 150 ha : lorsque tout ce quartier flambant neuf sera achevé, d'ici 2025, le centre-ville de Hambourg aura grossi de... 40 % ! Spectaculaire.

BON À SAVOIR : vraiment intéressante, la balade en bateau permet de mesurer l'étendue de ce port gigantesque (80 km^2 ; la taille de Copenhague) et d'écouter des chansons paillardes de marin fredonnées par le batelier !
• abicht.de •

2 Visiter le magnifique Musée maritime

un des plus beaux et des plus complets au monde dans sa catégorie.

Situé aux portes de Speicherstadt, dans un imposant entrepôt en brique, ce magnifique musée flambant neuf est consacré à la mer sous tous ses aspects : la navigation, la belle époque de la marine à voile, la guerre sur les mers, les routes commerciales ou encore la piraterie et les naufrages, la construction navale, l'armement, les uniformes et la vie à bord, les sous-marins, la marine marchande, les navires de croisière, la pêche, la faune des grands fonds, la plaisance, la marine dans l'art… Les amateurs de maquettes seront à la fête, notamment avec une réplique du *Queen Mary II*… en Lego et, au dernier étage, les milliers de bateaux en modèle réduit. Sans oublier ceux mis en bouteille, et heureusement pas jetés à la mer… Musée PAS-SION-NANT !

BON À SAVOIR : • imm-hamburg.de •

3 Admirer les tableaux de la Kunsthalle

tous plus beaux les uns que les autres.

Le musée des Beaux-Arts abrite une fameuse collection d'œuvres d'art réalisées du début du Moyen Âge à la première moitié du XXe s. Que du beau linge ! Entre autres chefs-d'œuvre : la *Présentation de Jésus au temple* de Holbein, l'*Électeur de Saxe* de Lucas Cranach le Vieux, la troublante *Flora* de Jan Massys. Belle série de maîtres hollandais dont les scènes de patinage en hiver, les marines de Ruysdael, des natures mortes et les scènes de la vie domestique. En vedette, le célèbre *Voyageur au-dessus de la mer de nuages*, de Caspar David Friedrich. Quelques impressionnistes : un Renoir, un Manet, puis Bonnard, Vuillard, Jongdkind, et aussi Cézanne et Gauguin. Sans oublier Picasso, Léger, Delaunay, Klee, Max Ernst, Magritte, Dubuffet, Francis Bacon et David Hockney…

BON À SAVOIR : un passage souterrain mène dans le nouveau bâtiment de la Galerie der Gegenwart, nouveau venu dans la cour des musées d'art contemporain. • hamburger-kunsthalle.de •

4 Se poser les pieds dans le sable au Strandperle

une plage insolite au cœur de la ville.

Au bord de l'Elbe, le Strandperle est une halte unique. Nulle part ailleurs on ne retrouve une telle atmosphère : des enfants en maillot qui font des châteaux de sable sous l'œil de leurs parents décontractés, des étudiants cool et des homos branchés qui boivent un verre. Au loin, les immenses grues qui s'activent au-dessus des porte-conteneurs gigantesques. C'est un vrai plaisir de se poser au soleil, avec, pour fond sonore, le clapotis du fleuve et les sirènes des bateaux. Pas trop de musique ici, car les habitants des immeubles chic alentour cultivent le calme. Self-service à la petite guérite : café, thé, jus de fruits ou bière contre la soif et gâteaux (industriels), *Brezeln* ou saucisses de Francfort pour les petites faims.

BON À SAVOIR : • strandperle-hamburg.de •

4 LA STRANDPERLE

5 Flâner le dimanche matin sur les rives de l'Aussenalster

un véritable lac intérieur bordé de somptueuses maisons.

C'est le quartier résidentiel des Hambourgeois. De superbes villas, à l'architecture très variée, se cachent parfois derrière de hautes grilles ou même se baignent les pieds dans le lac. Le must étant évidemment d'avoir son petit ponton pour arrimer son embarcation. Dans les nombreux parcs bordant cette réserve d'eau, et principalement sur l'ancien chemin de halage, le Harvestehuder Weg, qui longe l'Alsterpark entre l'Aussenalster et le quartier de Pöseldorf, on vient se reposer, conter fleurette, déstresser, bouquiner, « jogger », pique-niquer voire, quand le temps s'y prête, patiner sur la glace… Les locaux aiment parcourir ce lac en canoë. On peut même acheter de la bière dans des comptoirs qui donnent directement sur les canaux, histoire de pagayer sans risquer la déshydratation ! Un cadre vraiment très agréable…

BON À SAVOIR : on recommande également la promenade en bateau sur l'Alster, très agréable, elle permet de découvrir toute la douceur de la ville. • alstertouristik.de •

LE CANAL DE BLEICHENFLEET

SAVOURER

6 Déguster un *Labskaus,* LA spécialité de Hambourg

un plat qui mêle bœuf, poisson salé et pommes de terre.

Situé derrière l'église Saint-Michel, *Zu den Alten Krameramtsstuben am Michel* est le restaurant où l'on déguste des plats typiques de la ville. Éminemment touristique avec son style hambourgeois traditionnel qui a gardé son charme suranné. La vieille maison à étages est décorée de mobilier ancien. La cuisine locale de qualité ravira vos papilles. Choisissez donc un *Labskaus,* ou des filets de harengs sauce pomme et oignons, vous en garderez des souvenirs mémorables.

BON À SAVOIR : la ruelle est bordée de charmantes maisonnettes, les Krameramtswohnungen. La guilde des merciers *(Krämer)* les a faites construire en 1676 pour y loger les veuves des membres de leur corporation. Un petit musée a été aménagé à côté du resto. • krameramtsstuben.de • kramer-witwen-wohnung.de •

7 Aller à Sankt Georg, le quartier tout indiqué pour tester quelques cuisines du monde

notamment les restos asiatiques, portugais et indiens de Lange Reihe.

Hambourg est une ville cosmopolite. Profitez-en pour découvrir de nouvelles saveurs. Au *Café Koppel,* par exemple. Au fond d'une cour, dans une ancienne fabrique reconvertie en centre artisanal, ce lieu est consacré à la nourriture bio et végétarienne, la saucisse y est bannie. Salades, pâtes, quiches et divers petits plats du jour, ainsi que de succulents gâteaux faits maison. Jus frais, *lassi* onctueux, vins et bière bio. Une halte délicieuse au cœur de ce quartier vibrant. Citons aussi le *Vasco da Gama,* un resto portugais de très bonne facture qui propose aussi quelques plats espagnols. Large choix de poissons et fruits de mer ainsi qu'une palette de viandes et de plats du jour inscrits sur une ardoise.

BON À SAVOIR : • cafe-koppel.de • vasco-da-gama-hamburg.de •

8 Découvrir une cuisine moderne à *Die Bullerei*

un resto très tendance, installé dans un ancien abattoir aux murs de brique rouge.

Le chef est connu comme le loup blanc en Allemagne : Tim Melzer présente en effet des émissions culinaires à la télé ! Voilà pourquoi cette adresse est si courue. Les clients se bousculent pour découvrir les créations modernes de la maison, teintées de saveurs méditerranéennes. Tarifs assez raisonnables (sauf pour les boissons). Côté déco, le cadre s'inspire du passé industriel du bâtiment tout en intégrant des éléments contemporains du plus bel effet. Dehors, les clients mangent au coude à coude sur des bancs, le long de solides tables de bois. Une bonne adresse à prix encore démocratiques.

BON À SAVOIR : • bullerei.com •

SORTIR

9 S'encanailler dans le mythique quartier Sankt Pauli

là où les Beatles firent leurs début.

Une visite de Hambourg ne saurait faire l'impasse sur cet endroit à la réputation sulfureuse. Bien sûr, comme beaucoup de ses homologues alternatifs dans le monde, Sankt Pauli a vu se profiler une gentryfication rampante et une spéculation immobilière insidieuse qui menacent son identité. Mais aujourd'hui encore, des clubs comme le *Molotow* ou le *Hafenklang* continuent de faire les beaux jours du quartier. St Pauli, c'est l'underground décomplexé. Le soir, sur la Grosse Freiheit, les enseignes clignotantes des salles de jeux, cabarets et boîtes de nuit illuminent les trottoirs. Bastion de la marginalité, c'est l'épicentre de la scène underground et alternative de la ville. La musique y a toujours tenu une place importante. C'est d'ailleurs ici que les Beatles firent leurs débuts... au *Top Ten,* au *Kaiserkeller*, à l'*Indra*, tout de cuir vêtus et enflammant leurs premiers fans de 1960 à 1962. Mais si la scène musicale est prolifique, les autres arts ne sont pas en reste. L'alternatif électrise aussi les théâtres, la rue, les squats et le club de foot. John Lennon déclara un jour : « Je suis né à Liverpool, mais je suis devenu adulte à Hambourg. » Bien vu.

BON À SAVOIR : • molotowclub.com • hafenklang.org •

10 Écumer les bars cool et branchés de l'Altona

Quartier plus cosmopolite et surtout moins touristique, l'Altona faisait autrefois partie du territoire danois et avait accueilli nombre de juifs interdits à Hambourg. Au nord-ouest de la gare du même nom, sur l'Alma-Wartenberg-Platz où débouchent les rues Friedensallee et Bahrenfelderstrasse, il fait bon flâner dans ce coin aux allures de village et profiter des terrasses conviviales. On y trouve une concentration de bars dont *la Fabrik,* qui occupe une ancienne usine d'outils. Avec ses murs peints en rose et une grue sur le toit, impossible de la manquer. Elle a été réhabilitée par une association qui a mis sur pied une programmation culturelle très variée : théâtre, concerts, clubbing… Les pointures internationales comme les découvertes de *world music* se succèdent en permanence sur scène.

BON À SAVOIR : • fabrik.de •

LE HAMBURGER

Comme son nom le laisse supposer, le hamburger est bien originaire de Hambourg. Comment et pourquoi est-il devenu la nourriture de base de millions d'Américains ? À la fin du XIXe s, nombreux étaient les Allemands qui émigraient aux États-Unis en partant de Hambourg. À bord des bateaux, on servait des steaks de bœuf haché dans un petit pain. Le hamburger entra sur le continent via New York. En Californie, il fut récupéré par les frères McDonald qui le placèrent eux aussi entre deux tranches de pain.

LES DÉBUTS DES BEATLES À HAMBOURG

En août 1960, John Lennon, Paul McCartney, George Harrison, Stuart Sutcliffe et Pete Best jouaient à l'*Indra Club*, puis au *Kaiserkeller*, pour 30 DM par jour, et dormaient dans les couloirs du cinéma porno Bambi... En 1961, ils enregistrèrent leur premier disque avec le chanteur Tony Sheridan. Mais c'est en 1962, à Hambourg, que se constitua le groupe définitif : Stuart mourut d'une hémorragie cérébrale et Best fut viré, remplacé par Ringo Starr. À la fin de l'année, ils cassèrent la baraque au Star Club. Au n° 36 de la grosse Freiheit, une pancarte apposée au mur du *Kaiserkeller* relate le début de leur légende... Les fans feront le Hempels Beatles Tour. Une balade musicale dans le quartier avec Stéphanie, qui gratouille les airs des Fab Fours sur sa petite guitare. Arrêt obligé devant les lieux où ils se sont produits et bien sûr, moment de recueillement devant les effigies de fer à leurs silhouettes de la Beatlesplatz, au croisement de Repperbahn et Grosse Freiheit. • hempels-musictour.com • Se rendre également au petit musée assez touchant sur l'histoire et la vie d'un quartier à la forte personnalité. On y découvre que les Beatles n'ont pas été les seuls à chatouiller les décibels : photos de Little Richard, Jerry Lee Lewis, Black Sabbath et Jimmy Hendrix. • kiezmuseum.de •

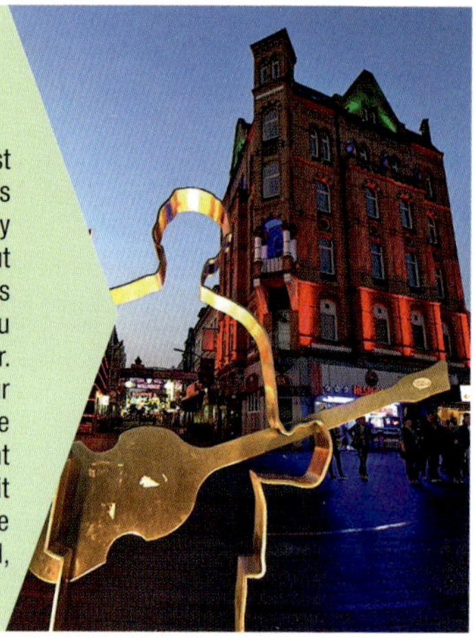

11 Tester l'ambiance décontractée du quartier de Sternschanze

Ce quartier, truffé d'anciens bastions, marquait autrefois la frontière avec le Danemark, lorsque le duché de Schlesswig-Holstein n'avait pas encore été annexé par la Prusse en 1866. De nos jours, même s'il s'embourgeoise peu à peu, il n'en reste pas moins un quartier idéal pour boire un verre. Les larges trottoirs de la Schulterblattstrasse sont mis à profit par une série de cafés-bars qui sortent leurs tables quand il fait beau. Un endroit sympa pour un apéro au milieu d'une population jeune et décontractée, un peu bohème.

BON À SAVOIR : sur la Sternstrasse, aller à l'*Erika's Eck*, petit bistrot d'habitués où les chauffeurs de taxi viennent, leur nuit finie, boire un café et manger un morceau. Ici, on sert à toute heure des plats consistants pour recharger les batteries après une virée dans *Hamburg by night*. • erikas-eck.de •

SHOPPING

12 Un dimanche matin, se perdre dans le Fischmarkt, le fameux marché au poisson

élément majeur du folklore hambourgeois.

Situé dans le quartier Sankt Pauli, le Fischmarkt est le vieux marché au poisson, mais aujourd'hui, la vente des produits de la mer est devenue accessoire : on s'y rend autant pour l'ambiance que pour y faire ses courses ! On marchande son kilo de bananes, on écoute plaisanter les marchands au milieu de stands de brocanteurs, de bijoux, de vêtements, de fleurs ou de légumes. Tous les dimanches, dans la magnifique halle en bord de fleuve, une animation musicale a lieu dès 5h. Exit la vente de poissons à la criée, de nombreux stands où s'abreuver et manger. Continuez le long de l'*Elbstrasse* pour une belle promenade à pied le long du port.

BON À SAVOIR : et pour les amateurs de design, une visite au Stilwerk s'impose. Dans une ancienne brasserie s'est installé le temple des designers contemporains. • stilwerk.de •

13 Se lancer dans une cession shopping à Neustadt

Neustadt, la « ville nouvelle », n'est pas si nouvelle puisqu'elle date du Moyen Âge. Bon, il n'en reste plus grand-chose... Les amateurs de shopping seront comblés : on ne compte plus les galeries commerciales ! Les passages couverts autour de Gänsemarkt ou sur Jungfernstieg abritent les magasins des plus grandes marques de vêtements, chaussures et bijoux.

AGENDA DES FÊTES, FESTIVALS ET ÉVÉNEMENTS CULTURELS

MAI : *fête du Port.* Au mois de mai (le 2e week-end du mois), Hambourg fait la fête à son port.

SEPTEMBRE-OCTOBRE : *Oktoberfest.* La dernière semaine de septembre et la première d'octobre, c'est la grande fête de la Bière, l'Oktoberfest.

3 OCTOBRE : *fête nationale.* Elle marque la réunification. Tout est fermé ce jour-là.

DÉCEMBRE : *les Weihnachtsmärkte (marchés de Noël).* Tous le mois de décembre ils s'installent dans de nombreuses villes : artisanat, vin chaud à la cannelle, saucisses à gogo, pains d'épice…

SE REPÉRER

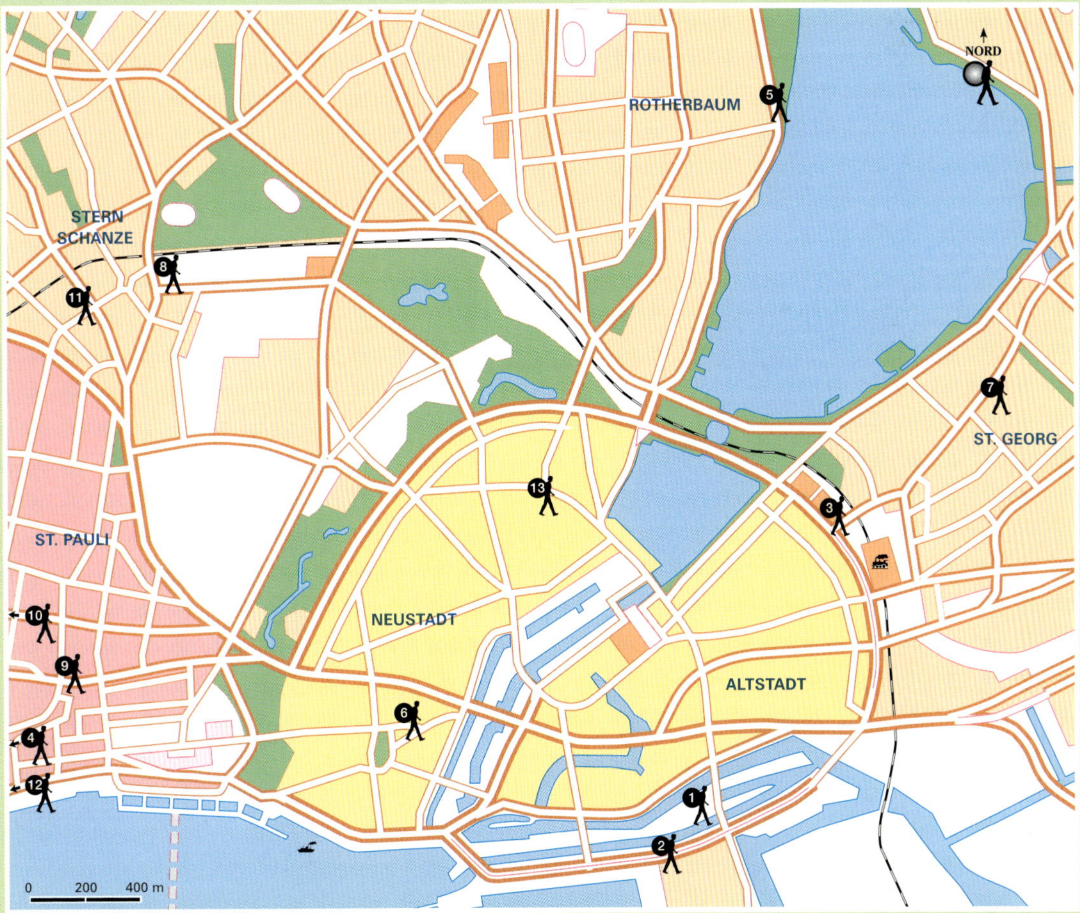

HELSINKI

Comme tout le pays, Helsinki vit en harmonie avec la nature. Prenez le bateau pour les îles de l'archipel, louez un vélo et empruntez les pistes cyclables jusqu'à la plage, baladez-vous dans l'un des innombrables parcs où s'exercent les joggeurs l'été et les skieurs l'hiver. Mêlez-vous à sa jeunesse tonique, et plongez-vous à corps perdu dans l'animation des nuits de fin de semaine, qui n'a rien à envier à celle des plus actives de nos grandes villes continentales. Prenez le pouls d'un foyer culturel actif où vous n'aurez que l'embarras du choix des spectacles. Et gardez du temps pour visiter ses musées, pour vous émerveiller d'une confrontation architecturale permanente mélangeant adroitement néoclassicisme, Art nouveau et réalisations contemporaines.

BUDGET	€€€
CULTURE	★★☆☆
CUISINE	★★☆☆
SHOPPING	★★☆☆
VIE NOCTURNE	★★★☆

2h50 au départ de Paris (en low cost, escale à prévoir)

DÉCOUVRIR

1 Flâner sur l'Esplanade de Helsinki

par une nuit blanche de juin où la douceur de l'air incite à la rencontre.

Large double avenue séparée par un terre-plein verdoyant, l'œuvre d'Engel, fut tracée en 1826 lors de la reconstruction consécutive au grand incendie de 1808. Les plus vieux des tilleuls ont été plantés lors de son aménagement (1840). L'Esplanade mène à la place du Marché et à son alignement d'édifices néoclassiques, parmi lesquels les solennels hôtel de ville et palais présidentiel. Le marché populaire anime cette place qui s'ouvre sur le port et le ballet des ferries traçant la route entre des grappes d'îlots. En été, concerts gratuits en plein air, bateleurs et baladins. C'est aussi le lieu de rendez-vous de la jeunesse, surtout lors des folles nuits de fête.

2 Silloner les pistes cyclables de la ville

et se retrouver rapidement en pleine nature pour prendre un bon bol d'air.

Un extraordinaire réseau de pistes cyclables s'étend jusqu'aux abords du parc national de Nuuksio, au milieu d'immenses forêts où vous pourrez prendre un formidable bol d'air. Vous trouverez à l'office de tourisme un dépliant suggérant trois belles et faciles balades : une urbaine de 17 km (compter 2h30 sans forcer) et deux plus nature de 23 km (3h) et 37 km (4h30). La dernière vous conduira aux jardins ouvriers de la ville, et à une tour d'observation des oiseaux donnant sur un marais sauvage.

3 Prendre le bateau pour Suomenlinna
où se trouve l'ancienne forteresse qui défendait la rade de Helsinki.

Helsinki possède 98 km de côtes, pour une superficie de 187 km^2 dont 315 îles et îlots. Quelques-unes de ces îles sont aménagées comme Suomenlinna, où une ancienne forteresse fut bâtie à partir de 1748. Les Suédois passèrent plusieurs dizaines d'années à construire le plus grand complexe militaire de leur histoire, pour le céder aux Russes, sans combat, en 1808 ! Vous y verrez quelques ouvrages remarquables (le radoub, l'une des cinq églises-phares au monde, etc.), mais c'est surtout un lieu de divertissement et de promenades. On chemine au milieu de vieilles maisons en bois, d'installations militaires austères et de casemates à l'abandon. On y tutoie aussi l'océan par des sentiers suivant son dessin tortueux.

BON À SAVOIR : en été, 2 petites plages attirent les amateurs de bronzette, les oiseaux migrateurs animent l'intersaison, l'hiver amène le silence et l'immensité de l'étendue glacée. Départs de la pl. du Marché pour des balades en bateau. • suomenlinna.fi •

4 Voir l'insolite Temppeliaukio kirkko
une église unique construite dans la roche.

Unique : une église circulaire partiellement creusée dans la roche. Seul le pourtour du dôme de cuivre laisse passer la lumière. Intelligence et harmonie des formes, du mélange des matières. Ici, c'est la roche qui est la base de la structure. Le dôme ressemble à une panière d'osier tressé posée à l'envers, suspendue par 180 rayons de béton et autant de vitres. Béton, cuivre et granit cohabitent à merveille. Récompense suprême de ce travail audacieux achevé en 1969, une acoustique parfaite à laquelle n'osaient rêver les architectes, les frères Suomalainen. Si vous en avez l'occasion, essayez d'assister à l'un des nombreux concerts qui y sont donnés.

BON À SAVOIR : Lutherinkatu 3. Ne pas manquer non plus d'aller admirer les remarquables fresques médiévales de la cathédrale d'Espoo (Kirkkopuisto 5).

LE SAUNA

Si vous n'avez jamais osé, c'est l'occasion ou jamais ! Le sauna fait partie de la vie quotidienne, si l'on en croit cette maxime populaire : « La première année, le Finlandais construit son sauna, la seconde année, il construit sa maison autour. » Son rôle est hygiénique (nettoyage en profondeur de l'épiderme) et sanitaire (amélioration de la circulation sanguine en alternant le très chaud et le très froid) autant que social. Le sauna, c'est comme la table en France : les Finlandais s'y retrouvent pour discuter. C'est un lieu de paix où il est très mal vu de jurer, de se quereller ou même de parler fort : « Au sauna, conduis-toi comme à l'église », dit un proverbe finlandais. Un sauna se prend en famille, entre amis, après le sport, avec les relations de travail. Il n'est mixte qu'en famille ou entre amis proches. On trouve un sauna dans tous les bâtiments finlandais, y compris les entreprises. Le pays en compte un pour trois habitants. Le plus réputé à Helsinki est celui de Kotiharju • kotiharjunsauna.fi •

5 S'imaginer habiter la maison idéale

dessinée par un trio de géniaux architectes sur le domaine de Hvitträsk à Espoo.

Haut lieu de l'Art nouveau finlandais, cet ensemble de 3 maisons construites en 1903 est l'œuvre des trois architectes phares de l'époque : Eliel Saarinen, Armas Lindgren et Herman Gesellius. Ils en firent à la fois leur lieu de résidence et de travail. On ne visite que la demeure des Saarinen ; celle de Gesellius abrite désormais un café-restaurant, celle de Lindgren a entièrement brûlé. Dans une lumière tamisée par des vitraux et fenêtres en ogive, sous des plafonds de bois ou des voûtes couvertes de fresques, le salon et la salle à manger plongent le visiteur dans le style romantisme national. Les pièces frappent par leur clarté, leur modernité et le souci de s'accorder au rythme de la nature.

BON À SAVOIR : le moyen le plus pratique d'y aller depuis Helsinki est la voiture. • hvittrask.fi •

6 Visiter le musée d'Art contemporain Kiasma

bâtiment étincelant imaginé par l'architecte américain Steven Holl.

L'art contemporain a ici son sanctuaire ! Beaucoup d'artistes finlandais ou des pays voisins, mais aussi nombre de grands noms internationaux. Les réserves contiennent plus de 4 000 œuvres, dévoilées tour à tour dans les salles de ce grand paquebot. Ou plutôt de cette grande arche : car le Kiasma est avant tout un lieu de rencontre. Son nom lui-même signifie en grec « carrefour » ou « croisement ». Même si vous êtes rétif à l'art contemporain, pénétrez dans le hall pour la beauté de cette architecture moderne. Notez les poignées de portes et les appliques, dessinées par Steven Holl en personne. Rien n'est laissé au hasard : l'architecture elle-même crée la rencontre, en unissant d'un côté la nature, de l'autre la ville, dévoilées l'une à l'autre à chaque extrémité de l'édifice à travers les baies vitrées.

BON À SAVOIR : • kiasma.fi •

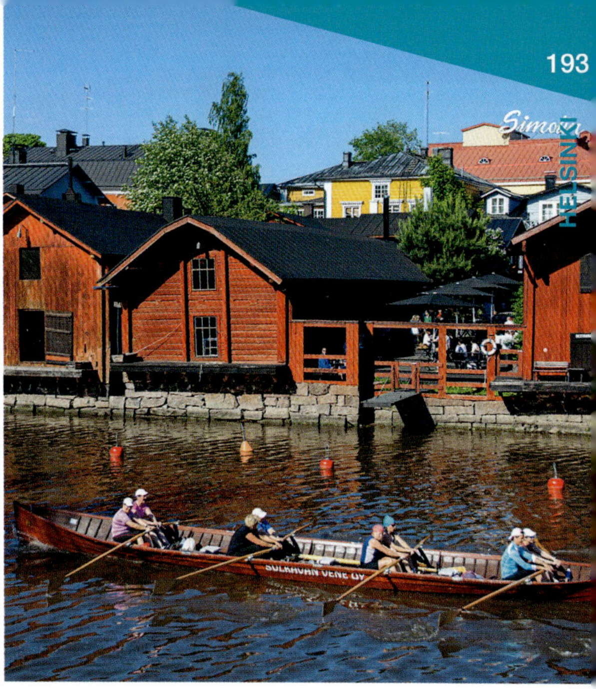

7 Se promener dans la vieille ville de Porvoo

qui semble tout droit sortie d'un conte de fées avec ses petites maisons de bois peint blotties entre colline et rivière.

La promenade dans la vieille ville est un enchantement. Reconstruite au XVIIIe s selon le plan médiéval, après le dernier incendie, c'est un entrelacs de ruelles aux pavés irréguliers, au milieu de maisons en bois bâties au bord du fleuve ou enfouies dans des jardinets clos. Musardez dans les cours fleuries et colorées qui permettent de passer d'une rue à l'autre. Calme, très vert. Venez-y tôt le matin pour éviter la foule. Pour une vue d'ensemble, prenez le sentier en sous-bois de l'autre côté de la rivière, entre les deux ponts.

BON À SAVOIR : à 50 km de Helsinki. Visites guidées en anglais : départ de Raatihuoneentori, à côté du musée. Fin juin-début août, tlj sf dim à 14h ; début juin et fin août, sam slt.

SAVOURER

8 Faire une étape gourmande sur les marchés de la ville

pour y goûter les spécialités finlandaises.

Une flopée de petits restos et d'étals de fruits et légumes se partagent le pavé sur la place du Marché (Kauppatori). Attention, les fruits se mesurent au litre ! Pratique pour les myrtilles, moins évident pour les pommes... À deux pas, le Old Market Hall (Wanha Kauppahalli), une halle de brique construite en 1889, dans laquelle se succèdent de mignonnes échoppes aux devantures en bois rouge qui méritent aussi une étape. Viandes séchées, saucisses, poissons fumés, tartines de *gravlax,* barquettes caréliennes et pains traditionnels, rien ne manque pour un repas sur le pouce ou un alléchant casse-croûte à grignoter, par exemple, sur le front de mer d'Ehrenströmintie. Enfin, un peu moins centrale que la précédente mais tout aussi sympa, Hietalahden Kauppahalli, la deuxième plus vieille halle de la ville (1903).

9 Faire une pause déjeuner sur la terrasse du *Café Ursula*

l'un des cafés préférés des habitants d'Helsinki.

En bord de mer, en lisière du parc de Kaivopuisto, c'est l'un des lieux favoris de détente des habitants de la ville et un très agréable but de promenade. Sa terrasse est idéale pour respirer l'air marin, les yeux rivés sur les forts de Suomenlinna et le trafic du port. Si les prix des plats et buffets sont attractifs le midi, il en va autrement le soir. Magnifique lumière au soleil couchant.

BON À SAVOIR : Ehrenströmintie 3. • ursula.fi •

SORTIR

10 Prendre un verre au coucher du soleil sur la terrasse de l'*Ateljee Bar*

au 12e étage de l'hôtel Sokos Torni.

Prenez l'ascenseur jusqu'au 12e puis montez encore un étage par un escalier étroit en colimaçon, jusqu'à une petite salle de bar entourée de 2 terrasses mouchoir de poche. Côté nord, grâce aux baies vitrées, vous admirez le soleil qui n'en finit pas de se coucher. Côté sud, nez au vent (gare à vos couvre-chefs), vous promenez vos yeux sur la baie de Töölö et le palais Finlandia, la coulée verte de l'Esplanade, les 2 cathédrales, la vieille église, les ferries qui slaloment entre la multitude d'îlots. On embrasse tout Helsinki et ses environs. Parfait pour une fin de journée estivale.

BON À SAVOIR : Yrjönkatu 26. Âge min : 20 ans.

AURORES BORÉALES

Le phénomène naturel le plus notable de la Finlande est celui des aurores boréales. *Northern lights* en anglais et *revontuli* en finnois, ce qui se traduit par… le feu du renard. En effet, les anciens imaginaient que ces lumières étaient créées par un renard balayant le ciel avec sa queue. Moins poétique est la réalité : ce phénomène est provoqué par des éruptions solaires très puissantes, pendant lesquelles de grandes quantités de particules s'échappent et forment le vent solaire. Le champ magnétique naturel de notre planète lui assure une protection mais celle-ci est affaiblie au niveau des deux pôles magnétiques. Cela a pour effet de générer parfois ces stupéfiants embrasements. Ils se produisent à n'importe quel moment de l'année mais ne sont visibles que de nuit et, bien sûr, à condition que celle-ci soit sans nuage. La période la plus propice pour les observer s'étend de février à avril.

11 Sortir dans les bars et boîtes du quartier du Kallio

quartier populaire et très vivant.

Un des meilleurs spots pour sortir des sentiers battus et découvrir les adresses cachées. Dans ce quartier populaire, les boissons y sont généralement moins onéreuses que dans le centre. On vous conseille particulièrement le *Pacifico,* le plus branché de tous, et surtout *Kuudes Linja,* boîte archicélèbre parmi les jeunes clubbers pour ses DJs invités qui mixent le meilleur de la techno et de l'électro.

BON À SAVOIR : accès notamment par les trams n°s 3B et 3T, ou le métro (M. : Sörnäinen). *Pacifico,* Helsinginkatu 15. • kuudeslinja.com •

SHOPPING

12 Découvrir le design finlandais

et craquer pour un objet d'Alvar Aalto.

Avis à ceux qui quitteront le pays avec une admiration sans borne pour le génie d'Aalto : la boutique *Artek* vend la série complète des créations de l'artiste pour l'aménagement de la maison, mobilier compris. *Iittala Shop* édite de nombreux objets pour la maison, notamment le vase *Savoy* d'Alvar Aalto et les verres et carafes d'Aino Aalto. Allez voir aussi le *Centre Arabia,* le siège de cette célébrissime fabrique de porcelaine abrite plusieurs magasins, dont celui de la maison mère, *Iittala.* Le design finlandais y est décliné des arts de la table au mobilier en passant par le textile... Mais les prix restent élevés, malgré les fins de séries et 2e choix.

BON À SAVOIR : • artek.fi • arabiahelsinki.fi • iittala.com •

13 S'offrir une réédition d'un motif années 1950 chez *Marimekko*

une référence dans le monde de la mode en Finlande.

Ses motifs, des rééditions des années 1950-1960 pour la plupart, font aujourd'hui le tour du monde. Vous trouverez l'habillement au 1er étage et le linge de maison au sous-sol.

BON À SAVOIR : • marimekko.com •

SUR LES PAS D'ALVAR AALTO

Une façon originale de découvrir Helsinki est de partir sur les traces du designer et architecte Alvar Aalto. Dès les années 1930, ce chef de file du design finlandais a marqué son époque par sa vision proche de la nature et de l'humain, à une période où le Bauhaus tenait le haut du pavé avec une approche plus technique. Sa renommée internationale se fera grâce à son travail du bois, du verre et des formes organiques souples. Parmi les plus connus de ses objets : les meubles en bois lamellés-collés cintrés (comme le fauteuil *Paimo*), le tabouret à trois pieds créé en 1933, ainsi que le vase *Savoy* de 1936. Pour commercialiser ces articles d'aménagement de la maison moderne, Alvar Aalto, sa femme Aino et deux autres associés fondent en 1935 la société Artek, avec pour objectif d'apporter une esthétique de la vie quotidienne, grâce à des meubles et à des objets modernes adaptés au mode de vie émergent.

AGENDA DES FÊTES, FESTIVALS ET ÉVÉNEMENTS CULTURELS

30 AVRIL ET 1er MAI : *fête du Travail et des Étudiants.* Une explosion de joie collective fête l'arrivée du printemps. Helsinki ferme boutique, boit, chante et danse. Le coup d'envoi officiel de la fête est à 18h le 30 avril, lors de la cérémonie du Chapeau : une école supérieure, choisie par roulement, dépose cérémonieusement un couvre-chef blanc sur la statue de Havis Amanda. S'ensuit une nuit de libations extrêmes dont les Nordiques ont le secret. Rendez-vous le lendemain au Kaivopuisto, pour un pantagruélique pique-nique qui mériterait de figurer au *Guiness World Records* : plus de 100 000 personnes y participent avec victuailles, bouteilles, barbecue et musique. Inoubliable !

MI-JUIN : *Journées provinciales.* 3 j. sur la pl. du Sénat. Une kermesse où, chaque année à tour de rôle, une région se présente. Expositions. Vente de produits artisanaux et de spécialités gastronomiques. Chants et danses.

12 JUIN : *Helsinki Day.* Fête folklorique marquant l'anniversaire de la fondation de la ville ; sur l'Esplanade, la place du Sénat et au parc de Kaivopuisto.

2de QUINZAINE D'AOÛT : *Festival de Helsinki.* Un programme qui ne laisse indifférents qu'ermites et misanthropes. Beaux-arts, pop, rock, jazz, ciné, théâtre, danse, musique classique et contemporaine sont pratiqués par les plus grands artistes du pays et une pléiade d'invités étrangers. Point d'orgue : la Nuit des arts, une Nuit blanche à la sauce finlandaise. • helsinkifestival.fi • Partie intégrante du festival, Art goes Kapakka (• artgoeskapakka.fi •) propose spectacles et concerts gratuits dans différents restos, cafés et bars de la ville.

OCTOBRE : *Marché aux harengs baltiques.* Au cours de la 1re quinzaine d'octobre, sur la place du Marché. Pendant 1 semaine, les pêcheurs vendent leurs produits. Concours du meilleur hareng et de la meilleure recette. Vivant et populaire.

13 DÉCEMBRE : *Procession à Sainte-Lucie.* Place du Sénat. Dans la neige et la nuit, un cortège dédié à la lumière. Pour démontrer que celle-ci tire son pouvoir de l'obscurité qui l'entoure et la met en valeur.

SE REPÉRER

IBIZA

Ibiza, une île mythique, un nom qui fait toujours rêver… De nombreuses petites criques, des eaux claires, une terre rouge plantée de caroubiers, d'orangers, de citronniers, d'amandiers, de figuiers, le tout parsemé de belles *fincas* traditionnelles en pierre sèche. Ce havre de volupté, déniché par les hippies dans les années 1960, a fortement été abîmé par le développement exponentiel du tourisme de masse. Mais Ibiza continue de plaire, avec ses petits chemins de randonnée, ses villages esseulés, ses criques paradisiaques, et toute sa partie nord nettement plus préservée. Cette île de la Méditerranée présente un intérêt historique et culturel reconnu, puisque Carthaginois, Romains, Byzantins, Almoravides et Catalans s'y sont succédé et y ont laissé leur empreinte, bien avant l'arrivée du flower power et de la techno.

BUDGET	€€
CULTURE	★★☆☆
CUISINE	★★☆☆
SHOPPING	★★☆☆
VIE NOCTURNE	★★★★

1h55 au départ de Paris

DÉCOUVRIR

1 À Eivissa, capitale de l'île, longer les remparts de la ville haute âgée de 2 600 ans, classée au Patrimoine de l'humanité par l'Unesco

et surtout, admirer le panorama qui s'offre à vous, avant d'aller découvrir la vieille ville, aussi tortueuse et labyrinthique qu'une médina.

Eivissa est l'une des cités les plus anciennes du monde. Plus de 2 600 ans d'histoire, depuis les Phéniciens, en passant par les Romains, les Arabes et jusqu'aux Catalans actuels. Lors de votre visite de la vieille ville (Dalt Vila), vous découvrirez de remarquables témoignages de toutes ces cultures successives : citernes phéniciennes, statues romaines, remparts musulmans médiévaux, vestiges du gothique catalan et muraille Renaissance… Un véritable livre d'histoire à ciel ouvert.

BON À SAVOIR : depuis les remparts, magnifiques points de vue sur le port, la cathédrale et les rues colorées.

2 Profiter de la baignade dans les eaux cristallines

des magnifiques criques et calanques que possède l'île.

Sorti d'Eivissa et de Sant Antoni, place aux criques isolées. Dans le coin de Sant Jordi, au nord de la plage d'Es Codolar, se trouve l'adorable crique de Sa Caleta, si encaissée qu'on la croirait découpée à la petite cuillère dans du pain d'épice. C'est ici que les Phéniciens s'établirent avant d'élire le site d'Eivissa. Près de Santa Eulària, on tombe sur la charmante Cala Niu Blau. On déjeune ou on dîne pratiquement les pieds dans l'eau dans le *chiringuito* qui s'est installé à l'ombre de ses pins. Toute une série de belles plages à proximité de Sant Joan : Cala Benirràs, cernée par la végétation, était l'un des hauts lieux des rassemblements hippies. Des mini-Woodstock y étaient jadis organisés les soirs de pleine lune. Enfin, dans les environs de Sant Antoni, juste après la Cala Salada, se trouve une petite crique paradisiaque…

BON À SAVOIR : l'office du tourisme délivre une carte répertoriant toutes les plages et toutes les calanques, avec chacune sa petite photo. On peut également choisir sa plage via l'excellent site du ministère de l'Environnement • magrama.gob.es •

3 S'éloigner des vibrations des amplis
pour loger dans une vraie *finca* isolée dans la campagne.

L'éloignement de la bouillante Eivissa est gage de sommeil. Si votre budget vous le permet, optez pour un séjour en agrotourisme dans une *finca*... *Can Martí* est une superbe *finca* rurale (une vraie !), vieille de plus de 400 ans et restaurée selon des critères écolos, où l'on pratique également une activité agricole totalement bio (amandiers, caroubiers, oliviers et légumes de la ferme). On loge dans d'adorables studios décorés avec goût, ou dans une petite maison à l'orientale, tous équipés d'une cuisine... Recyclage de l'eau et électricité solaire. Face à vous, un magnifique paysage agricole sur 17 ha tout droit sorti d'un tableau flamand... Piscine écologique pour faire trempette parmi les mousses, et hammam cosy. Une très belle adresse.

BON À SAVOIR : • canmarti.com • Également de belles adresses sur : • jardinesdepalerm.com • lesterrasses.net • cancurreu.com • Pour explorer cet environnement, nombreux itinéraires à VTT le long des *caminos* aménagés par l'office de tourisme, entre collines, *calas* et *fincas* ; topos téléchargeables sur • ibiza.travel/fr • et dispo à l'office de tourisme de l'île, à Eivissa.

4 Observer toutes sortes d'oiseaux migrateurs
au parque natural de Ses Salines.

La zone de *Ses Salines* est un paradis pour les oiseaux migrateurs – on peut y observer flamants roses, bergeronnettes, faucons d'Éléonore, etc. –, ce qui ne pouvait laisser indifférents les mouvements écologiques. Suite aux luttes incessantes contre les projets urbanistiques dans les années 1970, le Conseil insulaire classa les salines Réserve naturelle en 1995. Il fait désormais partie du réseau Natura 2000 de la Communauté européenne en raison de la richesse de sa biodiversité, et a été inscrit au Patrimoine de l'humanité par l'Unesco en 1999. Le site, qui s'étend sur 15 397 ha, comprend les salines d'Ibiza, celles de Formentera et les îlots Espalmador, Negres, Espardell entre les deux îles. Soit 1 787 ha terrestres et 13 610 ha marins. Vous pouvez vous promener sur les chemins de terre au milieu des bassins, à vélo ou à pied.

1 EIVISSA, CAPITALE DE L'ÎLE

5 Après une ballade dans le village typique de Sant Carles de Peralta, s'attabler sous la tonnelle du bar *Anita*

qui fut l'un des points de ralliement des hippies.

Le village a l'une des plus belles églises de l'île (azulejos, croix grecques, beaux autels tout en bois). La région était très fréquentée par les amoureux de la nature et de la solitude, du fait non seulement de la beauté et de la tranquillité des alentours, mais aussi parce que, à l'époque, il y avait dans ce secteur de nombreuses *fincas* à louer à bas prix. Aujourd'hui, on y vient surtout pour le marché hippie Las Dalias, même si l'ambiance a considérablement évolué. Le café du village, le bar *Anita,* a longtemps été le point de ralliement de tous les hippies dans les années 1970. C'est toujours une institution locale et typique pour prendre son *cortado* sous la tonnelle et goûter un bon *bocadillo tostado* au *jamón serrano* (jambon cru). Finir par l'une des excellentes *hierbas ibicencas.*

BON À SAVOIR : • lasdalias.com • En été, tous les mercredis à 23h, spectacle Namasté d'inspiration indienne qui finit en fête tout court : musiques, danses, restauration végétarienne… Las Dalias est devenu un spot nocturne à part entière.

SAVOURER

6 Goûter à la vraie cuisine *ibicenca* et ses délicieuses spécialités à base de poissons et fruits de mer

comme le *guisat de peix* (ragoût de poissons de roche), le *bullit* de peix (bouillon de poisson) ou encore la *caldera de llagosta*, sorte de bouillabaisse de langouste.

Chez *Can Gat,* adresse familiale idéalement placée sur la cala de Sant Vincent, vous pourrez déguster une paella, un *bullit de peix,* ou une *caldera de langosta.* En dessert, la *greixonera* (le pudding maison) n'a d'égal que le *flaó* qui lui fait écho. Le *Restaurante Es Pins,* de style routier (une rareté à Ibiza !), propose de bons plats locaux. Dans la grande salle toute simple, dans celle du fond plus intime ou sous la tonnelle mangée par un ficus géant, on se restaure d'une cuisine *ibicenca* qui tient la route. *Sofrit pages* (ragoût d'agneau et patates) et *paletilla de cordero* archi-copieux. En dessert, goûter à la *graixonera* ou au *flaó,* les délicieuses spécialités de l'île préparées par la maison. Et au *Restaurant El Bigotes,* dans la crique de cala Mastella et tenu par un couple de pêcheurs, c'est une authentique cuisine au feu de bois qui fait frétiller les narines. Une adresse toute simple et généreuse.

BON À SAVOIR : *Can Gat,* cala de Sant Vincent ; *Restaurante Es Pins,* ctra Sant Joan, km 14,8 ; *El Bigotes,* Cala Mastella, Pâques-fin oct, tlj slt le midi ; attention, il faut réserver avt par tél entre 11h et 13h au ☎ 650-79-76-33.

7 Se régaler d'un bon sandwich au thon et aux anchois sur le marché d'Eivissa

avant d'attaquer les marches vers Dalt Vila.

Au pied de la muraille et de Dalt Vila se trouve le marché, de style temple grec. Dans une petite guérite familiale à l'entrée, sous les halles, vous pourrez repartir avec un bon sandwich au thon et aux anchois, câpres et olives. Sinon, non loin de là, chez *Can Gourmet,* qui allèche les passants avec des jambons supendus, vous choisirez la garniture de votre sandwich sur le tableau noir : *bresaola, pata negra, sobresade* d'Ibiza. Également des sandwichs végétariens bien garnis et délicieux. Pour terminer ce repas sur une note sucrée, filez à la *Pastelería Los Andenes* pour goûter le *tortel,* un gâteau à la pâte feuilletée fourrée de citrouille et recouverte d'amandes, délicieux mais bonjour les calories !

BON À SAVOIR : *Can Gourmet,* c/ de Montgri, 18B ; *Pastelería Los Andenes,* avda Andenes, 3 ; autre bonne adresse pour des gâteaux moelleux : *Pastelería Vadell,* c/ Annibal, 13.

8 Après avoir dansé toute la nuit, prendre un bon petit déjeuner chez *Croissant Show*

la croissanterie des noctambules qui rentrent se coucher au petit matin, et assister au spectacle des clubbers qui viennent ici siffler une énième coupette.

Une adresse qui, depuis longtemps, fait l'unanimité pour ses (authentiques) croissants au beurre des Charentes. Les spécialités du lieu : le croissant aux amandes et le nougat-pomme. Il y a même des formules petit déj avec foie gras, caviar et champagne. Plus classiques, des jus de fruits pressés devant vous avec des produits locaux et des toasts tartinés de confiture maison. Également des spécialités presque aussi salées que l'addition (l'emplacement, ça se paie !). André, le patron breton, reconnaissable à ses superbes moustaches, est un travailleur infatigable et adorable. Belle terrasse au cœur de l'animation avec vue sur les remparts.

BON À SAVOIR : pl. Constitució, 2, Eivissa. Presque tte l'année, tlj 6h-minuit (7h-20h en hiver).

SORTIR

9 Se rendre en soirée à Santa Gertrudis de Fruitera, au centre de l'île

pour profiter de la belle ambiance de sa petite place et de l'agréable terrasse du *Bar Costa.*

Un bourg sans mystère mais non sans charme et une jolie place de village avec son habituelle église fortifiée et ses petits cafés traditionnels (rapidement devenus branchés). Là, les papis du coin jouent aux cartes et quelques vrais artisans y ont pignon sur rue. Sur la place de l'église, le *bar Costa* est incontournable ! Il attire à lui seul chaque samedi soir tous les *Ibicencos*. Terrasse sur le large trottoir, très agréable le soir. Petites chaises et tables basses sur lesquelles on vous sert les fameux *bocadillos* de pain toasté à l'huile d'olive, à la tomate et au jambon du pays (*jamón serrano* ou *ibérico*). Un vrai délice avec un verre de rioja ou une pression. L'endroit ne désemplit pas, sa formule est simple comme le monde... et l'on s'y imprègne d'une formidable ambiance.

10 Danser jusqu'au coucher du soleil les pieds dans le sable

sur la plage d'En Bossa ou de Ses Figueretes.

Les bars des plages proches d'Eivissa sont une belle alternative aux énormes clubs. On danse alors les pieds plus ou moins dans le sable, un cocktail à la main, avec le loisir de se vautrer sur quelques canapés ou carrés à baldaquins au cours de *before* endiablés ! Les bars dansants les plus tendance se trouvent presque tous sur la plage d'En Bossa. Ambiance assurée l'après-midi dès l'heure du goûter (l'heure du petit déj pour certains) qui marque le début des hostilités pour la nuit qui s'annonce. Ici on ne plie sa serviette que sur le coup de 23h pour aller « déjeuner » avant d'atteindre le *dance floor* sur le coup de 2-3h. Plus près d'Eivissa, la *platja* de Ses Figueretes, une plage en pleine ville, est comme une petit Ipanema méditerranéen avec au loin Formentera qui s'évanouit dans les brumes de chaleur… Autre alternative, à l'heure de l'apéro, rejoindre le très animé quartier Sa Penya d'Eivissa qui rassemble de nombreux bars à l'ambiance déjantée…

HIPPIES

Le climat ibicenco, sa torpeur loin des bouleversements du reste de l'Europe, ont attiré dès les années 1960 le mouvement hippie, qui succéda à la beat generation des intellos américains. Il consistait à vouloir vivre ses passions et ses désirs avec le minimum de contraintes matérielles et sociales... L'île s'y prêtait à merveille. Pas nécessaire de vivre dans des grottes comme à Matala en Grèce ; ici, le logement était facile d'accès. Beaucoup de maisons de campagne étaient abandonnées à cause de leur manque de confort, tandis que celles de la Peña et de Dalt Vila à Eivissa étaient aussi délaissées au profit d'appartements modernes dans de nouveaux quartiers. Tous ces points de chute providentiels servirent de foyers aux nouveaux arrivants. Quant à la manière de se faire quelques sous, les articles rapportés des transhumances hivernales vers l'Inde et l'Asie devaient pouvoir suffire. Les marchés d'Ibiza devinrent rapidement connus de l'Europe entière. Ajoutez à cela quelques travaux de jardinage, et c'était le paradis. Ainsi s'est créé un mouvement de marchands, de modes, de musiques orientales et d'idées, de fêtes plus ou moins inspirées de l'Inde…

IBIZA LA NUIT

« What happens in Ibiza stays in Ibiza », c'est bien connu. On vient ici se montrer sur la plage, boire entre copains, enterrer sa vie de garçon ou de jeune fille, faire la fête jusqu'à pas d'heure et... recommencer le lendemain. S'il n'y avait qu'un mot à retenir de l'île, ce serait *chill-out* ! Après une nuit en boîte, les bars de plage vous proposeront cette atmosphère relaxante et branchée qui consiste à bronzer en refaisant le monde à coups d'assiettes végétariennes et de cocktails, baigné dans une ambiance de décibels… Chaque discothèque se vante d'être LE spot d'Ibiza, et c'est la course à qui offrira le spectacle le plus déluré ou la soirée la plus tonitruante. Néanmoins, certains diront que ce n'est plus tout à fait comme avant. C'est un peu vrai. Aujourd'hui, aux dires de certains DJs débarqués ici quand l'île était encore un creuset de l'avant-garde techno-électro, la clientèle n'est plus très exigeante. À les entendre, on sert du « son commercial » en veux-tu en voilà et c'est bien comme ça ! Mais après tout, les *clubbers* débarquent sur l'île pour faire la fête, s'en mettre plein les oreilles et plein le gosier.

11 Vivre une soirée complètement démesurée (et pas donnée) dans l'un des clubs mythiques d'Ibiza

le *Pacha* ou l'*Amnesia*.

L'*Amnesia,* gigantesque boîte, est certainement le *sound-system* le plus élaboré d'Ibiza. Jardins, mezzanines, passerelles, vieux *ladrillos,* beaux petits bars, shows suggestifs, starlettes et mannequins, et capacité affichée de 5 000 personnes. Ne nous voilons pas la face, on atteint vite le double. Soirée à thème tous les jours. Quant au *Pacha,* installé dans une ancienne *finca ibicenca*, c'est la boîte la plus connue d'Ibiza, qui tient debout depuis 1973 et affiche son emblème, 2 cerises, dans toute la ville. La soirée « *Fuck me I'm famous* » animée par David Guetta est devenue une institution. On préfère la « *Flower Power* » du mardi, planant ! Allez au bar de la terrasse : belle vue sur le fort et Dalt Vila.

BON À SAVOIR : • amnesia.es • pacha.com • Le *Pacha* est proche de la ville d'Eivissa et ne nécessite pas de voiture.

SHOPPING

12 Dénicher des sons pointus chez *Ibimusic*

l'un des derniers vrais disquaires d'Eivissa.

Ibimusic, tenue par Jean, un sympathique Bordelais avec l'accent de Toulouse est incontournable. Vous pourrez, outre les compils des clubs, dénicher de la vraie électro, de la techno ou des sons moins « commerciaux », disons… plus pointus, plus underground. On peut écouter les disques au casque ou à la demande. Produits dérivés, préventes et entrées à prix réduit dans les discothèques (jusqu'à 20 € de réduc) y sont également disponibles.

BON À SAVOIR : c/ Mayor (c/ d'Enmig), 3 et 4, Eivissa.

13 Rapporter des espadrilles ou une paire de fameuses *avarcas menorquinas*

de la boutique *S'Espardenya*.

Rayées, pailletées, fluo ou à dentelles, difficile de faire son choix dans les rayons d'espadrilles. N'hésitez pas à demander conseil à la petite mamie qui tient la boutique. Sinon, vous pouvez opter pour les fameuses *avarcas menorquinas,* fabriquées à partir de pneus de voiture.

BON À SAVOIR : c/ Ignacio Riquer, 19, Eivissa.

AGENDA DES FÊTES, FESTIVALS ET ÉVÉNEMENTS CULTURELS

16 ET 17 JANVIER : *Revetla de Sant Antoni.* Veillée, danses et feux de joie.

MARS OU AVRIL : *Semaine sainte.* Depuis le dimanche des Rameaux jusqu'à Pâques. Comme dans toute l'Espagne, les confréries de pénitents *(los encapuchados)* défilent avec leurs *capuchas* et leurs flambeaux. Toujours impressionnant.

24 JUIN : *fête de Sant Joan.* La Saint-Jean est l'occasion de célébrer en catimini la fête païenne du solstice d'été... On essaie de prolonger encore et encore la journée la plus longue de l'année. Feux d'artifice.

29 JUIN : *fête de Sant Pere (saint Pierre, patron des pêcheurs).* Processions terrestres et maritimes (les embarcations sont décorées et fleuries), danses folkloriques et feux d'artifice.

TOUTES LES NUITS DE FIN MAI À FIN SEPTEMBRE OU DÉBUT OCTOBRE : les folles nuits d'Ibiza sont parmi les plus connues et courues du monde, l'île est l'une des destinations majeures du clubbing en Europe. Les boîtes rivalisent chaque soir de l'été pour organiser des soirées censées être plus délirantes les unes que les autres. À la fin de la saison ont lieu les *closing* (fermeture des boîtes en attendant la saison suivante). Pour se tenir au courant de toutes les festivités, lieux et thèmes à l'appui : • ibiza-spotlight.com • Les homos pourront se procurer un petit dépliant *(Ibiza Gay Map)* recensant tous les établissements qui leur sont dédiés, ou plutôt, où l'on trouve la majorité des clients homos (principalement masculins). Et pour s'informer des dernières tendances musicales à Ibiza : procurez-vous le *N&D Magazine* ou consultez les sites • mixmag.net • et • ibiza-voice.com •, vous saurez tout !

SE REPÉRER

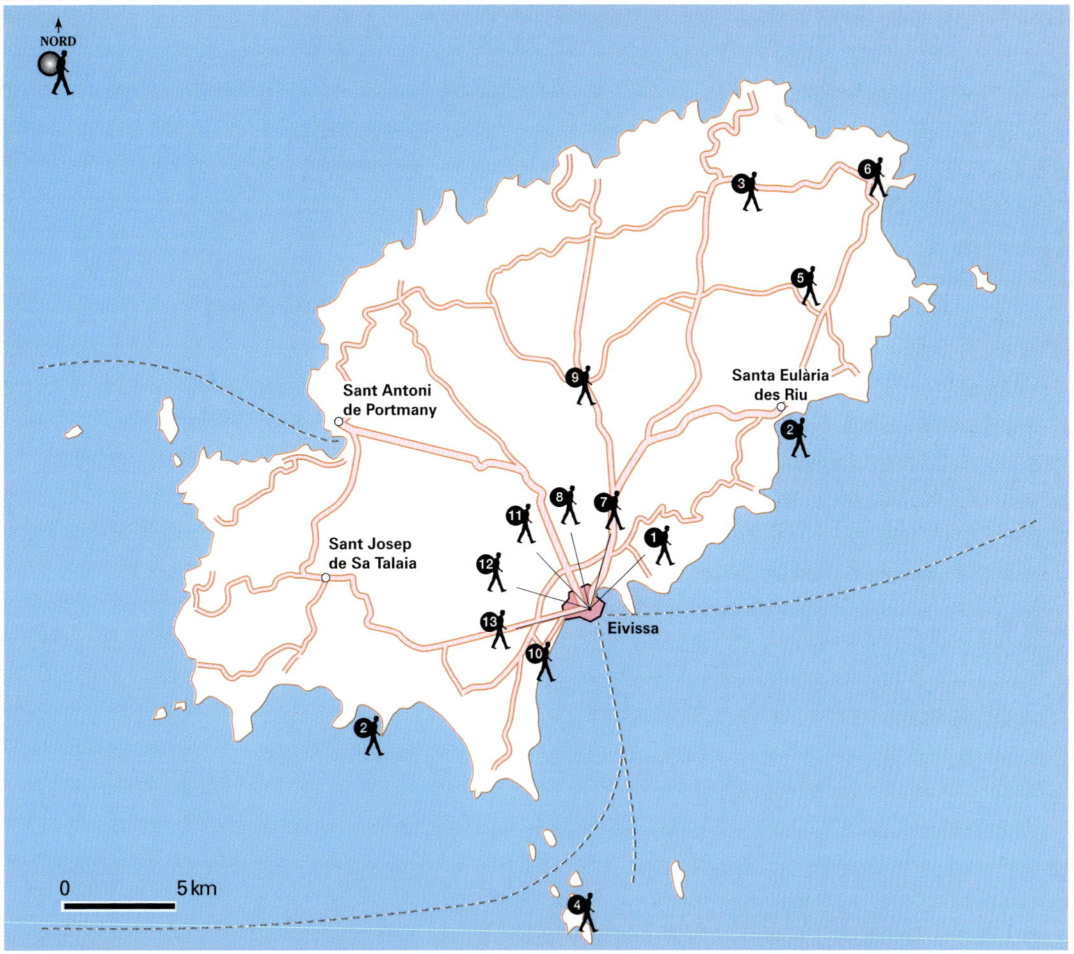

6 LA CORNE D'OR

ISTANBUL

Ici finit l'Europe, ici commence l'Asie... À cheval sur deux continents, la ville se souvient parfois qu'elle fut la Byzance des Grecs, la Constantinople de l'Empire romain d'Orient et la capitale des sultans ottomans. À Sultanhamet, les monuments éblouissent par leur beauté depuis des siècles. La nuit, la pointe du Sérail scintille de mille lumières et revêt sa parure de diamants. Partout dans le ciel, d'énormes dômes et des minarets comme des chandeliers géants. Il suffit ensuite de passer le pont qui enjambe la Corne d'Or pour découvrir un autre visage d'Istanbul, celui d'une ville moderne et trépidante. Ou de prendre un *vapur* pour arriver en Asie. C'est l'Orient contre l'Occident : un combat de titans. Les rives du Bosphore se regardent parfois jalouses, toujours jumelles. Et c'est toujours Byzance, cette ville qui a ébloui l'humanité durant neuf siècles, et qui n'en finit pas de charmer le voyageur....

BUDGET	€€
CULTURE	★★★★
CUISINE	★★★☆
SHOPPING	★★★☆
VIE NOCTURNE	★★★★

3h30 au départ de Paris

DÉCOUVRIR

1 S'engouffrer sous les voûtes de l'église Sainte-Sophie
un matin lumineux, et regarder droit dans les yeux l'archange Gabriel.

L'un des symboles d'Istanbul. Sainte-Sophie fut pendant dix siècles, de 537 jusqu'à la prise de Constantinople en 1453, le plus grand monument religieux de la chrétienté. Elle fut transformée en mosquée par le sultan Mehmet II, et en musée en 1935. L'édifice est un prodige architectural : sa coupole de 32 m de diamètre culmine à 56 m du sol, reposant sur quatre énormes piliers. Le chantier nécessita plus de 10 000 ouvriers et fut réalisé en un temps record : 5 années, 10 mois et 10 jours. Les matériaux les plus riches furent employés : colonnes en porphyre rouge d'Égypte, plaques d'argent et d'or, ivoires d'Éphèse, de Baalbek et de Delphes, marbre vert d'Eubée, marbre rouge de Synada... Ce que nous voyons aujourd'hui de l'intérieur ne donne qu'une faible idée de la splendeur passée. Reste la mosaïque représentant Marie assise sur un trône avec sur ses genoux l'Enfant vêtu d'or, et sur leur gauche l'archange Gabriel aux ailes multicolores...

BON À SAVOIR : en sortant, aller visiter la mosquée Bleue. Les 21 000 carreaux de faïence d'Iznik à fond bleu qui tapissent ses parois en font l'un des joyaux de l'art musulman. • ayasofyamuzesi.gov.tr •

2 Admirer les reflets des 336 colonnes de la citerne-basilique

l'un des endroits les plus mystérieux de Sultanahmet.

Le « Palais englouti » (Yerebatan Sarayı) est l'un des monuments byzantins les plus impressionnants par sa taille. Cette immense citerne, longue de 140 m, large de 70 m, haute de 8 m et d'une capacité de 80 000 m^3, était alimentée avec l'eau venant de l'aqueduc de Valens. Elle fournissait en eau le Grand Palais et pouvait contenir jusqu'à 80 millions de litres ! On y descend aujourd'hui par un escalier. L'espace baigne non seulement dans l'eau, mais aussi dans un éclairage rougeâtre qui renforce le sentiment d'étrangeté.

BON À SAVOIR : explorée pendant la Première Guerre mondiale, on pouvait alors la visiter en barque. C'est d'ailleurs ce que fait l'intrépide James Bond dans le film *Bons baisers de Russie,* tourné en partie à Istanbul.

3 Se surprendre à rêver devant les diamants du trésor du palais de Topkapı

à côté desquels les vitrines de la place Vendôme à Paris paraissent bien pauvres !

Sur la pointe du Sérail, qui domine à la fois la Corne d'Or, le Bosphore et la mer de Marmara, s'élève le palais de Topkapı, tel un joyau posé dans son écrin. Il fut pendant quatre siècles, la résidence principale des sultans. Avec les cuisines et le fameux harem, vous viendrez surtout pour le trésor et son avalanche de joyaux et d'objets précieux. Tout y est démesuré : les 48 kg d'or massif des chandeliers kitsch incrustés de 6 666 diamants. Le trône, lui, est recouvert de plaques d'or et orné de plus de 950 gros péridots. Sans oublier le célèbre *Kaşıkçı,* la pièce la plus prestigieuse du trésor, en forme de poire de 86 carats entourée de 49 énormes brillants. Le diamant ferait rêver les croqueuses les plus blasées.

BON À SAVOIR : le palais reçoit un million de visiteurs par an ! Mieux vaut arriver tôt. • topkapisarayi.gov.tr •

4 Se perdre dans les ruelles du Grand Bazar

l'un des plus célèbres du Proche-Orient.

Depuis le XVe s, on y vend, on y achète de tout. Il ne comporte pas moins de 4 000 échoppes réparties dans une soixantaine de ruelles regroupées par types de produits : verroterie, tapis, bijoux... Marchandage obligatoire et spectacle assuré. Avec ses 200 000 m^2, il reste le plus grand marché couvert du monde. Chaque rue abrite sa corporation : orfèvres, dinandiers, marchands de tapis, de vêtements ou de chaussures, etc. On vient ici pour se perdre dans les ruelles et admirer son architecture.

LE PONT DE GALATA

5 Se laisser tenter par l'expérience du bain turc
dans l'un des plus beaux hammams d'Istanbul.

Si curieux que cela puisse paraître, Istanbul possède peu de hammams proportionnellement à son nombre d'habitants. Mais s'il y en a un à ne pas manquer, c'est le *Cağaloğlu Hamamı.* Fondé en 1741 par Mahmut Ier, et dessiné par Cigalo Sinan Paşa (un Italien qui commanda la flotte turque). C'est l'un des plus beaux de la ville. À l'entrée, une galerie de portraits des clients célèbres qui ont fréquenté le lieu : l'empereur Guillaume II, le musicien Frantz Liszt, Omar Sharif, Rudolf Noureev et des stars d'Hollywood (Tony Curtis, Cameron Diaz, John Travolta...). Admirer aussi les peintures des 28 sultans de l'Empire ottoman.

BON À SAVOIR : cadre magnifique et très propre, mais prestations assez chères même si elles sont de qualité. • cagalogluhamami.com.tr •

6 Remonter la Corne d'Or en bateau
et grimper sur la colline d'Eyüp, pour un pèlerinage au *Café Pierre Loti.*

Le bateau reste le moyen de transport le plus pittoresque pour se balader le long de la Corne d'Or. On voit s'éloigner le palais de Topkapı en s'enfonçant dans l'estuaire, et défiler les 2 rives. Ensuite, pour rejoindre le sommet de la colline d'Eyüp, on passe par une vaste cité des morts, ponctuée de cyprès, calme et pleine de charme. Au bout du sentier, vous arriverez au *Café Pierre Loti.* L'occasion de marcher sur les traces de cet écrivain qui fut un grand voyageur. C'est ici, prétend-on, que le jeune officier de marine et amoureux malheureux d'Aziyadé, avait coutume de se rendre lorsqu'il habitait Eyüp. Dans le petit salon du café, un vieux poêle en céramique et des lithographies de Loti. Certains soirs, il se peut que le miracle se produise à nouveau et que le soleil couchant saupoudre la ville d'une pellicule d'or et transforme les cheminées d'usine en minarets…

BON À SAVOIR : accès également possible par le téléphérique situé à 100 m de l'embarcadère d'Eyüp.

7 Retrouver un parfum de l'Istanbul de la Belle Époque

le temps d'un thé au prestigieux *Pera Palas.*

Jusqu'à la fin du XIXe s, il n'y avait pas d'hôtels de luxe à Istanbul. La Compagnie des Wagons-Lits entreprit la construction du premier palace de la ville en 1892, pour les voyageurs fortunés de l'Orient-Express. Plus qu'un hôtel, c'est une véritable légende. Atatürk occupa la chambre 101, Sarah Bernhardt la 304, alors que Hemingway appréciait plutôt la 218. Joséphine Baker fit également un passage remarqué au *Pera Palas.* Ce fut, aussi et surtout, dans l'entre-deux-guerres, un haut lieu d'espionnage. Plus qu'un hôtel, c'est un mythe. On peut profiter du lieu en dégustant un thé en fin de journée.

BON À SAVOIR : les inconditionnels pourront aussi se rendre au *Büyük Londra Oteli* (ex-*Grand Hôtel de Londres*). On peut y prendre un verre le soir dans le grand salon à l'atmosphère émouvante. Le décor, inchangé depuis le début du XXe s, retrace ce que fut la vie à Péra en ces temps révolus.

8 Passer de l'Europe à l'Asie

en traversant le Bosphore sur un *vapur* pour à peine plus de 1 €.

Le détroit du Bosphore est traversé de toutes parts par des bateaux (les *vapur*) qui vous mènent en quelques minutes, sur l'autre continent (et qui permettent aux habitants de circuler facilement d'Istanbul à... Istanbul). Embarquez d'Eminönü, de Karaköy ou de Kabataş, vers Üsküdar ou Kadıköy, où il fait bon passer une soirée. La rive asiatique est plus calme, plus verte et plus modeste que la rive européenne : ce sont comme deux sœurs qui s'interpellent d'un bord à l'autre du Bosphore.

BON À SAVOIR : ne pas manquer non plus de faire cette superbe croisière qui consiste à remonter le Bosphore jusqu'à la mer Noire. Le rivage est bordé de yalı, ces résidences d'été construites au XIXe s par de riches Stambouliotes, toutes plus belles les unes que les autres.

9 Flâner dans les vieilles rues du faubourg de Kadıköy

sur la rive asiatique, entre les étals des poissonniers et des primeurs.

Kadıköy est un quartier encore bien vivant, que l'on aime vraiment. Située en Asie, il fait curieusement plus européen qu'asiatique, par son urbanisme, son style de vie, son ambiance générale. Depuis la rive européenne, Kadıköy est facilement repérable à ses grandes grues rouges gardant l'entrée de son port marchand. Ici, ni monuments historiques ni musées remarquables, mais un labyrinthe de rues et de ruelles pavées qui grimpent sur la colline depuis la rive du Bosphore. Elle se transforment en cavernes d'Ali Baba, avec plein de primeurs, boucheries… Les étals débordent dans la rue, les boulangeries confectionnent de grands pains ronds, les terrasses de cafés invitent à s'asseoir à l'ombre des arbres, les bric-à-brac des brocanteurs à chiner et les étagères des bouquinistes à flâner.

BON À SAVOIR : dernière note de nostalgie, un tramway en bois rouge fait le tour du quartier.

10 Prendre un bateau en direction des Îles des Princes

et profiter d'une superbe promenade loin de l'agitation urbaine.

Archipel de neuf îlots dans le bleu intense de la mer de Marmara, à une vingtaine de kilomètres au sud d'Istanbul et de l'entrée du Bosphore, les îles des Princes ont attirés princes, pirates et communautés religieuses. Au XIXe s, Büyük Ada, l'île principale, devint la préférée des riches Stambouliotes qui firent construire de riches demeures estivales en bois. Pour la visiter, trois solutions : à pied, à vélo ou en calèche, par les sentiers traversant la pinède (les voitures y sont interdites). Le mieux est encore de suivre les chemins douaniers : vous profiterez des parfums et des couleurs des térébinthes, pistachiers et autres conifères, mais aussi des lys, lilas, œillets et magnolias.

PAUSE CAFÉ (TURC)

Même si les Turcs consomment aujourd'hui plus de thé que de café, le petit noir d'ici est un prétexte à se détendre entre narghilé et backgammon. Un bon café turc est chauffé avec le marc et le sucre, et doit monter jusqu'à ébullition au moins trois fois. N'oubliez pas qu'un vrai café turc ne peut se boire sans un soupçon de *keyif.* Le *keyif,* vous vous en rendrez vite compte, c'est vraiment tout un art de vivre : savoir se reposer, se délecter, tout en regardant les gens passer nonchalamment dans la rue. Quand vous aurez dégusté votre café turc, il restera à trouver la personne qui vous lira le *fahl,* c'est-à-dire votre avenir dans le marc…

SAVOURER

11 Dévorer un *kumpir* (pomme de terre fourrée) au milieu de la foule

acheté pour trois fois rien à l'un des petits kiosques d'Ortaköy, sur les quais du Bosphore.

Ortaköy est l'un des quartiers les plus populaires le week-end (nettement plus calme en semaine). La « rue aux *kumpir* » (Köprübaşı Sokak), située entre la mosquée et l'avenue principale, est bordée de kiosques verts numérotés vendant cette patate que vous fourrez à volonté de légumes et de mayonnaise. C'est meilleur marché que les restaurants du rivage, et rien ne vous empêche d'aller la manger au bord de l'eau, façon *street food.*

BON À SAVOIR : également des *gözleme* (crêpes fourrées) et des gaufres dégoulinantes de fruits...

12 Savourer une cuisine façonnée par plus de six siècles d'histoire

et cependant bien aux accents d'aujourd'hui.

Au fil des siècles, les femmes turques ont mis au point une cuisine riche et inventive. De plus, étant à l'origine des nomades, les Turcs durent adapter leurs recettes aux circonstances et aux lieux. Leur cuisine fut influencée par celles des pays conquis par l'Empire ottoman (Balkans, Palestine, Syrie, Irak, Égypte, Chypre...). Mais aujourd'hui on ne vit plus que par la tradition et un nouveau parfum a envahi la cuisine stambouliote, entre ragoût typique et *slow food* bien dans l'air du temps.

13 Faire comme les Stambouliotes :

déguster un poisson grillé sur la braise, et servi en sandwich, au pied du pont de Galata.

Tout se passe dans les restos juste après le marché aux poissons. Presque les pieds dans l'eau, on trouve deux ou trois gargotes populaires qui ne paient pas de mine entre les étals de poissons, et un resto avec quelques tables de jardin réparties sous les arbres. Ils servent du poisson grillé ou... du poisson grillé. La situation est franchement idéale pour contempler l'incessante activité des bateaux sur la Corne d'Or !

14 Siroter un thé en fin d'après-midi, en se laissant bercer par la mélopée des muezzins

lorsque les appels à la prière se répondent et se répandent de minaret en minaret.

Boisson nationale, le thé est cultivé sur les rives de la mer Noire. C'est un thé noir, préparé dans une double théière avec l'eau en bas et le thé en haut. On le sert dans de petits verres à col. Le *çay*, verre de l'amitié, est souvent apporté dès que l'on pénètre dans l'enceinte d'un magasin ou chez un barbier. Plusieurs endroits pour prendre le thé. Sous le pont de Galata, ou encore au bout du parc de Gülhane, entre la verdure du parc et le bleu du Bosphore . asseyez-vous à une petite table du *Setüstü Çay Bahçesi* et admirez la côte asiatique au soleil couchant. Ce café-belvédère offre une vue superbe : elle embrasse le palais de Dolmabahçe, le premier pont du Bosphore, Üsküdar, Kadıköy et les îles des Princes. Lorsque résonne l'appel à la prière, l'instant devient magique.

15 Succomber à la douceur des loukoums

chez l'un des plus vieux confiseurs de la ville.

Les loukoums sont de petits cubes de pâte sucrée parfumée : à la pistache, à la noisette, à la rose, à la menthe, etc. Ils se vendent au poids, comme les *baklavas*. Une adresse incontournable : *Hacı Bekir,* en descendant vers Eminönü. Cette belle boutique à l'ancienne est l'un des plus vieux confiseurs d'Istanbul, créé en 1777 ! On y vend toutes les variétés de loukoums : à la noisette, aux amandes, aux noix, à la rose, à la résine de pin... Il y en a même aux épices (cannelle, gingembre, clou de girofle, etc.), tous savoureux. On conseille aussi ceux à la crème *(kaymaklı lokum)*, constitués de crème de lait de bufflonne. Rarissime et à se damner. Attention, il n'y en a pas en été.

BON À SAVOIR : • hacibekir.com •

SORTIR

16 Fumer un narghilé à Tophane

à la nuit tombée, et s'assoupir dans les grands coussins, sous les lampions.

Le narghilé était très répandu dans l'Empire ottoman. C'est aujourd'hui une institution qui perdure. Aux portes de l'ancienne ville de Galata, on tombe sur l'*Amerikan Pazarı* tout proche du port. Ce « bazar américain » étendu entre la Kılıç Ali Paşa Camii et la mosquée de Nusretiye est une enfilade de petits cafés turcs. Jeunes et vieux du quartier s'y retrouvent pour boire un thé, fumer un narghilé en jouant au *tavla* (backgammon). Les touristes sont rares et l'ambiance, authentique.

BON À SAVOIR : fumer un narghilé prend 1 ou 2h. Le préposé au tabac prépare le mélange, sort un embout jetable et le tuyau qui va permettre de refroidir la fumée.

17 Remonter l'ancienne grand-rue de Péra (İstiklal Caddesi)

qui ne désemplit pas jusqu'au cœur de la nuit et regorge de boutiques, bars, restaurants, mais aussi de galeries d'art.

Beyoğlu, et principalement l'İstiklâl Caddesi, offre une véritable animation de quartier de nuit, qui reflète bien la vie moderne stambouliote. C'est sur cette avenue, devenue piétonne, et dans les petites ruelles adjacentes que tout se passe, entre bars design et décoration traditionnelle. Ici, les nombreuses *meyhane,* des établissements à fréquenter le soir, servent essentiellement des *mezze* et du *rakı* dans une chaude ambiance. İstiklâl Caddesi est une ruche humaine vrombissante presque 24h/24. Istanbul vibre et ça se sent ! Et c'est ici qu'Istanbul vit ses nuits les plus fiévreuses !

BON À SAVOIR : possibilité de remonter la rue à bord du vieux tram débonnaire qui la parcoure. C'est le tram original du début du XXe s, folklo, brinquebalant et conservé en parfait état. Une vraie parenthèse enchantée.

LA TRADITION DU BARBIER

Ne pas manquer, si l'on est curieux, de passer chez le barbier *(berber)* pour goûter au plaisir d'une coupe aux ciseaux, voire d'un rasage de près avec après-rasage et poils d'oreilles brûlés au briquet (étonnant mais vu !). D'abord, le barbier vous enduit d'un savon onctueux avec un blaireau. Ensuite, il vous rase avec un rasoir à grande lame comme autrefois – s'assurer toutefois qu'il change bien la lame du rasoir entre deux clients ! Puis suivent une ou plusieurs lotions, pour terminer par de la poudre de riz. Enfin, si vous lui semblez sympathique, le barbier vous fera un savant massage du visage.

BACHI-BOUZOUK !

Ce juron prononcé par le capitaine Haddock dans *Tintin* signifie « tête folle » en turc. C'est ainsi qu'on appelait les mercenaires enrôlés dans l'armée ottomane. Incontrôlables et violents, ils se livraient aux pires exactions. Leur sale réputation les précédait, et la guerre psychologique était souvent gagnée avant le premier coup d'épée !

18 Dîner ou prendre un verre sur une terrasse dominant la ville

La nuit, sous les étoiles, la vue splendide sur la métropole étincelante de mille lumières est un pur enchantement.

Incontournable, le *360°* est un bar panoramique à la vue exceptionnelle, situé au dernier étage de l'immeuble Mısır où se nichent de nombreuses galeries d'art. Comme son nom le laisse penser, la vue embrasse le Bosphore et on croirait toucher le clocher de l'église Sent Antuan voisine. Bar dans la journée et, après minuit, on enlève quelques tables pour dégager la piste de danse. Un peu bling-bling certes, mais emplacement et vue tellement glamour...

BON À SAVOIR : les moins branchouilles préfèreront le *Nardis Jazz Club* ou l'*Araf Café* avec leurs concerts live. • 360istanbul.com • nardisjazz.com • araf.com •

19 Danser jusqu'au bout de la nuit (ou presque) sur le Bosphore

et la tête dans les étoiles.

Dans un tout autre genre, c'est dans les restos et boîtes à ciel ouvert d'Ortaköy, que la jeunesse dorée stambouliote se donne rendez-vous. Parmi ces lieux, *Anjelique,* l'une des discothèques les plus célèbres et les plus branchées de la ville. Ne pas y venir en t-shirt ni en tongs. *Anjelique,* avec sa salle d'un blanc immaculé menant à un ponton sur le Bosphore aime le style « chic et choc ». Autre adresse incontournable, *Sortie*, gigantesque resto boîte également en bordure de l'eau.

BON À SAVOIR : • anjelique.com.tr • eksenistanbul.com/sortie •

LA BOSSE DU COMMERCE

À Istanbul, le commerce est plus qu'une tradition, c'est une raison de vivre. Les vendeurs de *simit* (pain rond au sésame) portent leur plateau sur la tête, ceux de primeurs poussent leur charrette à bras entre les voitures, ceux de *sahlep* (boisson chaude) bercent de leur voix lancinante les longues soirées d'hiver. Les marchands ont leurs temples, bien sûr : le Bazar égyptien ou le Grand Bazar. *Pazar* (dimanche) est le jour du « bazar », c'est-à-dire du marché. Mais en fait, des marchés s'installent dans les rues toute la semaine : bien moins touristique mais autrement pittoresque. Une bien jolie manière de voir la ville de l'intérieur. Yesilköy, Fındıkzade, Üsküdar, Bakırköy, Tarlabası... Tous ces marchés sont très populaires et on y trouve de tout pour le quotidien, des vêtements, chaussures, tissus, petit électroménager... On n'est pas là pour acheter des souvenirs mais bien pour déguster une tranche de vie.

SHOPPING

20 S'imprégner des odeurs s'échappant du Bazar égyptien
et remplir son cabas des produits qui prolongeront la magie stambouliote après le retour.

Le bazar a été construit en 1660 grâce à l'argent des impôts rapporté d'Égypte... mais il n'y eut jamais de marchands égyptiens ici ! Avant de rentrer au pays, faites le plein de délices locaux : épices, herbes de cuisine, fromages, confiture de roses, *pastırma* (viande de bœuf séchée), les meilleurs saucissons de mouton, etc. À l'extérieur, face à la mosquée Neuve, vous découvrirez aussi un marché aux plantes, poissons et oiseaux : sangsues médicinales et poissons exotiques, plantes qui le sont tout autant et poussins multicolores.

BON À SAVOIR : au cœur du bazar, une petite pâtisserie, Develi *Baklava,* vend de délicieux *baklavas* à la pistache. Vous pouvez aussi demander un thé ou un café, la petite porte du fond s'ouvre et le téléphone turc fonctionne à plein régime...

21 Succomber à la richesse du souk des bijoutiers
au milieu du Grand Bazar.

Istanbul est l'un des deux principaux centres de fabrication de bijoux en or, avec la région de Mardin, dans l'est de la Turquie. Depuis des siècles, ce sont les Assyriens, les Arméniens et les juifs qui tiennent toute la chaîne, de la fabrication à la distribution. Ainsi, dans les principaux bazars d'Istanbul, les bijouteries appartiennent à ces communautés. Vous trouverez une concentration impressionnante de bijoutiers dans le Grand Bazar, mais aussi dans la Nuruosmaniye Caddesi, rue piétonne entre Sainte-Sophie et le Grand Bazar.

BON À SAVOIR : l'or est de bonne qualité et souvent façonné à la main. Il est vendu au poids, et tous les jours son cours est inscrit dans le journal. Préférez le 18 carats. Et n'oubliez pas de marchander, avec humour et quelques sourires.

22 Craquer pour des fripes et accessoires vintage chez *By Retro*
une étonnante boutique qui peut presque se visiter comme un musée.

Comme son nom l'indique, on y trouve des vêtements et des accessoires d'autrefois (des années 1930 aux années 1980), vintage, comme on dit. La boutique est tenue par Hakan Vardar, un Stambouliote plein de caractère et d'idées. En sous-sol et sur 700 m², *By Retro* cache des pièces parfois étonnantes. Un magasin de seconde main mais pas de second choix.

BON À SAVOIR : la boutique est située tout au fond du discret passage de Syrie qui s'ouvre à hauteur du 166, İstiklâl Caddesi et qui abrite également un barbier à l'ancienne, dont la boutique semble n'avoir pas bougé depuis les années 1920.

AGENDA DES FÊTES, FESTIVALS ET ÉVÉNEMENTS CUTURELS

1RE QUINZAINE D'AVRIL : *Festival international du film.* Consacre chaque année les dernières réalisations turques et rend également hommage au cinéma étranger.
• film.iksv.org •

23 AVRIL : *fête de la Souveraineté nationale et des Enfants.*

5-6 MAI : *Hidrellez (fête du Printemps).* Au cours de cette traditionnelle fête du Printemps, les Turcs célèbrent le passage de l'hiver à l'été. À cette occasion, les femmes formulent des vœux, tressent des couronnes et préparent des offrandes. Dans la soirée ont lieu des fêtes avec danses, nourriture et boissons. Bonne ambiance.

MAI : *Istanbulles.* Festival international de bande dessinée.

19 MAI : *fête de la Jeunesse et du Sport.* Ainsi que la commémoration de l'Appel à la défense de l'unité nationale, par Atatürk, à Samsun, le 19 mai 1919. Nombreuses parades.

JUIN : *Festival de musique classique.* Les plus grands noms de la scène internationale s'y sont produits, de Ricardo Muti à Montserrat Caballé en passant par Yehudi Menuhin et le ballet du Bolchoï. Les concerts de déroulent au Haliç Congress Centre, au Musée archéologique, au musée Hagia-Eirene et à l'opéra Süreyya.
• muzik.iksv.org •

1RE QUINZAINE DE JUILLET : *Festival international de jazz.*
• caz.iksv.org •

SEPT-NOV (ANNEES IMPAIRES) : *Biennale d'art contemporain.*
• bienal.iksv.org •

29 OCTOBRE : *fête de la République* (Cumhuriyet Bayramı), proclamée en 1923.

NOVEMBRE : *Marathon d'Istanbul.* Se targue d'être le seul à vous faire courir d'un continent à l'autre. À cette occasion, le pont du Bosphore est fermé à la circulation automobile.
• istanbulmarathon.org •

SE REPÉRER

1 LES REMPARTS DE LA VALETTE

LA VALETTE

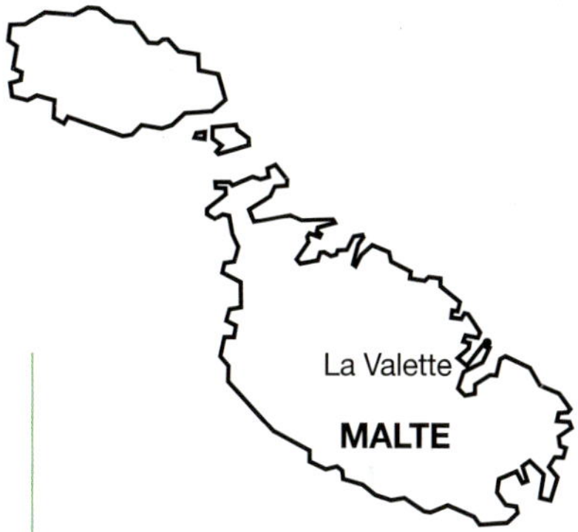

Vue du ciel, la capitale maltaise ressemble à un vaisseau de pierre de calcaire doré qui s'avance tel un fer de lance dans les eaux bleues de la Méditerranée. Avec les Trois Cités (Cospicua, Vittoriosa et Senglea) juste en face, La Valette justifie à elle seule un séjour à Malte. Ici se concentre une bonne partie du patrimoine historique et culturel de l'île : palais, musées, églises et jardins s'y disputent l'attention du visiteur. Près de cinq siècles d'histoire vous tendent les bras, à commencer par celle des chevaliers de l'Ordre, qui fondèrent la ville pour se protéger des invasions ottomanes. Leurs traces et vestiges sont encore partout inscrits dans l'art et l'architecture de cette petite cité, qui assumera – excusez du peu ! – le titre de Capitale européenne de la culture en 2018. Immuable et aristocratique, La Valette a tout d'un rêve de pierre surgi de l'un des plus beaux ports d'Europe. Une destination week-end à (re)découvrir, en forme de voyage dans le temps.

BUDGET	€€
CULTURE	★★★☆
CUISINE	★★☆☆
SHOPPING	★★☆☆
VIE NOCTURNE	★★☆☆

2h35 au départ de Paris

DÉCOUVRIR

1 Admirer, depuis la mer, la herse des remparts de La Valette capitale de l'ordre de Malte…

C'est l'une des plus belles capitales de la Méditerranée. Tout, à La Valette, témoigne du riche passé de Malte, cette île au confluent des civilisations méditerranéennes, entre Orient et Occident. Fondée au XVIe siècle, la capitale maltaise est, pendant deux siècles, celle de l'ordre de Saint-Jean de Jérusalem. Le fief des chevaliers de l'ordre de Malte. Bâtie sur un éperon rocheux au milieu d'un formidable bassin abrité formé par les baies et les péninsules des Trois Cités, de puissantes fortifications et de gros bastions ceinturent La Valette, au point qu'un auteur français l'a qualifiée de « Carcassonne maritime ». De la mer, lors d'une croisière dans le port on contemple, le souffle coupé, les fortifications, les palais, les coupoles, les flèches des églises, les immeubles tantôt austères, tantôt baroques…

CORTO MALTESE

Comment ne pas évoquer cet aventurier des mers, héros de B.D. dont les aventures ont été adaptées en dessin animé pour le cinéma ? Dans l'imagination d'Hugo Pratt, son père spirituel, Corto Maltese est né le 10 juillet 1887 à La Valette, d'un père marin britannique originaire de Cornouailles et d'une mère gitane, *la niña de Gibraltar,* née à Séville. Un sacré mélange de sang celte et gitan ! Corto Maltese est donc, comme son père, un sujet britannique puisque Malte appartenait à l'Empire britannique à cette époque. Curieusement, l'île de Malte n'apparaît jamais dans les B.D. d'Hugo Pratt (hormis dans l'album consacré à son enfance, intitulé *Mémoires*). Corto le Maltais réside officiellement à Antigua, aux Antilles…

2 Se perdre dans ses ruelles pavées du XVIe s

et y découvrir les anciennes auberges des chevaliers.

À La Valette, une fois la porte de la ville passée, on a l'impression de remonter dans le temps. Les vieilles demeures parfois austères, souvent élégantes, arborent jalousies mi-closes et bow-windows colorés. Ça et là, une cabine téléphonique rouge rappelle l'héritage britannique. Ailleurs, du linge pendu aux fenêtres forme un écho plébéien aux ors des palais et des auberges portant encore les armoiries des chevaliers de l'Ordre. On se croirait à Naples ou en Sicile ! Le promeneur déambule dans un conservatoire historique de la Mare Nostrum. La nuit, lorsque les rues sont désertées, la ville prend alors des allures mystérieuses, et l'on s'attendrait presque à voir surgir, au coin d'une rue, un chevalier !

3 S'immerger dans la vie quotidienne d'une noble famille maltaise

en parcourant les salles de la casa Rocca Piccola.

Voici l'une des rares maisons maltaises appartenant à une vieille famille de l'île qui soient ouvertes à la visite. Construite vers 1580 par Don Pietro La Rocca, amiral de l'ordre de Saint-Jean, cette demeure fut vendue, dans la seconde moitié du XVIIIe s, à un noble maltais, le premier marquis de Piro, dont la famille habite toujours les lieux. Au long d'une petite heure de visite guidée, on parcourt une douzaine de pièces de la maison, plongeant dans l'histoire, les coutumes et les traditions de la noblesse maltaise des quatre derniers siècles. Ambiance viscontienne assurée. Une visite plus que recommandable !

BON À SAVOIR : • casaroccapiccola.com •

4 Admirer les formes voluptueuses de la *Vénus de Malte*

au musée national d'Archéologie.

Malgré sa taille modeste, le musée d'Archéologie abrite une riche collection, avec de nombreuses pièces provenant des principaux sites archéologiques de l'île. La section consacrée aux représentations de la déesse de la Fertilité est particulièrement intéressante. Voir en particulier la belle *Femme endormie,* provenant de l'hypogée de Hal Saflieni, ainsi que l'autre fierté du musée : la *Vénus de Malte,* découverte à Hagar Qim. Cette statuette en terre n'a pas de tête car celles-ci étaient sculptées à part. Sans doute interchangeables, on pouvait ainsi les emboîter dans n'importe quel corps. Examinez ses hanches très larges et ses seins en forme de gourdes géantes, autant de critères de fertilité naguère très prisés.

BON À SAVOIR : situé dans l'*auberge de Provence*, Republic St ; • heritagemalta.org •

5 Visiter le palais des Grands-Maîtres

magnifique témoignage de la splendeur du patrimoine maltais.

Édifié au XVIe s sous la direction du célèbre architecte maltais Girolamo Cassar et embelli au XVIIIe s, le palais des Grands-Maîtres, fut le siège du gouvernement à l'époque des chevaliers. Depuis l'indépendance de l'île, il abrite les bureaux du président de la République. Les deux cours intérieures sont superbes. À l'étage, les appartements et les salles d'apparat sont à l'unisson : décors majestueux, toiles de maître, pièces d'armurerie exceptionnelles, fantastique ensemble de tapisseries des Gobelins illustrant la faune et la flore du Brésil… Somptueux !

BON À SAVOIR : Palace Sq et Republic St. • heritagemalta.org •

6 Remonter le temps et parcourir les moments clés de l'histoire de l'île

en version animée et ludique au *Malta 5D.*

Un show de 20 mn qui passe efficacement en revue, sans longueurs, les moments clés de l'histoire de Malte. C'est à la fois didactique et ludique car, outre une bonne 3D, on a droit aux sièges qui bougent et même, en guise de cinquième dimension, à des bourrasques, des embruns et des chatouillis dans les jambes, le tout bien orchestré et savamment dosé. Ça plaira autant aux enfants qu'aux vétérans ! À voir de préférence avant la visite de la ville, afin de mieux apprécier l'intérêt historique de chaque monument.

BON À SAVOIR : ne pas manquer non plus le *Malta Experience*, un montage audiovisuel de 45 mn qui permet de revivre les différentes périodes de l'histoire de Malte depuis les origines. • malta5d.com • themaltaexperience.com •

7 Décoder les mystères des pierres tombales et les œuvres du Caravage

à la co-cathédrale Saint-Jean, d'une richesse intérieure saisissante.

L'austérité extérieure de la co-cathédrale, joyau de l'île, contraste avec la profusion baroque de sa décoration intérieure qui n'a rien à envier aux plus belles églises italiennes. C'est d'ailleurs à un peintre calabrais, Mattia Preti, que l'on doit les extraordinaires peintures de la voûte. Son dallage, composé de 374 pierres tombales richement décorés sous lesquelles reposent les plus illustres chevaliers, est exceptionnel. Rien de sinistre dans ces marbres funèbres, ni dans les toiles d'un Caravage à l'apogée de son art. Son admirable *Décollation de saint Jean-Baptiste* est un chef-d'œuvre !

BON À SAVOIR : les flashs, les talons hauts et… les marcels (!) sont interdits. • stjohnscocathedral.com •

7 LA CO-CATHÉDRALE SAINT-JEAN

8 Déambuler entre les pots de fleurs, les bougainvillées et les portes cochères des ruelles du vieux Vittoriosa

Face à La Valette, nichée dans trois anses de ce rivage très découpé, les Trois Cités (Vittoriosa, Senglea et Cospicua) rivalisent de beauté. Des trois, Vittoriosa (la Victorieuse) est la plus intéressante. Elle fut, avant le siège ottoman de 1565 et la construction de La Valette, le premier fief des chevaliers de l'ordre de Malte à leur arrivée de Rhodes. Une promenade au cœur du labyrinthe de ses ruelles entrelacées se déploie ainsi comme une trajectoire historique palpitante, du fort Saint-Ange au Musée maritime, en passant par l'église Saint-Laurent et les vieilles auberges des chevaliers.

BON À SAVOIR : pratique et agréable, y aller avec le petit ferry qui assure la navette entre La Valette et les Trois Cités ; rens sur • vallettaferryservices.com •

9 Faire une virée jusqu'au charmant port de Marsaxlokk

de préférence le dimanche matin, jour du marché au poisson.

Ancré sur la façade orientale de l'île, à 11 km au sud-est de La Valette, Marsaxlokk vit de la pêche artisanale et un peu du tourisme. Son nom aux sonorités étranges signifie « la baie du sirocco » car lorsque ce vent torride venu du désert d'Afrique souffle, la baie est frappée avant le reste de l'île. Sur les quais, le marché quotidien est animé le dimanche du cri des poissonniers. Allez donc voir cet adorable petit port où flotte une ribambelle de *luzzu,* ces barques colorées qui portent sur leur coque un œil peint à la proue pour chasser le mauvais sort. Jolies photos garanties !

10 Partir en escapade à Mdina, en fin d'après-midi

pour profiter des rues désertées de ce petit bijou de ville perché au cœur de l'île.

Mdina est un parfait complément à la visite de La Valette. En franchissant l'enceinte de cette forteresse occupée par les Arabes puis les Normands, les siècles s'envolent. Les étroites ruelles silencieuses sont coudées tous les 2 ou 3 m, histoire de se protéger du vent et du soleil, ainsi que des flèches… Délaissée par les chevaliers au profit de La Valette, Mdina a gardé des palais aux murs dorés, une magnifique cathédrale baroque avec un musée à visiter, de même que les collections du palais Falson et du couvent des Carmélites. En fin d'après-midi, quand ses rues désertées s'offrent, en toute quiétude, à la contemplation, c'est un délice !

LE HOLLYWOOD DE LA MÉDITERRANÉE

Il n'existe aucune production cinématographique maltaise. Néanmoins, Malte a servi de cadre de tournage à de nombreux films (plus de 200 !) : le cultissime *Midnight Express, L'Espion qui m'aimait* (un James Bond) et une parodie du célèbre agent secret : *Casino Royale.* Astérix en mission spéciale pour Cléopâtre a fait tomber une goutte de sa potion dans la timbale de *Gladiator* de Ridley Scott et sur le nez de ce pauvre *Pinocchio.* Robert Altman a reconstitué à Malte un petit port américain pour y tourner son *Popeye,* un bide retentissant dont les décors ont été transformés en parc d'attractions. Plus de succès pour la série culte *Game of Thrones,* qui a posé ses caméras dans plusieurs sites de l'archipel. Quant à Gérard Depardieu, en tournage pour *Le Comte de Monte-Cristo,* l'histoire ne dit pas s'il a apprécié les vignobles maltais...

SAVOURER

11 Goûter absolument à la *fenkata* (lapin en sauce)

le plat ultra-typique de Malte et un délice quand il est bien fait !

Le *fenek* ou lapin de garenne est l'un des plats préférés des Maltais, qui le mangent en ragoût ou en sauce, avec des frites ou des pâtes. On le décline aussi en *torta-tal-fenek,* lapin mariné et cuit dans une sauce au vin rouge, puis servi en croûte. Le *fenek mogli* est un lapin frit assaisonné d'ail et de laurier, cuit dans du vin blanc. La sauce au lapin accompagne souvent les spaghettis. Proposé partout ou presque, c'est un plat économique et très bon quand il est bien réalisé.

12 Entre deux visites, déguster un *pastizz* (chausson ou friand traditionnel à la pâte feuilletée)

et s'en barbouiller les moustaches.

Dans les ruelles, les marchands de *pastizzi* proposent des friands tièdes fourrés à la ricotta ou aux petits pois (il en existe également aux anchois et aux olives ou à la viande, mais c'est plus rare) : délicieux, pas chers et ô combien nourrissants ! Même s'ils sont salés, ils sont proposés comme des pâtisseries. Aussi populaires, les *qassatat* ressemblent à des minitourtes au fromage à base de pâte brisée.

11 GOÛTER À LA FENKATA

SORTIR

13 Faire une pause à la terrasse de l'historique *Caffe Cordina*

à l'ombre du palais des Grands-Maîtres, le nez dans une glace.

Fondé en 1837, le café occupe une bâtisse qui fut d'abord la Maison du Trésor de l'ordre des Chevaliers, puis le *Grand Hotel* et enfin le Casino Maltese, avant de devenir ce lieu décoré dans un vague style « austro-hongrois ». Sa voûte est ornée de peintures signées Giuseppe Cali, qui évoquent les grands épisodes de l'histoire de Malte, tandis que la terrasse, aux larges parasols accolés, occupe la majeure partie de Republic Square, à l'ombre du palais des Grands-Maîtres. Autant dire que le lieu, très couru mais vraiment agréable pour boire un verre entre deux visites, est une institution...

BON À SAVOIR : • caffecordina.com•

14 Prendre l'apéritif dans le café d'un *band's club*

sous le regard étonné ou indifférent des habitués.

La Valette compte pas mal de petits clubs philharmoniques à la manière des fanfares municipales bien de chez nous. Ces espèces de mini-*Buena Vista Social Club,* que l'on retrouve d'ailleurs dans chaque village, sont des sites stratégiques pour observer la vie sociale. Pour cela, il faut oser pousser la large porte du club *La Valette* et s'enfoncer sous la verrière du hall de ce palais du XVIe s où logeait le grand maître Jean de La Valette. On pense à un resto touristique, on tombe en fait sur un club de fanfare aéré par le ballet des ventilos, avec les habitués qui éclusent un godet, tapent le carton ou s'essaient au billard... dès le matin. Sympa pour le décor (grande et belle salle blanche et bleue) et son ambiance populaire.

BON À SAVOIR : 297 Republic St ; tlj 8h-21h.

LES VINS MALTAIS

Il existe une longue tradition de vins maltais. Planté par les Romains, mis en sommeil par l'occupation musulmane, le vignoble se développa à nouveau avec l'arrivée des chevaliers de l'Ordre de Malte. Puis les Britanniques firent arracher la vigne pour y substituer du coton. Au début du XXe s, Emmanuel Delicata et Marsovin fondent leurs caves, suivis quelques années plus tard par Meridiana. Tous produisent un vin correct avec des cépages français (chardonnay, merlot, syrah, cabernet franc et cabernet sauvignon), auxquels ils assemblent des cépages endémiques de l'île, le *gellewza* (raisin noir) et le *girgentina* (raisin blanc). À essayer : le *Nexus de Meridiana*, le *Primus*, le *Grand Maître* et l'*Antonin Blanc* de Marsovin, ainsi que le *Malta Grown Chardonnay's blanc* d'Emmanuel Delicata. Sans oublier le *Cassar* de Malte, une méthode champenoise produite par Marsovin.

15 Se rendre le soir sur le front de mer, à Floriana

l'un des rares endroits à La Valette où l'on trouve de l'animation en soirée.

La Valette n'est pas une ville pour noctambules : autant la journée, les terrasses sont prises d'assaut et les rues particulièrement animées, autant le soir, c'est vite le désert. Le nouveau front de mer, « Valletta Waterfront », à Floriana (au pied des remparts de La Valette), compense un peu cet état de choses, surtout le week-end. On y trouve principalement des restos avec terrasse, mais aussi quelques bars, certains avec musique ou DJ, comme le *Hard Rock Café* ou le *Q Bar.* L'ensemble permet de se plonger dans une belle animation quand, au-dessus, la capitale sombre dans une douce léthargie.

BON À SAVOIR : accessible par l'ascenseur panoramique au niveau des Upper Barraca Gardens, ou en 10-15 mn de marche depuis la vieille ville.

SHOPPING

16 Rapporter dans ses bagages quelques pots de miel artisanal

Onctueux, ensoleillé, le miel maltais est aussi vieux que l'île. Ses origines se perdent dans la nuit des temps. Le nom même de Malte provient du mot *melita,* dérivé de l'adjectif latin *mellitus,* qui signifie : « de miel », « sucré avec du miel ». Et au sens figuré : « doux, suave, charmant » (un vrai poème !). Les amateurs s'en procureront sur le marché et veilleront à ce que soit bien indiqué *Pure Maltese Honey.*

17 Succomber à l'achat d'une nappe en dentelle traditionnelle sur un marché

Malte est réputée pour ses dentelles traditionnelles en soie ou en coton, au fuseau ou au crochet. Essentiellement des nappes et napperons, que l'on trouve sur la plupart des marchés et dans les centres artisanaux. Aujourd'hui, seules les femmes âgées jouent encore du crochet. Demandant trop de temps, la confection n'est pas assez rentable. Aussi, les vraies dentelles traditionnelles, comme celles de Gozo, valent leur prix. Les autres sont souvent faites en Chine…

AGENDA DES FÊTES, FESTIVALS ET ÉVÉNEMENTS CULTURELS

JANVIER : *Festival de musique baroque de La Valette.* Sur 3 w-e en janvier au théâtre Manoel. Un festival récent, conçu pour célébrer l'identité baroque de la ville. • vallettabaroquefestival.com.mt •

TOUTE L'ANNÉE : *In Guardia.* 1 à 5 spectacles par mois (sf en août), en principe dim à 11h, au fort Saint-Elme de La Valette. Rens à l'office de tourisme pour les dates ou sur • visitmalta.com/events • Une reconstitution spectaculaire de parade militaire telle qu'elle pouvait se dérouler à l'époque des chevaliers.

AVRIL : *Festival de feu d'artifice.* Les 29 et 30 avril, dans le Grand Port. Connaissant l'amour des Maltais pour les feux d'artifice, ce grand rendez-vous est l'occasion pour les artificiers de se surpasser. Sublime !

JUILLET : *Festival de jazz.* 2de quinzaine de juillet, pdt 4 j. • maltajazzfestival.org •

JUILLET : *Malta Arts Festival.* Musique, danse, représentations théâtrales... Des rendez-vous tout au long du mois de juillet pour faire vibrer la ville. • maltaartsfestival.org •

8 SEPTEMBRE : *anniversaire de la fin du grand siège de 1565.* Ne pas manquer les régates dans le Grand Port, où chaque équipe des cités portuaires tient à porter haut ses couleurs.

DÉBUT OCTOBRE : *Notte Bianca.* C'est la plus importante manifestation de La Valette, une Nuit blanche à ne pas manquer si vous êtes dans les parages. Musées gratuits, bâtiments historiques ouverts toute la nuit, expos, danse, musique, théâtre un peu partout... • nottebiancamalta.com •

SE REPÉRER

1 LE MYTHIQUE TRAM N° 28

LISBONNE

Bienvenue dans l'une des plus belles villes d'Europe, et aussi l'une des plus attachantes. Campée sur la rive droite de l'estuaire du Tage, Lisbonne a su conserver une beauté authentique. Beauté parfois déroutante, certes, mais qui a remarquablement traversé le temps. Lisbonne c'est aussi une capitale vibrante, particulièrement la nuit dans les ruelles animées du Bairro Alto. Lisbonne est habitée par son histoire glorieuse mais ne vit pas chaque instant qui passe dans le souvenir de ses heures glorieuses.

BUDGET	€€
CULTURE	★★★★
CUISINE	★★★★
SHOPPING	★★☆☆
VIE NOCTURNE	★★★★

2h25 au départ de Paris

DÉCOUVRIR

1 Grimper dans le mythique tram n° 28

et remonter simultanément le temps et les ruelles en pente.

Cette ligne de tram offre le plus beau parcours qui soit à Lisbonne. Une véritable machine à remonter le temps, à travers les quartiers de la ville. Lorsque le wattman actionne la cloche, commence un voyage mémorable. Bringuebalant le long des rues pentues, il vous fera traverser le Lisbonne d'hier et d'aujourd'hui, comme dans un rêve… Une balade inoubliable, avec des plongées éperdues qui livrent le soir des points de vue flamboyants sur la ville.

2 Profiter de l'un des plus beaux panoramas sur les toits de la vieille ville et le Tage

depuis le miradouro de Santa Luzia.

Lisbonne ne se révèle qu'à ceux qui font un effort pour l'approcher. Prenez de bonnes chaussures et filez vers les *miradouros,* ces spectaculaires belvédères où l'on peut humer l'air du large. Celui de Santa Luzia, dédié à l'ordre de Malte, est un lieu cher à tous les amoureux de la ville. À l'ombre (toute relative) de l'église se cache un charmant petit jardin. Sous les arcades se retrouvent les joueurs de cartes, les amoureux, les familles en promenade, assez indifférents aux touristes venus s'en mettre plein les yeux. De la terrasse s'appuyant sur d'anciennes murailles arabes, on bénéficie en effet d'un très beau point de vue sur les toits de l'Alfama et sur le Tage.

BON À SAVOIR : il existe d'autres *miradouros* dans Lisbonne, où contempler le spectacle de la ville. On aime bien ceux de Santa Catarina et São Pedro de Alcantara, dans le Bairro Alto, autre quartier niché sur une colline.

3 Partir à la découverte du Lisbonne éternel

en explorant les ruelles tortueuses de l'Alfama.

Ce quartier, c'est l'âme de Lisbonne. Longtemps habité par les pêcheurs et les marins, il est resté populaire, avec ses personnages bien typés : truculentes matrones, artisans, commerçants ambulants, gamins frondeurs, vieillards malicieux prenant le frais... L'Alfama est le quartier le plus ancien et le plus connu de la capitale, emblème du Lisbonne ancien. Il consiste en un réseau inextricable de ruelles tortueuses, volées d'escaliers *(calçadas),* culs-de-sac, passages voûtés, cours intérieures, patios minuscules fleuris et venelles ne menant nulle part (les *becos*) et bordées de mille maisons enchevêtrées, agglutinées, présentant autant de styles différents. Au fil de la promenade, de temps en temps apparait le Tage, cette mer de Paille, qui surgit tel un miroir doré et étincelant (quand le soleil brille) au débouché d'une ruelle, entre deux vieux immeubles presque collés, ou entre deux échafaudages.

BON À SAVOIR : de jeunes guides français, amoureux de Lisbonne, proposent des visites à pied dans les quartiers les plus pittoresques. Surprenant et pleins d'anecdotes. • lisbonneapied.com • ☎ 961-16-42-96.

4 Goûter à l'atmosphère étrange et romantique du convento-museu do Carmo

dans le Chiado.

Cette église du XIVe s, l'une des plus grandes églises de la ville, avec sa nef à ciel ouvert, est restée dans l'état où l'a laissée le tremblement de terre de 1755. On découvre tout d'abord la grande nef en ruine où sont exposés des pierres tombales et les blasons sculptés de grands personnages de la noblesse et de la bourgeoisie portugaises (au sol et sur les murs). Au fond, dans le chœur, abrité par un toit, se niche un remarquable petit musée archéologique, avec des vestiges romains, wisigothiques et précolombiens, un sarcophage égyptien, ainsi que les momies incas du Pérou. Une atmosphère étrange et magique règne dans ce lieu qui mérite une visite.

BON À SAVOIR : • museuarqueologicodocarmo.pt •

5 Emprunter l'*elevador* de Santa Justa

un chef-d'œuvre d'architecture néogothique, et profiter du magnifique panorama (surtout la nuit).

Ne manquez pas cette construction insolite ! L'ascenseur de Santa Justa fut érigé en 1900 pour faciliter l'accès à l'église du Carmo depuis la ville basse. Sa silhouette est une remarquable ciselure de fer forgé. Du haut de l'édifice, outre la machinerie, on aperçoit la colline du château Saint-Georges et sur les alignements de la Baixa.

6 Traverser une véritable oasis de fraîcheur

en flânant dans l'Estufa Fria, la serre froide du parc Eduardo VII.

Un lieu étonnant, hors du temps, celui qui passe comme celui qu'il fait. Idéal pour se réchauffer à la saison froide et se rafraîchir quand il fait chaud. Dépaysement total et balade agréable dans de petites allées ombragées, au milieu des plantes exotiques et des espèces rares, dans le chuintement des cascades, le clapotis des bassins et des fontaines. Les Lisboètes disent que celui qui n'a pas vu l'Estufa Fria aux quatre saisons ne connaît pas Lisbonne.

BON À SAVOIR : • estufafria.cm-lisboa.pt •

SAUDADE

La saudade (prononcer « saoudad ») imprègne l'âme des Portugais. On dit que, durant la colonisation de l'Afrique, les colons exprimaient ainsi leur mal du pays. Saudade, une tristesse empreinte de nostalgie dont Fernando Pessoa disait qu'elle était la « poésie du fado ».Pour le poète Luís de Camões, la saudade est « un bonheur hors du monde », pour d'autres auteurs elle représente une sorte de nostalgie de l'avenir, un sentiment de vide dans l'instant présent. Son origine incertaine et tourmentée se rattache au mot latin « fatum », qui, justement, signifie « destin ».

7 Découvrir la riche collection du musée Calouste-Gulbenkian

et le merveilleux parc qui l'entoure, un lieu incontournable !

Construit à la fin des années 1950 selon les principes architecturaux de Frank Lloyd Wright, intégrant l'harmonie du bâti avec la nature, ce musée fait partie d'un des plus prestigieux centre culturel d'Europe. Peu d'objets sont exposés, mais chacun d'eux est digne d'intérêt. Réputé pour ses collections d'art oriental et d'art décoratif, le musée l'est aussi pour sa section consacrée à René Lalique. Après la visite, faites un tour dans le magnifique jardin botanique de la fondation.

BON À SAVOIR : pour beaucoup de Portugais encore aujourd'hui, la fondation Gulbenkian apparaît comme le « ministère bis » de la Culture du Portugal ! Elle se positionne comme mécène n° 1, organise de grandes expositions, des spectacles, des concerts. Le destin étonnant de Calouste Gulbenkian (1869-1955) mérite un livre à lui tout seul. • museu.gulbenkian.pt •

8 Tenter une balade à vélo près du Tage

le nez au vent pour mieux respirer l'air marin qui enveloppe la ville.

Des pistes cyclables ont été aménagées le long du fleuve à partir de Cais do Sodré, et dans le parc des Nations. L'occasion d'enfourcher sa bicyclette et de partir le long du Tage, pour humer l'air du large et prendre la dimension maritime de cette ville tournée vers l'Atlantique, d'où partirent les grands navigateurs.

9 Embarquer pour le Lisbonne « futuriste »

en survolant, par beau temps, le parc des Nations, à bord de la télécabine créée pour l'Exposition universelle de 1998.

Prouesse architecturale, ce nouveau quartier construit sur une zone qui n'était qu'un ramassis d'entrepôts à l'abandon et d'usine désaffectées, est le symbole d'une réflexion sur les enjeux futurs de l'urbanisation à Lisbonne. Espace vaste et ventilé, ouverture sur le fleuve retrouvée, priorité accordée aux piétons et aux transports « propres », importance réservée aux espaces verts, omniprésence de l'art dans le paysage, gestion parcimonieuse des ressources... Un bel exemple à suivre en matière de ville nouvelle.

BON À SAVOIR : pour qui voudrait survoler les lieux – environ 1 km – sans perdre trop de temps ou d'énergie, la télécabine reste une expérience inoubliable avec vue sublime sur le Tage et le pont Vasco da Gama, effilé à souhait.

10 Retomber en enfance en visitant l'*Océanorium*

l'un des plus beaux aquariums au monde…

Posé sur l'eau dans l'ancien bassin des Olivais, ce gigantesque navire-aquarium est certainement la tentative à la fois la plus audacieuse et la plus réussie de l'Expo 1998. Dans son bassin central, contenant l'équivalent de quatre piscines olympiques, évoluent des poissons de haute mer : requins, raies géantes, tortues, poissons-lunes venu du fond des âges. Quatre autres aquariums recréent la faune de quatre régions océaniques du globe. Loutres marines, poissons multicolores ou manchots, ce sont au total près de 15 000 spécimens évoluant dans l'un des sites les plus visités de Lisbonne.

BON À SAVOIR : • oceanario.pt •

11 Traverser le Tage en empruntant le pont Vasco de Gama

le plus long d'Europe.

Ouvert au public juste avant l'Expo de 1998, le ponte Vasco da Gama a battu des records avec ses 13 km, dont 8 km au-dessus des flots, une jolie prouesse technique. Il faut aussi admirer son tablier haubané brillant le soir sous les feux du soleil couchant. Conçu pour résister aux tremblements de terre, il est construit en plusieurs parties, ce qui lui procure une flexibilité maximale. Autrement dit, en cas de secousses prolongées, le tablier suspendu par les haubans bougera aussi bien en longueur qu'en largeur (imaginez la balançoire !), mais avec un astucieux système de sécurité pour éviter le télescopage des autres parties.

12 Faire un fabuleux voyage dans le temps

du Moyen Âge au début du XIXᵉ s., en visitant le Museu nacional de Arte Antiga.

Installé dans un palais du XVIIᵉ s acheté par le marquis de Pombal au comte d'Alvor. Celui-ci, suspecté d'avoir participé à une tentative d'assassinat contre le roi, était contraint de vendre ses biens. Le musée réunit une collection européenne unique de toiles inspirées ou non par les voyages et, bien sûr, la plus complète collection d'art portugais. Dans la grande galerie, les primitifs portugais côtoient des œuvres de Gérard David, Vélasquez, Van Dyck, Bruegel (le Jeune), Ribera et Poussin. Entre autres chefs-d'œuvre, *La Tentation de saint Antoine,* de Jérôme Bosch, réalisé vers 1500. L'artiste a représenté les tentations sous forme de scènes hallucinatoires et cauchemardesques. L'imagination de Jérôme Bosch est ici sans limite pour illustrer les visions les plus farfelues, grotesques, horribles, diaboliques.

BON À SAVOIR : tout près, le musée de l'Orient (Museu do Oriente), installé dans un vaste entrepôt frigorifique qui a été spécialement reconverti, offre un témoignage de la présence portugaise en Asie. • mnaa.imc-ip.pt •museudooriente.pt •

13 Passer un dimanche matin à Belém

et visiter à son rythme l'un des rares quartiers qui ne connait pas le spleen dominical.

Rien de tel qu'une balade dominicale dans Belém pour découvrir le quartier qui fut au départ de tous les rêves portugais. L'effervescence des découvertes y a laissé une concentration impressionnante de monuments, dont le plus beau de Lisbonne : le monastère des Hiéronymites, chef-d'œuvre de l'art manuélin. Un dimanche à Belém, c'est tout un programme, avec quelques incontournables évidemment : assister à la messe à la cathédrale, succomber à un bonheur gourmand à l'*Antiga Confeitaria de Belém,* se régaler d'une visite au musée de la Marine, avant de filer jusqu'au célèbre musée des Carrosses. Si vous passez par là le 3ᵉ dimanche du mois, ne ratez pas la relève de la garde, à 11h tapantes, devant le palais présidentiel : du grand spectacle gratuit comme on n'en fait plus.

BON À SAVOIR : venir tôt ; tranche de vie garantie, et la plupart des musées sont gratuits jusqu'à 14h !

14 Savourer Lisbonne côté plage

en poussant jusqu'à Estoril ou Cascais, à pied, en train ou à vélo.

L'Atlantique n'est pas loin et les plages sont facilement accessibles depuis Lisbonne. Dès les premiers beaux jours, nous vous conseillons d'aller prendre, au moins pendant quelques heures, un avant-goût de la vie estivale lisboète, car la balade à la plage fait aussi partie du charme que dégage cette ville. Les petites stations balnéaires, assez chics, de Cascais et Estoril, à 20 km, ont leur plage, dans une ambiance de vacances.

BON À SAVOIR : de l'autre côté du Tage, immense plage de sable sur la costa da Caparica, facilement accessible depuis la ville. Les différents spots sont desservis par un petit train, qui marque une vingtaine d'arrêts. À chaque arrêt, sa buvette et son ambiance (familiale, naturiste, gay…).

11 LE PONT VASCO DE GAMA

SAVOURER

15 Se retrouver à l'heure de l'apéro devant une *ginjinha*

à deux pas du Rossio, et savourer chaque gorgée de cet apéritif à la cerise, avant d'aller jeter discrètement les noyaux dans le caniveau.

S'il y a une boisson proprement lisboète, c'est bien la *ginja.* Au moment de l'apéritif, cette boisson à base de griottes coule à flots dans les typiques *ginjinhas* de la ville. Ou plutôt devant, il suffit de compter les noyaux sur le trottoir ! Pour avaler prestement ce petit remontant indispensable à la vie des Lisboètes, rendez-vous, selon votre humeur, largo São Domingos, rua das Portas de Santo Antão, ou même rua Barros Queirós et rua da Mouraria. On y boit debout dans les buvettes ou sur le trottoir. À la façon d'une station-service, on y recharge les batteries et en route pour de folles enjambées en direction de la *ginjinha* suivante...

16 Aller déjeuner au mercado da Ribeira

un marché traditionnel doublé d'une halle entièrement dédiée à la fine fleur de la gastronomie portugaise.

L'un des meilleurs endroits pour se régaler à petits prix dans la capitale. Sous une somptueuse halle de verre et d'acier, le mercado (avenida 24 de Julho) abrite de nombreux stands où tous les chefs prestigieux de Lisbonne se sont réunis. À vous de faire votre choix entre un plat d'Henrique Sa Pessoa, chef de l'*Alma,* ou Alexandre Silva qui officie habituellement dans Graça chez *Bica do Sapato.* Plus besoin de courir ! Ils sont tous là, la quarantaine rayonnante, proposant des plats entre 6 et 10 €. Si, si, vous avez bien lu... Viandes, fruits de mer, charcuterie, fromages, pâtisserie, tout y passe. Après, on s'installe sur les grandes tablées, et on déguste dans un joyeux brouhaha. L'un de nos endroits préférés à Lisbonne !

BON À SAVOIR : tlj 10h-minuit (2h jeu-sam). Possible aussi de rapporter quelques victuailles et même des livres.

17 S'offrir une ou deux *pastéis de nata* encore tièdes et saupoudrés de cannelle, à la célèbre pâtisserie de Belém

Pour goûter l'un des grands bonheurs gourmands de Lisbonne, arrêt obligatoire à l'*Antiga Confeitaria de Belém,* réputée depuis 1837 pour sa spécialité : les *pastéis de nata,* petits flans ronds lovés dans une délicieuse pâte feuilletée, saupoudrés de cannelle et de sucre glace. Plus de 15 000 de ces délicieuses gâteries s'écoulent les jours d'affluence ! On peut assister à la fabrication, derrière une vitre (sans que soit dévoilée la recette secrète !). On admirera au passage, courant sur tous les murs des différentes salles, les azulejos du XVIIe s, superbes dans les détails.

BON À SAVOIR : pour la trouver, c'est simple, à la descente du tram (n° 15, depuis praça da Figueiras), il y a toujours une file d'attente devant ! • pasteisdebelem.pt •

18 Goûter à l'une des 365 manières qu'ont les Portugais de préparer la morue

Séchée ou salée, la *bacalhau* (la morue) est un ingrédient typique des Portugais, qui ont, dit-on, « le rêve pour vivre et la morue pour survivre ». Les préparations les plus répandues sont : *bacalhau cozido* (bouilli), *assado* (rôti), *assado na brasa* (à la braise), *com nata* (à la crème), *à brás* (délicieuse « morue parmentière », à base d'oignons, de pommes de terre finement coupées, d'œufs brouillés, d'olives noires, de persil) et *a gomes de sá* (morue, pommes de terre, oignons, huile, ail, olives noires, lait, œufs durs, le tout cuit au four). Bizarrement, la morue n'est pas originaire du coin mais des mers froides du Nord…

SORTIR

19 Déambuler de bar en bar dans le Bairro Alto

une pinte de *mojito* à la main, à la découverte de la vie nocturne lisboète.

Les nuits lisboètes sont très chaudes et n'ont rien à envier à l'effervescence madrilène ou barcelonaise. Après un apéro dans un bar du Rossio, dans la ville basse, cap sur la colline du Bairro Alto pour commencer une nuit de folie, du côté de la rua da Atalaia. Ce quartier est bourré de petits restos, de bars et de boîtes où la jeunesse branchée côtoie alternatifs, touristes et marlous. Du populaire bistrot bien crasseux au plus snob. Le rappeur, le galeriste en vue, le néobaba, l'étudiant fauché... y cohabitent dans l'intelligence du petit prix des consommations. Attention, les lieux restent étrangement déserts avant 23h. Ensuite il devient même difficile de circuler dans certaines rues.

BON À SAVOIR : quelques boîtes ont bien survécu, mais le Bairro Alto, c'est avant tout des bars. Pour les boîtes, on ira plutôt dans le coin des Docas (voir coup de cœur suivant).

20 Passer une nuit blanche sur les Docks

où des dizaine de bars s'alignent au bord de l'eau, pour le plus grand bonheur des noctambules.

Dès la nuit tombée, c'est la ruée vers les Docks ! La journée, on vient y prendre l'air du temps autant que le soleil ; en terrasse, le week-end surtout. Mais sur les *Docas,* c'est au moment où passe le marchand de sable que la vie s'éveille. Les établissements se livrent ici à une surenchère du meilleur décor pour la plus grande joie d'une clientèle jeune et fêtarde. Restos à la mode dans des décors de récup', cafés branchés, boîtes bondées : braillards, rigolards et routards se filent un rencard pour boire un verre de pinard ou danser dans les bars. Le soir, tintamarre garanti sur les trottoirs !

BON À SAVOIR : n'attendez pas forcément la nuit pour aller visiter ce haut lieu de la branchitude.

21 Attendre l'heure du fado dans une *tasca*

au fin fond de l'Alfama, dans un de ces lieux cachés dont certains guides ont le secret.

Le soir, il se dégage de l'Alfama une atmosphère presque moyen-orientale, qui tient de la casbah et du théâtre de rue. C'est ici qu'on vient pour découvrir le vrai fado, ce blues portugais qui parle d'exil, d'amour déçu et de *saudade ;* cet art de la rue autour duquel les hommes et les femmes du quartier se retrouvent encore pour chanter leur ville, leur vie, leur souffrance, leur pauvreté. Le fado est né ici, dans les tavernes miteuses de l'Alfama, au cours du XIXe s. C'est le fado des vrais amateurs... Rien à voir avec les usines à touristes que les tour-opérateurs recommandent. Il faut simplement accepter de venir tard, de rester debout, un verre d'alcool à la main...

BON À SAVOIR : manger un poisson grillé dans l'une de ces petites tavernes typiques de l'Alfama, en attendant l'heure du fado. Voici un plaisir 100 % lisboète !

FADO

Quatre lettres langoureuses, qui s'attardent, pour suggérer cette mélodie proprement portugaise. Le fado, c'est LA musique du Portugal. Autant qu'un chant, c'est un cri, une ambiance, un « état d'esprit », selon la célèbre fadista Amália Rodrigues. Ce chant de la *saudade* célèbre la mélancolie née des différents revers de fortune qu'a connus le Portugal dans son histoire. Rapporté du Brésil par la Cour en exil, ce chant s'est enraciné et transformé dans le quartier de l'Alfama et aussi de la Mouraria de Lisbonne, l'ancien quartier des Maures, où il a gagné une influence arabo-andalouse. Riche de rencontres multiples, le Portugal a ainsi créé un chant emprunté et mûri, à découvrir au Museu do Fado. • museudofado.pt •

SHOPPING

22 Remplir son cabas de boîtes de sardines et autres conserves

à l'antique *Conserveira de Lisboa*

Du sol au plafond, des boîtes de conserve à l'ancienne, vendues dans un emballage rétro qui plaira beaucoup à vos amis ou à votre famille. À l'intérieur, produits de qualité et raffinés avec, au choix, thon, maquereaux, sardines et autres produits de la mer. Ça ne désemplit pas ! Et ça fait plus de 80 ans que ça dure !

BON À SAVOIR : dans l'Alfama. • conserveiradelisboa.pt •

23 S'offrir un parfum de nostalgie

en passant par la boutique *A Vida Portuguesa.*

Dans une ancienne fabrique de cosmétiques, préservée de la démolition, voici une vieille boutique qui vend « l'âme portugaise ». Belle sélection de produits fabriqués localement et qui ont marqué la mémoire du pays : cosmétiques, crèmes pour les mains, eaux de Cologne, savons, bougies, huile d'olive, conserves de sardines, jouets pour enfants, bibelots… Plein de petits souvenirs de qualité et rares.

BON À SAVOIR : dans le Bairro Alto. • avidaportuguesa.com •

24 Chiner à la Feira da Ladra

la « foire de la Voleuse ».

Le marché aux puces de Lisbonne. Le paradis des chineurs. Beaucoup de fripes, bibelots, vieux jouets. Mais on vient là plutôt pour l'ambiance, surtout si le soleil est de la partie. Ne manquez pas, aux n°s 124-126, une superbe façade due au célèbre céramiste de la fin du XIXe s, Luís Ferreira das Tabuletas.

BON À SAVOIR : se tient sur le campo de Santa Clara, les mardi et samedi jusqu'à 17h ; tram nº 28 pour s'y rendre.

25 Découvrir l'art des azulejos

à l'atelier *Santa Rúfina,* dans l'Alfama, et pourquoi pas en rapporter quelques uns dans sa valise.

Cette petite fabrique d'azulejos ne met guère d'éclat dans son souci d'attirer le chaland. C'est davantage au curieux qu'elle ouvre sa vieille porte vitrée, pour lui permettre de découvrir un panneau en cours de réalisation ou un passionné courbé sur son pinceau, occupé à peindre une céramique. Ici, tout est réalisé de A à Z, de la fabrication du biscuit à la cuisson de l'azulejo, en passant par le savant geste qui consiste à enduire une face de poudre de verre liquide. Pour voir, pour acheter, pour apprendre aussi. Accueil charmant.

BON À SAVOIR : calçada do Conde de Penafiel, 9, ruelle en pente qui monte de la rua de São Mamede à la Costa do Castelo.

AZULEJO

Les azulejos font partie du paysage portugais. Et ils ne sont pas seulement un art décoratif : du grand art, support indémodable de l'imaginaire de tout un peuple. Ces carreaux de faïence vernissée, sont introduits au Portugal après la prise de Ceuta, au Maroc, en 1415. Après le tremblement de terre de 1755, l'azulejo est judicieusement utilisé pour… restaurer les bâtiments endommagés. Très vite, la mode se répand : ce ne sont pas seulement les palais ou les chapelles qui s'ornent d'azulejos, mais aussi les fontaines, les bancs, les bassins… Aujourd'hui, on les découvre à chaque angle de rue, dans les jardins publics, les gares, les églises, les stations du métro, et même chez les particuliers. Ils reflètent superbement la lumière et donnent une réelle impression de fraîcheur.

AGENDA DES FÊTES, FESTIVALS ET ÉVÉNEMENTS CULTURELS

1ER-10 FÉVRIER : *festival de fado.* Pour découvrir les nouvelles tendances des plus traditionnels de blues du Portugal.

VENDREDI SAINT ET PÂQUES : dates variables qui vident Lisbonne de son animation, car c'est la fête familiale par excellence et tout est fermé.

APRÈS PÂQUES : *festival de musique classique.* Au centre culturel de Belém.

25 AVRIL : *fête de la Révolution des Œillets (fête de la Liberté).*

10 JUIN : *fête nationale.*

12-29 JUIN : tout Lisbonne honore saint Antoine de Padoue (le 13 est férié à Lisbonne) et saint Jean (le 24). Le rituel est bien réglé : défilé en fanfares (les *marchas populares*) sur l'avenida da Liberdade et bals musette à volonté dans les quartiers populaires. La municipalité a cru bon d'y ajouter les Festas de Lisboa, une avalanche d'expositions, de théâtres de rue, de concerts… du meilleur cru international. Programme à l'office de tourisme.

DE MI-JUIN À JUILLET : *festival de musique de Sintra.* Autour du palácio national, nombreux concerts de musique classique. Plus d'infos au centre culturel Olga-Cadaval.

9-10 JUILLET : *Super Bock Super Rock Festival.* Une célèbre bière portugaise fête le rock.
• superbock.pt •

FIN JUILLET : *fête de la Mer à Cascais.* Manifestations de jeunes pêcheurs, procession des femmes, chants, danses. Face à l'hôtel *Baia.*

5 OCTOBRE : *fête de la République.*

25 OCTOBRE : Lisbonne célèbre la prise définitive de la ville aux Maures (1147).

1ER DÉCEMBRE : *fête de la Restauration de l'indépendance.*

8 DÉCEMBRE : *fête de la Vierge.*

SE REPÉRER

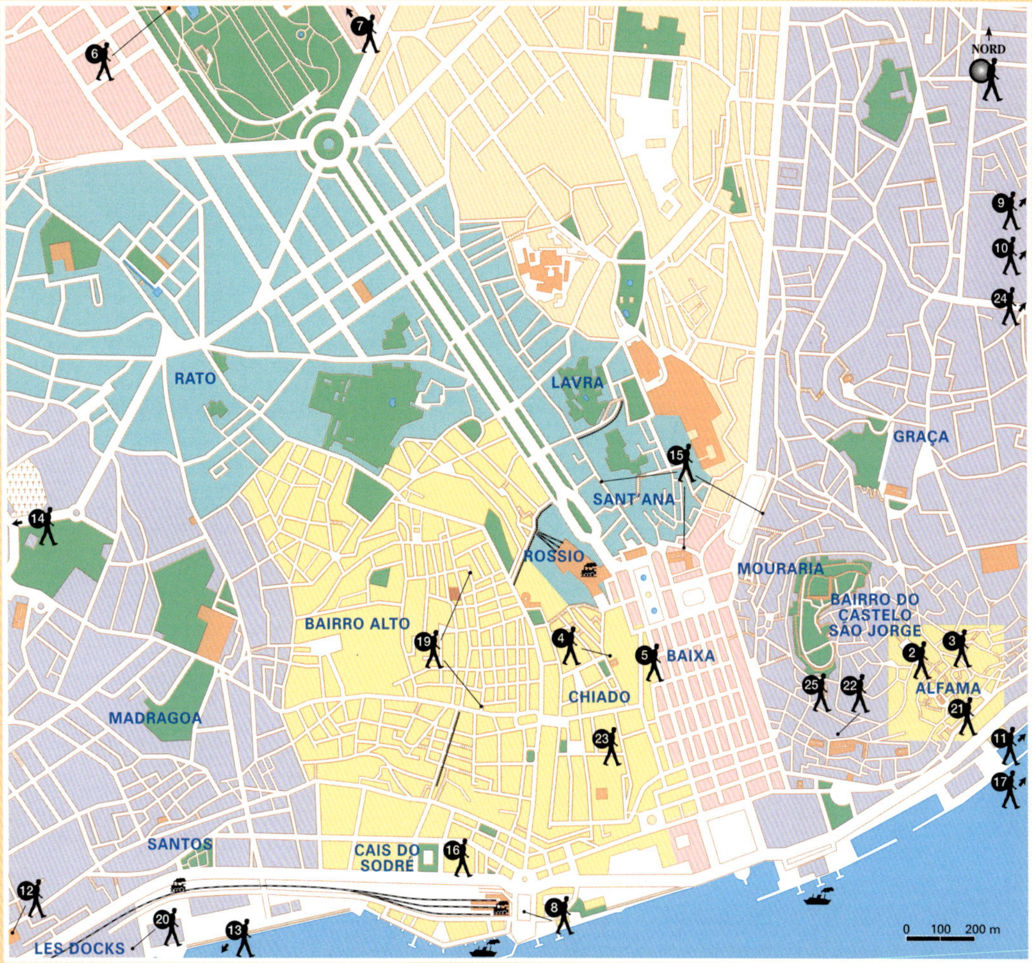

LIVERPOOL

Autrefois durement touchée par la crise économique, la ville des Beatles a su panser ses plaies, se rénover et réhabiliter ses docks en jouant à fond la carte de la culture. Ces docks tentaculaires et abandonnés au temps du déclin du port, dans les années 1970, revivent depuis déjà plus de 20 ans et figurent désormais au Patrimoine de l'Unesco. Mais c'est à l'occasion de son 800e anniversaire en 2007, puis de sa promotion en tant que Capitale européenne de la culture en 2008, que la ville a envoyé au monde les faire-part de sa renaissance. Résultat : une floppée de musées vous attendent, pour la plupart gratuits ! Longtemps montrée du doigt pour ses désordres sociaux et ses hooligans, Liverpool a donc pris sa revanche. Quand aux Liverpudliens, avec leur sens de l'humour et leur adorable accent, ce sont eux qui, au final, devraient vous laisser le meilleur souvenir.

BUDGET	€€
CULTURE	★★☆☆
CUISINE	★★☆☆
SHOPPING	★★☆☆
VIE NOCTURNE	★★★★

1h25 au départ de Paris

DÉCOUVRIR

1 Embarquer pour une balade sur les docks

l'ancien symbole de la misère industrielle de Liverpool, devenu aujourd'hui l'épicentre du renouveau culturel de la ville.

Inauguré en 1846, Albert Dock est l'œuvre d'un ingénieur pionnier, Jesse Hartley. Pour la première fois, les entrepôts associent brique, pierre et métal et protègent les bassins d'amarrage des vents glacials de la Mersey. Frappé par le Blitz de mai 1941, ce complexe fut progressivement abandonné, comme les docks voisins, puis réhabilité dans les années 1980. Il abrite aujourd'hui boutiques, boîtes, hôtels et plusieurs musées d'importance (Musée maritime, musée de l'Esclavage, musée de Liverpool, et même une antenne de la prestigieuse Tate Gallery de Londres...). Les docks, qui ont subi une spectaculaire rénovation, emblématique des transformations de l'Angleterre contemporaine, restent aujourd'hui une attraction majeure à ne pas manquer à Liverpool.

BON À SAVOIR : • albertdock.com •

2 Pousser les portes du Saint George's Hall

pour découvrir l'un des bâtiments les plus étonnants de Liverpool.

Incroyable mais vrai, ce grand bâtiment néoclassique (1854) ressemblant à un temple grec fut construit pour répondre au double besoin d'une nouvelle cour de justice et d'un auditorium, délinquance et mélomanie augmentant bizarrement en proportions égales à l'époque ! Au-dessus des cellules des prévenus, la justice était rendue dans une belle salle en boiseries. Juste à côté, ambiance plus festive dans l'impressionnante salle de concerts circulaire dotée d'une voûte en briques creuses (pour alléger la structure) et d'un orgue de 7 700 tuyaux.

BON À SAVOIR : accès gratuit, tlj 10h-16h. • stgeorgeshallliverpool.co.uk •

3 S'offrir un panorama complet de la peinture britannique
depuis le XVIIIe s à la *Walker Art Gallery.*

Ce musée des Beaux-Arts renferme une collection foisonnante, essentiellement consacrée à la peinture, qui s'étend du Moyen Âge à nos jours. On y rencontre notamment Rubens, Rembrandt et Monet. Mais il réunit surtout un panorama complet de la peinture anglaise depuis le XVIIIe s, en illustrant les filiations et ruptures entre les différentes écoles. Des portraits et paysages de Reynolds, Gainsborough ou Derby, on passe aux visions romantiques de Constable et Turner avant de découvrir l'esthétique des préraphaélites Rossetti, Burne-Jones et Millais. Le parcours s'achève avec les œuvres de Lucian Freud et David Hockney, parmi d'autres artistes contemporains exposés par roulement.

BON À SAVOIR : entrée gratuite, comme dans tous les musées nationaux ! • liverpoolmuseums.org.uk •

4 Découvrir les riches collections du Museum of Liverpool
abritées dans un bâtiment aux allures futuristes.

Au nord d'Albert Dock, l'œil est immanquablement attiré par un spectacle qui résume bien le Liverpool du XXIe s. Tandis que les énormes Dock Board Office, Liver et Cunard Buildings affichent avec grandiloquence la prospérité de la fin du XIXe s, le musée de Liverpool reflète au premier plan le renouveau architectural incarné dans le verre, l'acier et le béton. Tout récent, il rassemble des pièces archéologiques, d'autres relatives à l'histoire urbaine et sociale, de l'art décoratif, des costumes, des photos d'archive, et des témoignages audio, toujours liés à la ville. Interactif et doté d'activités pour les enfants, *as usual,* et gratuit comme tous les musées nationaux !

BON À SAVOIR : Pier Head. • liverpoolmuseums.org.uk/mol/ •

5 Se replonger dans l'univers des Beatles

en visitant le musée qui leur est consacré.

The Beatles Story est un « musée » aussi divertissant pour les experts que pour les profanes. Porté par une bonne bande-son (forcément !), on sort de ce dédale la tête pleine de mélodies des Beatles. On y comprend mieux l'enracinement des *Fab Four* dans la culture de Liverpool, une de leurs grandes sources d'inspiration : *« Penny Lane », « Strawberry Fields Forever »...* L'expo est rythmée par de nombreuses reconstitutions et de grandes illustrations : premiers concerts dans Matthew Street, aventure hambourgeoise, boutique de disques de Brian Epstein, leur légendaire manager, studio d'Abbey Road, etc. Et même la pièce et le piano blanc du John Lennon d'*« Imagine »,* dans la section « Après séparation ». Une chouette visite, malgré le prix d'entrée élevé.

BON À SAVOIR : Albert Dock ; • beatlesstory.com • Pour les visites guidées : • beatleswalk.com • et • beatles-tours.com/french •

6 Faire une balade sur les immenses plages au nord de Liverpool

et découvrir les surprenantes sculptures plantées dans le sable de Crosby Beach.

Accessibles d'un rapide coup de train depuis le centre de Liverpool, les immenses plages de sable et forêts de pins de Formby et Crosby Beach attirent les foules le week-end. Mais Crosby Beach est surtout connue pour *Another Place,* l'énigmatique installation du sculpteur Antony Gormley. Tournés vers la mer, 100 moulages en fer du corps de l'artiste jalonnent la plage, certains rongés par les embruns, d'autres habillés d'algues et n'émergeant qu'à marée basse. Saisissant.

BON À SAVOIR : accès en train depuis l'une des gares du centre de Liverpool (prendre la Northern Line direction Southport) ou prendre le bus n° 53 depuis Queens Sq.

1 LES DOCKS

SAVOURER

7 Se régaler d'un bon plat de *pub grub*

simple mais souvent bien troussé.

On conseille les pubs pour déguster leurs traditionnels plats de *pub grub*. On trouve toujours au menu la *soup of the day,* les *jacket potatoes* (pommes de terre garnies au choix), quelques plats du jour et une variété de sandwichs. On y sert aussi des plats consistants et très abordables, parmi lesquels le *ploughman's lunch* (plusieurs fromages, parfois du jambon, servis avec du pain, des oignons, du chutney et de la salade) et le *shepherd's pie* (sorte de hachis Parmentier). Partout vous trouverez saucisses et *mashed potatoes*. Quant aux *gastropubs* (contraction de « pub » et de « gastronomique »), ils revendiquent des recettes simples et traditionnelles (mais parfois beaucoup plus créatives) à base de bons produits du terroir. C'est sans doute là que vous ferez vos meilleurs repas, à un prix encore raisonnable.

8 S'offrir un dîner aux saveurs italiennes chez Jamie Oliver

l'un des chefs anglais les plus médiatisés et les plus cools qui soit.

Dans une rue moderne, le célèbre Jamie Oliver décline sa marque dans un bel espace de 2 étages, précédé d'une généreuse terrasse. *Antipasti, pasta, secondi* et *tutti quanti,* tout y est à la mode *Jamie's* : qualité et authenticité des produits, cuisinés sainement et avec respect. Séduisant et tonique. Vins bio intéressants.

BON À SAVOIR : • jamieoliver.com/italian/restaurants/liverpool •

SORTIR

9 Pousser la porte du *Philharmonic*

l'un des plus beaux pubs de Grande-Bretagne.

Une visite à Liverpool passe obligatoirement par ses pubs. Les plus beaux furent façonnés à la fin de l'ère victorienne par des artisans talentueux victimes de la crise des chantiers navals. Certains tiennent du chef-d'œuvre. *The Philharmonic* fut dessiné au début du XXe s pour le grand brasseur Robert Cain. Les plus petits recoins sont travaillés et décorés, depuis l'impressionnant *Grand Lounge,* une ancienne salle de billard, jusqu'aux... toilettes des messieurs. Une véritable symphonie de couleurs orchestrée par les vitraux, boiseries sculptées, cuivres brillants et autres faïences ! Souvent bondé, surtout le soir. John Lennon regretta amèrement de ne plus pouvoir y boire un verre quand les Beatles devinrent trop célèbres.

BON À SAVOIR : 36 Hope St ; tlj 10h-minuit.

10 S'imprégner de l'ambiance pop de la ville

en s'immergeant dans sa vie nocturne trépidente.

Cinquante ans après la déferlante des Beatles, c'est toujours la *pop music* qui demeure l'une des composantes essentielles de la création *made in Liverpool*. La scène nocturne, autour de Matthew Street Cavern Quarter, entre North John et White Chapel, aligne clubs, pubs, bars où de nombreux groupes se produisent en *live*. Les fans de rock ne manqueront pas d'aller au *Jacaranda* sur Slater Street ou surtout, au *Cavern Club* sur Matthew Street, deux endroits mythiques où les Beatles firent leurs débuts.

BON À SAVOIR : • cavernclub.org •

11 Siroter un cocktail au *Panoramic 34*

et profiter d'une vue plongeante inégalable sur la *skyline* de Liverpool, la Mersey et la côte.

Rendez-vous au... 34e étage de la West Tower pour jouir d'une vue exceptionnelle depuis ce bar-restaurant. Musique d'ambiance, grandes baies vitrées et fauteuils en cuir pour se prélasser, juste au bord du précipice ! Élégance, service raffiné et, pour ceux qui resteraient manger, une cuisine gastronomique, qui le midi offre un bon rapport qualité-prix.

BON À SAVOIR : West Tower, Brook St ; bar ouv tlj à partir de 11h. Résa conseillée et *dress-code* ! • panoramic34.com •

LES SCARABÉES AUX ŒUFS D'OR

La cité portuaire ne serait probablement pas célèbre dans le monde entier si elle n'avait enfanté quatre garçons dans le vent qui révolutionnèrent la *pop music.* John Lennon, Paul McCartney, George Harrison et Richard Starkey, dit Ringo Starr, qui ont fait des Beatles le groupe le plus adulé de tous les temps, ont par la même occasion offert à leur ville natale une manne providentielle. Avis aux fans, à Liverpool, il y a de quoi voir : les maisons d'enfance de John et de Paul, le Liverpool Institute où Paul et George étudièrent, le légendaire *Cavern Club* où le groupe donna ses premiers concerts, etc. La rue qui abrite ce dernier, Mathew Street, est aujourd'hui vouée à la Beatlesmania : boutiques de souvenirs et de disques, galerie marchande, pubs et restos... Sans oublier, sur les docks, le très bon musée dédié au groupe : The Beatles Story, et on en passe !

ROUVREZ LA BOÎTE !

Le mythique *Cavern Club* (• cavernclub.org •), boîte légendaire où se produisaient les Beatles à leurs débuts, revient de loin. Malgré les 292 concerts du célèbre groupe, elle fut comblée de gravats dans les années 1970. Le club fut finalement reconstruit à l'identique en 1984, sur les trois quarts du site original, utilisant 15 000 briques de l'époque des Beatles, mais avec une entrée déplacée de 14 m. À l'emplacement exact de la vraie entrée, une photo prise par un fan est placardée. Pas de doute, c'est bien là.

12 Assister à un match de foot
rien que pour l'ambiance.

En Angleterre, le ballon rond attire les foules. Assister à un match est une expérience mémorable ! Construit en 1884, le stade d'Anfield appartient depuis plus d'un siècle (1892) au FC Liverpool, l'un des meilleurs clubs d'Europe, au célèbre maillot rouge. Pour assister à un match, il faut obligatoirement réserver à l'avance. À défaut, on se rendra dans un pub pour partager avec ferveur les exploits des joueurs.

BON À SAVOIR : visite guidée du stade possible avec le Liverpool Football Club. Le ticket complet comprend la visite des vestiaires, un tour du stade et l'accès au musée consacré à la gloire d'un des clubs de foot les plus célèbres d'Europe. • liverpoolfc.tv •

SHOPPING

13 Chiner du côté de Lark Lane

Située au sud de Liverpool, perpendiculaire au flanc sud du Sefton Park et filant jusqu'à Aigburth Road, cette agréable rue est toujours animée. Restos et pubs en tout genre, petits brocanteurs, marché fermier, puces occasionnelles attire de nombreux promeneurs et la communauté alternative-bobo. Parfait pour se restaurer après la balade dans le Sefton Park voisin et faire quelques emplettes dans de jolies boutiques bohèmes. On est dans le quartier d'origine de John Lennon et Paul McCartney. Penny Lane n'est pas loin !

BON À SAVOIR : • larklaneguide.com • Nombreux bus avec le centre-ville.

12 ASSISTER À UN MATCH DE FOOT

AGENDA DES FÊTES, FESTIVALS ET ÉVÉNEMENTS CULTURELS

MAI : *Liverpool Sound City.* L'hôtel *Hilton* de Liverpool et les espaces culturels de la ville proposent un programme de concerts de groupes et de DJ's, ainsi que des spectacles d'arts scéniques. • liverpoolsoundcity.co.uk •

JUIN : *Mersey River Festival.* Durant 3 jours, début juin, Liverpool fête la mer et les marins à travers de nombreuses activités sur le front de mer. • liverpoolonthewaterfront.co.uk •

JUIN : *Arab Arts Festival.* Une célébration de l'art arabe apparue en 2008 dans le cadre de Liverpool Capitale européenne de la culture. Temps fort du festival, une représentation de Taoub, un spectacle acrobatique d'un collectif de Tanger, accompagné de musique arabe et de chants traditionnels. • arabartsfestival.com •

JUIN : *Africa Oyé.* Un w-e fin juin. Le plus grand rassemblement de musique et culture africaines du royaume se tient chaque année en juin au Sefton Park. • africaoye.com •

JUILLET : *Liverpool International Carnival.* Musiciens, comédiens et danseurs venus des quatre coins du monde. • brouhaha.uk.com •

AOÛT : *International Beatleweek.* Chaque année, fin août, des fans du monde entier se rassemblent à Liverpool pour fêter le célébrissime groupe de rock anglais. Au programme : concerts bien évidemment, expos, marchés aux puces et même des enchères... Il y a foule et c'est la folie pour l'événement de l'année à Liverpool ! • cavernclub.org/beatleweek •

AOÛT : *Liverpool International Music Festival.* Le LIMF est un festival de musique gratuit organisé à la fin du mois d'août au Sefton Park. • limfestival.com •

AOÛT : *Creamfields Dance Festival.* Un w-e fin août. Un événement de danse et de musique électronique mettant en scène les meilleurs DJ's du moment. Déclaré plus grand festival de danse du Royaume-Uni ! • creamfields.com •

SE REPÉRER

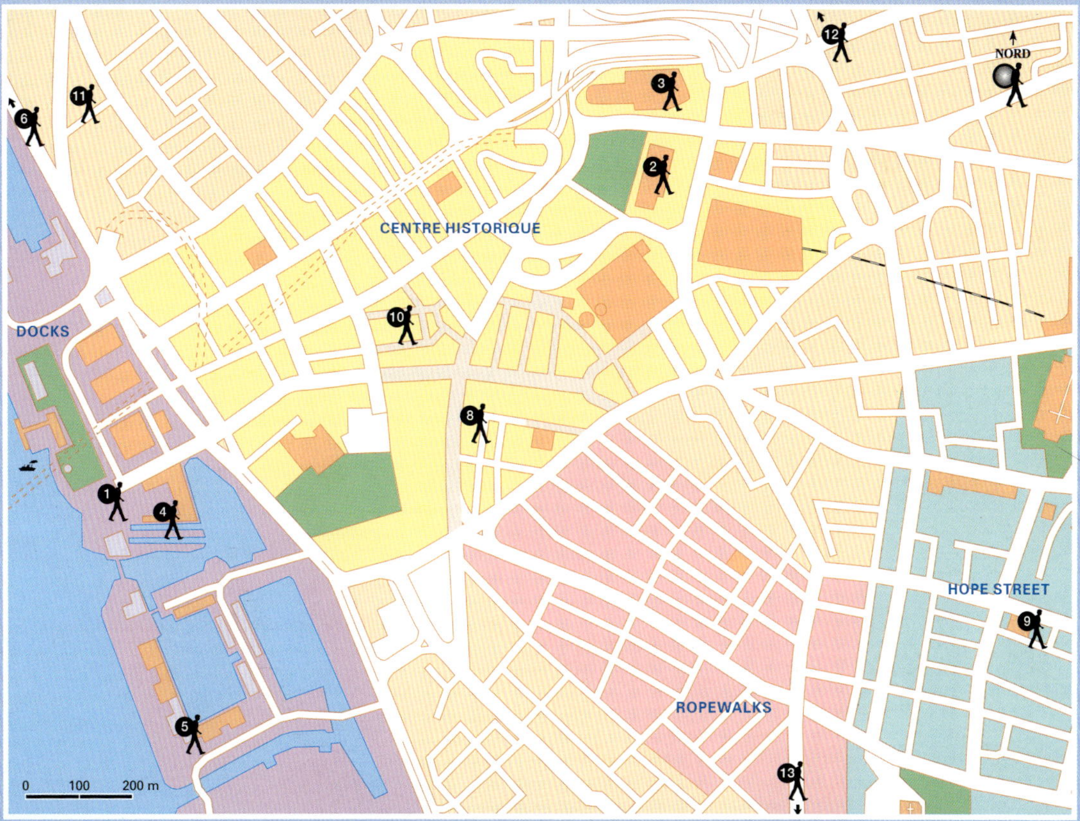

TAXI

LONDRES

Une autre planète, de l'autre côté du *Channel* ! Débarquer à Londres la première fois se révèle particulièrement exotique. Taxis noirs, bus à impériale rouges, *horse guards,* conduite à gauche, pubs… de quoi se dépayser ! Moderne et vibrante, Londres la cosmopolite n'est pas simplement anglaise : c'est une ville-monde. Avec des musées et des galeries par centaines, des pubs et des boutiques par milliers et plus de 10 000 restos, il y en a pour tous les goûts. Cette ville à l'imagination sans limite offre un large patchwork d'expériences. Des boutiques à gogo, des galeries d'art et des musées pointus, des parcs immenses, des bars ultra-branchés, des clubs parmi les meilleurs d'Europe, des restaurants qui sauront vous surprendre et une population parmi les plus cosmopolites au monde… Il vous faudra plusieurs voyages pour la découvrir vraiment.

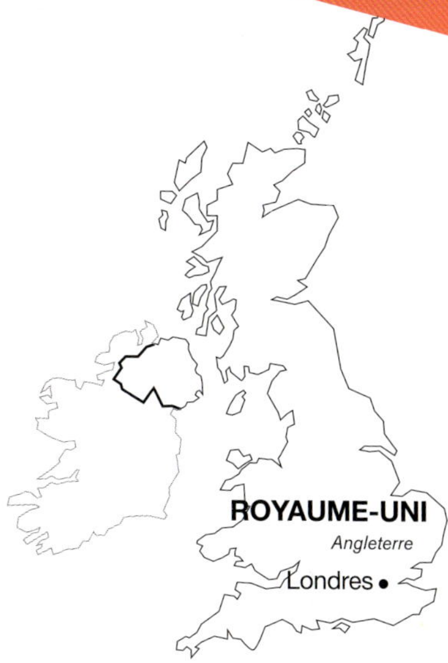

BUDGET	€€€
CULTURE	★★★☆
CUISINE	★★★☆
SHOPPING	★★★★
VIE NOCTURNE	★★★★

1h10 au départ de Paris

DÉCOUVRIR

1 Attraper un torticolis sous la résille de verre et d'acier de Norman Forster au British Museum

avant d'affronter les momies en tête à tête.

Inauguré il y a 260 ans, le British Museum couvre l'histoire de l'humanité depuis ses origines jusqu'à nos jours, rien de moins ! On y accède par la sublime Great Court, réaménagée par Norman Foster en un large atrium recouvert d'un toit translucide, comme tissé par une araignée géante. Ce sont surtout les collections d'antiquités qui en font l'un des plus grands musées du monde. Buste de Ramsès II, tambour sculpté du temple d'Artémis à Éphèse, frise du Parthénon, pierre de Rosette… impossible de tout voir en une seule visite. Un conseil : sélectionner quelques sections et revenir pour la suite, surtout que le « British » est totalement gratuit !

BON À SAVOIR : se munir d'un plan, le musée est un vrai labyrinthe ! • britishmuseum.org •

2 Par une belle journée ensoleillée, flâner dans les ruelles bucoliques de Hampstead

À quelques kilomètres du centre de la capitale et pourtant si loin dans l'esprit, Hampstead est un ancien villages que l'urbanisation a englobé au début du XXe s dans le « Grand Londres ». Il a su garder un caractère villageois et résidentiel, notamment grâce à la configuration des ruelles, qui épousent les reliefs de la colline. Un quartier authentique avec ses cottages georgiens du XVIIIe s, ses maisons blanches de style victorien, ses venelles pavées. Après la balade dans les ruelles escarpées du vieux Hampstead, on ira déjeuner dans un pub historique (comme *Spaniards Inn* ou *The Holly Bush*) avant de s'autoriser une petite sieste au parc Hampstead Heath, un véritable coin de campagne à quelques kilomètres du centre. Dépaysant au possible !

3 Découvrir de nouveaux artistes à la Saatchi Gallery

ou chez le célèbre marchand Gagosian.

Charles Saatchi est un grand mécène de l'art contemporain britannique, et il le prouve avec chaque nouvelle exposition dans sa galerie. On lui doit, par exemple, la promotion de Damien Hirst, l'artiste réputé comme le plus riche du monde. Autre « faiseur d'artistes » mondialement connu, l'américain Larry Gagosian, qui représente des pointures de l'art contemporain (Jeff Koons, Cy Twombly, Richard Wright…). Immanquables pour les amateurs ! Et si ça ne vous suffit pas, cap sur le quartier de l'East End où l'on trouve pas mal de galeries d'art contemporain.

BON À SAVOIR : pour connaître les expos du moment, consulter • saatchigallery.co.uk • et • gagosian.com •

4 Compter les étages de The Shard

le plus grand immeuble d'Europe. Bon courage !

Londres a le chic pour les constructions choc. Inauguré en 2013, voici le dernier-né des gratte-ciel, The Shard. La silhouette élancée de cette spectaculaire flèche de verre de 310 m (un peu plus que la tour Eiffel) a poussé à proximité du London Bridge, sur la rive sud de la Tamise. Aux commandes, l'inévitable Renzo Piano, à qui l'on doit le Centre Georges-Pompidou à Paris ou le bâtiment futuriste de la Lloyd's dans la City toute proche. Des ascenseurs ultrarapides (6 m/s), des télescopes interactifs et un grand moment d'émotion vous attendent sur la terrasse du 72e étage, entre le sifflement du vent et la vue à 60 km à la ronde. On reste béat devant les méandres de la Tamise, la coupole de Saint-Paul, l'arche de Wembley… La nuit, c'est carrément magique ! Juste à côté le Borough Market, pour vous remettre de vos émotions. Le paradis des gourmets !

BON À SAVOIR : • theviewfromtheshard.com •

5 Au printemps, se rouler au milieu des jonquilles de Hyde Park

et taquiner les écureuils.

Avec Kensington Gardens à l'ouest, Hyde Park forme le plus grand espace vert de Londres. C'est évidemment un lieu rêvé pour une pause réparatrice sur les pelouses ou pour un pique-nique. Le parc étant planté de nombreux chênes, les écureuils y habitent volontiers. De petite taille, au pelage gris, ils courent parmi les branches, dévalent les troncs et gambadent joyeusement dans l'herbe. Jusqu'au moment où le chien d'un promeneur s'amuse à les poursuivre. Le danger passé, ils pointent à nouveau leur museau. On résistera à la tentation de leur donner à manger, cela n'est pas autorisé.

6 Visiter les rayons du très célèbre *Harrods*

l'un des plus beaux grands magasins du monde.

Célébrissime, ce grand magasin se visite au même titre que les musées et lieux touristiques de Londres. Devenu monument à part entière, *Harrods* possède des rayons qui sont une merveille de décoration et de bon goût. Exemple parmi d'autres, l'*Egyptian Hall,* qui occupe tout un pan du magasin, sur plusieurs étages, est un chef-d'œuvre de l'Art nouveau. Chargé, certes, mais féerique ! L'escalator (électrique) fut le premier installé en Europe. Ne pas manquer les *Food Halls* (épiceries fines), célèbres pour leurs magnifiques céramiques, où l'on peut même se restaurer. Partout, les décorations sont somptueuses, et les prix à l'avenant. Un temple du shopping à fréquenter religieusement, ou avec fébrilité.

BON À SAVOIR : • harrods.com •

BIG BEN, RIEN NE CLOCHE !

Le monument le plus célèbre de Londres, c'est elle. Big Ben, ce n'est pas la tour qui l'abrite et qui domine le Parlement mais bien une cloche de 13 t, qui sonne toutes les 15 mn. Elle se règle chaque année en posant un penny sur le mécanisme si elle avance et en en enlevant un si elle retarde ! Technique ô combien efficace, puisque le système ne connut sa première (petite) panne qu'en 1976... soit près de 120 ans après sa mise en service. Quant à son nom, il viendrait du fonctionnaire qui installa la cloche, le désormais célèbre Benjamin Ben.

THE SHARD, DE RENZO PIANO

7 Marcher dans les pas des Beatles sur Abbey Road

et refaire la photo du célèbre album entre potes, sur le passage clouté.

Les fameux studios où les Beatles, mais aussi les Pink Floyd, Oasis ou encore Radiohead, enregistrèrent sont classés Monument historique depuis 2010. Le 30 janvier 1969, le tout dernier concert des Beatles eut lieu sur le toit de ces studios. La musique dut s'arrêter après 42 mn à cause des plaintes des voisins… pour vacarme ! Le passage clouté *(crosswalk)* qui illustre le dernier disque des Fab Four est le seul classé au Patrimoine national. Il ne manque plus qu'à se laisser pousser les cheveux pour refaire la photo du célèbre album entre potes. Tirer au sort celui qui sera pieds nus !

BON À SAVOIR : attention, pour s'y rendre, la bonne station de métro est St John's Wood et non pas Abbey Road, située, elle, à… 9 miles du célèbre passage piéton !

8 Tenter de mettre un nom sur les chefs-d'œuvre de la National Gallery

l'un des plus beaux musées de peinture au monde.

Située à Trafalgar Square, la National Gallery est l'un des trois plus beaux musées de peinture au monde, avec plus de 2 300 toiles peintes de 1250 à 1900, qui représentent toutes les grandes écoles occidentales. Une foule de stars (Vinci, Raphaël, Botticelli, Rembrandt, Rubens, Turner, Van Gogh, Cézanne…) et de chefs-d'œuvre (*Vénus et Mars* de Botticelli, *La Vierge aux rochers* de Léonard de Vinci, *Samson et Dalila* de Rubens, *La Charrette de foin* de Constable, *Les Tournesols* de Van Gogh…) sont réunis ici ! N'hésitez pas à consacrer une journée entière aux collections de la National Gallery, mais nous vous conseillons de vous y rendre en plusieurs fois, aile par aile, période par période.

BON À SAVOIR : • nationalgallery.org.uk •

9 Prendre un thé à Buckingham Palace avec la reine

ou, mieux, avec Kate (on déconne !)

On ne présente plus Buckingham Palace, palais royal construit au XVIIIe s si connu pour la relève de sa garde. Il est possible de le visiter, mais attention, uniquement pendant 2 mois en été. Pas question de voir les 600 pièces, dont seulement quelques-unes sont dévolues à l'usage personnel de la famille royale. Seules une vingtaine d'entre elles (les *State Rooms*) sont ouvertes au public, ainsi qu'une petite partie des jardins. Si vous étiez amené à croiser la reine, sachez qu'on s'adresse à elle aussi bien en anglais qu'en français : elle est bilingue à tel point qu'elle connaît même des chansons de Tino Rossi ! En revanche, on évitera « Majesté », elle préfère « Madame ». Il ne vous reste plus qu'à attendre le carton d'invitation…

BON À SAVOIR : • royalcollection.org.uk •

10 Franchir le fameux méridien à Greenwich

et observer Londres à ses pieds.

C'est dans le parc de Greenwich que passe le fameux méridien zéro, le nombril du monde, en quelque sorte ! À découvrir au Royal Observatory, un site ravissant, composé de plusieurs bâtiments et qui offre, en prime, un superbe panorama sur les Docklands. Dans la cour d'entrée de l'observatoire même, le célèbre méridien est symboliquement représenté sur le sol par un tracé lumineux. Chevauchez-le, et dites-vous qu'à cet instant précis, vous avez un pied dans l'hémisphère ouest et l'autre à l'est ! On le voit également très bien à travers la grille (pour ceux qui ne souhaitent pas payer le billet d'entrée assez dissuasif, même si l'expo ne manque pas d'intérêt).

11 S'en mettre plein les yeux au Victoria and Albert Museum

l'un des plus beaux musées dédiés aux Arts décoratifs au monde.

Le Victoria and Albert Museum – V & A pour les intimes – est l'un des plus beaux musées du monde consacré aux Arts décoratifs, des origines jusqu'à aujourd'hui. On vient pour les pièces uniques de sa collection (la nef de Burghley du XVIe s, le tapis d'Arbidil, les bijoux….) mais aussi pour le cadre, superbe et les activités ludiques. Ne manquez pas la nouvelle section, consacrée au mobilier : plus de 200 pièces exceptionnelles de mobilier britannique et européen, du Moyen Âge jusqu'à nos jours, ainsi que des exemples de mobilier américain et asiatique. À vous Eileen Gray, Charles et Ray Eames, Ron Arad ou encore Tom Dixon.

BON À SAVOIR : le V & A étant l'un des plus grands musées de Londres, ne pas chercher à tout voir en une seule fois ; en plus, il est gratuit, profitez-en pour revenir !

LONDRES GRATUIT

Bonne nouvelle ! Si Londres compte parmi les capitales les plus chères d'Europe, surtout pour l'hébergement et les restos, elle vous fait quand même un beau cadeau : tous les grands musées nationaux sont gratuits. À vous la National Gallery, le British Museum, le Victoria and Albert Museum, la Tate Britain, la Tate Modern, le Natural History Museum, le Science Museum et la Wallace Collection. Autres sites gratuits : National Portrait Gallery, Photographer's Gallery, Westminster Abbey lors de la messe du dimanche à 15h (tenue correcte exigée), Westminster Cathedral, Huntarian Museum, Museum of London, Whitechapel Art Gallery, Imperial War Museum, Saatchi Gallery, National Maritime Museum… Et puis toutes les balades, les marchés, les quartiers ouverts à vos yeux écarquillés, sans débourser un penny !

12 Découvrir la Tate Modern

magnifique musée d'art moderne installé dans une ancienne centrale électrique.

Depuis son ouverture en 2000, cette coqueluche des musées londoniens s'est hissée au niveau du Centre Pompidou ou du MoMA à New York. Imaginez un gros parallélépipède disgracieux de brique rouge, coiffé d'une cheminée d'usine, voué à la pioche des démolisseurs et finalement transformé par le génie d'architectes suisses en un superbe hall d'exposition de 34 000 m^2 et de 35 m de haut. C'est ça, la Tate Modern ! À l'intérieur, une fois le choc esthétique passé, vous croiserez, au hasard des accrochages, des à-plats de Mark Rothko, des sculptures de Joseph Beuys, Henry Moore, Giacometti ou César, des tableaux de Mondrian, Miró, Picasso, Yves Klein, et on en passe. Les réserves de la Tate Modern sont inépuisables et d'une rare richesse !

BON À SAVOIR : • tate.org.uk •

13 Grimper à bord du *Cutty Sark*

l'un des emblèmes maritimes britanniques auquel on a redonné vie de la plus belle manière qui soit.

Imaginez un fier clipper, ces trois-mâts du XIXe s destinés à sillonner à grande vitesse les routes commerciales du globe, planté sur son quai de Greenwich et toisant les gratte-ciel du Londres moderne en face. Il officia jusqu'en 1952. Victime d'un grave incendie en 2007, il fallut plusieurs années de restauration pour que l'on puisse à nouveau admirer sa splendeur, monter sur le pont, explorer ses entrailles et, surtout, passer en dessous, puisqu'il a été rehaussé de 3 m, en cale sèche ! Pompon bas pour Hercule Linton, le designer de cette œuvre d'art des mers.

BON À SAVOIR : • rmg.co.uk •

14 S'offrir une promenade enchantée

dans les allées du jardin botanique de Kew Gardens.

Superbe jardin botanique d'une extraordinaire variété : 90 000 végétaux différents sur pas moins de 120 ha, le Jardin des plantes de Paris fait figure de square à côté ! La période idéale pour visiter Kew Gardens est, bien sûr, le printemps, lorsque les rosiers et les rhododendrons sont en fleurs, mais le bel aménagement de la nature permet de se promener toute l'année sans jamais se lasser. Jardin japonais avec pagode, pinède, bambouseraie, roseraie... rien ne manque. Participant à l'élégance de Kew Gardens, les serres dessinent des courbes de verre soulignées par des lignes de fer forgé. Elles reproduisent des zones climatiques, de la forêt tropicale au désert, et abritent orchidées, cactus, nénuphars, plantes carnivores, bambous, plantes tropicales… À ne pas manquer !

BON À SAVOIR : • kew.org •

14 KEW GARDENS

15 Pousser la porte du mythique *Savoy Hotel*

rien que pour le plaisir des yeux !

Rénové par le designer français Pierre-Yves Rochon, ce temple du style édouardien et Art déco a retrouvé, en 2010, son lustre d'antan. Construit en 1889 pour l'agent de théâtre Richard d'Oyly Carte afin d'y loger ses stars de la scène, ce palace a été le témoin d'instants de vie culturelle. Pensez donc : Monet y a peint de sa chambre certaines de ses vues sur la Tamise, Oscar Wilde y retrouvait son amant Alfred Douglas, Marlène Dietrich exigeait d'être accueillie avec 12 roses et une bouteille de Dom Pérignon, Lady Di y venait prendre le thé... Y fut inventé le dry martini à l'American Bar, où venait jouer Frank Sinatra. On peut aujourd'hui encore y boire un verre ou juste pousser le tambour de la porte d'entrée pour le plaisir des yeux...

BON À SAVOIR : • fairmont.fr/savoy-london •

16 Participer au carnaval de Notting Hill, le dernier week-end d'août,

l'un des rassemblements de rue les plus importants d'Europe.

Créé à la suite des émeutes raciales qui ont secoué Londres dans les années 1950, c'est le plus grand carnaval jamaïcain d'Europe. *Steel bands* et DJs envahissent les rues autour de Portobello pendant 2 jours, et l'on y danse aux rythmes de la *socca,* musique des Caraïbes, de la techno, du reggae, etc. Le carnaval de Notting Hill, c'est aussi et surtout un défilé de toute beauté à ne pas manquer. Le dimanche est généralement considéré comme le jour des enfants, alors que le lundi, dernier jour de la fête, rassemble environ 1 million de personnes. Ambiance garantie et prix des hébergements à la hausse.

BON À SAVOIR : • carnaval-de-londres.com •

TEATIME

Si l'on en croit la légende, toute l'Angleterre s'arrête vers 17h pour le *teatime.* Les Anglais en boivent en fait toute la journée ! Rien de tel qu'une bonne *cup of tea* pour arroser n'importe quelle occasion ou redonner le sourire à son interlocuteur. Un rituel, à essayer au moins une fois dans sa vie, dans les hôtels chic ou les salons de thé londoniens : les fameux *afternoon teas* (un grand choix de thés aux arômes différents, des sandwichs et toute une cohorte de gâteaux). Parmi les plus connus, des hôtels prestigieux tels que le *Ritz,* le *Savoy,* le *Hyde Park Hotel,* le *Dorchester* ou le salon de thé *Fortnum & Mason...* Tous proposent un rituel souvent aussi drôle que leurs gâteaux sont bons, à grand renfort de vaisselle délicate, d'ustensiles compliqués et de règles à respecter (coupe-t-on un scone dans le sens de la hauteur ou de la largeur ? *That is the question...*).

SAVOURER

17 Avaler un *fish & chips*

en oubliant son cholestérol et en rajoutant un peu de vinaigre.

Les célèbres *fish & chips* permettent de manger sur le pouce pour pas cher, du moins dans les *take-away*, affectueusement surnommés « *chippy* ». En revanche, dans ces endroits, c'est souvent très graillonneux. Si vous voulez goûter à un *fish & chips* doré, croustillant et préparé dans les règles de l'art, dans un pub ou un resto, il vous en coûtera forcément plus cher. Dans tous les cas, c'est le choix du poisson qui détermine le prix et la qualité du plat. Vient ensuite le choix et la température de l'huile, et bien entendu la recette de la « *battered* » qui vient envelopper le poisson.

18 Croquer des bagels 24h/24 à Brick Lane

C'est l'un des musts du quartier popu et néo-bobo de Brick Lane, une vraie légende. Si vous dites « bagel », tout le monde vous enverra chez *Beigel Bake* (159 Brick Lane), une petite boutique qui débite 24h/24 ses bagels tout frais, tout bons. Des bagels à emporter, bien frais (facile, vu le débit) et pour trois fois rien. Goûter au *cream cheese* et au *salt beef bagel...* À fondre de plaisir ! Également toutes sortes de *pies* et *pastries* sucrées ou salées. Attention, il y a foule le dimanche !

19 En été, savourer la première gorgée de *Pimm's*

dans un grand verre de limonade et de menthe fraîche.

En été, autour d'un barbecue ou dans les hauts lieux aristocratiques, on sirote un *Pimm's,* mélange tonique à base de quinine et d'herbes. Typiquement anglais, servi avec du concombre, cette boisson très rafraîchissante aurait des vertus digestives. L'hiver, très logiquement, on le boit chaud, servi avec du jus de pomme, et ça passe pas mal non plus... À consommer avec modération !

20 Découvrir la vraie cuisine anglaise

et l'accueil *so british* en allant dîner chez *Rules.*

Inaugurée en 1798, cette vénérable institution a reçu la visite des acteurs les plus célèbres (Clark Gable, Charlie Chaplin, Buster Keaton...) et de grands écrivains (Graham Greene, John Le Carré...). Aujourd'hui encore, ils sont nombreux à ne pas concevoir un séjour londonien sans une halte rituelle chez *Rules,* autant pour son cadre immuable d'auberge cossue que pour l'accueil en chapeau haut de forme à l'entrée ou son excellente cuisine british, arrosée de savantes sauces sucrées-salées. La maison possède ses propres terres où le gibier abonde et où elle élève son cheptel de bœufs Galloway... En saison, c'est-à-dire d'août à décembre, ne ratez donc pas son gibier et, en particulier, la *grouse,* volatile typiquement écossais qui fait le délice des Britanniques depuis des lustres... et dont la maison a fait sa spécialité.

BON À SAVOIR : • rules.co.uk •

17 AVALER UN *FISH & CHIPS*

21 Déguster un vieux cheddar ou un stilton bien crémeux

et découvrir que la France n'est pas le seul pays du fromage.

Eh non ! la France n'est pas seule à produire de bons fromages. On conseille aux sceptiques de pousser la porte du 17 Short's Gardens, à Covent Garden, pour pénétrer chez *Neal's Yard Dairy,* magnifique boutique où les vieux cheddars s'affinent aux côtés de stiltons crémeux à souhait... Sur une ardoise sont écrits l'âge et l'origine de ces joyaux, mais les fromagers prennent volontiers le temps de vous en expliquer les caractéristiques, et surtout de vous faire goûter ! C'est le fromager incontournable de Londres pour qui souhaite découvrir le meilleur des îles Britanniques. Autre adresse au Borough Market.

BON À SAVOIR : tlj sf dim 10h-19h. • nealsyarddairy.co.uk •

22 Apprendre à cuisiner comme Jamie Oliver

le chef le plus cool de la *city.*

La star gastrocathodique récidive mais dans un nouveau concept. *Recipease*, c'est à la fois un cours de cuisine, un resto et une boutique. Sur 2 étages, autour d'une grande cuisine ouverte, on peut venir cuisiner comme son chef préféré en préparant un bon curry thaï, des ravioles, apprendre à jouer du couteau, ou encore préparer des sushis. Après, à vous de déguster vos mets sur de grandes tablées en bois Bon, surtout, le vrai bon plan pour les fainéants qui ne veulent pas passer derrière les fourneaux (on en connaît !), c'est de venir goûter la cuisine du chef, très exotique (salade de bœuf, féta, roquette et noix, *focaccia* aux champignons, omelette mexicaine, etc.) pour pas trop cher dans un lieu original. On peut même acheter le nécessaire de cuisine pour s'y mettre à la maison. Bien joué, Jamie !

BON À SAVOIR : compter 1h à 2h ; résa obligatoire sur le site (en anglais). • jamieoliver.com/recipease/ •

SORTIR

23 Assister à une comédie musicale dans le quartier de Soho *(fluent English only)*

Avec New York, Londres est *the place to be* pour les amateurs de comédies musicales. À peine arrivé dans la capitale anglaise, partout des affiches vous vantent les mérites des succès du moment. Il y en a pour tous les goûts. Si vous êtes à l'aise en anglais, laissez-vous tenter par *The Lion King, Billy Elliot, Singin'In the Rain, Charlie et la Chocolaterie,* ou bien *Les Misérables,* les « Miz » comme on dit là-bas, à l'affiche depuis plus de 25 ans !

BON À SAVOIR : pour plus d'infos sur les programmes, voir le site • londontheatre.co.uk • et pour les billets pas chers sur place • tkts.co.uk •

UN PEU DE PUB POUR LES PUBS

De tradition typiquement britannique, le pub est le lieu de rencontre par excellence. On y vient avec ses collègues, ses amis ou tout simplement en famille pour y passer un joyeux moment de détente et de discussion. On y pratique une activité tellement peu française que le mot n'existe même pas dans notre langue : on « socialise » ! Vous ressentirez cette extraordinaire atmosphère de fusion des classes : ici, on laisse son origine sociale au vestiaire et on se côtoie allégrement. Au coude à coude, vous trouverez le *cockney* (titi londonien), le jeune cadre gominé, la mamie en tenue lavande, les groupes de minettes déchaînées à l'occasion d'une *hen night* (enterrement de vie de jeune fille), l'ouvrier lisant *Tribune* (journal de gauche du Labour Party), le vieux marginal plein de malice et...

24 Siroter un cocktail chez *Mr Fogg's*

en vivant une expérience hors du commun dans l'antre du fameux Phileas Fogg, aventurier et « bon viveur »

Vous voici dans un *speakeasie,* l'un de ces bars prohibés, comme autrefois. Ici, il s'agit de montrer patte blanche, de faire la queue, ou d'avoir fait sa réservation sur le site ou au téléphone au préalable... Une fois la porte franchie, c'est à un véritable voyage qu'on vous invite, avec cette montgolfière échouée dans un coin de ce grand et vaste club très privé, aux allures de cabinet de curiosités. Feu près de la cheminée, canapé et fauteuils à bascule, et grand bar rutilant. Un rêve de gosse ! Un crocodile empaillé côtoie un grand vélocipède suspendu ou un trophée de... vache. Loufoque à souhait. De quoi vraiment redevenir de (grands) enfants...

BON À SAVOIR : autre *speakeasy,* l'*Experimental Cocktail Club*, au 13A Gerrard Street. Ne cherchez pas d'enseigne, il n'y en a pas. Repérez juste les 2 petits restos chinois du rez-de-chaussée, *Fair East* et *Four Seasons*. Une porte noire entre les deux. C'est le Graal pour accéder au bar le plus recherché de la capitale (avec la réservation). • mr-foggs.com • reservation@chinatownecc.com •

25 Vivre l'ambiance suractive de la nuit londonienne

du côté de Shoreditch et Hoxton.

Shoreditch et Hoxton font partie aujourd'hui des incontournables des soirées londoniennes. S'il n'y a pas grand-chose à voir concrètement dans cet ancien quartier industriel, il y a beaucoup à faire une fois passée l'heure du thé ! Tous les oiseaux de nuit qui se respectent fréquentent les bars du quartier en fin de semaine ; on s'y amuse beaucoup, on y mange fort bien. Super pour le petit déj, idéal pour l'*after* après avoir fait reluire le dance floor des clubs qui font bouger les nuits londoniennes, comme le *Plastic People,* l'un des grands repaires du monde *underground* de Shoreditch, ou encore le *Concrete,* à l'ambiance résolument industrielle. À votre tour !

BON À SAVOIR : avant tout, ne manquez pas de passer au *Callooh Callay,* LE bar à cocktails branché de Shoreditch, l'un des must des soirées londoniennes. • plasticpeople.co.uk • concretespace.co.uk • • calloohcallaybar.com • Quoi qu'il en soit, pour dénicher les bons plans, le magazine *Time Out* (• timeout.com/london •) reste la référence.

SHOPPING

26 Se perdre dans le *Cyberdog* déjanté du marché aux puces de Camden Town

le dimanche matin.

Surprenant, le marché aux puces de Camden Town est une ode à la diversité et à la fantaisie. Haut lieu de la culture alternative, le plus grand marché aux puces de Londres rassemble touristes et adeptes de l'underground (punks, gothiques, hippies, etc.). Dans ce fabuleux bric-à-brac, on trouve de l'artisanat, une brocante, des friperies, des objets vintage, des disquaires, des salons de piercing, des tatoueurs et un marché traditionnel axé sur la mode. Un incontournable : le *Cyberdog,* espace futuriste où vous trouverez de superbes tenues de l'espace pour frimer dans les raves les plus déjantées ! Hors de prix, mais même les vendeurs, les danseuses (si, si !) et le DJ derrière ses platines cosmiques valent le coup d'œil.

BON À SAVOIR : • camdenlock.net •

27 Démarrer une session shopping sur Oxford Street

en faisant un stop chez *Primark,* ou encore dans les boutiques branchées de King's Road.

Oxford Street c'est le cœur commerçant de Londres, avec plus de 300 boutiques. C'est ici que l'on trouve les grands magasins comme *Selfridge, Marks and Spencer, HMV...* ainsi que la plupart des grandes enseignes. Stop obligatoire chez *Primark* (499-517 Oxford Street), un mélange d'*H&M* et de *Tati* à des prix défiant toute concurrence. La qualité laisse parfois à désirer, mais à ces prix-là (t-shirts à 1 £), c'est du jetable ! Dans un genre nettement plus chic, les boutiques de King's Road, épicentre de la branchitude *made in Chelsea* : un quartier plus calme où le shopping est un véritable plaisir... onéreux, certes.

28 Dénicher des fripes sur Brick Lane

et admirer le « Cornichon », le *Gherkin,* immeuble surréaliste, tout proche.

Coincé entre les quartiers d'affaires de la City et de Canary Wharf, l'East End est devenu branché tout en gardant son côté populaire et cosmopolite. Brick Lane, le quartier indien de l'East End, est un paradis de la fripe. Petite veste en tweed ou talons aiguille vintage, tee-shirt floqué *eighties* ou jupe écossaise pour punkette, on y trouve de tout (ou rien, c'est selon...) dans ses nombreuses boutiques ! Et le dimanche, toujours sur Brick Lane, se tient l'un des plus authentiques marchés aux puces de Londres.

28 DÉNICHER DES FRIPES SUR BRICK LANE

AGENDA DES FÊTES, FESTIVALS ET ÉVÉNEMENTS CULTURELS

JANVIER OU FÉVRIER : *Nouvel An chinois à Chinatown (Soho).* En janvier ou février, puisqu'on fixe la date en fonction de la lune. Pour plus d'infos : • chinatownlondon.org • Tout commence sur The Strand normalement en fin de matinée ; Charing Cross Road, Shaftesbury Avenue et Trafalgar Square pour finir en beauté. Feu d'artifice vers 17h à Leicester Square.

17 MARS : *Saint Patrick's Day.* La fête du saint patron des Irlandais est particulièrement célébrée à Londres, qui compte la troisième plus grande population d'origine irlandaise du monde. C'est l'occasion d'une grande parade où les participants défilent tout en vert, la couleur de l'Irlande. De grands rassemblements et des concerts ont lieu dans différents endroits, tout particulièrement à Trafalgar Square.

AVRIL : *Oxford & Cambridge Boat Race.* Le 1er samedi d'avril (attention ! parfois aussi le dimanche ou bien encore en mars... vérifier sur • theboatrace.org •), sur la Tamise (vers Hammersmith et Mortlake). La fameuse course d'aviron entre les universités mythiques et rivales situées au nord de la capitale. Pas non plus exceptionnel pour les spectateurs, mais ambiance festive.

JUIN : *Trooping the Colour.* Parade des *Horse Guards* au grand complet pour l'anniversaire de la reine, le samedi suivant le 6 juin. Elle se déroule entre Buckingham Palace et le quartier des gardes à Whitehall. Tous les fastes de la Couronne et les traditions anglaises sont déballés lors de ce défilé. Bonnets à poils, plastrons brillants et chevaux « bien garnis » sont au rendez-vous de cet événement haut en couleur.

FIN JUIN : *Wireless Festival.* 4 jours de musique avec des artistes rock, pop et variétés à Hyde Park. Programme sur • wirelessfestival.co.uk •

JUIN-JUILLET : *Festival d'été de Victoria Embankment Gardens.* Une succession de festivals animent les bords de la Tamise. Danse en plein air, festival de mime, festival de poésie, etc. Infos sur • alternativearts.co.uk •

JUILLET-SEPTEMBRE : *The Proms.* La musique s'empare du Royal Albert Hall. Populaire et très festif !

SE REPÉRER

MADRID

Souvent snobée au profit de Barcelone, la capitale espagnole ne manque pourtant pas d'atouts pour une escapade le temps d'un week-end. Oubliez les clichés, la visite de la ville va bien au-delà du classique duo tapas-Prado. Insouciante et créative, Madrid foisonne d'activités : musées et centres d'art avant-gardistes, ruelles invitant au shopping, bars de nuit déjantés... « Madrid me mata », proclamaient les graffitis sur les murs en pleine période de *Movida*. C'est vrai, cette ville est tuante... de plaisir. Son rythme nocturne, cette marée humaine (la *marcha*), qui bat le pavé et déboule de toutes parts vous emportent à coup sûr.

BUDGET	€€
CULTURE	★★★★
CUISINE	★★★★
SHOPPING	★★☆☆
VIE NOCTURNE	★★★★

2h au départ de Paris

DÉCOUVRIR

1 Se faire une orgie culturelle dans les musées

Madrid possède d'excellents musées. Pour une première visite, on filera sur le paseo del Arte découvrir les trois plus grands. À commencer par le célèbre Prado, et ses collections uniques au monde qui lui valent une place dans le peloton de tête des capitales artistiques européennes. Il présente un fantastique panorama de la peinture espagnole du XVe au XVIIIe s ainsi que plusieurs chefs-d'œuvre des écoles italienne et flamande : Goya, le Greco, Velásquez, Zurbarán, ou encore Bosch. Poursuivre par le museo Thyssen-Bornemisza pour un tour d'horizon complet de la peinture depuis le XIIIe s, et enfin, le Centro de Arte Reina Sofía pour l'art contemporain (voir aussi le coup de cœur suivant). Outre ces incontournables, Madrid abrite nombre de musées en tout genre et de centres d'art avant-gardistes.

BON À SAVOIR : les plus accros se procureront l'*abono Paseo del Arte* (entrée pour le Prado, le Thyssen et le Reina Sofía) ou la *Madrid Card.* • esmadrid.com • museodelprado.es • museoreinasofia.es • museothyssen.org •

2 Recevoir toute la puissance émotionnelle qui se dégage du *Guernica* de Picasso

au Centro de Arte Reina Sofía.

Dalí, Picabia, Miró, Tàpies, Bacon… devraient être une raison suffisante de se rendre au Centro de Arte Reina Sofía. Mais c'est bien l'œuvre géniale de Picasso qui justifie à elle seule la visite de ce musée dédié à l'art du XXe s. Le 26 avril 1937, l'aviation de la légion allemande Condor pilonne la ville basque de Guernica. Ce massacre de 2 000 civils fait l'effet d'un électrochoc. En protestation contre cette barbarie, Pablo Picasso peint cette toile considérée depuis lors comme son chef-d'œuvre. Visages torturés, membres sectionnés, bouches béantes, tons gris et noirs… bien qu'archiconnue, l'œuvre maîtresse de Picasso conserve une forte capacité émotionnelle.

BON À SAVOIR : • museoreinasofia.es •

3 Boire un verre en terrasse sur la plaza Mayor

point d'affluence incontournable pour tout visiteur de passage.

Superbe place construite entre 1617 et 1619, la plaza Mayor est le symbole de l'architecture du Madrid de los Austrias (« le Madrid autrichien »). Cette place a servi de scène pour les autodafés, de théâtre pour les pièces religieuses de Lope de Vega, de décor aux exécutions criminelles ou d'arène pour des corridas. C'est ici qu'ont lieu, aujourd'hui encore, de nombreuses manifestations populaires. L'architecture est assez dépouillée. De grandes arcades voûtées communiquent avec les principales rues voisines. L'été, c'est un lieu de rendez-vous très populaire. On prend le café au soleil, entre amis, au milieu des bateleurs de rue en tout genre, musiciens, mimes, etc.

4 Explorer le quartier populaire de Lavapiés

avec ses immeubles typiques, sa population cosmopolite et son atmosphère villageoise.

Ce quartier populaire, d'une extrême hospitalité, accueille pêle-mêle émigrés, artistes et intellectuels. Le tout forme une joyeuse tour de Babel vraiment attachante, avec ses restos et épiceries de tous les coins du monde, ses nombreux théâtres, centres culturels et autres petits établissements alternatifs. Un quartier qui monte, tendance « branchouille bohème », et l'un de ceux qui réservent le plus de surprises au visiteur curieux qui se lancera dans une agréable balade, avant d'aller boire un verre sur la place Lavapiés ou le long de la calle de Argumosa où une ribambelle de bars sympas étalent leurs terrasses…

5 Apprécier l'architecture résolument contemporaine du CaixaForum

une indéniable réussite.

Le CaixaForum est un centre culturel qui offre de nombreuses expositions d'art contemporain, conférences, etc. Le bâtiment étonne : une ancienne centrale électrique du XIXe s, toute de brique rouge, qui a été surélevée et posée sur des piliers habillés de revêtements métalliques à la *Star Trek,* et coiffée en son sommet de panneaux d'acier oxydé délicatement ajourés tels des moucharabiehs. À l'intérieur, 3 étages pour accueillir les expos et une cafétéria au dernier niveau, le tout desservi par un escalier rectangulaire moderne tout en arrondis et à l'axe légèrement décalé : effet visuel garanti. Une œuvre résolument contemporaine que l'on doit au fameux cabinet suisse Herzog & Meuron.

BON À SAVOIR : • obrasocial.lacaixa.es •

6 Flâner, le soir, dans le lacis des petites rues du barrio de las Letras

autour de la plaza de Santa Ana.

Autour de la plaza de Santa Ana, célébrée par Pedro Almodóvar dans son film *Talons aiguilles,* se trouve l'ancien quartier des imprimeurs, baptisé aussi barrio de las Letras (quartier des Lettres). C'est là qu'ont vécu de nombreux écrivains célèbres, comme Cervantès ou Lope de Vega. Évocation de cet âge d'or, de nombreuses citations émaillent le pavé de leurs lettres au bronze poli par les semelles des promeneurs. Depuis la place, un lacis de ruelles, piétonnes pour la plupart, dévale la colline vers le Prado et s'offre volontiers à la balade.

BON À SAVOIR : c'est aussi un quartier de tout premier ordre dans la nuit madrilène, investi chaque soir par des milliers de noctambules de tous âges qui déboulent dans les nombreux restos, bars, salles de concert, boîtes… Quelle fiesta !

7 Embarquer sur les traces des plus grands explorateurs au Musée naval

l'un des plus beaux musées maritimes au monde !

La grandeur de l'Espagne du Siècle d'or (XVIe s) reposa avant tout sur sa puissance navale sur l'audace et la compétence de ses marins. Tel ce Magellan portugais au service de la couronne de Castille qui accomplit sur la mer le premier tour de la Terre, ou ce Christophe Colomb qui découvrit le Nouveau Monde. Les salles s'ordonnent chronologiquement, de l'âge des Découvertes (fin XVe s) jusqu'à la guerre civile (1936-1939). Grandioses maquettes de navires, instruments nautiques, première carte du Nouveau Monde réalisée en 1500 par Juan de la Cosa… Le Musée naval de Madrid est à la mer ce que le Prado est à la peinture : une merveille à ne pas rater.

BON À SAVOIR : • armada.mde.es/museonaval •

8 Prendre un grand bol d'air pur au parque del Buen Retiro

très agréable après une surdose de trafic automobile.

C'est le bol d'air de Madrid et le lieu idéal pour la sieste. De belles promenades bordées d'arbustes et de larges allées ouvertes convergent vers le bassin central, où l'on peut faire de la barque. Le parc réserve des surprises au détour d'un chemin : un beau palacio de Cristal *tout* en légèreté et transparence, le palacio de Velázquez (palais des expositions), original édifice de brique habillé d'azulejos, un jardin botanique, une roseraie, un observatoire astronomique... Le dimanche matin, tout le monde s'y donne rendez-vous. Kiosque à musique, jongleurs et cartomanciennes animent alors le parc.

8 LE PARC DU RETIRO

12 L'ERMITAGE DE SAN ANTONIO DE LA FLORIDA

9 Faire une halte au Convento de las Descalzas Reales

l'un des joyaux cachés de Madrid.

Qui devinerait l'existence, derrière cette noble mais sobre façade de monastère, d'un important trésor artistique Renaissance ? À l'origine, un palais du XVIe s occupé par Charles Quint, son épouse Isabel et leurs enfants, le futur Philippe II et Doña Juana. Cette dernière, veuve très jeune, décide de prendre le voile : son gentil frère transforme alors le palais familial en couvent franciscain. Ce qui explique la magnificence Renaissance de ce couvent très spécial ! Chapelles plus richement décorées les unes que les autres, portraits de la famille royale (certains peints par Rubens), superbe salle aux sculptures, collections de tableaux de Zurbarán, Bruegel l'Ancien, Titien… Un vrai bijou !

BON À SAVOIR : plaza de las Descalzas Reales, 3. • patrimonionacional.es •

10 Sentir le souffle de l'histoire à l'Armurerie du palais royal

qui rassemble une belle collection d'armes et armures utilisées par les rois d'Espagne depuis le XIIIe s.

Le palais royal fut construit à partir de 1738 sur ordre du roi Felipe V sur le site de l'ancienne forteresse arabe. Une trentaine d'années furent nécessaires pour dresser ce palais colossal de style néoclassique, au charme assez austère. Visite des salles de réception, des appartements royaux, d'une collection consacrée à la musique, de la chapelle… Sans oublier l'Armurerie, qui présente de très belles armes et armures, dont la plupart proviennent de la collection personnelle de l'empereur Charles Quint. Si l'on n'aime pas les armes en tant que telles, on peut toutefois y retrouver à travers elles le souffle de la grande Histoire.

BON À SAVOIR : • patrimonionacional.es •

11 Découvrir, ébahi, un authentique temple égyptien en plein Madrid !

À quelques pas de la plaza de España, les curieux pousseront jusqu'à l'étonnant temple de Debod, offert par l'État égyptien en remerciement de la contribution de l'Espagne au sauvetage du temple d'Abu Simbel (déplacé pour construire le barrage d'Assouan). Érigé au IIe s av. J.-C. en Nubie, ce temple dédié à Amon et Isis est l'un des rares vestiges de la civilisation égyptienne en bon état en dehors du pays. Qui plus est situé dans un très beau parc : on y a construit un plan d'eau et planté des palmiers pour recréer son environnement. À l'intérieur subsiste la décoration d'origine, essentiellement des scènes d'adoration des divinités. De nuit, le temple éclairé est une splendeur.

BON À SAVOIR : paseo del Pintor Rosales, dans le parque de la Montaña ; • templodedebod.memoriademadrid.es •

12 Lever les yeux au ciel pour admirer les sublimes fresques signées Goya à l'ermitage de San Antonio de la Florida

un autre joyau méconnu de Madrid.

Construite à la fin du XVIIIe s, cette chapelle est bizarrement peu connue. C'est pourtant l'un des joyaux de Madrid. Illustrant des épisodes de la vie de saint Antoine de Padoue, les fresques furent peintes par Goya en 1798. Ce qui fait leur prodigieux intérêt, c'est leur style résolument profane et leur fraîcheur. Elles brossent un tableau très précis de la société de l'époque, avec ses aristos, grands bourgeois, demi-mondaines, mais aussi pauvres et gens du peuple qui ont plutôt l'air de demander des comptes à saint Antoine. Arriver de bonne heure pour profiter seul du silence et de la quiétude de la chapelle...

BON À SAVOIR : sur la *glorieta* du même nom, au bout du paseo de la Florida.

13 Visiter l'ancienne demeure-atelier du peintre Joaquín Sorolla

l'un des grands artistes de la lumière.

Un petit musée qui mérite vraiment d'être découvert. D'abord parce que ça change des immenses palais où l'on ingurgite la peinture comme des gâteaux au chocolat, et puis parce que l'endroit est aussi frais et sympathique que la peinture de l'Espagnol Joaquín Sorolla (1863-1923), et expose aussi la collection de l'artiste, dont de jolis meubles. Il faut dire qu'on a un véritable faible pour ce grand peintre de la lumière méditerranéenne, qui a su l'exprimer comme nul autre, à l'instar des impressionnistes dont il fut le contemporain. Et puis, les petits jardins andalous qui entourent la maison-atelier sont une merveille de finesse et de bon goût.

BON À SAVOIR : paseo del General Martínez Campos, 37 ; entrée gratuite les sam ap-m, dim et certains j. fériés. • museosorolla.mcu.es •

SAVOURER

14 Faire comme les Madrilènes et se régaler d'un *chocolate con churros*

aussi savoureux que nourrissant.

Incontournable espagnol depuis la découverte des Amériques, le chocolat chaud ne ressemble pas au nôtre. Ici, ce n'est pas un breuvage clairet à l'eau, mais une boisson riche et nourrissante, épaissie à la fécule de maïs, dense en arômes, faite tout exprès pour y tremper les fameux *churros,* ces beignets allongés du petit déj. Un régal quand c'est bien fait ! En sortant de boîte ou à l'heure du goûter, direction, sans hésitation, la *Chocolatería San Ginés* (pasadizo de San Ginés, 5). Au fond d'un passage, une institution du *chocolate con churros* madrilène depuis 1894, ouverte 24h/24 et 365 jours par an. Adieu, régime !

15 S'offrir le meilleur de la gastronomie espagnole réuni en un seul lieu

le mercado de San Miguel.

À deux pas de la plaza Mayor, cette magnifique halle en fer, édifiée en 1916 et rénovée à grands frais, abrite un agréable marché moderne, très pratique en cas de fringale. On y trouve fruits et légumes, fromages, charcuterie, viande, poisson, pâtisseries, vin, etc., sous toutes leurs formes, à déguster sur place, debout ou perché sur des chaises hautes au comptoir des commerçants. Et même un bar à huîtres, très en vogue ! Souvent plein le midi et en soirée, et bien mieux que les restos à touristes de la plaza Mayor.

BON À SAVOIR : plaza San Miguel ; tlj 10h-minuit (2h jeu-sam) ; • mercadodesanmiguel.es •

SORTIR

16 Consacrer au moins une soirée (ou une nuit ?) complète à déguster des tapas

en passant de bar en bar : *ir de tapeo !*

La tournée des bars à tapas est un art (de vivre) espagnol auquel on se doit de rendre hommage. La nuit, le sport consiste à naviguer d'un comptoir à un autre, d'un bar de copains à un *bar de copas*. Puis, à l'heure où tout ferme (vers 1h30-2h en semaine, 2h30-3h le week-end), on finit le parcours par une ou deux discothèques (et, pour les plus courageux, une *after* de 6h à 12h). À Madrid, La Latina est, par excellence, le quartier des bars à tapas, le lieu idéal pour « *ir de tapeo* ». Il suffit d'arpenter la calle Cava Baja, où s'alignent en enfilade les établissements de qualité, pour s'en convaincre : les soirs de week-end, l'animation bat son plein !

17 Marcher sur les traces de la *Movida*

dans les quartiers branchés de Chueca, de La Latina ou de Lavapiés.

Insouciante et créative, Madrid foisonne de lieux alternatifs, branchés, déjantés... On ira s'encanailler dans le quartier de La Latina, l'un des cœurs battants de la nuit madrilène avec le quartier branché de Chueca, cœur de la vie gay madrilène, ou du côté de Lavapiés, le quartier qui monte (voir coup de cœur suivant). On y trouve de nombreux petits restos et bars animés où l'on se laisse porter par la *Movida* et une vie nocturne du tonnerre !

18 Partir à la découverte du Lavapiés alternatif

et s'extasier devant la créativité de la jeunesse madrilène.

Pour humer l'air du temps rien de tel que de visiter les centres culturels autogérés que compte ce quartier hors normes. Le plus connu est la Tabacalera, installé dans une ancienne fabrique de cigarettes. Dans ce bâtiment décrépit et fourmillant de vie, on assiste chaque jour à des concerts gratuits, ateliers d'art, cours en tout genre. Plus calme, le jardin communautaire Esta es una plaza, accueille les promeneurs entre ses carrés de potager bio. Les enfants disposent d'aires de jeux et peuvent suivre des ateliers créatifs pendant que les parents papotent dans des fauteuils de récup' ou suivent des cours de jardinage. Dans un style plus lisse, la Casa Encendida, sponsorisée par la Caja Madrid. Ici, pas de hippies pieds nus ni de graffitis sur les murs, mais de grandes salles accueillant des expos gratuites, parfois aussi des films et concerts.

BON À SAVOIR : • latabacalera.net • estaesunaplaza.blogspot.fr • lacasaencendida.es •

QU'EST-CE DONC, LA *MOVIDA* ?

Le terme est déjà ancien : l'expression s'appliquait, dans les années 1980-1990, au profond élan de création qui s'est développé dans le monde des arts, de la décoration, de la peinture, du cinéma (avec notamment Pedro Almodóvar) après la mort de Franco, en novembre 1975. Ce mouvement complètement déluré s'éclatait dans l'excès et pratiquait la dérision comme discipline sociale. Fêtes, sexe et drogue, mais aussi matins glauques, misère et idéaux. Car tout l'édifice politique et « moral » mis au point par le Caudillo s'est écroulé du jour au lendemain. Aujourd'hui, y a-t-il une vie après la *Movida* ? À vous de dénicher les coins et recoins de Madrid qui vous feront répondre par l'affirmative !

SHOPPING

19 Faire du lèche-vitrines le long de la Gran Vía

où se trouvent les grands noms de l'habillement pour tous budgets.

La *Gran Vía* rassemble les géants de l'habillement bon marché. Faire des emplettes sur cette artère sera aussi l'occasion de profiter des plus beaux édifices de style avant-guerre. Entre une virée chez *Zara* et un ravitaillement au *Corte Inglès* (l'équivalent de nos Galeries Lafayette), pensez à lever le nez sur le somptueux Metropolis (au croisement d'Alcalá) imaginé par deux architectes français, et sur la Casa Telefonica (à l'angle de Fuencarral), un building qui évoque le Chicago du siècle dernier.

20 Débusquer les dernières tendances de la mode du côté de Triball

avec ses boutiques de fringues branchées et de créateurs.

Formant un triangle entre les stations de métro *Gran Vía*, Callao et Tribunal, Triball se rêve volontiers comme le TriBeCa new yorkais. Plébiscité par les bobos, le quartier rassemble les nombreux magasins de fringues branchées et de créateurs. L'activité se concentre sur Fuencarral, une rue piétonne de Chueca littéralement noire de monde le samedi après-midi, mais n'hésitez pas à vous perdre dans les rues adjacentes pour découvrir des petites échoppes. Vous pouvez aussi faire une halte au marché (c/ Fuencarral, 45), qui rassemble éventaires de vêtements, chaussures, artisanat à la mode, autour d'un grand escalier circulaire en aluminium. Ce marché urbain et tendance serait le lieu favori de Pedro Almodóvar.

TERRASSES DE CAFÉS SUR LA PLAZA SANTA ANA

MADRID VU PAR PEDRO ALMODÓVAR

Icône de la *Movida*, Pedro Almodóvar a acquis sa renommée grâce à des films parfois loufoques et volontiers provocateurs, portés par des actrices talentueuses : Carmen Maura, Victoria Abril, Marisa Paredes, ou la sublimissime Madrilène Pénélope Cruz. Son œuvre, peuplée de personnages marginaux, témoigne de la liberté artistique acquise depuis la chute du régime franquiste. Almodóvar a presque 18 ans lorsqu'il quitte son village natal de Calzada de Calatrava pour s'installer à Madrid. La capitale espagnole et le réalisateur ne se quitteront plus. Le cinéma d'Almodóvar dépeint un Madrid tout en contrastes, loin des cartes postales et des itinéraires touristiques : quartier populaire de Vallecas, quartier gay de Chueca, gare de Madrid-Atocha, cimetière de la Almudena, aéroport de Barajas, tour de Telefónica, théâtre María Guerrero…

21 Faire provision de *turrón* et autres délices sucrés à la *Casa Mira*
merveilleuse pâtisserie fondée en 1855.

Rien que la vitrine est un spectacle en soi. Mais c'est surtout la meilleure pâtisserie pour s'approvisionner en *turrón*. Tradition de Noël, le *turrón* s'offre en Espagne comme les chocolats chez nous. De la famille du nougat, à base de sucre et d'amande, celui dit de Jijona a le grain fin, celui d'Alicante contient des morceaux d'amande plus gros. Goûtez aussi toutes ces bonnes choses qui tournent en vitrine : les *rosquillas*, le *mazapán* (pâte d'amandes aux parfums divers) et les *polvorones* andalous, biscuits presque en poudre que l'on doit écraser et tasser dans leur papier avant de les gober.

BON À SAVOIR : carrera de San Jerómino, 30 ; ouv tlj.

22 Le dimanche, tenter de dénicher un trésor au Rastro
le plus grand marché aux puces de Madrid.

Gigantesque marché aux puces qui se tient chaque dimanche jusque vers 15h. Une foule énorme : vers 11h, on fait du 10 m à l'heure, et vers midi du sur-place ! Nettement plus animé en été que lors des frimas d'hiver. Fripes, petit artisanat, objets « tombés du camion » (autoradios, portables, montres), ce bric-à-brac rassemble panoplies pour néo-hippies, souvenirs et antiquités en plein centre-ville. Attention aux pickpockets !

BON À SAVOIR : calle de la Ribera de Curtidores, à deux pas du quartier de La Latina.

22 LE RASTRO

AGENDA DES FÊTES, FESTIVALS ET ÉVÉNEMENTS CULTURELS

FÉVRIER : *carnaval.* Beaucoup de joie de vivre, de couleurs et de gastronomie sont de la fête… sans oublier des parades et défilés qui ponctuent comme il se doit le carnaval madrilène. Ne pas manquer le rituel traditionnel de clôture du carnaval : *el Entierro de la sardina*, l'enterrement de la sardine, une parodie fort païenne de cérémonie religieuse qui marque la fin du Carême.

15 MAI : *fête de San Isidro.* À ne surtout pas manquer. Un grand moment. Madrid commémore chaque année son saint patron dans un déferlement de musiques et de couleurs. C'est l'occasion de 10 jours de fêtes et de spectacles dans toute la ville. Le point d'orgue de ces célébrations est le 15 mai. Ce jour-là, les Madrilènes descendent dans les rues, vêtus de leurs costumes traditionnels de *chulapos* et *chulapas*. Au crépuscule, ils se dirigent en procession au son du *chotis* vers la colline de San Isidro pour partager tous ensemble le banquet dansant traditionnel. Programme complet des festivités sur • sanisidromadrid.com •

JUIN : *Festival du flamenco Suma Flamenca.* Offre près de 200 concerts dans différentes salles. • madrid.org/sumaflamenca •

13 JUIN : *romería de San Antonio de la Florida.* Au cours de cette procession et fête populaire du 13 juin, des jeunes filles célibataires se rendent à l'ermitage de San Antonio de la Florida de Madrid. Le but est de tremper une main dans l'eau baptismale sensée porter bonheur et, surtout, donner de la chance en amour. Autour de l'église, un bal populaire est organisé, où l'on peut déguster de délicieux *churros* accompagnés de chocolat.

AOÛT : *fêtes des saints Cayetano, Lorenzo et de la Vierge de Paloma.* Des processions, bals populaires et concerts de rue ont lieu essentiellement dans le parc de las Vistillas, à Lavapiés, pour la San Lorenzo et aux alentours. Les célébrations de la Virgen de Paloma, qui remontent au XVIIIe s, sont l'une des fêtes traditionnelles madrilènes les plus courues. Ces festivités atteignent leur apogée le 15 août, jour de l'Assomption de la Vierge.

SE REPÉRER

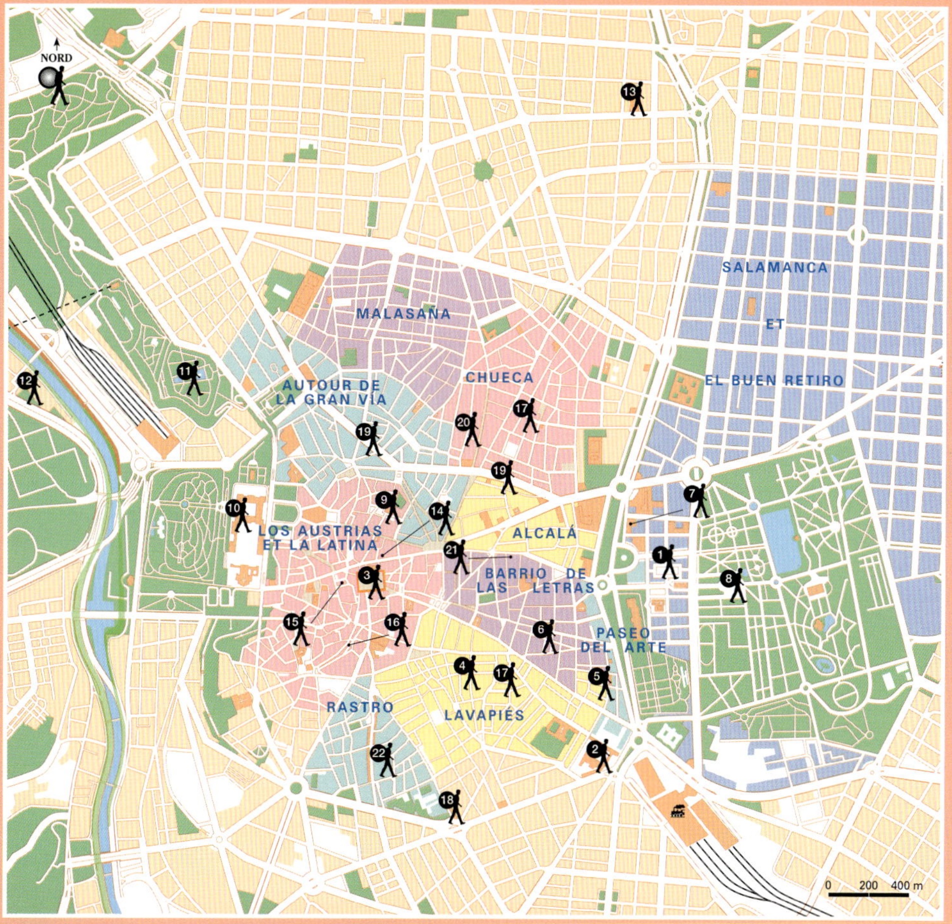

MÁLAGA

Son nom sonne aussi sucré et rond à l'oreille que son vin l'est pour les papilles. Málaga offre bien des saveurs, certaines piquantes et colorées, comme l'incontournable musée de l'enfant du pays, Picasso, mais toutes sont suaves et ensoleillées, car la ville profite de 320 belles journées par an. Il y a aussi son centre, à découvrir à pied, au fil de ses ruelles piétonnes... Puis quand arrive l'heure des tapas, de bodegas en bars-restos, il faut s'accouder au zinc et tailler la bavette avec la clientèle locale. En soirée, c'est sur la palmeral de las Sorpresas prolongée par le muelle Uno que l'animation se concentre. Málaga prend alors des allures de Croisette. Est-ce un hasard si la ville natale de Picasso possède plusieurs facettes ?

BUDGET	€€
CULTURE	★★☆☆
CUISINE	★★★☆
SHOPPING	★☆☆☆
VIE NOCTURNE	★★★☆

2h20 au départ de Paris

DÉCOUVRIR

1 Entrer dans l'intimité de Picasso

en visitant le splendide musée où sa collection personnelle est exposée.

Un musée dédié à l'enfant du pays, Pablo Picasso, devenu l'un des plus grands artistes du XXe s. Installé dans le palais de Buenavista, belle demeure du début du XVIe s, la grande particularité de ce musée est de réunir la collection privée de Pablo Picasso. Issus de dons et de prêts de deux des héritiers du peintre, nombre des œuvres présentées n'avaient jamais quitté le cercle familial. Peintures, dessins, gravures, sculptures, portraits de ses compagnes et de ses enfants, cette collection jusque-là méconnue est parfaitement mise en valeur par une architecture très sobre. En prime, une librairie bien fournie... et un café dans un patio fleuri très agréable et bien au calme.

BON À SAVOIR : • museopicassomalaga.org • Possibilité aussi de visiter la maison natale de Picasso où sont notamment exposés les premiers dessins de l'artiste. • fundacionpicasso.es •

2 Faire une charmante promenade jusqu'à l'Alcazaba

imposante forteresse arabe qui domine la ville.

Cette imposante forteresse qui tire son nom de l'arabe *Al-Kasbah* (« la citadelle ») a été bâtie, à partir de remplois romains, au XIe s par la dynastie arabo-berbère des Hammudites pour défendre la cité. On y accède par un chemin piéton à partir de la plaza de la Aduana. La promenade est charmante : vestiges des remparts en brique accrochés à flanc de colline, terrasses et jardinets fleuris à l'andalouse, vasques et fontaines, porches, passages en arcades... Tout en haut, ne manquez pas la très belle vue sur la ville et le port.

BON À SAVOIR : pour les personnes à mobilité réduite, un petit ascenseur permet de monter directement depuis les abords de l'hôtel de ville. On peut aussi poursuivre la balade jusqu'au château de Gibrafaro, pour sa vue imprenable sur la ville ; sentier prolongé d'escaliers depuis l'Alcazaba (30 mn env).

3 Visiter la cathédrale

un des monuments emblématique de la Renaissance en Andalousie.

La cathédrale de Málaga a la particularité d'être inachevée. Commencés en 1528, les travaux durent être stoppés en 1782 faute de fonds… Sa seconde tour ne vit donc jamais le jour, d'où son surnom de *Manquita* (« la manchote »). Malgré un mélange de styles très apparent, l'édifice est emblématique de la Renaissance andalouse. C'est l'intérieur, avec ses volumes impressionnants, qui en jette le plus. Côté œuvres d'art à ne pas manquer, on retiendra la pietà en marbre de Carrare des frères Pissani (Florence, 1803), la statue de la *Virgen de los Reyes* offerte par Isabelle la Catholique après la conquête de Málaga en 1487, le splendide retable gothique de sainte Barbe (début XVIe s) et la magnifique clôture du chœur sculptée par Pedro de Mena.

BON À SAVOIR : pl. del Obispo ; entrée par le patio de los Naranjos, en fait la cour de l'ancienne mosquée.

4 Admirer les toiles des plus grands peintres espagnols du XIXe s au musée Carmen Thyssen

Installé en partie dans un palais Renaissance rénové et dans une extension tout à fait contemporaine, le musée présente, sur trois niveaux, quelque 200 joyaux des collections privées de la baronne Carmen Thyssen. Si les maîtres anciens (Zurbarán, Ezquerra…) commencent la visite, la collection est particulièrement représentative de la peinture espagnole du XIXe s, jusqu'au début du XXe s. On y découvre des œuvres d'excellente qualité, et des artistes majeurs comme Mariá Fortuny y Marsal, Julio Romero de Torres ou Joaquín Sorolla. Expos temporaires régulières et ambitieuses.

BON À SAVOIR : c/ Compañia, 10 ; • carmenthyssenmalaga.org •

PICASSO, L'ENFANT DU PAYS

Picasso (Pablo Ruiz) est né à Málaga en 1881 (il a fini sa vie à Mougins en 1973). Même s'il a quitté sa ville natale à l'âge de 10 ans, on raconte que Picasso est resté marqué toute sa vie par ses premières années dans la grande cité andalouse. Ce qui est certain, c'est qu'il n'est jamais revenu y vivre. Sa maison natale existe toujours et abrite une fondation. En 2003, le quatrième musée au monde consacré au célèbre artiste a été inauguré dans un palais de la vieille ville. Il présente plus de 200 œuvres (peintures, céramiques et sculptures) offertes à la Ville par Christine Ruiz Picasso, la belle-fille du peintre, ainsi que 22 donations et 50 prêts de son petit-fils Bernard Ruiz Picasso.

5 Flâner le long de la palmeral de las Sorpresas

le récent aménagement du port aux allures de Croisette.

Nouvellement aménagé, le front de mer est désormais un endroit très couru. La palmeral de las Sorpresas (« la palmeraie des surprises »), et le muelle Uno, c'est le côté californien de Málaga, avec ses bateaux de luxe, ses joggers, ses vigiles grimpés sur des *segways,* ses terrasses ensoleillées et ses boutiques de mode (pas mal de créateurs espagnols). Un ou deux musées situés sous la pergola géante aménagée par Jerónimo Junquera, l'architecte du projet, tentent de rendre la pièce à « El Cubo », bâtiment futuriste qui accueille plusieurs dizaines d'œuvres contemporaines du Centre Georges-Pompidou délocalisé.

BON À SAVOIR : très agréable en soirée avec ses terrasses de restos, ses bars musicaux et ses boutiques de mode ouvertes tard. Et pour visiter El Cubo, • centrepompidou.es •

6 Apprécier les collections du musée du Verre et du Cristal

installé dans un bel édifice du XVIIIe s.

Dans une maison du XVIIIe s, on découvre une collection privée de 3 000 pièces en verre de différentes époques, du verre datant du Ve s av. J.-C. à des créations contemporaines finlandaises en passant par quelques œuvres du maître français de l'Art nouveau, René Lalique. Portraits des ancêtres, vitraux d'églises anglaises du XIXe s, porcelaine Wedgwood, meubles du XVIe s… en fait ce musée pourrait s'appeler « des Arts décoratifs ». C'est même plus qu'un musée puisque ce sont les portes de la maison de famille d'un érudit collectionneur que l'on vous ouvre. La visite guidée, riche en détails et en anecdotes, est un vrai bonheur.

BON À SAVOIR : pl. Santísimo Cristo de la Sangre, 2 ; • museovidrioycristalmalaga.com •

7 Aller jeter un œil aux superbes carrosseries anciennes

alignées dans l'original musée de l'Automobile.

Sur les 6 000 m² de l'élégant bâtiment d'une ancienne manufacture de tabac, ce musée a pris le parti d'envisager l'automobile sous un angle historico-artistique plutôt que purement mécanique. On y découvre, par exemple, une Unic de 1920 peinte par Sonia Delaunay, une Talbot inspirée par Marlène Dietrich, une Mercedes entièrement recouverte de *Swarovski…* Superbe collection riche en grands noms : Hispano Suiza, Bugatti, Ferrari, Jaguar, etc. Et quelques voitures de célébrités, d'une Jackson de 1907 construite pour le roi des Belges à une Ford Thunderbird de 1956 qui a appartenu à Arthur Miller. Mais le petit plus de ce musée, c'est qu'il associe à chaque véhicule la robe d'un grand couturier. Un vrai régal pour les yeux !

BON À SAVOIR : • museoautomovilmalaga.com •

SAVOURER

8 Tenter de se frayer un chemin jusqu'au comptoir de *La Farola de Orellana*

le plus ancien bar à tapas de Málaga.

Les habitués semblent, pour certains, fréquenter le lieu depuis son ouverture à la fin des années 1930 ! Il propose un choix quotidien de tapas presque démesuré, à déguster, dans la tradition, au comptoir (si vous arrivez à vous en approcher !), en taillant la bavette avec la clientèle locale. Une adresse qui a su rester aussi populaire qu'authentique.

BON À SAVOIR : c/ Moreno Monroy, 5 ; tlj sf lun.

9 Se faire une orgie de poissons et de fruits de mer

dans un resto de plage et se lancer dans une insolite commande « à la criée » !

À l'est du port, plusieurs restos de plage sont le rendez-vous préféré des familles le dimanche. Parmi ceux-ci, *El Tintero* est une véritable institution locale. Avec sa salle gigantesque et bruyante, on y va plus pour l'ambiance que pour le décor. Car ce grand resto de poisson et de fruits de mer pratique les « enchères » ! Les serveurs passent entre les tables, criant à la volée le nom de ce qu'ils transportent. D'abord les *pimientos* et *ensaladas,* puis les fruits de mer et le poisson grillé... et à chacun de lever la main pour obtenir un plat ! Évidemment, les habitués ont le dessus, les touristes un peu timides attendent que le coup de feu se calme... Les moins aventuriers choisiront leur poisson et sa cuisson dans la vitrine réfrigérée à l'entrée !

BON À SAVOIR : à l'extrémité de la plage del Delo ; tlj dès 13h. • restauranteeltintero.com •

10 Siroter un petit vin de Málaga

dans l'une des nombreuses bodegas de la ville.

Dotés d'un bouquet unique et d'une douceur légendaire, les vins de la région vous laisseront un bien agréable souvenir. Pour les tester, on vous conseille de faire un arrêt à l'*Antigua Casa de Guardia*. Fondé en 1840, ce vieux bar tout en longueur, genre saloon à l'espagnole, propose plusieurs dizaines de vins différents *(moscatel, málaga quina, pajarete...),* tirés directement des tonneaux empilés derrière le comptoir ! La clientèle sirote sa boisson debout en mangeant crevettes et mollusques. Devant le choix plutôt impressionnant, n'hésitez pas à demander conseil aux serveurs qui notent votre ardoise à la craie sur le bar poisseux en bois. On peut même repartir avec une bouteille sous le bras. À la vôtre !

BON À SAVOIR : • antiguacasadeguardia.net •

LE VIN DE MÁLAGA

« Un vin de dames » ! Ainsi avait-on l'habitude de qualifier le vin de Málaga. Il est vrai que les vieilles Anglaises l'appréciaient particulièrement. Deux cépages sont utilisés : le moscatel (muscat) et le pedro ximénez. Le málaga vieillit traditionnellement (de 6 mois à 5 ans) grâce au système de la *solera,* qui consiste à faire passer en cascade le vin plus jeune dans une barrique contenant du vin plus vieux, ce qui permet aux deux vins de se mêler et d'abolir la notion de millésime – et ainsi de suite d'un tonneau à un autre. Résultat, de très beaux vins liquoreux d'environ 16°, fortement sucrés, mais au goût presque démagogique tellement ils sont ronds et aimables. La zone de production se trouve à une vingtaine de kilomètres à vol d'oiseau de la ville, dans la région de l'Axarquía, au sud de la petite ville de Riogordo.

SORTIR

11 Vivre la chaude ambiance des soirées malaguènes

du côté de la calle Beatas ou de la plaza Mitjana, le week-end principalement.

Si la calle Beatas, une ruelle un peu délabrée au nord de la plaza de Uncibay, est noire de monde vers 23h le week-end, ce n'est pas à cause d'une manif ni d'une sortie de concert, mais simplement parce qu'une poignée de bars de quartier et quelques clubs attirent la jeunesse de Málaga et de ses environs... Reggae, RnB, salsa, etc., il y en a pour tous les goûts. Très spectaculaire et rien de comparable, de près ou de loin, dans nos contrées. Autres points de rendez-vous : la plaza Mitjana (de son vrai nom plaza Marqués del Vado del Maestre), où deux ou trois bars ont pris l'habitude de rassembler les oiseaux de nuit en partance.

12 Reprendre des forces dans les bains maures d'*El Hammam*

Voilà une belle petite adresse pour revenir au temps d'Al-Andalus. Le bain est très propre et conforme à ce qu'il devait être au temps jadis (pas de piscine). Sur le toit, petite terrasse avec vue sur la cathédrale, idéal pour prendre un thé et se détendre après le bain... avant d'y retourner, bien sûr !

BON À SAVOIR : c/ Tomás de Cózar, 13 ; tlj 10h-22h. • elhammamspa.com •

SHOPPING

13 Déambuler à travers les étals du marché de Atarazanas

Le principal marché de la ville a pris place sous une structure métallique typique de la fin du XIXe s, qui a conservé la monumentale porte de marbre (XIVe s) des anciens chantiers navals de l'époque musulmane. Un festival de couleurs et d'odeurs : des fruits, des légumes, des poissonniers en nombre, des olives en baril de 5 kg, des épices, des fromages et des jambons *ibéricos* et même une boulangerie française.

BON À SAVOIR : c/ de las Atarazanas, 10 ; lun-sam 8h-14h.

AGENDA DES FÊTES, FESTIVALS ET ÉVÉNEMENTS CULTURELS

AVRIL : *Festival de cinéma.* Créé en 1998 pour promouvoir le cinéma espagnol. Projection de films intéressants qui ne traversent pas toujours les Pyrénées et tapis rouge le long de Marqués de Larios où l'on peut croiser quelques « people ». • festivaldemalaga.com •

MI-MAI : *Noche en Blanco.* Des musées, gratuits pour l'occasion, ouverts jusque très tard dans la nuit et pléthore d'animations tout aussi gratuites : théâtre de rue, musiques… Un monde fou, évidemment. • lanocheenblancomalaga.com •

AOÛT : *Feria.* Si vous passez à Málaga aux alentours du 15 août, ne ratez pas la feria, exubérante et endiablée, qui dure une grosse semaine et envahit toute la ville – du vendredi au dimanche suivant. Déjà célèbre au XIXe s, la tradition des corridas se perpétue, plus que jamais, dans les arènes (plaza de Toros) dressées fièrement entre le port et la plage.

SE REPÉRER

2 LA MÉDERSA BEN-YOUSSEF

MARRAKECH

Exception de cet ouvrage consacré aux villes européennes, mais désormais desservie par plusieurs lignes low cost, Marrakech s'est imposée comme une destination week-end abordable. Ouvrez grand les yeux, laissez-vous porter par la vie, l'humour, les couleurs, les odeurs, le charme indéniable de cette ville ensorceleuse et fascinante ! L'immense place Jemaa-el-Fna et son agitation valent à elles seules le déplacement. On se perd dans les souks colorés et bruyants, les plus riches, les plus fascinants du pays, où mille petits métiers se côtoient dans une atmosphère étonnante. Hammams de quartier, bagou des vendeurs ajoutent à la griserie d'un envoûtement inoubliable. À la fois familière et insaisissable, chaotique et indomptable, la ville rouge a tout pour ensorceler le visiteur.

BUDGET	€
CULTURE	★★★☆
CUISINE	★★★☆
SHOPPING	★★★★
VIE NOCTURNE	★☆☆☆

3h05 au départ de Paris

DÉCOUVRIR

1 Se perdre dans les ruelles des souks
où l'on découvre l'extraordinaire richesse de l'artisanat marrakchi.

Les souks, au nord de la place Jemaa-el-Fna, sont l'attraction majeure de Marrakech. Ils comptent parmi les plus beaux du monde arabe. Débauche de couleurs, de parfums, de bruits, de sensations… Pas besoin d'être un adepte du marchandage pour succomber ! Le mieux, bien sûr, est de se perdre volontairement dans les ruelles, de se laisser guider par sa curiosité de l'instant, les couleurs, les senteurs, de se laisser porter par le flot des charrettes… Les souks, qui regroupent plus de 40 000 artisans locaux, sont classés par métier et par quartiers : souk Ahiak (tissus), Chouari (vannier, tourneurs sur bois), Haddadine (forgerons), Smata (babouches), Zrabia (tapis)… Sinon, vous trouverez partout des échoppes et des foundouk (caravansérails) emplis de bric-à-brac des plus hétéroclites. Bref, de véritables cavernes d'Ali Baba.

BON À SAVOIR : ne manquez pas les *kissaria* (marchés couverts), réservées au commerce des étoffes. Ce sont les mieux conservées du Maroc.

2 Pénétrer dans la médersa Ben-Youssef
pour découvrir toute la richesse et l'harmonie de l'architecture arabo-andalouse.

C'est l'un des monuments les plus intéressants de la ville. Édifiée en 1570 par la dynastie saadienne, cette école coranique était la plus vaste du Maghreb. Elle pouvait accueillir 300 élèves, entassés dans 132 cellules. Les cours se tenaient dans la grande mosquée voisine, voire dans la salle de prière, la cour, autour du bassin ou à l'ombre des galeries. La médersa est un merveilleux exemple de l'architecture arabo-andalouse telle qu'elle s'est développée au Maroc dans toute sa maturité. Le plan et les volumes en sont simples, précieux et raffinés. Tout repose dans la justesse des proportions, l'harmonie entre les surfaces et le décor. En visitant la médersa, il faut regarder partout, débusquer les jeux de lumière dans les couloirs et les chambrettes, admirer l'équilibre parfait qui règne ici.

3 Déambuler dans le jardin Majorelle
un lieu calme, frais, reposant et empli de poésie.

Ce magnifique jardin abrite l'atelier du peintre Jacques Majorelle, qui vécut ici à partir de 1924. En 1980, Yves Saint Laurent et Pierre Bergé acquirent et restaurèrent l'endroit. Le grand couturier aimait d'ailleurs tant le lieu qu'il choisit d'en faire sa dernière demeure ; ses cendres y furent dispersées en 2008. C'est aujourd'hui un endroit fort poétique, avec cactus, plantes grasses, bougainvillées, bambou et maintes essences issues des cinq continents. Des bassins, fontaines, treilles et d'immenses jarres aux couleurs tranchées ponctuent cet univers végétal, où le temps est comme suspendu.

BON À SAVOIR : Majorelle eut l'idée audacieuse de peindre son atelier d'un bleu (le fameux « bleu Majorelle ») qui contraste violemment avec la végétation luxuriante. • jardinmajorelle.com •

4 Vivre le temps d'une nuit comme un pacha en dormant dans un riad
restauré et décoré selon des techniques centenaires. Puis s'en souvenir pendant mille et une nuits.

Pousser la porte d'un riad, c'est un peu comme entrer dans un rêve. Les riads sont des maisons traditionnelles marocaines situées dans la médina. Entièrement fermées sur l'extérieur, elles s'organisent autour d'un patio central, dans le style arabo-andalou. Ce sont de véritables havres de paix au cœur de l'agitation de la médina. Ils sont généralement décorés avec goût, en utilisant les techniques traditionnelles du *tadelakt* (enduit à la chaux) et des *zelliges* (carreaux de terre cuite). Successions de salons, d'alcôves, d'escaliers et de terrasses, de fontaines dont les eaux miroitent dans les éclats de soleil, paisibles patios aux arcades qui dégoulinent de stucs alors que les mandariniers se mêlent aux orangers. Côté chambre, tapis anciens, lanternes qui semblent vaciller et moucharabiehs… La nuit est à vous.

BON À SAVOIR : on trouve malgré tout des riads de toutes sortes, aux prestations inégales. Renseignez-vous bien avant de réserver ou consultez notre sélection dans le *Routard Marrakech*.

5 Ne pas manquer la visite du palais de la Bahia

riche demeure de la fin du XIXe s dont le maréchal Lyautey avait d'ailleurs fait sa résidence.

Construite vers 1880, ce palais de Ba Ahmed (vizir, ministre puis régent) est un chef-d'œuvre de l'art marocain, comptant 166 salles au total, mais on n'en visite qu'une partie... Les meilleurs artisans et ouvriers du pays l'édifièrent. Sur plus de 8 ha, des appartements superbement décorés débouchent sur des patios fleuris (3 ha de jardins !). À l'exception d'un appartement, toutes les pièces furent conçues de plain-pied, étant donné l'embonpoint du grand vizir. On découvre successivement un petit riad au riche décor, la salle de réception, la cour des épouses du vizir, la grande cour en marbre des concubines et le grand riad, qui possède des salles et patios exceptionnels (plafonds de cèdre peints, riches stucs). Beaucoup d'ambiances différentes...

BON À SAVOIR : • palais-bahia.com •

6 Découvrir le Maroc d'hier à la Maison de la photographie

un lieu formidable, loin des clichés.

Voici un petit musée assez unique puis qu'il détient la plus importante collection de photos anciennes (1870-1950) du Maroc, avec plus de 5 000 clichés originaux. Par roulement et par thème, on raconte ici près d'un siècle de vie marocaine. Le parcours est chronologique, avec les photos les plus anciennes au rez-de-chaussée et les plus récentes au 2e étage. Arrivez là, vous n'êtes plus très loin de la terrasse, qui offre peut-être la plus belle vue sur Marrakech et l'Atlas depuis la médina ! À voir encore : les premiers films couleur sur les Berbères du Maroc, réalisés en 1957 par Daniel Chicault. Un voyage dans le temps qui laisse rêveur.

BON À SAVOIR : finir la visite en prenant un jus de concombre-orange au café installé sur le toit-terrasse. • maisondelaphotographie.ma •

LE BASSIN DE LA MENARA

LA MÉDINA

Inscrite par l'Unesco au Patrimoine mondial de l'humanité en 1985, la médina de Marrakech est la plus étendue du Maghreb. Elle abrite 230 000 à 300 000 habitants et compte pas loin de 28 000 maisons. C'est dans son dédale que bat le vrai cœur de Marrakech : dans ses ruelles sinueuses, autour de ses patios, de ses fontaines, de ses jardins, au cœur de ses maisons dont le calme offre un rafraîchissant contraste avec le tumultueux désordre des souks... N'hésitez pas à quitter les rues principales bordées de boutiques, pour vous engagez dans les *derb*, ces ruelles étroites qui desservent les quartiers. Là, les fameux riads alignent leurs hauts murs et forment comme un tissu horizontal quasi continu qui perturbera forcément votre sens de l'orientation. À Marrakech, il faut oser se perdre un peu, beaucoup, passionnément. De toute façon, vous vous perdrez !

7 Faire une halte au calme du jardin des tombeaux saadiens

Dans le quartier de la *kasbah*, ce jardin-cimetière fait partie de la mosquée El-Mansour, dont le minaret aux entrelacs de couleur turquoise, se détache du ciel. Il fut récupéré au XVIe s par les Saadiens pour abriter les tombes de leurs rois et de leurs familles. Mais le sultan alaouite moulay Ismaïl fit murer l'entrée de la nécropole au XVIIIe s. Les tombeaux ne furent découverts qu'en 1917 ! Dans le premier mausolée se trouve la tombe de moulay Ahmed el-Mansour el-Bedi, sous une coupole de cèdre doré supportée par 12 colonnes de marbre de Carrare. Dans le second mausolée, au milieu du jardin, avec sa coupole à stalactites peintes, se trouvent les tombes de la mère de moulay Ahmed el-Mansour et des femmes royales. Le jardin est un petit havre de paix le matin à l'ouverture, ou en fin d'après-midi, quand il n'y a pas foule !

8 Passer la porte du *dar* Si-Saïd
pour un moment de fraîcheur dans son joli patio.

Cette ancienne maison du frère du vizir Ba Ahmed fut construite à la même époque et par les mêmes artisans que le palais de la Bahia. Si Saïd profita des richesses de son frère, il fut aussi entraîné dans sa chute... Le *dar* abrite un musée exposant des objets marocains du début du XXe s : boiseries, bijoux, poteries, armes, tapis, tissages, jolies bouilloires sur pied, plateaux, vieux instruments de musique... Ne pas manquer les balançoires traditionnelles, en bois, au 1er étage. Mais le bâtiment lui-même vaut le déplacement : agréable patio planté d'orangers procurant de la fraîcheur, superbes plafonds à caissons peints aux pigments naturels. Voir aussi la salle de danse dont le plafond est ajouré pour aérer la pièce. Les femmes s'installaient à l'étage, derrière les moucharabiehs, et profitaient du spectacle.

9 Dans le mellah, partir à la recherche de la communauté juive
quasi disparue aujourd'hui, et de son quotidien.

Il y eut, dit-on, jusqu'à 36 000 juifs dans Marrakech. Mais de 1956 à 1967, la plupart partirent en Israël, en France et à Montréal. Il en resterait environ 250 dont une vingtaine seulement habite le mellah, l'ancien quartier juif. La communauté était jadis réputée pour son sens de la récupération. À partir de vieux pneus, des artisans confectionnaient des savates, avec de vieux bidons, ils fabriquaient des objets domestiques en fer-blanc et, surtout, de belles lanternes ajourées et ornées de verres colorés. La vie locale est ici encore très riche : nombreux enfants jouant dans la rue, vénérables échoppes de proximité, souk coloré rassemblant de nombreux grossistes d'épices, de tissus... À l'est du mellah, le cimetière juif mérite lui aussi un détour avec ses maisonnettes blanches.

10 Faire une escapade d'une journée au cœur de la vallée de l'Ourika
et visiter la Safranière de l'Ourika.

Au sud de Marrakech, la vallée de l'Ourika est la plus fréquentée des vallées du Haut Atlas. Les Marrakchis viennent s'y réfugier lorsque la température de la ville rouge devient insupportable. En partant tôt le matin, on prend un bon bol d'air dans l'Atlas, au contact de la vie rurale berbère. Dans le village de Tnine-l'Ourika, la Safranière de l'Ourika vous apprendra tout du *Crocus sativus* dont la jolie fleur mauve donne le safran. De la mise en terre du bulbe à la cueillette, du tri des stigmates au séchage des filaments, c'est un travail patient et minutieux. En période de récolte (novembre), visite fort agréable et très instructive dans les 2 ha de jardins où s'activent de 60 à 80 personnes. Les visiteurs peuvent même participer à la récolte.

BON À SAVOIR : • safran-ourika.com • Plus loin, la route qui monte à l'Oukaïmeden (75 km de Marrakech) est grandiose.

SAVOURER

11 Déguster la traditionnelle pastilla au pigeon

au son de la musique gnaoua.

Pour déguster les véritables spécialités marocaines, dont la pastilla de pigeon, le mieux est d'être invité dans une famille. La pastilla est un plat exceptionnel : grand gâteau de pâte feuilletée aux amandes, fourré de hachis de pigeon ou de poulet, et saupoudré de sucre et de cannelle. Si vous n'avez pas l'occasion d'être invité dans une famille, certains restaurants en servent. Notamment *Al Fassia,* l'un des restos les plus courus de la ville, parce que justement sa cuisine est « comme à la maison », concoctée par des femmes. Tout est parfumé, d'une grande finesse et réalisé avec des produits de choix.

BON À SAVOIR : • alfassia.com •

12 S'offrir un dîner en amoureux dans un décor digne des *Mille et Une Nuits*

C'est le rêve marrakchi par excellence : dîner dans un riad restauré et transformé en un restaurant somptueux, entre mosaïques multicolores, lanternes scintillantes et atmosphère de songe oriental. Le *Dar Zellij* en est le parfait exemple, avec son très beau cadre de riad du XVIIe s : patio intime délicatement éclairé à la bougie, salons aux remarquables plafonds sculptés, terrasses surplombant la médina (superbe pour l'apéritif). La cuisine marocaine y est variée et délicate, et la musique arabo-andalouse achève de parfaire cette parenthèse enchantée. Une adresse idéale pour une douce soirée en amoureux, avec une ambiance on ne peut plus magique.

BON À SAVOIR : • darzellij.com •

13 Dans une ambiance bon enfant, trouver son stand favori pour un dîner sur la place Jemaa-el-Fna

Tous les soirs dès 17h-18h, la place devient un vaste resto en plein air où, depuis des dizaines de gargotes flanquées de banquettes en bois, on hèle le badaud pour caser soupes, salades, couscous, tajines, grillades, brochettes, méchoui, abats ou encore poissons et fruits de mer, le tout cuit devant le client. Pas toujours moins cher – ni meilleur – que les petits restos autour de la place, mais l'ambiance est vraiment conviviale : l'ensemble forme un grand rectangle bruyant et baignant dans la fumée des braseros. Bref, un bon souvenir.

BON À SAVOIR : si vous préférez un bouiboui pour un couscous ou un tajine, direction le *Snack Toubkal.* Il y a toujours du monde installé en terrasse, face à l'animation de la place.

13 DÎNER SUR LA PLACE JEMAA-EL-FNA

14 Se régaler de quelques délicieuses pâtisseries marocaines

On ne peut pas aller à Marrakech sans manger de pâtisseries. Les plus connues sont les *kaab el ghzal* ou cornes de gazelle, mais vous pouvez essayer les *briouate* au miel et aux amandes, les *ghoriba* aux amandes ou au sésame, les *mhanncha* (serpents lovés et recouverts de cannelle en poudre), les *shebbakia* (rubans de pâte frits avec du miel chaud et du sésame grillé, typiques du ramadan). Mais la palme revient à la pastilla au lait (*ktéfa*). Impossible de résister à ces feuilles de pâte superposées et parfumées à la fleur d'oranger agrémentées d'amandes pilées et sur lesquelles on verse un peu de lait refroidi.

BON À SAVOIR : la *Pâtisserie des Princes*, à deux pas de la place Jemaa-el-Fna, offre un vaste choix de pâtisseries marocaines (et européennes) absolument exquises et fraîches. Également un délicieux lait d'amande !

SORTIR

15 Siroter un thé à la menthe sur une terrasse dominant la place Jemaa-el-Fna

à la tombée du jour, en observant l'animation.

La place Jemaa-el-Fna est l'un des sites urbains les plus fascinants de la planète. On y trouve des diseuses de bonne aventure, des montreurs de serpents ou de singes, des femmes faisant du henné, de petits groupes de musiciens, des porteurs d'eau… La place est un immense théâtre en plein air. Dans la journée, le soleil écrase quelques vendeurs de jus d'orange et de fruits secs bercés par la trompette des charmeurs de serpents : il ne s'y passe pas grand-chose. Mais dès la fin d'après-midi, la fête commence. La magie opère plus que jamais au moment du soleil couchant. C'est le moment de monter boire un thé ou un verre sur une des nombreuses terrasses qui surplombe la place (celles de l'*Hôtel de France* et du *Grand Balcon du Café Glacier*), et de regarder les étals ouvrir au fur et à mesure.

16 Danser jusqu'au bout de la nuit avec la jeunesse marocaine

Les pôles de la vie nocturne se situent dans la ville nouvelle, en particulier dans l'Hivernage et sur le boulevard Mohammed-VI, dans le sud de la ville. C'est ici que fut construite la plus grande discothèque d'Afrique, le *Pacha,* qui a permis à la ville d'acquérir définitivement son statut de lieu de rendez-vous de la jeunesse branchée et des *clubbers*. Les boîtes, plutôt calmes en début de semaine, attirent une foule compacte le week-end, Marrakech étant une destination tendance auprès de la jeunesse aisée de Casa, Rabat et Agadir, qui vient se montrer et s'adonner à l'insouciance des nuits festives. Inutile d'arriver tôt, l'action ne démarre vraiment qu'après minuit, voire 1h.

BON À SAVOIR : • pachamarrakech.com • Autre incontournable des nuits marrakchies, l'immense *Palais Jad Mahal,* qui a des allures de palais classieux. À l'intérieur, un resto, mais surtout 3 bars où l'on boit et danse au rythme des concerts dès 22h ou 23h, avant de poursuivre par exemple au *Silver,* la boîte attenante.

SHOPPING

17 Faire le plein d'épices, et prolonger la magie du voyage

Après avoir arpenter les souks, sortir à l'air libre sur la place des Épices, ancien marché aux grains, aux épices et… aux esclaves. On y vend aujourd'hui de la vannerie et encore des épices (et des plantes médicinales en bocaux). En flânant, vous croiserez la cannelle en poudre ou en bâton pour la salade d'orange et les gâteaux ; la noix de muscade qui se râpe au dernier moment ; le safran pour parfumer les préparations à base de riz et les plats mijotés, le gingembre à mélanger au safran ou au curcuma pour relever le goût des viandes ; le curcuma, petit rhizome aux vertus anti-inflammatoires et au pouvoir colorant très puissant ; le cumin pour la viande et les légumes ; le ras-el-hanout, mélange d'une dizaine à une quarantaine d'épices, à utiliser dans le couscous ou le tajine… De quoi parfumer vos plats de retour à la maison.

18 Craquer pour le formidable artisanat marrakchi

chaussures, draps brodés, tissus, cuirs, linge de maison.

Le Maroc possède un artisanat florissant et un savoir-faire ancestral. Impossible de ne pas y succomber ! Sachez toutefois qu'en pays musulman, l'acte d'achat n'est pas anodin, c'est un engagement réciproque. Alors n'hésitez pas à comparer, à discuter, piquez-vous au jeu du marchandage. Le prix payé sera plus élevé que le prix « marocain », reflet de deux réalités économiques différentes. Avant de vous lancer dans les négociations éperdues avec les commerçants des souks, allez dans l'ensemble artisanal situé sur l'avenue Mohammed-V les prix y sont fixes. Il est composé de petites boutiques, numérotées, regroupant souffletier, lanternier, ciseleur sur cuivre, graveur sur cuir, tourneur sur bois, dinandier, passementier, babouchier, relieur, bijoutier, ébéniste, tisserand… Après ça, à vous de jouer !

19 Ne pas repartir sans l'incontournable paire de babouches

D'où vient, selon vous, le mot « maroquinerie » ? Le travail du cuir compte parmi les plus vieilles traditions marocaines. Les techniques de travail varient selon les régions : à Marrakech, on le brode avec des fils de couleur ou de fines lanières de peau. Le produit phare, c'est les babouches. Elles sont toujours faites à la main. Les babouches pointues sont d'origine arabe ; celles à bout rond, berbères. Messieurs, vous en porterez des jaunes, Mesdames, des rouges. La semelle, du pneu bien souvent, est soit cousue, soit collée. Les babouches sans semelle sont conçues pour être portées chez soi.

BON À SAVOIR : et pourquoi ne pas acheter un grand couffin comme celui utilisé par les Marocaines pour transporter vos babouches et vos autres achats ?

LA CÉRÉMONIE DU THÉ

Au Maroc, on consomme généralement du thé vert de Chine avec beaucoup de menthe et de sucre. En 150 ans, c'est devenu une véritable institution, une cérémonie à laquelle on n'échappe pas. Il est généralement préparé par le maître de maison ou, en son absence, par son fils. Si l'on veut vous faire honneur, on vous confiera la tâche. Quand les mains sont lavées, on apporte la bouilloire remplie d'eau, la boîte à thé, la boîte à sucre et, sur un plateau, la théière et les verres avec un bouquet de menthe fraîche. Après diverses manipulations assez codifiées pour enlever la théine du thé, faire bouillir le thé, ajouter la menthe, le sucre, aérer le thé, en prenant soin de faire de longs jets en versant le liquide dans un verre. Il ne reste plus qu'à remplir les verres et à les passer aux convives en prononçant « Bismilla », ce qui signifie « À la grâce de Dieu ».

LE HAMMAM

Au Maroc, où il n'y avait guère de salle de bains dans les maisons jusqu'à une époque récente, le hammam tenait (et tient toujours) une place importante. Créé par les Romains (les thermes), il fut immédiatement adopté par les musulmans. Dans les médinas, chaque quartier a sa mosquée, mais aussi son hammam. Le hammam est composé de trois bains situés dans trois salles en enfilade. C'est un lieu où hommes et femmes viennent se laver et se détendre. Mais, bien sûr, jamais en même temps : les hommes l'utilisent en général le matin et le soir, et les femmes l'après-midi. Aujourd'hui encore, le hammam représente pour certaines femmes l'occasion d'abandonner leur cercle familial pour rencontrer des amies. Si l'expérience d'un hammam traditionnel vous tente, n'oubliez pas un morceau de savon et un gant pour vous frotter. Pensez aussi au ghassoul, cette argile qui fortifie les cheveux.

20 Découvrir les bienfaits de l'huile d'argan
et participer au commerce équitable.

L'huile d'argan est aussi bien utilisée dans la cuisine que comme cosmétique. Elle est réputée pour ses effets revitalisants sur la peau et les cheveux. Pour tout apprendre de ses bienfaits, faite un tour chez *Naturelle d'Argan* (distribuée en Europe). Alain Kerrien est le spécialiste de l'huile d'argan biologique, labellisé Ecocert, produits cosmétiques, soins corps et visage et gamme gastronomiques. Chez ce fabricant breton, la qualité des produits est irréprochable. De plus, soucieux d'établir un commerce équitable avec les femmes des coopératives d'État, en partenariat avec la fondation royale Mohammed-VI, il a créé la coop Agdal à Takoucht.

BON À SAVOIR : un nouvel espace, *Sawira Bazar,* complète désormais le lieu, proposant une section savonnerie-huilerie, de l'huile de figues de Barbarie bio, des foutas…

21 À Sidi-Ghanem, voir comment les artisans perpétuent le passé
tout en inventant l'artisanat de demain.

Au sommet de la vague, et un poil bobo, la zone industrielle de Sidi-Ghanem, à quelques kilomètres du centre, est un véritable centre d'activités dédié à la jeune création. C'est désormais ici que ça se passe ! Décoration, accessoires, design, céramique, linge de maison, bougies, luminaires… on trouve de tout (les show-rooms changeant souvent).

BON À SAVOIR : • sidighanem.net • Et si vous voulez casser une graine entre deux boutiques, arrêter-vous au *Zinc*, dont les plats bistrotiers sont de belle facture avec une touche d'originalité.

AGENDA DES FÊTES, FESTIVALS ET ÉVÉNEMENTS CULTURELS

JUIN : *Festival international du rire.* Il fait se tordre de rire la ville pendant 5 jours. Jamel Debbouze en est l'initiateur. Programme éclectique. • marrakechdurire.com •

ENTRE JUIN ET AOÛT : *Festival national des arts populaires de Marrakech.* En principe, pdt 5 j. entre juin et août, pas forcément ts les ans. Il met en lumière la richesse du folklore marocain, à travers les danses, les chants ou les costumes. Une vingtaine de troupes différentes investissent plusieurs sites, dont le palais El-Badi, qui peut accueillir plus de 2 000 spectateurs, et le théâtre Royal. • marrakechfestival.com •

30 JUILLET : *fête du Trône.* La plus importante fête civile au Maroc, célébrée avec de nombreux feux d'artifice et parades.

ENTRE OCTOBRE ET DÉCEMBRE : *Festival international du film.* Pendant une semaine. Depuis 2001, c'est le grand rendez-vous cinématographique du Maghreb. De plus en plus de stars et de paillettes. • festivalmarrakech.info •

18 NOVEMBRE : *fête de l'Indépendance (retour d'exil de Mohammed V).*

FÊTES DU CALENDRIER MUSULMAN : *Ramadan, Aïd el-Kebir (fête du sacrifice du mouton), Aïd el-Mouled (commémoration de la naissance du prophète Mahomet), Aïd es-Seghir ou Aïd el-Fitr (fête de ruture du jeûne)…* Selon le calendrier lunaire. Se renseigner.

SE REPÉRER

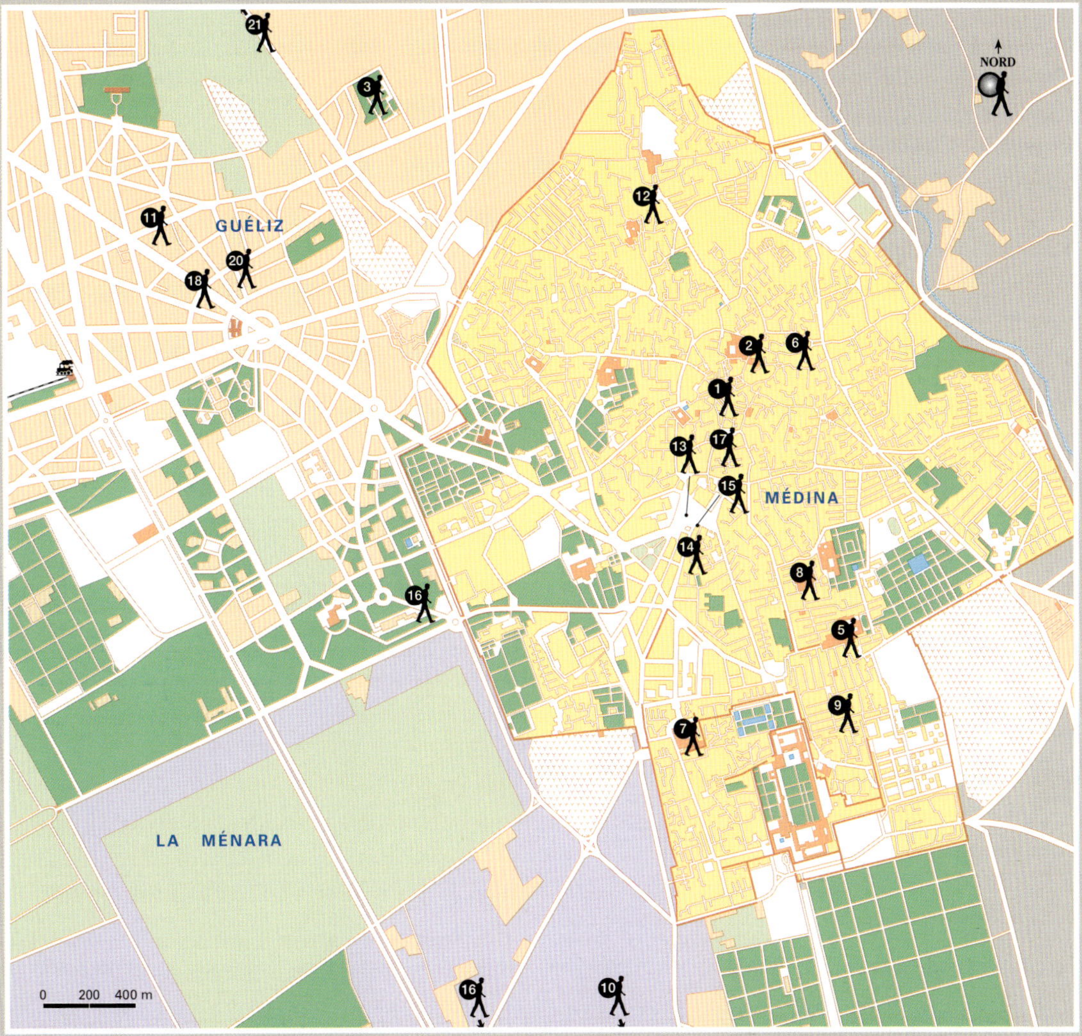

MILAN

À priori, la capitale économique de l'Italie ne fait pas partie des destinations privilégiée pour le week-end. Quelle erreur ! Musées, restaurants, shopping, vie culturelle toujours riche : la cité lombarde a beaucoup à offrir. À peine arrivé dans la ville, on est agréablement surpris par la diversité des quartiers, des musées, pris dans le tourbillon d'une activité incessante. Milan fascine aussi les amoureux d'urbanisme, les amateurs d'architecture et de vieilles pierres. C'est dans ses quartiers populaires qu'on la découvre plus vraie, plus intime, à l'instar des Milanais. Et puis c'est surtout la capitale de la mode et du design, l'une des cités les plus imaginatives d'Europe. Aujourd'hui, elle s'est forgé une nouvelle image postindustrielle, branchée, dynamique, et a gagné définitivement le titre de *città delle occasioni,* la « ville des possibles »…

BUDGET	€€
CULTURE	★★★☆
CUISINE	★★★☆
SHOPPING	★★★☆
VIE NOCTURNE	★★★☆

1h25 au départ de Paris

DÉCOUVRIR

1 Tomber en pâmoison devant *La Cène*

l'illustre fresque de Léonard de Vinci, classée au Patrimoine mondial de l'Unesco.

Réalisée spécialement pour l'église Santa Maria delle Grazie, cette fresque (9 m x 5 m environ) est l'œuvre la plus illustre du *Maestro* après *La Joconde.* Peinte à la fin du XVe s dans le réfectoire de l'ancien couvent dominicain qui jouxte l'église, elle est d'une modernité déconcertante. Elle est pour l'histoire de la peinture de la Renaissance aussi importante que la chapelle Sixtine de Michel-Ange à Rome ou les chambres de Raphaël au Vatican. L'artiste a choisi de représenter Jésus lorsqu'il annonce qu'il va être trahi. Les couleurs, les volumes, les émotions, le réalisme, la mise en scène font de cette fresque une œuvre d'exception, en avance sur son temps, souvent copiée mais jamais égalée. Un chef-d'œuvre qui a traversé les siècles et dont on peut ressentir l'impact grâce à la fin de la dernière campagne de restauration.

BON À SAVOIR : attention, pour pouvoir admirer cette merveille, il faut réserver son billet plusieurs semaines à l'avance ! • vivaticket.it •

2 Se réfugier dans la chiesa di San Maurizio, un îlot de calme

et y perdre la notion du temps en contemplant les innombrables fresques qui décorent ses murs et plafonds.

Érigé sur un ancien site roman, ce secret milanais recèle bien des trésors. Ses murs et plafonds sont recouverts de fresques à couper le souffle, aussi superbes qu'émouvantes (magnifiquement restaurées). Les drapés, les gestes, la pose des personnages... tout ici est sujet à l'admiration ! Notez aussi l'imposant orgue dans le chœur, décoré par Francesco Medici, et la charmante petite cour à l'arrière de l'église.

BON À SAVOIR : à la fin de la visite, et après avoir vu la sacristie, on peut avoir accès directement au Musée archéologique. • info@spazioaster.it •

3 Découvrir le fabuleux Novecento

musée d'art contemporain dont une grande partie est consacrée à l'*Arte Povera*.

À droite du Duomo, quand on lui fait face, dans ce que les Milanais appellent l'« *arengario* », un imposant immeuble administratif construit en 1939, représentatif du pouvoir fasciste. D'architecture massive, l'*arengario* est doté d'un balcon duquel Mussolini haranguait la foule (d'où son nom). Il fut transformé en musée d'Art contemporain dans les années 1960, puis fermé faute de place. Aujourd'hui, c'est un musée rénové et agrandi qui renferme une riche collection dédiée à l'art italien du XXe s. Un vaste escalier hélicoïdal constitue le cœur du musée. De superbes baies vitrées, latérales et en façade, laissent continuellement entrevoir l'archevêché de Milan. On y trouve une importante collection privée, la collection Jucker qui rassemble la fine fleur des avant-gardistes européens. Sublime ! Puis les peintres futuristes, un espace dédié au peintre surréaliste Giorgio De Chirico, des représentants du courant néoclassique italien, et enfin, au dernier étage, on admire autant l'architecture que la vue panoramique sur la grande place du Duomo. Époustouflant !

BON À SAVOIR : • museodelnovecento.org •

4 Visiter le Duomo, merveille de l'architecture gothique et concentré d'histoire milanaise

et rejoindre les terrasses pour approcher les 1 800 statues.

Au cœur de la ville, c'est la plus grande église du monde catholique après Saint-Pierre de Rome et la cathédrale de Séville. La façade a tellement d'extravagance qu'on la surnomma le « hérisson de marbre ». Un ascenseur permet d'accéder aux toits. On approche alors les statues (dont une de notre Napoléon), les 135 flèches et l'insolite *Madonnina* dorée, qui culmine à 117 m de haut, perchée sur la plus haute flèche. Elle est le symbole de Milan. Au soleil couchant, les mille teintes de la façade vous transporteront d'émotion. Enfin, la nuit venue, une multitude de clochetons s'illuminent, et la *Madonnina* flamboie.

BON À SAVOIR : la balade sur les toits vous rappellera une scène fameuse de Delon-Girardot dans *Rocco et ses frères.* • duomomilano.it •

4 LE DUOMO

5 LA PINACOTHÈQUE AMBROSIENNE

5 Aller admirer les toiles et l'architecture de la pinacoteca Ambrosiana

et s'arrêter un instant devant *L'École d'Athènes,* superbe fresque de Raphaël.

C'est l'une des plus belles pinacothèques d'Europe et le plus vieux musée milanais (1618), grâce à la donation du cardinal Federico Borromeo. Plus on avance dans la visite des 23 salles de ce palais du XVIIe s, plus on est saisi par sa beauté : trois étages de galeries couvertes de fresques, donnant sur un jardin orné de statues, des vitraux superbes et des mosaïques au sol. Ne ratez surtout pas la fresque monumentale de l'*École d'Athènes* par Raphaël, même s'il ne s'agit que du « brouillon » (sur carton) de l'artiste, l'œuvre achevée étant aujourd'hui au Vatican. Noter que la bibliothèque de la pinacoteca Ambrosiana conserve les 402 volumes du célèbre Codex Atlantico, précieux manuscrits de Léonard de Vinci (mais attention, il ne se voit qu'à de très rares occasions, se renseigner).

BON À SAVOIR : on ne peut passer à Milan sans visiter non plus la pinacoteca di Brera, qui renferme également une exceptionnelle collection de peintures. • ambrosiana.it • brera.beniculturali.it •

6 Aller jeter un œil à *L.O.V.E.*

une statue vraiment pas comme les autres.

L'œuvre de Maurizio Cattelan, est baptisée *L.O.V.E.* par amour de la provocation. Cette sculpture en marbre de Carrare de 6 t et 11 m de haut, trône depuis 2010 en face du palais de la Bourse. Jusque-là tout va bien. Sauf que les doigts sont coupés, à l'exception du majeur, qui une fois dressé témoigne d'un certain sens de l'honneur bien à lui ! Vous imaginez le geste... et la portée qu'il peut avoir. Mais si les Milanais se montrent enthousiastes, ce doigt n'est pas du tout du goût du président de l'autorité boursière, Giuseppe Vegas (voilà un nom qui fleure bon le $!). En attendant de savoir qui a raison, l'œuvre contemporaine est encore là... et il faut le voir pour le croire !

7 Se rendre à la villa Necchi-Campiglio

un pur joyau Art déco, dont la visite s'impose.

Voici une demeure résolument moderne. Cette villa a été construite dans les années 1930 par Piero Portaluppi, l'un des architecte les plus importants à Milan à cette époque, pour les Necchi, une riche famille d'industriels. Les deux sœurs héritières, Neda et Gigina, à l'origine de ce projet, ont donné carte blanche à l'architecte Luppi pour aménager les 2 000 m^2 de la villa (jardin compris) : luxueuses boiseries, matériaux de très haute qualité, système de portes coulissantes visant à modifier les volumes des pièces à volonté, double plafond pour l'acoustique, salles de bains balnéo, sculptures, toiles de maître et objets d'art, verres de Murano, meubles sur mesure, grosse cheminée en granit. Il y a même un ascenseur ! Un beau jardin d'hiver où tout est vert pour rappeler le jardin (marbre vert, sofa vert). À l'extérieur, belle piscine (chauffée !) qui a été la première piscine privée de la ville. Bref, une villa dotée de tout le confort moderne.

BON À SAVOIR : en 2001, la famille Necchi a préféré léguer la villa à une fondation privée (Fondazione Ambiante Italiano) afin qu'elle reste dans son atmosphère d'origine. • visitfai.it/villanecchi • casemuseomilano.it •

LIBERTY

Liberty est le nom donné à ce style qui n'est pas sans suggérer une certaine liberté d'expression, du point de vue de la création architecturale. En bref, il s'agit de l'équivalent italien de l'Art nouveau. Trop souvent méconnu, il connaît un franc succès dans les villes des régions du nord de l'Italie, à commencer par le Piémont et la Lombardie, plus réceptifs à la culture européenne que les autres régions : à Turin d'abord, puis à Milan. Le style Liberty ne manquant pas de chic et de raffinement, guère étonnant de le trouver à Milan, « capitale » italienne de la mode. À l'aube du XXe s, les riches propriétaires milanais se font bâtir sur mesure des *palazzi* élégants et raffinés, dans ce style singulier alors très en vogue. Place à l'inventivité de la Belle Époque, voici l'ère de l'esthétisme moderne. Au programme sur les façades ? Profusion décorative et abondance du détail ! Le tout au service du monde animal (oiseaux, insectes) et végétal (arbres, fleurs).

8 Découvrir la ville à travers son design
en vous rendant au Triennale Design Museum dans le parco Sempione.

Un lieu dédié au design italien, conçu par l'architecte Giovanni Muzio. Outre une exposition qui change tous les ans, ce musée accueille de nombreuses expos temporaires, dont le roulement est beaucoup plus fréquent. Dans le parc, admirez les *Bagni Misteriosi* (Baigneurs mystérieux) de Giorgio De Chirico. Des statues grandeur nature dans la fontaine face au musée du Design, c'est saisissant de réalisme ! Consulter le site pour la programmation du moment.

BON À SAVOIR : resto très agréable (aux beaux jours surtout) dans le parc pour manger un morceau ou prendre un verre. Après la visite, aller craquer pour les créations des nombreuses boutiques de design. La plupart des adresses se situent autour de la piazza San Babila, lieu majeur de l'activité.
• triennale.it •

SAVOURER

9 Déguster dans une trattoria un savoureux *risotto alla milanese*
à la délicate odeur safranée.

L'Italie, tout le monde le sait, occupe une place prestigieuse dans le hit-parade des meilleures cuisines du monde. Pour s'initier à la gastronomie milanaise, cap sur le quartier de Brera, où moult restaurants servent osso-buco et risotto. Ce dernier, à base de riz de type *vialone,* de safran, de beurre, de moelle de bœuf, de bouillon de viandes mélangées et d'oignons est une pure merveille. Autre risotto à tester tant que vous êtes dans le coin, celui à base de cuisses de grenouilles…

BON À SAVOIR : vous goûterez aussi probablemnet à la *cotolette alla milanese.* Appelées aussi « oreilles d'éléphant » à cause de leur taille et leur forme. Ce sont des côtelettes de veau (ou, plus rarement, de porc), recouvertes de chapelure et frites dans du beurre (beaucoup de beurre…).

10 Au moment des fêtes de Noël (ou pas) croquer dans un moelleux *panettone*

Originaire de Milan, voici la spécialité que l'on trouve sur toutes les tables de l'Italie à Noël. C'est une brioche garnie de raisins secs, fruits confits et zestes d'orange et de citron. Pour les meilleurs, rendez-vous chez *Panettone Vergani* (via Mercandate, 17). Les Milanais sont prêts à traverser toute la ville pour acheter un *panettone* de l'enseigne. Leur réputation n'est plus à faire ! Ça tourne depuis 1944. Moelleux et déclinés en plusieurs versions, ils peuvent aussi se déguster accoudé au comptoir accompagnés d'un *espresso* pour... 2 €.

BON À SAVOIR : • panettonevergani.com • Très bons *panettone* également à la réputée *Pasticceria Cova.* • pasticceriacova.it •

SORTIR

11 Sacrifier au rite de l'*aperitivo*

une formule magique pour marier tous les plaisirs à moindres frais !

En soirée, il faut absolument s'adonner aux délices de l'aperitivo, une tradition locale des plus sympa. À l'heure fatidique (de 18h à 21h), dans la plupart des bars, les boissons sont accompagnées d'amuse-gueules aussi variés que copieux (*crostini,* charcuterie, fromages, olives…), servis à volonté… et surtout gratuits ! On peut carrément en faire son dîner ! Parmi les plus courus, citons le *Marc Jacobs Café.* Accolé à la boutique du créateur new-yorkais, ce café hyper tendance offre l'un des *aperitivi* les plus prisés de la ville avec un buffet franchement enthousiasmant. Ou encore *Il Gattopardo Café,* le temple de l'apéro, installé dans une ancienne église.

BON À SAVOIR : • ilgattopardocafe.com •

GIUSEPPE VERDI (1813-1901)

Né il y a tout juste deux siècles à Roncole, dans la région de Parme, le célèbre compositeur de la fameuse *Trilogie populaire* qui regroupe *Rigoletto, Il Trovatore* et *La Traviata* ainsi que de *Nabucco* (présenté pour la première fois à la Scala en 1842), a aussi joué, ne l'oublions pas, un rôle de « héraut de l'aspiration du peuple italien à la liberté ». En 1848, il crée en effet *La Bataille de Legnano,* un opéra qui se veut un véritable hymne à la liberté. Sa musique, chantée à chaque coin de rue, devient le symbole de la révolte et de la lutte contre la domination autrichienne, et son nom se trouve associé au nouvel esprit révolutionnaire. D'ailleurs, il fait l'objet d'un célèbre jeu de mots qui couvre alors les murs d'Italie : « Viva VERDI », que chacun peut déchiffrer comme l'abréviation de « *Viva Vittorio Emanuele Re D'Italia* » (« Vive Victor-Emmanuel roi d'Italie »).

12 Se balader au long des canaux
dans le quartier populaire et festif des Navigli.

Le quartier des Navigli, avec ses bars et ses restos au bord d'antiques canaux qui évoquent Venise, est l'un des plus agréables pour passer la soirée. C'est un des épicentres de ce qu'on appelle parfois la « *Movida* » milanaise : petites boutiques branchées, anciennes usines accueillant les grands noms du Milan de la mode, brocante mensuelle (mercato dell'antiquariato), ateliers d'artistes et galeries d'antiquaires… Les amateurs de *street art* s'useront les yeux sur les murs de ce quartier encore popu et un brin militant : le plus ancien squat de Milan y est installé depuis 1976. D'*aperitivo* en club électro, c'est ici que Milan vit le plus la nuit. Les meilleures adresses pour prendre un verre se trouvent du côté de la *porta Ticinese* tout proche. Au début du mois de juin a lieu la festa del Naviglio, le quartier devient alors un lieu de rassemblement où s'exprime la liesse populaire : miniconcerts, marchés, compétitions et jeux aquatiques...

BON À SAVOIR : balade en péniche sur les canaux possible avec la compagnie Navigli. • naviglilombardi.it •

13 Se mettre sur son trente et un et assister à un opéra à la Scala
en réservant… très longtemps à l'avance. Magique !

La Scala rénovée a été inaugurée début décembre 2004. C'est l'une des gloires de Milan, certainement le meilleur théâtre lyrique au monde. La salle, construite en fer à cheval, impose une acoustique incomparable et s'attire très tôt la faveur des grands *maestri.* Rossini vers 1820, puis Verdi, qui y règne pendant plus de 50 ans. Puccini lui succèdera et, avec Toscanini, le lieu retrouvera tout son éclat au lendemain de la Seconde Guerre mondiale. Depuis, c'est une consécration pour un artiste que de s'y produire. Les mélomanes feront l'impossible pour assister à une représentation. Réservation à partir de 2 mois à l'avance sur Internet, 1 mois à l'avance par téléphone.

BON À SAVOIR : 2h30 avant le spectacle, 140 places dans les galeries sont mises en vente à la billetterie située au bout des arcades, via *Filodrammatici.* • teatroallascala.org • Si vos efforts ont été vains, sachez que Milan compte une bonne trentaine de théâtres, dont le réputé *Piccolo Teatro* • piccoloteatro.org •

13 LA SCALA

14 Danser jusqu'au bout de la nuit

dans les meilleurs clubs de la ville, situés dans les environs du branché corso Como.

Dès le début de soirée, une foule de bistrots et de restos assurent l'animation au long du piéton corso Como. Pour les couche-tard, rendez-vous à l'Hollywood, qui reste un des passages obligés du Milan de la mode, du foot ou de la télévision (avec leur zone VIP, évidemment), à l'Alcatraz, vaste endroit aménagé dans un ancien entrepôt des années 1940 ou, dans le genre underground, à l'Atomic, un petit bar à l'atmosphère un peu *destroy* mais diablement conviviale ! Des murs noirs et quelques œuvres de *street artists,* une poignée de tabourets au long du bar et 2-3 canapés défoncés : pas beaucoup d'endroits où s'asseoir ! Ça tombe bien, tout le monde (c'est souvent bondé) est là aussi et surtout pour danser.

BON À SAVOIR : • discotecahollywood.com • alcatrazmilano.it • Très branché aussi, c'est le quartier Romana, qui monte, qui monte…

SHOPPING

15 Se glisser parmi les étals d'épices, de fruits et de fleurs du mercato Papiniano

le marché le plus important de la ville, s'imprégner des odeurs et s'émerveiller des couleurs.

Marché haut en couleur, avec d'un côté l'alimentaire avec ses fruits et légumes bien sûr, fromages, charcuterie et de l'autre la partie vestimentaire. On y croise aussi bien de vieilles *mammas* aux cabas déformés que de jeunes Italiens branchés et pressés. Déambulez donc entre les étalages et vous finirez bien par approcher l'âme de la ville, ou du moins à en entrevoir un autre visage. En plus, en fouillant bien, on peut y faire de belles affaires !

BON À SAVOIR : dans le quartier des Navigli, mar 8h30-13h et sam jusqu'à 17h. Surtout très fréquenté le samedi.

16 S'octroyer un après-midi de shopping ou de lèche-vitrines

dans le « quadrilatère de la mode », dans la luxueuse via Monte Napoleone, où toutes les grandes marques ont leur boutique.

Milan est la capitale incontestable de la mode en Italie et La Mecque des *fashionistas* du monde entier. En se promenant dans le quartier de Monte Napoleone, derrière la piazza Duomo, on comprend aisément pourquoi : c'est ici que les grands noms de la mode italienne ont installé leur QG. D'Armani à Gucci, en passant par Dolce & Gabbana, les couturiers de Milan rivalisent avec les grandes maisons parisiennes ou new-yorkaises. Il n'est pas rare de croiser mannequins et *fashion victimes* devant les boutiques Prada, Gucci et tutti quanti… Depuis les rues où l'élégance des Milanais s'affiche avec classe et discrétion, jusqu'aux boutiques de ce quartier, sans oublier les défilés internationaux de mannequins, personne, ou presque, n'échappe à la mode. Les plus grandes folies sont permises à Milan !

BON À SAVOIR : mention spéciale à l'immeuble Armani de la via Manzoni, vaisseau amiral de cet empire du luxe regroupant mode, prêt-à-porter, décoration, librairie et CD – et bientôt un hôtel – sur trois étages d'un édifice très design. Les boutiques des jeunes créateurs « tendance », elles, se trouvent du côté du Corso Como tandis que les fringues vintage se dénichent du côté de la via Torino et de la porta Ticinese.

AGENDA DES FÊTES, FESTIVALS ET ÉVÉNEMENTS CULTURELS

FIN FÉVRIER-DÉBUT MARS : *Carnevale Ambrosiano.* Piazza del Duomo, notamment. Le Carnaval de Milan, réputé le plus long d'Italie, laisse entrevoir des masques typiques, Meneghin et Cecca.

FÉVRIER-MARS : *Fashion Week.* Présentation des collections de prêt-à-porter automne-hiver durant 1 semaine. Vraiment pas évident d'y assister, mais cadres somptueux : *galleria, teatro...* • cameramoda.it •

FIN AVRIL ET OCTOBRE : *Bagutta – L'Arte a cielo aperto.* Exposition de peinture réputée, dans la via Bagutta et alentour. Rens ☎ 02-76-02-06-54.

DÉBUT JUIN : *Sagra di San Cristoforo.* À proximité de l'église. Comme le veut la tradition, célébration anticipée de la Saint-Christophe, avec procession sur les eaux du naviglio Grande (péniches décorées), musique et bal.

JUIN : *Festa dei Navigli.* Le naviglio Grande vit, ce mois-là, au gré des spectacles, expos, concerts, jeux aquatiques, marchés d'antiquités et de produits régionaux ; sans oublier les illuminations nocturnes grandioses. À ne pas manquer.

JUILLET : *Bella Estate a Milano.* Spectacles culturels, musique, théâtre et danse réunissant des artistes d'Italie et d'ailleurs, un peu partout dans la ville.

DÉBUT SEPTEMBRE : *Gran Premio d'Italia Formula 1.* Une institution qui compte déjà 80 éditions. • monzanet.it •

FIN SEPTEMBRE-DÉBUT OCTOBRE : *Fashion Week.* Présentation des collections printemps-été.

7 DÉCEMBRE : *Saison lyrique.* Lancement de la saison à la Scala. Grand succès, mais difficile d'y accéder.

DÉCEMBRE : *Artigianato in Fiera.* Les artisans de toute l'Italie se retrouvent à la Fiera Milano. Expovente, et spectacles en prime. • artigianoinfiera.it •

SE REPÉRER

1 LA CATHÉDRALE BASILE-LE-BIENHEUREUX

MOSCOU

Des clichés à n'en plus finir, de l'histoire à revendre, des avenues gigantesques bordées d'immeubles staliniens qui ne veulent pas mourir trop vite, des écrivains et des artistes à la pelle dont on visite les maisons où ils vécurent et travaillèrent, des bulbes coiffant les églises par gousses entières, une place Rouge célèbre dans le monde entier, ou encore le Kremlin, siège du fameux « œil de Moscou » et de toutes les peurs liées à la guerre froide… C'est vrai, Moscou n'en finit plus de recueillir tous les fantasmes occidentaux tout en continuant d'exciter notre curiosité.

BUDGET	€€€
CULTURE	★★★★
CUISINE	★★★☆
SHOPPING	★★☆☆
VIE NOCTURNE	★★★★

3h30 au départ de Paris (en low cost, prévoir une escale)

DÉCOUVRIR

1 Arpenter la place Rouge le soir, quand elle est presque déserte

et frôler le tombeau de Lénine tout en admirant les bulbes-berlingots de la cathédrale Basile-le-Bienheureux.

L'une des plus célèbres places au monde, propre à faire rêver dans toutes les couleurs (et pas seulement en rouge). À découvrir de préférence dès la nuit tombée. Il se déroula tant de choses sur cette « belle place », elle véhicule tant d'histoires ! D'ailleurs, quand on y accède, on n'y croit encore guère… La place date de la construction de l'enceinte du Kremlin par Ivan III. Au sud, s'élève la basilique Basile-le-Bienheureux (1555) et son festival de bulbes polychromes, le plus emblématique de Russie. Après la défaite de Napoléon Ier, la place est repensée et devient objet de fierté nationale, symbole de la résistance du peuple russe. À partir de 1918, elle va devenir le symbole de la révolution triomphante et du communisme libérateur, avec comme axe principal le mausolée de Lénine et le cimetière des héros révolutionnaires et des grands hommes d'État.

2 Visiter les merveilles du mythique Kremlin :

l'ensemble du clocher d'Ivan-le-Grand, le palais des Patriarches et son magnifique musée d'Art du XVIIe s, la cathédrale de la Dormition, et l'extraordinaire palais des Armures…

Le mythique siège du pouvoir russe depuis des siècles, la partie la plus ancienne de la ville. C'est ici qu'étaient couronnés les tsars, que s'élèvent les plus prestigieuses cathédrales orthodoxes et qu'on trouve les plus fabuleux trésors du pays. Centre des institutions communistes et aujourd'hui résidence du président de la Fédération de Russie. C'est en 1480, sous le règne d'Ivan III, que fut construite la célèbre enceinte. On alla chercher en Italie les plus prestigieux architectes de l'époque, ce qui lui donna véritablement l'aspect d'une forteresse du Quattrocento ! Longue de 2,235 km, épaisse de 3,50 à 6,50 m, un chemin de ronde de 4,50 m de large et 19 tours. À la nouvelle capitale de la Russie, il fallait des murailles dignes de ce nom.

BON À SAVOIR : • en.kremlin.ru •

LE BAROQUE NARYCHKINE

Les Narychkine, famille de la mère de Pierre le Grand, ont développé un type de baroque que l'on retrouve dans de nombreuses églises de Moscou et de sa région. Ce style, dont l'âge d'or se situe de 1690 à 1710, est caractérisé par un plan en carré, avec une grande tour centrale. Tout autour s'emboîtent des étages parfois surmontés de petites tours. La décoration extérieure est riche, avec des corniches ajourées et de gracieux chambranles de fenêtres. Les habituels *kokochniki* sont remplacés par des rangées de crêtes de coq ou des coquilles sculptées. Parmi les plus beaux exemples de baroque Narychkine à Moscou, citons l'église de la Résurrection-de-Kadachi.

3 Rendre une visite fraternelle aux « Sept Sœurs »

ces sept immenses gratte-ciel kitschissimes encerclant Moscou et qui devaient symboliser la suprématie du communisme et de l'architecture stalinienne.

Tombez donc amoureux des « Sept Sœurs », ces monumentales bâtisses dont le fleuron est le ministère des Affaires étrangères. Par leur démesure, elles devaient exprimer un sentiment de puissance et de triomphe du communisme. La construction de l'immeuble du ministère des Affaires étrangères dura de 1948 à 1954. La tour mesure 170 m de haut. De l'autre côté de la place, l'impression se révèle assez saisissante. Pour la petite histoire, c'est Staline lui-même qui exigea la flèche tout en haut. Cependant, comme l'édifice valait déjà son pesant de pierres, on la fit en métal et peinte imitation pierre…

4 S'immerger dans le quartier de Kitaï-Gorod

la partie « Est » de la capitale, refuge de la bohème, de la créativité artistique et d'étonnants lieux branchés.

C'est le plus ancien quartier de la ville, délimité par la place Rouge et les rues Varvarka au sud, Nikolskaya au nord et la Novaya plochad à l'est. Ce fut dès le début le grand quartier commerçant de Moscou. Son nom vient du mot *kita,* soit un de ces « pieux » en bois qui constituaient les fortifications d'origine, et de *gorod,* qui signifie « terrain ». On utilisa ensuite la brique pour les fortifications, en tout cas jusqu'au XVIIe s, comme en témoignent encore ici et là quelques vestiges. Le grand incendie de 1812 le détruisit en bonne partie et, au cours du XIXe s, il se transforma progressivement en quartier d'affaires. Plaisir total aujourd'hui que de s'y promener le nez en l'air, de découvrir et détailler tous les styles architecturaux qui y cohabitent. La rue Varvarka se révèle un miraculeux conservatoire architectural des cinq derniers siècles.

L'ARCHITECTURE SOVIÉTIQUE

Elle est malheureusement allée de pair avec de tragiques destructions – de nombreuses églises ont été remplacées par des immeubles massifs, comme la bibliothèque Lénine ou l'académie militaire Frounzé –, ne voulant pas s'accommoder de la concurrence des styles précédents. Ce style a traversé plusieurs périodes : l'avant-gardisme dans les années 1920, puis le néoclassicisme soviétique dans les années 1930 à 1950, l'architecture industrielle des années 1960 et enfin le postmodernisme des années 1970-1980. Tous ont en commun un utilitarisme forcené, qui accorde la primauté à l'aménagement de l'espace et à la fonctionnalité. D'extérieur rigoureux et gris, en vertu des principes constructivistes (limiter la forme au nécessaire et faire fi des fioritures), les immeubles de béton fabriqués en série ont vite pullulé dans les villes (notamment les « célèbres » khrouchtchevki des années 1960).

5 Prendre un bain aux mythiques bains Sandounov

d'un luxe inouï, mélange tapageur des styles baroque, gothique et mauresque.

Construit en 1808 par les Sandounov, une famille de marchands, c'est le plus beau bain russe de la ville. L'intérieur est d'un luxe incroyable. Le tout est supporté par des colonnes aux chapiteaux corinthiens dorés. Si vos moyens vous le permettent, c'est le moment ou jamais de vivre l'expérience du *bania* russe, qui se situe en gros entre le sauna finlandais et le hammam. C'est aussi, traditionnellement, un lieu de négociations pour les hommes d'affaires… La partie réservée aux hommes est d'ailleurs de loin la plus belle et, en plus, ils ont droit à une vraie piscine, quelle injustice !

BON À SAVOIR : chapeau de feutre obligatoire (en vente sur place). • sanduny.ru •

6 *Le Maître et Marguerite* en main, suivre les itinéraires des héros de Boulgakov

en une passionnante découverte de la ville, à partir de l'étang des Patriarches.

Le Moscou de Boulgakov, autour de l'étang des Patriarches, vaut la promenade. « C'était à Moscou au déclin d'une journée printanière particulièrement chaude. Deux citoyens firent leur apparition sur la promenade de l'étang des Patriarches… » Première phrase du roman de Boulgakov, *Le Maître et Marguerite.* L'étang date du XVIIe s. Ancien bassin artificiel, créé à l'époque à des fins de vivier par les patriarches de l'Église. Rebaptisé « étang des Pionniers » de 1932 à 1992. Délicieusement arborées, ses rives sont le lieu idéal pour rêvasser doucement au soleil et se détendre. Tout autour de l'étang, d'intéressants édifices, comme ce petit palais d'aristo encadré de lions sur colonnes.

BON À SAVOIR : Patriarchié Proudy. M. : Maïakovskaya. Ceux qui le souhaitent pourront aller dîner au *Club-restaurant CDL,* le célèbre resto de la Maison des écrivains, évoqué dans le livre, et pour cause, c'est en partie ici que Boulgakov l'écrivit. Cadre vraiment époustouflant, une fascinante remontée dans le temps (ul. Povarskaya, 50. M. : Barrikadnaya).

7 Découvrir les œuvres des galeries Tretiakov puis celles du musée Pouchkine

qui comptent parmi les plus belles collections du monde.

La galerie Tretiakov est l'un des plus grands musées du monde (le plus important pour l'art russe), création d'un seul homme, un homme passionné, doué d'une intuition incroyable, un vrai génie de la découverte : Pavel Tretiakov (1832-1898). Il ne s'en laissait pas conter par les violentes critiques ou la censure, achetant des œuvres ambiguës, difficiles, parfois peu défendables. Ce qui comptait pour lui, c'était de donner une image objective de l'art russe, de coller à ce qui répondait à l'esprit de l'époque. Sans cette rigueur, sans cette fabuleuse honnêteté, nous ne pourrions admirer aujourd'hui l'extraordinaire *Boïarina Morozova,* au prétexte que cette œuvre, en ce temps-là, pouvait n'apparaître que comme un monument de kitsch et de pathos grandiloquent ! Quant au musée des Beaux-Arts Pouchkine, il expose de fabuleux Rembrandt et, surtout, une incroyable collection d'impressionnistes et postimpressionnistes.

BON À SAVOIR : • tretyakovgallery.ru • arts-museum.ru •

8 Méditer au monastère de Novodiévitchi

et dans son cimetière où se trouvent les plus grandes personnalités du pays.

Un enchantement ! S'il n'y en avait qu'un à visiter, ce serait celui-là. C'est le côté ajouré des remparts et ce décor sophistiqué qui donnent un tel romantisme à l'ensemble. Venir par une belle fin d'après-midi dans ce charmant environnement bucolique, pour jouir de leur reflet dans les eaux du lac. L'église-porche de la Transfiguration est un chef-d'œuvre du baroque Narychkine. À l'intérieur de la cathédrale de la Vierge-de-Smolensk, c'est l'émerveillement. Peut-être la plus belle iconostase de Moscou ? Le cimetière est largement arboré, avec même des recoins presque sauvages et des sentiers buissonniers mystérieux. Une balade dans l'histoire totalement fascinante, un compagnonnage intime avec des gens dont on avait tellement entendu parler avant qu'on n'arrive pas à croire qu'ils soient si accessibles !

9 Se lancer dans un vrai trek culturel

en visitant les très nombreuses maisons-musées des écrivains et artistes.

C'est souvent par les noms de Pouchkine, Dostoïevski, Gogol ou Tolstoï que la plupart d'entre nous ont entendu parler de la Russie. La littérature russe, tout comme la musique et la peinture, est pour une grande part mondiale. Vous pourrez écumer les maisons-musées de ces grands écrivains, notamment celles de Tolstoï, de Boulgakov, de Gorki, de Pouchkine (en plus de sa maison, voir aussi son musée littéraire), de Biély, de Tchekhov dont l'ancienne demeure est particulièrement émouvante… Si vous préférez laisser la musique guider vos pas, d'autres maisons-musées vous attendent, comme celles de Scriabine (grand pianiste et compositeur) et de Chaliapine (l'un des plus grands chanteurs d'opéra de tous les temps)… Et puis encore l'intéressant musée du grand poète et chanteur Vissotsky qui permet de se replonger dans les années noires du brejnevisme…

10 Consacrer deux heures magnifiques au site de Kolomenskoyé

ancienne résidence privée des tsars, un bel ensemble de palais, d'églises et de monuments historiques dans un superbe environnement.

Un grand bol d'air pur et d'espace à une portée d'arquebuse de Moscou. Au bord de la Moskova, ce fut l'une des résidences d'été préférées des tsars, mentionnée pour la première fois dans un document du prince Ivan Kalita au XIVe s. Les premiers tsars de la dynastie Romanov y allaient souvent. L'église de l'Ascension fut édifiée, en 1532, pour la naissance du futur Ivan le Terrible. Le tsar Alexis Mikhaïlovitch y construisit en 1667 un magnifique palais en bois, qui fut en son temps classé parmi les Sept Merveilles du monde. Il fut démoli au XVIIIe s par Catherine II, pour en ériger un autre, mais a été reconstruit, en 2009, selon les plans établis à l'époque par la tsarine. En 1925, ce domaine de 140 ha fut transformé en musée d'Architecture.

BON À SAVOIR : Andropova pr., 39, Kolomenskoyé. De la terrasse devant le musée, panorama génial sur le site et les premiers immeubles de Moscou qu'on aperçoit au loin. • mgomz.com •

11 Plonger dans les profondeurs du métro

dont certaines stations, comme Kievskaya et Plochad Revolioutsi, sont de splendides témoignages du passé. Vous y croiserez peut-être un orchestre improvisé.

Le légendaire métro de Moscou vous permettra de relier les vieux quartiers de Moscou assez éloignés les uns des autres. Mais on peut aussi visiter les stations du centre-ville, qui constituent une véritable ode à l'architecture néoclassique stalinienne et au réalisme soviétique (la plupart ont été construites dans les années 1930 à 1950). De vertigineux escaliers mécaniques vous feront d'abord plonger dans une opulence de marbre. Les halls et les quais sont décorés de mosaïques, de bas-reliefs ou de statues à la gloire d'athlètes victorieux, de kolkhoziennes épanouies, d'ouvriers herculéens et de soldats invincibles. Des fresques héroïques, couvertes de drapeaux rouges pour essuyer les larmes des espoirs et utopies déçus… Chacune des stations est construite dans un style et suivant un thème différents.

BON À SAVOIR : Kievskaya est l'une des plus belles, avec de magnifiques mosaïques illustrant l'agriculture de l'ex-URSS ou portant au pinacle l'amitié entre les peuples russes et ukrainien.

L'ART D'ACCOMPAGNER LA VODKA : LES ZAKOUSKI

En Russie, c'est la nourriture qui accompagne la vodka, et non l'inverse… Certains zakouski constituent avec la vodka des alliances particulièrement harmonieuses. Citons le cornichon salé, les *masliata* (petits champignons qui, marinés, ont une consistance visqueuse), le maquereau *(skumbria)* salé, la julienne (petite entrée à base de champignons cuits au four) et le *kholodets* (gelée préparée avec des morceaux cartilagineux de porc). Au chapitre de la diversité, la vodka n'a rien à envier à ses compagnons les zakouski. Elle peut être soit parfaitement pure, soit légèrement adoucie grâce à l'ajout de certains arômes de plantes à doses homéopathiques, soit encore préparée avec des fruits rouges ou du piment marinés. Dans ce cas, on parle de *nastoïki*. En tout état de cause, n'oubliez pas qu'elle se boit toujours cul sec !

SAVOURER

12 Prendre un somptueux chocolat au *Café Pouchkine*
dans une ambiance raffinée.

Créé de toutes pièces grâce à la chanson *Nathalie* de Gilbert Bécaud et opportunément inauguré le 6 juin 1999 pour le bicentenaire de la naissance de Pouchkine, ce restaurant donne pourtant l'impression d'être là depuis le XVIIIe s... Pourquoi ? À cause du bâtiment (alors qu'il est lui aussi récent), mais surtout grâce au décor intérieur, celui d'une ancienne pharmacie, baignée d'une pénombre savamment entretenue, avec de belles boiseries sculptées et des serveurs en tenue raccord, comme dans un film d'époque en costumes... Tout y est « chic et charme », jusqu'à l'ascenseur en fer forgé et les w-c en porcelaine au sous-sol. On peut y déguster au comptoir un somptueux chocolat chaud comme dans la chanson, mais le restaurant est de grande qualité également.

BON À SAVOIR : ouv 24h/24. • cafe-pushkin.ru •

13 Profiter de son séjour à Moscou pour s'initier aux délices de la cuisine caucasienne et d'Asie centrale

Quiconque débarquant à Moscou après 20 ans d'exil serait surpris par la nouvelle diversité du paysage culinaire de la ville. Une des vraies « nouveautés », pour ceux qui débarquent, en tout cas, ce sont les restos des anciennes républiques soviétiques, qu'ils soient caucasiens, ouzbeks, ou encore géorgiens. Il serait dommage de ne pas profiter d'un séjour en Russie pour goûter à ces cuisines. Citons le *plov,* plat de riz et de viande, typiquement ouzbek mais qui se rencontre aussi en Azerbaïdjan et en Arménie, avec des variations propres à chaque région. Également les *manti,* sortes de *pelmeni* deux fois plus gros, dont la pâte doit « fondre » en bouche. La cuisine géorgienne, elle, est un hymne aux épices et aux bonnes herbes, parmi lesquelles la coriandre occupe une place importante ; celles-ci entrent notamment dans la composition de toutes sortes de plats en sauce, souvent froids comme les *lobio* (haricots rouges dans une sauce aux noix et à la coriandre) ou les *satsivi* (au poulet ou à l'esturgeon, toujours avec une sauce aux noix).

SORTIR

14 Vivre pleinement l'intensité des nuits branchées moscovites
où les discothèques rivalisent de clinquant et de glamour.

Les nuits moscovites sont assez démentes, tous ceux qui s'y sont immergés vous le diront. Mais, contrairement à ce qu'on observe dans beaucoup d'autres grandes villes, il n'y a pas de zone où la vie nocturne est particulièrement concentrée. Les lieux de sortie éparpillés aux quatre coins de la capitale. Les deux « capitales » (Moscou et Saint-Pétersbourg) se sont vite tournées vers l'Occident, et on y trouve maintenant (surtout à Moscou) des bars *hype* pour tous les goûts. Quand on pense qu'en 1990 il n'y avait quasiment que la discothèque de l'hôtel *Cosmos* pour guincher à Moscou… Désormais, la vie nocturne fait fureur : ouverture de nouveaux endroits chaque semaine avec les meilleurs DJs du moment.

BON À SAVOIR : consultez l'édition du vendredi du *Moscow Times* ; les pages « sorties » des magazines gratuits *Where, Element* et *Moscow in Your Pocket* ; et *Time Out* ou encore le bimensuel *Aficha* pour les russophones…

15 S'offrir une soirée au Bolchoï
ou dans l'un des innombrables théâtres et opéras de la ville.

Le Bolchoï fut construit par O. I. Bové en 1824. Façade monumentale à huit colonnes surmontée d'un fronton triangulaire, rénovée très récemment. En 1853, un violent incendie ne laisse que les murs debout. Lors de la reconstruction, la partie supérieure y gagne une rangée de fenêtres, la salle est agrandie, mais globalement, l'allure générale de l'œuvre de Bové est préservée. Au-dessus du fronton, imposant quadrige d'Apollon. Immense hall d'entrée carrelé noir et blanc. Salle de 6 étages de balcons et 2 500 places. La salle historique a été rénovée et inaugurée en grande pompe à la fin 2011. Les plus grands compositeurs russes (Glinka, Tchaïkovski, Moussorgski, Rimski-Korsakov, Borodine) y créèrent bien sûr leurs opéras. Les plus grands artistes, chanteurs, danseuses, chefs d'orchestre s'y produisirent.

BON À SAVOIR : Teatralnaya pl., 1. • bolshoi.ru/en/ •

SHOPPING

16 Faire ses derniers achats à la splendide épicerie *Elisséïev*
et admirer le hall de vente d'un style baroque chargé et exubérant, voire délirant.

Ancien hôtel particulier du XVIIe s, édifié par Kazakov pour une princesse, copine de Catherine II. Racheté en 1870 par un riche commerçant, puis en 1898 par Elisséïev, gros négociant pétersbourgeois qui le transforma en un genre de *Fauchon.* Elisséïev cassa pratiquement tout pour créer un immense hall de vente décoré dans le genre baroque chargé et totalement exubérant. Profusion de colonnes et chapiteaux aux formes extravagantes, comptoirs et décor en bois sculpté, moulures et stucs dorés, jeux de miroirs et de cristaux, dans une véritable débauche de motifs végétaux et floraux. Époustouflant ! Pendant la période soviétique, il s'appela *Gastronom n° 1.* Aujourd'hui, c'est un magasin de produits fins et chers, clairement destiné à une clientèle huppée.

BON À SAVOIR : ul. Tverskaya, 14. Ouv 24h/24 !

17 Flâner dans les rayons du *Goum*
devenu le centre commercial favori des Russes nouveaux riches.

L'une des plus célèbres galeries marchandes au monde, édifiée après le grand incendie de Moscou en 1812. Les galeries intérieures sont en métal et verre, technique originale pour l'époque, copiée sur le *Crystal Palace* de Londres. En 1921, Lénine lui-même y supervisa la création du premier grand magasin d'Union soviétique. Dans les années 1930, il fut remplacé par des bureaux du gouvernement. Ce n'est qu'en 1953 qu'il retrouva sa fonction de grand magasin d'État, le légendaire Goum et devint LE lieu de pèlerinage des familles soviétiques venues de tous les coins de l'empire pour s'approvisionner de produits qu'on ne trouvait que dans la capitale. Aujourd'hui, il a largement perdu son côté populaire puisqu'il concentre surtout des boutiques de luxe… Le soir, on aperçoit d'assez loin ses illuminations, tel un grand squelette d'ampoules lumineuses. Pour les fines bouches, il y a, au milieu, un supermarché de produits fins : le *Gastronome n° 1.*

BON À SAVOIR : face à la muraille du Kremlin. • gum.ru/en •

AGENDA DES FÊTES, FESTIVALS ET ÉVÉNEMENTS CULTURELS

7 JANVIER : *Noël orthodoxe.* C'est dans la nuit du 6 au 7 janvier que les orthodoxes célèbrent Noël. La religion orthodoxe suit en effet le calendrier julien et non le calendrier grégorien. Noël est donc fêté avec 13 jours de retard par rapport au Noël catholique.

13 JANVIER : *Nouvel An orthodoxe.*

1ER MAI : *fête du Printemps et du Travail.* La célébration de cette ancienne fête restée en vigueur est encore vue par certains comme un mode de revendication contre le patronat. Les manifestations se font cependant plus discrètes qu'auparavant. On organisait alors traditionnellement une parade sur la place Rouge. Les ouvriers défilaient, affirmant ainsi leur conscience de classe.

9 MAI : *jour de la Victoire.* Commémoration du 9 mai 1945, fin de la « grande guerre patriotique ».

12 JUIN : *jour de la Russie.* La fête de la Souveraineté de la Fédération de Russie est une fête nationale. Le 12 juin 1990, le Parlement russe, démocratiquement élu, proclama l'indépendance de la Russie vis-à-vis de l'Union soviétique, et en entraîna la chute l'année suivante. Depuis 2003, un défilé est organisé sur la place Rouge de Moscou.

JUIN : *festival de film international.* Met l'accent sur les cinématographies d'Europe orientale. Il a ouvert ses portes pour la première fois en 1959. Quelque 140 films russes ou étrangers sont au menu, ainsi que des documentaires et des rétrospectives. Le président du festival n'est autre que le réalisateur Nikita Mikhalkov.
• moscowfilmfestival.ru/miff36/eng •

4 NOVEMBRE : *Jour de l'Unité du peuple.*

SE REPÉRER

MUNICH

La capitale bavaroise est incontestablement, après Berlin, la ville la plus intéressante du pays. C'est d'ailleurs la ville qui reçoit le plus de visiteurs après la capitale fédérale. Ses contradictions y sont pour quelque chose. Traditionnelle mais branchée, historique mais en mouvement, elle a beaucoup à offrir : richesse patrimoniale, dynamisme culturel, architecture moderne et force de caractère. Munich possède de grands musées qui contribuent à son excellence artistique, mais aussi des bâtiments qui donnent une leçon d'architecture, des parcs étendant vertes pelouses et parterres fleuris. Munich, c'est aussi tout un art de vivre avec les fameux *Biergarten,* où l'on s'attable bien avant les flonflons de l'Oktoberfest. Des collections de Beaux-Arts uniques au monde au parfum hippie qui plane encore sur l'Englischer Garten, de la résidence des Wittelsbach à l'avant-garde des nouveaux musées, venez vibrer au rythme d'une ville qui pétille… de vie !

BUDGET	€€€
CULTURE	★★★☆
CUISINE	★★☆☆
SHOPPING	★☆☆☆
VIE NOCTURNE	★★★☆

1h30 au départ de Paris

DÉCOUVRIR

1 Se poster sur la Marienplatz (place de la Vierge-Marie)

et attendre que les jolis petits personnages du Glockenspiel (carillon) du Rathaus se mettent à danser.

La Marienplatz est le cœur historique de la cité. Au Moyen Âge le marché au blé se tenait ici ; les fêtes traditionnelles y ont encore lieu, comme le féerique marché de Noël. L'hôtel de ville est le plus bel édifice de la place, avec sa façade sculptée et son beffroi surmonté du fameux Münchner Kindl (moinillon), symbole de la ville. Mais l'attraction principale est l'étonnant Glockenspiel (carillon), dont les petits personnages s'animent régulièrement à 11h et 12h. Les figurines représentent deux scènes historiques : le tournoi donné en l'honneur du mariage du duc Guillaume au XVIe s et la danse des tonneliers célébrant la fin d'une épidémie de peste.

BON À SAVOIR : on peut monter en haut de la tour du Rathaus pour voir (par temps clair) la chaîne des Alpes.

Visiter l'église des Frères-Asam

symbole des folies du rococo allemand.

Munich est un musée d'architecture à ciel ouvert. Et s'il y a une église à ne pas manquer, c'est celle-ci ! L'Asamkirche est inspirée du baroque italien. Il est impossible de la contourner car elle est fondue dans la masse des immeubles. Attenante à l'église, une maison ornée de stucs : elle fut la demeure des frères Asam, les constructeurs de l'église. Ces deux riches architectes durent faire don à la ville de leur création devant la jalousie des voisins. La décoration est d'un luxe inouï : colonnes torsadées, stucs dorés, voûte peinte, autel argenté, foison de statues, angelots, moulures… « On ne sait où donner de la tête ni reconnaître ce qui est vrai de ce qui est faux. Les deux frères ont marié aux raffinements de la technique les débordements de l'imagination », écrit Dominique Fernandez. En effet, la mise en scène est des plus étonnante et pourtant si cohérente.

Découvrir les trésors artistiques abrités dans les pinacothèques du Kunstareal

le « quartier des arts ».

Munich, ville d'Art et de culture ! On y vient d'ailleurs surtout pour ses musées « kolossaux ». La Pinacothèque c'est en fait trois pinacothèques ! Alors préparez psychologiquement vos jambes car vous allez faire des kilomètres. Si l'Alte Pinakothek est l'une des plus importantes collections de peinture « classique » du globe, à égalité avec celle du Louvre (Dürer, Botticelli, Raphaël, la *Vierge à l'Enfant* de Léonard de Vinci, Vélasquez, Murillo, Poussin, Boucher…), la Neue Pinakothek est, elle, une parfaite vue d'ensemble de la peinture européenne au XIXe s (Goya, Delacroix, Courbet, Monet, Manet, Degas, Toulouse-Lautrec…). Quant aux quatre collections de la Pinakothek der Moderne, elles démontrent les multiples relations qu'entretiennent les genres de l'art. Outre ces trois fleurons, Munich a bien des atouts et abrite quantité d'autres musées intéressants.

BON À SAVOIR : pour vous remettre, rien de tel qu'un petit verre au bord de l'eau en terrasse, au *Caffè Greco*, à la sortie de l'Alte Pinakothek. • pinakothek.de •

OKTOBERFEST

LES HIPPIES DE L'ENGLISCHER GARTEN

La vague « Peace & Love » est sans doute passée par là. Les hippies ont étendu leurs corps dénudés sur les pelouses de l'Englischer Garten. Rien de révolutionnaire outre-Rhin : le naturisme (FKK pour « Freie Körper Kultur », culture du corps libre) est une tradition bien ancrée dans les mœurs allemandes. Situé au cœur de la ville, la zone FKK de l'Englischer Garten symbolise l'ouverture d'esprit de Munich. Notez qu'après avoir surfé sur la vague baba cool, les jeunes Munichois prennent la vague sur l'Eisbach, une rivière artificielle. Un spectacle surprenant...

4 Après un bain de culture dans les musées, se mettre au vert à l'Englischer Garten

Munich est aussi une ville verte et compte plusieurs parcs. Traversé par divers cours d'eau et long de 5 km, le Jardin anglais est, paraît-il, le plus vaste d'Europe. Il est même, avec une superficie de 3,7 km², plus grand que Central Park à New York. Il doit son nom à ses lignes sinueuses et ses panoramas pittoresques. On y trouve de fabuleux *Biergarten,* des curiosités comme la célèbre rotonde (Monopteros) ou la Japanisches Teehaus, un lac, des aires sportives… C'est le rendez-vous favori des jeunes Munichois, après avoir été celui des hippies. Aujourd'hui, ce sont les surfeurs que l'on le rencontre, en combinaison Néoprène, luttant contre le courant de l'Eisbach. Surprenant et spectaculaire !

BON À SAVOIR : le cœur de Munich respire aussi avec l'Alter Botanischer Garten (ancien jardin botanique), le Hofgarten (jardins à la française), Finanzgarten (Dichtergarten)... Moins classique ? L'Olympiapark illustre la capacité de renouvellement de Munich. Ce complexe de loisirs comporte un stade, une piscine et une patinoire recouverts par une toile... de verre synthétique !

5 Faire comme les Munichois et aller se détendre sur les berges de l'Isar

Les berges de l'Isar ont été réaménagées après plus de 10 ans de travaux et le résultat est vraiment étonnant. C'est le moment de partager quelques heures de la vie des Munichois à se relaxer, pique-niquer, bronzer voire même à faire un barbecue en bord de rivière. Si vous préférez faire un plongeon, allez à la piscine Volksbad, qui a vue sur l'Isar. Chef-d'œuvre Art nouveau, l'établissement de bains publics, construit en 1900, a gardé ses dorures et son style baroque en s'adaptant à notre époque : bains classiques, mais aussi piscines, sauna, massages, solarium, fitness, institut de beauté et coiffeur.

BON À SAVOIR : finir en prenant un verre au *Café im Müller'schen Volksbad* situé à l'entrée de la piscine. Avec son style Jugendstil, sa belle salle à colonnes et son *Biergarten,* c'est un lieu charmant et désuet.

SAVOURER

6 S'adonner au *Brotzeit,* la *street food* locale, façon bavaroise

Ici faire la pause casse-croûte n'a rien à voir avec ce que votre expérience ou votre imagination vous laisse penser. Ici on pratique le fameux *Brotzeit.* Il vous faudra un verre de bière pour faire passer l'*Obatza* (genre de camembert coulant mélangé avec du beurre et écrasé avec poivre, sel, oignon, poivron, cumin) servi avec un bretzel frais. Ou la *Weisswurst* de la fin de matinée accompagnée de moutarde sucrée. L'idéal pour apprécier le *Brotzeit,* c'est évidemment d'aller s'asseoir dans un *Biergarten,* pour faire vraiment bavarois. C'est là que tout le monde se retrouve, en famille, entre amis, pour prendre l'air du temps et montrer qu'on est heureux de vivre dans la plus belle ville d'Allemagne.

BON À SAVOIR : l'un de nos lieux préférés pour grignoter est le *Viktualienmarkt* (voir rubrique « shopping »), plus vieux marché munichois. À ne surtout pas manquer (tous les jours entre 9h et 20h, sauf le dimanche).

7 S'offrir un dîner dans la brasserie la plus connue au monde. Incontournable !

Hofbräuhaus est une véritable institution à Munich et en Bavière. Créée en 1589, elle compte 3 600 places et accueille chaque année plus de 3 millions de visiteurs (jusqu'à 30 000 les jours de grande affluence) ! Presque en permanence, des concerts de musique bavaroise avec les culottes de cuir et les chapeaux à plumes. Même si certains se font payer pour faire de la figuration, ça marche toujours autant. Quant à la cuisine vous aurez le choix entre tout un tas de saucisses (de porc, de veau, de Vienne), un *Sauerbraten* munichois, un goulash de bœuf, un *Bierbratl* (poitrine de porc croustillante) avec une salade de pommes de terre… Vous reprendrez bien un peu de salade de chou ?

BON À SAVOIR : ne pas manquer non plus d'aller jeter un coup d'œil à la spectaculaire salle de fête au 2e étage. Sinon vous pouvez aussi juste venir y boire une mousse. • hofbraeuhaus.de •

8 Se rendre dans une taverne, et découvrir la cuisine traditionnelle bavaroise…

le tout servi par des serveuses en costume.

Les restaurants typiquement bavarois sont éminemment touristiques. Cela dit, les tavernes traditionnelles sont rarement chères et l'ambiance est toujours assurée… Vous ne risquez guère d'être déçu si vous poussez la porte de l'une d'elles, avec l'idée d'avaler quelques *Knödel* et autres rôtis de porc *(Schweinebraten)* ou jambonneaux *(Schweinshaxe),* ou encore un *Münchner Sauerbraten,* viande de bœuf marinée et bien épicée. Allez par exemple chez *Zum Dürnbrau,* en plein cœur du vieux Munich, dans une ruelle calme à deux pas des plus grandes brasseries. Le restaurant sert de la cuisine bavaroise typique depuis 1487 et sa réputation n'est plus à faire. Aux beaux jours, un joli patio à l'arrière du resto achèvera de combler vos sens en émoi.

BON À SAVOIR : • zumduernbraeu.de •

9 À l'heure du déjeuner, se trouver une petite table dans le quartier de Schwabing au fameux passé artistique

Longtemps repaire des intellos et des artistes (Lénine, Kandinsky, Klee, Brecht, Rilke et Thomas Mann y ont vécu), Schwabing est devenu un quartier jeune, qui vit au rythme de la plus grosse université munichoise (65 000 étudiants). Les étudiants aiment toujours se retrouver sur Leopoldstrasse (entre Münchner Freiheit et Giselastrasse) où se succèdent cafés et vendeurs de glaces, à deux pas de l'Englischer Garten. Pour manger, on aime beaucoup le *Kaisergarten* installé à l'angle d'une place tranquille, à l'écart de Leopoldstrasse. Il vous faudra choisir entre la très agréable terrasse façon *Biergarten* ou la salle très soignée avec vieux plancher, étagères et tables en bois. Côté cuisine, c'est vraiment bon et pas frugal pour un sou.

BON À SAVOIR : • kaisergarten.com •

LE CAVALIER BLEU

Pendant les règnes successifs, Munich s'épanouit sur le plan artistique. C'est d'ailleurs dans la capitale bavaroise que se retrouvent des peintres comme le Russe Kandinsky et le Suisse Paul Klee qui, autour du groupe *Der Blaue Reiter* (Le Cavalier bleu), créé ici même en 1911, participent activement à la naissance de l'art abstrait et, du même coup, à celle de l'art contemporain ! vous retrouverez leurs œuvres à la Pinakothek der Moderne et au Lenbachhaus.

SORTIR

10 Savourer tout l'art de vivre munichois en passant la soirée dans un *Biergarten*.

Indispensable à votre culture !

Il fait décidément bon vivre à Munich. Ici, de s'attarder à s'attabler il n'y a qu'un pas. Impossible d'aller à Munich sans goûter au plaisir du *Biergarten* (littéralement, « jardin à bière »). Cette invention munichoise est une institution, le cœur battant de la vie bavaroise. Planté de marronniers (pour garder les fûts à l'ombre), il comprend deux parties : l'une aux tables nues, avec bancs d'une seule pièce, où les consommateurs viennent s'installer avec leurs paniers remplis de denrées ; l'autre où les tables sont couvertes de nappes (souvent à carreaux blanc et bleu, les couleurs de la Bavière) et où l'on boit et mange les plats proposés (souvent en libre-service) par le *Biergarten. Gesundheit* ! Au *Biergarten*, il y aura toujours quelqu'un pour vous faire un brin de causette. De la traditionnelle *Bierkultur* à la légendaire *Gemütlichkeit* (de *gemütlich*, « chaleureux »), c'est tout un art de vivre à Munich !

BON À SAVOIR : certains établissements font à la fois *Biergarten* et boîte de nuit, la solution idéale pour commencer, poursuivre voire achever une nuit munichoise. C'est le cas au *Park Café*, ou au *Muffathalle*. Installé dans une ancienne centrale électrique reconvertie, ce dernier offre en même temps un *Biergarten* (en été ; plats exclusivement bio), une discothèque et une salle de concerts, voire de théâtre. Musique tendance hip-hop, électro, mais aussi disco et même des Balkans ! • parkcafe089.de • muffatwerk.de •

11 Faire une plongée au cœur des nuits électrisantes de Munich

La nuit munichoise ne s'anime vraiment qu'en fin de semaine. Mais là, il y a de quoi faire ! Entre les derniers clubs ou boîtes à la mode et les *Biergärten, Kneipen* et autres bars branchés, vous ne saurez plus où donner de la tête… Si Schwabing est le quartier bien connu des étudiants et artistes, qui hantent, entre autres, Leopoldstrasse, il n'a plus le monopole de la « branchitude ». Aujourd'hui, Haidhausen, Karlsplatz et Sonnenstrasse ont aussi le vent en poupe. Sans parler des abords de la Ostbahnhof, qui regroupe des complexes abritant bars et boîtes. En bref, Munich multiplie les quartiers en vogue.

BON À SAVOIR : les *After Work Parties* sont la réponse à ceux qui veulent faire tout un tas rencontres hétéroclites, de 18 à 70 ans. Ces soirées débutent à 19h, après le boulot, et peuvent durer jusqu'à 4h du mat ! • juke-and-joy.de •

SHOPPING

12 Perdre la raison entre les odeurs et les couleurs du Viktualienmarkt

LE marché de Munich, créé en 1807 par le roi Maximilien Ier, aligne échoppes de bois et petites maisons charmantes présentant de beaux stands de fruits, légumes, charcuteries, fromages de l'Allgäu, pains… Et un grand mât de cocagne bavarois (le *Maibaum)* se dresse au centre, couvert d'amusantes figurines. Des produits fermiers sont proposés à la vente, tous plus délicieux les uns que les autres.

BON À SAVOIR : le marché est aussi un lieu idéal pour grignoter. Le midi, file ininterrompue des employés du quartier venant s'acheter un *Leberkäse* glissé dans un *Brötchen* ou bien un poisson pané avec une salade de pommes de terre chez *Nordsee*. Les jours où il fait frisquet, on se réchauffe avec un verre d'*Honigwein* (vin chaud au miel) à la boutique *Honighäus'l*. Et aux beaux jours, *Biergarten* sous les marronniers.

AGENDA DES FÊTES, FESTIVALS ET ÉVÉNEMENTS CULTURELS

JANVIER : *Carnaval munichois (Fasching).* Juste après l'Épiphanie et jusqu'au Mardi gras : liesse populaire et bals masqués assez délirants (mais sans comparaison avec le carnaval rhénan), organisés par différentes corporations professionnelles. Le dernier dimanche, les festivités ont lieu autour de la Marienplatz. Le dernier jour (tôt le matin), c'est l'apothéose sur le Viktualienmarkt : les femmes, en costume dansent et chantent en chœur avec le public...

MI-JUIN : *Festival de Tollwood.* Pdt 3 sem, Munich fête le début de l'été dans l'Olympiapark. Des chapiteaux sont dressés pour accueillir des spectacles venus de tous les horizons des arts et du monde. Seconde édition, cette fois pour fêter l'hiver, sur la Theresienwiese, au sud-ouest du centre-ville, courant décembre.

AOÛT : *Fête d'été à l'Olympiapark.* Pdt tt le mois d'août le parc se transforme en mini-Woodstock : concerts quotidiens en plein air et gratuits !

SEPTEMBRE-OCTOBRE : *Oktoberfest.* De la dernière sem de sept au 1er dim d'oct. La plus connue et la plus « kolossale » des fêtes munichoises se déroule sous de vastes chapiteaux (chacun pouvant contenir jusqu'à 6 000 personnes !), situés sur un terrain de 60 ha, la Theresienwiese. Autant prévenir : Oktoberfest, c'est une orgie démente, un vacarme hallucinant, des monceaux de viande et de saucisses ingurgités, et plus de 6 millions de litres de bière vidés par les 5 à 6 millions de visiteurs annuels ! Les festivités se déroulent selon un rituel immuable. Coup d'envoi à midi pile par le maire de Munich. Puis, ce sont cortège de chars attelés (tonneaux géants, brasseurs…), milliers de personnes en costume traditionnel se réunissant dans la Maximilianstr, nombreuses animations foraines… pendant plusieurs jours. Une grande expérience ! Attention : il est indispensable de réserver – au moins plusieurs mois à l'avance – son hébergement pendant cette période... Pour trouver une place dans un chapiteau, on vous conseille aussi de vous pointer tôt. • oktoberfest.de •

NOVEMBRE-DÉCEMBRE : *Christkindlmarkt (le marché de Noël).* De fin nov jusqu'au 24 déc. A lieu sur la Marienplatz. Très important, comme dans la plupart des villes allemandes ; son origine remonte au XVIe s. Arbre de Noël géant sur Marienplatz, chants de Noël, stands artisanaux.

SE REPÉRER

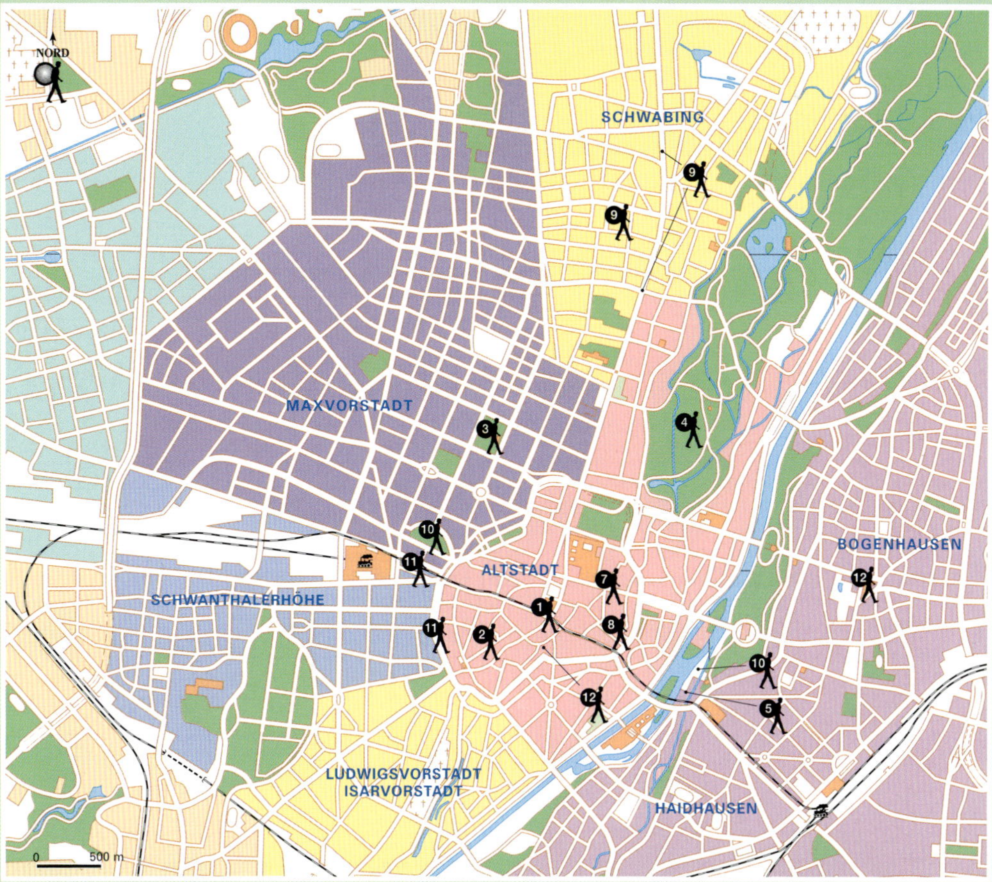

NAPLES

Qui n'a pas visité Naples ne connaît pas vraiment l'Italie. Turbulente et éruptive, à l'image du Vésuve découpé en toile de fond, cette ville dégage une identité folle : fantaisiste, dévergondée, chahuteuse, elle ne supporte pas l'hypocrisie et fait se côtoyer à chaque instant le sacré et le profane, aristos et populos, grandeur et décadence. Naples est surtout une fascinante ville-musée à ciel ouvert aux habitants à l'accueil sans pareil. Afin d'en saisir l'essence, il faut se perdre dans les rues étroites et parfois déroutantes des différents quartiers, et se laisser imprégner par les mille petits détails que sont les guirlandes bariolées de linge suspendues aux fenêtres, les discussions animées des commerçants, le gymkhana des scooters ou ces innombrables icônes qui ornent chaque coin de rue. Les Napolitains disent que dans leur ville tout est amplifié ; ici tous les clichés associés à l'Italie ont un écho particulier…

BUDGET	€€
CULTURE	★★★☆
CUISINE	★★★★
SHOPPING	★★☆☆
VIE NOCTURNE	★★★☆

2h15 au départ de Paris

DÉCOUVRIR

1 Prendre le pouls de la ville, en flânant dans les ruelles du centre ancien

un véritable théâtre à ciel ouvert.

Pour aborder la ville, rien ne vaut une balade dans son cœur historique, autour de Spaccanapoli. Le vieux Naples, à la différence des centres-villes européens, n'a pas connu le phénomène de gentrification. C'est dans ce quartier, authentiquement populaire, que la culture napolitaine se donne à voir dans toute sa richesse. S'y promener offre l'occasion de découvrir ses habitants, des rues où des églises et des palais magnifiques côtoient des immeubles populaires et délabrés. Ici, la rue est un théâtre grandeur nature : le linge est étendu aux fenêtres, les moteurs des vespas résonnent dans les *vicoli* (ses ruelles caractéristiques de la Naples ancienne et populaire), les artisans travaillent sur le pas de leur magasin, les pâtisseries et *pizzerie* s'ouvrent sur la rue, les gamins jouent au foot sur les places et les échoppes, où l'on trouve toutes sortes d'objets, font penser aux souks marocains. Bienvenue en Méditerranée !

2 S'encanailler en parcourant le Cabinet secret du Musée archéologique

pour tout savoir des mœurs coquines des Romains… de l'Antiquité !

Au sein de l'un des plus grands musées archéologiques du monde, le minuscule Cabinet secret est ô combien prisé des visiteurs. Il témoigne des coutumes et habitudes des Romains au sujet de la symbolique très forte du phallus. Les peintures, sculptures et mosaïques aux thèmes érotiques étaient utilisés à des fins initiatiques mais aussi religieuses. Cette salle a été fermée ou ouverte au public, au bon vouloir des hommes politiques : Garibaldi voulait la rendre accessible, Mussolini l'a murée… Elle fut pratiquement interdite d'accès jusqu'en 2000 ! Aujourd'hui encore, les moins de 14 ans doivent être accompagnés. Le cabinet se visite en principe sur réservation, mais il est parfois tout simplement ouvert.

BON À SAVOIR : ouvert en 1816, le Musée archéologique abrite bien d'autres merveilles, comme la collection Farnèse, avec son célèbre taureau et son splendide Hercule, ainsi que les trésors archéologiques issus des villes ensevelies par l'éruption du Vésuve de 79 apr. J.-C., dont Pompéi (les mosaïques sont admirablement conservées).

3 S'émouvoir du fabuleux *Christ voilé* à la cappella Sansevero

étonnante chapelle funéraire empreinte de baroque.

Le trésor de Spaccanapoli est bien caché dans un *vicolo* derrière San Domenico. Don Raimondo de Sangro (un noble bien en vue au XVIIIe s) était un peu touche-à-tout. Il fut le commanditaire de cette fastueuse chapelle, où le marbre polychrome est omniprésent, mais fut aussi encyclopédiste, un peu biologiste et un peu alchimiste. Cette chapelle est vraiment exceptionnelle. Nombreuses sculptures du baroque tardif, dont la très belle *Pudeur* d'Antonio Corradini et surtout, l'œuvre pour laquelle vous êtes là, l'extraordinaire *Christ voilé* de Sammartino. Le travail du drapé, qui rappelle le mouvement des vagues, est magistral. Moins connu mais tout aussi frappant : *Le Désespoir,* sculpture qui représente l'allégorie de l'homme en prise avec ses démons.

BON À SAVOIR : • museosansevero.it •

6 LE VÉSUVE

4 Admirer le complesso monumentale di Santa Chiara

panthéon inabouti de la dynastie d'Anjou.

Cet ensemble religieux était destiné aux sœurs clarisses et aux frères mineurs, qui l'occupèrent à partir de 1340. Robert d'Anjou voulait que l'église devienne le panthéon de sa dynastie. À l'intérieur, vous trouverez ainsi les cénotaphes de Marie de Valois et de Robert d'Anjou. Le monastère, gothique à l'origine, puis reconstruit dans un style baroque, a retrouvé un style néogothique plus proche de la construction initiale. Le cloître des clarisses, de style rococo, est constitué de 66 arches soutenues par 72 piliers. Observez les piliers octogonaux et les murets couverts de belles majoliques peintes de motifs végétaux ou de scènes pastorales. Vous pourrez rêver un moment sous les tonnelles du cloître, à l'ambiance très bucolique.

BON À SAVOIR : • monasterodisantachiara.eu •

5 Découvrir qu'il existe une ville sous la ville

en plongeant dans les profondeurs de la Naples souterraine.

Aussi étonnant que cela puisse paraître, il existe une ville sous l'actuelle Naples. Chaque époque a laissé des vestiges sur lesquels on a reconstruit. Des *palazzi* de la Renaissance ont ainsi été édifiés sur des colonnes romaines. Les murs et le sol de Naples sont une formidable machine à remonter le temps. À Napoli Sotterranea, un itinéraire souterrain de 40 m de profondeur vous permettra de découvrir les restes de l'aqueduc d'Auguste (170 km de Sarno à Naples) ainsi qu'un théâtre gréco-romain caché sous une maison ! Dans le cloître de San Lorenzo Maggiore, il suffit de descendre de quelques mètres pour se transporter des splendeurs gothiques de l'église aux pierres des murailles grecques, en passant, comme dans un mille-feuilles temporel, par les fouilles archéologiques de l'ancien marché romain. Fascinant.

BON À SAVOIR : personne ne connaît vraiment l'étendue réelle du sous-sol napolitain : les spéléologues ont recensé pour l'instant 700 cavités pour un espace d'un million de mètres cubes. • napolisotterranea.org • sanlorenzomaggiore.na.it •

6 Contempler le panorama avec le Vésuve au loin

depuis la chartreuse de San Martino, sur la colline du Vomero.

L'ordre des Chartreux s'installa sur la colline du Vomero au début du XIVe s et la chartreuse demeure une visite incontournable. Elle abrite une riche pinacothèque dont l'un des principaux intérêts est la section des crèches, tradition locale depuis le XVe s. Le clou de la visite est le presepio Cucciniello, crèche aménagée dans une grotte artificielle et dépeignant une vraie tranche de vie napolitaine. La représentation de la naissance du Christ s'autorise quelques anachronismes, en ajoutant des témoignages savoureux du quotidien du XVIIIe s : bourgeois habillés richement, scènes de taverne, musiciens, étals de bouchers…

BON À SAVOIR : les jardins sont accessibles depuis le belvédère. Aménagés à flanc de colline, ils offrent de beaux points de vue sur la ville et la baie. Ceux qui voudront aller voir le Vésuve de plus près pourront emprunter l'un des deux bus qui partent chaque matin avec *EAV Bus* (1h30 de trajet). • unicocampania.it • parconazionaledelvesuvio.it •

7 Se perdre dans les centaines de pièces du palazzo Reale di Caserta

dans les environs de Naples.

Ce gigantesque palais, construit à partir de 1751, devait rivaliser de splendeur avec Versailles, alors phare de l'Europe. Au total, 1 200 pièces, 34 escaliers, 143 fenêtres sur la façade principale, décoration fastueuse de marbres, débauche de stucs, cascades de cristal, profusion de céramiques… les architectes et décorateur n'ont pas lésiné sur les moyens. La vie à la cour se déroulait entre la chapelle palatine, les appartements, la pinacothèque et le ravissant petit théâtre de la cour. Pour plus d'intimité et moins de démesure, tournez-vous vers les bibliothèques, et les objets pittoresques, comme cette grande crèche aux 1 200 personnages.

BON À SAVOIR : superbe parc avec cascades, bassins, statues jalonnant les allées. • reggiadicaserta.beniculturali.it •

8 Se rendre à Pompéi, un site gigantesque, inoubliable

témoignage inestimable de la vie quotidienne pendant l'Antiquité.

Tout le monde connaît l'histoire de Pompéi. C'était une cité de 66 ha, au commerce florissant, qui devait abriter 20 000 à 25 000 habitants, quand elle fut ensevelie sous les cendres du Vésuve le 24 août 79. Ou plus exactement sous les cendres du mont Somma, désormais éteint, dont le Vésuve, né de cette gigantesque éruption, a depuis pris la place. Un linceul de cendres permit de conserver intacte cette cité romaine au rayonnement exceptionnel. On visite aujourd'hui les ruines de Pompéi : temples, rues, théâtres, maisons, thermes... Ne pas manquer non plus les ruines d'Herculanum. Enterrés à plusieurs mètres de profondeur – car plus proches de la coulée du Vésuve –, les édifices sont beaucoup mieux conservés qu'à Pompéi et dégagent une atmosphère à la fois intime et énigmatique.

BON À SAVOIR : départs en train de Naples ttes les 20-30 mn 6h-21h30. Trajet : 30-40 mn pour les trains rapides *(directissimo)* ; quelques ultra-rapides climatisés font le trajet en 25 mn. • pompeiisites.org •

9 Passer quelques heures ou quelques jours à Capri, c'est selon...

Ancré dans les eaux bleues, Capri, majestueux rocher escarpé, propret et sophistiqué, est vite devenue célèbre grâce à ses illustres hôtes : Cocteau, Gide – invité par D'Annunzio –, Oscar Wilde, Picasso, Gorki – qui y reçut Lénine... Mais pour découvrir la vraie Capri et ses habitants, fuyez le centre-ville vers les terres et les chemins côtiers, à travers les jardins exubérants et les ruelles plus tranquilles. Et ne manquez surtout pas l'autre village, Anacapri, plus authentique et perché encore plus haut dans la montagne. Vous verrez le côté factice s'estomper devant ces rochers recouverts de vignes et de villas perdues au milieu des pins et des arbousiers. Et le soir, quand le fœhn euphorisant caresse les aiguilles des pins, quand on se faufile entre les petits passages blanchis à la chaux, l'île reprend son calme et son vrai visage.

BON À SAVOIR : en saison, env 1 départ ttes les 25 mn 7h-20h. • consorziolmp.it •

3 CAPRI

10 … À moins de préférer Ischia ou Procida, deux perles au large de Naples

Bien qu'à quelques encablures de la cité parthénopéenne, ces deux îles, moins connues que Capri, jouent la carte de la discrétion. Prisée par les Napolitains et les curistes, Ischia, l'île verte aux nombreuses sources thermales, offre un cadre de vie (et de vacances) hors du commun. Avec ses airs de belle alanguie, elle invite à la nonchalance. Situés à deux pas de la mer, entre plage et collines, ses parcs thermaux sont exceptionnels. On s'y baigne dans des piscines naturelles d'eau chaude, en plein air, sous le ciel de la Méditerranée. Magique ! Quant à Procida la secrète, c'est la plus petite du golfe de Naples. Totalement à l'écart du tourisme de masse et habitée par des familles de pêcheurs, c'est aussi sans doute la plus belle et la plus authentique des trois îles. Le temps semble s'y être arrêté, sous le soleil exactement. Procida est un lieu de vie, et non une destination touristique. On n'y vient donc pas pour y « faire des monuments », mais pour prendre son temps et profiter de cette si belle lumière méditerranéenne qui fait scintiller le bleu de la mer.

BON À SAVOIR : depuis Naples, plusieurs liaisons par jour en ferry, hydroglisseur ou hydrofoil vers Ischia et Procida (même ligne). Durée : de 30 mn à 1h pour Procida et de 40 mn à 1h30 pour Ischia.

SAVOURER

11 Déguster une *sfogliatella,* la douceur préférée des Napolitains

un coquillage de pâte brisée ou feuilletée fourré à la ricotta, à la cannelle, à la vanille et aux écorces d'orange. Irrésistible, surtout avec un bon café !

Il est difficile de trouver un Napolitain qui ne commencerait pas sa journée par un café et une *sfogliatella,* servie généralement chaude et saupoudrée de sucre. Ricotta fraîche, cannelle, vanille, écorce d'orange, parfois des fruits confits... tels sont les ingrédients essentiels de la *sfogliatella* en forme de coquillage (aussi appelée *aragostina*) ou de demi-lune qui se présente en deux versions : *riccia* (pâte feuilletée) ou *frolla* (pâte brisée). *Scaturchio,* une des meilleures pâtisseries de Naples, en plein cœur de Spaccanapoli, vous aguichera avec ses *sfogliatelle* croquantes et moelleuses à la fois. Sans oublier les *babà al limone* ultra-capiteux, hmm… À emporter ou à déguster debout sur la place juste devant !

BON À SAVOIR : • scaturchio.it •

12 Faire comme tous les Napolitains et aller grignoter sur le pouce des croquettes à la mozarella

et autres délices frits chez *Friggitoria Vomero.*

Vous ne pourrez prétendre connaître le quartier du Vomero, ni Naples d'ailleurs (non, on n'exagère pas tant que ça !), sans être allé acheter dans cette minuscule échoppe qu'est *Friggitoria Vomero* votre ration de fritures du jour. Car c'est une grande tradition locale que de grignoter sur le pouce croquettes à la mozzarella *(crocche), arancini* et autres boules de pizza frites. Le midi, de nombreux cols blancs et tous les gamins sortant de l'école y font leurs emplettes avant d'aller caler leur faim sur les bancs publics du coin. Éminemment napolitain !

BON A SAVOIR : via Domenico Cimarosa, 44.

LA PIZZA

Gênes a son pesto, Rome sa *pajata* et Naples sa pizza. Née dans les quartiers pauvres de Naples, elle était la nourriture des dockers, la nourriture du pauvre. Par « pizza », on entendait alors une galette servant à mesurer la température du four du boulanger. Puis on parla d'une pâte, agrémentée de ce qui restait dans le placard (huile, tomate, fromage…), roulée ensuite sur elle-même et qui constituait le casse-croûte du midi. Le label « spécialité traditionnelle garantie » protège désormais la pizza napolitaine avec un cahier des charges strict. Une vraie pizza doit être circulaire, ne pas mesurer plus de 35 cm de diamètre, ne pas contenir de viande hachée ou de fromage dans sa croûte. Seules la margherita et la marina extra sont considérées comme d'authentiques pizze napolitaines. Une fois connu le vrai goût de la pizza napolitaine, il est difficile de manger ses « contrefaçons » !

13 Impensable de quitter Naples sans goûter à l'authentique pizza napolitaine

La pizza, la reine de la table, est née à Naples. Elle se déguste ici sur le pouce, pliée « en mouchoir ». Faites comme les Napolitains et arrêtez, vous dans les deux meilleures *pizzerie* de la via dei Tribunali, *di Matteo* et *Sorbillo,* où on les prépare sous vos yeux. Pour un euro (eh oui !), vous aurez droit à la classique margherita (fromage, basilic, tomate) aux couleurs de l'Italie et, pour un peu plus cher, à la *pizza fritta* farcie de ricotta, mozzarella, tomates fraîches et lardons. Signalons aussi dans le quartier de la gare, l'*Antica Pizzeria Da Michele,* La Mecque de la pizza où sont passés une foultitude de pizzaioli. Le lieu est tellement célèbre qu'on y fait systématiquement la queue. Seulement deux spécialités (mais quelles spécialités !) : la margherita et la marinara.

BON À SAVOIR : • pizzeriadimatteo.com • sorbillo.it • damichele.net •

SORTIR

14 Se rendre sur la piazza dei Martiri, épicentre des nuits chic et choc de la jeunesse napolitaine

Les 20-35 ans branchés se donnent massivement rendez-vous les soirs de week-end sur la place et les ruelles à l'ouest : via Bisignano, vico Belledonne et via Giuseppe Ferrigni. Les bars lounge y sont à touche-touche, rivalisant de néons multicolores et alignant dans la rue leurs poufs ronds ou carrés. Tout cela pendant qu'une clientèle festive et bien mise picore négligemment des tapas au comptoir, tout en s'enfilant des cocktails pas donnés au son d'une musique house. Ça finit par être un peu kitsch, les Italiens du Sud ne faisant rien à moitié… Mais au moins, il y a de l'ambiance !

BON À SAVOIR : passez donc au *S'move Light Bar*, un bar branché à l'ambiance underground. Pas étonnant, dans ces conditions, que les habitués débordent des 4 salles (dont une en sous-sol) dans la rue piétonne ! Le mensuel branché *Napoli Zero,* distribué dans les offices de tourisme et certains commerces, propose un calendrier des sorties musicales, théâtrales et culturelles.

LA TARENTELLE

L'origine de cette danse reste mystérieuse. Il y a bien une tarentelle napolitaine aux cadences effrénées, interprétées par un orchestre de cuivres, vents, cordes et tambours (y compris le *tamburello* : l'instrument qui donne le rythme). L'interprétation rurale du phénomène associe tarentelle et tarentule, cette araignée des champs dont la piqûre produirait une sorte de fureur bachique qui pousse à danser. Après une période de déclin, ces danses, considérées comme trop traditionnelles et donc obsolètes, connaissent une période de renaissance, et de plus en plus de jeunes s'intéressent à ce mode d'expression propre à leur région. De nos jours, plusieurs groupes de musique populaire du sud de l'Italie ont remis au goût du jour la *taranta* et la *pizzica* en récupérant non seulement l'aspect folklorique et cathartique, mais aussi le côté contestataire de la tarentelle des aïeux.

15 Succomber au *limoncello* mais sans perdre la tête

dans un cadre idyllique, face à la mer.

Blotti contre le castel dell'Ovo, le Borgo Marinaro est un havre de paix très prisé le soir par les Napolitains et les touristes. Petit port de plaisance pittoresque, encadré de nombreux restaurants chic et de bars très fréquentés. L'endroit, fort agréable, est tellement à l'écart (un rien, cependant, le sépare de la via Partenope) qu'on peut avoir l'impression d'être non pas à Naples, mais dans le port de plaisance d'une petite station balnéaire. C'est l'endroit idéal pour déguster un *limoncello*, une délicieuse liqueur de citron produite sur la côte amalfitaine et à Ischia, qui titre tout de même 35° et se consomme très fraîche à la fin du repas. Assez flatteuse... mais un peu traître car titrant 35°. Les citrons retenus pour le *limoncello* doivent être non traités et très parfumés.

SHOPPING

16 Flâner le long de la via Toledo, incontournable artère commerçante

entre architecture et shopping.

Appelée indifféremment via Toledo ou via Roma, cette longue artère commerçante a pris le nom de son créateur, don Pedro de Tolède, qui la fit construire en 1536. Partant de la piazza Dante, elle s'étend avec majesté vers le sud via la piazza Carità, pour se terminer à la semi-circulaire piazza del Plebiscito. Bordée de magasins, elle est la vitrine commerçante de Naples donc l'endroit idéal pour une après-midi de shopping mode (c'est aussi le lieu privilégié de la passeggiata des Napolitains). Boutiques très élégantes dans la galerie Umberto. Le shopping mode se concentre aussi, sur la via Chiaia et la très chic via dei Mille (boutiques des stylistes en allant vers la piazza dei Martiri), ainsi qu'autour de la piazza Vanvitelli, dans le Vomero.

BON À SAVOIR : les golden boys convertis à la patte italienne feront étape chez *Marinella* (via Riviera di Chiaia, 287) pour se nouer une cravate chic et chère autour du cou. Une institution. Côté alimentation, pour un limoncello ou d'autres liqueurs fruitées, on vous conseille un passage à *Limoné*. • limoncellodinapoli.it •

17 Préparer Noël, en achetant de jolis et d'originaux santons sur la via San Gregorio Armeno

le temple de l'art de la crèche.

Dès septembre, le Tout-Naples se prépare pour fêter Noël, et même les sapins sont en vente avec des mois d'avance. Au fur et à mesure que l'on approche de la date, cette rue aux allures de souk noircit de monde à tel point que les autorités ont décrété un sens unique. Certes, la règle est un peu bafouée et les scooters finissent toujours par se frayer un passage en sens interdit dans la foule. De part et d'autre de la rue, les commerçants exposent de belles pièces de santons – les *pastori,* art ancien à Naples –, dont certaines sont de toute beauté. Les figurines font environ 30 cm et peuvent atteindre plusieurs centaines d'euros. Leur corps est composé de fil de fer et d'étoupe, tandis que les membres et la tête sont en terre cuite peinte à l'huile ou à l'acrylique.

BON À SAVOIR : *Ferrigno* est l'atelier de santons le plus réputé et l'un des premiers (1836). À l'étage, on peut assister aux phases de réalisation. • arteferrigno.it •

AGENDA DES FÊTES, FESTIVALS ET ÉVÉNEMENTS CULTURELS

MAI : *le Mai des monuments.* Naples organise tous les ans cet événement, c'est-à-dire des visites (guidées ou non), des expos et des manifs (dont de nombreux concerts). Cela peut être l'occasion de visiter un lieu ou une église habituellement fermé(e) au public. Ce programme n'est pas sans rappeler les Journées du patrimoine en France. On peut trouver le programme dans les différents offices de tourisme de la ville, dans les pages régionales des grands quotidiens nationaux comme *La Repubblica* ou *Il Corriere* ainsi qu'*Il Mattino di Napoli,* ou encore sur le site • comunedinapoli.it •

SE REPÉRER

OSLO

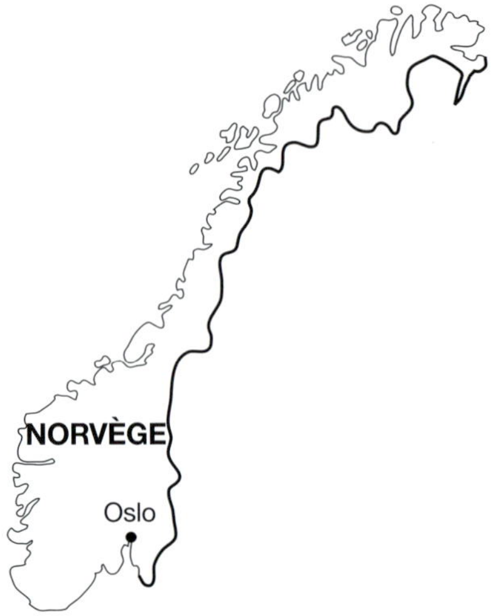

Si les années 1970 ont engendré quelques grosses aberrations, Oslo s'est formidablement rattrapée depuis et révèle de belles surprises : les vastes parcs, le fjord, ses plages et ses îles, les avenues aérées du centre. En fait, Oslo prend progressivement l'allure d'une cité dynamique dont on fait aisément le tour à pied ou à vélo, et c'est ce qui la rend encore plus sympathique. Pendant les longues soirées d'été, en fin de semaine, le centre est noir de monde. Il est rare également que la nature soit aussi présente aux abords d'une capitale et les habitants ne manquent pas d'en profiter dès qu'ils sortent du boulot. Mentionnons aussi la grande variété de musées, qui offrent aux visiteurs les multiples aspects d'une culture norvégienne, souvent insoupçonnée.

BUDGET	€€€€
CULTURE	★★★☆
CUISINE	★★☆☆
SHOPPING	★★☆☆
VIE NOCTURNE	★★☆☆

2h20 au départ de Paris

DÉCOUVRIR

1 Se balader dans le parc de l'Akershus

le cœur historique de la ville, et profiter de jolis points de vue sur le fjord.

Cette grande forteresse, édifiée au début du XIVe s par le roi Haakon V, puis transformée en château Renaissance au cours du XVIIe s'abrite aujourd'hui des écoles militaires, le ministère de la Défense et l'état-major de l'armée. Chaque jour, à 13h30, on peut assister à la relève de la garde royale. L'enceinte a été aménagée en un parc agréable avec espaces verts, bassins, sentiers de promenade. Aux beaux jours, les pelouses se couvrent d'employés du coin venus s'exposer aux rayons du soleil. À certains endroits, on profite de superbes points de vue sur le port et les énormes bateaux de croisière qui y font escale.

BON À SAVOIR : accès tlj 6h (7h oct-avr)-21h ; concerts et animations culturelles tout au long de la belle saison. • forsvarsbygg.no •

2 Rester subjugué devant les lignes de l'Opéra de Norvège

chef-d'œuvre de pureté, de sobriété et d'intelligence architecturale.

Allez, ne soyons pas chiches de compliments : voici un chef-d'œuvre, qui a obtenu le prix européen d'architecture contemporaine en 2009 ! Avec ses allures de grand navire furtif blanc comme neige, il semble plonger lentement dans la baie. Les promeneurs peuvent gravir les pentes doucement inclinées de la façade pour observer la manière avec laquelle l'architecte a réduit à sa plus simple expression la notion de toit. À l'intérieur, le grand hall est également un choc : on découvre une énorme spirale à lamelles de bois, abritant trois scènes hyper modernes, dont la plus grande peut accueillir 1 360 personnes. Même les toilettes du grand hall sont à découvrir !

BON À SAVOIR : grand hall ouv normalement tlj, tte la journée. • operaen.no •

3 Arpenter le Frogner Parken à la nuit tombante

pour apprécier la magie des sculptures de Gustav Vigeland (1869-1943).

L'artiste a aménagé ce vaste parc où il s'est exprimé librement à travers plus de 200 sculptures mêlant des hommes, des femmes et des enfants, qui ont d'évidence d'étroits liens familiaux et sensuels. Le monde de Vigeland est celui de demi-dieux qui nous ressemblent. Ces créatures n'ont pas notre apparence : les hommes sont taillés en impossibles hercules, les corps et les membres sont épais, presque mal dégrossis. Pourtant, ses œuvres dégagent une force exceptionnelle, que l'on apprécie encore mieux lorsque le jour faiblit et qu'on se retrouve seul à déambuler entre les sculptures.

BON À SAVOIR : le parc est ouvert 24h/24 et l'entrée est gratuite . • vigeland.museum.no •

4 Prendre la journée pour visiter tranquillement la presqu'île de Bygdøy

et profiter de ses musées et de sa plage.

Accessible en ferry, Bygdøy est une grande presqu'île verdoyante au sud-ouest de la capitale. Un lieu fort agréable où se trouvent des musées intéressants. À l'arrivée du bateau, trois d'entre eux vous tendent les bras, tous liés à la mer et à l'aventure (dont le Frammuseet, passionnant musée des explorations polaires et le Kon Tiki Museet qui expose le fameux radeau de Thor Heyerdahl). Puis, à 10-15 mn de marche du débarcadère, se trouve le musée des Navires vikings (le *Vikingskipshuset*). À ne pas manquer. Bygdøy possède également une petite plage, tout au sud. Sympa, un petit bain après les musées, s'il fait beau !

BON À SAVOIR : en été, il est très agréable de s'y rendre en bateau (nº 91 au départ du quai nº 3, face à l'hôtel de ville) ; sinon, bus depuis Stortingsgate.

4 LE MUSÉE DES NAVIRES VIKING

5 Aller admirer *Le Cri,* le célèbre tableau de Munch, au musée qui lui est consacré

C'est l'un des plus grands musées du monde consacré à un seul artiste.

À sa mort, en 1944, Edvard Munch légua la totalité de ses œuvres à la ville d'Oslo. C'est ainsi que le musée Munch fut ouvert. Les centaines de peintures, dessins et gravures qu'il rassemble sont présentés par roulement, sous forme d'expos temporaires. La collection illustre toute la diversité de l'art de Munch et comprend des tableaux de renommée mondiale tels que *Madonne* et deux versions du *Cri*. Cherchant à mettre en lumière l'importance de la contribution de l'artiste dans la peinture en Europe, le musée offre un aperçu exceptionnel de la trajectoire artistique de cette figure majeure de l'art moderne.

BON À SAVOIR : • munch.museum.no •

6 Découvrir le nouveau musée d'Art moderne Astrup Fearnley

au magnifique contenant parfaitement adapté à son contenu.

Ce musée privé est devenu une véritable institution dans le domaine de l'art contemporain. Sa collection met en avant les parcours individuels d'artistes, notamment américains (Jeff Koons, Andy Warhol, Cindy Sherman...). Installé depuis 2012 dans un nouvel écrin créé par Renzo Piano, le lieu est déjà remarquable en soi. Outre les collections présentées, c'est en effet l'édifice lui-même, sous son toit en verre en forme de voile qui semble plonger dans le fjord, qui frappe par sa modernité, son élégance, sa fluidité. Le musée est le point d'orgue du tout nouveau quartier de Tjubvholmen, où logements, bureaux, boutiques, restos et appontements de plaisance composent un superbe lieu de vie.

BON À SAVOIR : • afmuseet.no •

7 Prendre le temps d'arpenter le Musée folklorique norvégien

qui regroupe en plein air l'habitat rural et les maisons de l'Oslo d'autrefois.

Le Norsk Folkemuseum, c'est vraiment le musée de la culture populaire norvégienne. Dans un vaste parc, 150 chalets et maisons en bois ont été rassemblés et illustrent les modes de vie des diverses régions depuis le Moyen Âge jusqu'au début du XXe s. Belle balade à travers les différentes constructions rurales et les petits ensembles urbains. Ne manquez surtout pas la *stavkirke* de Gol, l'une des églises « en bois debout » parmi les plus belles du pays ; elle garde encore l'odeur caractéristique du goudron qui recouvre le sapin. Au détour des sentiers perdus dans cette campagne reconstituée, chèvres et poneys norvégiens à la crinière blonde vous attendent. C'est le moment de sortir le pique-nique !

BON À SAVOIR : • norskfolkemuseum.no •

UNE VILLE CHÈRE

Considérée comme une ville chère, Oslo demande un certain sens pratique pour gérer au mieux son budget visites. Premiers conseils : oubliez les taxis, aux prix insensés, Oslo est suffisamment centralisée pour être parcourue à pied. Avant de vous élancer dans les rues de la ville, n'oubliez pas de vous resservir au moins deux fois au copieux petit déjeuner de l'hôtel. Partez avec un sac à dos, une bouteille de l'excellente eau du robinet et des pommes ou contentez-vous d'un *smørbrød* (tranche de pain noir avec crevettes, saumon ou viande froide dessus) pour le déjeuner. Gardez vos sous pour le dîner. Si vous avez l'intention de bien remplir vos journées, optez pour l'Oslo Pass, qui donne accès à tous les transports de la région d'Oslo (sauf le bateau pour l'île de Bigdøy) ainsi qu'aux musées et à d'autres attractions (piscines en plein air, certaines randos guidées, etc.), sans parler des réductions dans certains restos, boutiques...

LE PRIX NOBEL DE LA PAIX À OSLO

Dans son testament rédigé en 1895, le Suédois Alfred Nobel légua sa fortune pour créer cinq prix (physique, chimie, médecine, littérature et paix). Mais pourquoi le prix pour la paix est-il remis à Oslo et non à Stockholm comme les autres prix ? À cette époque, la Norvège et la Suède étaient encore unies. Nobel demanda donc que le prix pour la paix soit délivré à Oslo, en hommage à sa « seconde » patrie. Après l'indépendance du pays en 1905, la Suède se voyait mal réclamer le rapatriement de ce prix hautement symbolique. Ainsi, chaque 10 décembre, c'est dans le grand hall de l'hôtel de ville d'Oslo que celui-ci est délivré.

8 En hiver, grimper dans le métro puis chausser ses skis

pour glisser sur les pistes accessibles en moins de 30 mn du centre.

Pas besoin de subir 3h de transport pour trouver de la neige skiable, il suffit d'aller au nord-ouest d'Oslo, du côté de Holmenkollen. Prendre le métro direction Frognerseteren jusqu'au bout de la ligne. De là, on skie jusqu'à l'*Oslo Winter Park and Summer Park,* la station de ski la plus proche de la ville. Elle offre plus de 90 km de pistes de descente et de fond, éclairées le soir. Peu de capitales au monde proposent une telle nature si près de leur centre ! La descente jusqu'à Sognsvann est très réputée. Le paysage vaut vraiment la peine et l'on traverse plusieurs lacs gelés, où les pêcheurs profitent du soleil tout en trempant leur ligne dans les trous qu'ils ont faits dans la glace.

SAVOURER

9 Déjeuner sur le quai d'Aker Brygge

un rendez-vous obligé pour un rayon de soleil au bord de l'eau.

Au bord du quai d'Aker Brygge, de vieux entrepôts sont transformés en bureaux et immeubles d'habitation modernes, lumineux et architecturalement très réussis. La promenade du quai lui-même est habillée de marches en bois où les jeunes affluent dès les premiers rayons de soleil. Le quai accueille nombre de restos et de bars-terrasses. Ne pas manquer, le midi, de déguster un bon saladier de crevettes (au litre ou au demi-litre) : fraîcheur garantie et pas si cher que ça.

10 Se régaler au marché Mathallen

dans le quartier de Vulkan, le temple de la diversité culinaire.

Les Osloïtes en sont fiers : depuis 2012, ils ont, à l'instar de Copenhague, inauguré leur temple de la diversité culinaire. Dans un quartier en plein boom urbanistique et culturel, cette ancienne fabrique réhabilitée abrite une trentaine de stands à vocation gastronomique, de bars et restaurants proposant des cuisines de l'Espagne, de l'Italie, de la France, de l'Allemagne et de l'Asie. L'accent y est mis également sur la variété des produits norvégiens de haute qualité. Une réponse intelligente à la fermeture des commerces de proximité du centre-ville.

BON À SAVOIR : • mathallenoslo.no • ; ouv tlj sf lun.

SORTIR

11 Socialiser avec les locaux autour d'une bière
dans le quartier de Grünerløkka.

Quartier ouvrier type, Grünerløkka est désormais trendy, dynamique, assez bohème (un peu bobo même !). C'est là que les étudiants traînent leurs savates. Son artère principale est la Thorvald Meyersgate. On a un faible pour sa voisine parallèle, la Markveien, et son alignement de demeures au style homogène. On aime beaucoup tout le quartier, vivant, familial et branché à la fois. On y trouvera sans difficulté petits restos et cafés sympas, endroits pour écouter de la musique ou danser, dans lesquels on rencontrera des locaux plutôt que des touristes. Qu'on se le dise, pour manger, boire un coup ou sortir, c'est notre quartier préféré !

BON À SAVOIR : autre spot à ne pas délaisser, le quai Aker Brygge (voir rubrique « Savourer »)…

12 Passer une bonne soirée au *Blå*
un club considéré comme l'une des scènes les plus dynamiques d'Europe.

Notre endroit préféré à Oslo pour les concerts comme pour l'ambiance. Installé dans un ancien bâtiment industriel désaffecté au bord de la rivière, on vient avant tout ici pour écouter de la musique, avant de poursuivre la soirée en dansant, passé minuit. Aux beaux jours, une terrasse est installée au bord de l'eau, à l'ombre de grands arbres. Bref, un endroit à l'atmosphère décalée, assez marginal et très riche musicalement, où l'on passe toujours un super moment. Ah ! et puis : chaque dimanche soir, une excellente formation à tendance jazz anime le lieu entre 22h et minuit : gratuit et ambiance vraiment sympa.

BON À SAVOIR : • blaaoslo.no •

SHOPPING

13 Parcourir les rayons d'un supermarché
pour faire provision de quelques souvenirs gastronomiques.

Rapportez une boîte de *Fiskboller* de la meilleure marque : ces boulettes de poisson revenues dans du beurre sont délicieuses. Parmi les produits curieux, testez le *Geitøst*, un fromage au lait de chèvre caramélisé, à couper avec l'*osthøvel,* une petite pelle spéciale qui permet de trancher en fines lamelles tous les fromages à pâte dure… Son goût sucré est assez… particulier ! On aime ou non. Le *gravlaks* (saumon mariné), est très bon mais reste cher. Il se sert avec de l'aquavit glacée, eau-de-vie de pommes de terre parfumée au cumin et à l'aneth. N'oubliez pas les confitures, notamment d'airelles et de mûres jaunes *(multe),* excellentes.

AGENDA DES FÊTES, FESTIVALS ET ÉVÉNEMENTS CULTURELS

JUIN : *Musikkfest.* Les amateurs de musique affluent dans les bars et les parcs de la capitale pour écouter des musiciens du pays excellant dans divers genres, du blues à la techno. Il y en a pour tous les goûts et tous les âges.
• musikkfest.no •

AOÛT : *Oslo Jazzfestival.* Durant 6 jours le festival de jazz d'Oslo explore, depuis plus de 25 ans, les différents courants du jazz, le ragtime, le jazz traditionnel, le jazz d'avant-garde, etc., et pousse les frontières de son champ de représentations jusqu'au blues, à la soul, au funk et au hip-hop.
• oslojazz.no •

AOÛT : *Øya Festival.* Rencontre d'artistes rock et indie, cette fête est le plus grand festival en plein air d'Oslo. Chaque année, il attire quelque 60 000 amateurs de musique de tous âge au parc de Tøyen, où ils peuvent écouter pendant 4 jours aussi bien des stars internationales que des artistes prometteurs.
• oyafestivalen.com •

AOÛT : *Oslo Kammermusikkfestival.* Depuis 1989, ce festival de musique de chambre s'est imposé, d'année en année, comme l'un des plus grands événements du genre en Norvège. Les plus beaux édifices de la capitale, les plus hauts lieux de l'histoire et de la culture nationales servent de salles de concerts, et des scènes en extérieur sont installées.
• oslokammermusikkfestival.no •

FIN OCTOBRE-DÉBUT NOVEMBRE : *World Music Festival.* Oslo devient, pendant quelques jours, une capitale des musiques du monde. Du world au funk en passant par la house, près de 300 groupes venus du monde entier sont programmés pour des concerts, des *parties,* des nuits endiablées dans les clubs...
• osloworld.no •

SE REPÉRER

2 LES MOSAÏQUES DE LA MARTORANA

PALERME

Déployée sur une terre fertile corsetée de montagnes, cette ville aux influences arabes et normandes, offre un mélange d'art et d'architecture unique. Pourtant Palerme n'est pas une ville-musée. C'est une ville qui palpite, qui transpire, une métropole populaire aux odeurs variées. Il faut apprendre à la goûter, capter son atmosphère, comprendre son rythme parfois chaotique et plonger dans ses ruelles populaires. Il faut se balader le nez en l'air, entre les façades aux couleurs fanées où s'accrochent des balcons qui jouent à touche-touche, où pendent les fils à linge. Palerme ne vous laissera pas indifférent ! Réservez trois jours à la belle cité sicilienne et, en l'apprivoisant, vous ne pourrez plus jamais l'oublier.

BUDGET	€€
CULTURE	★★★☆
CUISINE	★★★☆
SHOPPING	★☆☆☆
VIE NOCTURNE	★★☆☆

✈ 2h20 au départ de Paris

DÉCOUVRIR

1 Admirer la sublime chapelle Palatine (capella Palatina)

nichée au cœur du palais des Normands, un passage obligé à Palerme.

La chapelle Palatine représente le sommet incontesté de l'art arabo-normand. Commencée par le très éclairé Roger II en 1132, elle a traversé les siècles sans subir de transformations. Seules les mosaïques extérieures ont été ajoutées au XVIIIe s. L'intérieur est tapissé d'époustouflantes mosaïques byzantines à fond d'or. Aux côtés de l'imposante figure du Christ en majesté (Pantocrator), les épisodes de la Bible sont illustrés avec un brio et un luxe de détails exceptionnels. Quand la fusion des cultures d'Orient et d'Occident touche au sublime...

BON À SAVOIR : fortification arabe du IXe s, le palais fut réaménagé et agrandi par les rois normands au XIIe s puis maintes fois remanié. Il est aujourd'hui le siège du parlement sicilien.

2 Rester subjugué devant les ors et les couleurs intenses des mosaïques de la Martorana

sans doute les plus anciennes et les plus belles de toute l'île.

Cette église orthodoxe du XIIe s, dotée d'un beau campanile, a conservé, malgré des mutilations successives, un cycle de mosaïques byzantines exceptionnelles, notamment dans la coupole. Ne pas manquer, en entrant, les deux panneaux évoquant l'origine de l'édifice : à droite, le roi Roger II en costume d'apparat couronné par le Christ ; à gauche, le fondateur de cette église : Georges d'Antioche, amiral et n° 2 du royaume normand, agenouillé aux pieds de la Vierge. Un de nos endroits préférés !

BON À SAVOIR : la Martorana observe encore le rite chrétien oriental ; intéressant à découvrir avec la messe chantée du dimanche matin à 10h.

3 Succomber au charme de la piazza Pretoria

encore plus belle au soleil couchant ou de nuit, lorsque sa fontaine est illuminée.

Une jolie place entourée d'églises et de palais avec, au centre, une monumentale fontaine de marbre datant de 1555. Dessinée à l'origine pour une villa de Florence dans un style purement maniériste, elle fut transportée puis installée ici en 1580. Ses nus et personnages aux figures étranges qui dissimulent leurs mains dans de longues manches illustrent un mystérieux courant ésotérique de l'époque. Les petits malins auront tôt fait de faire le rapprochement avec Michel-Ange et chercheront le *David* (la copie plutôt car l'originale est à l'Accademia à Florence) de la piazza della Signoria de Florence ou encore la tête de Moïse de la basilica San Pietro au Vatican. Une de nos places préférées !

4 Pousser les portes du palazzo Gangi

et revivre la fameuse scène de bal du film *Le Guépard,* une légende du cinéma.

La famille Vanni Calvello vous ouvre les portes de son palais familial (1750-1780). C'est l'occasion d'un voyage mythique dans l'histoire d'une dynastie d'aristocrates siciliens. Un lieu tout simplement incontournable ! Lustres de Murano et cristal de Bohême, porcelaines de Meissen... La galerie des Miroirs, avec son pavement en majolique polychrome, est époustouflante. Qu'un tel patrimoine privé n'ait pas été disséminé au fil des siècles est exceptionnel. D'illustres personnages furent les hôtes de la famille, à commencer par Luchino Visconti, qui y tourna la fameuse scène de bal de son film *Le Guépard*. Citons également Wagner qui y acheva l'orchestration de *Parsifal.*

BON À SAVOIR : attention, c'est parfois complet des semaines à l'avance. Et pour les passionnés, ne pas manquer non plus le palazzo Mirto, l'un des seuls de Palerme où le mobilier d'époque a été conservé.

5 Flâner dans les ruelles autour de la piazza Marina

avant de s'offrir une pause sucrée.

Les ruelles gorgées de soleil aux abords de la place Marina invitent à l'errance. La *piazza* elle-même a beaucoup de charme, avec son jardin, riche en statues d'illustres locaux, cachées sous d'énormes banyans. Ces arbres ont des racines interminables. Et tout autour, de nombreux palais aux façades toutes plus belles les unes que les autres. En fin de journée, après la sieste, on vient déguster sa glace ou son granité, à moins que vous ne craquiez pour un *cannoli* (pâte frite fourrée, souvent au chocolat) ou un dita d'apostolo (doigt d'apôtre)...

BON À SAVOIR : marché aux puces ts les w-e et j. fériés au centre de la place Marina.

6 Déambuler au milieu des plantes tropicales

et à l'ombre des palmiers du jardin botanique.

L'*orto botanico* fut inauguré en 1795. Pendant tout le XIXe s, il fut le point de convergence des passionnés de plantes. De retour d'expéditions lointaines, tous les explorateurs vinrent y semer leur petite graine ou y enfouir leur bouture, tant et si bien que Palerme devint incontournable pour tous les botanistes d'Europe et de Méditerranée ! Aujourd'hui, sur plus de 10 ha, on dénombre 12 000 espèces végétales subtropicales. S'y côtoient des succulentes et des cactus, des bambous et des palmiers, sans oublier les plantes carnivores.

BON À SAVOIR : en sortant, faire un tour en face, dans la villa Giulia, un lieu de calme et de recueillement très prisé et plein de secrets. • ortobotanico.unipa.it •

UN PATRIMOINE HORS DU COMMUN

Palerme compte près de 600 églises et couvents (pour certains désacralisés) et, en 1723, on y dénombrait 107 princes, 76 ducs, 104 marquis et 39 comtes dont chacun, ou presque, disposait d'un palais en ville ! Inutile de préciser donc que Palerme recèle une flopée de monuments dits « secondaires », zappés par bien des guides, et le plus souvent en piteux état, sans y perdre leur charme pour autant. De la plupart des demeures princières, il ne reste en effet que des façades aux murs lézardés avec des balcons branlants à demi effacés... Pour mieux vous laisser happer par ce patrimoine hors du commun, n'hésitez pas à pénétrer les ruelles, à pousser des portes, et gardez toujours le nez en l'air.

7 Frissonner dans les impressionnantes catacombes du couvent des Capucins

Pas de visite à Palerme sans un arrêt au couvent des Capucins et son singulier cimetière. Sa création remonte à la toute fin du XVIe s, quand, à la suite de l'augmentation du nombre des capucins du couvent, il fallut trouver pour leurs sépultures un lieu plus grand et plus décent. Petit à petit, la bonne société en vint à vouloir passer aussi son éternité dans les catacombes, aux côtés des chers frères... On ne fait pas le fier en pénétrant les catacombes de ce couvent. Y sont accrochés, contre les murs ou dans des cercueils vitrés, comme dans un grand vestiaire, quelque 8 000 corps momifiés, pas bien en forme pour la plupart, car le temps poursuit son œuvre... Cependant certains présentent encore des lambeaux de chair, des cheveux et des moustaches, mais tous sont sur leur trente et un !

8 Lézarder sur la plage de Mondello

un ancien village de pêcheurs à une dizaine de km au nord-ouest de Palerme.

Mondello fut transformé en station balnéaire fin XIXe-début XXe. De cette époque subsiste un gros bâtiment crème – le *Stabilimento Regina Elena* – qui semble flotter entre deux eaux, à quelques mètres de la plage. Il faut dire qu'au fil des siècles, l'érosion des montagnes alentour a doté la baie d'un beau ruban de sable blanc. Entièrement publique, donc gratuite (rare en Italie), c'est la plage la plus proche de Palerme, la plus sympa et la plus accessible. Hors saison il y règne une ambiance bon enfant. Plus de monde le week-end, en revanche. La plage est protégée du vent, avec des douches pour se dessaler. Bons glaciers sur le front de mer.

BON À SAVOIR : location de kayaks et école de kitesurf. Accès possible en bus depuis Palerme (environ 15 par jour).

9 Aller piquer une tête dans les eaux limpides bordant l'île d'Ustica

réputée pour ses magnifiques fonds marins.

À 60 km au large de Palerme, cette île surnommée à juste titre la « perle de la Méditerranée » est un paradis pour les plongeurs. Une partie des côtes est classée réserve naturelle, ce qui n'empêche pas le tourisme de se développer. Il est possible de louer une barque de pêcheur près des quais.

BON À SAVOIR : départ de la *stazione marittima*, sur le port de Palerme, avec les compagnies *Ustica Lines* (• usticalines.it •) ou *Siremar* (• siremar.it •).

L'ART DE LA SIESTE

En Sicile, la sieste *(il pisolino)* fait partie des traditions depuis l'Antiquité. L'été surtout, la ville s'endort après le déjeuner. Les boutiques ferment, la circulation ralentit, et les travailleurs de la sixième heure (« Sieste » vient de *sexta hora*) sont l'exception. Une pause nécessaire vu la chaleur accablante. Un proverbe italien prétend que « quand vient l'heure de la sieste, seuls les chiens et les Français se promènent ». À méditer...

SAVOURER

10 S'offrir un repas typiquement sicilien

à la *Casa del Brodo.*

La maison a été fondée en 1890 : on n'y servait alors que du bouillon ! Rassurez-vous, les choses ont bien changé. On trouve désormais de tout : viandes, pâtes, dont les fameuses *pasta con le sarde* (avec des sardines, du fenouil sauvage et de l'anchois salé avec une chapelure, le tout passé au four), mais aussi les *involtini* (boulettes de viande ou de poisson), un excellent risotto aux fruits de mer, de bons desserts, etc. Une cuisine savoureuse et régulière, qui classe la *Casa del Brodo* parmi l'une des meilleures adresses de Palerme.

BON À SAVOIR : • casadelbrodo.it •

11 Manger sur le pouce quelques *arancini* au *Bar Touring*

une véritable institution palermitaine.

Les *arancini* sont des boulettes de riz farcies avec des légumes, de la viande ou du fromage, de la taille d'une petite orange, comme son nom l'indique. Le *Bar Touring* dispense ses méga *arancini* labellisées « *arancina bomba* » dans toute la région. Introuvables ailleurs, la maison travaille des goûts originaux, tels que la saucisse de sanglier et autres *ragù* dont elle a le secret. Sinon, tout un panel de pâtisseries format XXL. Choisir puis s'asseoir sur un banc de la villa Giulia, juste en face.

BON À SAVOIR : via Lincoln, 15, face à l'entrée du jardin botanique ; tlj 7h-minuit et des brouettes.

12 Poser ses coudes sur les nappes à petits carreaux d'une authentique *trattoria* palermitaine

comme les gens du quartier.

Il faut s'arrêter dans l'une de ces adresses que les locaux apprécient. Vous en croiserez plusieurs sur votre route, comme la *Trattoria Al Cancelletto Verde.* Une taverne rustique, 100 % local, où les habitués se réunissent autour de la télé. Vous vous régalerez des spécialités de *bucatini* (*spaghetti* creux) aux sardines et fenouil – les fameuses *pasta con le sarde*. Vous aimerez aussi les *fettuccine* fraîches à la roquette et aux crevettes et les *linguine* à la poutargue, servies avec des zestes de citron. Citons encore la *Trattoria Supra i Mura*, sur une placette formant comme une oasis au cœur du marché du Capo. Pas touristique pour un sou, cet établissement propose une cuisine évoluant selon les arrivages. Rien que du bon, sur lequel chantent les herbes aromatiques et l'huile d'olive.

BON À SAVOIR : • trattoriaalcancellettoverde.it •

13 Succomber aux *dolci* et autres pâtisseries siciliennes

Les Arabes ayant importé l'art de faire des jardins et de les irriguer, on trouve beaucoup de pâtisseries inspirées d'anciennes recettes arabes, notamment à base de pâtes de fruits et de pâtes d'amandes *(pasta di mandorla),* et d'excellents fruits confits. On ne peut pas non plus quitter Palerme sans avoir dégusté la *granita,* un mélange de glace pilée et de sirop, servie dans un verre. Les *granite* citron, fraise et melon sont les plus rafraîchissantes. Celles fabriquées artisanalement sont de vrais délices, à engloutir à la petite cuillère. Recouvertes de crème *(panna)* et accompagnées d'un croissant, elles constituent un excellent petit déjeuner. Autre pâtisserie incontournable, la *cassata,* un gâteau à base de ricotta. Miam !

BON À SAVOIR : la *Pasticceria Cappello* serait la meilleure pâtisserie de Palerme aux dires des gens d'ici. • pasticceriacappello.it •

14 Pénétrer dans le marché du Capo

un marché bouillonnant, très typique et dégustez des maquereaux cuits à la braise à même la rue, façon Street food.

Ce pittoresque marché, l'un des plus anciens de Palerme mérite vraiment le détour. On se faufile entre les étals d'épices, de primeurs, de bouchers et de poissonniers, qui cèdent ensuite la place à un bazar débordant de vêtements, gadgets, colifichets de toutes sortes, organisé par spécialités, comme dans un souk. C'est le moment de s'initier à la cuisine de rue, si chère aux habitants de cette ville. Les Braseros sont installés dans la rue. On avale debout des moules, des maqueraux grillés, ou le traditionnel *pane c'a meusa* fourré aux abats... Un vrai bain populaire.

BON À SAVOIR : se rendre aussi au marché la Vucciria, un autre endroit qui fleure bon l'atmosphère populaire de Palerme et faire le plein d'herbes odorantes, de bocaux d'anchois, de paninis bien garnis.... Ces deux marchés millénaires sont séparés par la via Maqueda.

14 LE MARCHÉ DU CAPO

LA PASSEGGIATA

C'est une véritable institution en Sicile ! Entre 18h et 20h – après le *pisolino* donc, c'est-à-dire la sieste –, les rues enflent, se gonflent d'une foule extraordinaire qui monte et descend le long du pavé en un rite immuable. Comme dans de nombreux pays méditerranéens, la rue est un lieu social avant tout. On sort et on s'installe devant le pas de sa porte pour parler de tout et n'importe quoi (du foot principalement). Pour l'observateur étranger, la passeggiata est l'une des images les plus évocatrices de la vie citadine et surtout villageoise, en Sicile.

SORTIR

15 Siroter un cocktail
sous les voûtes du *Kursaal Kalhesa.*

Dans un palais du XVIe s, lui-même niché dans un bastion, une salle voûtée gigantesque qui fait bar-*lounge*-resto-librairie. Atmosphère chic et feutrée, banquettes douillettes en velours et coussins moelleux. Un resto d'hiver occupe les anciennes cuisines. Le « jardin secret », en haut de l'escalier, est aménagé en bar avec zinc et resto de plein air. Un endroit idéal pour flâner en soirée.

BON À SAVOIR : en fin de semaine, concerts fréquents (blues, jazz, rock), à partir de 22h. • kursaalkalhesa.it •

16 Assister à un opéra au teatro Massimo
l'une des plus grandes salles d'Europe dédiée à la musique lyrique.

La statue de Giuseppe Verdi veille sur l'immenseteatro Massimo. D'une capacité de 1 350 spectateurs, 700 acteurs peuvent y tenir sur scène. Pas étonnant qu'*Aïda* soit l'opus le plus joué : les éléphants rentrent sans aucun problème ! Longtemps fermé, le théâtre servit de décor à une scène fameuse du *Parrain 3*. Restauré, il a rouvert en 1997, et l'on peut, depuis, s'asseoir à nouveau sous ses plafonds de style Liberty et ses lustres en verre de Murano.

BON À SAVOIR : • teatromassimo.it •

17 Plonger au cœur de la nuit palermitaine

Le soir, si vous êtes du genre anticonformiste, vous traînerez plutôt du côté de la piazza Caracciolo, au cœur du marché de la Vucciria. On s'y pose sur la terrasse aux tables en plastique du *Bar della Bocceria,* à moins de s'enfoncer dans la discesa Maccheronai toute proche, où le pub *Maggiore* expulse ses watts jusque tard dans la nuit. Ici on se réhydrate à la bière et au single-malt, en allant faire le plein sur l'étroit comptoir avant de siroter sa mousse posé sur un banc, sur des marches, n'importe où dans la rue. Sinon la via Chiavettieri rassemble toujours les oiseaux de nuit en partance pour leur migration nocturne. Quelques groupes y jouent en live aux beaux jours. Enfin, n'oublions pas les nombreux bars de la piazza Olivella, et leur ambiance populaire, multiculturelle et sacrément conviviale.

BON À SAVOIR : pour un tour d'horizon des sorties et événements du moment à Palerme, consultez • palermo24h.com •

SHOPPING

18 S'offrir *una coppola*
le couvre-chef sicilien par excellence.

Les origines de la casquette sicilienne remontent au début du XIXe s lorsque les troupes anglaises stationnaient dans l'île pour contrer une possible invasion napoléonienne. Récupérée par les paysans siciliens, car de confection facile et peu onéreuse, la *coppola* a longtemps traîné une mauvaise réputation pour être associée aux hommes de la Mafia, qui la portaient en noir. De nos jours, elle se décline en plusieurs coloris et étoffes légères et chatoyantes. Contrairement au couvre-chef à l'anglaise, la casquette fabriquée dans la région de Palerme (à San Giuseppe Jato particulièrement) est plus ronde et moins effilée sur les côtés, et soutenue par un élastique à l'arrière.

AGENDA DES FÊTES, FESTIVALS ET ÉVÉNEMENTS CULTURELS

18 MARS : *feux de la Saint-Joseph.* Dans la nuit du 18 au 19 mars. On sort tous les vieux rossignols du grenier pour les brûler. Dans les quartiers populaires principalement (par exemple, piazza Magione). Cette pratique est aujourd'hui discrètement suivie, car interdite par les autorités (il n'y avait pas que les vieux objets qu'on brûlait...).

1ÈRE QUINZAINE DE JUIN : *foire des pays méditerranéens (fiera Campionaria).*

10-15 JUILLET : *festino di Santa Rosalia (U Festinu en sicilien).* C'est sainte Rosalie, la patronne de la ville, que l'on célèbre durant ces 5 jours. Le *festino* culmine le 14 juillet, jour de la procession où l'on tire le *carro trionfale,* un char si imposant (9 m de long sur 6 m de large tout de même) qu'il ne peut remonter qu'une partie du corso V. Emanuele entre la cathédrale et les Quattro Canti. La ville en effervescence se précipite ensuite le soir sur le foro Italico pour le grand feu d'artifice. La fête reprend le 3 septembre au soir, lors d'une procession nocturne avec flambeaux sur le monte Pellegrino. Les plus croyants et vaillants y montent à pied par la strada Vecchia, et certains gravissent même les dernières marches sur les genoux en signe de pénitence. Une manifestation collective et typique incontournable pour les visiteurs à la recherche d'authenticité.

2 NOVEMBRE : *fête des Morts.* La mort en Sicile est souvent célébrée dans la joie et la bonne humeur, comme en témoigne la fête du 2 novembre où les enfants attendent avec une impatience à peine contenue la venue des morts… qui leur remettent les cadeaux dont ils ont passé commande. C'est un peu Noël avant l'heure. Pour l'occasion, les marchands de rue vendent l'*ossa di morto,* biscuit dur recouvert de sucre blanc. Les familles accompagnent les chérubins aux catacombes pour qu'ils touchent les morts, histoire de ne pas couper le lien avec les ancêtres. C'est aussi l'occasion de se gaver de fruits en pâte d'amandes...

SE REPÉRER

PISE

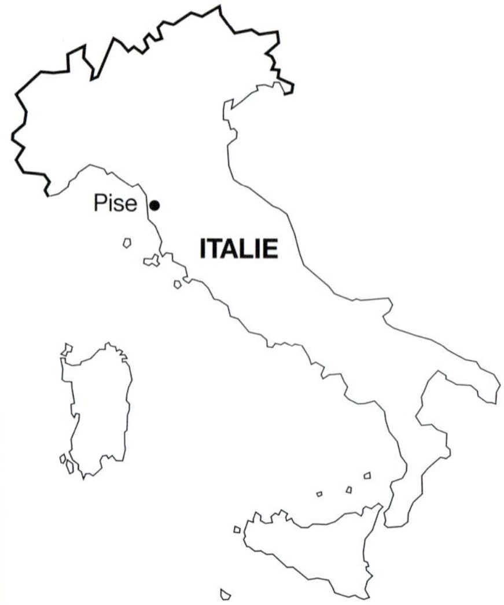

Moins courue que sa voisine Florence, Pise s'étire paisiblement le long de l'Arno. Cette ville de caractère, qui regorge d'art et d'histoire, comme toute cité majeure de Toscane, ne se résume pas à sa célèbre tour qui penche. Il faut prendre le temps de la découvrir… Car aujourd'hui, Pise se visite pour elle-même. Avec ses immeubles Renaissance de brique rose, ses croix du Languedoc (héritage des croisades), le charme nonchalant et provincial de ses ruelles, et le fleuve qui coule en son milieu, elle nous rappelle un peu Toulouse. En outre, hors des sentiers battus, la campagne environnante est ponctuée de bourgs au charme discret comme San Miniato, longtemps tiraillés entre Pise et Florence

BUDGET	€€
CULTURE	★★☆☆
CUISINE	★★★☆
SHOPPING	★★☆☆
VIE NOCTURNE	★☆☆☆

1h40 au départ de Paris

DÉCOUVRIR

1 Se promener seul le soir sur la piazza dei Miracoli

pour un tête-à-tête avec la célèbre tour penchée.

On le sait, vous êtes venu pour elle… la voilà, la tour de Pise ! L'un des plus célèbres édifices au monde. Entamée en 1173, elle fut achevée en 1370. Mais, au fait, pourquoi penche-t-elle ? Rien de mystérieux à cela : la proximité de deux nappes phréatiques causa, dès sa construction, un sérieux effondrement du terrain, que dix ans de travaux ont néanmoins réussi à bloquer… pour les prochains 300 ans. Si la « *torre pendente* » attirera immédiatement votre regard, ne négligez pas l'admirable ensemble architectural dont elle fait partie, surgissant sur la pelouse de la piazza dei Miracoli. En effet, sur ce « champ des miracles » furent érigés, outre la tour, le Duomo, le Battistero et le Campo Santo, ainsi que deux musées. Un ensemble exceptionnel donc, et une tour fascinante... encore plus belle le soir quand les touristes d'un jour sont partis.

BON À SAVOIR : si quitter Pise sans avoir grimpé sur son sommet vous paraît un blasphème, prévoyez 15 € (un peu cher !), un peu plus si vous décidez de réserver à l'avance… ce que nous vous conseillons fortement. • opapisa.it •

2 Toujours sur la piazza dei Miracoli, pénétrer dans le Duomo,

cathédrale qui résume à elle seule tout l'art roman pisan.

Symbole de l'art roman pisan donc, la cathédrale, commencée en 1063 et achevée au XIIIe s, offre des proportions fort harmonieuses. Sa façade fut abondamment copiée à l'époque, car ses architectes y avaient cachés une astuce technique et architecturale : des rangées d'arcades, détachées de la paroi, lui donnant rythme et profondeur. À l'intérieur, là aussi, on remarque l'ensemble tout en rythme et harmonie par la répétition des arcades et la polychromie de la pierre. Mais le chef-d'œuvre du Duomo, c'est la chaire, et son exubérance de style avec ses colonnes corinthiennes s'appuyant sur des lions et supportant des scènes du Nouveau Testament.

BON À SAVOIR : ne manquez pas, à côté de la chaire, la « lampe de Galilée ». Son balancement régulier, bien que diminuant, durait toujours un temps égal.

3 S'aventurer dans les rues et ruelles de Pise

à la découverte de ses places et de ses églises pleines de charme.

Depuis la piazza dei Miracoli, emprunter la via Santa Maria, artère principale de la ville, bordée d'élégants palais, pour la plupart occupés par des départements de l'université. Tenter, au détour de portes ou de cours ouvertes, de découvrir les secrets des demeures. Détailler les façades pour repérer les détails insolites. Notamment autour de l'église San Nicola, noter comme tous les édifices ont été curieusement triturés, retouchés, rafistolés. L'église elle-même présente un patchwork de modifications apportées au fil des siècles. Tour octogonale ajourée de fines colonnettes et légèrement penchée (c'est une manie !). Sur la gauche, la via dei Mille vous mènera sur la piazza dei Cavalieri, l'une des plus remarquables places de Pise. De très beaux palais l'entourent ; parmi eux, le palazzo della Carovana, du XVIe s, décoré par Giorgio Vasari, et qui abrite la prestigieuse Scuola Normale Superiore, « succursale » fondée par Napoléon de l'École normale supérieure de Paris. En face, le palazzo dell'Orologio relie deux anciennes tours médiévales par un passage voûté. C'est dans l'une de ces tours que le comte Ugolino della Gherardesca, plaint par Dante Alighieri, fut enfermé.

BON À SAVOIR : calme et particulièrement romantique la nuit, la place des Cavaliers était le centre de la vie politique de Pise au Moyen Âge.

1 LA CÉLÈBRE TOUR DE PISE

LA TOUR DE PISE

Depuis longtemps, les redresseurs de tours cogitent sur les solutions pour empêcher son inexorable chute. Parmi les dizaines de projets présentés, les plus fantaisistes proposèrent une gigantesque bouteille de Coca-Cola pour servir de tuteur ou envisagèrent d'y installer une rampe de lancement de fusées. Plus sérieusement, des ingénieurs écolos préféreraient planter des séquoias tout autour pour retenir la terre. Il y a enfin les tenants de la technique d'Abou Simbel : découper la tour et la remonter plus loin. Bref, en 1992, on a entrepris des travaux titanesques en cerclant la tour avec des câbles d'acier pour empêcher les pierres de jouer. Puis une ceinture de béton a été coulée à la base pour la renforcer, et un contrepoids de 750 t de plomb a progressivement redressé les 15 000 t de pierres du colosse. Un tour de force qui offre à la tour un répit de trois siècles selon les experts. Les Pisans ont donc de la marge avant que le ciel ne s'écroule sur leur tête.

4 S'éloigner des sentiers touristiques et passer sur la rive gauche de l'Arno

en empruntant le plus vieux pont de la ville.

Cette rive ne s'enorgueillit pas d'autant de prestigieux monuments que sa voisine, mais on peut y faire d'agréables balades dans des quartiers préservés et visiter de jolies églises. Il vous faudra traverser par le ponte di Mezzo, le plus ancien pont de Pise. Là, le palazzo Gambacorti dévoile, côté quai, une façade de style gothique, bel assemblage de grès vert de toutes nuances, pierre blanche, grise et jolies baies gothiques. Son voisin le *palazzo Blu*, peint en bleu, est aujourd'hui dédié aux arts, à la culture et aux sciences. Puis, le corso Italia déroule son élégance de voie commerçante piétonne de la ville.

BON À SAVOIR : ne pas manquer de faire une pause culturelle au café *Sospeso-Libreria Ubik*, grande librairie cafétéria située au début du corso Italia.

5 Découvrir que la campagne pisane recèle des trésors, comme la chartreuse de Pise

l'un des plus grands ensembles monastiques d'Italie.

Si la Toscane « mythique » se situe plutôt dans l'arrière-pays autour de Florence et de Sienne, la campagne pisane recèle aussi des sites charmants, injustement négligés par beaucoup de voyageurs. Parmi eux, la *certosa di Pisa,* située à environ 13 km de Pise, en pleine verdure, près du village de Calci. Il s'agit de l'un des plus grands ensembles monastiques d'Italie, fondé en 1366, occupé aujourd'hui par un musée d'Histoire naturelle. Remaniée au XVIIIe siècle, la chartreuse offre une dizaine de pièces depuis la superbe pharmacie jusqu'à la bibliothèque en passant par le réfectoire, la cuisine et le jardin potager de cet établissement où vivaient 15 pères et une soixantaine de *conversi.* La cerise sur le gâteau, ce sont la *chiesa,* avec sa superbe façade de marbre, et les 12 chapelles, toutes richement décorées par Pietro Giarrè, à la fin du XVIIIe s, de fresques représentant la vie des richissimes occupants et des scènes religieuses. On note un débordement de luxe : mosaïques, marbre de Carrare, fresques d'une richesse sans égale.

BON À SAVOIR : liaisons régulières en bus depuis Pise (30 mn de trajet).

6 Se rendre à San Miniato

l'un des joyaux de la Toscane.

Perché sur son éperon rocheux, dominant le paysage de la Toscane éternelle, et doté d'un patrimoine artistique remarquable et d'une très belle uniformité architecturale, ce petit bourg vous séduira immédiatement. Ne ratez pas ses églises : celle de la Santissima Annunziata, à l'entrée du village, conserve une très belle fresque du XVe s. L'église de S. Iacopo e Lucia, d'origine médiévale et réaménagée à partir du XVIIe siècle, étonne par la richesse de ses fresques. Poursuivez jusqu'à la piazza della Repubblica, une belle place aérée entourée du Seminario vescovile. La Piazza del Duomo abrite, outre sa cathédrale, nombre d'édifices à visiter. Prenez le temps de monter jusqu'à la Rocca di Federico II, vestige d'un ancien château du XIIe s (reconstruit) : vous vous sentirez au cœur même de l'histoire, en harmonie avec le cosmos, bref, touché par ce « miracle » qu'est la Toscane…

BON À SAVOIR : à 40 km à l'Est de Pise. Trains toutes les 30 mn.

SAVOURER

7 Plonger dans l'atmosphère populaire du marché de la piazza delle Vettovaglie

et déguster les spécialités du terroir.

Le quartier situé à la gauche de la via San Frediano, avec son marché quotidien, nous plonge dans une atmosphère bien vivante. La piazza delle Vettovaglie constitue le cœur de ce Pise populaire : c'est ici qu'au XVIe siècle fut instauré le marché à blé, aujourd'hui marché tout court. C'est un endroit fort animé, où autochtones et étudiants se rendent le jour pour faire leurs achats et le soir pour boire un verre accompagné d'un *spuntino* dans les quelques bars entourant la place. N'oubliez pas qu'en Toscane se nourrir est tout un art : dégustez les spécialités du terroir comme les pici, sorte de spaghettis, les *zuppe* aux poissons, et l'incontournable *bruschetta* à l'huile d'olive délicieuse… Côté vins, vous aurez l'embarras du choix, entre les nombreux chiantis, et les sublimes vino nobile de Montepulciano, brunello de Montalcino…

8 Goûter à la *cecina,* une spécialité locale

dans l'une des plus anciennes et meilleures pizzerias de la ville.

Non loin de la piazza dei Cavalieri, à l'ombre de la torre del Campano, la pizzeria *Il Montino di J. Collodi* confectionne les meilleures pizzas de la ville. À pâte épaisse, elles sont généreusement garnies de produits frais et de saison. Vous goûterez aussi à la spécialité de Pise : la *cecina*, une galette de pâte croustillante sur le dessus et moelleuse à l'intérieur, servie simplement assaisonnée de sel et poivre. *Il Montino* est un endroit populaire souvent pris d'assaut par les gourmets bien informés.

BON À SAVOIR : • pizzeriailmontino.com •

9 S'incliner devant les glaces artisanales proposées par *De Coltelli*

À proximité du Royal Victoria Hotel, se tient *De Coltelli,* un glacier haut de gamme à l'apparence simple et modeste. *Granite, gelati* et tutti quanti, évidemment *home made,* tout est bio, tout est bon. On s'incline devant le sorbet menthe-citron (normal, on est à Pise...). La maison fait l'éloge de l'inventeur de la glace, Francesco Procopio De'Coltelli, dont le propriétaire actuel du glacier serait le descendant ! Né en Sicile, passé par Pise dans la seconde moitié du XVIIe s et émigré en France, Procopio créa à Paris le premier café d'Europe, le célèbre café *Le Procope*…

BON À SAVOIR : *La Bottega del Gelato*, sur la piazza Garibaldi, est aussi très réputée. Parmi les parfums vedettes : *fragola*, yaourt (le plus onctueux qu'on ait goûté), *zabaione*, *fiore di panna*... • decoltelli.it •

LE VIN DE TOSCANE

Symbole du renouveau des vins italiens, la Toscane est aujourd'hui la région productrice la plus dynamique du pays même si elle ne fournit que 5 % de la production nationale. Près de la moitié de ses vins sont des appellations d'origine contrôlée, voire garantie (les DOC et DOCG). Le premier d'entre eux est le chianti, qui couvre un large territoire entre Florence et Sienne. Un autre vin rouge fait la renommée de la Toscane : le vino nobile di Montepulciano. C'est un vin de garde plutôt généreux en bouche, souvent très puissant. Les impatients se jetteront sur le rosso di Montepulciano, un vin plus jeune, plus souple, qui n'est pas à dédaigner pour autant. Un deuxième « vin star » est le brunello di Montalcino. Il s'agit d'une véritable merveille... malheureusement trop méconnue des Français. Très complexe, il ne déçoit qu'exceptionnellement.

10 Savourer une délicieuse viande chez *I Miei Sapori*
l'une des meilleures tables de la ville.

Un peu à l'écart de l'animation dans une ruelle calme, les amateurs de viandes trouveront ici leur bonheur. Tendreté remarquable, fondante et goûteuse, les viandes servies sont vraiment généreuses *(chianina, mucco pisano, limousine pisana...).* Elles proviennent du domaine Pisani, réputé pour ses élevages de bovins. Le reste de la carte se défend bien (huîtres gratinées, scampi).

BON À SAVOIR : • osteriaimieisapori.it •

SORTIR

11 Suivre les étudiants de la ville (près d'un habitant sur quatre !)
pour dénicher les lieux qui bougent.

Pise est une ville universitaire, on y croise des cohortes d'étudiants. On ne peut pas dire pour autant que les bars soient légion. Rive droite, la piazza delle Vettovaglie, adjacente au borgo Stretto, est certainement le lieu le plus festif de la ville. Sinon, quelques bars le long de l'Arno, notamment à l'angle de la piazza Cairoli et du lungarno Mediceo, Amaltea. De nombreux bars branchés se sont créés récemment sur la rive gauche, en plein essor et assez bobo. On aime bien l'accueillant *Mocambo*, une *rhumeria-libreria* au cadre cosy et à l'éclairage feutré.

6 SAN MINIATO

AGENDA DES FÊTES, FESTIVALS ET ÉVÉNEMENTS CULTURELS

JUIN : *Giugno Pisano.* Le mois de juin est festif à Pise. Les réjouissances commencent avec la régate des anciennes républiques maritimes : avec défilé où les anciennes républiques maritimes sont représentées (Amalfi, Gênes, Pise et Venise) avant de s'affronter sur l'Arno. Également, la Luminara de San Ranieri : à la tombée de la nuit, des milliers de bougies illuminent les palais, les murs et les églises des rives de l'Arno. Le même soir, la tour et l'enceinte de la piazza dei Miracoli sont également mises en lumière... la ville retrouve pour un temps sa splendeur passée... Puis vient le Palio di San Ranieri, qui voit s'affronter les quatre quartiers historiques de la ville sur la rivière Arno. Le Gioco del Ponte, le dernier samedi de juin, conclut ce mois de festivités. Tout commence par une parade militaire costumée du XVIe s et composée de plus de 700 figurants. Elle précède les jeux mettant aux prises deux groupes qui, selon des règles bien définies, vont s'affronter pour la conquête du Ponte di Mezzo. Tous les renseignements sur • giugnopisano.com •

FIN JUIN-DÉBUT JUILLET : *Musica sotto la Torre.* Pendant 15 jours. Festival de musique jazz et classique qui se déroule dans le cloître du museo dell'Opera del Duomo, face à la tour. Infos sur • opapisa.it •

SEPTEMBRE : *le Festival de musique sacrée Anima Mundi.* La 2de quinzaine. Rassemble de grands ensembles. • opapisa.it •

SE REPÉRER

PORTO

Au Portugal, on a l'habitude de dire « Lisbonne s'amuse et Porto travaille ». Il est vrai que la deuxième ville du Portugal a l'abord moins nonchalant que Lisbonne. Pourtant, il ne faut pas se fier aux apparences. Il y a ici une multitude de choses à voir et à faire. Descendez, par exemple, sur la rive du Douro qui longe la ville et observez le magnifique spectacle qui s'offre à vous : le centre historique de Porto, classé au Patrimoine mondial de l'Unesco, s'étage sur les flancs escarpés du fleuve, veiné de ruelles pittoresques et coiffé de sa cathédrale. Et n'oubliez pas de vous rendre sur la rive opposée du Douro, à Vila Nova da Gaia, pour goûter au... porto ! Au milieu de tout cela, les Portuans gardent leur chaleur et leur bonne humeur naturelles, et donnent vie à cette cité active et commerçante.

BUDGET	€€
CULTURE	★★★☆
CUISINE	★★★☆
SHOPPING	★★☆☆
VIE NOCTURNE	★★★☆

✈ 2h05 au départ de Paris

DÉCOUVRIR

1 Arpenter les ruelles pavées et pentues de la Ribeira
le noyau originel de Porto, cœur historique de la ville.

C'est donc du Douro, en partant des quais du quartier de la Ribeira, qu'il faut découvrir cette ville attachante. Il faut se perdre au hasard des ruelles pittoresques d'un autre âge, volées d'escaliers, passages voûtés autour desquels s'ordonne avec peine l'entassement indescriptible des maisons contre la falaise. Incroyablement coloré, comme l'Alfama à Lisbonne. Ici on voit le Porto populaire, où la mémoire maritime de la ville semble presque palpable. La municipalité s'est engagée depuis quelque temps dans un intelligent travail de restauration pour conserver ce chef-d'œuvre d'urbanisme humain et vivant. Une promenade magique !

BON À SAVOIR : lorsque vos jambes n'en pourront plus, grimpez à bord d'un antique tramway : trois lignes parcourent la ville au rythme couinant de ces engins tout droit sortis des Années folles ! • portotramcitytour.pt •

2 Admirer les azulejos du grand hall de la gare de São Bento
un véritable chef-d'œuvre.

Dans cette salle des pas perdus d'immenses fresques retracent des scènes de la vie populaire ou les grandes périodes de l'histoire portugaise du XIIe au XVe s, comme la prise de Ceuta en 1415. Belle frise en couleurs sur l'évolution des moyens de transport dans le pays. Une anecdote : construisant sa gare comme un monument, l'architecte en négligea le côté pratique et utile, et oublia... les guichets de vente !

3 Rentrer dans la *librairie Lello e Irmão*

même si l'on en ressort les mains vides, probablement l'une des plus belles librairies « au monde ».

Fondée en 1869 par une famille de libraires-éditeurs. On ne peut louper sa façade blanche Art nouveau d'inspiration néo-gothique, ni son intérieur digne d'un monument historique. On se croirait dans un cabinet de curiosités dédié aux belles-lettres, dans une somptueuse bibliothèque de château, dans l'annexe savante d'un prince navigateur. Ici, les rayonnages de bois finement sculpté grimpent jusqu'aux plafonds, eux aussi en bois sculpté, comme dans une chapelle manuéline surmontée d'une verrière colorée.

BON À SAVOIR : les fans du jeune sorcier Harry Potter seront amusés de savoir que cette librairie aurait inspiré la mirifique bibliothèque de l'école de Poudlard.

4 S'éblouir des ors dégoulinant de l'église São Francisco

l'exemple le plus exubérant qui soit du baroque portugais.

Sur l'emplacement d'un premier petit lieu de culte datant de 1245, cette église fut édifiée en 1425 dans un style gothique classique, puis décorée de manière baroque aux XVIIe et XVIIIe s, période qui correspond à la fois au triomphe et au chant du cygne de la *talha dourada.* La nef n'est qu'une orgie de bois sculpté dégoulinant d'or, une explosion végétale qui envahit murs, voûtes, piliers, jusqu'au plafond. Seul le plancher y échappe ! Ce délire nécessita à l'époque plus de 500 kg d'or ! Dans un sursaut de bon sens, l'église fut fermée au culte, le clergé ayant trouvé indécent l'étalage d'une telle richesse quand les habitants du quartier vivaient, eux, dans une grande misère. Qu'on aime ou pas, ça vaut vraiment le coup d'œil.

5 Avoir un aperçu du Porto actuel en visitant la *Fundaçao Serralves*, l'ultramoderne musée d'Art contemporain

et ne pas manquer ses 18 ha de jardins à la française.

Ultramoderne et spacieux, cet espace, réalisé par le très renommé architecte portugais Alvaro Siza Vieira (Prix Pritzker 1992), a été conçu pour sublimer les quelques œuvres exposées lors d'expos temporaires (pas de collection permanente). Quant aux jardins à la française, ils accueillent, sur plus de 18 ha, arboretum, jardins aromatiques aux suaves odeurs de citronnelle, d'eucalyptus, de jasmin... en été, fraîcheur garantie !

BON À SAVOIR : concerts de jazz sur le terrain de tennis du parc trois samedis en juillet dans le cadre de Jazz no Parque. • serralves.pt •

6 Rejoindre en train ou en bateau les magnifiques paysages de la haute vallée du Douro

où se trouvent les vignobles du fameux nectar portugais !

À Porto, ne cherchez pas les vignes, elles s'étagent harmonieusement à une centaine de kilomètres plus à l'est pour constituer les paysages enchanteurs de la haute vallée du Douro. Depuis 2 000 ans, la vigne pousse dans cette vallée pentue. Près de 25 000 viticulteurs cultivent ici une vingtaine de cépages, sur une terre aride et calcinée l'été par le soleil, conférant au porto des qualités exceptionnelles et uniques. L'implantation des vignes, en terrasses, fait la splendeur du paysage : un vrai travail d'orfèvre qui a d'ailleurs valu à la région d'être classée au Patrimoine mondial de l'Unesco. Un lieu à découvrir depuis Porto en bateau, en train ou en voiture. Une chouette balade en perspective !

BON À SAVOIR : 4 trains/j. pour Pinhão depuis la gare de Campanhã. Compter la journée pour l'A/R. L'occasion d'admirer les azulejos de la gare de Pinhão, pique-niquer sur les rives du fleuve et flâner en attendant l'heure du retour. Une belle balade pas fatigante et des paysages magnifiques.

AZULEJOS SUR L'ÉGLISE DO CARMO

LE VIN DE PORTO

Le vin de Porto provient de la vallée du Haut-Douro, à une centaine de kilomètres à l'est de la ville. Là, sur environ 240 000 ha, dont 10 % seulement sont exploités, près de 25 000 viticulteurs cultivent une vingtaine de cépages, rouges et blancs. La naissance du doux breuvage commence dans l'euphorie des vendanges. Le jus extrait des raisins passe par la fermentation, qui est rapidement arrêtée par l'adjonction d'un cinquième d'eau-de-vie au volume global. Le taux d'alcool se situe alors de 19 à 22°. Bientôt viennent le décuvage et le transfert du porto, dûment accompagné de son certificat d'authenticité, à Vila Nova de Gaia, où la zone des chais est une extension exceptionnelle de la région d'appellation contrôlée. C'est là que, paisiblement, solennellement, certains vins pourront atteindre la véritable perfection.

SAVOURER

7 Visiter les caves à porto de Vila Nova de Gaia

et s'initier aux subtilités du divin nectar.

Vous êtes sans doute venu AUSSI pour ça... C'est à *Vila Nova de Gaia*, dans les chais situés de l'autre côte du Douro, face à Porto, que l'on approchera au mieux la production du porto. Car si les vignes se trouvent à une centaine de kilomètres en amont, c'est bien ici qu'a lieu la magie de l'élevage du divin nectar. *Calem, Ferreira, Taylor's, Ramos Pinto, Graham's...* Vous aurez l'embaras du choix, sur 80 marques, une quinzaine de caves ouvrent leurs portes pour des visites guidées, suivies d'une dégustation bienvenue. Ce sera une leçon pour les néophytes et un bon entraînement pour connaître votre endurance au porto. *Saùde* !

BON À SAVOIR : pour vous y rendre, empruntez à pied le spectaculaire pont de fer Dom Luis qui enjambe le fleuve et domine la vieille ville. Enchanteur ! En plein été, pensez à réserver votre visite des chais... les touristes s'y pressent en grappes ! • grahams-porto.com • taylor.pt • ramospinto.pt • calem.pt • sandeman.com • sograpevinhos.eu •

8 Se payer une authentique tranche de vie

en allant déjeuner dans l'un des restos du marché Bolhão.

L'exubérant marché Bolhão, avec ses étals multicolores débordant de nourriture et de fleurs, est un endroit vivant, coloré, presque dépaysant. À l'intérieur, on trouve deux petits établissements où l'on peut déjeuner le midi. Un modeste comptoir à l'intérieur et des terrasses toutes simples accueillent un mélange d'habitués, de commerçants du marché et de voyageurs au parfum. On y déguste, selon l'ardoise du jour, des sardines accompagnées de riz aux *feijao,* tripes, morue, calamars, petites pièces de viande ou des soupes accompagnées de pain de maïs rustique, d'un demi de sangria ou de vin. Accueil et service sans façon.

BON À SAVOIR : marché tlj sf dim 7h-17h (13h sam).

MORUE OU CABILLAUD ?

Séchée ou salée, la morue (*bacalhau*) ou cabillaud séché (c'est le même poisson) est incontestablement l'emblème de la cuisine portugaise. On dit qu'il y a 365 manières de la préparer, pour varier chaque jour les plaisirs ! Après les avoir toutes testées, on est reçu au « bacalhauréat » lusitanien ! Les préparations les plus répandues sont : *bacalhau cozido* (bouilli), *assado* (rôti), *assado na brasa* (à la braise), *com nata* (à la crème), *à brás* (délicieuse « morue parmentière », à base d'oignons, de pommes de terre finement coupées, d'œufs brouillés, d'olives noires, de persil) et *a gomes de sá* (morue, pommes de terre, oignons, huile, ail, olives noires, lait, œufs durs, cuit au four).

LA PETITE FRANÇAISE DE PORTO

La *Francesinha*, la « petite Française » en portugais, est un plat typique de Porto. Sorte de croque-madame baignant dans la sauce, c'est d'ailleurs cette dernière qui fera toute la différence entre un pur moment de délectation culinaire ou... un *Titanic* version toast !

SORTIR

9 Passer un moment au *Galeria de Paris*
un merveilleux bistrot à l'ambiance nostalgique.

Ici, le décor vaut son pesant de cacahuètes : caverne d'Ali Baba haute de plafond et remplie d'un bric-à-brac inouï, sorte de brocante surréaliste où l'on trouve en vrac de vieux postes de TSF, machines à coudre, poupées et jouets anciens, une cuvette de w-c encadrée, et même une Fiat 500 pendue au mur ! On y déguste à toute heure des tartes et des gâteaux faits maison, accompagnés de boissons artisanales (limonades, thés glacés). Le plaisir peut se prolonger jusque tard en soirée où parfois un pianiste pianote, quand un bar n'est pas carrément installé sur le trottoir. Et là, c'est noir de monde ! Un lieu insolite.

BON À SAVOIR : situé dans la rua da Galeria de Paris, une rue réputée pour sa vie nocturne !

10 Remonter le temps au *Majestic*
le café le plus célèbre de la ville.

Œuvre de l'architecte João Queiros, superbe décoration néo-classique d'époque 1920. Une partie de l'histoire de la ville s'est écrite au *Majestic*. Les intellectuels se réunissaient ici. Sous Salazar, républicains et libéraux y cohabitaient même ! Aujourd'hui, des serveurs en costume noir et blanc s'agitent dans cette vénérable salle où les meilleures places sont les banquettes en vieux cuir gravé, le long des murs. En été, un pianiste d'ambiance joue en journée des airs mélancoliques, laissant place à des concerts de fado certains week-ends. Le café faillit à plusieurs reprises être transformé en banque : des pétitions l'en sauvèrent.

BON À SAVOIR : c'est ici que J. K. Rowling aurait imaginé le personnage d'Harry Potter. • cafemajestic.com •

SHOPPING

11 S'approvisionner à la belle boutique-épicerie *Comer e Chorar por Mais*
véritable caverne d'Ali Baba de produits régionaux.

Les rues autour du marché Bolhão cachent plusieurs boutique-épicerie où trouver ce qu'il faut pour se préparer un pique-nique de roi ou tout simplement pour faire ses emplettes. Parmi celles-ci, *Comer e Chorar por Mais,* à la belle façade Art déco comblera les gourmands. On y trouve d'excellents produits locaux de petits producteurs : jambon serrano et charcuterie variée sous vide (bien pratique à rapporter), grand choix de fromages, de confitures, de pains, de fruits secs, de vins et d'alcools... à prix raisonnables. Accueil souriant.

BON À SAVOIR : rua Formosa, 300 ; tlj sf dim 9h-19h30 (19h sam). Les gourmands se rendront aussi sous la belle et grande halle du marché Bolhão.

12 Remonter le temps en poussant la porte de la délicieuse boutique *A Vida Portuguesa.*

De l'époque où l'on y vendait du tissu, ce vaste magasin a conservé les belles apparences : parquet, longues tables et étagères de bois, ainsi que de remarquables lustres Art déco. Ici, c'est tout le Portugal d'hier qui ressurgit grâce aux rééditions d'articles qui en faisaient le quotidien. Savonnettes parfumées aux emballages rétro, friandises, vaisselle, plaques émaillées, jouets et papeterie d'antan... Beau comme un souvenir d'enfance.

BON À SAVOIR : • avidaportuguesa.com •

AGENDA DES FÊTES, FESTIVALS ET ÉVÉNEMENTS CULTURELS

FIN FÉV-DÉBUT MARS : *Fantasporto.* Pendant 15 jours. Le festival international de cinéma de Porto. Au départ consacré à l'imaginaire, au fantastique et à la fiction scientifique, ce festival créé en 1980 s'est ouvert à tous les genres. Des films en compétition et hors compétition venus du Portugal ou du monde entier, des courts comme des longs métrages. Le « siège » du festival n'est autre que le théâtre Rivoli. • fantasporto.com •

JUIN : *Fêtes de São João.* Pendant tout le mois de juin. Ce serait la fête la plus joyeuse de l'année, dit-on, et propice à l'amour ! Avec les grands bals et les feux d'artifice de la nuit de la Saint-Jean le 23 juin et le 24 juin, souvent, on se repose... À Porto, dans les quartiers populaires, c'est la folie. Vous vous faites « assommer » avec des maillets en plastique, on vous passe sous le nez toutes sortes d'herbes, ail, lavande, etc. Un défilé très typique relie la praça Batalha à l'hôtel de ville : chaque quartier est représenté et tous y participent, les djeun's comme les seniors.

AOÛT : *Les Romarias.* Les Romarias figurent parmi les manifestations les plus typiques du Portugal. Il s'agit en fait de processions religieuses, avec fêtes en série qui célèbrent le saint de la ville. Toutes ces manifestations s'accompagnent de rites et de coutumes spécifiques à la ville. Le soir, en revanche, on célèbre plutôt Bacchus et tous les dieux de la bonne chère !

SEPTEMBRE : pas un dimanche de septembre ne se passe sans qu'il y ait une fête religieuse dans les quartiers populaires (Bonfim, Campanhã, Lordelo do Ouro ou la Ribeira) !

SE REPÉRER

1 LE PONT CHARLES

PRAGUE

La cité aux cent clochers est aujourd'hui l'une des plus belles villes du monde et l'une des merveilles d'Europe. Prague se destine aux amoureux. Elle a cette faculté de transporter celui qui la découvre au sommet d'une exaltation romantique. C'est une ville pleine de magie, non seulement par la présence légendaire des alchimistes au XVIe s, mais surtout par la persistance des traces de plusieurs cultures qui se sont entremêlées en ses murs. Blottie dans les méandres de la Vltava, tour à tour ville royale, cité impériale, bourgade provinciale assoupie, puis capitale renaissante d'un État moderne, elle a accumulé en couches successives un patrimoine architectural et artistique incomparable, qui, par chance, n'eut pas à souffrir des guerres. Ce n'est d'ailleurs pas pour rien que la ville toute entière est inscrite au Patrimoine mondial de l'Unesco ! Prague, qui sut accueillir si chaleureusement Mozart, saura vous ajouter à sa liste infinie d'admirateurs à vie...

BUDGET	€€
CULTURE	★★★★
CUISINE	★★☆☆
SHOPPING	★★☆☆
VIE NOCTURNE	★★★☆

1h35 au départ de Paris

DÉCOUVRIR

1 Déambuler sur le pont Charles au point du jour
et l'avoir pour soi tout seul.

L'une des merveilles de Prague. On a beau l'avoir souvent vu en photo, le pont Charles, emblème de la ville, exerce un indéniable pouvoir d'attraction. Érigé en l'honneur de Charles IV, roi constructeur et mécène de Prague au XIVe s, ce pont piéton relie la vieille ville et Malá Strana en franchissant la Vltava. Tours et statues ont chacune une histoire, comme celle de Jean Népomucène, noyé parce qu'il refusait de répéter au roi les secrets de confession de sa femme ! Rançon de la gloire, le pont est assailli par les touristes en journée. Un conseil, venez au lever du soleil : promis, vous aurez le pont pour vous seul et une lumière d'une douceur infinie. De même en soirée, avec en arrière-plan les illuminations du château : sublime !

BON À SAVOIR : n'oubliez pas ensuite de vous balader la nuit dans le centre historique pour ressentir l'atmosphère assez fantastique.

2 Se promener dans les jardins du château royal...

Hradčany, sur son promontoire, est le quartier le plus campagnard de la capitale tchèque. Au centre de cette colline, le château royal, édifié à partir du IXe s, véritable ville dans la ville avec ses ruelles, ses cours, ses passages... Ses vastes jardins, de style Renaissance italienne, furent réalisés par Ferdinand Ier au milieu du XVe s. Ils s'étendent tout en longueur, de l'autre côté de la fosse aux Cerfs, grand trou protégeant le flanc nord du château où il y eut certainement un jour des cerfs. Ils offrent l'occasion d'une agréable balade, bucolique et reposante, émaillée de quelques édifices remarquables à voir.

BON À SAVOIR : jardins ouv tlj juin-juil ; accès gratuit.

5 L'HORLOGE ASTRONOMIQUE

3 … puis redescendre vers Malá Strana en passant par le petit vignoble de Venceslas

une vraie surprise et une bien jolie balade après la visite du château !

Après la ruelle d'Or et la tour Daliborka, suivre vers l'est la rue Zámecké Schody (un escalier en fait) ; ce passage permet de sortir de l'enceinte du château à l'est. Il débouche alors sur le vignoble de Saint-Venceslas qui fut planté vers l'an 909 ! Sans doute le plus ancien de Bohême, il s'agit d'un petit vignoble à flanc de colline (2 500 plants, du pinot noir et du riesling). Un paysage inattendu et surprenant qu'on traverse en profitant d'une vue superbe sur Prague.

BON À SAVOIR : au passage, possibilité de s'arrêter boire un verre dans le bar à vins dépendant du resto *Terra-Villa Richter*, situé sous une longue pergola.

4 Pénétrer dans l'église Saint-Nicolas

et découvrir l'un des plus éblouissants manifestes du baroque à Prague.

Cet ambitieux ensemble édifié entre 1673 et 1755 par les Jésuites est l'œuvre du célèbre Kryštof Dientzenhofer puis de son fils. Malgré sa façade assez quelconque, très large, qui se caractérise essentiellement par son élégante ondulation, Saint-Nicolas est l'un des chefs-d'œuvre du baroque fou qui enflamma les jésuites de la Contre-Réforme. Tout dans la décoration va dans le sens de la richesse, de l'exubérance, de l'excès, parfaite illustration à leurs yeux du triomphe de l'Église catholique sur l'Église réformée. En matière de brillant et de clinquant, Saint-Nicolas est une réussite !

BON À SAVOIR : concerts fréquents dans l'église en été.

5 Se laisser imprégner par la beauté de la place de la Vieille-Ville (Staroměstské náměstí)

scène privilégiée des turbulences de l'histoire.

La place de la Vieille-Ville c'est le cœur de la cité et de grands moments de l'histoire : décapitation des 27 principaux responsables de l'insurrection contre les Habsbourgs en 1621, discours de Klement Gottwald annonçant la victoire des travailleurs le 21 février 1948 (le célèbre « coup de Prague ») et proclamation en 1990 par Václav Havel du retour à la démocratie. Ce fabuleux décor de théâtre avec ses maisons aux styles hétéroclites, dominées par les tours de Notre-Dame-de-Týn et de l'hôtel de ville (avec son horloge astronomique du XVe s.), est le plus parfait reflet de l'extrême diversité architecturale de la cité. L'été, la place se garnit de terrasses accueillantes et s'égaie d'ensemble musicaux ou de solistes qui se produisent dans une joyeuse cacophonie.

BON À SAVOIR : la nuit dans le vieux Prague, l'éclairage parcimonieux des antiques réverbères favorise tous les tremblements de terre sentimentaux, les mots les plus beaux, les joies esthétiques les plus fortes…

UN MUSÉE D'ARCHITECTURE EN PLEIN AIR

Visiter Prague nez au vent et prendre un cours d'architecture en plein air, que demander de plus ? Prague invite à la découverte permanente : elle a bénéficié des influences romanes et germaniques, oscillé entre protestantisme rigoureux et Contre-Réforme baroque et accueilli les avant-gardes occidentales (Art nouveau, cubisme) autant que celles de Moscou (constructivisme). À chaque strate, l'architecte tchèque réinterprète les genres et ajoute une tonalité originale « made in Bohemia ». Pour comprendre cet audacieux entassement de styles architecturaux, il suffit d'observer certains bâtiments : les racines sont romanes, le rez-de-chaussée gothique, les étages Renaissance, les frontons baroques ou rococo, et, en dernier lieu, la façade décorée d'ornements Art nouveau. Un vrai mille-feuille !

6 Se balader le regard en l'air et tomber sur les sculptures loufoques de David Černý

tel ce cheval renversé dans le passage Lucerna.

« Champs-Élysées » pragois, la grande place Venceslas (en réalité une sorte de large artère, en partie piétonne) mérite un détour, par le passage Lucerna de préférence, au n° 36. De style Art déco, l'ensemble fut construit à la fin du XIXe s par le grand-père de Václav Havel. Sous la coupole, ne manquez pas la statue équestre renversée, une réplique originale du saint Venceslas qui domine la partie haute de la rue du même nom. Ici, le saint est toujours aussi digne, mais il chevauche la panse d'un cheval à priori crevé. Les Pragois ne se sont pas offusqués de cette autodérision d'un symbole national. D'ailleurs, son créateur, David Černý, est connu ici pour ses tendances subversives !

BON À SAVOIR : d'autres sculpures de cet artiste sont visibles dans la ville comme ces bébés grimpant le long de la tour de la Télévision ou batifolant dans le Kampa Park.

7 Partir sur les traces de la mémoire juive

au fil des rues de Josefov, l'ancien ghetto…

De l'important quartier juif (qui recensa jusqu'à 40 000 habitants), il ne reste que six synagogues, l'ancien hôtel de ville et le cimetière. Il se concentre pourtant ici un pouvoir émotionnel et une beauté spirituelle intacts. Il y règne une quiétude particulière, presque magique. Le trafic automobile et les bruits semblent curieusement s'éteindre dès qu'on s'en approche. Même si ce n'est pas toujours évident, vu le monde l'été, il faut explorer ce petit bout de ville avec humilité et discrétion « car ici, on passe devant des cendres encore fumantes », comme le dit un habitant. Au-delà de la partie ancienne, en levant sans cesse la tête, il faut admirer les superbes et parfois délirants édifices Art nouveau du début du XXe s. C'est la plus grande concentration que l'on connaisse de cette architecture en Europe.

BON À SAVOIR : ne pas manquer de marcher entre les pierres du vieux cimetière juif, tôt le matin. Sous le clair-obscur des arbres, l'atmosphère, hantée par la légende du Golem, est inoubliable. • jewishmuseum.cz •

8 Déambuler avec ravissement sur l'île de Kampa

une oasis de calme enlacée entre la Vltava et le chenal de la Čertovka.

Au bout du pont Charles, sur la gauche, des escaliers mène sur Na Kampě, une placette d'un charme fou, bordée de nobles demeures anciennes, avec des toits de tuiles. On se croirait vraiment à mille lieues de la capitale active d'un État moderne ! L'hiver, c'est tout simplement l'endroit le plus romantique de la ville. L'été, de petits artisans assurent une gentille animation. La place se prolonge par un beau parc menant au pont Legií. La Čertovka, un bras mort de la Vltava, enlace amoureusement l'île, et un beau moulin retapé tourne doucement. D'autres sont à l'état de vestiges.

LE CAS KAFKA

« Kafka était Prague, et Prague était Kafka », a-t-on pu écrire. Enfant chétif, né en 1883, Kafka concentra toutes les contradictions de la ville et de son époque : juif en milieu majoritairement chrétien, intellectuel dans une famille qui ne l'était pas, écrivant en allemand au moment de la montée des aspirations nationales tchèques, travaillant dans une compagnie d'assurances qui l'empêchait de s'épanouir... Carrière, santé, mariage, la malchance le suivit partout. Ses œuvres ? Il brûla ses premiers brouillons, les jugeant trop ampoulés. Mais il ne put s'empêcher d'écrire, comme pour expier sa « faute », sa « plaie dont celle des poumons n'était que le symbole ». Bonjour l'angoisse ! Elle ne le quitta plus. Tous les ingrédients étaient réunis pour réaliser une œuvre sombre, pessimiste, inachevée. Il mourut en 1924 de la tuberculose, près de Vienne. Pour en savoir plus, ne pas manquer l'étonnant musée Franz Kafka, qui propose des documents inédits sur l'écrivain. • kafkamuseum.cz •

9 Découvrir les collections d'art moderne et contemporain du Kampa Museum

Ce musée privé est l'œuvre d'une vie, celle des époux Mladek. Exilés aux États-Unis après 1946, ils ont été les mécènes de nombreux artistes interdits sous le régime communiste. Rentrée à Prague après la révolution de velours, Meda Mladek offrit à son pays l'ensemble de sa collection, soit près de 2 000 pièces. Aménagé de manière très contemporaine dans un ancien moulin du XIVe s, au bord la Vtlava, c'est une belle réussite muséographique, qui présente de nombreuses œuvres et installations mises en scène dans des espaces lumineux, sereins et modernes. À ne pas manquer : les œuvres du peintre Frantisek Kupka (1871-1957) et celles du sculpteur Otto Gutfreund (1889-1927), deux artistes tchèques de renommée internationale.

BON À SAVOIR : • museumkampa.cz •

10 S'amuser du spectacle insolite du couple de la Maison dansante

sur le quai Rašínovo.

À l'angle du quai Rašínovo et du pont Jiráskův, cet édifice étonnant, familièrement surnommé « *Ginger and Fred* », fut conçu par l'Américain Frank O. Gehry. Il appartenait déjà au XXIe s dès son inauguration, en 1996. Matérialisé par une architecture fluide et résolument moderne, les deux tours de verre et de béton évoqueraient Ginger Rogers et Fred Astaire en train de danser. L'impression de mouvement est rendue par les formes courbes de madame et la disposition irrégulière des fenêtres chez monsieur. Une touche de poésie dans le centre de Prague.

BON À SAVOIR : au 7e étage, *Céleste,* resto réputé et très chic ouvre sa terrasse panoramique aux non-dîneurs du lundi au samedi de 16h à 18h ; conso obligatoire, mais les prix sont raisonnables.

11 Errer le soir sur la colline du château dans les rues pavées de Nový Svět

un quartier ressemblant à un coin de campagne baroque.

Autour de la délicieuse Nový Svět (« rue du Nouveau-Monde »), la rue la plus secrète du quartier, on se croirait dans un petit village de Bohême du Sud. De nombreuses maisons sont classées patrimoine national. Perdez-vous au cœur de ces ruelles à flanc de colline, où flotte encore l'ombre de Mozart : c'est un vrai bonheur. Un voyage dans le passé sans avoir besoin d'une machine à remonter le temps !

12 Partir à la recherche des maisons cubistes de Josef Chochol

dans le quartier de Vyšehrad, une curiosité pragoise !

Si le cubisme s'est surtout exprimé par la peinture, la sculpture et les arts appliqués, Prague est sans doute un des rares endroits au monde où cet art s'est vu transposé avec Josef Chochol (1880-1956) dans l'architecture ! Après une formation dans la mouvance Art nouveau à Vienne, celui-ci devint l'un des représentants du cubisme tchèque et l'auteur de plusieurs bâtiments de ce style, dont les plus importants se trouvent autour ou au pied de la colline de Vyšehrad. Les immeubles sont composés de facettes et d'arêtes, à l'image des cristaux ou des minéraux. Au bout de la rue Celetná, on peut admirer la maison *À la Vierge Noire,* l'œuvre d'un autre architecte cubiste, Josef Gočár.

SAVOURER

13 S'offrir un dîner aux bougies dans le restaurant *Zvonice*

une adresse exceptionnelle et romantique, située... dans un clocher !

C'est un des restaurants historiques de Prague. Dans la journée la tour Jindrisska se visite. Le soir, par un ascenseur intérieur, on accède au restaurant *Zvonice* situé aux 7e et 8e étages du clocher. Nous préférons ce dernier étage en raison de la grosse cloche Santa Maria qui date de 1518 ! Sous la vieille charpente du clocher, à la lumière de bougies et de lampes en forme de cloches, voilà l'endroit idéal pour surprendre et enchanter l'élu(e) de votre cœur. Biche à la sauce aux prunes, ragoût de gibier aux cèpes, côtelettes d'agneau... la cuisine y est raffinée, joliment présentée et variée. Accueil et service excellents.

BON À SAVOIR : • restaurantzvonice.cz •

14 Boire un verre d'absinthe dans une vieille taverne

et se sentir comme Rimbaud à Prague !

Les poètes maudits Rimbaud et Verlaine en firent l'éloge, Van Gogh et Oscar Wilde en buvaient plus que de raison... Normal, cette boisson romantique et littéraire était surnommée la « muse verte ». Elle est très forte en alcool (environ 68°) et se boit servie dans un verre dans lequel on verse de l'eau froide à travers une cuillère perforée portant un morceau de sucre. Parfait pour digérer la roborative cuisine locale !

BON À SAVOIR : se rendre par exemple à l'*Absintherie,* bar et magasin situé Jilská 7. • absintherie.cz/fr •

15 S'attabler au restaurant *Výtopna*

une adresse insolite qui captivera les enfants en voyage avec leurs parents.

Pour les amateurs de trains électriques, voici un restaurant aménagé sur le thème ferroviaire. Il abrite un réseau de petits trains qui traversent les salles, passent entre les tables, franchissent des ponts. La cuisine est basique (style grande brasserie), mais on y vient surtout pour le décor. Les plats sont portés par les serveurs, mais les boissons arrivent à votre table dans de petits wagons... Drôle et original ! À ne pas manquer !

BON À SAVOIR : Václavské nám. 56. • praha.vytopna.cz •

LA BIÈRE TCHÈQUE

« Trésor national », « boisson dorée »... c'est ainsi que les Tchèques désignent leur boisson préférée, qu'elle soit brune, blonde ou blanche. Il existe plus de 470 sortes de bières. Résultat de siècles de perfectionnement et d'amélioration des recettes et procédés de fabrication, elles sont considérées par beaucoup comme les meilleures du monde. Cela explique sans doute que la République tchèque est devenue le premier pays au monde pour la consommation de bière par habitant (avant l'Allemagne) avec 157 litres par an ! La bière est évidemment proposée partout : dans les restaurants, sur les terrasses et dans les clubs. Ce breuvage fait incontestablement partie de l'atmosphère typique des hospoda, où il est toujours au centre des rencontres entre amis...

16 Apprécier une *pivo* fraîche et mousseuse
dans l'une des innombrables tavernes de Prague.

En plus d'être une des meilleures du monde, la bière *(pivo)* est très bon marché. Cafés, bars et tavernes ne manquent pas à Prague. On y brasse la bière depuis le XIe s, et certaines tavernes abreuvent les Pragois depuis les XIVe et XVe s. Prenez une bière tchèque : *Pilsner, Budweiser* (rien à voir avec l'américaine) ou *Smíchov de Staropramen* coulent à flot dans des bocks de 50 cl. Dernière venue : la *Velvet,* une rousse onctueuse brassée à Prague, qui porte bien son nom. Parmi les lieux incontournables : *U Fleků* (Křemencova 11, à Nové Město), une institution pragoise datant de 1499 et toujours bondée, ou *U Zlatého Tygra* (Husova 228/17, à Staré Město), taverne mythique qui a traversé toutes les vicissitudes de l'histoire. *Na zdravi,* à votre santé !

BON À SAVOIR : • ufleku.cz • uzlatehotygra.cz •

SORTIR

17 S'offrir une soirée à l'Opéra national de Prague.

Il faudrait absolument aller au moins une fois à l'opéra de Prague, véritable institution d'un art que les Tchèques portent dans leur ADN. Les mises en scène et la programmation extrêmement variée sont facilement accessibles pour les néophytes, sans qu'il s'agisse pour autant de productions au rabais. Ici, on a compris depuis longtemps que l'opéra était un art populaire majeur se devant d'être ouvert à tout le monde. Les novices auront ici une belle occasion de se frotter à ces merveilles du répertoire. Au programme, toute l'année : grands opéras italiens (Verdi, Puccini...), *Carmen* de Bizet et les orchestres philharmoniques tchèques.

BON À SAVOIR : • narodni-divadlo.cz • ; pas forcément utile de réserver, il reste souvent des places et il suffit de venir à l'ouverture des guichets.

18 Assister à un concert de musique classique
dans la ville de Dvořak et de Mozart, les occasions sont multiples.

C'est fou ce que la culture est vivante dans cette ville. Impossible de passer devant une église sans qu'on vous distribue une pub pour un concert. Comme à Vienne, la vie des Pragois est intimement liée à la musique classique : il y a chaque jour de l'année une multitude de concerts classiques, aussi bien dans des lieux prestigieux que dans de petites églises de quartier. Opéras, grands orchestres et musique de chambre se répandent à travers la ville, dans les endroits les plus fascinants : principalement dans la salle Smetana à la Maison municipale, au Rudolfinum, dans la plupart des églises baroques, avec orgues et trompettes. Les anciens et grands palais des princes de Bohême, tels le palais Lobkowicz, le palais Glam-Calas, le palais Martinic, etc., accueillent aussi des concerts.

BON À SAVOIR : ensemble des programmes consultable sur • ticketsbti.cz •

19 Faire la tournée des clubs de la vieille ville
et finir sur les quais pour assister au lever du soleil sur la Vltava.

À Prague, si pas mal de bars et pubs ferment vers minuit ou 1h, en semaine, les boîtes et clubs de musique prennent le relais jusqu'aux petites heures du jour. Il y en a pour tous les goûts, du club de jazz au bar destroy, de la salle ripou à la boîte hype. Sortir reste abordable, les oiseaux de nuit n'hésitent pas à changer de nid dans la même soirée. Parmi les incontournables citons le *Rock Café,* pour une ambiance tendance rock progressif ; le *Roxy,* historiquement « expérimental », ancien cinéma reconverti en salle de concert qui reste un des clubs les plus courus de la ville ; le *Cross Club,* un véritable labyrinthe, dans lequel on se perd avec plaisir ; ou encore le *Palác Akropolis,* un des meilleurs clubs de Prague.

BON À SAVOIR : liste des concerts et adresses des bonnes boîtes dans les hebdo *The Prague Post* (en anglais), *Prager Zeitung* (en allemand) et auprès de l'office de tourisme. • rockcafe.cz • roxy.cz • crossclub.cz • palacakropolis.cz •

20 Se laisser porter par le tempo au *Reduta Jazz Club*
la cave de jazz la plus fameuse de Prague.

Dans cette ville où la musique tient une place de premier choix, les amateurs de jazz ne seront pas en reste. Créée en 1958, en pleine période communiste, le *Reduta Jazz Club* a contourné les écueils de l'histoire et a su s'adapter tout en restant une référence du jazz à Prague. Salle agréable au charme suranné, assez intime, avec sièges en gradins sur 2 niveaux. Toutes les variétés de jazz : dixieland, free, big band, des formations d'un peu partout... et même du Clinton, qui y joua quelques notes en 1994. Ici, le new orleans le plus classique devient sublime, tant les musiciens mettent de cœur et d'enthousiasme à jouer. Arriver de bonne heure, car c'est vite plein !

BON À SAVOIR : • redutajazzclub.cz •

SHOPPING

21 Dénicher le cadeau à rapporter à belle-maman ou beau-papa

tel un service en cristal de Bohême ou un bijou en grenat.

Prague est une ville aux mille tentations où les bijoutiers et les verriers proposent leurs trésors rutilants ! Mais ne vous précipitez pas : après quelques heures, vous verrez les différences entre un grenat de qualité foncé ou non, ou un cristal plus ou moins bien taillé et plutôt kitsch. Faites-vous une idée des prix avec les grandes boutiques sur Melantrichova, et n'hésitez pas à pousser la porte des petites échoppes modestes pour trouver votre bonheur. En cherchant un peu, on tombe sur de véritables petites merveilles. Marionnettes et jouets en bois, porcelaine et œufs décorés complètent, s'il en est besoin, le butin.

22 Déambuler entre les stands pittoresques du marché de Noël

sur la place de la Vieille-Ville, au pied d'un énorme sapin.

Les marchés de Noël de Prague comptent parmi les plus célèbres et les plus appréciés d'Europe. Celui de la vieille ville, sur Staré Město náměstí, est le plus important, joliment décoré et brillant de mille feux. Des petites cabanes en bois y proposent nombre d'articles tels des décorations de Noël, des bougies parfumées, des tasses en céramique, des jouets en bois, des figurines en feuilles de maïs… Pour les gourmands et les frileux, il y a de quoi se nourrir et se réchauffer : pâtisseries tchèques *(trdlo)*, marrons chauds, saucisses grillées à arroser d'un bon vin chaud *(svarák)* ou d'hydromel parfumé. Sans oublier les nombreuses animations, pour ceux qui croient encore au Père Noël, mais aussi pour les grands.

22 MARCHÉ DE NOËL, SUR LA PLACE DE LA VIEILLE-VILLE

AGENDA DES FÊTES, FESTIVALS ET ÉVÉNEMENTS CULTURELS

1ER MAI : *Majáles.* Fête en l'honneur du printemps avec un défilé d'étudiants déguisés et d'un char dominé par le roi Majáles. Aussi des concerts et des spectacles de rue en soirée. Une fête bien arrosée et bien joyeuse !

2DE QUINZAINE DE MAI : *Printemps de Prague.* Le meilleur moment de l'année pour les mélomanes. Notez le tout de suite dans votre agenda ! Ce Festival international de musique classique se tient à Prague tous les ans du 12 mai (anniversaire de la mort du compositeur tchèque Smetana) à la fin du même mois. Il réunit solistes, grands orchestres symphoniques et musique de chambre venus du monde entier. Il débute toujours par le célèbre *Ma patrie* de Smetana, et se clôt sur la 9e Symphonie de Beethoven. Vous vivrez cet évènement de près dans des endroits fascinants, comme le Rudolfinum, la cathédrale St-Guy, l'église St-Jacques, le couvent de Ste-Agnès.
• festival.cz •

FIN MAI : *Festival Khamoro.* Festival mondial des tziganes et de la culture Rom. Au programme : des spectacles de musique et de danse, des représentations théâtrales, des projections de films, des expos et des discussions avec des personnalités tziganes, politiciens, intellectuels et artistes...
• khamoro.cz •

MI-AOÛT : *Prague Pride.* Apparue en 2011 et objet d'une controverse politique, la Gay Pride de Prague, qui n'en fut pas moins un franc succès, est depuis reconduite chaque année. C'est plus encore qu'une Gay Pride : une manifestation pour les droits de l'homme. Au programme : un défilé hallucinant dans le centre-ville bien sûr (de la place Venceslas à l'île des Archers en passant par l'Avenue nationale - Národní trida), concerts sur l'île Strelecky Ostrov, animations, débats, expositions, pièce de théâtre et autres. Plus de 25 000 participants sont attendus.
• praguepride.cz •

SE REPÉRER

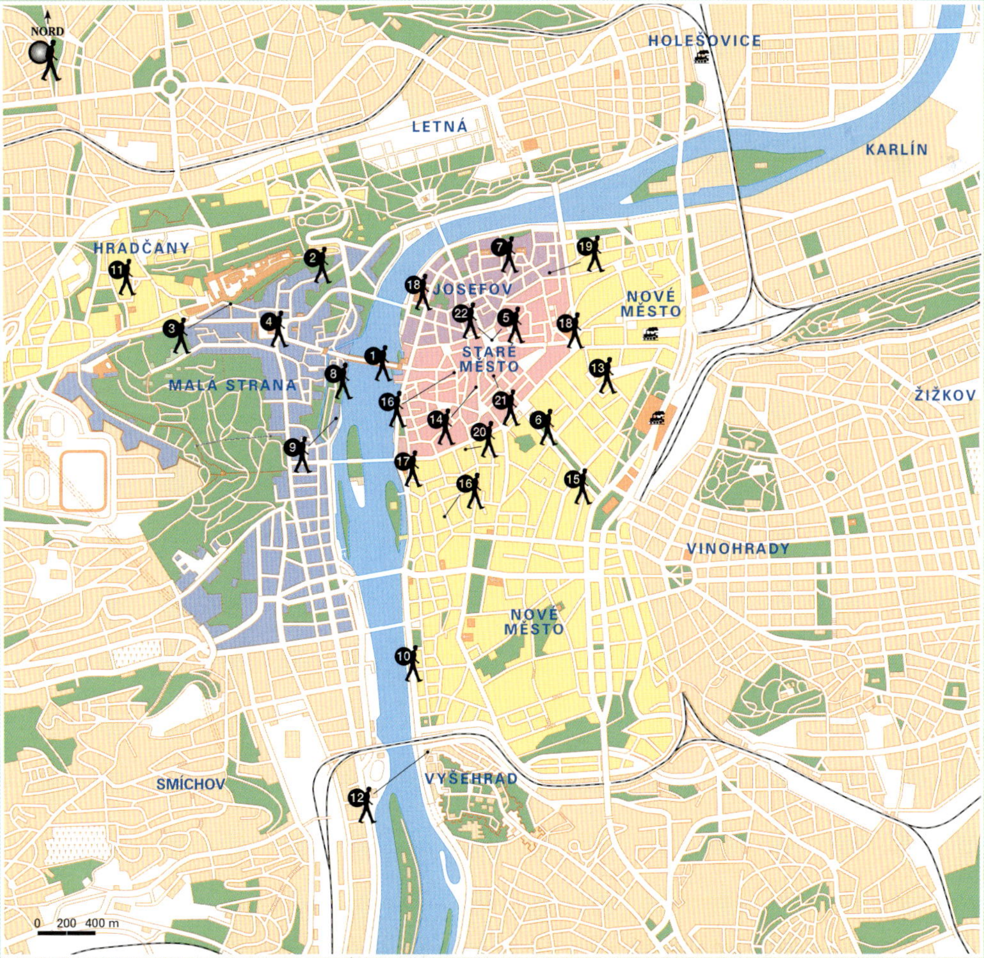

REYKJAVÍK

Située un peu au nord du 64e parallèle, Reykjavík est la capitale la plus septentrionale du monde. Avec ses rues si tranquilles, bordées de maisons de tôle aux toits colorés, et son lac peuplé de canards, on a du mal à s'imaginer dans une capitale ! Pourtant, elle recèle de solides richesses culturelles, surtout dans le domaine de l'art contemporain. La vie nocturne en fin de semaine vaut également une petite virée : les amateurs de musique live seront gâtés et n'auront qu'à faire le tour des bars pour avoir un aperçu de ce qui se fait dans le pays. Somme toute, voilà une ville attachante qui devient vite assez familière pour qu'on y passe 2 ou 3 jours sans s'ennuyer. Avec, aux portes de la ville, splendeurs naturelles, geysers et sources chaudes.

BUDGET	€€€€
CULTURE	★★☆☆
CUISINE	★★☆☆
SHOPPING	★☆☆☆
VIE NOCTURNE	★★★☆

3h20 au départ de Paris

DÉCOUVRIR

1 Commencer par visiter le Musée national d'Islande
pour tout savoir sur l'histoire de ce singulier pays.

S'il n'y avait qu'un musée à voir en Islande, ce serait peut-être celui-ci. Sur 2 étages, l'histoire du pays y est relatée, de la colonisation à nos jours, dans une remarquable muséographie. Plus de 2 000 pièces archéologiques et autres objets artisanaux permettent de retracer 1 200 ans de vie sociale et de culture islandaise, des Vikings à nos jours. Une section du musée est ainsi entièrement dédiée aux coutumes de mariage sur l'île, une autre à la photographie islandaise. Une des visites incontournables à faire à Reykjavík.

BON À SAVOIR : • thjodminjasafn.is •

2 Profiter du meilleur point de vue sur la ville
depuis le haut du clocher de la Hallgrímskirkja.

Devenue le symbole de la ville, cette église en forme de fusée est visible de loin. Œuvre de Gudjón Samúelsson (1887-1950), sa silhouette s'inspire des paysages islandais, notamment des orgues basaltiques. L'architecte n'a jamais vu le résultat de son travail : financée essentiellement par l'argent des paroissiens et commencée en 1945, l'église ne fut en effet inaugurée qu'en 1986 ! Intérieur d'une extrême sobriété, dont on apprécie la pureté des lignes ainsi que la luminosité étonnante, sans parler des orgues colossales, composées de plus de 5 200 tuyaux ! En haut du clocher, on profite d'une étonnante vue panoramique sur les maisons multicolores de la ville.

BON À SAVOIR : ouv tlj 9h-21h ; entrée libre, mais accès au clocher payant.

3 Découvrir les œuvres décoiffantes et pleines de couleur du Erró national

à la Hafnarhús, le musée d'Art de Reykjavík.

La Hafnarhús (« maison du port ») servait à l'origine d'entrepôt et abritait l'administration du port. Le bâtiment en béton brut et métal de style moderniste mérite à lui seul un coup d'œil. Il accueille désormais des expos temporaires d'art contemporain, ainsi que le fonds permanent d'Erró, alias Gudmundur Gudmundsson, célèbre peintre islandais né en 1932. Grand voyageur qui partage son temps entre Paris, l'Espagne et la Thaïlande, il a légué à la ville plus de 3 000 de ses œuvres ! Ce maître du collage, influencé par le pop art et la B.D., s'amuse à détourner les œuvres emblématiques de l'art moderne comme les affiches de propagande de régimes dictatoriaux. Idéologiquement décapant !

BON À SAVOIR : • artmuseum.is •

4 Imaginer la vie des premiers Vikings installés sur l'île

en visitant le Reykjavík 871+/-2 et l'exposition de la colonisation.

Située à l'endroit précis où furent mises au jour, en 2001, les fondations d'une ferme datant de 930 et, même, d'un mur de... 871, pense-t-on (les archéologues se réservent une marge d'erreur de 1 ou 2 ans, d'où le nom du musée), l'exposition a pour objet l'histoire du site de Reykjavík, son peuplement, etc. Muséographie particulièrement soignée, avec des panneaux explicatifs clairs, accompagnés de brillants effets sonores et visuels. On a peine à croire qu'avant d'être colonisé le site de Reykjavík était couvert de forêts de bouleaux, qu'un siècle de présence humaine aura suffit à faire disparaître. Un intelligent petit musée à ne pas manquer !

BON À SAVOIR : • reykjavik871.is •

REYKJAVÍK, LA « BAIE DES FUMÉES »

En islandais, chaque mot à une signification précise. Reykjavík ne déroge pas à la règle, étymologiquement, cela veut dire « baie des fumées » (*reykur* : fumée ; *vík* : baie). Le lieu fut baptisé ainsi par le premier colon islandais, Ingólfur Arnarson, vers 871, à la vue des vapeurs provenant de sources chaudes. Dès leur arrivée, les Vikings ont profité de ces eaux naturellement chaudes. Aujourd'hui encore, les bains de vapeur en plein air tiennent une place à part dans la vie des Islandais, qui cèdent à ce rituel été comme hiver. On compte pas moins de 5 piscines alimentées par des sources chaudes à Reykjavík.

5 Admirer les œuvres d'Ásmundur Sveinsson

l'un des maîtres de la sculpture contemporaine en Islande.

L'Ásmundursafn est un musée consacré au travail de l'artiste Ásmundur Sveinsson (1893-1982) : des sculptures massives et puissantes, inspirées par la nature et la littérature islandaises. Du très beau travail présenté dans un lieu architecturalement étonnant (un dôme d'une blancheur immaculée, flanqué de deux pyramides tronquées), construit par l'artiste lui-même, et où il vécut jusqu'à sa mort. Merveilleux espaces intérieurs, pleins d'harmonieuses perspectives, de jeux d'angles insolites et de lumière. À l'extérieur, quelques œuvres monumentales dans un environnement délicieux. Un de nos grands coups de cœur !

BON À SAVOIR : • artmuseum.is •

6 S'extasier devant l'architecture futuriste et les miroitements de l'Harpa

la salle de concerts et centre de congrès de Reykjavík.

Œuvre du cabinet d'architectes Henning Larsen et du designer Olafur Eliasson, ce prestigieux monument posé sur la mer a été inauguré en 2011. La façade, véritable kaléidoscope, est composée de plus de 10 000 vitres de formes différentes qui prennent au crépuscule des teintes fantastiques. À l'intérieur, de sublimes volumes livrent des perspectives et des angles incroyables, reflétés à l'infini par le jeu de miroirs du plafond. Le resto, tout en dénivelée au 4e étage, présente probablement l'un des cadres les plus fascinants qui soient !

BON À SAVOIR : • harpa.is •

7 Prendre une journée pour faire le circuit du Cercle d'Or

un aperçu en concentré de la magie de l'Islande.

Cette excursion à l'est de Reykjavík permet de découvrir trois sites incontournables. Inscrit au Patrimoine de l'Unesco, Þingvellir a vu naître l'État islandais. Outre les débats politiques qui s'y sont déroulés, le site est le lieu de rencontre entre les plaques tectoniques eurasienne et nord-américaine : enjamber la faille est une expérience émouvante. Un peu plus loin, les chutes de Gullfoss, dont la plus haute mesure 32 m, donnent à voir toute la puissance de la nature. Mais la manifestation la plus surprenante se trouve à quelques kilomètres de là : il s'agit du Geysir, le geyser qui donne son nom à tous les autres. Ou plus exactement le Strokkur, un autre geyser situé sur le même site, qui créé le spectacle toutes les 5-10 mn. L'eau bouillonne, forme une bulle bleue et d'un coup se propulse dans les airs à des hauteurs de 10 à 15 m !

BON À SAVOIR : adressez-vous par exemple à la compagnie *Iceland Excursions – Gray Line Iceland.* • grayline.is •

8 Aller barboter dans les eaux turquoise du Blue Lagoon

Situé à deux pas de l'aéroport international de Keflavík, une jolie façon de clore votre voyage !

Profitez de votre dernier jour pour vous rendre au célèbre Blue Lagoon. Ces bassins naturels remplis d'une eau laiteuse à 36-39 °C sont plantés au milieu d'un désert de lave. Vue de loin, l'épaisse fumée s'échappant des bassins donne au lieu des airs de bouillon de sorcière. La silice contenue dans l'eau possède des propriétés exfoliantes, et certains n'hésitent pas à se l'appliquer en masque sur le visage. Prévoir plusieurs heures pour bien profiter de ce moment de détente extraordinaire dans un environnement surréaliste.

BON À SAVOIR : pour les détails pratiques, voir • bluelagoon.is •

SAVOURER

9 Découvrir la variété des bières islandaises au *Microbar*

qui offre sûrement le plus grand choix de bières artisanales de l'île.

Les bières islandaises sont essentiellement des blondes légères et agréables, vendues en bouteilles de 33 ou 50 cl. Dans cette catégorie, on trouve surtout les grandes marques locales comme la Viking ou la Gull. Mais depuis quelques années, les brasseries artisanales se multiplient en Islande avec, souvent, de vraies réussites. Comme son nom l'indique, le *Microbar* (Austurstræti 6) est vraiment minuscule, mais ça ne l'empêche pas de proposer une carte riche d'une bonne centaine de bières, dont toutes celles brassées sur l'île ! Personnel de bon conseil et formule dégustation avec cinq verres (d'environ 15 cl).

10 Faire une expérience culinaire en goûtant au *hákarl*

un plat viking sans aucun doute !

« *Hákarl* », sous ce nom se cache de l'aileron de requin du Groenland que l'on a fait faisander pendant plusieurs mois dans le sol afin que l'urée contenue dans les chairs perde sa toxicité… Cela donne un goût étrange qui rappelle celui d'un vieux munster resté très longtemps au fond d'un placard ! On l'accompagne d'une gorgée bien glacée de *brennivín,* cet alcool de pomme de terre parfumé au carvi, au cumin et à l'angélique. Pour les plus téméraires, dégustation gratuite le week-end au marché « aux puces » de Kolaportid, où l'on peut trouver des livres, des disques, des vêtements, ainsi que toutes les spécialités islandaises.

BON À SAVOIR : le marché couvert de Kolaportid (Tryggvagata 19) se tient les samedi et dimanche de 11h à 17h.

SORTIR

11 Le week-end, faire la tournée des concerts dans les bars de Reykjavík

et danser jusqu'au petit matin.

En fin de semaine, Reykjavík se révèle, avec Berlin, Dublin et Barcelone, l'une des villes les plus festives d'Europe... Gros atouts : une vie nocturne concentrée dans un tout petit centre-ville, une scène musicale dynamique, jamais (ou presque) de prix d'entrée, peu de *face* ou de *dress control,* une grande tolérance au bruit... ça s'éclate vraiment ! La plupart des endroits où sortir sont des restos-bars qui se transforment en boîtes en fin de semaine (après le dîner), avec DJ pour faire danser l'assemblée. Ils sont presque tous ouverts jusqu'à 1h en semaine et 3h (au moins) le week-end. De quoi faire le bonheur de tous les noctambules.

BON À SAVOIR : pour le programme des concerts, procurez-vous le *Reykjavík Grapevine,* un hebdo gratuit en anglais, disponible un peu partout en ville.

SHOPPING

12 Arpenter les petites boutiques de créateurs ou de déco

Bien qu'il ne soit pas aussi réputé que celui de ses cousines nordiques, le design islandais commence à se faire une place au soleil (de minuit). Installé dans la plus vieille maison de la ville, *Kraum* (Adalstræti 10) présente les produits d'une soixantaine de créateurs islandais : vêtements, bijoux, objets de déco poétiques, etc. Filez ensuite sur Laugavegur, la principale rue commerçante. Boutiques vintage, collectifs de jeunes stylistes et griffes islandaises *(Andersen Lauth, Farmer Market, Nikita Clothing)* y ont élu domicile.

13 Faire le tour de la dynamique scène musicale islandaise au *12 Tonar*

un magasin de disques incontournable.

Repaire des amateurs de musique de tout crin, cette petite boutique située sur Skólavördustígur est aussi un label indépendant. L'endroit est convivial, canapés et lecteurs CD sont à votre disposition pour écouter tranquillement et librement tous les albums de votre choix. Le sympathique proprio vous concoctera une playlist sur mesure autour d'un thé ou d'un petit expresso gracieusement offert. Le lieu idéal pour découvrir la scène musicale islandaise.

BON À SAVOIR : • 12tonar.is •

13 LE 12 TONAR

AGENDA DES FÊTES, FESTIVALS ET ÉVÉNEMENTS CULTURELS

MAI-JUIN : *Festival des arts.* Depuis 1970, concerts, théâtre, opéra, danse et expositions mettent en avant les cultures islandaises et internationales d'hier et d'aujourd'hui. Tradition et modernité se mêlent à merveille dans cette fête de l'art sous toutes ses formes. Menée par des artistes islandais et étrangers de renommée internationale, cette manifestation est l'une des plus reconnues de l'Europe du Nord. • listahatid.is •

JUIN : *Secret Solstice.* Dans la capitale la plus septentrionale de la planète, ce festival de musique électro se vit sous le soleil de minuit ! Le soleil brille en effet sans interruption pendant les 3 jours de ce festival qui célèbre le solstice d'été. Un festival désormais très tendance, mais dans une ambiance relax baignée d'une lumière naturelle incroyable. • secretsolstice.is •

AOÛT : *Festival de jazz.* Cet événement prestigieux accueille de grands noms des scènes islandaise et internationale du jazz. Le répertoire va du gospel aux nouvelles tendances. • reykjavikjazz.is •

NOVEMBRE : *Iceland Airwaves.* Un festival de musiques alternatives initié en 1999 et largement reconnu depuis. Des artistes (musiciens, chanteurs et DJ) originaires des deux côtés de l'Atlantique enflamment la capitale islandaise en représentant tous les genres musicaux. L'un des meilleurs événements de musique alternative. • icelandairwaves.is •

SE REPÉRER

LE FORUM ROMAIN

ROME

C'est bien connu, tous les chemins mènent à Rome... Nulle part ailleurs 28 siècles d'histoire ne sont aussi présents. Rome est un véritable musée à ciel ouvert où tous les styles se côtoient dans une véritable harmonie : temples et amphithéâtres antiques, innombrables églises qui témoignent des premiers temps de la chrétienté, palais Renaissance, fontaines, places, ruelles au charme médiéval… Nul doute que la Ville Éternelle fera battre votre cœur. Sans oublier les merveilles culinaires, les balades romantiques, les quartiers branchés, les nuits festives avec les Romains… Et n'oubliez pas de jeter une pièce dans la fontaine de Trevi pour être sûr de revenir.

BUDGET	€€
CULTURE	★★★★
CUISINE	★★★★
SHOPPING	★★☆☆
VIE NOCTURNE	★★★☆

2h au départ de Paris

DÉCOUVRIR

1 S'émerveiller d'un magique coucher de soleil sur la Ville Éternelle
depuis le toit du monument à Victor-Emmanuel II.

Les Romains, amoureux à juste titre de leur ville, ont surnommé cette imposante bâtisse striée de colonnades la *macchina da scrivere* (la « machine à écrire ») ou la *torta nuziale* (le « gâteau de noces »). Une des plus belles vues qui soit sur la Ville Éternelle ! Le panorama est déjà appréciable depuis la terrasse intermédiaire. Depuis la terrasse des quadriges, vue extraordinaire sur les forums et sur la ville à 360°... Le mieux est d'y aller par temps dégagé, et surtout au coucher du soleil !

BON À SAVOIR : un bar est situé sur la terrasse intermédiaire. Attention, les places sont chères quand le ciel est beau et dégagé !

2 Se mesurer à la statue de l'empereur Constantin
dont la tête (2,60 m) et le pied (2 m) trônent au musée du Capitole.

Dans la cour intérieure des musées capitolins, on distingue les fragments impressionnants d'une statue colossale de Constantin (empereur du IVe s) provenant de la basilique de Maxence et de Constantin. La tête mesure 2,60 m, le pied 2 m… On a beau être grand et fort, on se sent vraiment tout petit.

BON À SAVOIR : en profiter pour visiter les Musées capitolins qui sont installés dans deux palais se faisant face, et reliés par une galerie souterraine (située sous le Capitole). On y trouve, entre autres, plusieurs vestiges, ainsi que les Tabulae, les archives de l'État à l'époque romaine. • fr.museicapitolini.org •

3 Visiter les quatre basiliques majeures de Rome

Saint-Pierre, Saint-Jean-de-Latran, Sainte-Marie-Majeure et Saint-Paul-hors-les-Murs, dans l'espoir d'obtenir une indulgence plénière.

Les quatre basiliques majeures (c'est-à-dire papales) de Rome sont incontournables pour tout pèlerin qui se respecte. On ne peut passer à côté de Saint-Pierre et sa place elliptique, admirable pour ses proportions un rien démesurées… Saint-Jean-de-Latran demeure un pilier de la chrétienté. C'est ici que l'empereur Constantin fit édifier la toute première basilique au IVe s. Aussi est-elle considérée comme la mère de toutes les églises du monde chrétien. La façade de Sainte-Marie-Majeure, typiquement baroque, est quant à elle flanquée d'un campanile roman qui reste le plus haut de Rome ! Enfin, ne manquez pas l'imposante Saint-Paul-hors-les-Murs, dans le quartier d'Ostiense. Précédée d'un large portique et d'un atrium, elle est la plus grande de Rome après Saint-Pierre.

BON À SAVOIR : les quatre basiliques majeures de Rome donnent droit à une indulgence plénière, celle qui, selon le catéchisme de l'Église catholique, libère totalement de la peine temporelle due pour le péché.

4 Sur la piazza Navona, aller admirer au petit matin, seul, la fontaine des Quatre-Fleuves du Bernin

Sans doute l'une des plus belles place de Rome. En son centre, le chef-d'œuvre du Bernin, la célèbre fontaine des Quatre-Fleuves *(fontana dei Quattro Fiumi)*. Sa présence rappelle les fêtes nautiques qui étaient organisées là au XVIe s, et à l'occasion desquelles la piazza Navona était inondée. D'une grotte de rocailles, ornée d'arbres balayés par le vent et surmontée d'un obélisque (ajouté judicieusement par le sculpteur pour attirer le regard des passants sur son œuvre), surgissent un lion et un cheval marin. Les grandes statues allégoriques – le Danube, le Gange, le Nil, le Rio de la Plata – symbolisent respectivement l'Europe, l'Asie, l'Afrique et l'Amérique. Élégante et ensorcelante, la belle piazza Navona est restée l'un des théâtres en plein air les plus captivants de Rome.

BON À SAVOIR : après, n'hésitez pas à vous perdre dans le centre historique de Rome, de ruelles en places, d'églises en palais.

5 S'imaginer gladiateur le temps d'une visite du Colisée

Le symbole universellement connu de Rome ! Construit entre 72 et 82 apr. J.-C., le Colisée est le plus grand édifice de spectacles réalisé par les Romains, largement imité par la suite. Au moins 50 000 personnes pouvaient prendre place sur les gradins portés par les colonnes des nombreuses galeries intérieures. Les combats de gladiateurs avaient la préférence du public. De véritables mises en scène étaient orchestrées avec des décors, maisons, arbres… Les gladiateurs étaient de vrais héros ! En signant leur contrat, ils s'engageaient à consacrer leur corps et leur vie à leur maître et à supporter « le feu, les chaînes et les coups » ainsi que « la mort par le fer ».

BON À SAVOIR : il ne prend le nom de Colisée qu'au Moyen Âge, bien après que l'empereur Hadrien ait fait déplacer la colossale statue de Néron, haute de 35 m. Le colosse frappe tant les esprits qu'il finit par donner son nom.

LE MYTHE DE LA FONDATION DE ROME

Si Rome ne s'est pas bâtie en un jour, les Romains aiment accréditer la légende de la naissance de leur ville : celle des jumeaux Romulus et Remus allaités par la louve, que l'on retrouve dans les écrits d'historiens et de poètes comme Tite-Live et Virgile. En l'an 753 av. J.-C., Romulus fonde Rome en traçant ses limites avec une charrue. Son frère, Remus, se moque de lui en sautant par-dessus le fossé dérisoire ainsi formé. Furieux, Romulus le tue en prononçant ces mots : « Ainsi périsse quiconque, qui à l'avenir, franchira ces murailles ! » Ça commence bien… Dès les origines, l'histoire romaine est marquée par le meurtre et la violence. *Insociabile regnae,* le pouvoir ne se partage pas, Tacite nous aura prévenu ! Dès lors, tous les maîtres de Rome s'en souviendront…

6 Découvrir les grotesques de la *Domus aurea* de Néron

ces fresques qui émerveillèrent de nombreux artistes comme Raphaël et Michel-Ange.

La *Domus aurea,* gigantesque résidence de Néron, occupait un tiers de la ville antique et était abondamment parée d'or, d'où son nom. Après le suicide de Néron en 68, l'ensemble est en partie détruit par le grand incendie de 104, puis rasé pour faire place au Colisée et aux thermes de Trajan. Tout semble donc à jamais disparu quand, à la fin du XVe s, des fresques antiques aussi délicates qu'élégantes sont découvertes dans ce qui ressemble désormais à des grottes. En référence au caractère « souterrain » du lieu, un terme dérivé de « grottes » s'imposa pour ces motifs Renaissance qu'on surnomma « grotesques »... Aujourd'hui, les originaux antiques sont très endommagés. Avec beaucoup d'imagination, on peut cependant apercevoir encore quelques fresques. Le clou de la visite, c'est la salle octogonale avec sa voûte représentant le ciel.

BON À SAVOIR : à deux pas du Colisée, dans le parc Oppio. Visitable sous certaines conditions susceptibles d'évoluer et sur réservation. Se renseigner. • coopculture.it •

7 S'extasier devant les trois chefs-d'œuvre du Caravage

que renferme jalousement Saint-Louis-des-Français.

L'église est surtout célèbre pour ses œuvres remarquables du Caravage, dans la cinquième chapelle de la nef gauche. Réalisées à la fin du XVIe s, ces compositions, très novatrices pour l'époque, évoquent les grandes étapes de la vie de saint Matthieu. Dans *La Vocation de saint Matthieu,* le Caravage privilégie un traitement réaliste du sujet. Il s'agit plus d'une scène dans laquelle chaque protagoniste porte le costume de l'époque, que d'un épisode biblique au sens strict du terme. Une approche audacieuse peu appréciée de ses contemporains, puisque l'artiste devra reprendre ses pinceaux pour *L'Inspiration de Matthieu,* jugée alors blasphématoire. Ce qui ne l'a pas empêché de présenter un *Martyre de saint Matthieu* tout aussi atypique et d'une rare brutalité. Œuvres superbes et effets de lumière prodigieux.

BON À SAVOIR : • saintlouis-rome.net •

8 S'interroger sur la construction de l'étonnante coupole à ciel ouvert du Panthéon

et la parfaite harmonie des colonnes.

C'est au Panthéon que le mot «monument» et l'adjectif «monumental» prennent tout leur sens. À voir aussi bien de jour que de nuit, tant sa masse impressionne. Il y a beaucoup d'endroits dans Rome où l'on peut s'exclamer que les Romains avaient le sens de la colonne, mais c'est particulièrement vrai ici ! Faire le tour de la piazza della Rotonda permet de se rendre compte des proportions de ce colosse et de détailler le portique gréco-romain (largeur : 35 m ; profondeur : 16 m ; 16 colonnes corinthiennes sculptées dans un seul bloc de granit). À l'intérieur, la plus grande coupole de toute l'Antiquité, son diamètre (43,30 m, soit 150 pieds romains) étant égal à sa hauteur (43,30 m également !). Elle est ouverte sur le ciel par un oculus central (9 m de diamètre). Quand il pleut, il pleut donc à l'intérieur ! Cette coupole servit de référence à Bramante et Michel-Ange, qui travaillèrent à la réalisation de celle de Saint-Pierre dont les dimensions ne parviennent pourtant pas à égaler celles du Panthéon…

BON À SAVOIR : on y trouve la tombe de Raphaël !

9 S'asseoir sur les célèbres marches de l'église de la Trinité-des-Monts

tout en contemplant l'animation de la piazza di Spagna.

Située au pied de la Trinité-des-Monts, la célèbre piazza di Spagna doit son nom à l'ambassade d'Espagne qui y établit son quartier au XVIIe s. Bien des projets se succédèrent pour relier l'église à la place, mais il fallut attendre 1727 pour que soit inaugurée la célèbre *Scalinata.* C'est l'un des lieux de rendez-vous préférés des Romains et des touristes, immortalisé au cinéma dans *Vacances romaines* avec Audrey Hepburn. Une fois en bas, sur la place, la Barcaccia, fontaine dessinée par le père du Bernin et marquée de l'emblème des Barberini, est une petite merveille d'ingéniosité. On comprend, lorsque les azalées fleurissent le long des 137 marches (fin mars-début avril), l'exclamation de Gabriele D'Annunzio : « Toute la beauté de Rome est contenue dans cet endroit ! »

10 Respirer une bonne dose de chlorophylle dans l'immense parc de la villa Borghèse.

Le parc de 80 ha de la villa Borghèse est un lieu magnifique chargé d'art et d'histoire. Il fut initié en 1633 pour agrémenter la propriété du cardinal Scipion Borghèse, neveu « chéri » du pape Paul V. Transformé en partie en jardin d'inspiration anglaise au XIXe s, il est ouvert au public depuis 1902. Romains et touristes se promènent avec plaisir dans ce haut lieu de respiration urbaine, doucement vallonné, et qui offre d'innombrables possibilités d'activités : on y trouve un musée, des jeux, des animations, un jardin zoologique, des bicyclettes et véhicules à pédales à louer, et des barques pour voguer sur le plan d'eau.

BON À SAVOIR : c'est ici que se trouve la villa Médicis, qui abrite l'Académie de France, ainsi que de nombreux musées dont la Galleria Borghese (voir coup de cœur n° 12).

LE BAROQUE DU BERNIN

Le Bernin joue un rôle fondamental dans l'histoire de l'art, car il incarne mieux que quiconque l'esprit et la spiritualité baroque. Lui sculpte le marbre comme d'autres la pâte à modeler ! Avec l'aide de son ami, Pierre de Cortone, il cherche à faire une synthèse des arts, dans le but avoué de glorifier le pape, d'exalter la magnificence de l'Église et la foi chrétienne. Pourtant, nul sculpteur n'a su transmettre autant de vie à la pierre. L'effet est toujours aussi stupéfiant. On a tout dit de la transparence des marbres, de l'incroyable effet dramatique, du mouvement, aérien, gracieux… Mais à chaque fois, quel choc ! Et quelle sensualité ! L'artiste fut très prolifique à Rome. À choisir on citera la fontaine des Quatre-Fleuves, piazza Navona, et l'église *Santa Maria della Vittoria* pour son *Extase de sainte Thérèse.*

11 Jeter une pièce dans la fontaine de Trevi

de la main droite en lui tournant le dos... pour être certain de revenir un jour.

Immortalisée par *La Dolce Vita* de Fellini, la fontaine de Trevi est l'une des icônes emblématiques de Rome. Elle est alimentée depuis 2 000 ans par l'aqueduc de l'Acqua Virgo, qui doit son nom à une vieille légende romaine. Cette fontaine présente aujourd'hui le visage monumental que lui a donné Nicola Salvi au XVIIIe siècle. Elle contient plusieurs allégories autour de la figure centrale de Neptune. Aujourd'hui, des hordes de touristes viennent sacrifier au rituel qui consiste à jeter une ou deux pièces par-dessus l'épaule : l'une pour un premier vœu, l'autre, avant de partir, pour revenir un jour à Rome. Malgré la foule, la fontaine reste extrêmement séduisante, aussi bien de jour que de nuit.

12 Crouler sous l'extraordinaire profusion d'œuvres

d'une des plus grandes collections privées au monde à la galerie Borghèse.

Si vous ne devez voir qu'un seul musée à Rome (vraiment ?), choisissez la galleria Borghese. Construite en 1613, elle était à l'origine un simple pied-à-terre pour la famille Borghèse, originaire de Sienne ! Elle connut une tout autre destinée grâce au cardinal Scipion Borghèse qui consacra plus de 25 ans de sa vie à l'une des plus importantes collections d'œuvres d'art d'Italie. Il prit sous son aile le Bernin, le Caravage, Rubens, le Guide, le Dominiquin... Plus qu'une entreprise de mécénat, sa villa devint l'école d'un art nouveau : le baroque romain, qui allait se répandre dans toute l'Europe. La galerie compte parmi les plus beaux musées de collection privée au monde. Les œuvres sont exposées plus ou moins comme elles l'étaient à l'origine, les visiteurs ont donc l'impression d'être invités chez les Borghèse.

BON À SAVOIR : • galleriaborghese.it •

13 Vivre la Rome moderne en mode MAXXI

musée d'art contemporain remarquable par son architecture et par ses expos temporaires.

Rome, ce n'est pas que des monuments antiques. Mettez-vous à l'heure du XXIe s. au MAXXI, l'un des rares musées contemporains de la ville. Construit sur les anciennes casernes de la ville, cet énorme bâtiment de 30 000 m² aux courbes d'acier et de béton dénote avec le quartier populaire de Flaminio. Construit sur 4 niveaux, il se dédouble ainsi : d'un côté le MAXXI Architettura et de l'autre le MAXXI Arte. À l'intérieur de l'édifice, on est frappé par ses imposants escaliers noirs et ses murs immaculés... et penchés ! L'architecte anglo-irakienne Zaha Hadid a vu les choses en grand : sept grandes salles d'expos sont desservies par l'escalier. Plus qu'un musée, le MAXXI se veut un lieu de culture, d'échanges et d'expos temporaires.

BON À SAVOIR : autre lieu résolument moderne à voir, le Musée d'Art contemporain de Rome (MACRO), dans la plaine du Testaccio. • fondazionemaxxi.it • museomacro.org •

14 Suivre le flot de cornettes pour visiter (sans passeport !) l'un des plus petits États souverains au monde, le Vatican.

Le Vatican, c'est seulement 20 ha d'immeubles et autant de jardins... mais 50 ha de propriétés extraterritoriales dans et autour de Rome ! Qui a dit que le latin était une langue morte ? C'est la langue officielle du Vatican, du moins pour les textes juridiques. La langue véhiculaire est bien sûr l'italien, et la langue diplomatique le français. Quant aux gardes suisses, ils parlent... l'allemand ! L'État émet des timbres, possède une imprimerie, un tribunal, une centrale électrique, une station de radio et une gare reliée au réseau italien. Ce minuscule État renferme des trésors : vous serez bienheureux sur la place Saint-Pierre, béat dans l'immense basilique, et aux anges au sommet de sa coupole où l'on a le sentiment d'être plus près des cieux.

BON À SAVOIR : les musées du Vatican recèlent de véritables trésors. Ce sont pas moins d'une quinzaine de musées et galeries, qui s'étendent sur 7 kilomètres, qui vous attendent (voir coups de cœur nos 15 et 16). Réservation exclusivement sur le site officiel. • museivaticani.va •

15 LA CHAPELLE SIXTINE

15 Recréer le monde dans la chapelle Sixtine

sous le chef-d'œuvre aérien et titanesque de Michel-Ange.

La chapelle (qui fait partie des musées du Vatican) fut remaniée à la demande du pape Sixte IV. Son plan est très simple : une salle rectangulaire sans abside de 40,23 m de long, 13,41 m de large et 20,70 m de haut, inspirée du temple de Salomon. La splendeur de la voûte de Michel-Ange, maître d'oeuvre du sublime *Jugement dernier* (qu'il mit 849 jours à réaliser) est à couper le souffle. Admirables séquences de la Genèse, véritables chefs-d'œuvres de délicatesse : la *Création du Soleil et de la Lune,* la *Création d'Adam* (l'une des images les plus universelles qui soient), le *Péché originel,* le *Déluge…* Les volumes extraordinaires laissent transparaître le génie du sculpteur derrière celui du peintre.

BON À SAVOIR : c'est ici que se tient le conclave au cours duquel est élu le pape...

16 Laisser déambuler ses rêves dans les magnifiques fresques des chambres de Raphaël

au musée du Vatican.

Commandées par le pape Jules II qui refusait d'habiter les appartements de son prédécesseur tant haï, Alexandre VI Borgia, les fresques furent réalisées de 1508 à 1524 (à la mort de Raphaël, elles furent reprises par ses élèves). Comme les murs étaient déjà parés d'œuvres de peintres illustres tels que Piero Della Francesca, Luca Signorelli, le Pérugin (le maître de Raphaël)…, on dut les recouvrir en grande partie. Dans son tableau *L'École d'Athènes,* Raphaël s'est amusé à mettre en scène les grands penseurs de l'histoire, dont certains ont les traits de ses amis artistes... Ainsi on y trouve Platon avec la tête de Léonard de Vinci, Héraclite en Michel-Ange (il travaillait alors à la chapelle Sixtine !), Euclide n'est autre que l'architecte Bramante. Enfin, l'homme au béret noir... c'est Raphaël lui-même !

BON À SAVOIR : • museivaticani.va •

17 Sillonner en scooter le quartier branché de la Garbatella

tel Nanni Moretti dans son film *Journal intime.*

Malgré les inévitables mutations sociales de ces dernières années, on sent encore qu'il existe ici une vie de quartier, des lieux où se tissent de vieilles solidarités. Les murs eux-mêmes, couverts d'affiches, de graffitis et de slogans politiques témoignent que les débats et contradictions du quartier sont encore bien vivaces. Car le quartier de la Garbatella était à l'origine un modèle de ville ouvrière. Aujourd'hui, c'est un quartier branché, à quelques kilomètres du centre, de plus en plus prisé par les jeunes parents en quête de chlorophylle.

BON À SAVOIR : n'hésitez pas à visionner le film de Nanni Moretti *Journal intime (Caro Diaro),* sorti en 1994, dont les premières scènes ont été tournées justement à la Garbatella.

18 Visiter la *Centrale Montemartini,* l'étonnant musée de statues antiques

installé dans une ancienne centrale électrique.

Voici un mélange de styles pour le moins détonnant. Les pièces antiques des musées du Capitole, expulsées pour cause de restauration, ont pris les commandes de la première usine électrique construite en 1912 pour éclairer la Ville Éternelle. Et ça fonctionne. Les turbines à charbon et les tuyauteries soulignent la blancheur des chairs de marbre et les courbes des statues. La magique union de l'antique et de l'industriel en somme. On y trouve également un nombre important de sculptures, résultat des fouilles entreprises au XIXe s sur le mont Esquilin ou encore lors des travaux pour le métro dans les années 1940. Les contrastes sont saisissants et la complémentarité réellement fascinante.

BON À SAVOIR : billet jumelé avec les Musées capitolins. • centralemontemartini.org.it •

SAVOURER

19 Faire bombance d'artichauts, d'agneau et de tripes, spécialités romaines

dans une *trattoria* bien typique.

Évidemment, l'un des grands moments de votre séjour : le repas dans une authentique *trattoria* pour savourer les délices de la cuisine romaine. C'est une cuisine qui se caractérise par ses influences rurales et juives. Elle est simple, saine, nutritive... et savoureuse. Elle se plaît à respecter les saisons, elle ne s'est pas vraiment éloignée de la nature et de son terroir, et est assez variée : spécialités à base de pâtes, de viande (blanche seulement), d'abats divers (les fameuses *tripa alla romana*), de poissons (malheureusement très chers à Rome) et quantité de recettes à base de légumes comme les *carciofi alla romana,* soit les artichauts à la romaine, ou le *carciofo alla giudea,* l'artichaut, débarrassé de ses parties les plus dures, est ouvert, aplati puis passé à la friture. Hmm ! Il y a aussi l'*agnello alla giudea,* recette typique de Pâques, avec une sauce à base d'œuf et de citron, la *concia,* des courgettes frites et marinées, ou encore une tourte aux endives et aux anchois.

BON À SAVOIR : citons la *Trattoria Morgana,* une petite adresse qui sort de l'ordinaire dans laquelle on retrouve toutes sortes de recettes oubliées de grands-mères romaines. • trattoriamorgana.com •

GELATI

Pas d'Italie sans glaces… après la sieste, vers 17h-18h, le rituel immuable de la *passegiata* conduit naturellement le promeneur vers son glacier attitré, pour déguster un cornetto de son parfum préféré : *alla straciatella,* au *mustazzolo, al caffe con panna, al pasticcio…* Il existe encore une multitude de petits artisans-glaciers qui utilisent des ingrédients comme le lait et la crème, le sucre, les arômes naturels ou les œufs. Leurs glaces se reconnaissent immédiatement à leur texture exceptionnelle et à leur goût délicieux. Vous serez estomaqué par la variété inépuisable des parfums.

20 Siroter d'un trait un délicieux *espresso* au *Caffè Sant'Eustachio*

l'un des meilleurs cafés de Rome.

Sans conteste l'un des meilleurs cafés de Rome ! On le piste rien qu'à l'odeur délicieuse qui flotte sur la piazza… Alors, faites comme les innombrables habitués : prenez votre ticket à la caisse, puis accoudez-vous au comptoir pour déguster – à l'italienne – les différentes spécialités de cette vénérable maison née en 1938. Les cafés importés sont issus du commerce équitable. Ils sont torréfiés sur place et font l'objet d'un savant mélange au secret jalousement gardé ; d'ailleurs les garçons se cachent des clients pour les préparer. Une poignée de tables éparpillées en terrasse aux beaux jours.

BON À SAVOIR : leurs cafés sont également vendus moulus et au poids.
• santeustachioilcaffe.it •

21 Prendre son petit déj ou l'apéro parmi les habitués du *San Calisto*

dans le quartier du Trastevere.

On se sent vite chez soi dans ce café populaire aux tables antiques posées sur cette jolie place, où rien n'est cher, des *capuccino-cornetto* du petit déj à la bière sirotée le soir au milieu d'une faune vivante, joyeuse et populaire. De tôt le matin à tard dans la nuit, une excellente adresse, pas chère, typique et animée !

BON À SAVOIR : piazza San Calisto.

22 Déjeuner sur le pouce d'un délicieux sandwichs ou *panino*

que l'on préparera devant vos yeux dans une petite épicerie.

Dans les Monti, *Zia Rosetta* propose de très bons sandwichs : *speck, bresaola* et mozzarella et autres douceurs garnissent le pain frais, que l'on boulotte sur la poignée de tables ou mieux, dans la rue… Vous pouvez aussi acheter votre charcuterie et vous approvisionner en pizza blanche ou *foccacia* dans l'une des meilleures boulangeries de Rome comme l'*Antico Forno Ai Serpenteri* dans les Monti ou le *Forno Campo de' Fiori* sur la place du même nom.

BON À SAVOIR : • ziarosetta.com • anticofornoaiserpenti.it • fornocampodefiori.com •

SORTIR

23 Faire battre son cœur à l'unisson

en se baladant et en dînant dans le charmant quartier du Trastevere.

Une balade romantique à conseiller aux amoureux. Situé de l'autre côté du Tibre, l'ancien quartier populaire du Trastevere regorge de charme : petits immeubles, échoppes d'un autre âge, labyrinthe de ruelles *(vicoli),* linge aux fenêtres et la ravissante place Santa Maria in Trastevere. C'est aussi l'un des quartiers de la ville les plus riches en restos et bars en tout genre… Beaucoup, beaucoup de monde et d'ambiance les soirs de fin de semaine, lorsque certaines rues se trouvent engorgées par des embouteillages de piétons en goguette ! Aussi appelé « *l'ombelico di Roma* » (« le nombril de Rome »), le Trastevere est, vous l'aurez compris, un quartier plébiscité par les noctambules romains. Une bonne balade, pour le plaisir des yeux, avant de s'engouffrer dans un restaurant.

BON À SAVOIR : on peut finir la promenade en grimpant sur la colline du Janicule. Merveilleux panorama sur Rome. On a l'impression de dominer la Ville Éternelle en l'embrassant du regard. Inoubliable !

24 Succomber au rituel de l'*aperitivo* en fin d'après-midi

En fin d'après-midi, il permet de s'abreuver d'un vin gouleyant ou d'un spritz tout en se restaurant d'amuse-gueules (*arancini, lasagne* et *crostini, torte,* croquettes, etc.), voire de buffets variés – c'est alors une véritable alternative au dîner classique. Un moment que les Romains apprécient beaucoup ! Dans le quartier du Trastevere, les bars ont presque tous adopté la gourmande tradition de l'*aperitivo.*

25 Partir en goguette dans le coin branché et festif du Testaccio

Pour faire la fête, cap sur le quartier de Testaccio ! Le soir, une folle animation gagne ce quartier très en vogue, particulièrement autour de la colline artificielle du Monte Testaccio, amas de tessons antiques, comme si la jeunesse romaine voulait y mêler ses propres tessons. Bars à la mode et autres boîtes de nuit foisonnent. Et il y en a pour tous les goûts !

3 LA BASILIQUE SAINT-PIERRE

26 S'encanailler dans les quartiers de San Lorenzo et du Pigneto.

Un peu excentrés, ces deux quartiers attirent les oiseaux de nuit ; les étudiants vers San Lorenzo et les artistes branchés vers Il Pigneto, même si tout ce petit monde a tendance à se mélanger lors d'*aperitivi* festifs. Peuplé de beaucoup de cheminots à l'origine, rejoints par des intellos progressistes, artistes et étudiants, San Lorenzo regorge aujourd'hui d'adresses branchées ou décalées. Quant au Pigneto, encore un peu plus éloigné, on en entend parler depuis quelques années comme le nouveau San Lorenzo. Pasolini tourna dans ces rues son premier film *Accattone* (1961), où il dépeint les banlieues de Rome, les quartiers populaires, malfamés le soir. Un demi-siècle plus tard, les artistes, *hipsters* et autres citadins branchouilles s'y retrouvent pour s'encanailler. Voici deux quartiers où il fait bon se balader pour les amateurs d'atmosphère urbaine à l'italienne, qui sont aussi d'excellents terrains d'aventures gastronomiques…

SHOPPING

27 Remplir son cabas de délicieux produits à moindre prix sur les marchés romains.

La fréquentation des marchés en plein air vous procurera des sensations olfactives... Idéal pour rapporter de l'huile d'olive, des charcuteries, du fromage, du vin. Et même des tomates séchées, des sauces pour les pâtes et, bien sûr, des pâtes ! D'intéressants marchés alimentaires, comme celui de la jolie place du campo dei Fiori, se déploient le matin dans tous les quartiers.

BON À SAVOIR : les marchés se déroulent tous les matins sauf le dimanche, de 7h30 à 13h30.

28 Faire ses provisions de *prociutto* et de *parmigiano* chez *Volpetti.*

L'épicerie fine-*salumeria Volpetti* est fameuse dans tout Rome, avec ses hardes de jambons suspendus, ses roues de fromages, ses pâtes fraîches… miam ! Les produits proviennent pour la plupart d'Ombrie, dont les Volpetti sont originaires. Sans compter un éventail de bonnes bouteilles à tous les prix ! Bon, c'est tout de même assez cher, mais nom d'une pizza, que c'est bon !

BON À SAVOIR : via Marmorat, 47. • volpetti.com •

CINECITTÀ

Immense complexe de 60 ha, Cinecittà est inaugurée en avril 1937 pour concurrencer l'hégémonie d'Hollywood. Il faut véritablement attendre les années 1960 pour que Cinecittà entre dans la légende du cinéma. Le réalisateur le plus emblématique de cette période restera Federico Fellini. Il y tournera l'impérissable *Dolce Vita* et nombre de ses chefs-d'œuvre (*Huit et demi, Casanova, Les Clowns…*), rejoignant au passage le Panthéon du cinéma italien et obtenant par ailleurs une reconnaissance internationale. Des réalisateurs de génie comme Visconti, De Sica, Rossellini (qui furent les chantres du néoréalisme) et Pasolini y posent également leur caméra. Le genre des westerns spaghetti s'implante dans les studios romains avec le crépusculaire *Pour une poignée de dollars* de Sergio Leone. C'était l'âge d'or du cinéma italien.

AGENDA DES FÊTES, FESTIVALS ET ÉVÉNEMENTS CULTURELS

FÉVRIER : *carnaval.* Défilés déguisés dans les rues de Rome, et aussi bonne occasion de déguster beignets et fritures.

19 MARS : *fête de la Saint-Joseph.* Dans le quartier Trionfale situé au pied du monte Mario, entre le Vatican et le Tibre. Fête du saint charpentier pendant toute la journée et une partie de la nuit... avec de pantagruéliques festins à base de beignets et de crêpes.

VENDREDI SAINT : *chemin de croix.* À 21h. Conduit par le pape, il débute au Vatican pour s'achever au Colisée. Le dimanche de Pâques, à 12h, a lieu la bénédiction papale.

21 AVRIL : *Naissance de Rome (Natale a Roma).* Del Campidoglio. Feux d'artifice et fiesta toute la semaine.

JUIN, JUILLET ET AOÛT : *concerts et opéras en plein air.*

24 JUIN : *fête de la Saint-Jean.* Piazza di porta San Giovanni. Une occasion de se remplir la panse avec de la *porchetta,* cochon de lait rôti, et des escargots, servis traditionnellement à l'occasion de cette fête qui n'a pas qu'un intérêt culinaire.

28-29 JUIN : *fêtes des saints Pierre et Paul.* Au Vatican. Également des feux d'artifice à Saint-Paul-hors-les-Murs le 29 juin.

15-30 JUILLET : *fête de Noantri.* Dans le Trastevere. Fête populaire où vous rencontrerez, un peu partout, l'incontournable *porchetta*... et une quantité de manifestations et d'animations, jusque sur les bords du Tibre.

FIN NOVEMBRE : *fête du Vin nouveau.* Au campo dei Fiori.

8 DÉCEMBRE : *fête de l'Immaculée Conception.* Le 8 décembre, dans l'après-midi. Présence du pape dans la foule de la piazza di Spagna.

SE REPÉRER

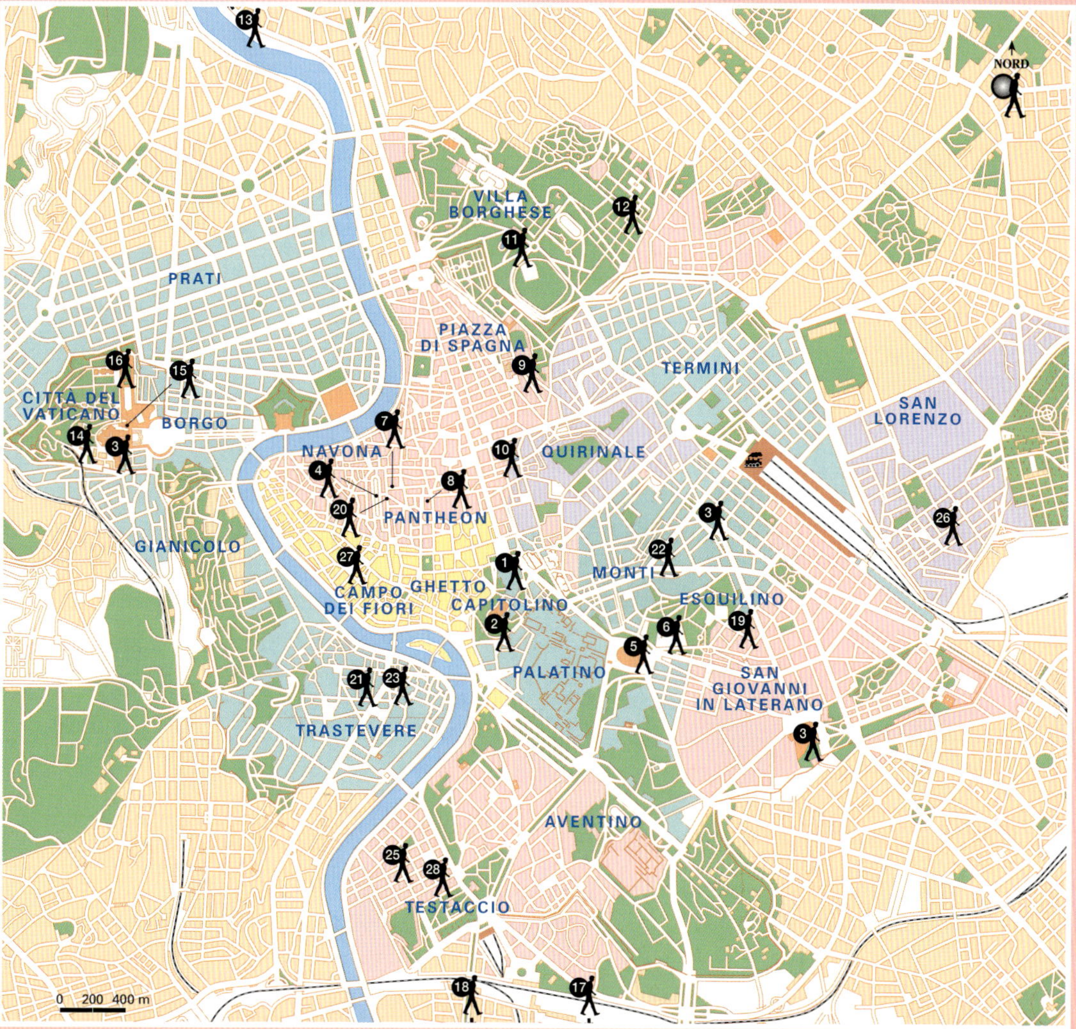

12 LE PALAIS DE LA GRANDE CATHERINE

SAINT-PÉTERSBOURG

Projection urbaine des fantasmes et des passions de Pierre le Grand, Saint-Pétersbourg fut créée de toutes pièces comme une échappée au carcan russe. Le tsar n'avait qu'une idée en tête : s'éloigner de l'âme et des coutumes russes pour ouvrir une fenêtre sur l'Europe. Cité grandiose et fastueuse, la ville est une vitrine de la puissance impériale. Capitale des tsars pendant près de 200 ans, elle en a gardé l'empreinte majestueuse. Boulevards rectilignes et larges, places et parcs imposants, reflets miroitants des canaux et de la Neva, offrent tour à tour des perspectives grandioses. Avec ses quelque 250 musées et 4 000 monuments, la ville se place juste derrière Venise en terme de constructions protégées par l'Unesco. Ce n'est donc pas sans raison que Saint-Pétersbourg est aussi appelée la « Venise du Nord ».

BUDGET	€€€
CULTURE	★★★★
CUISINE	★★★☆
SHOPPING	★★☆☆
VIE NOCTURNE	★★★☆

3h10 au départ de Paris
(en low cost, prévoir une escale)

DÉCOUVRIR

1 Visiter la forteresse Pierre-et-Paul et la cathédrale Saint-Pierre-et-Saint-Paul

noyau historique du Saint-Pétersbourg de Pierre le Grand.

C'est ici que Saint-Pétersbourg est née. En mai 1703, Pierre le Grand choisit cet endroit stratégique pour bâtir sa forteresse (en bois et en terre), parce que la Neva y est la plus large et que cette petite île dans l'île offre la meilleure sécurité. Entre ces murs, les sites à visiter sont nombreux, mais on viendra principalement pour la cathédrale, construite sur les plans de l'architecte Trezzini. La flèche domine la ville de ses 123 m (seule l'antenne TV la dépasse). Cet édifice rompt avec le style des églises russes orthodoxes : l'architecture mélange les styles européens. C'est ici que reposent la plupart des Romanov, de Pierre le Grand à Nicolas II.

BON À SAVOIR : on peut faire l'ascension du clocher, pour une vue à 42 m au-dessus du sol. • spbmuseum.ru •

2 Monter à bord du légendaire croiseur *Aurore*

amarré aux berges de la Neva, qui déclencha en 1917 la révolution d'Octobre.

L'*Aurore* ? C'est ce célèbre vaisseau qui tira le coup de canon à blanc annonciateur de l'assaut des bolcheviks sur le palais d'Hiver. L'arme en question est le 152 mm situé à la proue. Construit à la fin du XIXe s dans les chantiers navals de la ville, l'*Aurore* était le plus puissant navire de la flotte de la Baltique.

BON À SAVOIR : attention, le croiseur est parti dans un chantier naval pour se refaire une beauté en vue du centenaire de la révolution en 2017, sa date de retour n'est pas connue. • aurora.org.ru •

PIERRE IER « LE GRAND » (1672-1725)

Le tsar le plus fascinant de l'histoire ! Pierre a fait entrer la Russie dans une ère nouvelle : il impose les modes et mœurs d'Europe occidentale à sa cour, conquiert les rives de la Baltique, crée Saint-Pétersbourg au terme d'un pari fou, crée la Marine russe, fonde de nombreuses écoles et académies, et réorganise l'État, bref, ses initiatives sont incalculables. Le personnage lui-même sort du commun : gaillard de 2,04 m à la main de fer, amateur de beuveries, ouvrier hors pair, méprisant la noblesse non méritée, les curés et les rabat-joie. Vous apprendrez tout sur lui en visitant Saint-Pétersbourg…

3 Se laisser surprendre par les collections de peintures uniques du musée de l'Ermitage

installé dans l'immense palais d'Hiver.

Le musée de l'Ermitage est le plus grand musée du monde par l'étendue de ses collections (3 millions d'objets répertoriés, dont 60 000 exposés !). Pendant 30 ans, Catherine II va acquérir quelque 4 000 tableaux, 10 000 dessins, sans parler des pièces, médailles, pierres gravées, ni des dizaines de milliers de livres achetés pour les bibliothèques. Elle envoie des spécialistes dans toutes les cours européennes (Voltaire dirige ses achats en France), elle se fait conseiller par les hommes les plus illustres en matière d'art. Le XXe s va bouleverser l'histoire du musée : avec la révolution socialiste, le catalogue de l'Ermitage s'enrichit considérablement, mais là, on n'achète plus, on confisque, c'est moins cher. On rafle la plupart des collections privées. Un adage dit que si l'on s'arrête 1 mn devant chaque œuvre, on peut y passer 5 ans…

BON À SAVOIR : • hermitagemuseum.org • Ne pas négliger non plus les collections du Musée russe, qui méritent autant d'attention que celles de l'Ermitage. • rusmuseum.ru •

4 Découvrir l'étonnante église du Saint-Sauveur-sur-le-Sang-Versé

à l'architecture et à la décoration inimitables.

L'église fut édifiée à partir de 1883 à l'endroit précis où Alexandre II fut mortellement blessé lors d'un attentat. On choisit un style néomoscovite, appelé aussi Renouveau russe, ou encore néo-Renaissance. Sorte d'énorme pâtisserie colorée, avec au sommet, une envolée de cinq gros bulbes « oignons » de différentes tailles et hauteurs. La vision extérieure n'est rien comparée à ce qui vous attend à l'intérieur ! Débauche de marbre dans les soubassements, sol étonnant aux motifs en marqueterie de marbre et, au-dessus, des milliers de mètres carrés couverts de mosaïques de Smalte. Au fond, ce lourd baldaquin aux colonnes de jaspe élevé à l'endroit exact où le tsar fut tué.

5 Frissonner, dans le palais Youssoupov, à l'évocation de l'assassinat du célèbre Raspoutine

C'est le plus grand des quatre palais pétersbourgeois qui appartenaient aux Youssoupov, deuxième grande famille après celle des Romanov. La façade est longue, classique, simple et dépourvue d'ornements. On visite les appartements privés ainsi que les salles d'apparat, le tout enrichi de meubles authentiques, ainsi que le charmant petit théâtre où l'on joue encore aujourd'hui de petits opéras et de la musique de chambre. Fait historique important, c'est ici que Félix Youssoupov tendit le piège qui fut fatal à un certain Grigori Raspoutine, en 1916. On a reconstitué, à l'endroit même où cela se déroula, l'histoire de l'assassinat de Raspoutine.

BON À SAVOIR : • yusupov-palace.ru •

6 Assister à la messe du soir à Saint-Nicolas-des-Marins

au cœur de la ferveur orthodoxe.

On adore cette église, sa couleur bleue, sa taille, son style. Elle fut édifiée en l'honneur des marins au milieu du XVIIIe s par Tchevakinski sur une commande d'Élisabeth Ire. Il faut dire que nous sommes dans le quartier des marins, justement, non loin des chantiers navals de l'Amirauté. D'ailleurs, l'architecte a voulu symboliser la structure d'un bateau. L'église décline toute la panoplie décorative propre au style baroque. Dans l'église supérieure, débauche de dorures incroyables, tarabiscotées jusqu'à l'écœurement, d'icônes entourées de cadres d'argent.

BON À SAVOIR : la partie haute, est accessible seulement le dimanche, à l'heure des offices (7h, 10h ou 18h). Vraiment intéressant de voir le culte orthodoxe.

7 Embarquer pour une minicroisière sur les canaux de Saint-Pétersbourg

à la découverte de son richissime patrimoine architectural.

Saint-Pétersbourg a été arrachée aux marais qui occupaient une partie du delta de la Neva, à son embouchure dans le golfe de Finlande. Les canaux qui la parcourent et lui valent l'appellation de « Venise du Nord » étaient censés la préserver des inondations. Même si le ou la guide à bord ne parle qu'en russe, n'hésitez pas à faire une croisière sur les canaux, car il s'agit d'une agréable promenade esthétique plus que d'une visite culturelle. De nombreux embarcadères jalonnent les rives de la Moïka, du Griboïedov et de la Fontanka.

BON À SAVOIR : seulement de mai à septembre ou octobre.

8 Marcher sur les traces des plus grands écrivains russes

tels Pouchkine, Dostoïevski et Nabokov, en découvrant l'univers intime des lieux où ils vécurent.

Les appartements du poète Pouchkine, transformés en musée à la révolution, se situent dans un palais rénové au début du XIXe s. On peut y voir la missive qui déclencha le duel avec un certain Georges d'Anthès que Pouchkine accusa de cavaler derrière sa femme. Les pièces, où Dostoïevski vécut de l'automne 1878 jusqu'à sa mort en janvier 1881, furent aménagées en appartement communautaire pendant le régime soviétique mais l'appartement fut ensuite restauré d'après les écrits laissés par les proches de l'écrivain. Il y a écrit *Les Frères Karamazov.* On peut également visiter la maison natale de Vladimir Nabokov, où il vécut 18 ans et écrivit son premier recueil de poèmes.

BON À SAVOIR : • museumpushkin.ru • md.spb.ru • nabokovmuseum.org •

3 STATUE DE CANOVA, À L'ERMITAGE

9 Arpenter les artères de l'île Vassilievski

dont la pointe regroupe plusieurs magnifiques édifices datant de l'époque de Pierre le Grand.

La pointe est de l'île, nommée « *Strelka* », l' « aiguille », regorge de musées qui occupent les anciens bâtiments du port et des douanes, et c'est d'ici qu'on profite des plus beaux panoramas sur les deux rives de la Neva. Deux époques se croisent : du palais Menchikov à la Kunstkamera, c'est une fresque du baroque pétrovien du XVIIIe s. Entre l'université et les anciens bâtiments du port, c'est la plongée assurée dans le Saint-Pétersbourg classique du XIXe s. C'est sur cette île, la plus grande du delta de la Neva, que Pierre Ier pensait installer le centre administratif de Saint-Pétersbourg. En fait, il prétendait créer une nouvelle Amsterdam. À cause de l'isolement et des inondations fréquentes, le « chantier » Vassilievski fut abandonné.

10 Participer à l'effervescence des Nuits blanches

en juin, en assistant, entre autres, au spectacle de l'ouverture des ponts sur la Neva.

L'une des curiosités de Saint-Pétersbourg, ville étroitement liée à son fleuve, est l'ouverture nocturne des ponts sur la Neva, qui a lieu tous les jours d'avril à début novembre, période de navigation sur le fleuve. Tous les grands ponts se lèvent à tour de rôle à une heure précise. Ce dispositif permet aux gros navires et aux cargos de circuler sans déranger le trafic routier pendant la journée. Aller voir leur ouverture pendant la période des nuits blanches constitue d'ailleurs une véritable activité touristique. Pendant cette période, la ville est en effervescence : concerts de musique classique, de rock, carnaval à Tsarskoïe Selo, et, un peu partout, des animations dans la rue (voir l'« Agenda des fêtes, événements et manifestations culturelles »).

BON À SAVOIR : de fin mai à début, voire mi-juillet.

11 Se rendre au château de Peterhof, la résidence d'été de Pierre le Grand

et admirer ses célèbres fontaines et leurs merveilleux jets d'eau après avoir déambulé dans les salles d'apparat.

Le château est planté face au golfe de Finlande, au milieu d'un parc gigantesque qui se divise en deux parties. Ce qui fait la différence ici, ce sont les jardins, les célèbres fontaines et les incroyables jeux d'eau qui les animent, pensés pour la plupart par Pierre le Grand. Vraiment unique. Peterhof fut durant deux siècles la résidence officielle d'été des tsars de l'empire. Toute la Cour déménageait ici à la belle saison. Peterhof devenait pour un temps le centre stratégique et politique de l'État. Sans oublier les fêtes et bals déments que les tsars et surtout les tsarines (notamment Élisabeth Ire et Catherine II) y donnèrent.

BON À SAVOIR : vous pouvez vous rendre en hydroglisseur à Peterhof depuis Saint-Pétersbourg (mai-oct). • peterhof-express.ru •

12 Admirer l'incroyable chambre d'Ambre du palais de la Grande Catherine à Tsarskoïe Selo, le « village du tsar »

Vu de l'extérieur, le palais constitue un ensemble impressionnant. À l'intérieur, une bonne tranche d'histoire, et quelques pièces sublimes, à l'image du fameux salon d'Ambre que l'histoire n'a jamais laissé reposer en paix. Cadeaux du kaiser Frédéric-Guillaume Ier à Pierre le Grand, les panneaux ont été démontés par les Allemands durant le siège de Leningrad, et vraisemblablement expédiés en Prusse orientale, les nazis considérant que cette réalisation décorative faite de 6 t d'ambre faisait partie du « génie allemand ». À la fin de la guerre, les Soviétiques ont tenté de récupérer leur trésor, mais en vain. En 1979, les autorités décident de reconstituer les panneaux. Résultat : le salon a retrouvé, aux yeux de certains, son statut de huitième Merveille du monde.

BON À SAVOIR : • eng.tzar.ru •

LITTÉRATURE RUSSE

C'est souvent par les noms de Pouchkine, Dostoïevski, Gogol ou Tolstoï que la plupart d'entre nous ont entendu parler de la Russie. La littérature russe, tout comme la musique et la peinture, est pour une grande part mondiale. Il y a la littérature russe d'avant Alexandre Pouchkine, peu connue, et celle d'après Pouchkine, appréciée du monde entier. L'écrivain ou le poète russe est plus qu'un artiste : il a été une conscience sociale, politique et morale, et a rempli le rôle d'une opposition politique le plus souvent interdite, aussi bien sous le tsarisme que sous le régime soviétique.

13 Visiter le gracieux palais en arc de cercle de Pavlovsk
voisin de Tsarskoïe Selo, construit par Catherine II pour son fils.

Le lieu est gracieux, romantique, riche et personnel. Pour la réalisation de ce palais d'été dédié à Paul (Pavel) Ier, Catherine avait « prêté » un de ses architectes favoris, l'Écossais Charles Cameron, plus tard assisté par d'autres architectes réputés, comme Brenna, Voronikhine, Quarenghi ou Thomas de Thomon. Des pontes du classicisme ! De style austère mais élégant, il consiste en une partie centrale carrée coiffée d'un dôme aplati, assis sur un tambour entouré de 64 colonnes. Un portique corinthien à huit colonnes surmonte l'entrée. Plus tardivement sont venues s'ajouter deux ailes en arc de cercle, la colonnade du rez-de-chaussée soutenant une galerie raffinée, qui se referment presque totalement sur la cour.

BON À SAVOIR : à 30 km au sud de Saint-Pétersbourg. Départs ttes les 10-15 mn de la gare de Vitebsk. • pavlovskmuseum.ru •

14 Découvrir le rituel du *bania*, cousin du sauna
une pratique qui remonte à la nuit des temps.

La coutume du *bania* est très populaire, même dans les villes d'aujourd'hui. En plus, de nombreux Russes ont un *bania* dans leur datcha. Tout y a son importance : les herbes dans l'eau que l'on jette sur les pierres chauffées et qui sert à produire la vapeur ; les branches dont on se flagelle le corps (bouleau, éventuellement peuplier…) ; ce que l'on y boit (kvas, thé, bière). Tout pour le corps, tout pour la santé. À signaler que le *bania* est aussi un lieu de contact social privilégié ; beaucoup d'affaires y sont traitées. Si vous n'êtes pas accompagné d'un ami russe, observez comment font les autres. Au *bania,* les gens sont détendus, ils vous aideront avec plaisir.

BON À SAVOIR : *Yamskie bani* est l'un des bains les plus centraux et les mieux équipés. • yamskie.ru •

L'ÂME RUSSE

Qu'est-ce qui crée le mystère en Russie et fascine tant le visiteur étranger ? Une partie de la réponse se trouve dans ce que les Russes appellent eux-mêmes, non sans un soupçon d'ironie, l'« âme russe » *(russkaya ducha)*. Mystérieuse mais non secrète, l'âme slave ne s'embarrasse ni de subtilités protocolaires ni de belles manières. Bref, il est indispensable de prendre les Russes par les sentiments et de toucher leur sens de l'humour pour les voir s'ouvrir avec une facilité déconcertante et une chaleur exceptionnelle. C'est le côté méridional de ce pays, dont les frontières jouxtent le pôle Nord et qui se dispute une partie de l'archipel des Aléoutiennes avec les Japonais ! Le paradoxe que renferme l'âme russe consiste précisément à associer l'exubérance la plus latine à une subtilité tout orientale.

SAVOURER

15 S'initier aux saveurs de la cuisine russe, dans un décor de datcha

au *Dachniki Soviet Cafe*.

Nappes à carreaux, plancher en bois, avec la télé qui passe en boucle de vieux films en noir et blanc : ici, ce n'est pas le grand bond en avant mais plutôt un (gentil) retour en arrière, pour s'amuser. La nostalgie, camarade… Tous les plats russes classiques sont là : *varienniki, draniki, pielméni,* mais aussi *shashlick* (brochettes). Autre adresse à recommander pour un menu 100 % russe : *Na Zdorovie !* À peine installé, on vous présente, avec des pinces, une serviette en tissu, puis on vous laisse choisir. *Pielméni* aux bolets, *borchtch* servi dans une miche de pain, *shashlick* flambés, truite sauce aux amandes, perche au fromage et à l'aneth, veau *velikoruski* (farci aux cerises, sur lit de purée)… C'est aussi le moment ou jamais d'essayer le *kvas,* cette boisson russe pétillante à base de pain de seigle fermenté… Musique tous les soirs bien sûr, avec chants un jour sur deux.

BON À SAVOIR : *Dachniki Soviet Cafe,* Nevsky pr., 20 et *Na Zdorovie*, Bolchoï pr., 13.

16 Découvrir l'art d'accompagner sa vodka de délicieux zakouski

comme le font les Russes.

L'art d'accompagner la vodka connaît de grands raffinements. Car en Russie, c'est la nourriture qui accompagne la vodka, et non l'inverse… Certains zakouski constituent avec la vodka des alliances particulièrement harmonieuses. Citons le cornichon salé, les *masliata* (petits champignons qui, marinés, ont une consistance visqueuse), le maquereau *(skumbria)* salé, la *julienne* (petite entrée à base de champignons cuits au four) et le *kholodets* (gelée préparée avec des morceaux cartilagineux de porc).

BON À SAVOIR : au chapitre de la diversité, la vodka n'a rien à envier à ses compagnons les zakouski. Elle peut être soit parfaitement pure, soit légèrement adoucie grâce à l'ajout de certains arômes de plantes à doses homéopathiques, soit encore préparée avec des fruits rouges ou du piment marinés.

17 Prendre un chocolat comme Pouchkine au *Literaturnoye Café*

au son du piano et du violon.

C'est ici, dans l'ancienne confiserie *Wolf et Béranger,* que le poète Pouchkine s'arrêta pour boire un dernier chocolat avant d'aller se faire trucider en duel, par une froide journée de janvier 1837. Une effigie en cire du bonhomme, l'air pensif, se poste derrière la fenêtre. L'endroit a été entièrement rénové. Très XIXe s avec sa grosse moquette rouge, ses lampadaires style Empire et son piano, la salle, située à l'étage, s'ouvre d'un côté sur Nevski prospekt, de l'autre sur le canal Moïka.

BON À SAVOIR : Nevsky pr., 18. Excellent chocolat aussi au *Café-librairie Singer.* Superbe endroit au 1er étage d'un grand immeuble Art nouveau. Nevski pr., 28.

SORTIR

18 Explorer le centre d'art *Pouchkinskaya-10*
pour un bain de culture alternative.

Anciens squats des années 1980 qui furent transformés en « Société de libre culture », puis en *art center* à la fin de la décennie. Vaste complexe constitué d'une vingtaine d'ateliers, galeries et petits musées répartis dans de vieux immeubles d'habitation. Le lieu fut en son temps une véritable pépinière d'artistes dans les domaines les plus divers. Aujourd'hui plus structuré. Ici, c'est comme le gaz, il y a de l'art à tous les étages : musée des Arts anticonformistes, *Techno-art center,* expos de photomontages, temple John Lennon « de l'amour, de la paix et de la musique »... du grain à moudre pour l'esprit curieux que vous êtes !

BON À SAVOIR : au 3e étage, le *GEZ 21* propose des concerts le week-end. GEZ, cela signifie « Experimental Sound Gallery », et ça n'est pas volé ! Aussi expérimental que destroy ! • p-10.ru • gez21.ru •

19 Voir un concert de rock au *Fish Fabrique*
une institution à « Piter », qui a fêté ses 20 ans en 2014.

C'est la salle de concerts du *Pouchkinskaya-10.* Petite salle à l'atmosphère sombre, avec un bar décoré d'arêtes de poisson. Clientèle jeune et d'habitués : ici, tout le monde se connaît. Projections bizarroïdes sur grand écran le dimanche soir, ou films plus classiques. Venez-y plutôt en fin de semaine, lorsqu'un groupe de rock plus ou moins bourrin vient faire résonner ces vieux murs ! À défaut, on peut toujours se rabattre sur le baby-foot... Une terrasse dehors pour l'après-midi ou les soirées d'été.

BON À SAVOIR : • fishfabrique.ru •

20 Se payer un ticket au prestigieux théâtre Mariinski
pour assister à une représentation de ballet ou d'opéra.

Le Mariinski, c'est le plus grand théâtre d'opéras et de ballets de la ville, et toutes les meilleures compagnies s'y produisent. Énorme façade verte, néoclassique, avec les sempiternels masques et sculptures. Salle grandiose. Le Mariinski est né en 1859 sur les décombres de l'ancien théâtre du Cirque. L'année suivante, il fut inauguré par la représentation de *La Vie pour le tsar,* de Glinka, considéré comme le premier véritable opéra russe. Ici dansèrent les plus grands : Pavlova, Nijinski, Barychnikov, Noureev, Makarova. Marius Petipa (1818-1910), le grand danseur et chorégraphe marseillais, y fut maître de danse presque jusqu'à sa mort. Il mit en scène plus de 60 chorégraphies, qui restent aujourd'hui comme les plus marquantes du répertoire russe : *Le Lac des cygnes, Casse-Noisette,* pour n'en citer que deux.

BON À SAVOIR : • mariinsky.ru •

20 BALLET AU MARIINSKI

SHOPPING

21 Acheter du caviar sur un marché ou à la boutique *Beluga Deluxe.*

On peut en trouver du bon au marché (on n'a pas dit bon marché !), mais il faut s'y connaître un minimum pour ne pas acheter un ersatz. Le faux caviar à 10 € la boîte n'est pas rare et il ressemble diablement à du vrai. Il arrive même qu'on vous aborde dans la rue pour vous en fourguer. Sinon, on vous conseille la boutique *Beluga Deluxe,* à deux pas du Musée russe. On sonne pour entrer. On y vend surtout des bijoux et des fringues de luxe, mais aussi, dans un frigo près de la caisse, de petites boîtes de caviar : 9 960 R les 113 g de béluga !

BON À SAVOIR : • belugadeluxe.com •

22 Faire ses derniers achats à l'épicerie Elisséïev

sur la perspective Nevski, et admirer son architecture Art nouveau.

Le grand magasin *Elisséïev,* fermé pendant plusieurs années, a rouvert ses portes au printemps 2012. Restauré en grande partie à l'identique, il a conservé les différents départements qui avaient fait son succès dans les dernières années de la Russie impériale. Pâtisserie, charcuterie, fromage, saumon, thés, et bien entendu caviar… on y trouve tous les produits haut de gamme, russes ou non, à des prix fort peu démocratiques… Rendez-vous des Russes aisés et des touristes.

BON À SAVOIR : Nevski pr., 56. Tlj 10h-23h.

22 L'ÉPICERIE ELISSÉÏEV

AGENDA DES FÊTES, FESTIVALS ET ÉVÉNEMENTS CULTURELS

JANVIER : *Noël orthodoxe.* Le 7 janvier.

JANVIER : *Nouvel An orthodoxe.* Le 13 janvier.

MAI : *fête du Printemps et du Travail.* 1er mai.

FIN MAI-DÉBUT, VOIRE MI-JUILLET : *Nuits blanches.* En fait, il n'y a pas vraiment de dates officielles pour les Nuits blanches : elles correspondent tout simplement aux quelques semaines durant lesquelles le soleil ne se couche que 3 ou 4h par jour (et encore, pas complètement). Pendant cette période, la ville est en effervescence : les théâtres et châteaux donnent des concerts de musique classique, la forteresse Pierre-et-Paul accueille des concerts de rock en plein air, il y a un carnaval à Tsarskoïe Selo, un festival de jazz et, un peu partout, des animations dans la rue. Bref, il peut être intéressant d'y être à ce moment-là, mais gare au coût de l'hébergement, qui atteint un pic de cherté…

SEPTEMBRE : *fête de la Ville.*

NOVEMBRE : *Jour de l'Unité du peuple.* 4 novembre.

SE REPÉRER

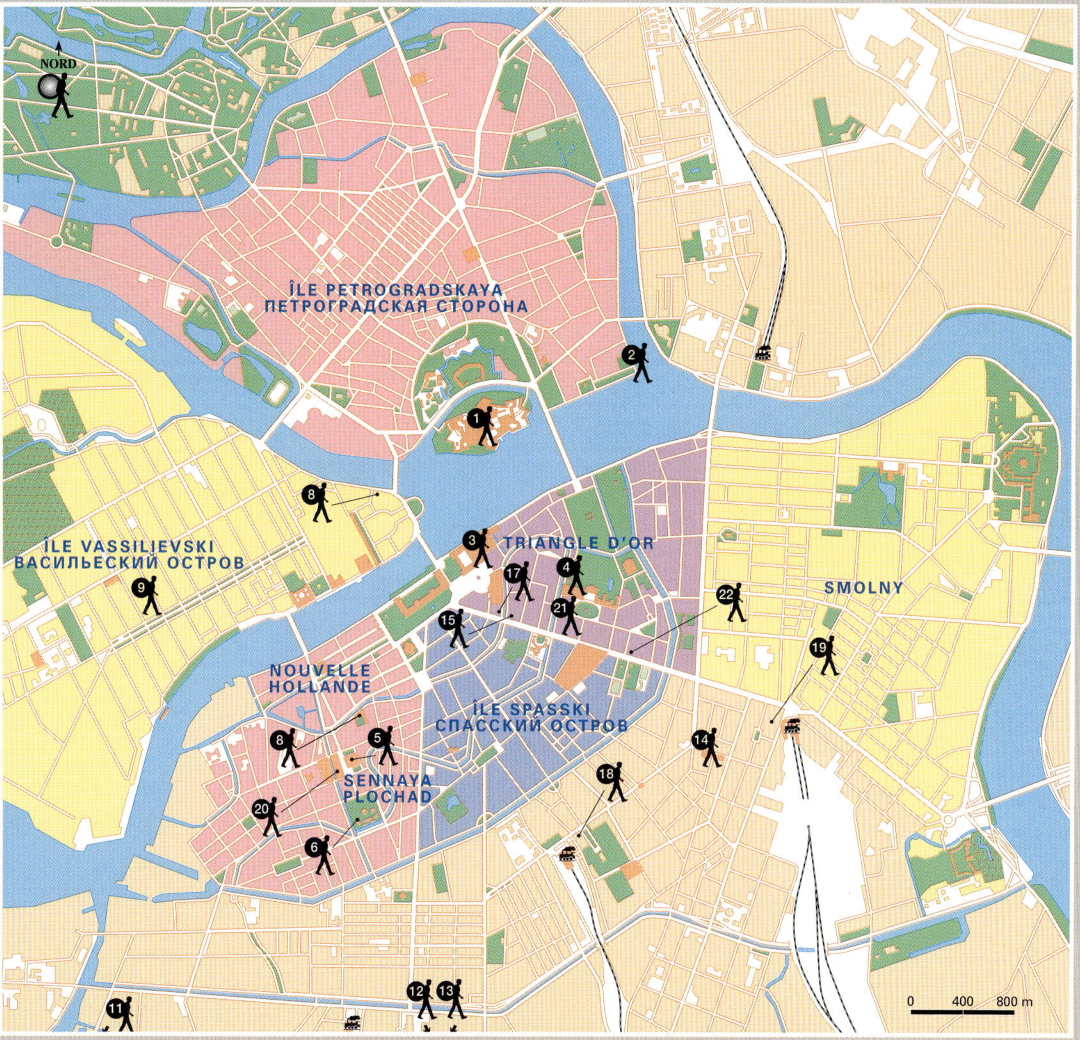

1 LA GIRALDA

SÉVILLE

Séville c'est le cœur de l'Andalousie. Cité phare de l'histoire espagnole, où les cultures chrétienne et musulmane ont vécu une « émulante » cohabitation, la ville étale fièrement ses monuments le long du Guadalquivir. Bien sûr, il faut les visiter, mais il faut aussi flâner dans les quartiers populaires, arpenter les ruelles pavées bordées de bâtisses colorées aux toits envahis d'herbes folles qui fleurissent au printemps, pousser les portes des patios couverts d'azulejos, s'enfoncer dans les jardins luxuriants qui parsèment la ville. Il faut découvrir aussi l'effervescence surréaliste les soirs de week-end, passer de bars à tapas en bars à vins, faire connaissance, partager la bonne humeur de ses habitants. Séville, un choc architectural bien sûr, un coup de cœur avant tout. On comprend qu'elle ait inspiré tant d'artistes.

BUDGET	€€
CULTURE	★★★☆
CUISINE	★★★★
SHOPPING	★★☆☆
VIE NOCTURNE	★★★★

2h20 au départ de Paris

DÉCOUVRIR

1 Se sentir tout petit face à la grandiose cathédrale
coiffée de sa sublime Giralda, un ancien minaret transformé en clocher.

Comme beaucoup d'édifices catholiques de la région, celui-ci fut bâti sur l'emplacement d'une mosquée édifiée au XIIe s, dont il ne subsiste que la Giralda et le beau patio de los Naranjos. Les chanoines qui en conçurent le projet, au XVe s, voulaient que l'édifice soit si grand que ceux qui le verraient penseraient qu'ils étaient fous. Résultat : transformée en gigantesque cathédrale, c'est la troisième du monde par sa taille et la plus large de toutes les cathédrales gothiques ! Dominant cette masse du haut de ses 97,50 m, on reste frappé par l'élégance et la légèreté que les arabesques et les aérations confèrent à la Giralda, l'ancien minaret transformé en clocher, jadis l'un des bâtiments les plus hauts du monde. À son sommet, superbe panorama sur Séville, dont les environs se diluent dans l'intense lumière.

BON À SAVOIR : • catedraldesevilla.es •

2 Flâner dans l'Alcázar et ses splendides jardins
véritable oasis de fraîcheur en plein cœur de la ville.

Classé au Patrimoine mondial de l'Unesco, l'Alcázar se compose d'un ensemble de superbes palais et de patios, construits, décorés, rénovés par différents monarques au fil du temps. Son histoire commence au Xe s, quand le calife omeyyade Abderraman III ordonna la construction d'une forteresse à l'emplacement de l'actuel palais. Au fil des siècles, tous les illustres occupants de l'Alcázar ajoutèrent leur pierre à l'édifice, ce qui explique que se mélangent allègrement le mudéjar, le gothique, le baroque et tous les styles intermédiaires. Les jardins sont magnifiques et offrent au promeneur une fraîcheur non négligeable aux heures les plus chaudes de la journée. L'Alcázar est un lieu unique qu'on ne se lasse pas d'apprécier.

BON À SAVOIR : • alcazarsevilla.es •

JARDIN SECRET

Bien avant les Arabes, ce sont les Romains qui instituèrent l'ordonnancement de l'habitat autour du patio, petite cour centrale non couverte. Cette organisation fut développée par les Arabes. Le patio possède de multiples avantages. Il permet d'avoir le sentiment d'être chez soi tout en étant à l'extérieur, il protège autant des regards curieux que du soleil. La chaleur y est moins forte et la lumière moins crue. C'est un lieu de réunion, de rencontre de toute la famille. Une multitude de géraniums furieusement rouges et autres plantes en pots en tapisse souvent les murs, tandis qu'une fontaine centrale fait bruire un filet d'eau rafraîchissant. Cet art du patio doux et fleuri, oasis de fraîcheur et de paix, on ne le trouve nulle part ailleurs qu'en Andalousie.

3 Se perdre dans le lacis de ruelles médiévales du quartier de Santa Cruz

entre arcades et placettes.

Bâti sur les fondations de l'ancien quartier juif coincé entre l'Alcázar et la cathédrale, le *barrio* de Santa Cruz est probablement le quartier le plus enchanteur de Séville sur le plan historique et architectural. On peut commencer par le patio de las Banderas, en sortant de l'Alcázar, et se rendre sur la magnifique plaza de Doña Elvira. Ensuite, le mieux est de se perdre joyeusement au hasard de ces belles ruelles tortueuses. On découvre de superbes demeures aux couleurs chaudes et aux balcons richement fleuris, des façades ouvragées, des patios endormis, et l'on finit attablé devant une carafe de sangria sous les orangers. Santa Cruz, c'est l'Andalousie des cartes postales !

4 Détailler les somptueux retables baroques de l'église del Divino Salvador

incontestablement les plus beaux de la ville.

Cette église, la plus importante de Séville après la cathédrale, est l'une des œuvres phares de l'art baroque espagnol. Bâtie à l'emplacement de l'ancienne grande mosquée, rasée au XVIIe s, elle est célèbre pour ses somptueux retables baroques (une quinzaine, tous du XVIIIe s). Extraordinaire et monumentale porte de la chapelle des sacrements. Colossal maître-autel avec ses 21 m de haut sur 10 m de large ! Admirable sainte Anne apprenant à lire à Marie enfant (ah ! le réalisme de ses joues flasques, ses mains déformées par la vieillesse). Que l'on aime ou pas ce style ornemental chargé, ces cascades d'angelots dorés, ces christs pathétiques et sanguinolents, comment rester de marbre devant un tel ensemble ?

BON À SAVOIR : pl. del Salvador.

5 Sonder les mystères de l'âme andalouse

au musée du Flamenco.

Créé sous l'impulsion de Cristina Hoyos, danseuse et chorégraphe internationale, il présente une muséographie totalement en phase avec son sujet, la danse du flamenco, en utilisant à cette fin toute la technologie moderne. Dans une succession de pièces et d'espaces, on découvre de façon interactive le monde du flamenco, sa musique, son chant, son art, à travers archives sonores, photos, vidéos, sans oublier les objets et costumes offerts par quelques étoiles nationales.

BON À SAVOIR : le musée propose par ailleurs des cours de danse, chant, guitare, *compás* (rythme) pour tous niveaux, ainsi que des spectacles de flamenco de très bonne tenue chaque jour à 19h et 20h45.
• museodelbaileflamenco.com •

6 Flâner sur la grandiose plaza de España
et laisser défiler devant soi toute l'histoire de la péninsule Ibérique.

La place d'Espagne, à Séville, est à elle seule un véritable petit bijou. Grandiose, aérée, elle forme un demi-cercle de 200 m dans lequel s'élèvent les installations bâties pour l'Exposition hispano-américaine de 1929. Gracieux, élégants, les pavillons ont été construits avec des matériaux nobles : brique, azulejos, pierre. On croirait le palais d'un roi ! Remarquez les 48 bancs d'azulejos : leurs carreaux de faïence racontent toute l'histoire des provinces d'Espagne, par ordre alphabétique. Quant aux quatre élégants ponts enjambant les bassins, ils symbolisant les royaumes de la couronne d'Espagne : Castille, Aragón, León et Navarre. Aujourd'hui, les parcs, les bassins et les arcades des pavillons accueillent tous les week-ends des milliers de Sévillans qui viennent s'y balader. On peut d'ailleurs louer des barques sur le bassin entourant la place.

BON À SAVOIR : la plaza de España s'ouvre sur le parque María Luisa, grands jardins luxuriants aménagés eux aussi à l'occasion de l'Exposition de 1929 et dessinés par le Français Forestier. Une oasis de verdure où il fait bon se promener l'été, à l'ombre de ses orangers, palmiers, magnolias et eucalyptus.

7 Découvrir les toiles des plus grands maîtres espagnols
et en particulier de l'école sévillane, au musée des Beaux-Arts.

Installé dans un ancien couvent du XVIIe s composé de trois patios et d'un cloître, le cadre du musée des Beaux-Arts vaut à lui seul le détour. Les œuvres présentées s'étendent de l'art médiéval espagnol jusqu'au début du XXe s. Au fil des salles, on pourra admirer de brillants chefs-d'œuvre du Greco, de Velásquez, Domingo Martínez ou Valdés Leal, entre autres. Parmi les points forts de la collection, une quinzaine d'œuvres superbes de Murillo, et une salle consacrée à Zurbarán qui dévoile quelques chefs-d'œuvre, notamment ce *Cristo crusificado* (1635-1640), un christ noir et blanc au visage magnifique.

BON À SAVOIR : tous les jeudis soir, l'été, on danse le tango sur la place ; ses amateurs peuvent se lancer ! • museodebellasartesdesevilla.es •

8 Admirer les plus beaux sols en mosaïques qui soient
au palacio de la Condesa de Lebrija.

Palais construit au XVIe s, mais les aménagements apportés par sa dernière propriétaire, la comtesse de Lebrija, au début du XXe s, lui ont conféré un style mudéjar-Renaissance parfaitement réussi. Cette grande voyageuse et collectionneuse a fait de sa demeure un véritable musée : elle n'hésitait d'ailleurs pas à en déplacer les murs pour installer certaines pièces ! Au rez-de-chaussée, tous les sols du vaste patio sont recouverts de magnifiques mosaïques romaines provenant du site d'Itálica. De fait, la comtesse a conçu les pièces au format de celles-ci. Rien que cela ! Tout autour s'ouvrent les pièces de réception, où des vitrines présentent des collections archéologiques, ainsi que d'autres mosaïques d'Itálica. Un must !

BON À SAVOIR : • palaciodelebrija.com •

6 LA PLAZA DE ESPAÑA

9 Se poser à l'ombre du Metropol Parasol

étonnante construction en bois, l'une des plus grandes du monde, qui recouvre la plaza de la Encarnación.

Parasol haut de 28 m, cette structure moderne, que les habitants ont rebaptisée *las Setas* (les champignons), recouvre la plaza de la Encarnación et protège les Sévillans du soleil sur 11 000 m². Véritable défi architectural conçu par le Berlinois Jürgen Mayer, primé d'ailleurs pour ce projet. Son toit ondulé formant une grille tramée fait penser à un nid d'abeilles et son rez-de-chaussée à une ruche, dans laquelle nichent des boutiques chic. Une plateforme-promenade panoramique occupe le sommet de la structure, doublée d'un resto de 300 m², tandis qu'au sous-sol, se trouve l'Antiquarium, un intéressant petit Musée archéologique.

BON À SAVOIR : • setasdesevilla.com •

10 Ne pas manquer la casa de Pilatos

admirable expression de l'art mudéjar et d'un art de vivre d'un raffinement extraordinaire.

Ce superbe palais construit aux XVe et XVIe s est une des demeures seigneuriales les plus éblouissantes de Séville. Son nom viendrait de Ponce Pilate, dont la maison à Jérusalem aurait en une certaine ressemblance avec celle-ci. Dans le patio principal, sous les arcades finement ouvragées, de superbes panneaux d'azulejos tous différents et, à chaque angle, des statues grecques et romaines. Dans les corniches, bustes d'empereurs romains rapportés d'Italie. Les salles autour du patio présentent toutes un intérêt et leurs portes d'accès sont de remarquables exemples de marqueterie. Certaines sont tapissées de stucs et d'azulejos impressionnants. Quant aux jardins, ils sont eux aussi magnifiques.

BON À SAVOIR : entrée gratuite mer 15h-19h pour les ressortissants de l'UE. • fundacionmedinaceli.org •

11 Filer dans la Macarena, quartier paisible parsemé de belles églises

et en profiter pour aller saluer la Vierge de l'Espérance si chère au cœur des Sévillans.

Loin de l'agitation du centre, ce quartier populaire vit encore au rythme de ses habitants. Pas de grands monuments, certes, mais la promenade par la calle San Luis et la calle Feria est vraiment plaisante et permet de découvrir quelques belles églises. Un petit air libertaire pas désagréable du tout flotte sur ce quartier où fleurissent les graffs, les associations culturelles et les écoles de flamenco. Ne pas manquer la basilique de la Macarena. Celle-ci est célèbre pour sa statue baroque de la Vierge de l'Espérance (œuvre anonyme du XVIIe s), connue sous le nom de « la Macarena » et objet d'une gigantesque vénération qui amène souvent à la confondre avec la patronne de Séville. Sa sortie, le Jeudi saint à minuit, constitue l'un des temps forts de la Semaine sainte.

12 Flâner dans le *barrio* de Triana

quartier à la fois mythique, tendance et populaire où rayonnait, il y a peu, la communauté gitane.

Il suffit de passer un pont pour découvrir l'un des plus charmants quartiers de Séville. Oh ! rien de grandiose, non, surtout une multitude de petits instants à saisir au passage et qui, petit à petit, permettent de comprendre ce qui rend cet ancien quartier d'ouvriers, de céramistes et de gitans si emblématique. On flânera au hasard à travers les rues avant de conclure la balade sur la calle Betis, qui offre une vue imprenable sur Séville et le Guadalquivir. Le muret qui court le long de cette longue rive branchée constitue la meilleure terrasse de toute la ville. La brise du fleuve, une petite friture de poisson : le bonheur est juste de l'autre côté du pont (de Triana) ! On y vient aussi pour écouter du flamenco (voir la rubrique « Sortir »).

BON À SAVOIR : éviter la balade à l'heure de la *siesta* (16h-17h) : c'est mort, comme un peu partout dès que la chaleur monte.

LES ORANGERS DE SÉVILLE

Ce sont les marchands arabes qui introduisirent l'orange en Espagne vers l'an 1000, ainsi que l'alambic pour la distiller en huile de néroli (huile essentielle de parfumerie). Ces orangers amers (bigaradiers en français) sont couramment nommés en espagnol « naranjos de Sevilla ». Le fruit, trop amer pour être mangé cru, sert donc à fabriquer la marmelade anglaise et entre dans la composition du Cointreau ou du Grand Marnier. Plus simplement, les orangers de Séville, qui embaument délicieusement la ville au printemps, servent de base à l'eau de fleur d'oranger.

9 LE *METROPOL PARASOL*, DE JURGEN MAYER-HERMAN

SAVOURER

13 Faire la tournée des bars à tapas, comme les Sévillans

histoire de tester plusieurs adresses au cours de votre itinéraire.

Dans le genre, on trouve de tout. D'abord, les bars les plus traditionnels, où fritures, poissons marinés et autres *montaditos* (petits sandwichs) s'avalent debout au comptoir, assumant leur vocation première d'éponger la *cerveza.* Mais aussi de vrais petits restos, où l'on vient plus manger que lever le coude. Ce genre de lieux proposant des tapas réinventées, innovantes, voire gastronomiques se multiplient. On peut parfois y manger assis, et l'avantage, par rapport à un restaurant, c'est qu'au lieu de tester un plat on en goûte trois (ou plus, ou moins, selon son budget, l'appétit ou la taille des tapas).

BON À SAVOIR : au cours de votre itinéraire, passage obligé par *La Cava del Europa.* Coup de cœur absolu pour ce bar moderne qui sert des tapas gastronomiques à des prix très doux. Le lieu a été décoré 4 années consécutives du « prix de l'innovation et meilleures tapas de la ville », c'est tout dire ! • bareuropa.info/lacavadeleuropa •

14 Faire une orgie de *jamón* (jambon !)

et, au moins une fois, s'offrir le luxe de déguster un *jamón ibérico de Jabugo,* le prince des jambons espagnols.

L'Andalousie est connue pour ses jambons de montagne, qui ont transpiré en été et séché à l'air libre en hiver, selon une méthode ancestrale rythmée par les saisons. Il y a d'abord le *serrano,* du mot *sierra* (montagne), issu du porc blanc domestique, exposé pendant 1 an à l'air vif des Alpujarras. On le trouve partout, c'est le moins cher. Le *serrano* ne peut toutefois rivaliser avec le *jamón ibérico,* issu de porcs de race ibérique et de couleur noire, d'où le nom de *pata negra* (pattes noires). Élevés en liberté et nourris aux glands *(de bellota),* ils ne sont pas tués avant l'âge de 14 mois. Dans cette catégorie, le top du top, c'est le *jamón ibérico de Jabugo* : très, très cher, mais on atteint ici le sublime !

15 Craquer devant les douceurs de la *Confitería La Campana*

la pâtisserie historique de Séville.

Ouverte en 1885, la *Confitería La Campana,* à la superbe façade en bois sculpté avec panneaux de verre peints façon Mucha, est une véritable institution et un lieu de rendez-vous très populaire auprès des Sévillans. Il faut dire que sa terrasse, animée du matin au soir, est stratégiquement placée à l'entrée de la calle Sierpes. Dans le genre riche, fameuses pâtisseries à la crème (la *bamba de nata* est une bombe !), et puis meringues moelleuses, *yemas sevillanas* (vendues aussi dans de jolies boîtes en fer), fruits confits pour les amateurs. Parfait aussi pour un petit déj (excellent chocolat chaud).

BON À SAVOIR : c/ Sierpes, 1.

SORTIR

16 Siroter un verre au bar de l'*Alfonso XIII*

pour profiter du cadre enchanteur du plus bel hôtel d'Andalousie.

Cette merveille, construite pour l'Exposition internationale de 1929, est considérée comme le plus bel hôtel d'Andalousie. L'*Alfonso XIII,* c'est presque un monument, avec son impressionnante façade d'inspiration mudéjare, son immense patio couvert d'azulejos, ses galeries gigantesques et, bien sûr, ses chambres luxueuses, décorées dans un style andalou, mais finalement pas si grandes et plutôt… très très chères (ici, on vous taira les prix !). Ceux qui voudraient tout de même profiter du cadre enchanteur pourront toujours aller y boire un verre et goûter, pourquoi pas, l'Alfonso XIII (brandy, Dubonnet et champagne). Ou y manger : la cuisine, raffinée, n'est pas donnée mais elle reste abordable.

BON À SAVOIR : • hotel-alfonsoxiii-sevilla.com/fr •

17 Passer une nuit blanche dans le quartier de Triana

de bar flamenco en bar flamenco et de *bodega típica en bodega típica*

En soirée, cap sur le *barrio* Triana, un quartier qui a au moins deux visages. Celui, branché, de la calle Betis, une des rues favorites de la jeunesse sévillane. Et l'autre, plus populaire, fier de ses racines *trianeras,* entretenant une vie nocturne axée sur le flamenco et la *sevillana,* que l'on danse dans les boîtes du corso de Salado accompagné par de petits groupes de musiciens locaux. Car Triana est le berceau de nombreux grands artistes de flamenco. Ce chant libre qui était la fierté, l'expression des pauvres qui se réunissaient dans les tavernes. On ne se lasse pas d'arpenter ce quartier à la fois mythique, tendance et populaire, qui ne s'est jamais départi de son addiction au *cante jondo*. La plupart des bars où l'on peut voir du flamenco, programmé ou spontané, se trouvent ici. Déambulez l'oreille dressée, et vous trouverez certainement votre bonheur. En revanche, soyez prévenu, tout commence très tard.

BON À SAVOIR : c'est aussi le quartier des boîtes de salsa (moins typique !).

QUELQUES SÉVILLANS CÉLÈBRES

C'est dans une fabrique de cigares du quartier de Triana que Prosper Mérimée aurait rencontré une femme qui lui inspira le personnage de Carmen, l'héroïne de son roman écrit en 1845 et dont Georges Bizet tira un opéra qui fit le tour du monde. Femme sensuelle et impétueuse, Carmen incarne la liberté d'aimer et la passion espagnole. Autre figure tutélaire de Séville, Miguel de Mañara, personnage du XVIIe s à la vie dissolue qui aurait inspiré à Molière son Don Juan. Dans la catégorie artistes, citons Velázquez, le peintre officiel du roi Philippe IV, né ici en 1599. Sans oublier Murillo, l'autre grand artiste espagnol du XVIIe s, ou Fray Bartolomé de Las Casas, le premier prêtre à avoir été ordonné au Nouveau Monde, ou encore le poète Antonio Machado. Mais aussi Beaumarchais, dont le fameux Figaro n'est autre que le « barbier de Séville »…

FLAMENCO OU *SEVILLANA*

Séville a dû bien changer depuis que Carmen ne danse plus chez *Lillas*, mais elle n'a pas perdu ses traditions. Le flamenco y est bien présent, mais plus vivante encore est la *sevillana*, ce dérivé de la séguedille, danse très populaire au XVIIe s. On la danse le soir dans les boîtes du corso de Salado, à Triana. Là, on s'aperçoit que la *sevillana* – et à plus forte raison le flamenco – ne s'improvise pas. Les couples virevoltent avec grâce (ou pas...). Outre la technique, la *sevillana* demande un talent inné pour être bien dansée. Allez donc faire un tour à Triana, un vendredi ou un samedi soir. Pour écouter du flamenco, aller à la *Casa de la Memoria de Al-Andalus* • casadelamemoria.es •. Ce vieux palais andalou a gardé toute sa splendeur et son élégance orientale. On vous conseille aussi de feuilleter *El Giraldillo*, qui vous donnera tous les renseignements sur les bars qui programment du flamenco. Ou de consulter le site • andalucia.org/flamenco • ou celui du guide *Flama* • guiaflama.com • Sinon, vous pouvez toujours vous faire tout petit pour essayer de vous infiltrer dans une *peña flamenca*, ces clubs réservés aux aficionados...

18 S'abandonner à la tradition de la *marcha*

et suivre cette vague festive unique qui démarre à la tombée de la nuit du côté de la plaza del Salvador.

Une fois la nuit tombée vous goûterez à tout ce qui fait la réputation des fêtes authentiques. La jeunesse sévillane envahit alors les places de la ville pour d'incroyables rassemblements festifs. On appelle ça la *marcha*. Vieille tradition ici, puisque Séville est la ville dans laquelle l'animation nocturne est la plus vivante d'Europe depuis le XVIe s. Autour de la plaza del Salvador, une des plus jolies de Séville, le soir et surtout le week-end, le quartier se transforme en gigantesque rassemblement de jeunes (et moins jeunes), attirés par toute une guirlande de bars. Un endroit qu'il faut absolument découvrir !

BON À SAVOIR : ne pas quitter la ville avant d'avoir traîné également un soir dans le quartier de l'Alameda de Hércules : on se croirait à Barcelone ! Mais attention, en été, quand les étudiants désertent la cité, l'ambiance se fait un peu la malle, elle aussi...

13 LA TOURNÉE DES BARS À TAPAS

LA SEMAINE SAINTE

SHOPPING

19 Faire ses emplettes au marché de Feria

l'un des plus anciens et des plus authentiques de Séville, dans le quartier de Triana.

Une quinzaine d'échoppes toutes carrelées nichent sous les arcades de ce joli marché alimentaire couvert, crépi de blanc. Ambiance sympathique autour des stands où l'on vend le poisson à la criée, tous les matins sauf le lundi. S'y trouve aussi un bon petit resto, *Cantina,* où l'on cuisine le frais, directement de l'étal à l'assiette. Le jeudi se tient dans la rue Feria la bien nommée brocante *El jueves,* et ce depuis plusieurs centaines d'années, rien que ça. Antiquités, vieilles affiches de la feria, vinyles des années 1960 et toutes sortes de babioles… Venir tôt si vous voulez faire des affaires.

BON À SAVOIR : au cœur de la rue Feria, à côté de l'église Omnium Santorum ; tlj, jusqu'à 14h env.

20 Alourdir sa valise de quelques carreaux d'azulejos

fleuron de l'artisanat sévillan.

La céramique est le maître mot de l'artisanat sévillan. Même sans acheter, un vrai plaisir pour les yeux ! Direction le quartier de Triana, La Mecque de la céramique à Séville : la calle Antillano Campos en propose de belles. Sinon, on recommande la *Cerámica Nazaret* (calle Feria, 15), qui présente d'authentiques azulejos anciens (à partir du XVIe s) à prix pas exorbitants pour un souvenir bien plus original qu'une pâle copie achetée dans une boutique de musée. Antonio, le patron, est un passionné, il n'hésitera pas à vous sortir ses bouquins pour vous expliquer la symbolique des motifs, la rareté de certains pigments…

AGENDA DES FÊTES, FESTIVALS ET ÉVÉNEMENTS CULTURELS

MARS-AVRIL : *Semaine sainte.* Du dimanche des Rameaux au dimanche de Pâques, toute l'Espagne est en fête. À Séville, la tradition de la Semaine sainte est particulièrement forte : ce sont plus de 60 confréries qui, tout au long de la semaine, animent la ville par leurs défilés. Une semaine où la ville revêt une nouvelle personnalité, où elle devient piétonne et sent bon la fleur d'oranger. Un véritable enchantement pour le voyageur. La nuit du jeudi au vendredi est l'occasion de la Madrugá – moment inoubliable – au cours de laquelle les six confréries les plus importantes défilent tout au long de la nuit. Nuit de culte, nuit de vie, nuit de piété, nuit de spectacle, nuit d'émotion. Bars et restaurants restent ouverts pour vous permettre de tenir le coup, vous qui irez de procession en procession jusqu'aux petites heures de l'aube. Ne manquez sous aucun prétexte la procession des gitans, pendant laquelle des chanteurs scandent des *saetas,* incantations poignantes et déchirantes, à vous retrouver à genoux, tout mécréant qu'on soit ! Quant à celle, éblouissante, de la basílica de la Macarena, dont la renommée de sa Vierge dépasse largement les frontières de la ville, ne pas manquer de la voir défiler à l'aube du Vendredi saint accompagnée de plus de 2 000 pénitents ! Sachez aussi que, à Séville plus qu'ailleurs, trouver au dernier moment une bonne place pour assister à une procession est une vraie gageure.

AVRIL-MAI : *feria.* L'événement festif emblématique de Séville. Elle a lieu tous les ans, 1 ou 2 semaines après la Semaine sainte, vers la fin du mois d'avril en général (parfois début mai). Entre les avenues Ramón de Carranza et Garcia Morato, dans le quartier de Los Remedios, la feria de Séville invite à découvrir un étonnant rassemblement de couleurs, de danses et de joies simples, aux racines paysannes. Au programme : corridas, cirque, spectacles et attractions diverses pour les petits et les grands. Et si vous parvenez à vous faire inviter sous la tente d'une famille andalouse, vous pourrez également boire, manger, chanter et danser encore plus. Après une semaine de réjouissances, le dimanche à minuit, un impressionnant feu d'artifice conclut la feria jusqu'à l'année suivante. Attention, ne pas confondre avec l'ouverture de la saison de tauromachie, qui débute, elle, dès le dimanche de Pâques.

SE REPÉRER

GAMLA STAN, LA VIEILLE VILLE

STOCKHOLM

Stockholm est une ville enchanteresse. Construite sur quatorze îles à l'embouchure du lac Mälaren, la capitale suédoise abrite, tel un secret bien gardé, l'une des plus charmantes vieilles villes d'Europe : Gamla Stan. Mais ce n'est pas tout, on y trouve aussi palais, musées, parcs au bord de l'eau, quartiers bohèmes et boutiques de design... Stockholm est une capitale décontractée, où l'on peut se baigner en plein centre-ville et où le vélo est roi. Une ville construite au fil de l'eau, enjambée par une cinquantaine de ponts comme autant de traits d'union entre nature et culture, tradition et « branchitude »... Les Stockholmois montrent en effet autant d'énergie à adopter les nouvelles tendances qu'à défendre leurs traditions. Cette belle Nordique répond à toutes les envies d'escapade.

BUDGET	€€€€
CULTURE	★★☆☆
CUISINE	★★☆☆
SHOPPING	★★☆☆
VIE NOCTURNE	★★☆☆

✈ 2h30 au départ de Paris

DÉCOUVRIR

1 Goûter au charme incontestable d'une capitale royale au look démocratique

Un tour en bateau entre toutes les îles permet de mieux comprendre comment vivent les habitants de cette cité semi-aquatique. Au milieu des arbres apparaissent ici et là de jolies petites maisons colorées, leur pelouse descendant en pente douce vers les eaux claires du lac Mälaren et du Saltsjön, à moins qu'il ne s'agisse déjà d'un bras de la mer Baltique... Maisons bleu et blanc, ou gris et blanc, avec garages à bateaux aux tons en harmonie. Et seulement les cris des mouettes, des enfants jouant avec les chiens, les bruits assourdis des moteurs dans le lointain, sur un fond de quasi-silence s'estompant dans cet immense espace.

2 Écarquiller les yeux en découvrant l'épave du *Vasa*

Enfouie dans la vase du port pendant 350 ans, elle fait l'admiration quasi silencieuse de centaines de visiteurs par jour, dans un éclairage qui préservent son mystère. On vous conseille vivement de rendre visite à ce rescapé des eaux, unique en son genre. L'histoire de ce fameux navire de guerre est exceptionnelle à plus d'un titre. Commandé en 1625 par Gustave II Adolphe pour être le fleuron de la flotte royale, 445 hommes, dont 300 soldats pouvaient y loger. Il était destiné à servir les aspirations expansionnistes de la Suède lors de la guerre de Trente Ans. Aucune dépense n'avait été épargnée pour son équipement et sa décoration. Haut comme un immeuble de 4 étages, il était l'un des plus gros navires de son temps. Le *Vasa* effectua sa première sortie dans le port de Stockholm le 10 août 1628 et sombra en 5 minutes après n'avoir parcouru que 1 300 m, 20 minutes après avoir quitté le quai !

BON À SAVOIR : • vasamuseet.se •

3 Dormir dans une auberge de jeunesse aménagée sur un bateau (ou même dans une prison)

et vivre avec les étudiants la fièvre du jeudi soir !

Le *Chapman,* c'est le superbe trois-mâts blanc amarré à l'île de Skeppsholmen, qui fait partie intégrante du paysage de la ville. Ancien navire-école de la Marine suédoise, il a été transformé en AJ. Le bateau en lui-même est une vraie petite merveille, et y loger ne manque pas d'originalité. Si vous n'avez pas le pied marin, vous pourrez dormir au *STF Vandrarhem Långholmens,* une ancienne prison reconvertie avec beaucoup de goût et d'intelligence en hôtel et en AJ. Petite plage à deux pas. Des conditions dans lesquelles la détention devient un réel plaisir… Une adresse vraiment remarquable.

BON À SAVOIR : • stfchapman.com • ; autre AJ sur un bateau : • theredboat.com • ; • langholmen.com • ; Résa à l'avance pour ces belles adresses.

4 S'offrir une tranche de nostalgie disco

en visitant le musée consacré au groupe pop légendaire ABBA.

Ouvert en 2013. Trente ans après sa séparation, un vibrant hommage au groupe qui a vendu 378 millions d'albums à travers le monde et qui a commencé sa carrière ici. Groupe pop emblématique des années 1970, ABBA a à son actif une série de hits planétaires : *Waterloo, Dancing Queen, Money, Money, Money...* L'album *ABBA Gold* est tout simplement le troisième album le plus vendu de tous les temps. Le musée présente en 35 étapes, réparties sur 2 000 m^2, quelques-unes des fameuses tenues de scène colorées ou pailletées qui ont contribué à la renommée du groupe au sommet du disco. On y découvre aussi des objets ayant appartenu aux membres du groupe, des documents audiovisuels, ainsi qu'un dispositif qui vous permet de chanter et danser avec les hologrammes des artistes tout en endossant un costume numérique !

BON À SAVOIR : • abbathemuseum.com • Une balade dans la ville sur la thématique du groupe ABBA est organisée par le Stockholm City Museum.

5 Faire une visite insolite de Söder sur les pas des héros de *Millenium*

la saga policière qui cartonne à chaque fois au box-office.

La trilogie de Stieg Larsson a connu un tel succès (plus de 50 millions d'exemplaires vendus !) que, désormais, de nombreux fans font expressément le déplacement pour découvrir les endroits cités dans le roman. La balade s'avère doublement intéressante, surtout si vous avez la chance de pouvoir la faire en compagnie d'une guide francophone, qui vous offrira son propre éclairage sur le quartier. D'une part, on passe en revue les hauts lieux de la saga policière ; d'autre part, on parcourt sous un angle nouveau un quartier où les touristes s'aventuraient généralement assez peu jusqu'alors. Sur Lundagatan, par exemple, levez la tête, vous verrez peut-être Lisbeth. Promenez-vous au milieu des maisons en bois d'autrefois, face à des immeubles sans rideaux aux fenêtres mais où les petites lampes, les bougies éclairées pourraient vous conter une suite possible à *Millenium.*

BON À SAVOIR : visite en anglais ; sur résa en français • stadsmuseum.stockholm.se •

6 Rester songeur devant les sculptures monumentales de Niki de Saint-Phalle

à l'entrée du Moderna Museet, un de nos musées préférés.

Côté parc, se trouvent les œuvres de Niki de Saint-Phalle : ses *Nanas* dont les attributs de la féminité sont exagérés, voire provocants. Le musée d'Art moderne est aujourd'hui l'une des grandes références de la ville, il couvre 5 000 m^2 et possède une remarquable collection, dont vous ne verrez peut-être qu'une petite partie, selon le thème choisi lors de votre passage : de Matisse, Léger, Duchamp, Dubuffet, Ernst, Magritte, Picasso, Nolde, Chagall, Dalí au mouvement pop art et Warhol en passant par Pollock. Section photo avec Doisneau, Capa, Cartier-Bresson et Brandt notamment, ainsi qu'une belle section dédiée aux photographes contemporains. Superbes expos temporaires, en général.

BON À SAVOIR : café avec vue magnifique sur Stockholm et terrasse donnant sur l'eau ! Réserver pour le brunch dominical, savoureux en diable. • modernamuseet.se •

SAVOURER

7 S'arrêter à un kiosque pour reprendre des forces en dégustant du hareng fumé ou grillé

Vous pourrez acheter du hareng (*strömming* ou *sill*) dans l'un des nombreux kiosques de la ville, pour caler une petite faim à prix bas. Les harengs sont vraiment savoureux lorsqu'ils sont bien marinés. Goûtez aussi au *smörgås,* jadis un véritable fait social en Suède, qui tend à décliner au profit de la baguette. Il s'agit en réalité d'une tranche de pain de mie sur laquelle sont placés crevettes, saumon fumé, hareng, surmontés d'une tranche de poivron jaune ou de concombre…

8 Se régaler de toasts aux crevettes roses ou de saumon à la Saluhall d'Östermalm

pour le prix d'un dîner ailleurs, mais dans un lieu unique, à la qualité au top.

Sur cette place en plein centre-ville, un bâtiment de brique rouge abrite le marché le plus chic dont on puisse rêver. Mais aussi le plus cher… On y trouve de tout, sur des étals tous plus beaux les uns que les autres. Bien sûr, ici on ne vend pas à la criée mais à la suédoise, c'est-à-dire tout en douceur et dans le calme. Dans le coin réservé au poisson, de petites tables sont dressées, et on peut consommer des produits de la mer très frais, notamment des crevettes et de petites langoustes. La meilleure table est incontestablement celle de *Lisa Elmqvist.* Sinon, *Tysta Mari* propose de bons plats à prix plus abordables. *Gerda Hohansson* est un autre nom à retenir : huîtres, langoustines, crabes, crevettes, homards du Canada, on salive...

BON À SAVOIR : Östermalmstorg. • ostermalmshallen.se •

9 Garder une part de son pécule pour le *smörgåsbord* des familles

un buffet complet permettant de goûter au meilleur de la Suède, servi le dimanche dans les hôtels comme dans les restos des musées.

Stockholm a, certes, plusieurs tables étoilées au *Michelin,* et pas mal de restos proposant une cuisine fine et inspirée. Seulement… seulement… les prix de ces fameux restos ne sont pas à la portée de toutes les bourses, surtout en ces périodes d'euro flottant et de vache maigre. Pour éviter que votre budget ne soit dans le rouge, on vous conseille grandement de vous adapter aux coutumes locales : gardez vos dispendieux dîners « entrée-plat-dessert » pour votre retour, et adoptez le déjeuner à plat unique avec buffet d'entrées et café, qui s'étend souvent assez tard dans l'après-midi. C'est souvent très bon et d'un excellent rapport qualité-prix.

BON À SAVOIR : *smörgåsbord* très recherché au café du *Moderna Museet.*

RÉGIME SUÉDOIS

Les Suédois ne mangent pas comme nous. Ce constat s'applique à la fois au type d'aliments ingérés, à la fréquence et aux horaires des repas. Ainsi, au *frukost* (petit déj), les Suédois dévorent volontiers quelques bonnes tartines de pâté de foie accompagnées de tranches de fromage, de poisson mariné, de rondelles de concombre et de tomates. Les puristes du moins, car vous verrez de plus en plus de jeunes, dans les auberges de jeunesse, prendre céréales, fromage blanc et fruits. De même, ils n'avalent qu'un rapide en-cas vers 12h mais dînent tôt – vers 18h en général.

SORTIR

10 Prendre un verre au dernier étage du superbe musée de la Photographie

pour découvrir l'un des plus beaux panoramas de Stockholm.

Un lieu magique aux yeux des amoureux de la photographie, qui auront la chance de pouvoir retrouver ici tous les grands noms de la photographie mondiale, au fil des ans et au hasard des rétrospectives. Rénové, cet ancien hangar de brique rouge abrite un café-restaurant avec une vue panoramique sur la ville et les quais, où vous pourrez très bien déjeuner (sandwichs frais et buffets variés) ou dîner en profitant d'un espace joliment aménagé, zen et coloré, sur un thème facile à deviner.

BON À SAVOIR : • fotografiska.eu •

11 Rejoindre Södermalm en fin de journée, l'un de nos quartiers préférés pour passer la soirée

Simple et convivial, ce quartier mêle ambiance branchée et vie de quartier. C'est là que vous trouverez pas mal de restos servant assez tard et proposant des prix raisonnables. Dans Skånegatan, particulièrement animée et fréquentée, mais aussi entre Götgatan et Renstiernasgatan, plein d'endroits plaisants, cafés le jour et bars le soir, à la clientèle décontractée. De nouveaux restos, des bars où l'on grignote à toute heure ouvrent chaque année dans ce quartier incroyable, qui ne cesse de s'étendre. C'est le Stockholm que nous aimons le plus, celui qui change à vue d'œil : SoFo, soit Söder om Folkungagatan, un quartier délimité par Folkungagatan au nord, Götgatan à l'ouest, Ringvägen au sud et Renstiernasgatan à l'ouest. Entre SoFo et Söder, notre cœur balance…

12 Siroter une bière en goûtant la lumière du soir

qui baigne Strandvägen sur la terrasse du *Strandbryggan Sea Club.*

Non loin du port de plaisance, délicieux café construit sur l'eau. En été, la terrasse flottante est un pur moment de bonheur. Vous profiterez de la vue sur l'île de Djurgården. On peut même louer des bateaux (mais mieux vaut le faire avant de boire quelques bières...).

BON À SAVOIR : • strandbryggan.se •

13 Sortir dans les lieux étonnants décorés par les plus célèbres designer

On achète design, on mange design... eh bien, qui plus est, on sort design ! Un état d'esprit que l'on retrouve au *Berns,* petit théâtre gourmand qui a bien traversé le temps, avec une salle relookée par Sir Terence Conran. Ou encore au *Grill,* aménagé dans un ancien magasin de meubles. Les mannequins des vitrines ont disparu, mais les canapés, tables basses, plantes vertes et petites lampes multicolores sont restés et le Tout-Stockholm se met en devanture. Pour prolonger la nuit, les lieux design ne manquent pas dans le centre : *Café Opera,* le night-club des princesses d'une nuit ou de toujours, le *T/Bar,* à l'intérieur de l'*Hotel Diplomat Stranvägen 7C,* lieu de rendez-vous on ne peut plus chic, sobre, minimaliste et branché.

BON À SAVOIR : • berns.se • grill.se • cafeopera.se • diplomathotel.com •

11 LE BAR JOHAN & NYSTROM, À SÖDERMALM

14 Découvrir le *lunch beat*

mouvement devenu un phénomène de société en Suède, qui consite à danser pendant sa pause-déjeuner dans un lieu transformé en boîte de jour.

Né en 2010 dans un garage de Stockholm, à l'initiative de Molly Ränge. Ces animations peuvent réunir jusqu'à 700 personnes dans des cadres variés. Le *lunch beat* consiste à profiter de sa pause-déjeuner (12h-13h ou 13h-14h) pour danser sur de la musique électro distillée par un disc-jockey ou jouée par un groupe. On profite alors d'une heure de détente sur le *dancefloor* pour sortir de la routine du boulot et surtout mélanger les générations. Il est interdit d'y parler travail et on n'y boit que de l'eau !

BON À SAVOIR : obligatoirement un jour travaillé ; il suffit de débourser l'équivalent de 5 € et d'adhérer au manifeste qui stipule que l'événement n'a aucun but lucratif, que tout le monde doit danser, qu'il doit durer une heure pile et que la nourriture (un bon gros sandwich) y est fournie.

SHOPPING

15 Traîner dans les boutiques où le design suédois s'expose à l'admiration de tous

pour chercher le petit cadeau malin et pas trop cher à glisser dans les valises.

On ne présente plus l'incontournale design suédois, qui est parvenu à séduire le monde entier par ses formes épurées, ses couleurs naturelles et sa fonctionnalité. Pour dénicher des merveilles, il faut aller à Södermalm, ce petit coin de la capitale où le design a son périmètre, dans un rectangle délimité par Götgatan, Folkungatan, Renstiernasgata et Skånegatan. Au milieu des bars et pubs de Götgatsbacken, de petites boutiques intimistes offrent des assortiments peu communs. Les occasions de trouver des boutiques de tout poil, orientées petits objets délirants, vintage, grunge, bonnes occases, ne manquent pas.

BON À SAVOIR : la plupart des adresses design sont concentrées dans le fameux triangle d'or de l'art et du design, entre la Linnégatan au nord, l'Artillerigatan à l'est et la Birger Jarlsgatan à l'ouest. Facile à repérer avec ses larges avenues et ses maisons cossues.

16 À l'approche de l'hiver, se balader sur les marchés de Noël ou dans les boutiques spécialisées

pour rapporter de jolies décorations et des jouets

Il n'y a pas que le design dans la vie, surtout à l'approche de l'hiver. Les boutiques spécialisées dans les lutins et les trolls, ou les jouets suédois en velours, sur Österlanggatan (dans Gamla Stan), font le plein de visiteurs. C'est dans les rues illuminées de la vieille ville que vous découvrirez les plus jolis marchés de Noël : les artisans y vendent des bougies, des décorations pour votre sapin et des jouets faits main. Vous pourrez vous réchauffer avec un vin épicé et des biscuits au gingembre.

BON À SAVOIR : marché de Stortorget à Gamla Stan.

LES FESTIVITÉS DE NOËL

La période de Noël commence traditionnellement dès le premier dimanche de l'Avent. Les fenêtres des maisons s'illuminent, décorées d'une étoile lumineuse et d'un chandelier dont on allume une nouvelle branche chaque dimanche. Tout le mois de décembre est prétexte à des festivités : les entreprises organisent un repas de Noël pour leurs employés, on fête la Sainte-Lucie, les bières de Noël apparaissent un peu partout (elles sont un peu plus sombres que les bières traditionnelles), on confectionne des *pepparkakor* (des sablés très fins aux épices et au gingembre) que l'on engloutit autour d'un bon verre de *glögg*. Le *glögg* est un vin chaud épicé dans lequel on ajoute des raisins secs et des amandes.

AGENDA DES FÊTES, FESTIVALS ET ÉVÉNEMENTS CULTURELS

30 AVRIL AU SOIR : *veille de la Walpurgis.* Sans aucun doute la plus païenne des fêtes suédoises, qui date du temps où les Vikings se réunissaient autour d'un feu de joie pour célébrer le printemps. Leurs descendants se réunissent toujours autour de grands brasiers pour chanter... et boire ! Cette fête prend généralement une ampleur particulière dans les quartiers étudiants de Stockholm.

DERNIER SAMEDI DE JUIN : *Saint-Jean ou Midsommarafton.* Le jour même est le dernier samedi de juin, mais les festivités ont lieu la veille, le vendredi donc. Pour célébrer le début de l'été, on danse toute la nuit (celle-ci étant très claire). Une bonne idée si vous êtes dans la capitale vers fin juin. Décoration des maisons et des voitures. Attention, les Suédois s'arrêtent de travailler le jeudi à 13h, tout est alors fermé pendant 3 jours consécutifs, dont une majorité de restos.

JUIN-AOÛT : *Parkteatern.* Un festival en plein air (parcs, rues…) et gratuit : théâtre, cirque, danse, musique, etc. On vient, on s'assoit au milieu de la foule, on mange son pique-nique et on profite du spectacle ! • stadsteatern. stockholm.se •

MI-AOÛT : *Kultur Festival.* Pendant 6 jours. Une petite semaine d'été culturelle gratuite. Rues et parcs s'animent de prestations variées : concerts, DJs, performances au coin de la rue, conférences, brocante, ateliers et animations pour enfants, etc. • kulturfestivalen. stockholm.se •

PREMIER WEEK-END D'AOÛT : *Stockholm Music & Arts.* Durant 3 jours, la petite île de Skeppsholmen accueille de nombreux festivaliers pour profiter de musiciens et chanteurs à la renommée internationale, tels Patti Smith, Björk, Tinariwen ou encore Antony & the Johnsons. • stockholmmusicandarts.com/ english •

OCTOBRE : *Stockholm Jazz Festival.* Un super festival de jazz international. Concerts payants sur les différentes scènes musicales de Norrmalm : la Konsert-huset, la Kulturhuset et le club Fasching. • stockholmjazz. se •

13 DECEMBRE : *Sainte-Lucie.* Cette fête marquait autrefois la nuit la plus longue de l'année. Aujourd'hui, cette date est toujours l'occasion de se réunir dans les écoles et les entreprises. Une jeune fille est choisie, on l'habille de blanc et, accompagnée d'une suite de demoiselles d'honneur, Lucie distribue du café et des petits pains pendant que l'assemblée entonne des refrains traditionnels. Si vous êtes à Stockholm à cette date, consultez le *What's On* pour connaître les heures des messes. Belle atmosphère, qui inspira certains auteurs de polars.

SE REPÉRER

TURIN

Au pied des Alpes, la cité est bercée par le débit langoureux du Pô qui serpente nonchalamment entre collines verdoyantes et bâtiments historiques. Grande oubliée par la Renaissance italienne, Turin fut néanmoins la capitale du pays après l'Unité italienne en 1861. Ses édifices de style baroque et Liberty (XIXe-XXe s) côtoient de larges rues rectilignes bordées d'arbres et d'arcades. Turin est célèbre pour son équipe de foot (la fameuse Juventus), son industrie automobile (les fameuses usines Fiat) et le saint suaire. Elle séduit aussi les visiteurs qui arpentent ses rues, ses galeries, en prenant le temps de s'attabler dans ses savoureux restaurants. Turin dégage une impression d'élégance aristocratique mêlant sobriété et rigueur, qui contraste fortement avec les autres villes italiennes. Laissez-vous séduire par cette ville surprenante…

BUDGET	€€€
CULTURE	★★★☆
CUISINE	★★☆☆
SHOPPING	★★☆☆
VIE NOCTURNE	★★★☆

1h35 au départ de Paris

DÉCOUVRIR

1 Ne pas rater le museo Egizio
le plus beau musée dédié à l'art égyptien, après celui du Caire.

Ce très vaste et prestigieux musée entièrement consacré à l'égyptologie ouvrit en 1824. Ses collections variées permettent de se représenter la vie quotidienne des anciens Égyptiens. Passionnante section sur les traditions funéraires. Mais, plus encore que les vases canopes ou l'étonnant Livre des morts, ce sont les momies qui fascinent les visiteurs. Certaines possèdent encore leur chevelure ou leur dentition ! Superbes collections de papyrus. Parmi les musts, le tombeau de l'architecte Khâ et de sa femme Merit (rien ne manque pour le dernier voyage : pains, plats de fruits, grains, cruches à vin, lits, vêtements, sandales, amulettes, perruques…), le petit temple rupestre d'Elessiya fidèlement reconstitué, et les salles d'art statuaire aux pièces très imposantes.

BON À SAVOIR : • museoegizio.org •

2 Tenter de percer les mystères du saint suaire
au museo della Sindone.

Ce petit musée permet de voir d'un peu plus près à quoi ressemble la célèbre relique. Le saint suaire est une toile de lin portant l'image d'un homme mort dans les mêmes conditions de supplice que le Christ (couronne d'épines, traces de coups, de flagellation et de mise en croix). Après avoir voyagé de la Syrie à Constantinople, on perdit sa trace pendant 150 ans, avant de le retrouver à Turin en 1578. Nul ne sait si cette épopée tient de la réalité ou de la légende. Cependant, la datation au carbone 14, réalisée par trois laboratoires indépendants en 1998, montre que le fil de lin utilisé pour fabriquer le tissu date de la fin du XIIIe s… Le linceul ne pourrait donc pas avoir enveloppé le corps de Jésus… Cependant l'impression durable de ce corps meurtri demeure un mystère.

BON À SAVOIR : des millions de pèlerins vénèrent la précieuse icône à chaque « ostention ». • sindone.it •

3 Revivre toute l'histoire du cinéma italien

à la Mole e museo nazionale del Cinema, un véritable lieu symbolique.

Construite à partir de 1863, la Mole fut longtemps considérée comme le plus haut édifice en brique d'Europe (167,50 m). Aujourd'hui les 3 200 m² du monument sont entièrement consacrés au 7e art (ce qui en fait le plus grand musée dédié au cinéma en Europe). Puisque Turin a vu naître le cinéma italien au début du XXe s, il était normal que la ville lui rende hommage. Outre une collection riche de 140 000 photos, de 150 000 affiches et de 7 200 films, le musée offre une scénographie intéressante et très originale. Technique et effets spéciaux, tout est expliqué, décortiqué, de façon ludique et interactive. On sort émerveillé et on regarde le cinéma autrement.

BON À SAVOIR : une immense cage d'ascenseur en verre (à ne rater sous aucun prétexte), mène à une terrasse d'où l'on découvre la ville et les collines environnantes, et, par temps clair, les Alpes. • museocinema.it •

4 Se rendre au Lingotto, une véritable ville dans la ville

admiré par Frank Lloyd Wright et considéré par Le Corbusier comme un chef-d'œuvre de l'architecture industrielle.

Voici le symbole du dynamisme industriel de Turin au XXe s. Si la production s'est définitivement arrêtée officiellement en 1982, le Lingotto (= le lingot !) est loin de tomber dans l'oubli : il abrite l'état-major de Fiat. Sous la coupe de Renzo Piano, l'architecte du Centre Pompidou à Paris, cet immense bâtiment accueille une galerie commerciale, un multiplexe, une salle des congrès (la célèbre « bulle de verre »), un auditorium, deux hôtels, un restaurant panoramique et une pinacothèque installée dans un véritable « écrin » – *lo Scrigno* – qui semble suspendu dans les airs. Cette dernière expose 26 chefs-d'œuvre provenant de la collection privée de Giovanni Agnelli. Pas moins de six tableaux de Canaletto sont présentées ici, dont le fameux *Bucintoro,* avec sa multitude de détails et sa minutie du trait. Découvrir aussi les autres toiles de la collection, pleine de très belles surprises (dont des Matisse, Modigliani, Renoir, Manet, Tiepolo, Picasso…).

BON À SAVOIR : • pinacoteca-agnelli.it •

3 LA MOLE ANTONELLIANA

5 Revivre l'époque épique des balbutiements de l'automobile

et vibrer devant les bolides flamboyants et les prototypes formidables du Musée automobile de Turin.

Deux férus d'automobiles, Cesare Gatti et Roberto Biscaretti di Ruffia, sont à l'origine de ce musée colossal fondé en 1932. L'architecte a atteint son objectif : faire de l'endroit un espace ludique pour petits et grands tout en accueillant l'une des collections d'automobiles les plus belles au monde. Trois grands espaces répartis sur 3 niveaux : au 2e étage, sur 3 600 m², on peut admirer une collection de plus 150 automobiles ; au 1er étage, place aux aspects plus technologiques, vous saurez tout de l'évolution des moteurs, des roues et de la carrosserie. Enfin, au rez-de-chaussée, l'apothéose : le ballet de voitures sur fond de musique classique ! Un must !

BON À SAVOIR : pour les aficionados, une librairie bien fournie en beaux livres divers et variés sur les... automobiles, voyons ! • museoauto.it •

6 Plonger dans les fastes des souverains piémontais

en visitant le palazzo Reale, ancienne résidence des ducs de Savoie.

C'est dans ce mélange insolite de styles baroque, rococo et néoclassique que les souverains piémontais résidèrent jusqu'en 1865. Au gré de la visite, vous découvrirez l'escalier d'honneur ainsi que la salle des Suisses, à l'étage, dont les fresques représentent la généalogie de la famille royale. Succession de salles croulant sous les dorures et les plafonds peints et repeints, la salle du trône constituant l'apogée de cette série. Plus loin, élégant cabinet chinois dans le plus pur style du Siècle des lumières. Puis on traverse une galerie des Glaces inspirée de Versailles, avant de déboucher dans la salle de bal, néoclassique. Dans les jardins, ne manquez pas la fontaine rococo, où des tritons s'adonnent à une beuverie dantesque.

BON À SAVOIR : pousser également la porte du palazzo Madama, le joyau de la piazza Castello, qui résume à lui seul le riche passé de la ville. • palazzomadamatorino.it •

7 Assister à un match de la prestigieuse Juventus de Turin

Pendant longtemps, Turin était surtout connue pour son équipe de foot (la fameuse Juventus). Les routards « footeux » ne passeront donc pas à Turin sans se rendre à un match de la Juve, dans le nouveau stade dont l'inauguration a eu lieu en 2011. Pour les fans, boutique dans le hall du Juventus Stadium : tout, absolument tout sur la Juve et d'innombrables objets déclinés à sa gloire.

BON À SAVOIR : infos et billets sur • juventus.it •

8 Parcourir les résidences princières de Turin

magnifiques châteaux qui témoignent de la puissance des souverains locaux.

Cette « couronne de délices », qui s'étend du château d'Agliè au nord à celui de Racconigi au sud, a été classée au Patrimoine mondial de l'humanité par l'Unesco en 1997. Commencez par la palazzina di Caccia de Stupinigi, incontestablement l'un des plus beaux et des plus riches châteaux de Turin, où eurent lieu les fêtes les plus somptueuses ; il comblera les amateurs de rococo. Le castello di Rivoli, lui, abrite aujourd'hui un passionnant musée d'Art contemporain qui s'intègre étonnamment bien dans cette architecture ancienne de forteresse. Enfin la Venaria reale, le petit Versailles piémontais (400 pièces), ravira les romantiques et les jardiniers amateurs par ses jardins à la française somptueusement réaménagés.

BON À SAVOIR : • ordinemauriziano.it • castellodirivoli.org • lavenaria.it •

LES CAFÉS HISTORIQUES DE TURIN

Un peu comme à Vienne, il existe dans la capitale piémontaise de nombreux cafés historiques aux décors centenaires. Pénétrer dans l'un d'eux équivaut à faire un voyage dans le passé, à côtoyer les fantômes de personnages illustres (Cavour, Nietzsche…). Symboles de la vie intellectuelle turinoise du XIXe s, ils cultivent la tradition et sont toujours aussi populaires auprès de la bonne société locale. Les cafés comme *Mulassano* ou *Baratti & Milano* (piazza Castello), *Torino* ou *San Carlo* (piazza San Carlo, photo), ont gardé leur charme d'antan, avec leurs marbres, leurs dorures, leur décor Liberty. Vous pourrez y déguster le fameux chocolat turinois, qui est certainement le meilleur d'Italie.

SAVOURER

9 Aller déjeuner chez *Eataly,* véritable temple de la gastronomie

situé sur l'ancien site de l'usine Carpano.

Adeptes du bien manger, cette adresse est pour vous ! Issu du mouvement *slow food,* et fort de son succès, l'endroit ne désemplit pas. Et pour cause ! Plus qu'un marché, un concept original qui fait son petit bout de chemin... Pas question de parler d'alimentation industrielle. Ici, on mange frais, bio et sain en privilégiant les produits régionaux et de qualité... Une dizaine de restaurants thématiques, l'excellente *agrigelateria* ou la pâtisserie de Luca Montersino sont installés ici. Mis à part une tripotée de savoureux produits locaux, une dizaine de comptoirs proposent pâtes, poissons, viandes, charcuteries, pizzas... où tout est préparé devant vos yeux. Vous aurez bien du mal à repartir les mains vides. Entre la spécialité du *Giandujotti,* les truffes, les bocaux de *bagna cauda,* les *prosciutti,* le choix est cornélien...

BON À SAVOIR : également une librairie culinaire. Des rencontres avec de grands chefs et des producteurs, des cours de cuisine, des dégustations de vin, des débats littéraires... ont lieu très régulièrement. • eataly.it •

10 Déguster la meilleure *cioccolata* de Turin

et donc d'Italie, dans l'un des cafés historiques de la ville.

Comment peut-on passer à Turin sans aller boire une *cioccolata,* la plus épaisse qui puisse se concevoir ? La *cioccolata* (et non le *cioccolato*, qui est le chocolat à croquer) est un chocolat chaud réalisé dans les règles de l'art, et particulièrement épais... voire très épais (la cuillère tient quasiment debout toute seule). On dirait de la crème (en fait, on remplace le lait par de la crème fraîche).

BON À SAVOIR : goûter aussi à la spécialité locale, le *bicerin,* un savoureux mélange de chocolat, de café et de crème de lait fouettée. Les meilleurs se boivent... *Al Bicerin* (piazza della Consolata), un minuscule établissement qui fut fréquenté par Puccini, Nietzsche et Alexandre Dumas.

LE MARCHÉ COUVERT

LE SLOW FOOD

Ce mouvement culinaire, né en 1986 en Italie à Bra (à 60 km de Turin), a décidé de défendre les valeurs de la cuisine traditionnelle, et notamment des petites *trattorie* traditionnelles. Il était grand temps de sauvegarder les vrais bons produits du terroir et les plats de tradition ! Ce retour du « bien manger » et la volonté de préserver la biodiversité sont apolitiques. Le slow food n'est pas contre la modernisation à condition qu'elle soit au service du goût. L'idée, c'est de respecter la nature et d'attendre le bon moment pour apprécier un légume ou un fruit. Dans les restaurants estampillés, on prend le temps de cuisiner, de laisser mijoter. Si les critères ne sont plus respectés, les établissements sont retirés des listes officielles. L'association organise de nombreuses foires gastronomiques, dont le Salone del gusto, tous les 2 ans à Turin. • slowfood.it • slowfood.fr •

SORTIR

11 Commencer la soirée par un plantureux *aperitivo*

une véritable institution piémontaise.

Turin n'a pas attendu la vogue du *slow food* pour cultiver un art de vivre teinté d'épicurisme. Faites donc une halte dans un bar en début de soirée à l'heure de l'*aperitivo.* Plus qu'un simple apéritif, il s'agit d'une tradition typiquement turinoise à ne manquer sous aucun prétexte. Pour le prix d'un verre (un peu majoré, certes), vous avez droit à un buffet de victuailles… à volonté : saucisson, carpaccio, olives, anchois marinés, mortadelle, fromage… C'est le meilleur moment pour découvrir un bar, et pour rencontrer des Turinois, au fil des verres de vermouth ou de vin.

BON À SAVOIR : le meilleur endroit pour l'*aperitivo* reste le Quadrilatero romano, dans le vieux centre. C'est l'un des plus anciens quartiers de la ville. Totalement réhabilité, c'est aujourd'hui l'un des endroits les plus sympas du Turin branché. On y trouve une multitude de bars généralement ouverts jusqu'au petit matin.

12 Danser tout au long de la nuit

dans les clubs aménagés dans les anciens entrepôts des Murazzi.

Sur un quai de débarquement désaffecté (signes extérieurs de richesse, s'abstenir ; planquez vos bijoux et la monnaie !), des clubs en enfilade sont aménagés dans ces anciens entrepôts. Ambiance branchée ou alternative. En général, ils sont ouverts en été, le week-end principalement. Les clubs changent souvent de propriétaire, donc de nom, mais la foule est toujours là. Le *Beach* est envahi par la jeunesse dorée de la Colline. Au *Jam Club*, les soirées à ambiances variées (disco, rock, mais surtout techno) s'égrainent sous les vieilles voûtes, dans un jeu de coursives et mezzanines métalliques avec des conduits de climatisation apparents. Quant à l'indétrônable *Giancarlo 2,* c'est le plus ancien des Murazzi (créé en 1976 par une association communiste), mais c'est aussi là que l'on se retrouve au petit jour (il ferme à 7h du mat !).

SHOPPING

13 Déambuler entre les étalages du plus grand marché à ciel ouvert d'Europe, le Mercato Porta Palazzo

Impossible de venir à Turin et de passer à côté de ce marché de 53 000 m^2. Baigné d'innombrables couleurs, parfums et saveurs, il teinte chaque jour la piazza della Repubblica de couleurs flamboyantes quand les maraîchers du coin montent leurs innombrables étalages. Un visage inédit et attachant de Turin s'offre alors à celui qui déambule entre ses étalages. C'est un bon moyen pour débusquer l'âme de la ville. On y trouve fruits et légumes, fleurs, fromage, charcuterie, épices et d'impressionnants stocks de vêtements. La halle aux poissons permet aussi d'assister à des « tranches de vie » très colorées.

AGENDA DES FÊTES, FESTIVALS ET ÉVÉNEMENTS CULTURELS

TOUTE L'ANNÉE : *Torinodanza.* Festival international proposant toute l'année, et en collaboration avec le Teatro Stabile di Torino, de nombreuses rencontres autour de la danse contemporaine internationale. • torinodanzafestival.it •

FIN AVRIL : *Festival international de films à thématique homosexuelle.* Devenu en moins de 30 ans le plus grand rassemblement européen du genre avec une programmation variée et de grande qualité. Attire un très large public. • tglff.com •

24 JUIN : *Festa di San Giovanni.* Célèbre le patron de la cité. Processions et danses folkloriques.

SEPTEMBRE : *MITO Settembre Musica.* Pendant env 3 sem. Depuis plus de 20 ans, il offre un itinéraire musical louvoyant entre exécutions classiques et jazz, explorations de sonorités ethno-rock et propositions avant-gardistes insolites.

OCTOBRE : *Salon du goût.* Tous les 2 ans (les années paires). Une initiation à la gastronomie et à l'œnologie piémontaises par des chefs et producteurs du cru.

NOVEMBRE : *CioccolaTO.* Pendant une semaine environ. Se déroule sur la piazza Castello et dans les rues adjacentes envahies par les stands et manifestations autour du chocolat.

NOVEMBRE : *Torino Film Festival.* Principal événement en Italie dédié au cinéma après le Festival de Venise. Il accorde une place prépondérante aux nouvelles formes cinématographiques et aux jeunes cinéastes. • torinofilmfest.org •

MI-NOVEMBRE À MI-JANVIER : *Luci d'Artista.* La ville rivalise d'ingéniosité et de créativité dans ses éclairages de Noël en faisant appel à des artistes de renommée internationale. Il s'agit d'une véritable exposition d'art contemporain en plein air.

SE REPÉRER

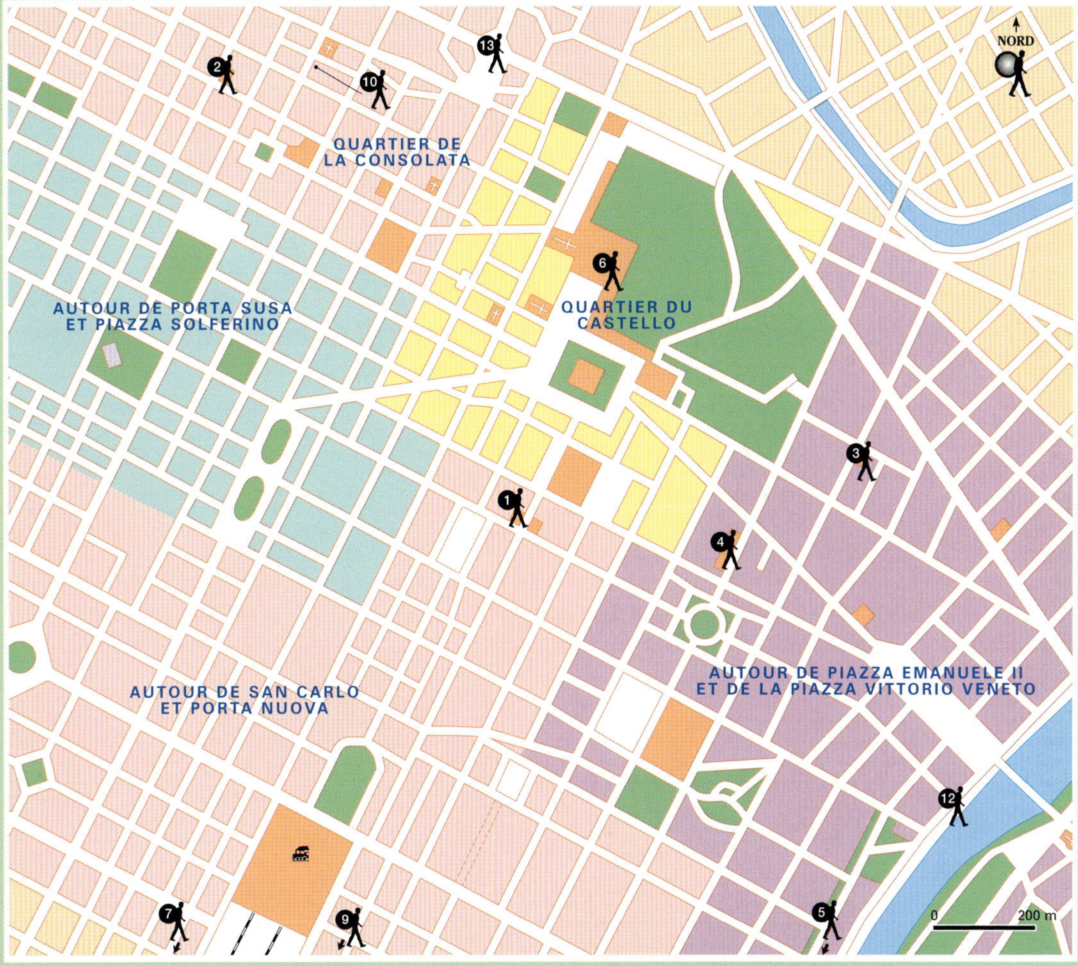

VALENCE

La ville de tous les possibles : le cliché colle parfaitement à la troisième cité d'Espagne. À Valence, passé et modernité se conjuguent parfaitement bien. Délires d'architectes gothiques ou avant-gardistes, port de plaisance réaménagé pour l'America's Cup, quartiers futuriste de la Cité des arts et des sciences, jardins luxuriants, longue plage de sable fin, bodegas à l'ancienne ou restos branchés, Valence ne manque pas d'attraits. On peut la vivre en mode farniente ou en touriste consciencieux. Mais à chaque fois avec beaucoup de plaisir… Les gourmets n'oublieront pas qu'elle est aussi la capitale de la paella. Valence est une ville vivante et toujours pleine de promesses.

BUDGET	€€
CULTURE	★★★☆
CUISINE	★★★☆
SHOPPING	★★☆☆
VIE NOCTURNE	★★★☆

1h45 au départ de Paris

DÉCOUVRIR

1 S'extasier devant la *Lonja de la Seda*

joyau du gothique civil européen, symbole de la puissance économique de la cité de Valence au XVe s.

C'est l'ancienne bourse des marchands de soie, construite au XVe s dans un style gothique flamboyant admirable. Architecture intérieure d'une rare élégance, avec fines colonnes torsadées éclatant en arches raffinées. Beaux plafonds à caissons (en bois brut au rez-de-chaussée, peints à l'étage dans l'ancienne salle de tribunal de la corporation). Au sous-sol, récemment rénové et ouvert au public, d'anciens entrepôts aux belles voûtes. Jolie cour plantée d'orangers, d'où l'on peut admirer les étonnantes gargouilles, coquines pour certaines. Ensemble superbe, et d'ailleurs inscrit au Patrimoine de l'Unesco.

BON À SAVOIR : pl. del Mercado, mais entrée par l'arrière, c/ Llotja.

2 Se faufiler entre les palais anciens

en arpentant les rues de la vieille ville, un pur bonheur !

Il ne faut pas manquer de flâner, de-ci de-là, dans le centre historique. Un dédale de ruelles qui cerne la cathédrale, et où les automobilistes ne s'aventurent guère. Débutez votre balade aux torres de Quart pour traverser les ruelles sinueuses de Carmen, un quartier bohème qui pulse de jour comme de nuit. Empruntez la rue Caballeros pour admirer les façades richement décorées et n'hésitez pas à franchir les lourdes portes pour vous glisser dans les patios ombragés. Appréciez les rondeurs de la place Redonda, tout juste rénovée, et qui accueille quelques boutiques de produits typiques de Valence. Allez voir les belles torres de Serranos, formant la plus belle porte gothique de la ville, ou le convento del Carmen, cloître Renaissance et lieu d'expos temporaires gratuites…

3 Grimper en haut de la *Miguelete*

la tour-clocher de la cathédrale et profiter de la belle vue sur le centre historique.

La cathédrale succéda à une mosquée. Commencée au XIIIe s, achevée au XVe s en style gothique, puis profondément remaniée au XVIIIe s, cela lui donne de l'extérieur un air bizarre. Côté calle de Palau, on découvre un porche roman, plaza de la Virgen, un portail gothique, et plaza de la Reina, une superbe façade baroque. Nous vous recommandons vivement l'ascension de la *Miguelete,* haute tour gothique, pour découvrir le plan en croix de l'édifice, ses élégants clochetons en tuile vernissée bleue et la vue sur la vieille ville. Mais attention au son de la cloche, assourdissant !

BON À SAVOIR : à l'intérieur de la cathédrale, se trouve le calice dans lequel le Christ aurait bu la nuit de la Cène, soit le fameux Saint-Graal. • catedraldevalencia.es •

4 Rester médusé en découvrant l'incroyable façade du musée national de la Céramique

véritable sommet du rococo délirant.

Le musée de la Céramique et des Arts somptuaires occupe un palais construit à la fin du XVe s et restauré au XVIIIe s sur ordre du marquis de Dos Aguas. Si l'intérieur est intéressant, en fait, la plus belle chose à voir est cette façade géniale, véritable sommet du rococo délirant (l'artiste mourut d'ailleurs fou !). Le plus spectaculaire est sans aucun doute le grand portail d'entrée, littéralement surchargé de sculptures. Aujourd'hui bien abîmée par les diverses pollutions, un plan de sauvetage de la façade est en cours...

BON À SAVOIR : • mnceramica.mcu.es •

6 LA CITÉ DES ARTS ET DES SCIENCES, DE L'ARCHITECTE CALATRAVA

5 Faire une balade sur le lit asséché du río Túria

superbe espace vert qui traverse la ville et invite à la détente.

Envie d'air frais ? Direction les rives verdoyantes de l'ancien cours du río Túria. Après les terribles inondations de 1957, Valence décida de détourner son fleuve grâce à un canal passant au sud de la ville. Puis on a asséché ce cours d'eau qui coulait autour des anciennes portes de la ville. Résultat : ce sont maintenant, sur près de 15 km à travers la ville, de la cité des Arts et des Sciences jusqu'au Bioparc, des promenades, des pistes cyclables, des terrains de sport, des jardins, des aires de jeux pour enfants et quelques kiosques pour se rafraîchir qui occupent le lit asséché du fleuve. Une manière très agréable de traverser la ville et de la découvrir depuis un autre point de vue.

BON À SAVOIR : idéal pour un pique-nique.

6 Admirer les espaces et les lignes futuristes de la Cité des arts et des sciences

quartier surgi de terre à la fin des années 1990.

Sorte de ville futuriste dans la ville, la Cité des arts et des sciences a été imaginée par l'architecte Santiago Calatrava, un enfant du pays. Les constructions zoomorphiques de cet urbaniste révolutionnaire ont donné un nouveau visage à Valence. Vu du ciel, l'ensemble prend des allures de poisson. Vu du sol, le palais des Arts, qui abrite une salle de concert, évoque une tête de requin, le musée des Sciences forme le squelette d'un poisson, l'Hemisfèric, qui abrite une salle de projection géante, ressemble à un œil... Médusé, on passe facilement plusieurs heures à admirer les bâtiments sous tous les angles, avant de pénétrer les lieux. Un site impressionnant, qui devient, au soleil couchant, un beau terrain de jeux pour photographes.

BON À SAVOIR : profitez en pour aller explorer les fonds sous-marins des principaux écosystèmes de notre planète à l'Oceonografic, le plus grand parc maritime d'Europe (110 000 m^2). Les tunnels sous-marins, qui donnent l'impression de se trouver parmi requins, murènes et autres poissons, offrent un spectacle saisissant. Une vraie réussite. • cac.es •

7 Explorer le Bioparc, superbe parc animalier… (presque) sans barrière

Une sorte de super-zoo, plus proche du parc animalier, puisque les animaux sont pour certains en semi-liberté. Reconstitution d'une savane avec les diverses antilopes, girafes et autres lions, un milieu humide qui accueille singes, hippopotames, tortues et crocos, une forêt équatoriale, une île évoquant Madagascar, le lac des éléphants... La visite se fait à pied, et tout est prévu sur place pour pouvoir y passer la journée : restos, boutiques, jeux pour enfants.

BON À SAVOIR : • bioparcvalencia.es •

SAVOURER

8 Se régaler d'un *arroz* ou d'une authentique paella

Valence est bien sûr LA ville de la paella et des *arroces* (plats à base de riz). À l'heure du déjeuner, on se bouscule pour déguster une véritable paella valencienne dans l'un des restos du paseo de Neptuno, comme *La Pepica,* une vénérable institution fondée en 1898 (évoquée par Hemingway dans *L'Été dangereux*) où plane encore le souffle de l'Histoire. Rien n'a vraiment changé dans cette salle immense avec son lot de photos rétro et ses tables qui regardent la mer. Riz réputés, auxquels même la famille royale a goûté. Dans la vieille ville, *La Riuá* (calle del Mar, 27) est également très recommandable, comme en témoignent les nombreux prix et récompenses accrochés aux murs. Spécialisé dans la cuisine valencienne, le resto propose pas moins d'une quinzaine de plats à base de riz.

BON À SAVOIR : • lapepica.com • lariua.com •

9 Aux heures chaudes de la journée, goûter à l'*horchata*
une des boissons les plus rafraîchissantes qui soient.

La *horchata,* que l'on traduit à tort par « orgeat », est aussi bonne que rafraîchissante. D'origine valencienne, elle est très populaire dans toute l'Espagne. Sa texture rappelle celle du lait (en plus farineux) et son goût celui de l'amande. Cela dit, si l'orgeat est, lui, une boisson à base d'amandes, la *horchata* est produite avec le suc des tubercules et des tiges de la *chufa* (le souchet jaune), une sorte de papyrus qui pousse dans le nord de la Huerta et les marais du Guadalquivir. Les petits kiosques mobiles disséminés un peu partout en ville se repèrent facilement grâce à leurs centrifugeuses blanches. Un délice quand le tout est réellement artisanal !

BON À SAVOIR : pour tout savoir sur la *chufa,* classée appellation d'origine, voir • chufadevalencia.org •

SORTIR

10 Flâner en fin de journée sur la Marina Real Juan Carlos I
et s'installer en terrasse pour siroter tranquillement un cocktail face à la Grande Bleue.

Cette longue promenade, réaménagée pour l'America's Cup, aligne face au port de plaisance et à la mer toute une série de bars et restos, certes un peu chic, mais vraiment agréables en soirée pour prendre l'air. Vastes terrasses et petits cocktails au programme, dans une ambiance résolument *lounge.* Et, pour profiter au mieux de la vue, grimper dans Veles e Vents, le bâtiment un peu futuriste qui marque l'entrée de la promenade et offre un panorama extra sur la mer.

LA *PAELLA VALENCIANA*

Introduit dans la région par les Arabes au XIIe s, le riz est au cœur de la cuisine valencienne. Comment s'étonner alors que la paella soit née ici ? Elle a toujours été préparée en plein air et au feu de bois par les hommes (les paysans), qui prenaient une matinée pour la cuisiner. C'est un fond de riz cuit dans l'huile en même temps que les autres ingrédients : poulet, langoustines, petits pois, ail, safran, entre autres. On dit qu'une vraie *paella valenciana* doit contenir des *ferraduras* (haricots verts longs et fins), d*u garrofó* (gros haricot onctueux), et que l'eau saumâtre de La Albufera lui donne ce goût inimitable... Au resto, vous trouverez le plus souvent la *paella de mariscos,* au poisson et aux fruits de mer, et la *paella valenciana,* au poulet ou au lapin. Évitez la *paella mixta,* aux fruits de mer et à la viande : les Valenciens, eux, ne mélangent jamais les deux ! Notez que vous trouverez quantité d'autres plats à base de riz, comme les fameux *arroces* (*arroz* au singulier) : secs, moelleux, au court-bouillon, au four, etc.

11 Entamer la nuit en sautant de comptoir en comptoir

dans le quartier d'El Carmen, le quartier général des soirées valenciennes.

Valence a la réputation d'être l'une des villes les plus animées d'Espagne ! La foule est partout, surtout en fin de semaine, quand il fait beau. El barrio del Carmen est le QG des soirées valenciennes, les cool comme les branchouilles. Les bars, aux décors plus recherchés les uns que les autres et aux consommations pas données, y pullulent. Jeunes et moins jeunes, touristes en goguette, branchés et moins branchés s'y côtoient toute la nuit ou presque. Pour nous, El Carmen reste le coin le plus vivant et le plus sympa pour entamer la nuit, avec comme épicentre le carrefour de la plaça del Tossal et la carrer del Caballeros.

12 Passer la soirée à Ruzafa

un quartier qui regorge de petits bars à l'ambiance cool et alternative.

Ce quartier populaire, avec son marché couvert, accueille depuis quelques années tout ce qui fait l'esprit alternatif de la ville. Studios de créateurs, petits bars rigolos, cafés-librairies... À l'image de l'*Ubik Café.* Meubles de récup, grandes bibliothèques le long des murs, revues et livres jusque dans les abat-jour, voici un local à géométrie variable ! À la fois café et librairie, resto bon marché, mais aussi expositions et concerts, c'est presque un centre culturel à lui tout seul !

BON À SAVOIR : • ubikcafe.blogspot.fr •

SHOPPING

13 Faire le plein du meilleur des produits régionaux

au grand marché central.

Le matin, il faut absolument aller se balader dans l'immense marché central, en face de la Lonja. Sa vaste structure de verre et de métal est un bel exemple de l'architecture moderniste. Inauguré en 1928, c'est, paraît-il, le plus grand marché couvert d'Europe, avec quelque 8 000 m² et près de 1 000 étals ! Fruits de mer *(cigalas, rojos, almejas...)*, fruits et légumes, fruits secs, fromages, olives et épices, charcuterie et volailles débordent des étals. C'est aussi là que vous trouverez les plats à paella de 1 m de diamètre. Une véritable cathédrale du commerce, représentative du dynamisme économique de la Huerta valencienne.

BON À SAVOIR : tlj sf dim 8h-15h. • mercadocentralvalencia.es •

13 LE MARCHÉ CENTRAL

AGENDA DES FÊTES, FESTIVALS ET ÉVÉNEMENTS CULTURELS

MI-MARS : *Les fallas.* C'est le grand événement de Valence. Chaque année, entre le 15 et le 19 mars, Valence s'anime avec l'apparition d'immenses personnages de carton-pâte installés à tous ses coins de rue. Les *fallas*, qui tirent leur nom de ces ensembles monumentaux, sont l'occasion de la plus grande fête populaire de la vieille cité espagnole. Pendant une semaine, l'ambiance est à son comble, entre processions, rafales de pétards le jour et feux d'artifice la nuit. Le dernier jour de la fête, un grand feu de joie réduit en cendres les cortèges de sculptures éphémères. Les fallas de Valence attirent chaque année plusieurs millions de visiteurs : prévoir son logement pour cette période très longtemps à l'avance car les hôtels sont rapidement pleins ! Programme des festivités sur • visitvalencia.com • ou • fallasfromvalencia.com • (site en français).

MI-JUIN : *Festival internacional Cinema Jove.* Festival consacré aux cinéastes de moins de 35 ans, qui fait office de forum des rencontres professionnelles. C'est une excellente occasion de découvrir la relève du 7e art, mais aussi de rencontrer des réalisateurs confirmés à l'occasion d'hommages. • cinemajove.com •

FIN JUILLET : *Feria de Julio.* Généralement fin juillet. Depuis quelques éditions, Valence a remis à flot sa feria. Toute une série de concerts, de feux d'artifice, ponctués par une bataille de fleurs sur l'ancien cours du río Túria.

SE REPÉRER

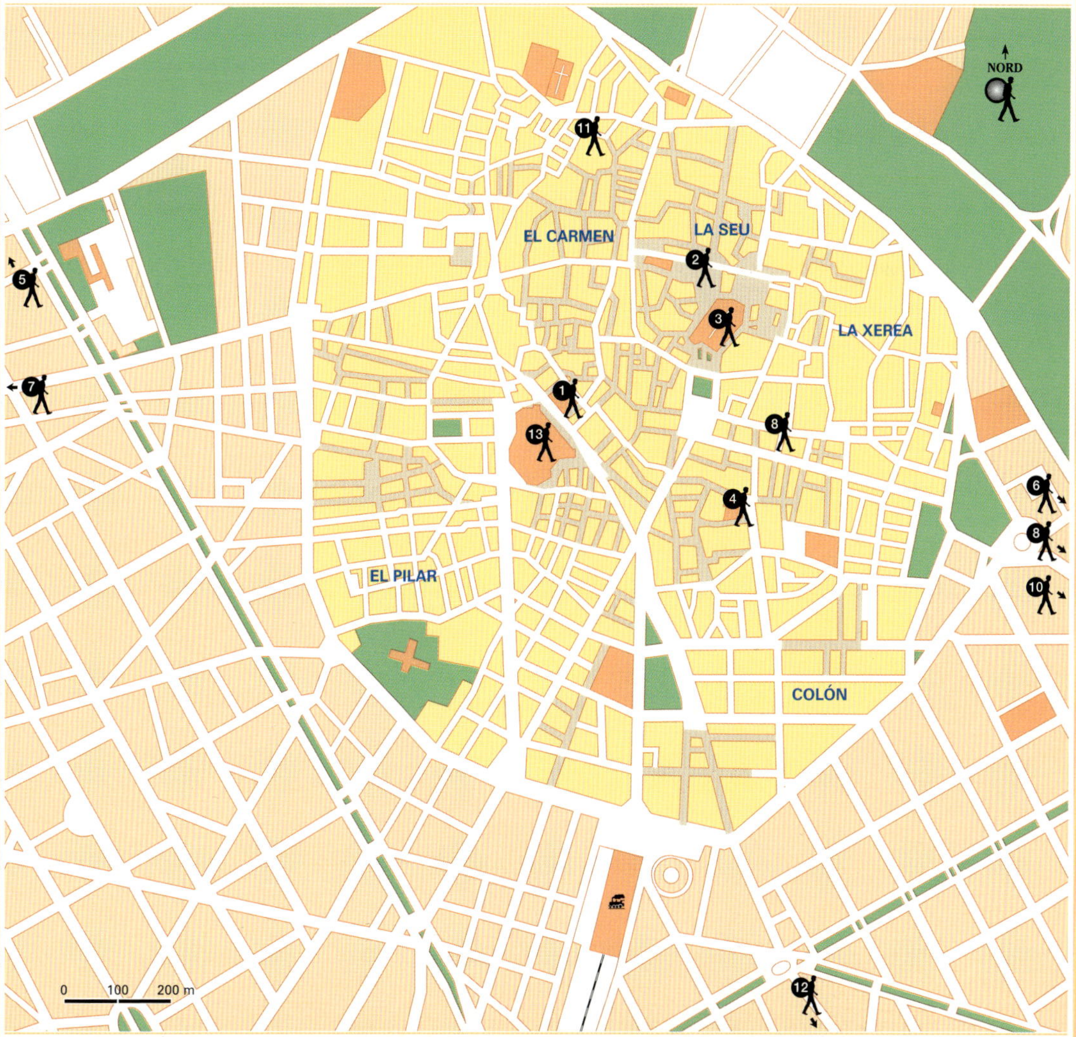

VENISE

Venise a cette faculté unique de provoquer l'étonnement à chaque fois que l'on y retourne. Aucun cliché ne rendra jamais l'ambiance de ses ruelles tortueuses, de ses placettes, de ses canaux et de ses églises. La Sérénissime est une ville née de la mer et tournée vers la mer, qui de tout temps a su batailler pour préserver son indépendance. De ce glorieux passé, elle a gardé palais et vieilles demeures qui, aujourd'hui, sont autant de musées qui témoignent de sa superbe d'antan. Venise, c'est du charme presque à tous les coins de rue, et, jusqu'à sa table, un vrai carnaval pour les papilles ! Il faut prendre le temps de la découvrir, de quitter la foule, de se perdre ! Il faut y aller en hiver, par temps de neige, ou quand la bora cingle... il faut y retourner lors de ces fêtes populaires qui scellent, depuis la nuit des temps, l'amour que la Sérénissime entretient avec la mer.

BUDGET	€€€
CULTURE	★★★★
CUISINE	★★★☆
SHOPPING	★★★☆
VIE NOCTURNE	★☆☆☆

1h40 au départ de Paris

DÉCOUVRIR

1 Parcourir le Grand Canal à bord d'un *vaporetto*
et voir défiler le spectacle extraordinaire des palais vénitiens.

Avec près de 4 km de long et 50 m de large, le Grand Canal ne laisse personne indifférent. Il est certainement « le boulevard » le plus original du monde. Appelé « *canalazzo* » par les Vénitiens, ce grand « S » inversé est bordé de *palazzi* et de splendides demeures... Installé à l'avant du vaporetto n° 1 ou 2, abolissez le temps et laissez vos yeux admirer les ors, les arcades, les dentelles, les cheminées... Ca' d'Oro, fondaco dei Turchi, palazzo Grimani, palazzo Corner-Spinelli, Ca' Venier dei Leoni, tous vous souffleront leurs secrets.

BON À SAVOIR : en pleine journée, la promenade avec le *vaporetto* n° 1 dure près de 1h, mais c'est la nuit, quand vous serez (presque) seul à bord, que vous vous imprégnerez vraiment de l'atmosphère envoûtante de Venise. Quelques fenêtres de palais sont encore éclairées, et les ombres qui s'en détachent alimentent le mystère.

2 Se glisser parmi les étals du marché du Rialto de bon matin
quand sont livrés fruits, légumes et poissons fraîchement pêchés.

Historiquement, ce quartier fut la plaque tournante du commerce à Venise. C'était le centre financier et économique de la ville. Aujourd'hui le lieu est toujours vivant. Il faut longer les Fabbriche Vecchie avant de rejoindre les Fabbriche Nuove. On découvre alors des étalages de fruits et légumes qui offrent un spectacle coloré. Tôt le matin, quand les commerçants installent leurs stands, l'atmosphère a quelque chose de magique. C'est ici que de nombreux Vénitiens viennent faire leur marché. À quelques mètres de là se dresse la Pescheria, l'un des marchés au poisson les plus typiques d'Italie, avec ses mouettes et ses vendeurs qui haranguent le client.

BON À SAVOIR : marché aux fruits et légumes lun-sam 7h-13h. Marché au poisson mar-sam 6h-11h30.

LA GONDOLE

Sans la *gondola*, Venise ne serait pas vraiment Venise. C'est une barque à fond plat, relevée à l'avant et à l'arrière. L'originalité principale réside dans le fait qu'elle est asymétrique. Cette forme particulière autorise une navigation avec un seul aviron, tout en conservant une embarcation parfaitement stable et maniable. À la proue se situe le *ferro*, « peigne métallique » qui représente les six *sestieri* (quartiers) de Venise ; le septième signe, sur le côté opposé, représenterait l'île de la Giudecca. Accessoirement, le poids du *ferro* compense celui du gondolier. Certaines gondoles ont aussi des décorations (« les chevaux de mer ») en cuivre sur les flancs. On construit encore trois ou quatre gondoles par an dans les derniers *squeri* (ateliers spécialisés) de Venise. La fabrication prend environ un an et nécessite un travail que seuls quelques artisans maîtrisent encore.

3 Sillonner la ville sur les pas de Corto Maltese

après avoir relu la B.D. d'Hugo Pratt *Fable de Venise*, et s'aventurer du côté du Ghetto.

Initiatrice des mystères et de la magie de la Sérénissime vécus et rêvés par Hugo Pratt, *Fable de Venise* vous entraîne jusqu'aux grilles du Ghetto Vecchio. Avec un peu de chance, c'est en traînant par-là que vous découvrirez la vraie « cour secrète dite de l'arcane », celle qui ouvre les portes du rêve et qui a fait fantasmer des millions de lecteurs. Une cour qu'on atteint en franchissant sept portes que Hugo Pratt découvrit en imagination dans son enfance, lorsqu'il venait boire un chocolat chez Mme Bora Levi... En vérité, le bruit court que ce passage correspondrait à un parcours secret permettant de relier les synagogues entre elles.

BON À SAVOIR : il existe une version commentée de la B.D. qui permet de mieux se situer dans le temps et l'espace.

4 Flâner la nuit dans les ruelles désertes

quand la lumière des réverbères écaille la surface des canaux. On est alors seul au monde.

Le quartier San Marco est l'exemple parfait de la métamorphose que Venise effectue lors de la tombée de la nuit. Quasi infréquentable le jour avec ses hordes de touristes, le quartier devient l'un des endroits les plus enchanteurs la nuit tombée. Au hasard d'un détour, on entendra la musique monter d'une église où un petit concert est donné, on verra des ombres inquiétantes se projeter sur les murs d'une ruelle tortueuse, on goûtera au charme discret des balades où le moindre bruit met les sens en éveil. Bref, un de ces bonheurs-là qu'il faut vraiment avoir vécu une fois dans sa vie.

BON À SAVOIR : aller aussi la nuit dans le quartier de Cannaregio, lorsqu'il se drape dans une atmosphère des plus mystérieuse, une fois les rues désertées, quand les ombres se reflètent sur les maisons et que le claquement de vos talons sur les pavés résonne dans le silence.

5 Au petit matin, pénétrer dans le palazzo Ducale

chef-d'œuvre du gothique vénitien, avant d'emprunter le mythique pont des Soupirs.

Le volume imposant du palais des Doges échappe à l'impression de lourdeur grâce à l'inversion des masses : les volumes pleins reposent comme par miracles sur de fines colonnettes. Le palais n'était pas que la résidence du doge, les trois quarts étaient occupés par les organes politiques et judiciaires de l'État. La police secrète y avait également ses bureaux. Quant au célèbre pont des Soupirs, construit vers 1602, il est sans doute le pont le plus célèbre de Venise (avec le Rialto). Il reliait les locaux des juges d'instruction du palais des Doges aux « prisons nouvelles ». Ce n'est qu'au XIXe s que le nom « des Soupirs » fut attribué au pont, en référence à ceux laissés échapper par les prisonniers franchissant le *rio* et contemplant une dernière fois Venise, et la liberté, à travers le treillis des fenêtres. Vous pouvez aussi l'admirer depuis le pont della Paglia. Mais vous ne serez sûrement pas tout seul...

BON À SAVOIR : si vous rêvez de découvrir les passages secrets du palais et les dessous de l'administration de la cité, ne manquez pas la visite guidée spéciale. Résa plusieurs j. à l'avance sur • palazzoducale.visitmuve.it •

6 Découvrir la richesse de la collection de François Pinault
au palazzo Grassi et à la Punta della Dogana pour les amateurs d'art contemporain.

Venise ne saurait se résumer aux beautés évanescentes et surannées de son glorieux passé. La Sérénissime s'affirme de plus en plus comme un centre d'art contemporain international. La Biennale et le musée Peggy-Guggenheim avaient déjà installé la ville sur la carte mondiale de l'art du XXe siècle. François Pinault a pris le relais avec deux musées qui sont devenus des institutions. D'abord le palazzo Grassi, racheté en 2005 par l'homme d'affaires français, et superbement restauré par l'architecte Tadao Ando. Il y expose par roulement des œuvres de sa collection d'art contemporain, qui est l'une des plus importantes au monde (Picasso, Mondrian et Sérusier, mais aussi Rothko, De Kooning, Andy Warhol, Jeff Koons, Damien Hirst…). Mais le projet artistique de la Fondation Pinault ne s'arrête pas là. La *Punta della Dogana* est le deuxième lieu rêvé par l'entrepreneur. Une vitrine encore plus large pour sa collection, car ce lieu mythique, désaffecté depuis 40 ans, était le dernier espace capable de contenir les œuvres de grande dimension, sculptures et installations. Les six nefs des deux étages forment un centre d'art de 4 300 m^2, dont 3 000 m^2 d'exposition.

BON À SAVOIR : • palazzograssi.it • On peut faire le tour de la Punta della Dogana pour profiter à la fois du Grand Canal, de la place Saint-Marc, de San Giorgio Maggiore et de la Giudecca. Encore plus beau au coucher de soleil, la vue est alors sublimissime.

7 Suivre la visite guidée du théâtre de la Fenice
avant d'assister à un concert dans cette somptueuse bonbonnière rococo.

Ce lieu de plaisirs était considéré comme l'une des plus belles salles du monde. Détruit par un incendie en décembre 1835, il fut reconstruit dans un style rococo avec 174 loges et plus de 1 100 places assises, pour mieux rebrûler en 1996 et renaître de ses cendres, incroyablement identique. La visite retrace les grandes étapes de son histoire, ponctuée d'anecdotes musicales, architecturales ou historiques. Elle donne surtout accès à l'intimité de cette salle fastueuse, et permet de mieux saisir l'émotion que l'incendie de 1996 suscita chez les Vénitiens.

BON À SAVOIR : un concert à la Fenice est un incontournable, l'acoustique est unique et le public vénitien, un spectacle en soi avec ses acclamations et ses bis en pleine représentation ! Pensez à réserver à l'avance. • teatrolafenice.it •

8 Pénétrer dans la Ca' d'Oro
un des plus beaux palais du Grand Canal.

Si l'entrée du musée est discrète, regardez la façade côté Grand Canal : c'est l'un des plus beaux palais gothiques de Venise, qui abrite de plus une très belle galerie d'art. Le nom de *Ca' d'Oro* vient du fait que la façade était à l'origine en partie décorée d'or et de marbre, reste une guipure de pierre qui n'a d'égal que celle du palais des Doges. À l'intérieur, après une somptueuse cour intérieure, au bel escalier gothique et surtout à l'incroyable pavement, bigarré comme un tapis de mosaïques dans les tons orangés et verts, sculptures vénéto-byzantines des XIIe et XIIIe s et superbe galerie d'art avec pour fer de lance le saint Sébastien de Mantegna vous attendent. Sans oublier la vue depuis les fenêtres, un peu comme chez soi…

BON À SAVOIR : • cadoro.org •

6 LA PUNTA DELLA DOGANA

9 Visiter la Ca' Rezzonico

un palais magnifique dont l'intérieur est d'une richesse impressionnante.

Ce palais a été commencé en 1677 par Longhena (l'architecte de la Salute). En 1712, la riche famille Rezzonico le rachète et demande à Massari de finir les travaux. Sa visite donne une idée de ce que pouvaient être le faste et le luxe de la Sérénissime au XVIIIe s : escalier monumental, salle de bal absolument magnifique avec fresques en trompe l'œil, chambre en alcôve et boudoir délicieux, salle aux laques turquoise et mobilier de style chinois…

BON À SAVOIR : ne manquez pas au 3e étage, la remarquable pinacothèque retraçant de manière complète l'art vénitien du XVe au XIXe, avec de nombreuses œuvres de Tiepolo (père et fils), Guardi, Piazzeta, Longhi, Canaletto… • carezzonico.visitmuve.it •

10 Admirer les toiles de Carpaccio à l'Accademia

ou à la merveilleuse scuola San Giorgio degli Schiavoni.

La galleria dell'Academia, dans le Dorsoduro, est incontestablement une des plus belles pinacothèques de Venise et l'un des plus riches musées au monde. Elle rassemble des chefs-d'œuvre couvrant une période allant du XIVe au XVIIIe s : *Vierge à l'Enfant* de Bellini, *La Tempête* de Giorgione, *Portrait d'un jeune homme* de Lotto, des Tintoret, des Tiepolo, et puis l'un des points d'orgue de la visite, ces immenses toiles de Carpaccio racontant le cycle de sainte Ursule. Il faut ses pencher sur les détails, les vêtements, scruter les toiles, véritables photographies de l'époque. Ne pas manquer non plus dans le Castello la scuola San Giorgio degli Schiavoni, une œuvre magistrale de Carpaccio.

BON À SAVOIR : après des heures passées devant tant de peintures, aérez-vous l'esprit sur le pont de l'Accademia, il offre un point de vue imprenable sur le Grand Canal. • gallerieaccademia.org •

11 Plonger dans l'univers de la muse des surréalistes, Peggy Guggenheim

au palazzo Venier dei Leoni.

Du Grand Canal, on voit que le palais où vécut Peggy Guggenheim est resté inachevé ; il ne comporte qu'un seul étage. Les Vénitiens l'appellent d'ailleurs « *il palazzo incompiuto* ». La Fondation est un lieu unique. La riche collectionneuse Peggy Guggenheim a racheté le palais Venier dei Leoni, construit en 1749, pour y installer les peintures qu'elle a rassemblées pendant des décennies. Les plus grands peintres du XXe siècle sont exposés au musée Peggy Guggenheim, dont Chirico, Magritte, Max Ernst (qui fut l'époux de Peggy), Picasso, Braque ou Rothko. Une salle entière est consacrée à Jackson Pollock.

BON À SAVOIR : flâner dans le jardin, puis aller jusqu'au quai donnant sur le Grand Canal, pour la vue, évidemment, et pour la provocante statue équestre de Marino Marini. • guggenheim-venice.it •

LE CARNAVAL

Au temps de sa gloire, au XVIIIe s, avant de disparaître provisoirement avec la chute de la République, le carnaval s'étalait sur 6 mois, du 1er dimanche d'octobre au Carême. Pendant toute sa durée, les Vénitiens, quelle que soit leur condition sociale, se déplaçaient revêtus d'un *tabarro* (sorte de longue cape) et le visage masqué par la *bauta* (masque blanc pourvu d'un voile noir surmonté d'un petit tricorne). Tout devenait permis, chacun étant l'égal de son voisin. Le petit marchand pouvait s'introduire dans la conversation des aristocrates, et vice-versa. Il n'y avait plus d'autorité, plus de soumission. Progressivement, le masque ne suffit plus ; vint alors le temps du travestissement. Chacun pouvait s'inventer un personnage, en recourant aux trésors de la commedia dell'arte. La folie gagnait lentement la place Saint-Marc et les quartiers environnants. Toute la ville se transformait en une gigantesque scène de théâtre où l'on dansait et chantait. Venise était alors la ville de toutes les séductions.

13 MAISONS COLORÉES À BURANO

12 Grimper en haut du campanile de l'île de San Giorgio Maggiore

pour la vue panoramique sur Venise et sa lagune.

Par sa situation privilégiée en face du palais des Doges, l'île San Giorgio Maggiore a connu à la grande époque de la république de Venise une importance stratégique pour le contrôle des navires qui entraient et sortaient de la ville. Il faut absolument monter en haut de son campanile, surtout par beau temps : beaucoup plus tranquille et bien moins cher que celui de la place Saint-Marc, il date du XVIIIe s et a remplacé celui du XVe s. Magnifique panorama sur l'ancien monastère, la Giudecca, le palais des Doges, les montagnes à l'horizon...

BON À SAVOIR : certains font la traversée uniquement pour le campanile, mais on peut aussi dormir à l'*Abbazia di San Giorggio Maggiore,* le plus original des hébergements en monastère, avec, le matin, la vue sur la place Saint-Marc pour soi.

13 À Burano, composer un patchwork photographique des maisons colorées.

L'île de Burano est un peu assaillie par les touristes pendant la journée, même si son éloignement la rend plus paisible et plus attachante que Murano. Il faut dire qu'elle a beaucoup de charme avec ses maisons colorées, dont les façades composent un magnifique arc-en-ciel aux tons pastel. La tradition populaire raconte que les pêcheurs, rentrant par temps de brume, pouvaient alors repérer plus facilement leurs maisons. N'hésitez pas à vous éloigner de la très commerçante via Galuppi. On découvre tout de suite des ruelles beaucoup plus calmes...

BON À SAVOIR : l'île est connue pour ses biscuits secs. Les plus appréciés sont les *bussolai,* ou *buranei,* ronds, et les *essi,* en forme de S, à tremper dans un verre de *vino santo* ou de *fragolino* ! À acheter au *Panificio Garbo* (via S. Mauro, 336), où ils sont préparés à l'ancienne.

14 Faire un saut au Lido pour renouer avec l'architecture Liberty du XIXe s

au fil d'une promenade à vélo.

Le Lido mesure 12 km de long mais à peine 500 m de large par endroits. Cette lande de sable offre, depuis l'avènement du tourisme balnéaire au début du XXe s, un panorama de l'architecture Liberty. Metteurs en scène, stars internationales et jet-set italienne y viennent s'y dorer la pilule. En septembre, le Lido est pris d'assaut lors de La Mostra, le célèbre festival de cinéma de Venise. Cela dit, l'île possède un charme certain. Aux beaux jours, c'est l'occasion d'une balade à vélo jusqu'à Malamocco, le tout petit village où Hugo Pratt avait élu domicile. Il y plane encore un sentiment de bout du monde. Sur le chemin du retour, vos coups de pédales vous conduiront certainement du côté du Casino, du palais du Festival ou du *Grand Hôtel des Bains,* où fut tourné *Mort à Venise*.

15 Prendre le temps de visiter quelques villas du canal de la Brenta

miroir fastueux de l'opulence passée de Venise, côté terre ferme.

Le canal de la Brenta, entre Mestre et Padoue, est jalonné d'une cinquantaine de villas, construites du XVIe au XVIIIe s pour de richissimes Vénitiens. Pour clore une balade dans la Vénitie ou simplement un séjour à Venise, cela peut être une parenthèses dans le temps, au long d'un canal aux villas construites par Palladio et ses successeurs : la villa Pisani, immense bâtisse construite au XVIIIe s par l'architecte Preti dans un style grandiose et fastueux, la Malcontenta aux belles fresques de Zelotti, la villa Widmann Rezzonico Foscari aux allures intimistes…

BON À SAVOIR : une croisières à la journée ou à la demi-journée, avec passage des écluses et visite guidée de villas, offre en plus le plaisir d'une balade au fil de l'eau…

SAVOURER

16 Boire un *spritz* (apéro vénitien) près du Rialto

avec les locaux emportés par des conversations animées.

Une véritable institution à Venise. Apéritif vénitien à base de vin blanc, plutôt amer avec du Campari, doux avec de l'Aperol et de l'eau de Seltz, accompagné d'une olive ou bien d'une rondelle de citron ou d'orange. À boire en terrasse, de préférence, pour prolonger le plaisir du moment. Le meilleur se confectionne avec du prosecco. Vous pouvez également le prendre dans un des nombreux *bacari* de la ville (voir coup de cœur n° 18).

BON À SAVOIR : *All'Arco* (Sestiere San Polo, 436) est parmi les meilleurs *cicchetti* de la ville, à prendre d'assaut avant que les habitués n'y déboulent. Ici, on ne devise qu'en vénitien, avec un zeste d'italien ; le mieux est donc de vous approcher du comptoir en marbre et de pointer du doigt ce qui vous fait envie.

17 Savourer la cuisine vénitienne
avec ses nombreuses spécialités inspirées de la mer !

La cuisine vénitienne peut s'enorgueillir d'une tradition ancestrale, et sa longue histoire est intimement liée à celle d'une cité orientée vers la mer. Bien sûr, vous pourrez manger à Venise la traditionnelle *pasta,* mais vous priviligierez les *bigoli in salsa***,** gros spaghettis accompagnés d'une sauce à base de sardines et d'oignons, les spaghettis aux palourdes chers à Hugo Pratt ou les gnocchis à la vénitienne. Dans les restaurants aux alentours du marché du Rialto (où arrivent chaque matin par la mer poissons et crustacés en provenance des fermes piscicoles de la lagune), goûtez le *fritto misto* (une friture de calamars, anchois, lotte, crevettes...) ou les *sarde in saor* (sardines macérées avec petits oignons, raisins secs et pignons). Ou encore les *seiches farcies,* à moins que vous ne succombiez vous aussi devant les *moleche,* ces petits crabes mous frits entiers…

BON À SAVOIR : ne passez pas à côté des autres spécialités locales comme le *risi e bisi,* associant petits pois, jambon, lardons et riz, mijotés dans un consommé de poulet, ou la *pasta fagioli,* à base de gros haricots et de pâtes, sans parler de toutes ces autres soupes utilisant les légumes de saison chers aux habitués du marché du Rialto et provenant de Sant'Erasmo véritable potager de Venise.

SORTIR

18 Faire comme les Vénitiens :
fréquenter les *bacari* (bars à vins) les plus typiques à l'heure de l'apéro.

Connaître Venise, c'est impérativement expérimenter l'heure de l'*aperitivo* au comptoir d'un *bacaro* ou au bord d'un petit canal, un verre posé sur le muret de pierre. Entre deux verres, on s'empiffre de délicieux *cicchetti* (charcuterie, croustillantes croquettes de thon, de riz ou de viande, et *crostini di baccalà mantecato* – pain grillé avec cette fameuse crème de morue dont chaque établissement garde la recette), et on socialise gentiment. Les bars à vins fourmillent dans le quartier de Cannaregio et ont tendance à se multiplier autour du marché du Rialto, pour le plus grand bonheur des habitués. Certains n'ont pas de nom ni même de téléphone, on les repère aux attroupements qui se forment devant le comptoir caché à l'intérieur, autour des Fabbriche Nuove notamment. Non seulement on y boit, mais on y mange aussi, et souvent très bien. À notre goût, c'est une des meilleures façons de se restaurer pour pas cher tout en abordant le quotidien des gens du quartier.

BON À SAVOIR : la fondamenta degli Ormesini dans le Cannaregio est un de nos coins préférés. Quelques petites salles bien typiques dans cette rue, comme la *Cantina da Marco* (tlj 6h-21h). Minuscule troquet tenu par une patronne affable.

L'ACQUA ALTA

Venise a régulièrement les pieds dans l'eau. Sous l'action conjuguée des grandes marées, de la pression atmosphérique, des courants et du vent, la mer pénètre dans la lagune et inonde certains quartiers la ville. On appelle cela une *acqua alta*. Ce phénomène, qui se produit en moyenne 100 fois par an et qui se déroule généralement de début novembre à fin avril, est très spectaculaire. La place Saint-Marc se retrouve la première sous les eaux quand la lagune déborde. Ce qui peut paraître amusant pour les touristes l'est beaucoup moins à la longue pour les Vénitiens ! Imaginez votre rez-de-chaussée envahi par l'eau régulièrement dans l'année... Mais pas de panique en ce qui vous concerne : l'acqua alta ne dure que le temps d'une marée, des passerelles sont installées pour faciliter la circulation et de nombreux marchands improvisés proposent des paires de bottes.

SHOPPING

19 Craquer pour les miniatures en verre de Burano

Quand on pense aux traditions vénitiennes, on pense forcément au verre de Burano : lustres somptueux dignes des plus beaux *palazzi*, verres à pied si graciles, vases multicolores… mais c'est oublier l'art de l'infiniment petit. *I Vetri d'Arte* comblera vos rêves les plus fous ; cette boutique pourrait même être classée parmi les lieux insolites à voir tant la vitrine laisse baba. Le verrier, Vittorio Costantini, fabrique des miniatures plus vraies que nature : poissons, insectes, coquillages... Admirez la finesse des becs de colibris, le détail des ailes de papillons ou encore le rose des saumons. Les tarifs affichés sont justifiés.

BON À SAVOIR : calle del Fumo, Cannaregio, 5311. • vittoriocostantini.com •

20 Ne pas repartir sans son « vrai » masque vénitien

Le plus beau magasin de masques de Venise est sans doute la *Ca' del Sol*. Dans cette caverne d'Ali Baba quelque peu encombrée, on tombe nez à nez avec des Jean qui pleurent ou qui rient ou les deux, des Casanova et des masques de médecins avec leur nez pointu, des lions à crinière ou de simples loups. Quasiment des pièces uniques à chaque fois et qui prennent vie rien qu'en les regardant. Prix encore abordables à condition de bien fureter. Hamid, l'heureux propriétaire des lieux, vous conseille et façonne ses masques en même temps. Son atelier est juste en face. Autre belle boutique : *Max Art Shop*. Des masques, des théâtres miniatures et de superbes chats bottés articulés, dans la plus pure tradition vénitienne. Et surtout, à deux pas, un incroyable atelier. C'est de là qu'Antonia Sautter organise l'un des plus beaux bals du carnaval, le *Ballo del Doge.* L'atelier d'Antonia se visite uniquement sur rendez-vous ; renseignements à la boutique.

BON À SAVOIR : • cadelsolmaschere.com • ilballodeldoge.com •

LE VERRE DE MURANO

Murano, l'une des plus grandes îles de la lagune, est célèbre pour son industrie verrière, qui date du XIe s et qui fut transférée de Venise à la fin du XIIIe s par crainte des incendies et afin de protéger les secrets de fabrication des artisans. On doit la qualité du verre de Murano à la qualité de la silice contenue dans le sable de la lagune ainsi qu'aux plantes à haute teneur en sodium (salicornes, algues, fougères) entrant dans la composition du carbonate de sodium indispensable à la réalisation du verre. On colore la pâte en y ajoutant des oxydes métalliques (fer pour le jaune, nickel pour le violet). Les ateliers, autrefois florissants, travaillent aujourd'hui pour l'industrie touristique. On y crée encore de véritables œuvres originales signées par des maîtres verriers, mais elles sont destinées à des musées ou à des collections, et leur prix est très élevé.

AGENDA DES FÊTES, FESTIVALS ET ÉVÉNEMENTS CULTURELS

FÉVRIER : *carnaval.* Il envahit la ville 12 jours avant le Mardi gras. C'est l'un des plus populaires au monde, entre fastueux costumes façon XVIIIe s et délirantes panoplie dans un décor qui se prête merveilleusement à cette magie. Bals pleins de féerie débridée dans les palais s'ouvrant sur le Grand Canal, spectacles sur la place Saint-Marc, la fête est à tous les coins de rue… Autant l'accepter d'emblée, quitte à écorner un peu l'esprit de la fête : la fréquentation touristique atteint des records à cette période, et on vient voir le carnaval, pas la ville !

DIMANCHE QUI SUIT L'ASCENSION : *Vogalonga.* Instituée en 1975, c'est un événement très populaire. Elle consiste en une épreuve d'endurance qui rassemble des centaines de yoles de mer. La course a lieu entre Venise et Burano (soit près de 30 km aller-retour). • vogalonga.it •

BIENNALE DE VENISE : cet événement rythme les rues de Venise tous les 2 ans pour le plus grand bonheur des amateurs d'art contemporain. Internationale et prestigieuse, la Biennale de Venise est un « laboratoire de recherche » où se côtoient les créations les plus osées et extravagantes. • labiennale.org •

3e WEEK-END DE JUILLET : *Festa del Redentore.* La fête la plus aimée des Vénitiens, célèbre la fin de la peste de 1576. On établit un pont de bateaux (en fait, depuis quelques années, une passerelle de bois que l'on parcourt à pied) de l'église du Redentore (Giudecca) jusqu'aux Zattere (Dorsoduro). Venise, illuminée de lanternes, éclate alors de mille feux. Des familles s'installent dans leur bateau face à la place Saint-Marc, mangent des sardines *in saor,* du canard rôti et des escargots de mer à l'huile et à l'ail, tout en avalant un bon verre de valpolicella. Feu d'artifice le samedi soir. Sachez que c'est l'une des fêtes les plus spectaculaires d'Italie, et il faut avoir beaucoup de courage car, pour l'occasion, Venise est archibondée.

1ER DIMANCHE DE SEPTEMBRE : *Regata Storica (régate historique).* Rassemble les meilleurs rameurs de Venise, de Pise, d'Amalfi et de Gênes, les quatre républiques maritimes traditionnelles italiennes.

11 NOVEMBRE : *Saint-Martin.* Vaut tous les Halloween du monde.

SE REPÉRER

7 LE FAMEUX *BAISER*, DE KLIMT

VIENNE

Capitale de l'empire des Habsbourgs pendant près de sept siècles, puis de la république d'Autriche à partir de 1919, Vienne est la ville historique par essence, profondément marquée par le rôle éminent qu'elle joua tout au long de l'Histoire. C'est de ce riche et long passé qu'on vient s'imprégner, toutes générations confondues. Mais le charme de Vienne, c'est aussi cet étonnant télescopage de tout instant entre tradition et modernité. Que vous soyez valse ou techno, baroque ou Art nouveau, addict au café ou amateur de vins, Vienne a toujours quelque chose à offrir. Cité cosmopolite réputée pour sa qualité de vie, Vienne est une métropole à taille humaine, où l'on trouve des parcs et même des vignobles en pleine ville. Pas mal pour l'une des capitales culturelles de l'Europe !

BUDGET	€€
CULTURE	★★★★
CUISINE	★★★☆
SHOPPING	★★☆☆
VIE NOCTURNE	★★★☆

1h45 au départ de Paris

DÉCOUVRIR

1 Partir à la rencontre de la Vienne éternelle

en flânant dans les rues de la vieille ville, une promenade captivante.

Délimité par le Ring, le centre historique de Vienne se parcourt aisément à pied. Ça tombe bien, c'est là que se concentre la majorité des sites et curiosités qui font le bonheur des amoureux d'architectures médiévale et baroque. À commencer par la cathédrale Sainte-Étienne (Stephansdom), une pointe gothique au cœur d'un monde baroque. Juste en face l'ultra-moderne Haas Haus, un bâtiment contemporain, signé Hans Hollein, un des papes de l'attitude postmoderne en architecture. Confrontation insolite (et longtemps décriée) avec la cathédrale. Ne pas manquer la romantique Schönlaterngasse (rue de la Belle-Lanterne), une de nos rues préférées. Faites une halte à la maison de Mozart et flânez devant les boutiques du Graben. En chemin, vous remarquerez d'autres édifices modernes, comme la Loos Haus, manifeste moderniste du début XXe. Pour finir, le Neuer markt, une des plus belles places du centre ancien, bordée d'élégants immeubles du XVIIIe s.

BON À SAVOIR : avant de partir, consultez le site • vienna.info •

KLIMT FOR EVER !

Gustav Klimt (1862-1918), le plus réputé de tous les peintres autrichiens, et Vienne sont indissociables. Tout d'abord parce qu'il y est né et y est enterré. Ensuite, parce qu'il y a passé toute sa vie et sa carrière. Enfin parce que, tel un Petit Poucet, il a semé ses traces un peu partout dans le centre historique de Vienne. Nulle part ailleurs vous ne verrez une telle concentration d'œuvres de ce peintre de génie et figure majeure de la modernité viennoise au tournant du XXe s ! C'est au Belvédère que se trouve son fameux *Baiser*, l'une des icônes de la peinture moderne. Mais d'autres de ses chefs-d'œuvre vous attendent dans la capitale autrichienne : *le Portrait d'Emilie Flöge* au Wien Museum, la fresque Beethoven à la Secession, *La Vie et la Mort* au musée Leopold...

2 Se perdre dans la Hofburg
et s'émerveiller des splendeurs de l'ancien palais impérial des Habsbourgs.

Pour la majorité des touristes, c'est devant la Hofburg que commence la découverte de Vienne (après ou avant Schönbrunn !). La visite du palais impérial est un des temps forts de la découverte d'un centre ancien dont il occupe le cinquième de la surface. Ses édifices s'échelonnent du XIIIe au XXe s et concentrent à peu près tous les styles existants. Gigantesque bâtiment, la Hofburg comprend 18 ailes, une vingtaine de cours, 54 escaliers et près de 2 600 pièces ! Véritable ville dans la ville, la Hofburg abrite aujourd'hui, en dehors des musées, la présidence de la République et quelques ministères. On peut visiter les appartements impériaux, le trésor impérial (une des plus fascinantes collections d'art sacré et profane du monde), la chapelle impériale ainsi qu'un musée consacré à l'impératrice Sissi.

BON À SAVOIR : pour éviter l'attente, il est conseillé d'acheter son billet en ligne. • hofburg-wien.at •

3 Faire une escapade en tram le long du Ring
et remonter le temps.

Le Ring est une succession de grands boulevards bourdonnant de vie et de circulation qui ceinturent la vieille ville depuis le démantèlement des remparts, il y a 150 ans. Planté d'arbres, ombragé, ouvert aux tramways et aux voitures, cet anneau aligne les bâtiments de prestige, témoins de l'apogée de l'empire austro-hongrois. Pour admirer les « *kolossale* » pièces montées que sont les musées des Beaux-Arts et des Sciences naturelles, le palais de justice, le Parlement, l'hôtel de ville, l'Opéra national et l'université, prendre successivement les trams nos 1 et 2. Autre possibilité : le Vienna Ring Tram ; durant le trajet à bord de ce tramway de 1929, une installation multimédia fournit des informations intéressantes sur les principales curiosités rencontrées.

BON À SAVOIR : un tour que vous pourrez aussi faire à vélo, à l'ombre des érables, tilleuls, micocouliers, platanes et autres marronniers, les arbres ne manquant pas. Tous les détails sur • wienerlinien.at •

4 Poursuivre par une balade à vélo le long du Danube
et faire le plein d'air frais

Vienne offre plus de 1 200 km de pistes cyclables et le vélo est très populaire dans la capitale. Les longues pistes cyclables ont d'ailleurs priorité sur les automobilistes aux carrefours. Pas besoin de posséder son vélo pour visiter la capitale d'un coup de pédale. Il existe en effet de nombreux stands de location de bicyclettes, surtout au Prater et le long du Danube. De plus, la ville s'est dotée d'un système de location, les Citybikes. Plus d'un millier de vélos peuvent être empruntés aux 95 bornes réparties dans l'agglomération et être rendus à n'importe laquelle de ces bornes.

BON À SAVOIR : • citybikewien.at • Et au cœur de l'été, filer en vélo sur la Donauinsel, mince bande de terre étirée au milieu du Danube, qui compte plus de 40 km de plages ! En été, c'est Vienne-sur-Mer, avec ses baigneurs, son animation intense, sa ribambelle de bars et de guinguettes, son toboggan aquatique, le plus grand du monde, paraît-il...

5 Partir sur les pas de Sissi

dans une Vienne qui cultive autant la tradition que la dérision et la volonté d'affirmer sa différence.

Ok, c'est un peu cliché, mais la figure de Sissi reste indissociable de Vienne. Amateurs de palais, vous allez vous en donner à cœur joie avec le palais impérial qui abrite le musée Sissi, l'un des plus visités de la ville. Documents d'époque et reconstitutions actuelles évoquent la vie privée d'Élisabeth épouse de François-Joseph, de ses années d'insouciance en Bavière jusqu'à son assassinat à Genève, au travers d'objets lui ayant appartenu. La muséographie, très lyrique, nous fait entrer dans l'intimité d'une femme solitaire attachée à une certaine idée de la liberté. Une introduction émouvante à la visite d'une Vienne qu'on ne peut croire éternelle.

BON À SAVOIR : • hofburg-wien.at/fr/la-hofburg/musee-sisi •

6 Être frappé d'admiration devant les richesses accumulées par les Habsbourgs

rassemblées dans la Kunstkammer du Kunsthistorisches Museum.

Un musée à l'intérieur du musée, l'un des bijoux de Vienne. Ouverte en 2013, la Kunstkammer (collection d'art) du musée des Beaux-Arts tire son origine des trésors rassemblés par les Habsbourg entre la fin du Moyen Âge et l'époque baroque. Avec plus de 2 000 objets exposés, c'est la collection la plus importante de son genre dans le monde. Répartie dans une vingtaine de salles, elle invite à découvrir un monde fait de curiosité et d'émerveillement. Parmi les joyaux : les œufs d'autruche sertis dans le corail, des émaux de Limoges du XVIe s, d'extraordinaires automates, etc., et, fleuron de la collection, la merveilleuse salière en or et émeraudes de Benvenuto Cellini du milieu du XVIe s.

BON À SAVOIR : le musée des Beaux-Arts qui abrite la Kunstkammer est un musée réellement impressionnant, comptant parmi les 10 plus grandes collections d'œuvres d'art au monde. • khm.at •

7 Admirer le fameux *Baiser* de Klimt

au château du Belvédère.

Icône de la Sécession, le mouvement artistique qui fit de Vienne la capitale mondiale de la modernité au début du XXe s, *Le Baiser* de Klimt est à Vienne ce que *La Joconde* est à Paris : un incontournable absolu. Pour l'admirer, il faut se rendre au Belvédère, un ensemble de deux châteaux du XVIIIe s édifiés pour le prince Eugène de Savoie et qui comptent parmi les plus beaux édifices baroques d'Europe. Le Belvédère supérieur héberge une remarquable collection de peintures et de sculptures, du retable médiéval jusqu'à l'art contemporain en passant par le baroque agonisant. On s'attardera bien sûr dans les magnifiques salles consacrées à l'impressionnisme, au réalisme et à la Sécession viennoise conduite par Klimt et Schiele.

BON À SAVOIR : • belvedere.at •

8 Passer d'un musée à l'autre dans l'extraordinaire MuseumsQuartier
ensemble culturel comptant parmi les plus vastes au monde.

Construit dans les anciennes écuries impériales du XVIIIe s, le MuseumsQuartier (MQ), avec une surface de 90 000 m², compte parmi les dix plus grands complexes artistico-culturels mondiaux. Y cohabitent une cinquantaine de musées, salles de spectacle et de cinéma, cafés, restos… Un lieu de culture, mais aussi de vie unique. Visite indispensable au passionnant Leopold Museum qui porte sur l'âge d'or de la Vienne 1900, avec tous les grands noms de l'époque (Klimt, Adolph Loos, Otto Wagner…) et une salle remarquable consacrée à Egon Schiele. Les passionnés d'art moderne ne manqueront sous aucun prétexte la riche collection du MUMOK voisin (Kandinsky, Magritte, Giacometti, Klee…).

BON À SAVOIR : • mqw.at • mqpoint.at/en/mq-kombi-tickets •

9 En hiver, à l'approche de Noël, sillonner les allées du Christkindlmarkt
un verre de Glühwein à la main (ça réchauffe !).

À Vienne, lorsqu'on parle de marchés de Noël, il faut le faire au pluriel. En effet, la ville en accueille près d'une dizaine ! La tradition existe depuis des siècles dans la capitale autrichienne. Le marché de Noël principal est celui qui se tient sur la place de l'hôtel de ville (Rathausplatz). Il est composé de plus de 130 chalets proposant des marchandises aussi diverses que variées : décorations de Noël, jouets en bois, artisanat, vêtements… Sans oublier les confiseries traditionnelles, comme les fameux pains d'épice de Noël, et le vin chaud pour les amateurs !

BON À SAVOIR : • christkindlmarkt.at •

10 Visiter l'insolite Hundertwasserhaus
un ensemble d'habitations à l'architecture pour le moins originale.

Pour les amoureux d'architecture, détour obligatoire au nos 34-38 de la Kegelgasse. Friedensreich Hundertwasser (1928-2000), peintre et plasticien non conformiste, imagina cet ensemble HLM en 1983. Il a mélangé sans complexe formes et couleurs, pour un résultat quelque peu déconcertant ! Il n'y a pas deux fenêtres qui sont à la même hauteur, les murs ondulent, de la végétation vient ponctuer le bâtiment de tâches vertes… Bref, une anarchie ludique, écolo, rafraîchissante. Par respect pour la vie privée des résidents, il n'est pas possible de visiter l'intérieur. Alors, pour en savoir plus sur ce Merlin l'Enchanteur de la couleur, filer visiter, non loin, le Kunst Haus Wien, musée qu'il a créé et qui propose une présentation permanente de son œuvre.

BON À SAVOIR : • kunsthauswien.com •

11 Revivre une séquence du *Troisième Homme,* au milieu des flonflons de la fête foraine et prendre place à bord de la grande roue centenaire du Prater

Vous voulez vous changer les idées ? Le Prater est l'un des parcs d'attractions les plus fameux au monde. L'ancienne réserve de chasse, créée au XVIe s par Maximilien II, fut ouverte au public en 1766 par Joseph II et transformée en parc d'attractions. En vedette, la fameuse Riesenrad, grande roue rendue célèbre par Orson Welles et *Le Troisième Homme,* bien sûr, un des chefs-d'œuvre du cinéma mondial, mais il règne ici une atmosphère qui vous incitera à prolonger la visite. Beaucoup d'autres attractions populaires (train miniature, train fantôme, théâtre de marionnettes, etc.), et même spectaculaires pour certaines, attendent petits et grands.

BON À SAVOIR : • prater.at •

SUR LES TRACES DU *TROISIÈME HOMME*

Comment ne pas évoquer ce chef-d'œuvre du cinéma, qui obtint le Grand Prix du Festival de Cannes en 1949 ? Réalisé par Carol Reed, Le *Troisième Homme* est une histoire à suspense sur le thème de l'amitié et de la trahison qui se déroule à Vienne après la Seconde Guerre mondiale, au moment où la ville est occupée par les Alliés. Ses images en noir et blanc, rappelant autant l'expressionnisme allemand que l'esthétique des « films noirs » américains, participent grandement à l'ambiance, de même que la musique endiablée jouée à la cithare par le Viennois Anton Karas. Une des scènes-clé du film se situe dans le décor de la grande roue du Prater… L'association Dritte-Mann-Tour (• drittemanntour.at •) organise des balades à thème sur les pas du *Troisième Homme,* une façon très originale de découvrir la ville.

12 Prendre l'ascenseur aménagé dans la Karlskirche

pour contempler de près, sous la coupole, les fresques baroques de Rottmayr.

Édifiée de 1716 à 1737, la Karlskirche (église Saint-Charles) fut construite pour célébrer la fin de la peste de 1713. Il s'agit de l'un des sommets de l'architecture de la monarchie impériale, un exemple parfait de la magnificence européenne du XVIIIe s. L'intérieur se révèle époustouflant. Plan en croix grecque avec une immense nef en ellipse au milieu. Coupole culminant à 72 m avec une extraordinaire impression d'élévation. Justement, à propos d'élévation, grâce aux travaux de rénovation des fresques, on peut profiter d'un ascenseur qui permet de s'approcher au plus près des peintures de la coupole, à la gloire de saint Charles Borromée. Une expérience rare. À éviter, néanmoins, si l'on est sujet au vertige.

BON À SAVOIR : • karlskirche.at •

13 Admirer la superbe coupole dorée coiffant le pavillon de la Sécession

l'un des plus beaux édifices Art nouveau qui soient.

Œuvre de J. M. Olbrich, ce pavillon se voulait l'antithèse des édifices académiques et pompeux du Ring. De dimensions modestes, il constitue cependant l'un des plus fascinants exemples de ce mouvement de contestation de la fin du XIXe s. Lorsque l'on est face à l'escalier, on savoure les remarquables proportions de l'édifice et l'élégante économie de la décoration florale. Superbe dôme constitué d'un treillis de feuilles de laurier en l'honneur de l'Art nouveau. La devise sur la façade donne le ton : « À chaque époque son art, à l'art sa liberté. » Au sous-sol, on découvre l'admirable fresque de Klimt sur le thème de la Neuvième Symphonie de Beethoven, considérée comme l'un des plus grands chefs-d'œuvre de l'artiste.

BON À SAVOIR : • secession.at •

14 Descendre dans la crypte de la Kaisergruft

où repose pour l'éternité la dynastie des Habsbourgs.

Quelques minutes à pied suffisent pour passer de la splendeur de la Hofburg (voir coup de cœur n° 2) à cette crypte qu'on a connue glaciale mais qui, pour répondre au nombre de visiteurs toujours croissant, s'est refait un aspect presqu'avenant. Située sous la Kapuzinerkirche (l'église des Capucins), la crypte impériale accueille la quasi-intégralité des membres de la famille impériale depuis près de quatre siècles : 12 empereurs, 15 impératrices, oncles, tantes, cousins… qui se sont vu décerner l'oscar de la pompe funéraire ! Cent quarante cercueils, presque des mausolées, dans des styles époustouflants. Le summum est atteint avec le cénotaphe de Marie-Thérèse et François de Lorraine, véritable monument du sculpteur Balthazar Ferdinand Moll. En remontant ensuite les marches pour revenir vers la lumière du jour, vous allez mettre quelques secondes pour vous réadapter…

BON À SAVOIR : • kaisergruft.at •

15 Flâner dans le pittoresque quartier de Spittelberg

à la recherche des détails architecturaux ornant les belles demeures baroques.

Entre les Siebensterngasse, Burggasse et Sigmundsgasse (7e arrondissement), un quartier ancien restauré et qui a retrouvé magnifiquement tout son lustre d'antan. Situé sur une petite colline, il fut urbanisé au XVIIIe s. Un des rares exemples à Vienne d'un petit lacis de rues et ruelles homogènes architecturalement. Balade délicieuse de jour, encore plus de nuit, d'autant que tout le quartier a eu la bonne idée de se réserver aux piétons. Quelques cours intérieures méritent le coup d'œil. Pas mal de restos avec terrasse et de bars étudiants.

BON À SAVOIR : ces dernières années, ce quartier est devenu l'un des plus branchés, des plus alternatifs et des plus animés de la ville (surtout le samedi).

16 Faire une virée à Schönbrunn, avec balade dans le zoo pour aller saluer les pandas

après la visite du château, du parc et du musée des Carrosses !

Le château de Schönbrunn est le monument le plus visité d'Autriche ! Ce palais d'été de style rococo fut construit par Marie-Thérèse à la place du pavillon de chasse édifié par Léopold Ier. Une réussite de l'architecture baroque avec ses 1 441 pièces, dont une quarantaine sont ouvertes aux visiteurs. À l'intérieur, la profusion de la décoration rococo et la présence d'objets personnels de François-Joseph et de Sissi rendent la visite particulièrement attachante. Prévoir de passer une bonne demi-journée ici, en comptant la visite du zoo, l'un des anciens et des plus beaux d'Europe, et celle du merveilleux musée des Carrosses, les lieux de restauration étant divers, et même variés.

BON À SAVOIR : • schoenbrunn.at •

17 Faire une visite émouvante du musée Sigmund Freud

installé là même où le célèbre psychanalyste résida jusqu'à son exil pour Londres.

Berggasse 19 : une adresse devenue mythique. Freud habita cet immeuble bourgeois durant 47 ans, de 1891 jusqu'à son départ vers Londres, le 4 juin 1938. À l'intérieur de l'immeuble, l'atmosphère n'a guère changé. Très belle cage d'escalier avec glaces gravées pour monter jusqu'à l'appartement destiné aux consultations et la célèbre salle d'attente. Outre cette dernière, on découvre deux pièces qui présentent encore de nombreux souvenirs, notamment les petites antiquités de sa collection personnelle, ainsi que des documents et photographies, dont un certain nombre inédits. Une visite émouvante, surtout aux yeux de ceux et celles qui connaissent l'œuvre.

BON À SAVOIR : • freud-museum.at •

SAVOURER

18 Dans l'un des villages vignerons préférés des Viennois, boire un petit blanc

et manger un plat paysan sous la tonnelle d'un Heuriger, au son d'une musique typique.

Pour déguster les vins viennois, un détour par les Heuriger s'impose. Sorte de guinguettes familiales adossées à un vignoble, elles servent uniquement leur propre vin. Ouvertes toute l'année mais par intermittence (en fonction de leur production), les Heuriger, dans un décor souvent typique de vieille auberge, sont de formidables lieux de convivialité. On les trouve dans les arrondissements de Grinzing, Heiligenstadt, Klosterneuburg, à la lisière de Vienne. Assis à de grandes tables en bois, face à un verre de vin et quelques petits plats servis sous forme de buffet, il n'est pas rare d'entrer en conversation avec ses voisins. En automne et en été, la forêt viennoise ou le vignoble tout proches invitent ensuite à la promenade. Bref, que du bonheur…

19 LES MYTHIQUES CAFÉS VIENNOIS

19 À l'heure du goûter, faire une pause dans l'un des mythiques cafés viennois à l'atmosphère incomparable

Célèbres dans le monde entier, les cafés sont l'un des piliers de l'art de vivre viennois. Ils existent depuis la fin du XVIIe s et le départ des Turcs qui avaient fait le siège de Vienne. Au début du XXe siècle, l'effervescence intellectuelle de la ville leur devait beaucoup. Aujourd'hui, près de 1 500 cafés à Vienne perpétuent, pour la plupart, la tradition du double K *(Kaffee-Kuchen)* : la fameuse pause sucrée autour d'un café et d'une pâtisserie. Parmi les plus réputés : le *Central,* dans le splendide décor néo-Renaissance du palais Ferstel, est l'un des grands cafés légendaires de Vienne ; le *Museum* et le café *Hawelka* comptent également parmis les historiques. Ce dernier existe depuis 1905. Henry et Arthur Miller, ainsi que Lawrence Durrell, aimaient déjà ce côté un peu vieillot et suranné. Citons aussi le *Demel*, la pâtisserie la plus célèbre d'Autriche, longtemps fournisseur de la famille impériale, le *Sacher* ou encore le *Bräunerhof,* qui fut l'antre de Thomas Bernhardt… Tous ont une histoire à raconter. À vous de les faire parler, lors de votre escapade le long du Ring.

20 Aller prendre un brunch au Naschmarkt

en terrasse, ou sur l'un des marchés ethniques où les Viennois adorent se retrouver.

Le Naschmarkt est le plus célèbre marché de Vienne. Délicieusement cosmopolite et éminemment sympathique. Petite porte de l'Orient, il propose de nombreuses spécialités à déguster sur les terrasses qui prennent leurs aises dès les premiers beaux jours. Une expérience à ne pas manquer. Le plus difficile sera de vous décider entre les spécialités viennoises, indiennes, chinoises, turques, japonaises, grecques et bien d'autres encore... Sans oublier la cuisine juive, bien représentée par *Neni* et ses satellites. Même s'il n'y a plus de place en terrasse, grignotez sur le pouce une tartine au fromage, du poisson mariné, quelques huîtres ou un pain garni de *Leberwurst.* Le Naschmarkt offre un voyage culinaire à bon compte en plein cœur de Vienne.

BON À SAVOIR : autres marchés à l'atmosphère réjouissante et très courus, l'Yppenmarkt (le quartier est d'ailleurs devenu l'un des plus branchés et des plus animés de la ville, avec ses nombreux bars et restos, surtout le samedi), et le Karmelitermarkt, dans l'ancien quartier juif de la Leopoldstadt.

BALS : QUE LA FÊTE COMMENCE !

Dans la ville de la valse, danser n'est pas un vain mot. Le passage par une école de danse, même bref, constitue une étape éducative conseillée à tout adolescent. On en sort avec un diplôme (!), prêt à partir festoyer dans les innombrables bals donnés chaque année. Chaque corps de métier, association ou quartier y va de sa fête, et plus de 450 bals annuels ont lieu à Vienne, fréquentés par quelque 300 000 danseurs venus du monde entier. La saison des bals débute le 15 novembre avec celui de la Croix-Rouge, pour se terminer au lendemain du Mardi gras (Fasching). Tentez votre chance mais pensez au *dress code*, et renseignez-vous avant de louer smoking ou robe longue. Le calendrier des festivités de la saison est disponible sur le site • ballkalender.info •

SORTIR

21 Assister à un opéra ou à un concert de musique classique

dans l'une des prestigieuses salles de la ville...

Impossible de venir à Vienne sans assister à un concert ! Ne soyez pas intimidé, la musique classique n'est pas le pré carré de l'élite. Pour quelques dizaines d'euros, n'importe qui peut jouir des meilleures choses de l'esprit dans des décors somptueux. Alors ce n'est pas le moment de se priver ! De nombreuses possibilités s'offrent à vous, notamment aux prestigieux Staatsoper et Volksoper pour l'opéra, ainsi qu'au Musikverein ou à la Konzerthaus pour les concerts. Aller à l'opéra à Vienne est quelque chose d'unique, de quasiment hors du temps. Tout est grandiose : la salle, les costumes, l'atmosphère... Tout un ensemble qui ne laissera jamais indifférent.

BON À SAVOIR : les billets peuvent être achetés à l'avance sur le Web • viennaticketonline.com • viennafirsttickets.com • ou en « dernière minute » en se présentant à la caisse 1h avt le début du spectacle.

22 ...à moins de tester la scène électro de Vienne

pour danser jusqu'au bout de la nuit.

Si vous pensez que Vienne est une ville quelque peu endormie et morose... c'est que vous n'y êtes pas revenu depuis le siècle dernier ! La Vienne actuelle vous surprendra par la diversité et la multitude de lieux pour sortir. Faites un tour au *Flex* au bord du Donau Kanal ou au *U4* pour vous en convaincre. Eh oui, à Vienne, on peut danser jusqu'au bout de la nuit ! À signaler également, le *Pratersauna,* installé dans un ancien sauna qui est un espace de 1 800 m² à la fois festif et culturel, réunissant bar, discothèque, piscine dans un jardin et lieu d'exposition. Un de ces nouveaux rendez-vous de la Wiener Szene, classé 2e meilleur club d'Europe par le magazine allemand de culture électronique *De:Bug...* c'est dire ! Musique essentiellement techno et électro. Beaucoup de monde en été, mais l'espace ne manque pas !

BON À SAVOIR : si vous être plus rock et alternatif, rendez-vous sous les arcades de la ligne de métro U6, entre les stations Währingerstrasse et Burggasse, pour suivre le beat viennois. Et pour un aperçu exhaustif de la vie culturelle et festive viennoise voir • events.at • flex.at • u-4.at • pratersauna.tv •

SHOPPING

23 Remplir son panier au Naschmarkt

le plus célèbre marché de Vienne.

Envie de faire quelques emplettes ? Les étals colorés du Naschmarkt, regorgent de fruits et de légumes, de produits autrichiens, des Balkans, de l'Orient ou d'ailleurs, mais aussi de petits restos et de curiosités comme les vinaigres aux fruits de la maison *Gegenbauer*. Vraiment sympa aux beaux jours, surtout si vous venez un samedi matin, jour où se tient, dans son prolongement, le Flohmarkt, le plus riche marché aux puces de Vienne. Arriver tôt pour chiner tranquillement et réaliser de bonnes affaires. Beaucoup de bibelots, porcelaines, cartes postales, vieux bouquins, vêtements. Prix tout à fait raisonnables.

BON À SAVOIR : on peut aussi y déjeuner, voir notre rubrique « Savourer ».

AGENDA DES FÊTES, FESTIVALS ET ÉVÉNEMENTS CULTURELS

AVRIL-SEPTEMBRE : *Summer Stage.* Sur le Donaukanal, concerts gratuits, restos, beach-volley, trampoline et même pétanque, il y en a pour tous les goûts. • summerstage.at •

MAI-JUIN : *Wiener Festwochen (festival de Vienne).* Nombreux concerts de musique classique ou contemporaine, performances, spectacles de théâtre d'avant-garde ou de danse présentés dans le MuseumsQuartier et d'autres lieux. • festwochen.at •

MI-JUIN : *Vienna Pride et Regenbogenparade (parade arc-en-ciel).* 5 j. Festival gay (danse, théâtre, concerts, soirées...), qui s'achève en apothéose avec la Gay Pride. • viennapride.at • regenbogenparade.at •

FIN JUIN : *Donauinselfest (fête de l'Île du Danube).* 3 j. Le plus grand festival à ciel ouvert d'Europe gratuit : 500 heures de musique live, près de 2 000 artistes... Cette fête réunit quelque 3 millions de jeunes autour de concerts de rock, pop, jazz, électro, hip-hop, hard rock... et autres manifestations. • donauinselfest.at •

FIN JUIN-DÉBUT JUILLET : *Jazz Fest Wien.* Nombreux concerts dans les lieux les plus prestigieux de la ville (certains gratuits). • viennajazz.org •

JUILLET-AOÛT : *Sommerkino (festival du film musical).* Sur la Rathausplatz. Tous les soirs, projections gratuites d'opéras et de concerts filmés sur écran géant. Un rendez-vous incontournable en été. • wien-event.at •

FIN SEPT-DÉBUT OCT : *Wiener Wiesn Fest, au Prater.* La fête de la bière, façon viennoise. Tout y est traditionnel : la bière, la cuisine, les danses, l'artisanat, la musique... • wienerwiesn.at •

MI-NOV AU 24 DÉC : *Christkindlmarkt.* Outre le traditionnel marché du Père Noël devant l'hôtel de ville, il y a le marché à l'ancienne de la Freyung, celui du Spittelberg, un de nos préférés (il occupe toutes les petites rues du Montmartre viennois), ou celui devant la Karlskirche. Ne pas manquer le marché devant le château de Schönbrunn et, plus couru, celui de la Maria Theresien Platz. • christkindlmarkt.at •

SE REPÉRER

LES ROUTARDS SUR L'ÉTRANGER 2018-2019
(dates de parution sur • routard.com •)

EUROPE

Pays européens
- Allemagne
- Andalousie
- Angleterre, Pays de Galles
- Autriche
- Baléares
- Belgique
- Canaries
- Catalogne (+ Valence et Andorre)
- Crète
- Croatie
- Danemark, Suède
- Écosse
- Espagne du Nord-Ouest
- Finlande
- Grèce continentale
- Hongrie
- Îles grecques et Athènes
- Irlande
- Islande
- Italie du Nord
- Italie du Sud
- Lacs italiens
- Madère
- Madrid, Castille (Aragon et Estrémadure)
- Malte
- Norvège
- Pays baltes : Tallinn, Riga, Vilnius
- Pologne
- Portugal
- République tchèque, Slovaquie
- Roumanie, Bulgarie
- Sardaigne
- Sicile
- Suisse
- Toscane, Ombrie

Villes européennes
- Amsterdam et ses environs
- Barcelone
- Berlin
- Bruxelles
- Budapest
- Copenhague
- Dublin
- Florence
- Lisbonne
- Londres
- Madrid
- Milan
- Moscou
- Naples
- Porto
- Prague
- Rome
- Saint-Pétersbourg
- Séville
- Stockholm
- Venise
- Vienne

AMÉRIQUES
- Argentine
- Brésil
- Californie
- Canada Ouest
- Chili et île de Pâques
- Colombie (avr 2018)
- Costa Rica
- Équateur et les îles Galápagos
- États-Unis Nord-Est
- Floride
- Guatemala, Yucatán et Chiapas
- Louisiane et les villes du Sud
- Mexique
- Miami
- Montréal
- New York
- Parcs nationaux de l'Ouest américain
- Pérou, Bolivie
- Québec, Ontario et Provinces maritimes
- San Francisco

ASIE ET OCÉANIE
- Australie côte est + Red Centre
- Bali, Lombok
- Bangkok
- Birmanie (Myanmar)
- Cambodge, Laos
- Chine
- Hong-Kong, Macao, Canton
- Inde du Nord
- Inde du Sud
- Israël, Palestine
- Istanbul
- Jordanie
- Malaisie, Singapour
- Népal
- Shanghai
- Sri Lanka (Ceylan)
- Thaïlande
- Tokyo, Kyoto et environs
- Turquie
- Vietnam

AFRIQUE
- Afrique du Sud
- Égypte
- Kenya, Tanzanie et Zanzibar
- Maroc
- Marrakech
- Sénégal
- Tunisie

ÎLES CARAÏBES ET OCÉAN INDIEN
- Cuba
- Guadeloupe, Saint-Martin, Saint-Barth
- Île Maurice, Rodrigues
- Madagascar
- Martinique
- République Dominicaine (Saint-Domingue)
- Réunion

GUIDES DE CONVERSATION
- Allemand
- Anglais
- Arabe du Maghreb
- Arabe du Proche-Orient
- Chinois
- Croate
- Espagnol
- Grec
- Italien
- Japonais
- Portugais
- Russe
- G'palémo (conversation par l'image)

LIVRES-PHOTOS LIVRES-CADEAUX
- Voyages
- Nos 120 coins secrets en Europe
- Nos 50 voyages à faire dans sa vie
- Nos 1200 coups de cœur dans le monde
- Nos 1200 coups de cœur en France
- Nos 52 week-ends coups de cœur dans les villes d'Europe

LES ROUTARDS SUR LA FRANCE 2018-2019
(dates de parution sur • routard.com •)

- Alsace
- Ardèche, Drôme
- Auvergne
- Bordelais, Landes, Lot-et-Garonne
- Bourgogne
- Bretagne Nord
- Bretagne Sud
- Les Charentes
- Châteaux de la Loire
- Corse
- Côte d'Azur
- Franche-Comté
- Isère, Alpes du Sud
- Jura franco-suisse
- Languedoc et Roussillon
- Limousin
- Lorraine
- Lot, Aveyron, Tarn
- Lyon
- Marseille
- Midi toulousain (Pyrénées, Gascogne)
- Montpellier Agglomération et ses environs
- Nantes et ses environs
- Nice
- Nord, Pas-de-Calais
- Normandie
- Paris
- Pays Basque, Béarn
- Pays de la Loire
- Périgord-Dordogne
- Picardie
- Poitou
- Provence
- Rennes et ses environs
- Savoie Mont Blanc
- Toulouse Métropole
- Week-ends autour de Paris

AUTRES GUIDES SUR LA FRANCE
- Hébergements insolites
- Canal des deux mers à vélo (mars 2018)
- La Loire à vélo
- Paris – île de France à vélo (juin 2018)
- La Vélodyssée
- Nos meilleurs campings en France
- Nos meilleures chambres d'hôtes en France
- Nos meilleurs restos en France
- Les visites d'entreprises

AUTRES GUIDES SUR PARIS
- Paris
- Paris balades
- Paris exotique
- Restos et bistrots de Paris
- Le Routard des amoureux à Paris
- Week-ends autour de Paris

CRÉDITS PHOTOGRAPHIQUES

Légende : p=page, v=vignette, h=haut, b=bas

Hemis.fr **Aflo** : p30 ; **Alamy** : p39, p217 ; **Jean-Claude Amiel** : p10, p243, p395 ; **Marco Ansaloni** : p389, p390 ; **Jon Arnold** : p12, p14, p37, p38, p49, p51h, p52h, p66, p76, p86h, p88, p99 (les bains Szechenyi, mosaïques de Miksa Roth), p104, p131, p136b, p139, p146, p167, p171, p179, p197, p198, p208h, p226h, p232, p234h, p236, p238, p241, p242h, p260, p262, p293h, p338, p346, p352, p358, p363, p364b, p368, p406h, p413 ; **Aurora** : p18b ; **Awl** : p40, p115, p222, p231 ; **Axiom** : p74 ; **Philipe Blanchot** : p348 ; **Maurizio Borgese** : p36b (Joan Miró, *Dona i Ocell, Femme et Oiseau* (1983) © Successió Miró / Adagp, Paris 2015), p54, p62 (boutique de fripe *Sentimental Journey*), p114b, p191, p192b, p223, p225, p402 ; **Éric Bouloumie** : p152h, p396 ; **Bruno Barbier** : p228, p327h ; **Christophe Boisvieux** : p305, p333b, p126 (*O'Donoghue's pub*), p144h, p145 (salon de thé *Clarinda*) ; **Arnaud Chicurel** : p120, p124, p355, p401 ; **Romain Cintract** : p67h, p342b ; **Cultura** : p78h, p180b ; **Jean-Pierre Degas** : p89 ; **Simon Descamps** : p110, p307h ; **Yann Dolean** : p350 ; **Patrick Escudero** : p264, p266 (Jacques Majorelle, *Jardins Majorelle*, extérieur © Adagp, Paris 2014) ; **Flpa** : p194 ; **Food collection** : p278h ; **Patrick Frilet** : p132 (le célèbre pub *Temple Bar*), p199 ; **John Frumm** : p36h (Joan Miró, *œuvre sur la placa de Neptun,* devant la Fondation Miró, Barc © Successió Miró / Adagp, Paris 2015), p128, p313 ; **Bertrand Gardel** : p13 (*Looca't loosje café*), p32, p34, p56 (en fond, peinture de Jolly Kunjappu, *Dancing to Freedom*), p57 (*Club der Visionare* au bord du canal Landwehrkanal), p59, p60, p61 (*le bar de la Plage* au bord de la Spree), p84 (Fresque murale *Les Rêves de Nic*, d'après le dessinateur Hermann, éd. Dupuis © Hermann – Réalisation fresque : Art Mural asbl 1999), p92, p98, p134, p209, p210, p227, p239 (hôtel de ville et la Shard London Bridge Tower de l'architecte Renzo Piano, la plus grande tour de Londres), p246 (magasin vintage *Blitz*), p325, p354 ; **Gregory Gerault** : p44b ; **Laurent Giraudou** : p148 ; **Gil Giuglio** : p284b ; **Franck Guiziou** : p28, p310, p312, p378 ; **Robert Harding** : p102b, p108, p202, p220, p341, p403 ; **Jean Heintz** : p178 ; **Hervé Hugues** : p65, p159, p216, p252, p271b, p272h, p349, p393 (Calatrava Santiago, *Ciudad de las Artes y las Ciencas de Valencia – Hemispheric* © Adagp, Paris 2015) ; **ImageBROKER** : p8h, p165, p291, p394 ; **Hartmut Krinitz** : p172 ; **Ludovic Maisant** : p71, p72, p73 (charcuterie *Simoni*), p100 (le *New York Café*), p106h (*Radisson SAS Royal Hotel,* chambre 606), p185, p187, p234b, p240b (la National Gallery), p242b, p244h (*Neal's Yard Dairy*), p244b, p245, p253, p270, p275, p276, p280 (Quadrilatère de la Mode, Via Monte Napoleone, devanture de la boutique de la marque Gucci), p282, p284h, p285, p287, p307b, p308, p372, p382b, p383, p408 ; **Richard Manin** : p137, p151, p152b (Palais Medicis Riccardi, chapelle des Mages, l*e cortege du Roi mage Gaspard,* 1459, œuvre de Benozzo Gozzoli) ; **René Mattes** : p24h, p45, p58, p153, p176, p181, p188, p205, p206, p250, p255, p261, p353, p370h, p374, p375b (Bodega *Las Teresas*) ; **Camille Moirenc** : p50h, p51b, p361, p362 (café littéraire, hommage à Pouchkine) ; **Lionel Montico** : p215 ; **Bruno Perousse** : p97, p192h, p268, p326 ; **Photoshot** : p398 ; **Photoshot / Pearce** : p107, p200 ; **Andrea Pistolesi** : p35b, p67b, p173 (*Stravaigin pub* bar restaurant), p208b ; **Ingolf Pompe** : p11, p33, p94, p140, p166h, p186, p233 (le musée des Beatles), p251, p254, p259 (à l'intérieur du restaurant *El Chinitas*), p414 ; **Prisma** : p330 ; **Jean-Baptiste Rabouan** : p8b (le Rijksmuseum, tableau de Rembrandt, *La Ronde de Nuit*), p90 (rue des Bouchers), p112, p166b (Golay Spierer, designer de montre sur mesure), p381 (vue sur l'église Katarina Kyrka depuis le AF Chapman voilier de 1888, amarre a Skeppsholmen) ; **Philippe Renault** : p212 ; **Bertrand Rieger** : p17, p43 (le *The Big Fish* de John Kindness sur Donegall Quay et la Clock Tower), p44h (le centre Titanic Belfast Experience, maquette du RMS Titanic), p46 (concert au McHughs), p143, p144b, p371, p373, p382h ; **Anna Serrano** : p35h, p370b (musée du Flamenco, peinture de Jean Lamouroux), p375h (spectacle de flamenco à la *Tablao Flamenco Los Gallos*) ; **Jacques Sierpinski** : p267, p269 ; **Richard Soberka** : p80, p240h, p319 ; **Sylvain Sonnet** : p87, p136h, p272b, p332, p364h, p365 ; **Jean-Daniel Sudres :** p81, p117, p118 (*Bar Wodka* dans la rue Mikolajska), p334, p415 (le *Café Central*), p416 ; **Emilio Suetone** : p322h, p344 ; **Patrice Thomas** : p360 ; **Domenico Tondini** : p150 ; **Stefano Torrione** : p129, p388 (le café *Al Bicerin*), p405 ; **Tuul et Bruno Morandi** : p298 ; **Pawel Wysocki** : p106b, p333h, p400 ; **Westend 61** : p96, p320 ; **Didier Zylberyng** : p351.

Age Fotostock **César Lucas Abreu** : p20 (Le musée de la Mode) ; **Art Media** : p306 (*Le Cri,* une des 4 versions peintes par Edward Munch) ; **Authorsimage** : p18h ; **Marco Cristofori** : p109, p256b ; **Oscar Dacosta** : p256h ; **Danita Delimont Stock** : p412 ; **De Agostini Editore** : p78b (Portrait de Margaretha van Eyck, par Van Eyck) ; **De Agostini Picture L** : p278b (portrait de Giuseppe Verdi, par Giovanni Boldini) ; **DEA / A DAGLI ORTI** : p102h (portrait de Franz Liszt, par Carl Hartmann), p86b (René Magritte, *The Happy Donor* © Adagp, Paris 2014) ; **J.D. Dallet** : p180h ; **Luis Davilla** : p337 (restaurant *Hostinec «U Kalicha»*) ; **Fine Art Image** : p293b (*Castle and Sun*, de Paul Klee) ; **Peter Erik Forsberg** : p193 ; **David R. Frazier / DanitaDelimont.com** : p68b ; **Jordi Ferré Gicquel** : p218h ; **Sylvain Grandadam** : p218b ; **Erich Häfele** : p294 ; **Knut Knipser/imageBROKER** : p101 (le groupe Rom Lugosi) ; **Arthur Leroy** : p168 ; **Philippe Michel** : p160 ; **Jose Peral** : p182b (luthier Casa Ferrer) ; **Grant Rooney** : p342h ; **Hayden Verry** : p116 ; **Jan Wlodarczyk** : p6 ; **Zoonar/Liz Collet** : p286.

Sime / Photononstop **Suzy Bennett/4Corners** : p161 ; **Massimo Borchi** : p155 ; **Manfred Bortoli** : p411 ; **Antonio Capone** : p302 ; **Matteo Carassale** : p321 (le restaurant La grotta) ; **Colin Dutton** : p50b, p376, p406b ; **Paolo Giocoso** : p248, p387 ; **Giuseppe Greco** : p297, p299, p300 ; **Gräfenhain Günter** : p79, p343, p279 ; **Hans-Peter Huber** : p380 ; **Véronique Leplat** : p163 ; **Lisa Linder/4Corners** : p404 ; **Da Ros Luca** : p277h ; **Gusso Luca** : p114h ; **Massimo Mastrorillo** : p301 ; **Orient** : p271h ; **Eckebrecht Oswald** : p292 ; **Puku** : p322b ; **Sandra Raccanello** : p24b, p122 ; **Schmid Reinhard** : p23 ; **Massimo Ripani** : p410 (décoration de Klimt au Kunsthistorisches Museum) ; **SIME** : p277b, p314b, p315 ; **Szyszka** : p123 ; **Richard Taylor/4Corners** : p19 ; **Stefano Torrione** : p356 ; **Luigi Vaccarella** : p52b.

Photononstop **Peter Langer/Design Pics :** p82 ; **Massimo Pacifico/AGF Foto :** p366 ; **Nicolas Thibaud :** p207 ; **travelstock44/Look :** p204.

Corbis **Peter Adams/JAI :** p226b ; **Tim Graham/Tim Graham LLP :** p174 (Horse Shoe Pub) ; **Ted Horowitz :** p154 ; **Susy Mezzanotte/Grand Tour :** p384 ; **Bo Zaunders :** p314h.

Shutterstock.com **Ana del Castillo :** p328 ; **Yulia Grigoryeva :** p316 ; **Paulovilela :** p327b ; **Poliki :** p68h ; **Vladimir Wrangel :** p336.

Divers p65 © FMGB Guggenheim Bilbao Museoa, Paris 2015. Hervé Hugues/hemis.fr - All rights reserved ; p214 (*Corto Maltese,* d'Hugo pratt. © 1979 Cong SA, Suisse - www.cong-pratt.com - Tous droits réservés) ; **Romain Boutiller :** p25, p26, p27 ; **Patrice Hauser :** p335.

Couverture / hemis.fr **Visuel de couverture :** Westend 61.

Rabat première de couverture : v1 Ludovic Maisant ; v2 Westend 61.

Quatrième de couverture : v1 Franck Guiziou ; v2 Ludovic Maisant ; v3 René Mattes ; v4 ImageBROKER.

Rabat quatrième de couverture : v1 Westend 61 ; v2 René Mattes.

POUR LE ROUTARD

Directeur de collection et auteur : Philippe Gloaguen

Rédaction : Amanda Keravel, Benoît Lucchini, Florence Charmetant, Bénédicte Gloaguen, Gavin's Clemente Ruïz, Pierre Josse, Carole Bordes, Isabelle Al Subaihi, Emmanuelle Bauquis, Mathilde de Boisgrollier, Thierry Brouard, Marie Burin des Roziers, Diane Capron, Véronique de Chardon, Fiona Debrabander, Anne-Caroline Dumas, Éléonore Friess, Géraldine Lemauf-Beauvois, Olivier Page, Alain Pallier, Anne Poinsot, André Poncelet

POUR HACHETTE

Direction : Nathalie Bloch-Pujo

Direction éditoriale : Élise Ernest

Responsable de projet : Matthieu Devaux

Équipe éditoriale : Olga Krokhina, Gia-Quy Tran, Julie Dupré,
Emmanuelle Michon, Pauline Janssens, Amélie Ramond et Margaux Lefebvre

Lecture-correction : Aurélie Gaillot

Cartographie : Frédéric Clémençon et Aurélie Huot

Contrôle de gestion : Jérôme Boulingre et Yannis Villeneuve

Secrétariat : Catherine Maîtrepierre

Fabrication : Nathalie Lautout et Audrey Detournay

Relations presse : COM'PROD, Fred Papet. – 01 70 69 04 69 – info@comprod.fr,
Martine Levens (Belgique) et Maureen Browne (Suisse)

Direction marketing : Adrien de Bizemont, Élodie Darty et Charlotte Brou

Conception graphique couverture : Thibault Reumaux

Conception graphique maquette : Le bureau des affaires graphiques

Logo : Clément Gloaguen

Direction partenariats : Jérôme Denoix

Contact partenariats et régie publicitaire : Florence Brunel-Jars – *fbrunel@hachette-livre.fr*

L'ÉDITEUR TIENT À REMERCIER

Catherine Hidé, Aurélie Gaillot, Sophie Berger et Séverine Fougeirol pour leur aide précieuse
ainsi que Camille, Béatrice, Pauline, Marion et Géraldine

LES ROUTARDS PARLENT AUX ROUTARDS

Faites nous part de vos expériences, de vos découvertes, de vos tuyaux :
Les Routards parlent aux Routards : 122, rue du Moulin-des-Prés, 75013 Paris – e-mail : guide@routard.com
site internet : **routard.com**

Cet ouvrage est imprimé sur un papier issu de forêts gérées

Édité par Hachette Livre (58, rue Jean-Bleuzen, CS 70007, 92178 Vanves Cedex, France)
Photogravure par Reproscan
Imprimé par Macrolibros (Vallad C/Vazquez de Menchaca,9 Poligono Ind Argales 47003 Valladolid Espagne)
Achevé d'imprimer le 15 novembre 2019
Collection n° 22 - Édition n° 06
70/8416/5
I.S.B.N 978-2-01-626667-0
Dépôt légal : Janvier 2019